EISENMENGER • PFEFFER (Hrsg.)

Handbuch Hamburger Polizei- und Ordnungsrecht für Studium und Praxis

Handbuch Hamburger Polizei- und Ordnungsrecht für Studium und Praxis

herausgegeben von

Prof. Dr. Sven Eisenmenger, Hochschule der Akademie der Polizei Hamburg, Forschungsstelle Europäisches und Deutsches Sicherheitsrecht (FEDS)

und

Prof. Dr. Kristin Pfeffer, Hochschule der Akademie der Polizei Hamburg, Forschungsstelle Europäisches und Deutsches Sicherheitsrecht (FEDS)

BOORBERG

Bibliografische Information der Deutschen Nationalbibliothek | Die Deutsche Nationalbibliothek verzeichnet diese Publikation in der Deutschen Nationalbibliografie; detaillierte bibliografische Daten sind im Internet über www.dnb.de abrufbar.

ISBN 978-3-415-06856-8

Titelfoto: © VRD – stock.adobe.com | Satz: abavo GmbH, Nebelhornstraße 8, 86807 Buchloe | Druck und Bindung: Laupp & Göbel GmbH, Robert-Bosch-Straße 42, 72810 Gomaringen

Richard Boorberg Verlag GmbH & Co KG | Scharrstraße 2 | 70563 Stuttgart
Stuttgart | München | Hannover | Berlin | Weimar | Dresden
www.boorberg.de

Vorwort

Das vorliegende Handbuch Hamburger Polizei- und Ordnungsrecht behandelt im Kern das Hamburgische Polizeirecht einschließlich des dazugehörigen Datenschutzrechts. Das Werk zielt darauf, die Materie wissenschaftlich, zugleich praxisnah und insbesondere übersichtlich und klar aufzubereiten. Gegenstände des Handbuchs sind in erster Linie das Gesetz zum Schutz der öffentlichen Sicherheit und Ordnung (SOG), das Gesetz über die Datenverarbeitung der Polizei (PolDVG) und das Hafensicherheitsgesetz (HafenSG), jeweils insbesondere unter Berücksichtigung der Polizeirechtsnovelle durch Gesetz vom 12. 12. 2019.

Die Erstellung des Werkes fiel in einen Zeitraum von Polizeirechtsnovellen nicht nur in Hamburg, sondern auch in den übrigen Bundesländern und im Bund, mit der Absicht, neue Eingriffsbefugnisse zu schaffen sowie notwendige EU-Richtlinien und BVerfG-Entscheidungen umzusetzen. Über 30 neue Regelungen sind allein im Hamburgischen Polizeirecht geschaffen worden.

Hauptadressatin des Handbuchs ist die Polizei Hamburg. Dazu zählen die sich im Studium und in der Ausbildung befindlichen Nachwuchskräfte der Akademie der Polizei Hamburg mit ihrer Hochschule. Zum Adressatenkreis gehört ferner die Polizeipraxis in Hamburg, also insbesondere die Schutzpolizei und die Wasserschutzpolizei mit Blick auf das dargestellte Gefahrenabwehrrecht, aber auch die Kriminalpolizei. Das Handbuch ist außerdem an die Verwaltungsbehörden (einschließlich Referendare) adressiert, denn die Befugnisse des im Handbuch bearbeiteten SOG richten sich nicht nur an die Polizei, sondern zugleich auch an die sonstigen Verwaltungsbehörden. Daher firmiert das Werk auch unter „Polizei- und Ordnungsrecht". Über diesen Kreis hinaus soll das Handbuch zur Weiterentwicklung der wissenschaftlichen Seite des Hamburger Polizei- und Ordnungsrechts beitragen, weshalb z.B. auch unionsrechtliche und verfassungsrechtliche ebenso wie rechtsdogmatische Aspekte eingearbeitet sind.

Mit Blick auf den so beschriebenen breiten Adressatenkreis – Polizei (Polizeistudium, Polizeiausbildung, Polizeipraxis), sonstige Verwaltungsbehörden und Wissenschaft – haben wir das Werk wie folgt konzipiert:

In Teil A. (Grundlagen des Hamburger Polizei- und Ordnungsrechts) führt Abschnitt I. zunächst in die Materie des Handbuchs ein. Es folgt eine Erörterung des höherrangigen Rechtsrahmens des Polizei- und Ordnungsrechts, namentlich des Unionsrechts (II.) und des Verfassungsrechts (III.).

Auf Basis dieser Grundlegung steht in Teil B. (Befugnisse nach dem SOG) eine klassische Materie des Polizeirechts im Mittelpunkt. Gegenstand sind hier zunächst die Grundlagen (I.), d. h. eine Betrachtung der Gefahrenabwehrmaßnahmen im Überblick und ihrer rechtlichen Einbettung, die Generalklausel im SOG, die Verantwortlichkeit von Personen und das Ermessen. Es folgt die Darstellung der personenbezogenen Standardmaßnahmen (II.), ebenso wie der objektbezogenen Standardmaßnahmen nach dem SOG (III.). Insbesondere haben die Autoren dort stets eine praxis- und ausbildungsnahe „Checkliste" mit der Struktur der jeweiligen Norm vorangestellt, um den Leser bei der Erfassung der Vorschrift zu unterstützen. An die Darstellung dieser Standardbefugnisse schließt sich als logisch nächster Schritt das Recht der Durchsetzung von SOG-Maßnahmen an (IV.), also das Vollstreckungsrecht. Abgerundet wird Teil B. durch eine Betrachtung des Kosten- und Entschädigungsrechts als Fernwirkung von Polizeimaßnahmen (V.).

Teil C. (Befugnisse nach dem PolDVG) bringt eine Kommentierung der durch Gesetz vom 12. 12. 2019 neu gefassten Befugnisgrundlagen des PolDVG. Nach einem Einführungsteil (I.) schließt sich – auch hier der Systematik des Handbuchs folgend – eine befugnisorientierte Darstellung an. Dazu gehören zunächst die allgemeinen und besonderen Befugnisse der Datenverarbeitung der Polizei (II.) sowie die weitere Datenverarbeitung (III.).

In einer Hafenstadt wie Hamburg darf das Recht der Wasserschutzpolizei – das HafenSG – in einem Handbuch zum Hamburger Polizei- und Ordnungsrecht nicht fehlen. Daher rundet Teil D. (Befugnisse nach dem HafenSG) das Werk mit einer Erörterung der auf die Polizei bezogenen Befugnisse des HafenSG ab.

Wir freuen uns sehr, dass wir für die Bearbeitung des Handbuchs hochspezialisierte Autoren aus Wissenschaft und Praxis gewinnen konnten, denen wir an dieser Stelle für ihre Einsatzbereitschaft und ihren Beitrag zum Gelingen des Werkes herzlichst danken möchten! Der Dank gilt *Prof. Dr. Guy Beaucamp, PD André Bertram, Prof. Dr. Stefanie Grünewald, Dr. Tim Holzki, Dr. Laurence O'Hara (MPP), Prof. Dr. Anneken Sperr und Luise von Rodbertus*. Ohne ihr Zutun und ihren Einsatz sowie ihr Durchhaltevermögen wäre dieses Werk nicht möglich gewesen.

Danken möchten wir ferner dem Richard Boorberg Verlag und vor allem Herrn *Hans-Jörn Bury* für die Bereitschaft, das Werk in das Verlagsprogramm aufzunehmen und für die Unterstützung vom Beginn der Idee des Handbuchs an bis zu dessen Fertigstellung. Dank gilt nicht zuletzt *Dr. Tim Holzki*, der mit Geduld und Umsicht das Werk redaktionell zusammenführte und organisierte und dabei von *Luise von Rodbertus* und den studentischen Mitarbeitern *Jens Elmenhorst*, *Marie Hadwiger* und *Bjarne Kruse* unterstützt wurde.

Das Werk befindet sich auf dem Rechtsstand vom 01. 05. 2020. Über Hinweise freuen wir uns (sven.eisenmenger@poladium.de, kristin.pfeffer@poladium.de).

Hamburg, im Mai 2020

Prof. Dr. Sven Eisenmenger und Prof. Dr. Kristin Pfeffer

Autorenverzeichnis

Prof. Dr. Guy Beaucamp	Hochschule für Angewandte Wissenschaften Hamburg (HAW)
PD André Bertram	Polizeidirektor, Polizei Hamburg
Prof. Dr. Sven Eisenmenger	Hochschule der Akademie der Polizei Hamburg, Forschungsstelle Europäisches und Deutsches Sicherheitsrecht (FEDS)
Prof. Dr. Stefanie Grünewald	Hochschule der Akademie der Polizei Hamburg
Dr. Tim Holzki	Wissenschaftlicher Mitarbeiter, Hochschule der Akademie der Polizei Hamburg, Forschungsstelle Europäisches und Deutsches Sicherheitsrecht (FEDS)
Dr. Laurence O'Hara, MPP (Harvard)	Wissenschaftlicher Referent, Max-Planck-Institut zur Erforschung von Gemeinschaftsgütern, Bonn
Prof. Dr. Kristin Pfeffer	Hochschule der Akademie der Polizei Hamburg, Forschungsstelle Europäisches und Deutsches Sicherheitsrecht (FEDS)
Luise von Rodbertus	Ass. iur., wissenschaftliche Mitarbeiterin, Hochschule der Akademie der Polizei Hamburg, Forschungsstelle Europäisches und Deutsches Sicherheitsrecht (FEDS)
Prof. Dr. Anneken Kari Sperr	Universität Bergen, Norwegen

Inhaltsverzeichnis

Abkürzungsverzeichnis

a.	auch
a. A.	andere Ansicht
Abl.	Amtsblatt der Europäischen Union
a. E.	am Ende
AEUV	Vertrag über die Arbeitsweise der Europäischen Union
a. F.	alte Fassung
Alt.	Alternative
AtG	Atomgesetz
AufenthG	Aufenthaltsgesetz
BAnz.	Bundesanzeiger
BDSG	Bundesdatenschutzgesetz
BeckOK	Beck'scher Online-Kommentar
BeckRS	Beck-Rechtsprechung
Begr.	Begründer
BelgVerfGH	Belgischer Verfassungsgerichtshof
B/E/R/S	Beaucamp, Guy/Ettemeyer, Ulrich/Rogosch, Josef Konrad/Stammer, Jens, Hamburger Sicherheits- und Ordnungsrecht – SOG/PolDVG –, 2. Aufl. Stuttgart 2009
BGB	Bürgerliches Gesetzbuch
BGBl.	Bundesgesetzblatt
BGH	Bundesgerichtshof
BKAG	Gesetz über das Bundeskriminalamt und die Zusammenarbeit des Bundes und der Länder in kriminalpolizeilichen Angelegenheiten
BPolG	Gesetz über die Bundespolizei
BRDrucks.	Drucksachen des Deutschen Bundesrates
BremGebBeitrG	Bremisches Gebühren- und Beitragsgesetz
BT	Deutscher Bundestag
BTDrucks.	Drucksachen des Deutschen Bundestages
BürgDrucks.	Drucksachen der Hamburgischen Bürgerschaft
BVerfG	Bundesverfassungsgericht
BVerfGE	Entscheidungen des Bundesverfassungsgerichts
BVerfGK	Kammerentscheidungen des Bundesverfassungsgerichts
BVerwG	Bundesverwaltungsgericht
BVerwGE	Entscheidungen des Bundesverwaltungsgerichts

d.h.	das heißt
DSGVO	Verordnung (EU) 2016/679 des Europäischen Parlaments und des Rates v. 27. 04. 2016 zum Schutz natürlicher Personen bei der Verarbeitung personenbezogener Daten, zum freien Datenverkehr und zur Aufhebung der Richtlinie 95/46/EG (Datenschutz-Grundverordnung), ABl. EU 2016/L 119/1
DSRL-JI	Richtlinie (EU) 2016/680 des Europäischen Parlaments und des Rates v. 27. 04. 2016 zum Schutz natürlicher Personen bei der Verarbeitung personenbezogener Daten durch die zuständigen Behörden zum Zwecke der Verhütung, Ermittlung, Aufdeckung oder Verfolgung von Straftaten oder der Strafvollstreckung sowie zum freien Datenverkehr und zur Aufhebung des Rahmenbeschlusses 2008/977/JI des Rates, ABl. EU 2016/L 119/89
DVBl.	Deutsches Verwaltungsblatt
Ed.	Edition
EGMR	Europäischer Gerichtshof für Menschenrechte
EL	Ergänzungslieferung
EMRK	Europäische Menschenrechtskonvention
ErwGr	Erwägungsgrund
EU	Europäische Union
EuGH	Europäischer Gerichtshof
EUGRCh	EU-Grundrechte-Charta
EUV	Vertrag über die Europäische Union
f./ff.	folgende/fortfolgende
FHH	Freie und Hansestadt Hamburg
gem.	gemäß
GewArch	Gewerbearchiv
GewSchG	Gesetz zum zivilrechtlichen Schutz vor Gewalttaten und Nachstellungen
GG	Grundgesetz
GGBefG	Gesetz über die Beförderung gefährlicher Güter
GGBVOHH	Verordnung über die Sicherheit bei der Beförderung von gefährlichen Gütern und zur Erhöhung des Brandschutzes im Hamburger Hafen
GGVSEB	Verordnung über die innerstaatliche und grenzüberschreitende Beförderung gefährlicher Güter auf der Straße, mit Eisenbahnen und auf Binnengewässern
GGVSee	Verordnung über die Beförderung gefährlicher Güter mit Seeschiffen
GSZ	Zeitschrift für das Gesamte Sicherheitsrecht

H	Hessisch (i. V. m. Norm)
HafenSDVO	Verordnung zur Durchführung des Hafensicherheitsgesetzes (Hamburg)
HafenSG	Hafensicherheitsgesetz (Hamburg)
h. M.	herrschende Meinung
HmbDSG	Hamburgisches Datenschutzgesetz
HmbGebG	Hamburgisches Gebührengesetz
HmbGebOSiO	Hamburgische Gebührenordnung für Maßnahmen auf dem Gebiet der öffentlichen Sicherheit und Ordnung
HmbGVBl.	Hamburgisches Gesetz- und Verordnungsblatt
HmbVwVfG	Hamburgisches Verwaltungsverfahrensgesetz
HmbVwVG	Hamburgisches Verwaltungsvollstreckungsgesetz
HRRS	Onlinezeitschrift für Höchstrichterliche Rechtsprechung zum Strafrecht
Hrsg.	Herausgeber
HS	Halbsatz
HV	Verfassung der Freien und Hansestadt Hamburg
i. d. F.	in der Fassung
i. d. S.	in diesem Sinne
IMDG	International Maritime Code for Dangerous Goods
InfektionsschutzG	Infektionsschutzgesetz
i. S. d.	im Sinne des/im Sinne der
ISPS	International Ship and Port Facility Security Code
i. V. m.	in Verbindung mit
JA	Juristische Arbeitsblätter
Jura	Juristische Ausbildung
JuS	Juristische Schulung
JZ	JuristenZeitung
L/D	Bäcker, Matthias/Denninger, Erhard/Graulich, Kurt (Hrsg.), Lisken/Denninger – Handbuch des Polizeirechts, 6. Aufl. München 2018
LSA	Land Sachsen-Anhalt (i. V. m. Norm)
LTDrucks.	Drucksachen des (Hessischen) Landtages
LuftSiG	Luftsicherheitsgesetz
m. w. A.	mit weiteren Ausführungen
m. w. H.	mit weiteren Hinweisen
m. w. N.	mit weiteren Nachweisen

NJW	Neue Juristische Wochenschrift
NordÖR	Zeitschrift für Öffentliches Recht in Norddeutschland
Nrn.	Nummern
NRW	Nordrhein-Westfalen
NStZ	Neue Zeitschrift für Strafrecht
NuR	Natur und Recht
NVwZ	Neue Zeitschrift für Verwaltungsrecht
NVwZ-RR	Neue Zeitschrift für Verwaltungsrecht-Rechtsprechungsreport
o. Ä.	oder Ähnliches
ÖstVerfGH	Österreichischer Verfassungsgerichtshof
OLG	Oberlandesgericht
OWiG	Gesetz über Ordnungswidrigkeiten
OVG	Oberverwaltungsgericht
PAuswG	Personalausweisgesetz
PolDVG	Gesetz über die Datenverarbeitung der Polizei (Hamburg)
PPP	Public Private Partnership
RAV	Republikanischer Anwältinnen- und Anwälteverein e. V.
RFSR	Raum der Freiheit, der Sicherheit und des Rechts
RGSt	Entscheidungen des Reichsgerichts in Strafsachen
RGZ	Entscheidungen des Reichsgerichts in Zivilsachen
RL	Richtlinie
Rn.	Randnummer
Rspr.	Rechtsprechung
S./s.	Seite/siehe
SachsAnhVerfG	Landesverfassungsgericht Sachsen-Anhalt
SOG	Gesetz zum Schutz der öffentlichen Sicherheit und Ordnung (Hamburg)
sog.	sogenannte(e/r/s)
SOLAS	International Convention for the Safety of Life at Sea
Spstr.	Spiegelstrich
StPO	Strafprozessordnung
StVO	Straßenverkehrs-Ordnung
TierSG	Tierseuchengesetz
TKÜ	Telekommunikationsüberwachung

u. a.	unter anderem
UAbs.	Unterabsatz
u. U.	unter Umständen
VBlBW	Verwaltungsblätter für Baden-Württemberg
VerfGH	Verfassungsgerichtshof
VerwArch	Verwaltungsarchiv
vgl.	vergleich(e)
VG	Verwaltungsgericht
VGH	Verwaltungsgerichtshof
VKO	Hamburger Vollstreckungskostenordnung
VO	Verordnung
VRS	Verkehrsrechtssammlung
vs.	lat. versus (gegen/im Gegensatz zu etwas stehend)
VwGO	Verwaltungsgerichtsordnung
WaffG	Waffengesetz
WÜK	Wiener Übereinkommen über Konsularische Beziehungen
ZAR	Zeitschrift für Ausländerrecht und Ausländerpolitik
z. B.	zum Beispiel
ZD	Zeitschrift für Datenschutz
Ziff.	Ziffer
ZPO	Zivilprozessordnung
ZPol	Zeitschrift für Politikwissenschaft
z. T.	zum Teil
zul.	zuletzt
ZUR	Zeitschrift für Umweltrecht

A. Grundlagen des Hamburger Polizei- und Ordnungsrechts

I. Gegenstände des Hamburger Polizei- und Ordnungsrechts

Sven Eisenmenger

1. Polizei- und Ordnungsrecht als Teil des Öffentlichen Rechts

Befasst man sich in der Ausbildung, im Studium oder in der Praxis mit dem Hamburger Polizei- und Ordnungsrecht, so gilt es zunächst, das Gebiet einzugrenzen und abzugrenzen. Der Grund hierfür liegt nicht nur darin, eine Arbeitsgrundlage für die Kommunikation zu schaffen, sondern auch darin, dass sich aus der Bestimmung des Gebietes die Inhalte eines Handbuchs zum Hamburger Polizei- und Ordnungsrecht ableiten. 1

Die Konkretisierung erfolgt vom Allgemeinen zum Besonderen. Insofern ist zunächst an der Dreiteilung zwischen Öffentlichem Recht, Privatrecht und Strafrecht anzusetzen. Das **Öffentliche Recht** fokussiert auf alle Rechtsbeziehungen im Verhältnis Staat-Privat oder Staat-Staat, wobei dies auf staatlicher Seite Gesetzgebung, Verwaltung und Rechtsprechung sowie auf privater Seite natürliche Personen oder Personengesellschaften und juristische Personen sein können.[1] In der klassischen polizeilichen Situation geht es hierbei z. B. um polizeiliche Platzverweise gegenüber Bürgern (§ 12 a SOG), um Sicherstellungen von Sachen (§ 14 SOG) bis hin zu Ingewahrsamnahmen (§ 13 SOG). Abzugrenzen vom Öffentlichen Recht ist das **Privatrecht**, bei dem es um das gesamte Recht im Verhältnis Privat-Privat geht, also z. B. um Kaufrecht, Mietrecht, Werkvertragsrecht, Gesellschaftsrecht etc. Soweit der Staat am Wirtschaftsleben als Nachfrager (z. B. Käufer von Sachmitteln) oder ggf. sogar als unternehmerischer Anbieter teilnimmt (z. B. kommunale Stadtwerke), finden sowohl öffentlich-rechtliche als auch privatrechtliche Regelungen Anwendung.[2] Das **Strafrecht** wiederum behandelt – wie das Öffentliche Recht – Rechtsfragen im Verhältnis Staat-Privat, hier aber speziell mit dem Ziel der Sanktionierung des Verhaltens von Privaten insbesondere mit Geld- und Freiheitsstrafen, z. B. bei Verstö- 2

1 *Eisenmenger, Sven* in: Stober, Rolf/Paschke, Marian (Hrsg.), Deutsches und Internationales Wirtschaftsrecht, 2. Aufl. Stuttgart 2012, Rn. 1260 ff.

2 *Eisenmenger, Sven* in: Stober, Rolf/Paschke, Marian (Hrsg.), Deutsches und Internationales Wirtschaftsrecht, 2. Aufl. Stuttgart 2012, Rn. 1258 f.

ßen gegen das Strafgesetzbuch.[3] An der Schnittstelle von Öffentlichem Recht und Strafrecht liegt das Recht der Ordnungswidrigkeiten, im Rahmen dessen Private ggf. ein Bußgeld entrichten müssen.

3 Das **Polizeirecht** ist Teil des Öffentlichen Rechts. Es beschreibt das Handeln der Polizei in den Fällen der Gefahrenabwehr (präventives Handeln). Ziel ist der Schutz der öffentlichen Sicherheit und Ordnung, wie § 3 Abs. 1 SOG belegt. Die Polizei ist zur Gefahrenabwehr in allen unaufschiebbaren Fällen befugt (§ 3 Abs. 2 Satz 1 lit. a SOG). Zum Hamburger Polizeirecht gehört mithin das Gesetz zum Schutz der öffentlichen Sicherheit und Ordnung (SOG), das Gesetz über die Datenverarbeitung der Polizei (PolDVG) und das Hafensicherheitsgesetz (HafenSG). Dabei handelt es sich um die wichtigsten Rechtsgrundlagen auf Hamburger Landesebene, die nachfolgend kommentiert werden. Selbstverständlich kommen weitere Rechtsgrundlagen hinzu, wie z. B. die vom Senat erlassene Verordnung über das Verbot des Führens von Waffen und gefährlichen Gegenständen. Daneben existiert eine Vielzahl von Befugnissen nach Bundesgesetzen (z. B. im Versammlungsgesetz) oder in Bundesverordnungen (z. B. in der Straßenverkehrsordnung), die aber nicht Gegenstand des spezifischen Hamburger Polizeirechts im Sinne des Handbuchs sind. Soweit die Polizei im Übrigen repressiv handelt, also Maßnahmen zur Strafverfolgung nach der Strafprozessordnung ergreift, handelt es sich nicht um Polizeirecht im beschriebenen – präventiven – Sinn, sondern um Strafverfahrensrecht in repressiver Hinsicht. Das Strafrecht ist nicht Gegenstand des Handbuchs, zumal es sich auch nicht um spezifisches Hamburger Recht handelt. Hier kann der Leser problemlos auf bestehende Literatur zurückgreifen.[4]

4 Das **Ordnungsrecht** ist auch Teil des Öffentlichen Rechts. Es beschreibt ebenso alles Handeln in Fällen der Gefahrenabwehr (präventives Handeln). Ziel ist auch hier der Schutz der öffentlichen Sicherheit und Ordnung, wie § 3 Abs. 1 SOG belegt. Der Unterschied liegt zum polizeilichen Handeln darin, dass hier nicht die Polizei, sondern die sonstigen Verwaltungsbehörden zur Gefahrenabwehr befugt sind, also gem. § 4 Abs. 1 des Gesetzes über die Verwaltungsbehörden insbesondere die Bezirksämter und Fachbehörden. Das SOG grenzt dies insoweit ein, als dass die Verwaltungsbehörden Maßnahmen zur Gefahrenabwehr „im Rahmen ihres Geschäftsbereichs" treffen können (§ 3 Abs. 1 SOG). Zum Ordnungsrecht, das sich im hier verstandenen Sinn auf alles Recht der Verwaltungsbehörden zum präventiven

---

3 *Eisenmenger, Sven* in: Stober, Rolf/Paschke, Marian (Hrsg.), Deutsches und Internationales Wirtschaftsrecht, 2. Aufl. Stuttgart 2012, Rn. 1263 f.

4 Dazu z. B. *Frister, Helmut*, Polizeihandeln im Strafverfahren, in: L/D, F.

Schutz der Öffentlichen Sicherheit und Ordnung bezieht, gehören zuvörderst das SOG und auch hier eine Vielzahl weiterer landesrechtlicher Vorschriften (man denke nur an das Landesbaurecht). Darüber hinaus existiert eine erhebliche Anzahl von Befugnisgrundlagen auf Bundesebene, wie z. B. im Wirtschaftsüberwachungsrecht mit der Gewerbeordnung.[5]

2. Das Hamburger Polizei- und Ordnungsrecht im Kontext des höherrangigen Rechts

Geht man vom internationalen über den europäischen zum nationalen Rahmen, so sind SOG, PolDVG und HafenSG wie folgt eingebettet: Aus dem Rechtskreis des **Internationalen Rechts** ist insbesondere die **Europäische Menschenrechtskonvention** zu erwähnen, die den Rahmen für das Polizei- und Ordnungsrecht bildet. Zwar decken sich die menschenrechtlichen Standards der EMRK mit den grundrechtlichen Standards. Gleichwohl ist es aber wegen der zusätzlichen Gerichtszuständigkeit des EGMR nicht ausgeschlossen, dass Entscheidungen mit Blick auf Deutschland ergehen, die neue oder andere Abwägungen sowie Aspekte hervorbringen und letztlich auch Einfluss auf das Polizeirecht sowie die Polizeiarbeit nehmen können. Insoweit sei beispielhaft auf die Kennzeichnung von Polizeibeamten im Rahmen geschlossener Einsätze verwiesen.[6] 5

Europarechtlich ist es das **Recht der Europäischen Union**, das primärrechtlich die Rahmenbedingungen für den Raum der Freiheit, der Sicherheit und des Rechts (RFSR) setzt, ebenso wie aufgrund des Richtlinien- und Verordnungsrechts sekundärrechtlich erheblichen Einfluss auf das Hamburger Polizei- und Ordnungsrecht nimmt, man denke nur an die Richtlinie (EU) 2016/680 zum Schutz natürlicher Personen bei der Verarbeitung personenbezogener Daten durch die zuständigen Behörden zum Zwecke der Verhütung, Ermittlung, Aufdeckung oder Verfolgung von Straftaten oder der Strafvollstreckung sowie zum freien Datenverkehr (DSRL-JI)[7]. Das Recht der Europäischen Union genießt gegenüber dem nationalen Recht sogar Anwendungsvorrang. 6

Verfassungsrechtlich setzt das **Grundgesetz (GG)** zusammen mit der **Verfassung der Freien und Hansestadt Hamburg** die entscheidenden Eckpfeiler, so bereits durch die Kompetenzaufteilung zwischen Bund und Ländern 7

5 *Stober, Rolf/Eisenmenger, Sven,* Öffentliches Wirtschaftsrecht – Besonderer Teil, 17. Aufl. Stuttgart 2019, §§ 45 f.

6 EGMR, in: NJW 2018, 3763 ff.

7 V. 27. 04. 2016, ABl. EU 2016/L 119/89.

in Sachen Gefahrenabwehr, vor allem aber auch durch die Staatsstrukturprinzipien (z. B. durch das Rechtsstaatsprinzip) und nicht zuletzt durch die Grundrechte.

8 Das Hamburger Polizei- und Ordnungsrecht ist stets im Kontext dieser Rechtskreise zu betrachten. Entsprechend der Normenpyramide wird nachfolgend – vor der Kommentierung des SOG, des PolDVG und des HafenSG – zunächst das Unionsrecht (A.II.) und sodann das Verfassungsrecht (A.III.) erläutert. Die EMRK (Stufe Bundesgesetz) wird ggf. ergänzend im Rahmen des Verfassungsrechts eingeflochten, da sie hier als Auslegungshilfe der grundgesetzlichen Normen herangezogen wird.

II. Unionsrechtliche Anforderungen und Europäisierung

Kristin Pfeffer

1. Primärrechtliche Anforderungen – Raum der Freiheit, der Sicherheit und des Rechts (RFSR)

a) Vorbemerkung

Der „Raum der Freiheit, der Sicherheit und des Rechts" (RFSR)[8] ist in den letzten Jahren in das Zentrum der europäischen Politik gerückt und hat sich zu einem der am schnellsten wachsenden und dynamischsten Politikfelder entwickelt.[9] Die schrittweise Einrichtung eines „Raums der Freiheit, der Sicherheit und des Rechts" (RFSR) war der Europäischen Union (EU) als neues Ziel durch den Vertrag von Amsterdam (in Kraft getreten am 01. 05. 1999)[10] vorgegeben worden, Art. 61 (Vertrag zur Gründung der Europäischen Gemeinschaft) EGV. Hierdurch sollten **Akzeptanz** und **Vertrauen** in die EU gestärkt werden. 9

> Die Verpflichtung der Union zu dessen Schaffung *„sollte den Sorgen und Ängsten vieler Unionsbürger vor den Risiken Europas, vor der Öffnung der nationalen Grenzen [und] der europaweiten Freizügigkeit (...) Rechnung tragen. Die Union sollte gezielt und mit ausdrücklichem Auftrag auch den Gefahren des von ihr errichteten Raumes ohne Binnengrenzen mit (...) Mio. Einwohnern entgegentreten"*[11].

8 Bekannter unter der englischen Bezeichnung Area of Freedom, Security and Justice (ASFJ).

9 So bereits *Nettesheim, Martin*, Grundrechtskonzeptionen des EuGH im Raum der Freiheit, der Sicherheit und des Rechts, in: EuR 2009, 24 ff.; zur Europäisierung der inneren Sicherheit s. *Hecker, Jan*, Die Europäisierung der inneren Sicherheit, in: DÖV 2006, 273 ff.; *Voßkuhle, Andreas/Schemmel, Jakob*, Grundwissen – Öffentliches Recht: Die Europäisierung des Verwaltungsrechts, in: JuS 2019, 347 ff.; zu Arten der „Europäisierung" des Verwaltungsrechts s. *Holzki, Tim*, Die Europäisierung des Verwaltungsorganisationsrechts, Berlin 2019, S. 18 ff.

10 „Vertrag von Amsterdam" zur Änderung des Vertrags über die Europäische Union, der Verträge zur Gründung der Europäischen Gemeinschaften sowie einiger damit zusammenhängender Rechtsakte, ABl. EG 1997/C 340/1.

11 *Pache, Eckhard*, Die EU – ein Raum der Freiheit, der Sicherheit und des Rechts?, in: Pache, Eckhard (Hrsg.), Die EU – ein Raum der Freiheit, der Sicherheit und des Rechts?, Baden-Baden 2005, S. 10.

10 Eine Verwirklichung des RFSR wird angesehen als „einer der anschaulichsten Belege für den Übergang vom Europa der Wirtschaft zu einem politischen Europa, das im Dienst seiner Bürger steht“[12].

b) Von der intergouvernementalen Zusammenarbeit zu supranationalen Entscheidungsstrukturen

11 Für die Zusammenarbeit im Bereich Polizei und Justiz löste der **Vertrag von Lissabon** (in Kraft getreten am 01. 12. 2009)[13] einen Paradigmenwechsel aus:

12 Vor dessen Inkrafttreten war die Zusammenarbeit im Bereich Polizei und Justiz rein intergouvernementaler Natur und basierte auf völkerrechtlichen Verträgen: Der **Vertrag von Maastricht** (in Kraft getreten am 01. 11. 1993)[14] hatte für die EU eine Drei-Säulen-Struktur geschaffen. Neben der „Europäischen Gemeinschaft“ und der „Gemeinsamen Außen- und Sicherheitspolitik“ umfasste die dritte Säule das Politikfeld **„Zusammenarbeit in den Bereichen Inneres und Justiz“**. Rechtsetzungsaktivitäten der EU waren für die Justiz- und Innenpolitik noch ausdrücklich ausgeschlossen worden. Gemeinsame Gesetze konnten deshalb nur durch eigene völkerrechtliche Verträge (sog. *Übereinkommen* oder *Konventionen*) geschlossen werden, welche von allen nationalen Parlamenten der Mitgliedstaaten ratifiziert werden mussten. Im **Vertrag von Amsterdam** (in Kraft getreten am 01. 05. 1999) wurde dann als einziges Politikfeld der dritten Säule die **„Polizeiliche und justizielle Zusammenarbeit in Strafsachen (PJZS)“** zugeordnet. Innerhalb eines Zeitraums von fünf Jahren war die Schaffung eines „Raums der Freiheit, der Sicherheit und des Rechts“ (RFSR) vorgesehen, Art. 61 EGV.

13 Mit dem **Vertrag von Lissabon** wurde die polizeiliche und justizielle Zusammenarbeit in Strafsachen vollwertiger Bestandteil der EU. Ziele, Grundsätze und den institutionellen Rahmen für diese Zusammenarbeit in der EU enthält seither der **Vertrag über die Europäische Union (EUV)**. Bisherige Bestimmungen des EG-Vertrages wurden in den **Vertrag über die Arbeitsweise der Europäischen Union (AEUV)** überführt und um neue Regelungen ergänzt. EUV und AEUV sind gleichrangig und bilden zusammen nunmehr

---

12 KOM(2004) 401 endgültig, „Raum der Freiheit, der Sicherheit und des Rechts: Bilanz des Tampere-Programms und Perspektiven“, S. 4.

13 „Vertrag von Lissabon“ zur Änderung des Vertrags über die Europäische Union und des Vertrags zur Gründung der Europäischen Gemeinschaft, ABl. EU 2007/C 306/1, zuletzt bekanntgemacht durch Abdruck der konsolidierten Textfassungen im ABl. EU 2012/C 326/1.

14 Als „Vertrag von Maastricht“ wird der „Vertrag über die Europäische Union (EUV)“ bezeichnet, der am 07. 02. 1992 im niederländischen Maastricht vom Europäischen Rat unterzeichnet wurde, ABl. EG 1992/C 191/1.

das sog. EU-Primärrecht, d. h. die EU-Verfassung. Die EU hat die Europäische Gemeinschaft ersetzt, sie ist deren Rechtsnachfolgerin i. S. d. Art. 1 Abs. 3 Satz 2 EUV.

Der Raum der Freiheit, der Sicherheit und des Rechts (RFSR) wird in Titel V, **Art. 67 bis 89 AEUV** geregelt. Kernelemente des RFSR sind die **polizeiliche Zusammenarbeit, Art. 87 bis 89 AEUV** und die **Justizzusammenarbeit in Strafsachen, Art. 82 bis 86 AEUV**. Einige der noch in der rein intergouvernementalen Phase der Zusammenarbeit im Bereich Polizei und Justiz geschlossenen **völkerrechtlichen Verträge**, wie etwa das sog. Schengener Durchführungsabkommen[15] (SDÜ), der sog. Prümer Vertrag[16] sowie weitere Verträge zwischen den EU-Mitgliedstaaten, wurden in den Rechtsrahmen der EU übergeleitet und inzwischen überwiegend durch neuere EU-Regelungen ersetzt. Andere völkerrechtliche Verträge, wie etwa das Europäische Übereinkommen über die Rechtshilfe in Strafsachen vom 20. 04. 1959[17] und das Europäische Auslieferungsübereinkommen vom 13. 12. 1957[18], sind weiterhin eigenständige völkerrechtliche Verträge, die auf der Ebene des Europarats angesiedelt sind und damit bereits räumlich über die EU hinauswirken. Für die EU-Mitgliedstaaten wurden diese Europaratsübereinkommen teilweise durch weiterreichende Vereinbarungen ersetzt.[19] 14

c) Zum Begriff des Raumes der Freiheit, der Sicherheit und des Rechts (RFSR)

Hinter dem Begriff **„Raum der Freiheit, der Sicherheit und des Rechts"** (RFSR) verbirgt sich zum einen eine politische Idee, aber auch ein vertragliches Vorhaben und ein bereits vorhandener Normbestand.[20] Wie sich be- 15

15 ABl. EG 1999/L 176/1.

16 Ratsbeschluss 2008/615/JI, ABl. EU 2008/L 210/1.

17 BGBl. 1964 II 1386; später geändert.

18 BGBl. 1964 II 1369; später geändert.

19 In Deutschland bündelt das Gesetz über die internationale Rechtshilfe in Strafsachen (IRG, Gesetz über die internationale Rechtshilfe in Strafsachen i. d. F. der Bekanntmachung v. 27. 06. 1994 (BGBl. 1994 I 1537), zul. geändert durch Art. 3 des Gesetzes v. 27. 08. 2017, BGBl. 2017 I 3295, die Regelungen zum Rechtshilfeverkehr mit anderen Staaten im Allgemeinen (§ 1 Abs. 1 IRG) und spezifische Regelungen für die Rechtshilfe-Zusammenarbeit mit den anderen EU-Staaten (§ 1 Abs. 4 IRG). Die Richtlinien für den Verkehr mit dem Ausland in strafrechtlichen Angelegenheiten (RiVASt) erläutern und konkretisieren die teils komplexen Vorschriften für den praktischen Vollzug (Bundesministerium der Justiz und für Verbraucherschutz, Bekanntmachung der Neufassung der Richtlinien für den Verkehr mit dem Ausland in strafrechtlichen Angelegenheiten [RiVASt] v. 23. 12. 2016 [BAnz AT 2017, B1]). Wenn mit der Rechtshilfe strafprozessuale Ermittlungshandlungen verbunden sind, so richten sich diese nach den Vorschriften der Strafprozessordnung (StPO).

20 *Nettesheim, Martin*, Grundrechtskonzeptionen des EuGH im Raum der Freiheit, der Sicherheit und des Rechts, in: EuR 2009, 24 ff.

reits aus den Erwägungen in der **Präambel des EUV** ergibt, handelt es sich dabei nicht allein um ein Komplementär zu dem Vertragsziel Binnenmarkt, d.h. also nicht lediglich um einen Ausgleich dafür, dass Kapital, Waren und Personen die Grenzen schneller und einfacher passieren sollen, sondern vielmehr um die unmittelbare Konsequenz des Bekenntnisses der Mitgliedstaaten zu den Grundsätzen der Freiheit, der Demokratie, der Achtung der Menschenrechte und Grundfreiheiten und der Rechtsstaatlichkeit in diesem Stadium der Integration:[21]

> *„(…) in Bestätigung ihres Bekenntnisses zu den Grundsätzen der Freiheit, der Demokratie und der Achtung der Menschenrechte und Grundfreiheiten und der Rechtsstaatlichkeit, (…) entschlossen, die Freizügigkeit unter gleichzeitiger Gewährleistung der Sicherheit ihrer Bürger durch den Aufbau eines Raums der Freiheit, der Sicherheit und des Rechts nach Maßgabe der Bestimmungen dieses Vertrags und des Vertrags über die Arbeitsweise der Europäischen Union zu fördern, (…)".*

16 Das große Gewicht des Vertragsziels eines Raums der Freiheit, der Sicherheit und des Rechts ergibt sich zudem aus dem Umstand, dass dieses Ziel in **Art. 3 Abs. 2 EUV** zu den **Hauptzielen der EU** gerechnet wird und auf gleicher Ebene mit dem gemeinsamen Binnenmarkt genannt wird. Hierin spiegelt sich die Entwicklung der EU von einer reinen Wirtschaftsgemeinschaft hin zu einer immer engeren Union und einer verfassten **Wertegemeinschaft** wider.[22] Es ist die Konsequenz aus der Erkenntnis, dass es auf Dauer nicht möglich ist, die grenzüberschreitenden Freiheiten wesentlich zu erhöhen, ohne parallel Sicherheit und Recht grenzüberschreitend zu entwickeln.[23]

17 Dabei handelt es sich bei dem RFSR nicht um drei Räume, sondern um **einen einzigen Raum**, in dem jeweils die Prinzipien der Freiheit, der Sicherheit und des Rechts gleichermaßen gelten. Diese drei Prinzipien stehen in einer **Wechselbeziehung** und bedingen einander. Einzelne Politiken des RFSR lassen sich daher regelmäßig nicht nur einem dieser drei Prinzipien

---

21 Präambel des EU-Vertrages, Erwägung 4 und 12; dazu *Suhr, Oliver*, in: Calliess, Christian/Ruffert, Matthias (Hrsg.), EUV/AEUV (Kommentar), 5. Aufl. München 2016, Art. 67 AEUV Rn. 74 ff.

22 *Suhr, Oliver*, in: Calliess, Christian/Ruffert, Matthias (Hrsg.), EUV/AEUV (Kommentar), 5. Aufl. München 2016, Art. 67 AEUV Rn. 76.

23 *Suhr, Oliver*, in: Calliess, Christian/Ruffert, Matthias (Hrsg.), EUV/AEUV (Kommentar), 5. Aufl. München 2016, Art. 67 AEUV Rn. 76.

zuordnen,[24] sondern sind allen dreien verpflichtet.[25] Der RFSR kann danach als einheitliches Gebiet der Reisefreiheit und **Personenfreizügigkeit**, vgl. auch Art. 3 Abs. 2 EUV, bezeichnet werden, in dem sich Personen zum einen ungehindert von Grenzkontrollen, zum anderen aber auch sicher vor kriminalitätsbedingten Gefahren bewegen können.[26] Außerdem soll eine grenzüberschreitende **Sicherstellung des Rechtszugangs** durch gegenseitige Anerkennung von Gerichtsentscheidungen gewährleistet werden. Das Prinzip der gegenseitigen Anerkennung (dazu näher A.II.1.e.) wird generell zur Grundlage gerichtlicher Kooperation.[27]

Die **strategischen Leitlinien** für die gesetzgeberische und operative Pro- **18**
grammplanung im Raum der Freiheit, der Sicherheit und des Rechts legt der **Europäische Rat** fest, **Art. 68 AEUV**.

aa) Prinzip der Freiheit

Das Prinzip der Freiheit ist zum einen bestimmt vom **freien Personenver- 19**
kehr innerhalb der EU auf der Grundlage des sog. Schengen-Acquis, Art. 67 Abs. 2, Art. 77 Abs. 1 lit. a AEUV.[28] Personenkontrollen sollen an den Binnengrenzen, unabhängig von der Staatsangehörigkeit, nicht stattfinden. An den Außengrenzen der Union sollen einheitliche Standards für deren Sicherheit gelten. Das Prinzip der „Freiheit" enthält aber mehr als nur die Bewegungsfreiheit oder den Verweis auf die Freizügigkeit.[29] Das Prinzip der Freiheit wird insbesondere geprägt vom **Schutz der Grundrechte**, etwa der Privatsphäre. Dabei soll es um den Schutz der Grundrechte auf europäischer Ebene und um die Bekämpfung jeglicher Diskriminierungen gehen.

Gem. **Haager Programm** (2005–2010) umfasst der „Raum" – neben Materien wie freier Personenverkehr, Visumpolitik, EU-Politik an den Außengrenzen, Schen-

---

24 Teilweise werden die Ausprägungen des RFSR schwerpunktmäßig bzw. ausschließlich dem „Raum der Freiheit", dem „Raum der Sicherheit" oder dem „Raum des Rechts" zugeordnet. Nach diesem Verständnis werden beispielsweise die Bereiche Grenzkontrollen, Asyl und Einwanderung der „Freiheit" zugeordnet, die polizeiliche Zusammenarbeit der „Sicherheit" und die justizielle Zusammenarbeit in Zivilsachen dem „Recht".

25 S. Wiener Aktionsplan, ABl. EG 1999/C 19/1, Ziff. 5: „drei untrennbar miteinander verknüpfte Konzepte"; dazu *Suhr, Oliver*, in: Calliess, Christian/Ruffert, Matthias (Hrsg.), EUV/AEUV (Kommentar), 5. Aufl. München 2016, Art. 67 AEUV Rn. 75.

26 *Weiß, Wolfang/Satzger, Helmut*, in: Streinz, Rudolf (Hrsg.), EUV/AEUV (Kommentar), 3. Aufl. München 2018, Art. 67 AEUV Rn. 26.

27 *Weiß, Wolfang/Satzger, Helmut*, in: Streinz, Rudolf (Hrsg.), EUV/AEUV (Kommentar), 3. Aufl. München 2018, Art. 67 AEUV Rn. 26.

28 *Pache, Eckhard*, Die EU – ein Raum der Freiheit, der Sicherheit und des Rechts?, in: Pache, Eckhard (Hrsg.), Die EU – ein Raum der Freiheit, der Sicherheit und des Rechts?, Baden-Baden 2005, S. 9.

29 *Weiß, Wolfang/Satzger, Helmut*, in: Streinz, Rudolf (Hrsg.), EUV/AEUV (Kommentar), 3. Aufl. München 2018, Art. 67 AEUV Rn. 26.

genraum, Einwanderung, Asyl – auch justizielle Zusammenarbeit in Zivil- und Handelssachen, justizielle Zusammenarbeit in Strafsachen, Koordinierung der Drogenpolitik, Unionsbürgerschaft, Datenschutz, Grundrechte, Rassismus und Fremdenfeindlichkeit, Zusammenarbeit zwischen Polizei- und Zollbehörden, Verbrechensvorbeugung, Kampf gegen das organisierte Verbrechen, Außenbeziehungen, Erweiterung aus der Perspektive von Justiz und Innerem.[30]

bb) Prinzip der Sicherheit

20 Durch die Schaffung der Freizügigkeit mit kontrollfreien Grenzüberschreitungen wächst die Gefahr, dass auch parallel die Kriminalität grenzüberschreitenden, nicht mehr verfolgbaren Charakter annimmt.[31] Um hier einem Missbrauch der Personenfreizügigkeit zu begegnen und die innere Sicherheit trotz Wegfalls der Grenzkontrollen zu erhalten, sind insbesondere flankierende **sicherheitsrelevante Maßnahmen** zur Prävention und Repression besonders schwerer, grenzüberschreitender Kriminalitätsformen, wie sie in Art. 83 Abs. 1 UAbs. 2 AEUV aufgelistet sind, zu treffen.[32] Einige bisher bereits ergriffene Maßnahmen betreffen Außengrenzkontrollen, Visapolitik, Regelungen von Asyl und Migration sowie den der Kriminalitätsbekämpfung und Terrorabwehr. Gem. Art. 72 AEUV (sog. „Ordre-public-Vorbehalt“) bleibt jedoch, auch nach dem Vertrag von Lissabon, die Aufrechterhaltung der **öffentlichen Ordnung und Sicherheit** in den Mitgliedstaaten alleinige Kompetenz der Mitgliedstaaten selbst. Auch der Vertrag von Lissabon begründet keine eigene polizeiliche Exekutive der EU (vgl. näher dazu A.II.1.g.).

21 Im **Stockholmer Programm** (2010–2014) formuliert der Europäische Rat seine Strategie der inneren Sicherheit im RFSR.

Er betont, dass „die Verstärkung von Maßnahmen auf europäischer Ebene in Verbindung mit einer besseren Koordinierung auf regionaler und nationaler Ebene für den Schutz vor transnationalen Bedrohungen von wesentlicher Bedeutung sind. Unter anderem sind Terrorismus und organisierte Kriminalität, Drogenhandel, Korruption, Menschenhandel, Schleusung sowie illegaler Waffenhandel weiterhin

30 Das vom Europäischen Rat am 4./5. November 2004 angenommene mehrjährige Haager Programm listet 10 Prioritäten der Europäischen Union zur Stärkung von Freiheit, Sicherheit und Recht in den kommenden fünf Jahren auf. Mitteilung der Kommission an den Rat und das Europäische Parlament vom 10. Mai 2005 – Das Haager Programm: Zehn Prioritäten für die nächsten fünf Jahre. Die Partnerschaft zur Erneuerung Europas im Bereich der Freiheit, der Sicherheit und des Rechts [KOM(2005) 184 endgültig – ABl. EU 2005/C 236/9].

31 *Heid, Daniela*, in: Dauses, Manfred A./Ludwigs, Markus (Hrsg.), Handbuch des EU-Wirtschaftsrechts, 48. Aufl. München 2019, s. Raum der Freiheit, der Sicherheit und des Rechts (RFSR) Rn. 5.

32 *Heid, Daniela*, in: Dauses, Manfred A./Ludwigs, Markus (Hrsg.), Handbuch des EU-Wirtschaftsrechts, 48. Aufl. München 2019, s. Raum der Freiheit, der Sicherheit und des Rechts (RFSR) Rn. 5; *Weiß, Wolfgang/Satzger, Helmut*, in: Streinz, Rudolf (Hrsg.), EUV/AEUV (Kommentar), 3. Aufl. München 2018, Art. 67 AEUV Rn. 29.

> Herausforderungen für die innere Sicherheit der Union. Die grenzüberschreitende weitverbreitete Kriminalität ist mittlerweile eine dringende Herausforderung, die ein deutliches und umfassendes Handeln erfordert. Mit den Maßnahmen der Union sollen die von den zuständigen Behörden der Mitgliedstaaten durchgeführten Arbeiten verstärkt und deren Ergebnisse verbessert werden.“ [33]

In seiner aktuellen Agenda für die EU 2019–2024 hat der Europäische Rat als eine Hauptpriorität den „Schutz der Bürgerinnen und Bürger und der Freiheiten“ benannt.[34] **22**

cc) Prinzip des Rechts

Das Prinzip des Rechts im RFSR wird geprägt von der **justiziellen Zusammenarbeit** der Mitgliedstaaten und der EU in Zivil-, Handels- und Strafsachen.[35] Der **Zugang zum Recht** für alle Unionsbürger soll erleichtert werden, Art. 67 Abs. 4 AEUV. Dabei geht es insbesondere auch um die Schaffung eines europäischen **materiellen Strafrechts**, Art. 83 AEUV, und die **Harmonisierung im Strafprozessrecht,** insbesondere durch gegenseitige **Anerkennungen** gerichtlicher Urteile und Entscheidungen, Art. 82 AEUV. Der Vertrag von Lissabon enthält die Rechtsgrundlagen für eine enge **Behördenkooperation** der Mitgliedstaaten **im Bereich Polizei- und Strafrecht**, etwa in Art. 72 AEUV. Der RFSR achtet neben den **Grundrechten** auch die verschiedenen Rechtsordnungen und -traditionen der Mitgliedstaaten, Art. 67 Abs. 1 AEUV. Auch der verfassungsrechtliche Gesetzesvorbehalt für Eingriffe in Freiheit und Eigentum ist hier verankert, etwa in Art. 75, Art. 79 Abs. 2 lit. c, Art. 83 AEUV.[36] Im Titel V des AEUV zum RFSR ist somit mehr enthalten, als neue Kompetenzen der EU.[37] Dies kommt auch zum Ausdruck in den Politikkonzepten der EU-Kommission, wenn diese den RFSR in den Dienst des Bürgers stellen und ihn als **Garant der Grundrechte und Grundfreiheiten** bestimmen.[38] **23**

---

33 „Das Stockholmer Programm – ein offenes und sicheres Europa im Dienste und zum Schutz der Bürger“, ABl. EU 2010/C 115/1.

34 Europäischer Rat, Eine neue strategische Agenda, 2019–2024, 2019, abrufbar unter https://www.consilium.europa.eu/media/39963/a-newstrategic-agenda-2019–2024-de.pdf (zuletzt abgerufen am 14. 02. 2020).

35 *Heid, Daniela*, in: Dauses, Manfred A./Ludwigs, Markus (Hrsg.), Handbuch des EU-Wirtschaftsrechts, Werkstand: 48. Aufl. München 2019, s. Raum der Freiheit, der Sicherheit und des Rechts (RFSR) Rn. 6.

36 *Weiß, Wolfang/Satzger, Helmut*, in: Streinz, Rudolf (Hrsg.), EUV/AEUV (Kommentar), 3. Aufl. München 2018, Art. 67 AEUV Rn. 30.

37 *Weiß, Wolfang/Satzger, Helmut*, in: Streinz, Rudolf (Hrsg.), EUV/AEUV (Kommentar), 3. Aufl. München 2018, Art. 67 AEUV Rn. 30.

38 *Weiß, Wolfang/Satzger, Helmut*, in: Streinz, Rudolf (Hrsg.), EUV/AEUV (Kommentar), 3. Aufl. München 2018, Art. 67 AEUV Rn. 30.

Das **Stockholmer Programm** (2010–2014)[39] formuliert im Zusammenhang mit dem Prinzip des Rechts folgende Prioritäten für den RFSR: Die „Förderung der Rechte der Bürger“, „ein Europa der Rechte“, „ein Europa auf dem Fundament der Grundrechte“, „uneingeschränkte Ausübung des Rechts auf Freizügigkeit“, „Zusammenleben in einem Raum, in dem die Vielfalt respektiert und die Schutzbedürftigsten geschützt werden“, „Die Rechte des Einzelnen im Strafverfahren“, „Schutz der Rechte der Bürger in der Informationsgesellschaft“, „Teilhabe am demokratischen Leben der Union“, „Anspruch auf Schutz in Drittländern“, „Weitere Umsetzung des Grundsatzes der gegenseitigen Anerkennung“, „Stärkung des gegenseitigen Vertrauens“, „Schaffung eines Sockels an gemeinsamen Mindestnormen“, „Erleichterung des Zugangs zur Justiz“, „Stärkung der internationalen Präsenz der Union in rechtlichen Fragen“.

d) Prinzip der geteilten Gesetzgebungszuständigkeit

24 Die Gesetzgebungszuständigkeit im RSFR richtet sich seit dem Vertrag von Lissabon nach dem Prinzip der sog. geteilten Gesetzgebungszuständigkeit, Art. 2 Abs. 2 i. V. m. Art. 4 Abs. 2 lit. j AEUV. Danach gilt, vergleichbar mit der konkurrierenden Gesetzgebungszuständigkeit des Bundes nach Art. 72, 74 GG: Wenn die EU in einem Bereich von ihrer Regelungskompetenz Gebrauch gemacht hat, so entfaltet dies für die Mitgliedstaaten eine Sperrwirkung. Die Mitgliedstaaten können keine abweichenden Regelungen mehr erlassen, wenn diese EU-Regelung abschließend ist und nicht lediglich Mindestvorschriften definiert. Solange die EU allerdings eine Sachfrage nicht regelt, können die Mitgliedstaaten weiterhin selbst Regelungen treffen.[40]

25 Bei der Ausübung der geteilten Gesetzgebungszuständigkeit hat die EU das **Subsidiaritätsprinzip** zu beachten. Die EU darf danach nur tätig werden, **Art. 5 Abs. 3 EUV**,

> *„sofern und soweit die Ziele der in Betracht gezogenen Maßnahmen von den Mitgliedstaaten weder auf zentraler noch auf regionaler oder lokaler Ebene ausreichend verwirklicht werden können, sondern vielmehr wegen ihres Umfangs oder ihrer Wirkungen auf Unionsebene besser zu verwirklichen sind“.*

---

39 „Das Stockholmer Programm – ein offenes und sicheres Europa im Dienste und zum Schutz der Bürger“, ABl. EU 2010/C 115/1. Im Anschluss an das Stockholmer Programm hat der Europäische Rat erneut „Strategische Leitlinien für die gesetzgeberische und operative Programmplanung für die kommenden Jahre im Raum der Freiheit, der Sicherheit und des Rechts“ verabschiedet, s. Schlussfolgerungen des Europäischen Rates auf der Tagung am 26./27. 06. 2014, EUCO 79/14.

40 *Aden, Hartmut*, Europäische Rechtsgrundlagen und Institutionen des Polizeihandelns, in: L/D, N. Rn. 3.

Hierbei überträgt **Art. 69 AEUV** den mitgliedstaatlichen Parlamenten die Aufgabe, bei Gesetzgebungsvorschlägen für den RFSR „für die Achtung des Subsidiaritätsprinzips nach Maßgabe des Protokolls über die Anwendung der Grundsätze der Subsidiarität" Sorge zu tragen.[41] Die mitgliedstaatlichen Parlamente machen von der Möglichkeit der sog. **Subsidiaritätsrüge** nicht selten Gebrauch.[42] 26

Ein Beispiel für eine vom Deutschen Bundesrat erhobene Subsidiaritätsrüge ist diejenige gegen die **DSRL-JI**,[43] die wegen der weitreichenden Bedeutung für die polizeiliche Datenverarbeitung hier Erwähnung findet:

Der **Bundesrat** berief sich u. a. mit folgender Begründung auf die Nichtbeachtung des Prinzips der **Subsidiarität**: *„Soweit der Richtlinienvorschlag auch die* ***rein innerstaatliche polizeiliche Datenverarbeitung*** *in den Anwendungsbereich einbezieht, lehnt der Bundesrat den Vorschlag ab, da er von den vertraglichen Grundlagen nicht gedeckt ist. Der Kompetenzrahmen des Artikels 16 Absatz 2 AEUV wird im polizeilichen Bereich durch Artikel 87 AEUV konkretisiert. Danach ist nur die Zusammenarbeit zwischen den mitgliedstaatlichen Polizei- und Strafverfolgungsbehörden erfasst. Artikel 87 Absatz 1 AEUV vermittelt insofern keine Kompetenz zur Regelung von Sachverhalten, die ausschließlich die Tätigkeit dieser Behörden innerhalb eines Mitgliedstaats und damit keine Form der Zusammenarbeit zwischen den Mitgliedstaaten betreffen."*[44]

Neben dem Bundesrat hatten noch der schwedische Reichstag, das belgische Repräsentantenhaus, das italienische Abgeordnetenhaus sowie der französische Senat von der Befugnis zur Erhebung der Subsidiaritätsrüge Gebrauch gemacht. Das für eine Überprüfung gem. Art. 7 Abs. 2 des Protokolls über die Anwendung der Grundsätze der Subsidiarität und der Verhältnismäßigkeit[45] erforderliche Quorum wurde aber nicht erreicht.

e) Prinzip der gegenseitigen Anerkennung

Mit dem Vertrag von Lissabon wurde die gegenseitige Anerkennung zur rechtlichen Grundlage für die gesamte justizielle Zusammenarbeit in Straf- 27

41 Näheres zur Subsidiaritätsrüge regelt § 11 (Subsidiaritätsrüge) des Gesetzes über die Wahrnehmung der Integrationsverantwortung des Bundestages und des Bundesrates in Angelegenheiten der Europäischen Union (Integrationsverantwortungsgesetz – IntVG).

42 Ein Bericht über die Subsidiaritätsprüfung im Deutschen Bundestag und in anderen nationalen Parlamenten wurde erstellt für den Bundestag, s. BTDrucks. 18/12260 v. 03. 05. 2017; s. dazu auch *Becker, Peter*, Die Subsidiaritätsprüfung in Bundestag und Bundesrat – ein rechtliches oder ein politisches Instrument?, in: ZPol, 2013, 5 ff.

43 RL (EU) 2016/680 v. 27. 04. 2016, ABl. EU 2016/L 119/89.

44 BTDrucks. 51/12 (Beschluss) (2) v. 30. 03. 2012.

45 Protokoll über die Anwendung der Grundsätze der Subsidiarität und der Verhältnismäßigkeit v. 13. 12. 2007, ABl. EU 2007/C 306/150.

sachen, **Art. 82 Abs. 1 UAbs. 1 Satz 1 AEUV**. Als Konsequenz daraus, dass das Straf- und Strafverfahrensrecht in den EU-Mitgliedstaaten weiterhin sehr unterschiedlich konzipiert ist, steht der **Grundsatz gegenseitiger Anerkennung justizieller Entscheidungen** im Mittelpunkt der EU-Strategie. Danach muss eine in einem Mitgliedstaat rechtmäßig ergangene justizielle Entscheidung in jedem anderen Mitgliedstaat als solche anerkannt werden.[46] Die unionsweite Anerkennung nationaler gerichtlicher Entscheidungen soll die im Bereich der Rechtshilfe traditionell bestehenden, zeitaufwändigen Hindernisse abbauen und so eine effektive grenzüberschreitende Strafverfolgung ermöglichen.[47]

28 Dabei wird vorausgesetzt, dass „ein **gegenseitiges Vertrauen** der Mitgliedstaaten in ihre jeweiligen Strafjustizsysteme besteht".[48] Auf dieser Annahme basieren insbesondere der **Europäische Haftbefehl**[49] und die **Europäische Ermittlungsanordnung** (dazu A.II.1.i.).[50]

29 Kritiker weisen jedoch darauf hin, dass die gegenseitige Anerkennung ohne weitreichende Angleichung der Strafrechtssysteme der Mitgliedstaaten und ohne Garantie unabdingbarer Verfahrensrechte für die Beschuldigten die Gefahr birgt, dass grundlegende **Verteidigungsrechte verkürzt** werden oder verloren gehen.[51] Der Einzelne sei regelmäßig der „Leidtragende des Prinzips der gegenseitigen Anerkennung".[52] Nur ausnahmsweise – etwa bei der Verwirklichung des „ne bis in idem"-Grundsatzes – wirke das Prinzip zugunsten des Beschuldigten.[53]

---

46 *Weiß, Wolfang/Satzger, Helmut*, in: Streinz, Rudolf (Hrsg.), EUV/AEUV (Kommentar), 3. Aufl. München 2018, Art. 82 AEUV Rn. 11.

47 *Weiß, Wolfang/Satzger, Helmut*, in: Streinz, Rudolf (Hrsg.), EUV/AEUV (Kommentar), 3. Aufl. München 2018, Art. 82 AEUV Rn. 11.

48 EuGH, verb. Rs. C-187/01 u. C-385/01 (Gözütok und Brügge), Slg. 2003, I-1345, Rn. 33; EuGH, Gutachten 2/13 (EMRK Beitritt) ECLI:EU:C:2014:2454 Rn. 191.

49 Er basiert auf einem am 13. 07. 2002 erlassenen EU-Rahmenbeschluss 2002/584/JI über den Europäischen Haftbefehl und die Übergabeverfahren zwischen den Mitgliedstaaten und ist ein Rechtsakt der ehemaligen dritten EU-Säule, der nach Art. 9 des Protokolls Nr. 36 zum Vertrag von Lissabon weitergilt. Einen Überblick zu den Grundlagen des Europäischen Haftbefehls, dem Verfahren und aktuellen Problemen: *Schröder, Christian*, Grundlagen des Europäischen Haftbefehls, in: JuS 2019, 856 ff.

50 Die Europäische Ermittlungsanordnung in Strafsachen (EEA) ist geregelt in der RL 2014/41/EU v. 03. 04. 2014, ABl. EU 2014/L 130/1.

51 *Weiß, Wolfang/Satzger, Helmut*, in: Streinz, Rudolf (Hrsg.), EUV/AEUV (Kommentar), 3. Aufl. München 2018, Art. 82 AEUV Rn. 11.

52 *Weiß, Wolfang/Satzger, Helmut*, in: Streinz, Rudolf (Hrsg.), EUV/AEUV (Kommentar), 3. Aufl. München 2018, Art. 82 AEUV Rn. 11.

53 *Weiß, Wolfang/Satzger, Helmut*, in: Streinz, Rudolf (Hrsg.), EUV/AEUV (Kommentar), 3. Aufl. München 2018, Art. 82 AEUV Rn. 11.

Dass das „**gegenseitige Vertrauen** der Mitgliedstaaten in ihre jeweiligen Strafjustizsysteme" eine Fiktion ist und seit einiger Zeit in diesem Zusammenhang (teilweise) von einem wachsenden Misstrauen gesprochen werden kann, belegen Entscheidungen zahlreicher mitgliedstaatlicher Gerichte,[54] sowie diejenigen des EuGH[55] zum Europäischen Haftbefehl. Das Recht des **Europäischen Haftbefehls** wird daher derzeit als „Brennglas harter Integrationskonflikte innerhalb der EU"[56] bezeichnet. So tendiert sowohl die aktuelle Rechtsprechung des EuGH[57] als auch die des BVerfG[58] und anderer nationaler Gerichte hier inzwischen zu einer „Abschwächung" der gegenseitigen Anerkennung bei extremen Ausnahmefällen. Faktisch wird damit das gegenseitige Vertrauen durch einen „europäischen Ordre-public" (EuGH)[59] bzw. einen „nationalen Ordre-public" (BVerfG) begrenzt (s. A.II.1.g.). 30

Auch wenn Norwegen nur ein mit der EU assoziierter Staat ist, soll hier wegen der möglichen Vorbildwirkung das aufsehenerregende Urteil des norwegischen Verwaltungsgerichts vom 27. 02. 2020 Erwähnung finden, wonach sich Norwegen aus Protest gegen die umstrittenen rechtsstaatlichen Reformen in Polen aus einem mit Mitteln des Europäischen Wirtschaftsraums (EWR) finanzierten Justizprogramm zurückzieht. Die politische Kontrolle über die Gerichte in Polen sei so

54 BVerfGE 113, 273 sowie BVerfGE 140, 317; dazu *Wendel, Mattias*, Rechtsstaatlichkeitsaufsicht und gegenseitiges Vertrauen – Anmerkung zum Urteil des EuGH v. 25. 07. 2018, Rs. C-216/18 PPU (Minister for Justice and Equality gegen LM), in: EuR 2019, 111; beispielhaft für deutsche höchstrichterliche Rechtsprechung zuletzt OLG Karlsruhe, Beschluss v. 17. 02. 2020, 301 AR 156/19.

55 Vgl. EuGH, Rs. C-303/05 (Advocaten voor de Wereld) ECLI:EU:C:2007:261; Rs. C-396/11 (Radu) ECLI:EU:C:2013:39; Rs. C-399/11 (Melloni) ECLI:EU:C:2013:107; Rs. C-237/15 (Lanigan) ECLI:EU:C:2015:474; verb. Rs. C-404/15 u. C-659/15 (Aranyosi und Căldăraru) ECLI:EU:C:2016:198 – PPU); Rs. C-270/17 (Tupikas) ECLI:EU:C:2017:628; Rs. C-367/16 (Piotrowski) ECLI:EU:C:2018:27; Rs. C-220/18 (Haftbedingungen in Ungarn) ECLI:EU:C:2018:589; EuGH, Rs. C-216/18 (Minister for Justice and Equality gegen LM) ECLI:EU:C:2018:586.

56 So *Gärditz, Klaus Ferdinand*, Anmerkung zu den Schlussanträgen des Generalanwalts beim EuGH Manuel Campos Sánchez-Bordona vom 30. 04. 2019 – Verbundene Rechtssachen C-508/18 und C-82/19 PPU – in: GSZ 2019, 127 ff.; *Wendel, Mattias*: Die Rechtsstaatlichkeitskrise vor Gericht: der Anfang vom Ende gegenseitigen Vertrauens, VerfBlog, 2018/3/17, https://verfassungsblog.de/die-rechtsstaatlichkeitskrise-vor-gericht-der-anfang-vom-ende-gegenseitigen-vertrauens/ (zuletzt abgerufen am 12. 03. 2020); *Danwitz, Luc*: In Rights We Trust: The ECtHR's judgement in Romeo Castaño v. Belgium and the relationship between the ECHR and the principle of mutual trust in EU law, VerfBlog, 2019/8/21, https://verfassungsblog.de/in-rights-we-trust/ (zuletzt abgerufen am 12. 03. 2020).

57 EuGH, Rs. C-508/18 u. C-82/19 (PPU) ECLI:EU:C:2019:456, Rn. 88; verb. Rs. C-404/15 und C-659/15 (PPU) ECLI:EU:C:2016:198, Rn. 82 ff.

58 BVerfGE 140, 317, 342 ff.

59 EuGH, Rs. C-404/15 u. C-659/15 (Aranyosi u. Căldăraru) ECLI:EU:C:2016:198; s. dazu *Satzger, Helmut*, Grund- und menschenrechtliche Grenzen für die Vollstreckung eines Europäischen Haftbefehls? – „Verfassungsgerichtliche Identitätskontrolle" durch das BVerfG vs. Vollstreckungsaufschub bei „außergewöhnlichen Umständen" nach dem EuGH, in: NStZ 2016, 514, 519 ff.

weit fortgeschritten, dass es sich nicht mehr rechtfertigen lasse, sich an solch einer Zusammenarbeit zu beteiligen.[60]

f) Verfassungsfeste Integrationsschranke

31 **Strafrecht** und **Polizeirecht** gehören zum **Wesenskern staatlicher Souveränität**, denn Strafen und sicherheitsbehördliche Zwangsmaßnahmen betreffen das Grundverhältnis von Staat und Bürger.[61] Beide Rechtsgebiete zählen daher im Kern zur verfassungsrechtlichen Identität der Bundesrepublik Deutschland.[62] „Die Wahrung eines gehaltvollen nationalen Grundrechtsschutzes" stellt hier die **„verfassungsänderungsfeste Integrationsschranke"** dar.[63] Den EU-Mitgliedstaaten muss deshalb laut Urteil des BVerfG zum Vertrag von Lissabon:[64]

> *„ein ausreichender Raum zur politischen Gestaltung der wirtschaftlichen, kulturellen und sozialen Lebensverhältnisse"* bleiben. *„Dies gilt insbes. für Sachbereiche, die die Lebensumstände der Bürger, vor allem ihren von den Grundrechten geschützten privaten Raum der Eigenverantwortung und der persönlichen und sozialen Sicherheit prägen, sowie für solche politische Entscheidungen, die in bes. Weise auf kulturelle, historische und sprachliche Vorverständnisse angewiesen sind, und die sich im parteipolitisch und parlamentarisch organisierten Raum einer politischen Öffentlichkeit diskursiv entfalten. Zu wesentlichen Bereichen demokratischer Gestaltung gehören unter anderem die Staatsbürgerschaft, das zivile und militärische Gewaltmonopol, Einnahmen und Ausgaben einschl. der Kreditaufnahme sowie die für die Grundrechtsverwirklichung maßgeblichen Eingriffstatbestände, vor allem bei intensiven Grundrechtseingriffen wie dem Freiheitsentzug in der Strafrechtspflege oder bei Unterbringungsmaßnahmen (…) ."*

---

60 Dazu *Holmøyvik, Eirik*, For Norway it's Official: The Rule of Law is No More in Poland, VerfBlog, 2020/2/29, https://verfassungsblog.de/for-norway-its-official-the-rule-of-law-is-nomore-in-poland/(zuletzt abgerufen am 22. 03. 2020).

61 *Würtenberger, Thomas*, Polizei und Ordnungsrecht, in: Ehlers, Dirk/Fehling, Michael/Pünder, Hermann (Hrsg.), Besonderes Verwaltungsrecht, Band 3, 3. Aufl. Heidelberg 2013, § 69 Rn. 24 ff.; *Schwabenbauer, Thomas*, Informationsverarbeitung im Polizei- und Strafverfahrensrecht, in: L/D, G. Rn. 339 ff.

62 BVerfGE 123, 267, 358; BVerfGE 125, 260, 324.

63 *Schwabenbauer, Thomas*, Informationsverarbeitung im Polizei- und Strafverfahrensrecht, in: L/D, G. Rn. 337 ff.

64 BVerfGE 123, 267, 358.

g) Ordre-public-Vorbehalt

Im gesamten Raum der Freiheit, der Sicherheit und des Rechts gilt der sog. **Ordre-public-Vorbehalt, Art. 72 AEUV**. Danach bleibt die Wahrnehmung der Zuständigkeiten der Mitgliedstaaten für die Aufrechterhaltung der **öffentlichen Ordnung** und den **Schutz der inneren Sicherheit** unberührt.[65] Art. 72 AEUV ist eine Vorgabe für die EU, ihre Kompetenzen nach Titel V dergestalt wahrzunehmen, dass die nationale Zuständigkeit für die Wahrung der öffentlichen Ordnung und den Schutz der öffentlichen Sicherheit unberührt bleibt; insoweit ist Art. 72 AEUV eine **Kompetenzausübungsschranke für die EU.**[66] Dabei bleibt nicht die Zuständigkeit der Mitgliedstaaten selbst unberührt, sondern deren Wahrnehmung als Konsequenz aus der Kompetenzübertragung auf die EU in den Bereichen Justiz und Inneres durch Titel V AEUV.[67] Die EU besitzt keine Exekutivfunktion im Bereich des Polizeirechts in den Mitgliedstaaten und könnte polizeiliche Maßnahmen derzeit mangels eigener Vollzugsbeamten ohnehin nicht ergreifen. Nach den Ausführungen des BVerfG zum Lissabon-Vertrag („verfassungsfeste Integrationsschranke“, s. A.II.1.f.) erscheint fraglich, ob die Bundesrepublik an einer echten polizeirechtlichen Befugnisübertragung in größerem Umfang überhaupt mitwirken dürfte.[68] Die EU darf nach Art. 72 AEUV insbesondere nicht durch Rechtsetzung in diesem Bereich auf die Befugnisse der Mitgliedstaaten einwirken.[69] 32

Diesen Grundsatz sahen einige mitgliedstaatliche Parlamente z. B. verletzt bei der **DSRL-JI** (dazu A.II.2.b.).[70] Hierdurch würden Mitgliedstaaten zur Anpassung des innerstaatlichen Polizei- und Strafverfahrensrechts gezwungen.[71]

---

65 *Weiß, Wolfang*, in: Streinz, Rudolf (Hrsg.), EUV/AEUV (Kommentar), 3. Aufl. München 2018, Art. 72 AEUV Rn. 1.

66 *Weiß, Wolfang*, in: Streinz, Rudolf (Hrsg.), EUV/AEUV (Kommentar), 3. Aufl. München 2018, Art. 72 AEUV Rn. 4.

67 *Weiß, Wolfang*, in: Streinz, Rudolf (Hrsg.), EUV/AEUV (Kommentar), 3. Aufl. München 2018, Art. 72 AEUV Rn. 1.

68 BVerfGE 123, 267, Rn. 252 ff., wonach das Demokratiegebot inhaltliche Schranken der Hoheitsrechtsübertragung auch im Hinblick auf die Verfügung über das polizeiliche Gewaltmonopol nach innen mit sich bringt; dazu *Weiß, Wolfang*, in: Streinz, Rudolf (Hrsg.), EUV/AEUV (Kommentar), 3. Aufl. München 2018, Art. 72 AEUV Rn. 2.

69 *Weiß, Wolfang*, in: Streinz, Rudolf (Hrsg.), EUV/AEUV (Kommentar), 3. Aufl. München 2018, Art. 72 AEUV Rn. 2.

70 RL (EU) 2016/680 v. 27. 04. 2016, ABl. EU 2016/L 119/89. Zum Streit darüber, ob die EU ihre Kompetenz überschritten hat *Schwabenbauer, Thomas*, Informationsverarbeitung im Polizei- und Strafverfahrensrecht, in: L/D, G. Rn. 346 ff.

71 So der Bundestag in der Subsidiaritätsrüge gegen die DSRL-JI, BTDrucks. 51/12 (Beschluss) (2) v. 30. 03. 12.

33 Art. 72 AEUV ist aber auch dahingehend zu verstehen, dass die Aufrechterhaltung der öffentlichen Ordnung und der Schutz der inneren Sicherheit gewisse Ausnahmen von EU-Grundsätzen erlauben. Art. 72 AEUV erhält insoweit die Bedeutung eines **Rechtfertigungsgrundes** für Abweichungen von EU-Grundsätzen.[72] So können Mitgliedstaaten, auf Art. 72 AEUV gestützt, z. B. Binnengrenzkontrollen bei ernsthafter Gefährdung der inneren Sicherheit bis zu zwei Jahre wieder einführen, Art. 25 VO 399/2016.[73]

So wurden Binnengrenzkontrollen bei kulturellen oder politischen Großereignissen – etwa dem G20-Gipfel in Hamburg 2017 – durchgeführt, um gewaltbereite Besucher fernzuhalten, aber auch in der sog. Flüchtlingskrise 2015/16 aufgrund massiver Zuwanderung[74] und während der Corona-Pandemie 2020[75].

34 Für die Zuständigkeit des **EuGH** findet sich in Art. 276 AEUV die Entsprechung zum Ordre-public-Vorbehalt aus Art. 72 AEUV. Aus der Zuständigkeit des EuGH ausgenommen sind gem. Art. 276 AEUV diejenigen **Maßnahmen der Polizei**, die nach **Art. 82–89 AEUV** getroffen wurden, weil sie im Zusammenhang mit der öffentlichen Ordnung und der inneren Sicherheit stehen.[76] Die Beschränkung der Zuständigkeit des EuGH gilt – anders als Art. 72 AEUV – nicht für den gesamten Bereich des RFSR.

Binnengrenzkontrollen fallen aber unter Art. 77 Abs. 1 lit. a, Abs. 2 lit. e AEUV (2. Kapitel in Titel V) und darauf bezieht sich Art. 276 AEUV nicht. Der EuGH kann so die Zulässigkeit von polizeilichen Maßnahmen im Zusammenhang mit Binnengrenzkontrollen überprüfen.[77]

72 *Weiß, Wolfang*, in: Streinz, Rudolf (Hrsg.), EUV/AEUV (Kommentar), 3. Aufl. München 2018, Art. 72 AEUV Rn. 4.

73 Art. 72 wird daher umgesetzt durch Regelungen wie Art. 2 Abs. 2 des Schengener Durchführungsübereinkommens, nunmehr abgelöst und konkretisiert durch Art. 23, Art. 25 ff. VO 562/2006, kürzlich neu kodifiziert als VO 399/2016 über einen Gemeinschaftskodex für das Überschreiten der Grenzen durch Personen, der in seiner letzten Reform 2013 die Möglichkeiten, Grenzkontrollen einzuführen, ausweitete.

74 Beispiele nach *Weiß, Wolfang*, in: Streinz, Rudolf (Hrsg.), EUV/AEUV (Kommentar), 3. Aufl. München 2018, Art. 72 AEUV Rn. 4.

75 Kritisch dazu *Thym, Daniel*: Travel Bans in Europe: A Legal Appraisal, VerfBlog, 2020/3/19, https://verfassungsblog.de/travel-bans-in-europe-a-legal-appraisal/ (zuletzt abgerufen am 22. 03. 2020); *Hruschka, Constantin*: In der Pandemie stirbt die europäische Solidarität, VerfBlog, 2020/3/18, https://verfassungsblog.de/in-der-pandemie-stirbt-die-europaeische-solidaritaet/ (zuletzt abgerufen am 22. 03. 2020).

76 BVerfGE 123, 267, 358.

77 *Weiß, Wolfang*, in: Streinz, Rudolf (Hrsg.), EUV/AEUV (Kommentar), 3. Aufl. München 2018, Art. 72 AEUV Rn. 2.

h) Sog. Notbremse und Verstärkte Zusammenarbeit

Nach **Art. 82 Abs. 3 AEUV bzw. Art. 83 Abs. 3 AEUV** kann ein einzelner EU-Mitgliedstaat ein Gesetzgebungsverfahren zu Themen des RFSR per **sog. Notbremse** anhalten. Dies erfolgt, indem er unter Berufung auf grundlegende Aspekte der nationalen Strafrechtsordnung beantragt, dass der **Europäische Rat** befasst wird. Dabei muss der EU-Mitgliedstaat begründen, welche grundlegenden Aspekte seiner Strafrechtsordnung betroffen sind. Hierbei ist im Einzelnen darzulegen, was die spezifischen Unverträglichkeiten für die nationale Strafrechtsordnung ausmachen.[78] Daraufhin wird das Gesetzgebungsverfahren im Rat ausgesetzt und der Europäische Rat befasst. Der Europäische Rat ist gem. Art. 68 AEUV das für die **strategischen Leitlinien** für den RFSR zuständige Organ und muss dann eine **Aussprache** durchführen. Er hat ab der formalen **Aussetzung des Gesetzgebungsverfahrens** im Rat vier Monate Zeit, um ein Einvernehmen über den Entwurf herbeizuführen und diesen an den Rat zur Annahme zurück zu verweisen. Kommt es im Europäischen Rat zu einem Einvernehmen, setzt der Rat das Gesetzgebungsverfahren fort. Diese sog. Notbremse sorgt trotz der grundsätzlichen Geltung des ordentlichen Gesetzgebungsverfahrens dafür, dass ein Mitgliedstaat im Ernstfall verhindern kann, überstimmt zu werden, und sichert damit auch den Einfluss der nationalen Parlamente auf ihre Regierungen.[79] **35**

Kommt es im Europäischen Rat zu keinem Einvernehmen, hat eine Gruppe von **mindestens neun Mitgliedstaaten** erleichterten Zugang zur sog. **Verstärkten Zusammenarbeit**. Binnen vier Monaten ab der formalen Aussetzung des Gesetzgebungsverfahrens im Rat muss diese Absicht gem. Art. 82 Abs. 3 UAbs. 2 Satz 1 AEUV bzw. Art. 83 Abs. 3 UAbs. 2 Satz 1 AEUV dem Europäischen Parlament, dem Rat und der Kommission angezeigt werden. Mit dieser Mitteilung gilt die Ermächtigung, die nach Art. 20 Abs. 2 EUV und Art. 329 Abs. 1 AEUV erforderlich ist, als erteilt. Eine Gruppe von mindestens neun Mitgliedstaaten kann nun nicht mehr an der sog. **Verstärkten Zusammenarbeit** gehindert werden. **36**

78 *Suhr, Oliver*, in: Calliess, Christian/Ruffert, Matthias (Hrsg.), EUV/AEUV (Kommentar), 5. Aufl. München 2016, Art. 82 AEUV Rn. 50.

79 Dies hat der Deutsche Bundestag erkannt, als er in seiner Begleitentschließung zum Zustimmungsgesetz zum Vertrag von Lissabon verlangt hat, dass die Bundesregierung auf Verlangen des Bundestages die Notbremse einlegt, BTDrucks. 16/8917 v. 23. 04. 2008, S. 6, Spstr. 3; BT-Plenarprotokoll 16/157 v. 24. 04. 2008, S. 16482 B. In Deutschland regelt das Gesetz über die Wahrnehmung der Integrationsverantwortung des Bundestages und des Bundesrates in Angelegenheiten der Europäischen Union (Integrationsverantwortungsgesetz – IntVG) das Verfahren in § 9 (Notbremsemechanismus).

i) Gesetzgebungskompetenzen und Entstehung eines europäischen Rechts der inneren Sicherheit

37 Trotz der Feststellung einer „verfassungsfesten Integrationsschranke“ (s. dazu A.II.1.g.) durch das Bundesverfassungsgericht und trotz der Verankerung des Ordre-public-Vorbehalts (s. dazu A.II.1.f.) im Primärrecht der EU, unterliegt das Recht im Bereich des RFSR seit dem Vertrag von Lissabon einer zunehmenden **Europäisierung**.[80] Während das Recht der EU/EG zunächst primär auf **Polizeikooperation** ausgerichtet war, hat sich in den letzten Jahren ein Paradigmenwechsel vollzogen hin zu einer Annäherung der mitgliedstaatlichen Sicherheitsrechtsordnungen.[81] Dies geschah durch die Auflösung der mit dem Vertrag von Maastricht eingeführten Säulenstruktur und der damit einhergehenden Überführung der einschlägigen Artikel in den Titel V AEUV mit dem Vertrag von Lissabon (s. dazu A.II.1.a.) sowie die Einführung weiterer Kompetenzen der Union, etwa zur Ergreifung von Maßnahmen gegen Terrorismusfinanzierung, Art. 75 AEUV, der polizeilichen Zusammenarbeit, Art. 87 AEUV, sowie der Verhängung von Wirtschaftssanktionen, Art. 215 AEUV.[82]

38 Der Vertrag von Lissabon sieht nun zu einigen ausgewählten Themen ausdrücklich eine **Harmonisierung** in Form von **Mindeststandards** vor, zum Beispiel bei der Zulassung von Beweismitteln, bei den Individualrechten im Strafverfahren und beim Opferschutz, Art. 82 Abs. 2 AEUV. Auch bei der Festlegung von **Minimumstandards** bei Straftaten „in Bereichen besonders schwerer Kriminalität“ ist eine Harmonisierung möglich. In Art. 83 Abs. 1 AEUV werden genannt: „Terrorismus, Menschenhandel und sexuelle Ausbeutung von Frauen und Kindern, illegaler Drogenhandel, illegaler Waffenhandel, Geldwäsche, Korruption, Fälschung von Zahlungsmitteln, Computerkriminalität und organisierte Kriminalität“.

39 Die EU kann zudem die nationale **Kriminalprävention** fördern, ohne jedoch harmonisieren zu dürfen, Art. 84 AEUV.

40 **Eurojust** hat den Auftrag, die Koordinierung und Zusammenarbeit zwischen den nationalen Behörden zu unterstützen und zu verstärken, die für die Ermittlung und Verfolgung von schwerer Kriminalität zuständig sind, wenn zwei oder mehr Mitgliedstaaten betroffen sind oder eine Verfolgung

80 So bereits *von Arnauld, Andreas*, Die Europäisierung des Rechts der inneren Sicherheit, in: JA 2008, 327 ff.

81 *von Arnauld, Andreas*, Die Europäisierung des Rechts der inneren Sicherheit, in: JA 2008, 327 ff.; *Hecker, Jan*, Die Europäisierung der inneren Sicherheit, in: DÖV 2006, 273 ff.

82 *Schwabenbauer, Thomas*, Informationsverarbeitung im Polizei- und Strafverfahrensrecht, in: L/D, G. Rn. 338.

auf gemeinsamer Grundlage erforderlich ist, Art. 85 Abs. 1 Satz 1 AEUV. Eurojust stützt sich dabei auf die von den Behörden der Mitgliedstaaten und von Europol durchgeführten Operationen und gelieferten Informationen, Art. 85 Abs. 1 Satz 2 AEUV. Erstmals ist auch die Kompetenz vorgesehen, **Ermittlungsmaßnahmen einzuleiten** oder nationalen Stellen die Einleitung von Strafverfolgungsmaßnahmen vorzuschlagen, **Art. 85 Abs. 1 lit. a AEUV**.

Art. 86 AEUV sieht die Errichtung einer **Europäischen Staatsanwaltschaft (EUStA)** vor. Im Jahr 2017 wurde dieses Ziel von 20 Mitgliedstaaten in Form der sog. Verstärkten Zusammenarbeit nach Art. 86 Abs. 1 UAbs. 2 AEUV (s. A.II.1.g.) umgesetzt. Inzwischen beteiligen sich hieran 22 Mitgliedstaaten.[83] Die EUStA mit Sitz in Luxemburg soll im November 2020 ihren Betrieb aufnehmen. Am 14. 10. 2019 hat der Europäische Rat Laura Codruţa Kövesi als erste Europäische Generalstaatsanwältin ernannt.[84] Die EUStA wird als erste unabhängige und dezentrale Staatsanwaltschaft der EU befugt sein, Straftaten gegen den **EU-Haushalt** wie beispielsweise Betrug, Korruption und schweren grenzüberschreitenden Mehrwertsteuerbetrug zu **untersuchen, strafrechtlich zu verfolgen und vor Gericht** zu bringen, Art. 86 Abs. 1, Abs. 2 AEUV. 41

Gesetzgebungskompetenzen im Bereich **polizeiliche Zusammenarbeit** bestehen für **Unterstützungs- und Koordinationsaufgaben** für die mitgliedstaatlichen Behörden.[85] Hier geht es um die Gewinnung und Verarbeitung von Informationen, **Art. 87 Abs. 2 lit. a AEUV**, die Unterstützung in der Aus- und Weiterbildung, die Zusammenarbeit beim Personalaustausch sowie im Hinblick auf Ausrüstungsgegenstände und die kriminaltechnische Forschung, **Art. 87 Abs. 2 lit. b AEUV**, und gemeinsame Ermittlungstechniken zur Aufdeckung schwerwiegender Formen organisierter Kriminalität, **Art. 87 Abs. 2 lit. c AEUV**. 42

Eine Intensivierung der **operativen polizeilichen Zusammenarbeit** ermöglicht **Art. 87 Abs. 3 AEUV**. Bislang erfolgt die operative Zusammenarbeit insbesondere im Wege der grenzüberschreitenden Observation, der grenzüberschreitenden Nacheile, des Austauschs von Verbindungsbeamten, der 43

83 Belgien, Bulgarien, Deutschland, Estland, Finnland, Frankreich, Griechenland, Italien, Kroatien, Lettland, Litauen, Luxemburg, Malta, die Niederlande, Österreich, Portugal, Rumänien, Slowenien, die Slowakei, Spanien, die Tschechische Republik und Zypern.

84 Rat der EU, Pressemitteilung v. 14. 10. 2019, https://www.consilium.europa.eu/de/press/press-releases/2019/10/14/eu-public-prosecutor-s-office-eppo-laura-codruta-kovesi-to-become-the-first-european-chief-prosecutor/ (zuletzt abgerufen am 12. 03. 2020).

85 *Aden, Hartmut,* Europäische Rechtsgrundlagen und Institutionen des Polizeihandelns, in: L/D, N. Rn. 32.

Bildung gemeinsamer Ermittlungsgruppen und kontrollierter Lieferungen.[86] Nun stellt die **RL (EU) 2014/41 über die Europäische Ermittlungsanordnung in Strafsachen** Regelungen zur Beweiserhebung in grenzüberschreitenden Fällen zur Verfügung. Danach kann der Anordnungsstaat eine Ermittlungsanordnung erlassen, aufgrund derer der Vollstreckungsstaat zur Durchführung von Ermittlungsmaßnahmen verpflichtet wird.[87] Dabei gilt der Grund-Satz der gegenseitigen Anerkennung, Art. 82 AEUV (dazu näher A.II.1.e.).

44 Die primärrechtliche Grundlage für die Tätigkeit von **Europol** findet sich seit dem Vertrag von Lissabon in **Art. 88 AEUV**. Danach hat Europol den Auftrag, „die Tätigkeit der Polizeibehörden und der anderen Strafverfolgungsbehörden der Mitgliedstaaten sowie deren gegenseitige Zusammenarbeit bei der Verhütung und Bekämpfung der zwei oder mehr Mitgliedstaaten betreffenden **schweren Kriminalität**, des **Terrorismus** und der **Kriminalitätsformen, die ein gemeinsames Interesse** verletzen, das Gegenstand einer Politik der Union ist, zu **unterstützen und zu verstärken**".

45 Die in **Art. 16 Abs. 2 AEUV** geschaffene Kompetenz für den **Datenschutz und den freien Datenverkehr** hat sich als (nicht unumstrittenes) Einfallstor für eine teilweise **Harmonisierung** des mitgliedstaatlichen sicherheitsrechtlichen Datenschutzrechts erwiesen (dazu ausführlich A.II.1.b.).[88] Unter Rückgriff auf Art. 16 Abs. 2 AEUV hat die EU im Rahmen des sog. **Europäischen Datenschutzpakets 2016/18**[89] mitgliedstaatliches Datenschutzrecht, insbesondere das der Gefahrenabwehr- und Strafverfolgungsbehörden durch die DSRL-JI, teilharmonisiert.[90]

46 Inzwischen ist im RFSR ein komplexes **europäisches Recht der inneren Sicherheit** entstanden, ein Nebeneinander von nationalstaatlichem Recht, supranationalem Recht und Völkerrecht.[91] Dies hat spürbare Auswirkungen in mehreren Rechtsbereichen, so z. B. im Staatsorganisationsrecht, bei den

---

86 *Dannecker, Gerhard*, in: Streinz, Rudolf (Hrsg.), EUV/AEUV (Kommentar), 3. Aufl. München 2018, Art. 87 AEUV Rn. 25.

87 Die Europäische Ermittlungsanordnung in Strafsachen (EEA) ist geregelt in RL (EU) 2014/41. Näheres zum Verfahren bei *Aden, Hartmut*, Europäische Rechtsgrundlagen und Institutionen des Polizeihandelns, in: L/D, N. Rn. 87.

88 Zur Diskussion, ob diese Kompetenz der Europäischen Union besteht: *Schwabenbauer, Thomas*, Informationsverarbeitung im Polizei- und Strafverfahrensrecht, in: L/D, G. Rn. 346 ff.

89 VO (EU) 2016/679 v. 27. 04. 2016, ABl. EU 2016/L 119/1 sowie RL (EU) 2016/680 v. 27. 04. 2016, ABl. EU 2016/L 119/89.

90 Wegen der noch verbleibenden Spielräume erfolgte keine Vollharmonisierung, dazu *Becker, Matthias/Hornung, Gerrit*, EU-Richtlinie für die Datenverarbeitung bei Polizei und Justiz in Europa – Einfluss des Kommissionsentwurfs auf das nationale Strafprozess- und Polizeirecht, in: ZD 2012, 147 ff.

91 So bereits *von Arnauld, Andreas*, Die Europäisierung des Rechts der inneren Sicherheit, in: JA 2008, 327 ff.

Grundrechten, im Polizeirecht, Strafprozessrecht oder Datenschutzrecht. So dürften etwa nach der Teilharmonisierung des Datenschutzrechts für die mitgliedstaatlichen Gefahrenabwehr- und Strafverfolgungsbehörden durch die DSRL-JI (s. dazu A.II.2.) die so geschaffenen mitgliedstaatlichen Normen künftig wohl z. T. an den **Unionsgrundrechten** zu messen sein. Auf eine Vollharmonisierung im Bereich der DSGVO hat das BVerfG Ende 2019 mit einer geradezu spektakulären Rechtsprechungsänderung reagiert: Es überprüft die Anwendung vollharmonisierten Rechts durch die deutsche Gewalt nun am Maßstab der Unionsgrundrechte (dazu näher A.II.2.c.). Auf die Kompetenzverteilung im Deutschen Bundesstaat hat die Rechtsentwicklung im RSFR ebenfalls Einfluss: Hier ist ein Trend zur **„Entförderalisierung“**[92] durch Kompetenzverlust der Bundesländer zu verzeichnen, indem der Spielraum der Bundesländer für die Regelung des Polizeirechts durch europäische Regelungen verkleinert wird.[93] Auf die Frage, wer die Gesetze vollzieht (Bund oder Länder), wirkt sich die zunehmende „Transnationalisierung“ ebenfalls aus: Denn Anlaufstellen für europäische Kooperationen sind meist Bundesbehörden, als zentrale Knotenpunkte internationaler Vernetzung der Polizeibehörden.[94]

2. Sekundärrechtliche Anforderungen nach der Datenschutzreform 2016: Die Richtlinie (EU) 2016/680 (DSRL-JI)

a) Vorbemerkung

47 In der Rechtsetzungspraxis im Bereich des RFSR am meisten Anwendung finden die unmittelbar und allgemein geltenden Verordnungen, die Richtlinien, die hinsichtlich der Ziele verbindlich sind und zunächst von den Mitgliedstaaten in ihr nationales Recht umgesetzt werden müssen, sowie die Beschlüsse der EU-Organe. Auf Grundlage der primärrechtlichen Zuständigkeiten der EU im Bereich des RFSR wurde eine Vielzahl von Verordnungen und Richtlinien erlassen.

48 Wegen der besonderen Bedeutung für die **Europäisierung des Rechts der inneren Sicherheit** wird hier die DSRL-JI (*Richtlinie [EU] 2016/680 zum Schutz natürlicher Personen bei der Verarbeitung personenbezogener Daten durch die zuständigen Behörden zum Zwecke der Verhütung, Ermittlung,*

---

92 *von Arnauld, Andreas,* Die Europäisierung des Rechts der inneren Sicherheit, in: JA 2008, 327 ff.

93 *von Arnauld, Andreas,* Die Europäisierung des Rechts der inneren Sicherheit, in: JA 2008, 327 ff.

94 So ist gemäß § 1 Europol-Gesetz das Bundeskriminalamt zuständige Behörde.

Aufdeckung oder Verfolgung von Straftaten oder der Strafvollstreckung sowie zum freien Datenverkehr und zur Aufhebung des Rahmenbeschlusses 2008/977/JI)[95] als Teil der Datenschutzreform von 2016 kurz behandelt. Diese soll „zur Vollendung eines Raums der Freiheit, der Sicherheit und des Rechts beitragen"[96].

49 Die DSRL-JI ist Teil eines Datenschutzreformpakets, das auch die deutlich bekanntere Datenschutzgrundverordnung (DSGVO)[97] umfasst. Um die DSRL-JI umzusetzen, waren/sind sowohl auf Bundes- als auch auf Landesebene hunderte betroffene Gesetze anzupassen, so etwa das Bundeskriminalamtsgesetz[98], das Bundesdatenschutzgesetz[99], die Strafprozessordnung[100], das Bundespolizeigesetz[101] und viele mehr. Auch auf Ebene der Länder waren zahlreiche Datenschutz- und Polizeigesetze[102] anzupassen.

b) Kompetenzgrundlage

50 Die DSRL-JI wurde unter Bezugnahme auf die EU-Kompetenz in **Art. 16 Abs. 2 AEUV** (Vorschriften zum Schutz natürlicher Personen bei der Verarbeitung personenbezogener Daten und über den freien Datenverkehr) verabschiedet.[103] Diese Kompetenzgrundlage ist nicht unumstritten, auch wenn – anders als etwa bei der DSGVO – vergleichsweise wenig davon von der Öffentlichkeit wahrgenommen wurde: Kritiker verweisen auf den **Annexcharakter des Datenschutzrechts**. Die EU dürfe nur dann Gesetze über den Schutz natürlicher Personen bei der mitgliedstaatlichen Verarbeitung der benötigten personenbezogener Daten erlassen, wenn auch der Bereich,

95 RL (EU) 2016/680, ABl. EU 2016/L 119/89.

96 ErwGr 12 Satz 2 DSRL-JI.

97 VO (EU) 2016/679 des EP und des Rates v. 27. 04. 2016 zum Schutz natürlicher Personen bei der Verarbeitung personenbezogener Daten, zum freien Datenverkehr und zur Aufhebung der RL 95/46/EG (DS-GVO), ABl. EU 2016/L 119/1.

98 Gesetz zur Neustrukturierung des Bundeskriminalamtgesetzes v. 08. 06. 2017, BGBl. 2017 I 1354.

99 Gesetz zur Anpassung des Datenschutzrechts an die Verordnung (EU) 2016/679 und zur Umsetzung der Richtlinie (EU) 2016/680 – Datenschutz-Anpassungs- und Umsetzungsgesetz EU (Artikel 1 = Bundesdatenschutzgesetz neu) v. 30. 06. 2017, BGBl. 2017 I 2097.

100 Gesetz zur Umsetzung der Richtlinie (EU) 2016/680 im Strafverfahren sowie zur Anpassung datenschutzrechtlicher Bestimmungen an die Verordnung (EU) 2016/679 (StV-DSAnpUG-EU) G. v. 20. 11. 2019, BGBl. 2019 I 1724.

101 Gesetz zur Umsetzung der Richtlinie (EU) 2016/680 im Strafverfahren sowie zur Anpassung datenschutzrechtlicher Bestimmungen an die Verordnung (EU) 2016/679 (StV-DSAnpUG-EU) G. v. 20. 11. 2019, BGBl. 2019 I 1724.

102 Für Hamburg z. B. das „Gesetz über die Datenverarbeitung der Polizei und zur Änderung weiterer polizeirechtlicher Vorschriften", v. 12. 12. 2019, HmbGVBl. 2019 485.

103 Zur Diskussion, ob diese Kompetenz diese Kompetenz der Europäischen Union besteht: *Schwabenbauer, Thomas*, Informationsverarbeitung im Polizei- und Strafverfahrensrecht, in: L/D, G. Rn. 346 ff.

für den Daten verarbeitet werden, dem Unionsrecht unterfällt.[104] Wer den bereichsspezifischen Datenschutz im Polizeirecht reguliere, reguliere auch das Polizeirecht. Denn im Polizeirecht sei das bereichsspezifische Datenschutzrecht vom Fachrecht gar nicht mehr zu trennen. Der Datenschutz löse hier einen **„Kompetenzsog der EU"** aus.[105] Durch die DSRL-JI finde zudem eine Teilharmonisierung im Bereich der inneren Sicherheit (Polizeirecht, Strafrecht) statt, der grundsätzlich der **mitgliedstaatlichen Souveränität** unterliege.[106] Einige nationale Parlamente hatten aufgrund dieser Befürchtung im Vorfeld die sog. Subsidiaritätsrüge erhoben (s. A.II.1.d.).

Nach Auffassung der EU-Kommission soll die DSRL-JI „sicherstellen, dass Strafverfolgungs- und Justizbehörden **effektiver und schneller** zusammenarbeiten können. Sie soll **Vertrauen** aufbauen und **Rechtssicherheit** garantieren"[107]. Voraussetzung für einen effektiven Datenschutz sei, dass die Befugnisse der Mitgliedstaaten bei der Überwachung und Gewährleistung der Einhaltung der Vorschriften zum Schutz personenbezogener Daten harmonisiert werden.[108] Indem die DSRL-JI den Besonderheiten des Strafverfolgungs- und Gefahrenabwehrrechts spezifisch Rechnung tragen soll,[109] ist sie grundsätzlich **lex specialis** im Verhältnis zur **DSGVO** (Art. 2 Abs. 2 lit. d DSGVO).[110] 51

c) Anwendungsbereich

Nach Art. 2 Abs. 1 i. V. m. Art. 1 Abs. 1 DSRL-JI gilt diese für die Verarbeitung personenbezogener Daten „zum Zwecke der Verhütung, Ermittlung, Aufdeckung oder Verfolgung von Straftaten oder der Strafvollstreckung, einschließlich des Schutzes vor und der Abwehr von Gefahren für die öffentliche Sicherheit". 52

104 *Schwabenbauer, Thomas*, Informationsverarbeitung im Polizei- und Strafverfahrensrecht, in: L/D, G. Rn. 355 ff.

105 So schon *Rogall-Grothe, Cornelia*, Ein neues Datenschutzrecht für Europa, in: ZRP 2012, 193 ff.

106 *Schwabenbauer, Thomas*, Informationsverarbeitung im Polizei- und Strafverfahrensrecht, in: L/D, G. Rn. 355 ff.

107 Mitteilung der EU-Kommission v. 11. 04. 2016, COM(2016) 213 final, S. 2.

108 Mitteilung der EU-Kommission v. 11. 04. 2016, COM(2016) 213 final, S. 2.

109 Die Schaffung der Richtlinie beruht auf einer Vereinbarung, die die EU-Mitgliedstaaten im Rahmen des Vertrags von Lissabon getroffen haben: In der Erklärung Nr. 21 zum Schutz personenbezogener Daten im Bereich der justiziellen Zusammenarbeit im Anhang der Schlussakte erklärte die Regierungskonferenz, die Besonderheiten der Strafjustiz erforderten „spezifische Vorschriften" über den Schutz und den freien Verkehr personenbezogener Daten im Bereich der justiziellen Zusammenarbeit in Strafsachen und der (kriminal)polizeilichen Zusammenarbeit, RL (EU) 2016/680, ABl. EU 2016/L 119/89, Erwägung 10.

110 Der genaue Anwendungsbereich der DSRL-JI, d. h. auch die genaue Zuordnung einzelner behördlicher Datenverarbeitungen der Mitgliedstaaten zur DSRL-JI oder zur DSGVO ist im Einzelnen derzeit unklar, dazu näher *Schwabenbauer, Thomas*, Informationsverarbeitung im Polizei- und Strafverfahrensrecht, in: L/D, G. Rn. 334 ff.

53 Die **unionsrechtlich autonome Auslegung** der Tatbestandsmerkmale wirft dabei viele Fragen auf:[111]

aa) Behördenbegriff

54 „Zuständige Behörde“ nach Art. 3 Ziff. 7 DSRL-JI[112] ist **aufgabenbezogen** und nicht in einem institutionellen Sinne zu bestimmen.[113] Auch Behörden, die nicht Polizeibehörden im Sinne der Landespolizeigesetze sind, können demnach Behörden im Sinne der DSRL-JI darstellen.[114] Nach Art. 2 Abs. 1 i. V. m. Art. 1 Abs. 1 DSRL-JI kommt es darauf an, dass von der Stelle eine Verarbeitung personenbezogener Daten vorgenommen wird „zum Zwecke der Verhütung, Ermittlung, Aufdeckung oder Verfolgung von Straftaten oder der Strafvollstreckung, einschließlich des Schutzes vor und der Abwehr von Gefahren für die öffentliche Sicherheit“.

55 Nach dem Willen des Richtliniengebers (vgl. ErwGr 11 und **Art. 9 Abs. 2 DSRL-JI**) gilt, wenn Behörden mit der Wahrnehmung von Aufgaben betraut sind, die sich nicht mit den für die in Art. 1 Abs. 1 DSRL-JI genannten Zwecke wahrgenommenen Aufgaben decken, ist nicht die DSRL-JI, sondern die DSGVO anwendbar.

bb) Ganz oder teilweise automatisierte Datenverarbeitung

56 Die DSRL-JI „gilt für die ganz oder teilweise automatisierte Verarbeitung personenbezogener Daten sowie für die nichtautomatisierte Verarbeitung personenbezogener Daten, die in einem Dateisystem gespeichert sind oder gespeichert werden sollen“ (Art. 2 Abs. 2 DSRL-JI). Lediglich „Akten oder Aktensammlungen sowie ihre Deckblätter, die nicht nach bestimmten Kriterien geordnet sind“, unterfallen nicht den Bestimmungen der DSRL-JI, vgl. ErwGr 18 DSRL-JI.

---

111 *Schwabenbauer, Thomas*, Informationsverarbeitung im Polizei- und Strafverfahrensrecht, in: L/D, G. Rn. 364.

112 Art. 3 Ziff. 7 DSRL-JI definiert „zuständige Behörde“ als a) eine staatliche Stelle, die für die Verhütung, Ermittlung, Aufdeckung oder Verfolgung von Straftaten oder die Strafvollstreckung, einschließlich des Schutzes vor und der Abwehr von Gefahren für die öffentliche Sicherheit, zuständig ist, oder b) eine andere Stelle oder Einrichtung, der durch das Recht der Mitgliedstaaten die Ausübung öffentlicher Gewalt und hoheitlicher Befugnisse zur Verhütung, Ermittlung, Aufdeckung oder Verfolgung von Straftaten oder zur Strafvollstreckung, einschließlich des Schutzes vor und der Abwehr von Gefahren für die öffentliche Sicherheit, übertragen wurde“.

113 *Becker, Matthias/Hornung, Gerrit*, EU-Richtlinie für die Datenverarbeitung bei Polizei und Justiz in Europa – Einfluss des Kommissionsentwurfs auf das nationale Strafprozess- und Polizeirecht, in: ZD 2012, 147, 149 verweisen darauf, dass die Übersetzung des Begriffs „authority“ in „Behörde“ unglücklich ist, weil ersterer Begriff offener ist, und unter „Behörde“ i. S. d. DSRL-JI auch Gerichte fallen können, vgl. RL (EU) 2016/680, ABl. EU 2016/L 119/89, Erwägung 49.

114 Zum Behördenbegriff der DSRL-JI *Schwabenbauer, Thomas*, Informationsverarbeitung im Polizei- und Strafverfahrensrecht in: L/D, G. Rn. 365 ff.

Dagegen unterfallen strukturierte Behördenakten samt der dort enthaltenen personenbezogenen Daten – unabhängig, ob sie elektronisch oder in Papierform geführt werden – vollumfänglich den Regelungen der Richtlinie. Um Umgehungen zu vermeiden, ist die Richtlinie nach dem Willen des EU-Gesetzgebers insoweit technologieneutral.[115] Nur rein „manuelle Maßnahmen", z. B. eine Personenkontrolle, werden als solche nicht von der DSRL-JI erfasst. Werden hierbei allerdings die erlangten Daten mit einer Datei abgeglichen oder gespeichert, ist der Anwendungsbereich der DSRL-JI wieder eröffnet.[116] Auf die gängigen Vorgangs- und Fallbearbeitungssysteme findet die DSRL-JI somit Anwendung. Dies gilt auch für den Einsatz ganz oder teilweise automatisierter Ermittlungstechniken, wie die Durchführung einer Telekommunikationsüberwachung, einer Online-Durchsuchung, einer Videoüberwachung, den Betrieb von automatisierten Kfz-Kennzeichenerfassungssystemen, den Einsatz eines IMSI-Catchers oder die Durchführung von Big Data-Analysen.[117]

cc) Verfahren, die der Verhütung, Ermittlung, Aufdeckung oder Verfolgung von Straftaten dienen

Weil die DSRL-JI auch auf Verfahren Anwendung findet, die der Verhütung, **57** Ermittlung, Aufdeckung oder Verfolgung von Straftaten dienen, sind auch diejenigen Verfahren umfasst, die etwa auf die Verhängung einer **Maßregel der Besserung und Sicherung** gerichtet sind, und **Ordnungswidrigkeitenverfahren.**[118] Eine Behörde, die z. B. Bußgeldbescheide erlässt und ein Ordnungswidrigkeitenverfahren durchführt, ist mithin Behörde im Sinne von Art. 3 Nr. 7 lit. a DSRL-JI.[119]

Ebenfalls von der DSRL-JI erfasst werden – neben der ausdrücklich erwähn- **58** ten **Strafvollstreckung** (§§ 449 ff. StPO) – der **Strafvollzug** gem. Strafvollzugsgesetzen der Länder, soweit datenschutzrechtlich relevante Maßnahmen während der Freiheitsentziehung getroffen werden.[120]

---

115 Zum Begriff der automatisierten Datenverarbeitung der DSRL-JI *Schwabenbauer, Thomas*, Informationsverarbeitung im Polizei- und Strafverfahrensrecht, in: L/D, G. Rn. 368 ff.

116 *Schwabenbauer, Thomas*, Informationsverarbeitung im Polizei- und Strafverfahrensrecht, in: L/D, G. Rn. 369; *Becker, Matthias/Hornung, Gerrit*, EU-Richtlinie für die Datenverarbeitung bei Polizei und Justiz in Europa – Einfluss des Kommissionsentwurfs auf das nationale Strafprozess- und Polizeirecht, in: ZD 2012, 147, 149.

117 Beispiele nach *Becker, Matthias/Hornung, Gerrit*, EU-Richtlinie für die Datenverarbeitung bei Polizei und Justiz in Europa – Einfluss des Kommissionsentwurfs auf das nationale Strafprozess- und Polizeirecht, in: ZD 2012, 147, 149.

118 *Schwabenbauer, Thomas*, Informationsverarbeitung im Polizei- und Strafverfahrensrecht in: L/D, G. Rn. 371 ff. unter Verweis auf den Bundesgesetzgeber, der dieses Verständnis ausweislich von § 45 BDSG ebenfalls hat, BTDrucks. 18/11325, v. 24. 02. 2017, S. 110.

119 RL (EU) 2016/680, ABl. EU 2016/L 119/89, Erwägung 11.

120 *Schwabenbauer, Thomas*, Informationsverarbeitung im Polizei- und Strafverfahrensrecht, in: L/D, G. Rn. 374, nennt z. B. die Kontrolle des Briefverkehrs, Umgang mit Gesundheitsdaten.

dd) Nicht straftatenbezogene Gefahrenabwehr

59 Uneinigkeit besteht noch bei der Frage, wann nicht straftatbezogene Gefahrenabwehrmaßnahmen unter die DSRL-JI fallen. Einig ist man sich, dass der Wortlaut insofern ernst zu nehmen ist, als dass auch gewisse Ausschnitte des präventiven Bereiches unter die Richtlinie zu fassen sind.[121]

60 Teilweise wird die Geltung der DSRL-JI verneint, wenn die Polizei ohne Bezug zu Straftaten, in Fällen der Selbstgefährdung, zum Schutz privater Rechte[122] oder im Rahmen einer Vermisstenanzeige tätig wird. Denn es handele sich hierbei um Maßnahmen, bei denen aus ex-ante-Sicht gar kein Bezug zu einer Straftat oder Ordnungswidrigkeit bestehe.[123] Teilweise wird als maßgebliches Abgrenzungskriterium darauf abgestellt, ob die Behörde die Gefahr mittels Zwangsanwendung beseitigt.[124] In den **ErwGr 12 der DSRL-JI** werden Beispiele für sog. **doppel-funktionale Maßnahmen** genannt, die erfasst sein sollen:

> „Die Tätigkeiten der Polizei oder anderer Strafverfolgungsbehörden sind hauptsächlich auf die Verhütung, Ermittlung, Aufdeckung oder Verfolgung von Straftaten ausgerichtet, dazu zählen auch polizeiliche Tätigkeiten in Fällen, in denen nicht von vornherein bekannt ist, ob es sich um Straftaten handelt oder nicht. Solche Tätigkeiten können ferner die Ausübung hoheitlicher Gewalt durch Ergreifung von Zwangsmitteln umfassen, wie polizeiliche Tätigkeiten bei Demonstrationen, großen Sportveranstaltungen und Ausschreitungen. Sie umfassen auch die Aufrechterhaltung der öffentlichen Ordnung als Aufgabe, die der Polizei oder anderen Strafverfolgungsbehörden übertragen wurde, soweit dies zum Zweck des Schutzes vor und der Abwehr von Bedrohungen der öffentlichen Sicherheit und Bedrohungen für durch Rechtsvorschriften geschützte grundlegende Interessen der Gesellschaft, die zu einer Straftat führen können, erforderlich ist. (...)"

61 Hier wird ein weit gefasster Präventionsbereich zugrunde gelegt. Unter Bezugnahme auf diese Beispiele in den Erwägungsgründen wird geschlussfolgert, dass jedenfalls bei doppel-funktionalen Maßnahmen, die ihren Schwerpunkt in der Gefahrenabwehr haben, die DSRL-JI anwendbar ist.[125]

---

121 *Wolff, Heinrich Amadeus*, in: Wolff, Heinrich Amadeus/Brink, Stefan (Hrsg.), BeckOK Datenschutzrecht, 30. Ed. München 2019, BDSG § 45 Rn. 16 m. w. N.

122 Beispiele nach *Schwabenbauer, Thomas*, Informationsverarbeitung im Polizei- und Strafverfahrensrecht, in: L/D, G. Rn. 377.

123 *Kühling, Jürgen/Raab, Johannes*, in: Kühling, Jürgen/Buchner, Benedikt (Hrsg.), Datenschutzgrundverordnung/BDSG, 2. Aufl. München 2018, Art. 2 DS-GVO Rn. 29.

124 *Weinhold, Robert/Johannes, Paul. C.*, Europäischer Datenschutz in Strafverfolgung und Gefahrenabwehr – Die neue Datenschutz-Richtlinie im Bereich Polizei und Justiz sowie deren Konsequenzen für deutsche Gesetzgebung und Praxis, in: DVBl 2016, 1501, 1503; *Weichert, Thilo*, Die EU-Richtlinie für den Datenschutz bei Polizei und Justiz, 2016, S. 4; www.netzwerk-datenschutzexpertise.de (zuletzt abgerufen am 12. 03. 2020).

125 *Schwabenbauer, Thomas*, Informationsverarbeitung im Polizei- und Strafverfahrensrecht, in: L/D, G. Rn. 377.

Wegen der Unklarheit der Abgrenzung empfahl der Europäische Datenschutzbeauftragte 2015 eine **enge Auslegung** des Begriffs „Abwehr von Gefahren für die öffentliche Sicherheit".[126]

Sonstiges datenschutzrelevantes Verwaltungshandeln der Polizei (beispielsweise im Rahmen der Personalaktenführung) unterliegt nicht der **62**
DSRL-JI, sondern der DSGVO.[127] Auch wenn allgemeine Gefahrenabwehrbehörden, die nicht Polizeivollzugsbehörden sind, zur Gefahrenabwehr tätig werden und keine Ordnungswidrigkeitenverfahren durchführen, gilt die DSRL-JI nicht (§ 45 BSDG).[128]

ee) Öffentliche Sicherheit

Auch der Begriff der öffentlichen Sicherheit in der DSRL-JI ist unionsauto- **63**
nom zu bestimmen und insoweit weiter als der polizeirechtliche Begriff.

Vom Begriff der „öffentliche Sicherheit" ist laut EuGH „sowohl die innere **64**
als auch die äußere Sicherheit eines Mitgliedstaats umfasst, sodass die Beeinträchtigung des Funktionierens der Einrichtungen des Staates und seiner wichtigen öffentlichen Dienste sowie das Überleben der Bevölkerung ebenso wie die Gefahr einer erheblichen Störung der auswärtigen Beziehungen oder des friedlichen Zusammenlebens der Völker oder eine Beeinträchtigung der militärischen Interessen die öffentliche Sicherheit berühren können". Der EuGH hat außerdem entschieden, dass der Begriff „öffentliche Sicherheit" die Bekämpfung der mit bandenmäßigem Handel mit Betäubungsmitteln verbundenen Kriminalität oder des Terrorismus umfasst.[129]

d) Auswirkungen auf den Grundrechtsschutz im Sicherheitsrecht der Mitgliedstaaten

Nicht einfach zu beschreiben ist das Verhältnis zwischen den unionsrecht- **65**
lich garantierten und den nationalen Datenschutzgrundrechten. Nach Auf-

---

126 European Data Protection Supervisor, Stellungnahme 6/2015, S. 6: „Die Definition von „Schutz vor und die Abwehr von Bedrohungen der öffentlichen Sicherheit" bleibt jedoch unklar. Dieser Ausdruck kann unterschiedlich interpretiert werden und sorgt für keine klare Abgrenzung der Aufgaben der Polizei innerhalb des Anwendungsbereichs der Richtlinie. Daher empfehlen wir, wie im ursprünglichen Vorschlag der Kommission, den Anwendungsbereich der Richtlinie auf Strafverfolgungstätigkeiten der Polizei- und Justizbehörden zu beschränken.", https://edps.europa.eu/sites/edp/files/publication/15-10-28_directive_recommendations_de.pdf (zuletzt abgerufen am 14. 02. 2020).

127 *Schwabenbauer, Thomas*, Informationsverarbeitung im Polizei- und Strafverfahrensrecht, in: L/D, G. Rn. 378.

128 *Schwabenbauer, Thomas*, Informationsverarbeitung im Polizei- und Strafverfahrensrecht, in: L/D, G. Rn. 378.

129 Vgl. EuGH, Rs. C-82/16 (K. A. u. a. Regroupement familial en Belgique) ECLI:EU:C:2018:308 Rn. 91; Rs. C-165/14 (Rendón Marín) ECLI EU:C:2016:675, Rn. 82 und 83, sowie Rs. C-304/14 – (CS) ECLI EU:C:2016:674, Rn. 37 bis 39.

fassung des EuGH gelten die **Unionsgrundrechte** im – von dem Gericht sehr weit verstandenen – **Anwendungsbereich des Unionsrechts.**[130] Das bedeutet, dass das sog. EU-Sekundärrecht (Verordnungen und Richtlinien) im Lichte der Unionsgrundrechte ausgelegt und angewandt werden muss. Weil das Datenschutzrecht in den Mitgliedstaaten sehr weitgehend vom EU-Sekundärrecht bestimmt wird, dürfte hier nur noch wenig Raum verbleiben, in welchem Unionsgrundrechte keine Anwendung fänden.[131] Der EuGH wird also künftig im Bereich der DSRL-JI eine Bindung an die Unionsgrundrechte annehmen.[132] Die in Umsetzung der DSRL-JI geschaffenen mitgliedstaatlichen Normen werden also – zumindest teilweise – an den Unionsgrundrechten zu messen sein.[133] Damit werden die Unionsgrundrechte künftig einen besonders sensiblen Regelungsbereich erfassen, insbesondere mitgliedstaatliches Polizeirecht, d. h. gerade den Bereich, der regelmäßig als Prüfstein der Rechtsstaatlichkeit, insbesondere des Grundrechtsschutzes eines Mitgliedstaates gilt.[134] Das hat weitreichende Folgen: Verletzt hier eine auf der DSRL-JI basierende Eingriffsermächtigung Unionsgrundrechte, müssen deutsche Fachgerichte diese Norm unangewendet lassen. Der EuGH wird hier künftig die grundrechtlichen Schutzgehalte festlegen.[135] Während die Bedeutung des EuGH hierdurch erweitert wird, dürfte der Entscheidungsspielraum des BVerfG in diesem bedeutsamen Grundrechtsbereich erheblich schwinden.[136]

66 Dies bildet auch den Hintergrund der jüngsten Rechtsprechung des BVerfG: Für den Bereich des **vollharmonisierten** mitgliedstaatlichen Rechts, wie etwa im Bereich des Datenschutzrechts der **DSGVO**, hat sich das BVerfG im Jahr 2019 mit seiner Entscheidung **„Recht auf Vergessen II“**[137] neu positio-

---

130 EuGH, Rs. C-617/10 (Åkerberg Fransson), ECLI EU:C:2013:105 Rn. 19.

131 *Sobotta, Christoph*, in: Grabitz, Eberhard/Hilf, Meinhard/Nettesheim, Martin (Hrsg.), Das Recht der Europäischen Union, 68. EL München Oktober 2019, Art. 16 AEUV Rn. 14.

132 So bereits *Becker, Matthias/Hornung, Gerrit*, EU-Richtlinie für die Datenverarbeitung bei Polizei und Justiz in Europa – Einfluss des Kommissionsentwurfs auf das nationale Strafprozess- und Polizeirecht, in: ZD 2012, 147, 149.

133 So bereits *Becker, Matthias/Hornung, Gerrit*, EU-Richtlinie für die Datenverarbeitung bei Polizei und Justiz in Europa – Einfluss des Kommissionsentwurfs auf das nationale Strafprozess- und Polizeirecht, in: ZD 2012, 147, 149.

134 So bereits *Becker, Matthias/Hornung, Gerrit*, EU-Richtlinie für die Datenverarbeitung bei Polizei und Justiz in Europa – Einfluss des Kommissionsentwurfs auf das nationale Strafprozess- und Polizeirecht, in: ZD 2012, 147, 149.

135 So bereits *Becker, Matthias/Hornung, Gerrit*, EU-Richtlinie für die Datenverarbeitung bei Polizei und Justiz in Europa – Einfluss des Kommissionsentwurfs auf das nationale Strafprozess- und Polizeirecht, in: ZD 2012, 147, 149.

136 So bereits *Becker, Matthias/Hornung, Gerrit*, EU-Richtlinie für die Datenverarbeitung bei Polizei und Justiz in Europa – Einfluss des Kommissionsentwurfs auf das nationale Strafprozess- und Polizeirecht, in: ZD 2012, 147, 149.

137 Richtiger scheint der Ausdruck „Recht auf Vergessenwerden“, so *Kühling, Jürgen*, Das „Recht auf Vergessenwerden“ vor dem BVerfG – November(r)evolution für die Grundrechtsarchitektur im Mehrebenensystem, in: NJW 2020, 227.

niert. Bei der Anwendung unionsrechtlich vollständig vereinheitlichter Regelungen seien nach dem Grundsatz des **Anwendungsvorrangs des Unionsrechts** in aller Regel nicht die Grundrechte des Grundgesetzes, sondern allein die **Unionsgrundrechte** maßgeblich.[138] Das BVerfG greift deshalb bei der grundrechtlichen Überprüfung der Rechtsanwendung durch die deutsche Gewalt im Bereich der DSGVO auf die **Grundrechte-Charta** zurück.[139] Andere mitgliedstaatliche Verfassungsgerichte verfahren bereits ähnlich.[140] Das BVerfG unterstreicht aber zugleich, dass dem EuGH die Befugnis zur letztverbindlichen Auslegung der Unionsgrundrechte verbleibt und es seine Kontrolle in enger Kooperation mit diesem Gericht ausübt.[141] Das BVerfG überprüfe (nur) die richtige Anwendung der Unionsgrundrechte. Es bezeichnet sich insoweit als letztentscheidende Instanz gem. Art. 267 Abs. 3 AEUV und sei demnach bei Zweifeln bei der Auslegung zur Vorlage an den EuGH verpflichtet.[142] Eine Anwendung der Unionsgrundrechte komme nur in Betracht, wenn der EuGH deren Auslegung bereits geklärt habe oder die anzuwendenden Auslegungsgrundsätze aus sich heraus offenkundig seien.[143] Andernfalls seien die Fragen dem EuGH vorzulegen.[144] Damit bleibt das BVerfG auch bei einem unionsrechtlich vollständig überformten deutschen Recht Hüter des individuellen Grundrechtsschutzes. Maßstab des Gerichts bei der Überprüfung der Anwendung des EU-Recht durch die deutsche Gewalt sind hier aber dann nicht die verdrängten deutschen Grundrechte, sondern diejenigen der Grundrechte-Charta der EU.

Beim nicht vollständig durch Unionsrecht determiniertem innerstaatlichen **67**
Recht bleibt es auf Seiten des BVerfG beim Prüfungsmaßstab der nationalen Grundrechte, die hier allerdings im Lichte der Unionsgrundrechte ausgelegt werden müssen (s. o.). Um einen lediglich teilharmonisierten Bereich dürfte es sich bei der **DSRL-JI** handeln.

---

138 BVerfG, in: NJW 2020, 314, 319.

139 BVerfG, in: NJW 2020, 314, 319; dazu *Kühling, Jürgen*, Das „Recht auf Vergessenwerden" vor dem BVerfG – November(r)evolution für die Grundrechtsarchitektur im Mehrebenensystem, in: NJW 2020, 227 ff.

140 Verfassungsgerichtliche Prüfung anhand der Grundrechte-Charta durch ÖstVerfGH, Erkenntnis v. 14. 03. 2012, U 466/11 ua ECLI:AT:VFGH:2012:U466.2011, sub. 5.5; BelgVerfGH, Entsch. v. 15. 03. 2018, 29/2018, B 9, B 10.5, B 15 ff.; Conseil Constitutionnel, Urt. v. 26. 07. 2018, 2018–768 DC, Rn. 10, 12, 38; Corte costituzionale, Entsch. v. 23. 01. 2019, 20/2019 ECLI:IT:COST:2019:20, Rn. 2.1, 2.3.

141 BVerfG, in: NJW 2020, 314, 320 ff.

142 BVerfG, in: NJW 2020, 314, 320 ff.

143 BVerfG, in: NJW 2020, 314, 320 ff.

144 BVerfG, in: NJW 2020, 314, 320 ff.

III. Verfassungsrechtliche Leitplanken

Sven Eisenmenger

1. Gesetzgebungs- und Verwaltungskompetenzen

68 Das Verfassungsrecht, vor allem in Form des GG, gibt die Rahmenvorgaben für das unter A.I. eingegrenzte Polizei- und Ordnungsrecht bzw. Gefahrenabwehrrecht Hamburgs (SOG, PolDVG und HafenSG) vor. Widmet man sich zunächst dem formalen Aspekt, d.h. ordnet man die Materie in die im GG festgelegten Gesetzgebungs- und Verwaltungszuständigkeiten ein, so ergibt sich folgendes Bild:

69 Hinsichtlich der **Gesetzgebungskompetenzen** gilt die Regel der Art. 30 und Art. 70 Abs. 1 GG, nach der die Länder das Recht der Gesetzgebung haben, soweit das GG nicht dem Bund Gesetzgebungsbefugnisse verleiht. Damit ist das Gefahrenabwehrrecht bzw. Polizei- und Ordnungsrecht nach der Grundregel Ländersache.[145] Somit ergab sich auch die Kompetenz für den Landesgesetzgeber in Hamburg, das SOG und das PolDVG (Datenverarbeitungsrecht im Zusammenhang mit der Gefahrenabwehr) zu erlassen. Neben der Frage nach den Gesetzgebungskompetenzen für das materielle Recht bzw. für die inhaltlichen Vorgaben des Polizei- und Ordnungsrechts, sind auch die im GG beschriebenen **Verwaltungskompetenzen** zu beachten, also die Kompetenz, Behörden einzurichten und das Verwaltungsverfahren zu regeln (s. zu dieser typisierenden Beschreibung Art. 84 Abs. 1 Satz 1 GG). Nach Art. 30 GG sind die Länder naturgemäß im Bereich ihrer eigenen Gesetzgebungskompetenz auch für die Verwaltung und das Verwaltungsverfahrensrecht zuständig und zusätzlich in der Regel auch in Bereichen des Bundesrechts, denn nach Art. 83 GG führen die Länder die Bundesgesetze als eigene Angelegenheit aus, soweit das GG nichts anderes bestimmt oder zulässt. Aus diesem Grund ist Hamburg nicht nur zur Einrichtung seiner Landespolizei befugt gewesen, sondern auch zum Erlass eigener verwaltungsverfahrensrechtlicher Vorschriften, wie etwa des HmbVwVfG, das auch im Falle der Gefahrenabwehr gilt.

70 Von der **Grundregel der Landeskompetenz** gibt es allerdings sowohl in den Gesetzgebungs- als auch in den Verwaltungskompetenzkatalogen **Ausnahmen**, von denen die wichtigsten nachfolgend angesprochen werden. So liegt die ausschließliche Gesetzgebungskompetenz für den **Grenzschutz**

---

145 S. auch *Bäcker, Matthias,* Die Polizei im Verfassungsgefüge, in: L/D, B. Rn. 125.

gem. Art. 73 Abs. 1 Nr. 5 GG beim Bund (vgl. **BPolG**), der durch Bundesgesetz dazu gem. Art 87 Abs. 1 Satz 2 GG auch eigene Behörden – die **Bundespolizei** – einrichten kann.[146] Da im Übrigen die Verwaltungskompetenz des Art. 87 Abs. 1 Satz 2 GG fakultativ ist, konnte der Bundesgesetzgeber in § 2 Abs. 1 BPolG auch den Ländern Grenzschutzaufgaben zubilligen, soweit dies mit dem jeweiligen Bundesland vereinbart ist. Insofern resultiert daraus auch die Besonderheit einer eigenen **Wasserschutzpolizei Hamburgs mit Grenzschutzaufgaben und HafenSG** (s. unten D.II.).

Nach Art. 73 Abs. 1 Nr. 6 GG obliegt dem Bundesgesetzgeber auch die aus- **71** schließliche Gesetzgebungskompetenz für den **Luftverkehr** mit der Verwaltungskompetenz nach Art. 87 d Abs. 1 Satz 1 GG und gem. Art. 73 Abs. 1 Nr. 6 a GG für den **Verkehr mit Eisenbahnen** mit der Verwaltungskompetenz nach Art. 87 e Abs. 1 Satz 1 GG,[147] sodass auch insoweit die **Bundespolizei** nach Maßgabe des **BPolG** insbesondere für die Gefahrenabwehr zuständig ist.

Wesentlich ist ferner die ausschließliche Gesetzgebungskompetenz des **72** Bundes für die Abwehr von **Gefahren des internationalen Terrorismus** (vgl. **BKAG**) durch das **Bundeskriminalamt** gem. Art. 73 Abs. 1 Nr. 9 a GG mit der Verwaltungskompetenz nach Art. 87 Abs. 3 GG,[148] das damit jedenfalls auch präventiv tätig ist.

Zu der ausschließlichen Gesetzgebungskompetenz gehört gem. Art. 73 **73** Abs. 1 Nr. 10 HS 1 lit. b und c GG ferner die Zusammenarbeit des Bundes und der Länder zum Schutze der freiheitlichen demokratischen Grundordnung, des Bestandes und der Sicherheit des Bundes oder eines Landes **(Verfassungsschutz)** und zum Schutze gegen Bestrebungen im Bundesgebiet, die durch Anwendung von Gewalt oder darauf gerichtete Vorbereitungshandlungen auswärtige Belange der Bundesrepublik Deutschland gefährden.

Weitere Bundeszuständigkeiten betreffen den **Schutz auf hoher See** (Art. 73 **74** Abs. 1 Nr. 1 und 5, Art. 74 Abs. 1 Nr. 17 und 21 GG) mit der Verwaltungskompetenz des Bundes aus Art. 87 Abs. 1 Satz 1 und Art. 89 Abs. 2 Satz 2 GG[149] – dies fokussiert sich auf die **Bundespolizei**. Der **Schutz der Bundeswasserstraßen** gem. Art. 74 Abs. 1 Nr. 21, Art. 89 GG im Sinne der Strompolizei[150] obliegt dem **Bund**, es sei denn, es gibt Sonderregelungen, wie

146 *Bäcker, Matthias,* Die Polizei im Verfassungsgefüge, in: L/D, B. Rn. 154 ff.

147 *Bäcker, Matthias,* Die Polizei im Verfassungsgefüge, in: L/D, B. Rn. 167.

148 *Bäcker, Matthias,* Die Polizei im Verfassungsgefüge, in: L/D, B. Rn. 140 ff.

149 *Bäcker, Matthias,* Die Polizei im Verfassungsgefüge, in: L/D, B. Rn. 170.

150 *Pieroth, Bodo,* in: Jarass, Hans D./Pieroth, Bodo, GG (Kommentar), 15. Aufl. München 2018, Art. 89 Rn. 3.

etwa in **Hamburg für einen Teil der Elbe** durch den Zusatzvertrag zu dem damaligen Staatsvertragsgesetz von 1921 zwischen dem Reich und u.a. Hamburg,[151] sodass hier nun die **Hamburger Wasserschutzpolizei** zuständig ist (s. unter D.I.). Besondere Zuständigkeiten bestehen im Übrigen auch für den **Zollvollzugsdienst** (Art. 73 Abs. 1 Nr. 5 GG, Art. 87 Abs. 3 Satz 1 und 2 GG)[152].

75 Zusammengenommen bleibt es nach alledem bei dem Grundsatz der Landeszuständigkeit im Bereich der Gefahrenabwehr, sowohl bezogen auf Gesetzgebungs- als auch auf Verwaltungskompetenzen. Daraus speisen sich direkt und indirekt SOG, PolDVG und HafenSG mit der Zuständigkeit der Polizei Hamburg.

2. Staatsstrukturprinzipien

76 Neben den beschriebenen Gesetzgebungs- und Verwaltungskompetenzen sind es auch die allgemeinen Staatsstrukturprinzipien, die den Staat formen und insoweit auf die Polizei und andere Ordnungsbehörden einwirken. Es wäre im Übrigen auch gut vertretbar, die gesondert geschriebenen Gesetzgebungs- und Verwaltungskompetenzen als Konkretisierung der Staatsstrukturprinzipien aufzufassen. Jedenfalls lassen sich diese Prinzipien Art. 20 GG entnehmen. Die Prinzipien – ebenso wie die sog. Staatsziele des Art. 20 a GG – werden nachfolgend anhand der Relevanz für das Polizei- und Ordnungsrecht entfaltet.

77 Vor allem das **Rechtsstaatsprinzip**, Art. 20 Abs. 3 GG, wirkt sich erheblich auf das Gefahrenabwehrrecht aus. Die nachfolgenden Bestandteile werden teilweise auch als eigenständige Prinzipien angesehen (so das Gewaltenteilungsprinzip), gleichwohl werden dann aber wiederum erhebliche Schnittmengen mit dem Rechtsstaatsprinzip attestiert.[153] Diese Zuordnungsfrage ist ohne praktische Auswirkungen, sodass die Frage an dieser Stelle dahingestellt bleiben kann. Insofern werden nachfolgende Komponenten vereinfachend als dem Rechtsstaatsprinzip zugehörig unterstellt.

78 Zum Rechtsstaatsprinzip gehört demnach die **Gewaltenteilung** (Art. 20 Abs. 2 Satz 2 GG), d.h. die Aufteilung der Gewalt in die Gesetzgebung, in

151 *Eisenmenger, Sven*, Realisierungsgesetze zur Durchsetzung von Infrastrukturprojekten, in: NVwZ 2013, 621, 622.

152 *Bäcker, Matthias*, Die Polizei im Verfassungsgefüge, in: L/D, B. Rn. 176 ff.

153 *Jarass, Hans D.*, in: Jarass, Hans D./Pieroth, Bodo, GG (Kommentar), 15. Aufl. München 2018, Art. 20 Rn. 32; a.A. wohl *Sodan, Helge/Ziekow, Jan*, Grundkurs Öffentliches Recht, 8. Aufl. München 2018, S. 69.

die die Gesetze anwendende Verwaltung, wie z. B. die Polizei, und in die Rechtsprechung, die insbesondere die Einhaltung der Gesetze durch die Verwaltung kontrolliert.[154] Weiterhin kann man zum Rechtsstaatsprinzip den sog. **Verfassungsvorrang** zählen, nach dem ein Verstoß gesetzlicher Vorgaben gegen das GG grundsätzlich zur Nichtigkeit der gesetzlichen Vorschriften führt (s. zur Zuständigkeit des BVerfG Art. 100 Abs. 1 GG).[155] Zum Rechtsstaatsprinzip zählt ferner das Prinzip der **Gesetzmäßigkeit der Verwaltung**, das in seiner Ausprägung als **Vorrang des Gesetzes** die Verwaltung verpflichtet, sich an bestehende Gesetze zu halten und nicht gegen sie zu verstoßen. Gesetzmäßigkeit der Verwaltung bedeutet in seiner Ausprägung als **Vorbehalt des Gesetzes** außerdem, dass die Verwaltung im Bereich der Eingriffs- und der grundrechtsrelevanten Leistungsverwaltung nur tätig werden darf, wenn sie dazu durch Gesetz ermächtigt ist (s. auch Art. 103 Abs. 2 GG),[156] so gerade bei Gefahrenabwehrmaßnahmen der Polizei gegenüber dem Bürger. Letztlich ist bei der Entscheidung der Reichweite dieses Gesetzesvorbehaltes auch die **Wesentlichkeitstheorie** heranzuziehen, nach der der Gesetzgeber „in grundlegenden normativen Bereichen, zumal im Bereich der Grundrechtsausübung, soweit diese staatlicher Regelung zugänglich ist, alle wesentlichen Entscheidungen selbst zu treffen hat“[157].

Zum Rechtsstaatsprinzip zählen ferner die **Gewährleistung von Grundrechten** (s. u. A.III.3.) und das **Verhältnismäßigkeitsprinzip** (s. u. B.I.4.b.bb.).[158] **79**
Gerade aus dem Verhältnismäßigkeitsprinzip ergeben sich immer wieder aktuelle Impulse für das Polizeirecht, insbesondere auch für das Datenschutzrecht der Polizei (s. C.II.1.). Das **Bestimmtheitsgebot** verlangt von dem Gesetzgeber, Normen so klar zu fassen, dass die Rechtslage für den Betroffenen erkennbar ist (Rechtsklarheit).[159] Bestimmtheit meint auch, dass eine Norm inhaltlich präzise genug sein muss.[160] Darüber hinaus sind auch die Akte von Verwaltung und Gerichten „bestimmt“ abzufassen. Für die Polizei gilt demzufolge auch gem. § 37 Abs. 1 HmbVwVfG, dass ein Verwaltungsakt inhaltlich hinreichend bestimmt sein muss (man denke z. B. an die örtliche

154 S. zu diesem Prinzip ausführlich *Sodan, Helge/Ziekow, Jan,* Grundkurs Öffentliches Recht, 8. Aufl. München 2018, S. 70 ff.

155 *Sodan, Helge/Ziekow, Jan,* Grundkurs Öffentliches Recht, 8. Aufl. München 2018, S. 73.

156 S. näher *Maurer, Hartmut/Waldhoff, Christian,* Allgemeines Verwaltungsrecht, 19. Aufl. München 2017, S. 126 ff.

157 S. etwa BVerfGE 61, 260, 275 m. w. N.

158 *Sodan, Helge/Ziekow, Jan,* Grundkurs Öffentliches Recht, 8. Aufl. München 2018, S. 76.

159 *Sodan, Helge/Ziekow, Jan,* Grundkurs Öffentliches Recht, 8. Aufl. München 2018, S. 77 m. w. N.

160 *Sachs, Michael,* in: Sachs, Michael (Hrsg.), GG (Kommentar), 8. Aufl. München 2018, Art. 20 Rn. 126.

und zeitliche Beschreibung eines Aufenthaltsverbotes). Auch der **Vertrauensschutz** spielt in einem Rechtsstaat eine Rolle, so bei belastenden Maßnahmen in Form des **Rückwirkungsverbotes**, das an Gesetze anzulegen ist. Im (präventiven) Gefahrenabwehrrecht ist die Bedeutung indes eher untergeordnet (anders im Strafrecht, s. nur Art. 103 Abs. 2 GG).[161]

80 Über die soeben genannten Komponenten hinaus werden im Zusammenhang mit dem Rechtsstaatsprinzip auch der zu gewährende **Rechtsschutz** als Säule genannt (im Privatrecht über den allgemeinen Justizgewährungsanspruch und für öffentlich-rechtliche Streitigkeiten s. Art. 19 Abs. 4 GG) sowie **rechtsstaatliche Strafverfahren** mit strafrechtlichen Garantien wie der Unschuldsvermutung i. S. d. Art. 6 Abs. 2 EMRK.[162]

81 Zu nennen ist nach dem Rechtsstaatsprinzip das in Art. 20 Abs. 1 und 2 GG zum Ausdruck kommende **Demokratieprinzip**, nach welchem alle Staatsgewalt vom Volk auszugehen hat.[163] Insofern wird bereits hierdurch deutlich, dass das Handeln der Polizei und der auf die öffentliche Sicherheit und Ordnung ausgerichteten Verwaltungsbehörden gegenüber einem Bürger im Ergebnis vom Volk legitimiert sein muss. Dies wird zum einen dadurch sichergestellt, dass der Gesetzgeber bzw. die vom Volk gewählten Vertreter das Handeln der Verwaltung durch gesetzliche Vorgaben determinieren, so z. B. durch die konkrete Festlegung der Eingriffsbefugnisse im SOG. Das Handeln der einzelnen Bediensteten, z. B. der Polizeivollzugsbeamten, wird ferner durch deren organisatorische Einbindung im Wege einer Fach- und Rechtsaufsichtskette (einschließlich Disziplinaraufsicht) sichergestellt. Die Kette reicht in Hamburg vom Volk über die gewählte Bürgerschaft, den Ersten Bürgermeister, den Senator für Inneres und Sport, den Polizeipräsidenten, weitere Vorgesetzte bis hin zum einzelnen Polizeivollzugsbeamten.

82 Die weiteren Staatsstrukturprinzipien sind das **Bundesstaatsprinzip** (Art. 20 Abs. 1 GG), das letztlich auf die Gliederung in Bund und Bundesländer zielt (vgl. auch die kommunale Selbstverwaltungsgarantie in Art. 28 Abs. 2 GG), das Prinzip der **Republik** (Art. 20 Abs. 1 GG), also die „Verneinung" der Monarchie, sowie das **Sozialstaatsprinzip** (Art. 20 Abs. 1 GG), das zusammen mit der Menschenwürde (Art. 1 Abs. 1 GG) einen Anspruch auf Gewährleistung des Existenzminimums sichert.[164] Die **Staatsziele Um-**

161 S. näher *Jarass, Hans D.*, in: Jarass, Hans D./Pieroth, Bodo, GG (Kommentar), 15. Aufl. München 2018, Art. 20 Rn. 94 ff.

162 *Jarass, Hans D.*, in: Jarass, Hans D./Pieroth, Bodo, GG (Kommentar), 15. Aufl. München 2018, Art. 20 Rn. 128 ff.

163 *Sodan, Helge/Ziekow, Jan*, Grundkurs Öffentliches Recht, 8. Aufl. München 2018, S. 40 ff.

164 S. Einzelheiten bei *Sodan, Helge/Ziekow, Jan*, Grundkurs Öffentliches Recht, 8. Aufl. München 2018, S. 85 ff.

welt- und Tierschutz (Art. 20 a GG) werden gemeinhin als von den Staatsstrukturprinzipien getrennt gesehen, wobei diese Abgrenzung sich nur schwerlich erschließt.[165] Die Staatsziele sind jedenfalls fester Bestandteil der Verfassung und wichtige Abwägungsposten in einer Verhältnismäßigkeitsprüfung.

Für die Freie und Hansestadt Hamburg als Stadtstaat gelten die Grundsätze 83
Rechtsstaat, Demokratie, Republik und Sozialstaat schon über die Homogenitätsklausel gem. Art. 28 Abs. 1 Satz 1 GG. Darüber hinaus nennt Art. 1 der **Verfassung der Freien und Hansestadt Hamburg** das Bundestaatsprinzip. Art. 3 Abs. 1 dieser Verfassung bestätigt das Demokratie-, Sozialstaats- und Rechtsstaatsprinzip.

3. Grundrechtliche Anforderungen

a) Überblick

Als **Grundrechte** kann man alle diejenigen subjektiv-öffentlichen Rechte 84
bezeichnen, die in den Artikeln 1 bis 19 des GG normiert sind. Dazu zählen die Menschenwürde (Art. 1 Abs. 1 GG), die Allgemeine Handlungsfreiheit (Art. 2 Abs. 1 GG) mit den weiteren spezielleren Freiheitsrechten und der allgemeine Gleichheitssatz (Art. 3 Abs. 1 GG) mit den weiteren speziellen Gleichheitssätzen. Soweit auch außerhalb der Art. 1 bis 19 GG subjektiv-öffentliche Rechte bestehen, wie etwa der Anspruch auf rechtliches Gehör bei Gericht (Art. 101 Abs. 1 GG), so werden diese Rechte als **grundrechtsgleiche Rechte**[166] bezeichnet. Diese Rechte sind in Art. 93 Abs. 1 Nr. 4 a GG enumerativ aufgeführt. In anderer Weise kann man Grundrechte und grundrechtsgleiche Rechte auch in **Freiheitsrechte** (z. B. Art. 2 Abs. 1 GG) und **Gleichheitsrechte** (z. B. Art 3 Abs. 1 GG) unterteilen.

Grundrechte, die in der englischen Fachsprache als „Fundamental Rights"[167] 85
bezeichnet werden, können auch in der Weise kategorisiert werden, dass nach den Grundrechtsberechtigten differenziert wird. Handelt es sich um Jedermann-Rechte, wie z. B. die Menschenwürde (Art. 1 Abs. 1 GG), so werden diese Rechte als **Menschenrechte** bezeichnet (vgl. z. B. auch die EMRK bzw. European Convention on Human Rights). Solche Grundrechte hingegen, die auf bestimmte Staatsangehörige abstellen, wie z. B. die in Art. 8

165 Unklar *Jarass, Hans D.*, in: Jarass, Hans D./Pieroth, Bodo, GG (Kommentar), 15. Aufl. München 2018, Art. 20 a Rn. 1, wonach es sich bei Art. 20 a GG um ein „(bloßes) Prinzip" handele.

166 S. etwa BVerfGE 142, 123, 189 zu Art. 38 Abs. 1 Satz 1 GG.

167 Vgl. „The Charter of Fundamental Rights of the European Union".

Abs. 1 GG zugunsten Deutscher normierte Versammlungsfreiheit, sind **Bürgerrechte** bzw. Citizens' Rights.

86 Grundrechte binden als Grundrechtsverpflichtete – wie auch Art. 1 Abs. 3 GG belegt – alle staatliche Gewalt, mithin Gesetzgebung, Verwaltung (u. a. Polizei) und die Rechtsprechung **(Grundrechtsverpflichtete)**. **Grundrechtsberechtigte**, also Personen, die sich auf Grundrechte berufen können, sind alle natürlichen Personen (Deutsche und – soweit die Grundrechte nicht nur auf Deutsche hin formuliert[168] sind – auch Ausländer), außerdem inländische[169] juristische Personen (AG, GmbH, Limited; auch nicht-rechtsfähige Vereine wie z. B. Gewerkschaften) und Personengesellschaften (z. B. KG, OHG), wenn das Grundrecht dem Wesen nach auf sie anwendbar ist (Art. 19 Abs. 3 GG), so z. B. bei den „Wirtschaftsgrundrechten" u. a. mit der Unternehmerfreiheit i. S. d. Art. 12 Abs. 1 GG. Versucht man herauszufiltern, welche Grundrechte im Rahmen gefahrenabwehrrechtlicher Maßnahmen von Relevanz sind, so ergibt sich folgendes Bild (Einzelheiten s. jeweils bei den einzelnen Maßnahmen unter B., C. und D.):

1. Menschenwürde, Art. 1 Abs.1 GG
2. Allgemeine Handlungsfreiheit, Art. 2 Abs. 1 GG (subsidiär bzw. nachrangig gegenüber speziellen Freiheitsgrundrechten)
3. Allgemeines Persönlichkeitsrecht, Art. 2 Abs. 1 GG i. V. m. Art. 1 Abs. 1 GG
4. Recht auf Leben und körperliche Unversehrtheit, Art. 2 Abs. 2 Satz 1 GG
5. Freiheit der Person, Art. 2 Abs. 2 Satz 2 GG
6. Gleichheitsgebote, Art. 3 GG (3 Abs. 1 GG ist subsidiär bzw. nachrangig gegenüber speziellen Gleichheitsgeboten wie etwa in Art. 3 Abs. 2 und 3 GG)
7. Glaubens- und Gewissensfreiheit, Art. 4 GG
8. Meinungs-, Informations-, Presse-, Rundfunk- und Filmfreiheit, Art. 5 Abs. 1 GG
9. Kunst- und Wissenschaftsfreiheit, Art. 5 Abs. 3 Satz 1 GG
10. Versammlungsfreiheit, Art. 8 Abs. 1 GG
11. Allgemeine Vereinigungsfreiheit, Art. 9 Abs. 1 GG
12. Brief-, Post- und Fernmeldegeheimnis, Art. 10 Abs. 1 GG

---

168 Selbst bei „Deutschengrundrechten" ist die Nichtanwendbarkeit auf EU-Bürger umstritten, vgl. z. B. zu Art. 8 Abs. 1 GG: *Höfling, Wolfram*, in: Sachs, Michael (Hrsg.), GG (Kommentar), 8. Aufl. München 2018, Art. 8 Rn. 51 m. w. N.

169 Zur Anwendbarkeit jedenfalls auch auf EU-ausländische Gesellschaften vgl. *Sodan, Helge/ Ziekow, Jan,* Grundkurs Öffentliches Recht, 8. Aufl. München 2018, S. 200.

13. Freizügigkeit, Art. 11 Abs. 1 GG
14. Berufsfreiheit, Art. 12 Abs. 1 GG
15. Unverletzlichkeit der Wohnung, Art. 13 Abs. 1 GG
16. Eigentumsgarantie, Art. 14 Abs. 1 GG
17. Justizgrundrechte (Rechtsweggarantie, Art. 19 Abs. 4 GG, Justizgrundrechte in Art. 101 und 103 GG)

b) Funktionen der Grundrechte

Die **Funktionen von Grundrechten** sind seit Unterzeichnung des GG vor rund 70 Jahren nachfolgend durch die bundesverfassungsgerichtliche Rechtsprechung und durch die Literatur konkretisiert worden. Die Systematisierung dieser Grundrechtsfunktionen erfolgt in der Literatur keineswegs einheitlich. So wird etwa zwischen „Grundfunktionen", „Funktionsausweitung durch objektive Wertentscheidungsgehalte" und „querliegenden Funktionen" unterschieden[170], wiederum von anderen zwischen „subjektiv-rechtlichen" und „objektiv-rechtlichen Dimensionen"[171]. Entsprechend der Auflistung von *Sodan* und *Ziekow*[172] lassen sich im Überblick folgende Funktionen herauspräparieren: **87**

- **Abwehrfunktion**

  Hier geht es letztlich um die Abwehr von eingreifenden staatlichen Maßnahmen, z. B. mit Blick auf polizeiliche Maßnahmen, wenn diese verfassungswidrig sind. Geschützt wird damit die Freiheitssphäre der Bürger. Das BVerfG führt hierzu aus: „Die Grundrechte sind dazu bestimmt, die Freiheitssphäre des Einzelnen vor Eingriffen der öffentlichen Gewalt zu sichern; sie sind Abwehrrechte des Bürgers gegen den Staat."[173]

- **Originäre Leistungsrechte**

  In diesen Fällen enthalten Grundrechte ausdrückliche Ansprüche gegenüber dem Staat (z. B. Art. 19 Abs. 4 Satz 1 GG mit der Rechtsschutzgarantie oder Art. 103 Abs. 1 GG mit dem Anspruch auf rechtliches Gehör bei Gericht). Ausnahmsweise abgeleitet aus Art. 1 Abs. 1 GG i. V. m. dem Sozialstaatsprinzip wird auch das Grundrecht auf Gewährleistung eines menschenwürdigen Existenzminimums.[174]

---

170 *Jarass, Hans D.*, in: Jarass, Hans D./Pieroth, Bodo, GG (Kommentar), 15. Aufl. München 2018, Vorb. vor Art. 1 Rn. 2 ff.

171 *Sodan, Helge/Ziekow, Jan*, Grundkurs Öffentliches Recht, 8. Aufl. München 2018, S. 182 ff.

172 *Sodan, Helge/Ziekow, Jan*, Grundkurs Öffentliches Recht, 8. Aufl. München 2018, S. 182 ff.

173 BVerfGE 115, 320, 258.

174 BVerfGE 125, 175, 222 ff.

- **Gleichbehandlungsfunktion**

  Einige Grundrechte – insbesondere Art. 3 Abs. 1 GG – erfüllen ebenfalls eine Gleichbehandlungsfunktion, an die sich auch derivative Leistungs- und Teilhaberechte anschließen können.[175] Hier geht es vor allem um die gleiche Vergabe von Studienplätzen.[176]

- **Mittelbare Drittwirkung**

  Ausnahmsweise können Grundrechte auch im Verhältnis zwischen Privaten Wirkkraft entfalten, wenn es im Privatrecht etwa um die Auslegung unbestimmter Rechtsbegriffe wie „Treu und Glauben" (§ 242 BGB) oder die „guten Sitten" (§ 138 Abs. 1 BGB) geht, die mithilfe der grundrechtlichen Aussagen konkretisiert werden können. Man spricht insoweit von der mittelbaren Drittwirkung. Ausnahmsweise gelten die Grundrechte auch direkt im Privatrechtsverhältnis im Zusammenhang mit der Koalitionsfreiheit kraft grundgesetzlicher Anordnung (Art. 9 Abs. 3 GG).

- **Schutzpflichten**

  Der Staat hat sich auch schützend vor die Grundrechte zu stellen und entsprechende Maßnahmen zu ergreifen.[177] Aus dem Schutz des Lebens und der körperlichen Unversehrtheit des Art. 2 Abs. 2 Satz 1 GG kann man z.B. die Einrichtung einer Polizei zur Gefahrenabwehr herleiten. Zum Teil ist hier auch von Gewährleistungsschutzpflichten[178] die Rede. Hierbei besteht ein Beurteilungsspielraum des Gesetzgebers, wobei der Staat indes ein Mindestmaß an Schutz nicht unterschreiten darf (sog. Untermaßverbot). Dies wäre dann der Fall, wenn kein oder gänzlich ungeeigneter Schutz besteht.[179]

- **Institutionelle Gewährleistungsfunktion**

  Auch schützen die Grundrechte einzelne Institute dadurch, dass letztere explizit im GG verankert sind. Zu nennen sind z.B. die Eigentumsgarantie und das Erbrecht in Art. 14 Abs. 1 GG, ferner auch das Berufsbeamtentum in Art. 33 Abs. 5 GG.[180]

---

175 *Sodan, Helge/Ziekow, Jan,* Grundkurs Öffentliches Recht, 8. Aufl. München 2018, S. 187 f.

176 *Stober, Rolf/Korte, Stefan,* Öffentliches Wirtschaftsrecht – Allgemeiner Teil, 19. Aufl. Stuttgart 2019, S. 166.

177 S.z.B. dazu BVerfG, in: NVwZ 2010, 570, 572 ff. (Ladenöffnungszeiten an Adventssonntagen).

178 *Stober, Rolf/Korte, Stefan,* Öffentliches Wirtschaftsrecht – Allgemeiner Teil, 19. Aufl. Stuttgart 2019, S. 165.

179 *Stober, Rolf/Korte, Stefan,* Öffentliches Wirtschaftsrecht – Allgemeiner Teil, 19. Aufl. Stuttgart 2019, S. 165.

180 *Sodan, Helge/Ziekow, Jan,* Grundkurs Öffentliches Recht, 8. Aufl. München 2018, S. 193.

– **Organisations- und Verfahrensrechtsfunktion**

  Grundrechte beinhalten als „querliegende Funktion“[181] schließlich auch die Pflicht, den organisatorischen Rahmen so zu determinieren, dass Grundrechte adäquat wahrgenommen werden können. Ebenso erwächst aus dieser Funktion die Verpflichtung, Verfahren optimal, z. B. möglichst zügig, durchzuführen.[182]

c) Checkliste Grundrechtsprüfung

Die Prüfung, ob eine Maßnahme auf dem Gebiet des Gefahrenabwehrrechts (etwa ein Platzverweis oder eine Wohnungsdurchsuchung) mit Grundrechten vereinbar ist, ist Gegenstand der Verhältnismäßigkeitsprüfung in dem praxisrelevanten Rechtmäßigkeitsschema (s. u. B. I.4.b.bb.). Insofern sind die Einzelheiten einer Grundrechtsprüfung zum Verständnis des allgemeinen Rechtmäßigkeitsschemas essenziell. Darüber hinaus sind in Studienarbeiten auch Fragestellungen möglich, die isoliert die Frage der Grundrechtskonformität einer Maßnahme zum Gegenstand haben. Im Rahmen einer solchen **Grundrechtsprüfung** werden im Übrigen auch weitere Aspekte der Verfassung berücksichtigt, weshalb es sich zugleich immer auch um eine allgemeine Prüfung der Verfassungskonformität handelt. **88**

Die Prüfung, ob ein staatlicher Akt der Gesetzgebung, der Verwaltung oder der Rechtsprechung mit einem Grundrecht vereinbar ist, erfolgt grob gesprochen in drei Stufen. Während in **Schritt 1 die Eröffnung des Schutzbereiches** des jeweiligen Grundrechts untersucht wird, also die Frage, ob das Grundrecht sachlich-thematisch auf den Sachverhalt und persönlich auf den Beschwerdeführer anwendbar ist, erfolgt in **Schritt 2 die Eingriffsfrage**, mithin ob der staatliche Akt als Belastung des Grundrechtsträgers oder lediglich als Bagatelle zu qualifizieren ist. Liegt ein Eingriff vor, ist die Frage zu beantworten, ob dieser Eingriff gerechtfertigt werden kann. Dieser **Schritt 3 mit der Rechtfertigungsprüfung** ist der komplexe Part in der Gesamtprüfung. Hier ist letztlich der Frage nachzugehen, ob der Eingriff – etwa eine einzelne Polizeimaßnahme – auf ein Parlamentsgesetz zurückzuführen ist, welches die Schrankenbestimmungen des GG einhält, ob dieses Gesetz formellen und materiell-inhaltlichen Anforderungen (z. B. Verhältnismäßigkeit) genügt und ob die Entscheidung im Einzelfall ihrerseits verhältnismäßig ist. **89**

---

181 *Jarass, Hans D.*, in: Jarass, Hans D./Pieroth, Bodo, GG (Kommentar), 15. Aufl. München 2018, Vorb. vor Art. 1 Rn. 11.

182 *Stober, Rolf/Korte, Stefan*, Öffentliches Wirtschaftsrecht – Allgemeiner Teil, 19. Aufl. Stuttgart 2019, S. 166.

90 Im Wesentlichen sind bei allen Fragen rund um die Grundrechtskonformität zwei Prüfungskonstellationen auseinanderzuhalten, und zwar, ob lediglich ein Gesetz als solches überprüft wird (z. B. eine bestimmte gesetzliche Regelungen zur automatischen Kennzeichenerfassung zwecks Abgleich mit dem Fahndungsbestand), oder ob eine konkrete Einzelfallentscheidung der Verwaltung oder eines Gerichts mit Grundrechten vereinbar ist.

91 Im Falle einer Prüfung eines **Gesetzes** auf Grundrechtskonformität kann wie folgt vorgegangen werden:[183]

A. [Grundrecht XX, Art. YY]

Das zu prüfende Gesetz verstößt gegen das Grundrecht XX gem. Art. YY, wenn der Schutzbereich des Grundrechts eröffnet ist (I.), ein Eingriff vorliegt (II.) und der Eingriff nicht gerechtfertigt werden kann (III.).

I. Eröffnung des Schutzbereichs

1. Sachlicher Schutzbereich

Fällt eine gewünschte Verhaltensweise (Tun oder Unterlassen) unter den Schutz des Grundrechts?

2. Persönlicher Schutzbereich

Kann sich der Beschwerdeführer persönlich auf das Grundrecht berufen (Ausländerfragen, juristische Personen, etc.)?

II. Eingriff

Moderner Eingriffsbegriff: Liegt eine Handlung eines Grundrechtsverpflichteten (hier: eine gesetzliche Regelung) vor, die in zurechenbarer Weise zu einer nicht absolut unerheblichen Belastung des Grundrechtsträgers führt?[184]

III. Verfassungsrechtliche Rechtfertigung des Eingriffs

1. Grundrechtsschranke: Parlamentsgesetz nötig

Es ist im Fall von Grundrechtseingriffen ein Gesetz nötig, entweder wegen ausdrücklichen **einfachen Gesetzesvorbehaltes** wie in Art. 2 Abs. 2 Satz 3 GG oder wegen **qualifizierten Gesetzesvorbehaltes**, bei dem das GG an das Gesetz bestimmte zusätzliche Anforderungen stellt, z. B. in Art. 11 Abs. 2 GG. In denjenigen Fällen, in denen das GG keine Einschränkbarkeit anspricht (Art. 5 Abs. 3

---

183 S. ähnlich auch *Sodan, Helge/Ziekow, Jan,* Grundkurs Öffentliches Recht, 8. Aufl. München 2018, S. 221 f. und ferner *Jarass, Hans D.*, in: Jarass, Hans D./Pieroth, Bodo, GG (Kommentar), 15. Aufl. München 2018, Vorb. vor Art. 1 Rn. 14 ff.

184 Ähnlich *Jarass, Hans D.*, in: Jarass, Hans D./Pieroth, Bodo, GG (Kommentar), 15. Aufl. München 2018, Vorb. vor Art. 1 Rn. 26; zum Bagatellkriterium: *Sachs, Michael* in: Sachs, Michael (Hrsg.), GG (Kommentar), 8. Aufl. München 2018, Vorbemerkungen zu Abschnitt I, Rn. 94.

Satz 1 GG), kann eingeschränkt werden aufgrund des Vorbehaltes des Gesetzes gem. Art. 20 Abs. 3 GG **(verfassungsimmanente Schranke)**.[185] Im Fall dieser verfassungsimmanenten Schranken wird in aller Regel argumentiert, es könnten nur kollidierende Grundrechte Dritter oder andere mit Verfassungsrang ausgestattete Rechtswerte zur Rechtfertigung herangezogen werden. Es handelt sich indes um eine „Scheineingrenzung", denn schon die Allgemeine Handlungsfreiheit, Art. 2 Abs. 1 GG, oder das Rechtsstaatsprinzip, Art. 20 Abs. 3 GG, sind so breit angelegt, dass allein hieraus Vieles argumentierbar ist (funktionstüchtige Rechtspflege etc.).[186] In den seltenen Fällen der **verfassungsunmittelbaren Schranken** (z. B. Art. 9 Abs. 2 GG, Art. 13 Abs. 7 HS 1 GG) ist auch ein Gesetz nötig.[187]

Dass letztlich in allen o. g. Fällen ein **Gesetz des Parlamentes** erforderlich ist, ergibt sich auch aus der Wesentlichkeitsgarantie (s. o. A.III.2.), nach der in wesentlichen Bereichen – so gerade im grundrechtsrelevanten Bereich – das Parlament zu entscheiden hat. Dies schließt nicht aus, dass der Gesetzgeber die Exekutive ermächtigt, in Rechtsverordnungen Grundrechtseingriffe zu bestimmen. Die Ermächtigungsgrundlage des Gesetzgebers muss dann aber den Anforderungen des Art. 80 Abs. 1 GG genügen.

2. Formelle Anforderungen an das Gesetz

a) Gesetzgebungszuständigkeit

Es sind die Kompetenzvorschriften der Art. 30, 70 ff. GG einzuhalten.

b) Gesetzgebungsverfahren

Hier gelten Art. 76 ff. GG.

c) Zitiergebot

Es gilt die Anforderung des Art. 19 Abs. 1 Satz 2 GG.

3. Materielle Anforderungen an das Gesetz

a) Grundsatz der Verhältnismäßigkeit

Vgl. dazu die Ausführungen unter B. I.4.b.bb.

b) Weitere Anforderungen

Andere Anforderungen der Verfassung – z. B. das Bestimmtheitsgebot des Rechtsstaatsprinzips oder das Einzelfallgesetzverbot (Art. 19 Abs. 1 Satz 1 GG) – sind nur anlassbezogen zu problematisieren. An dieser Stelle wird die Grundrechtsprüfung auch zu einer allgemeinen Prüfung der Verfassungskonformität.

185 *Jarass, Hans D.*, in: Jarass, Hans D./Pieroth, Bodo, GG (Kommentar), 15. Aufl. München 2018, Vorb. vor Art. 1 Rn. 51.

186 S. dazu eingehend und auch kritisch *Sodan, Helge/Ziekow, Jan*, Grundkurs Öffentliches Recht, 8. Aufl. München 2018, S. 210 f. m. w. N.

187 *Jarass, Hans D.*, in: Jarass, Hans D./Pieroth, Bodo, GG (Kommentar), 15. Aufl. München 2018, Vorb. Art. 9 Rn. 17 und Art. 13 Rn. 35.

c) Wesensgehaltsgarantie

Aufgrund ihrer Bedeutung als „Rettungsanker" der Rechtsstaatlichkeit, sollte die Frage, ob der Grundrechtseingriff das Grundrecht unzulässig in seinem Wesensgehalt antastet (Art. 19 Abs. 2 GG), angesprochen werden. Allerdings dürfte dann bereits die Verhältnismäßigkeit zu verneinen sein.

92 Im Falle einer Prüfung einer **Einzelfallentscheidung** der Verwaltung (z. B. einer polizeilichen Maßnahme) oder eines Gerichtes (z. B. ein bestimmtes Urteil mit einer festgesetzten Freiheitsstrafe), ist letztlich ebenso das oben genannte Schema anzuwenden. Bei dem „Eingriff" ist dann jedenfalls nicht das Gesetz als Eingriff zu qualifizieren, sondern die Einzelfallentscheidung. In der Rechtfertigungsprüfung ist zunächst das Vorhandensein einer Rechtsgrundlage als Basis der Einzelfallentscheidung zu prüfen, ebenso die dazu gehörigen formellen und materiellen Anforderungen an das Gesetz. Zusätzlich zum ursprünglichen Schema ist anschließend die konkrete Einzelfallentscheidung unter Berücksichtigung der Umstände des Einzelfalls gesondert auf Verhältnismäßigkeit zu begutachten. Daraus ergibt sich:

A. [Grundrecht XX, Art. YY]

Die zu prüfende Maßnahme verstößt gegen das Grundrecht XX gem. Art. YY, wenn der Schutzbereich des Grundrechts eröffnet ist (I.), ein Eingriff vorliegt (II.) und der Eingriff nicht gerechtfertigt werden kann (III.).

I. Eröffnung des Schutzbereichs

1. Sachlicher Schutzbereich
2. Persönlicher Schutzbereich

II. Eingriff

III. Verfassungsrechtliche Rechtfertigung des Eingriffs

1. Grundrechtsschranke: Parlamentsgesetz nötig
2. Rechtsgrundlage (Parlamentsgesetz)
   a) Formelle Anforderungen an das Gesetz (Einzelheiten s. o.)
   b) Materielle Anforderungen an das Gesetz (Einzelheiten s. o.)
5. Verhältnismäßigkeit der konkreten Verwaltungs- oder Gerichtsentscheidung

B. Befugnisse nach dem SOG

I. Grundlagen

1. Gefahrenabwehrmaßnahmen im Überblick und Struktur der Rechtmäßigkeitsprüfung

Sven Eisenmenger

a) Handlungsformen

93 Der Staat kann in verschiedenen Formen Gefahren für die öffentliche Sicherheit und Ordnung abwehren. Dazu stehen ihm verschiedene **Handlungsformen** zur Verfügung, die von allgemeinen bis hin zu konkreten Maßnahmen reichen.

94 Sehr allgemeine Maßnahmen kann der Staat in Form von **Normen** treffen, zu denen naturgemäß die **Parlamentsgesetze** des Gesetzgebers (wie z. B. das SOG, PolDVG und das HafenSG) zählen. Aber auch die Exekutive kann Normen erlassen, so **Rechtsverordnungen** (wie z. B. in Hamburg die Verordnung über das Verbot des Führens von Waffen und gefährlichen Gegenständen oder die Verordnung über das Verbot der Kontaktaufnahme zu Personen zur Vereinbarung entgeltlicher sexueller Dienstleistungen im Sperrgebiet). Voraussetzung für den Erlass von Rechtsverordnungen ist, dass die Exekutive dazu konkret von dem Gesetzgeber in einem Parlamentsgesetz ermächtigt worden ist.

95 So heißt es etwa in § 1 Abs. 1 SOG, dass der Senat ermächtigt wird, durch Rechtsverordnung die zum Schutze der Allgemeinheit oder des Einzelnen erforderlichen Bestimmungen zu erlassen, um Gefahren für die öffentliche Sicherheit oder Ordnung abzuwehren. § 1 Abs. 2 SOG ergänzt, dass in der Verordnung auch Ordnungswidrigkeiten geregelt werden können. Für die vom Gesetzgeber erlassenen Ermächtigungsgrundlagen, nach denen die Exekutive Rechtsverordnungen erlassen kann, gilt im Übrigen Art. 80 Abs. 1 GG („Durch Gesetz können die Bundesregierung, ein Bundesminister oder die Landesregierungen ermächtigt werden, Rechtsverordnungen zu erlassen. Dabei müssen Inhalt, Zweck und Ausmaß der erteilten Ermächtigung im Gesetz bestimmt werden. Die Rechtsgrundlage ist in der Verordnung anzugeben. Ist durch Gesetz vorgesehen, dass eine Ermächtigung weiter übertragen werden kann, so bedarf es zur Übertragung der Ermächtigung einer Rechtsverordnung.“). In Hamburg heißt es in Art. 53 der Verfassung

der Freien und Hansestadt Hamburg: „(1) Der Senat kann durch Gesetz ermächtigt werden, Rechtsverordnungen zu erlassen. Dabei müssen Inhalt, Zweck und Ausmaß der erteilten Ermächtigung im Gesetz bestimmt werden. (2) Die Rechtsgrundlage ist in der Verordnung anzugeben. Ist durch Gesetz vorgesehen, dass eine Ermächtigung weiter übertragen werden kann, so bedarf es zur Übertragung einer Rechtsverordnung."

96 Die Exekutive kann darüber hinaus auch **Verwaltungsvorschriften** erlassen, ohne notwendigerweise dazu gesetzlich ermächtigt worden zu sein. Es handelt sich mehr um Durchführungshinweise und Konkretisierungen für die Verwaltungspersonen als Adressaten, nicht für den Bürger. Im polizeilichen Kontext ist hier z. B. die „PDV 350" zu nennen, die als Polizeidienstvorschrift nähere Einzelheiten etwa zu gefährlichen Orten oder gefährdeten Objekten enthält.

97 Ebenso handelt es sich bei **Satzungen** der Verwaltung um Normen. Hier werden Körperschaften des öffentlichen Rechts oder körperschaftsähnliche Gebilde, die jeweils Mitglieder haben, durch Gesetz ermächtigt, durch Satzungsvorschriften ihre Angelegenheiten zu regeln, auch gegenüber dem Bürger. Im Bereich der Polizei Hamburg ist es der Fachhochschulbereich, der nach § 11 Satz 1 und 2 des Hamburgischen Polizeiakademiegesetzes die akademischen Angelegenheiten im Rahmen der Forschung und Lehre in Selbstverwaltung wahrnimmt und dazu Satzungen erlassen kann, soweit der Senat nicht durch Rechtsverordnung Ausbildung und Prüfung regelt.

98 Bei Parlamentsgesetzen, Rechtsverordnungen und Verwaltungsvorschriften sowie Satzungen handelt es sich um öffentlich-rechtliche Rechtsakte abstrakt-genereller Natur (abstrakte Sachverhalte, generell beschriebener Adressatenkreis), wobei Parlamentsgesetze, Rechtsverordnungen und Satzungen (auch) nach außen an den Bürger gerichtet sind, Verwaltungsvorschriften grundsätzlich nur im Innenverhältnis an die Verwaltung.[188] Verwaltungsvorschriften können ausnahmsweise Außenwirkung entfalten, wenn sie im Verhältnis zum Bürger regelmäßig angewendet werden (Argument über den Gleichbehandlungsgrundsatz, Art. 3 Abs. 1 GG).[189]

99 Um einen öffentlich-rechtlichen Rechtsakt im Außenverhältnis, nun aber konkreter-individueller Natur (konkreter Sachverhalt, individueller Personenkreis), handelt es sich bei dem **Verwaltungsakt**. Letztlich ist es diese Form, mit der einzelne Polizeivollzugsbeamte und Verwaltungsbehörden

---

188 S. Graphik bei *Maurer, Hartmut/Waldhoff, Christian,* Allgemeines Verwaltungsrecht, 19. Aufl. München 2017, S. 205.

189 *Maurer, Hartmut/Waldhoff, Christian,* Allgemeines Verwaltungsrecht, 19. Aufl. München 2017, S. 688 ff.

verbindliche Anordnungen gegenüber einem Bürger treffen können. Die Palette reicht von Platzverweisen über Sicherstellungen und Durchsuchungen bis hin zu Ingewahrsamnahmen. § 35 HmbVwVfG definiert den Verwaltungsakt dabei wie folgt:

> „Verwaltungsakt ist jede Verfügung, Entscheidung oder andere hoheitliche Maßnahme, die eine Behörde zur Regelung eines Einzelfalles auf dem Gebiet des öffentlichen Rechts trifft und die auf unmittelbare Rechtswirkung nach außen gerichtet ist. Allgemeinverfügung ist ein Verwaltungsakt, der sich an einen nach allgemeinen Merkmalen bestimmten oder bestimmbaren Personenkreis richtet oder die öffentlich-rechtliche Eigenschaft einer Sache oder ihre Benutzung durch die Allgemeinheit betrifft."

Hoheitliche Maßnahme ist jede einseitige Erklärung der Verwaltung. Behörde ist jede Stelle, die Aufgaben der öffentlichen Verwaltung wahrnimmt (§ 1 Abs. 4 HmbVwVfG), so etwa die Polizei. Regelung ist eine Maßnahme, die unmittelbar die Herbeiführung einer Rechtsfolge bezweckt (z. B. ein Platzverweis gem. § 12 a SOG). Einzelfall bedeutet, dass es sich um eine Maßnahme in einer bestimmten Situation gegenüber einer oder mehreren Person/en (ein oder mehrere Störer oder Nichtstörer, §§ 8 ff. SOG) handeln muss, dies alles auf dem Gebiet des öffentlichen Rechts (SOG, PolDVG, HafenG) und mit unmittelbarer Wirkung nach außen, d. h. gegenüber Personen außerhalb der Verwaltung.[190] **100**

Einzugehen ist im Zusammenhang mit Verwaltungsakten auf **Verkehrszeichen**. Verkehrsregelnde Ge- und Verbote enthaltende Verkehrszeichen werden als **Allgemeinverfügungen**, d. h. als eine besondere Ausprägung des Verwaltungsaktes, eingestuft. Konkret handelt es sich um den Gemeingebrauch regelnde Benutzungsregelungen i. S. d. § 35 Satz 2 Alt. 3 HmbVwVfG.[191] **101**

Weniger praktische Relevanz im Sicherheitsrecht haben die (konkret-individuelle) **Zusage** (§ 38 HmbVwVfG), nach der sich die Behörde zum Erlass oder zum Unterlassen eines Verwaltungsaktes verpflichtet, und der **öffentlich-rechtliche Vertrag** (§§ 54 ff. HmbVwVfG), bei dem die Behörde zusammen mit dem Bürger Vereinbarungen trifft (konsensual, nicht einseitig), anstatt einen Verwaltungsakt zu erlassen. **102**

---

190 S. zu allem *Sodan, Helge/Ziekow, Jan,* Grundkurs Öffentliches Recht, 8. Aufl. München 2018, S. 538.

191 Stelkens, Ulrich, in: Stelkens, Ulrich/Bonk, Heinz-Joachim/Sachs, Michael (Hrsg.), VwVwfG (Kommentrar), 9. Aufl. München 2018, § 35 Rn. 330.

103 Neben Verwaltungsakten, den hier weniger relevanten Zusagen und öffentlich-rechtlichen Verträgen, existiert noch die Handlungsform des (konkret-individuellen) **schlichten Verwaltungshandelns**, also von Handlungen, die weder als Verwaltungsakt noch als Zusage und ebenso wenig als öffentlich-rechtlicher Vertrag qualifiziert werden können. Letztlich handelt es sich hier um ein **„Auffangbecken"** für alle sonstigen öffentlich-rechtlichen Handlungsformen. Teilweise ist auch von Realakten oder schlicht-hoheitlichem Handeln die Rede.[192] Die Palette des Handelns reicht von bloßen Hinweisen bzw. Ratschlägen oder Auskünften bis hin zu Gefährderansprachen/Gefährderanschreiben.

104 Bei **Gefährderansprachen/Gefährderanschreiben** handelt es sich um konkret-individuelle Maßnahmen, bei der ein potenzieller Gefahrenverursacher ermahnt wird, Störungen zu unterlassen.[193] Letztlich geht es darum, Abschreckung zu erzielen, um die Person von der Begehung einer prognostizierten Straftat abzubringen.[194] Auch wenn es sich bei der Gefährderansprache (mündlich) und dem Gefährderanschreiben (schriftlich) nicht um Regelungen, also nicht um die Herbeiführung einer Rechtsfolge handelt wie bei Verwaltungsakten, so ist dieses Handeln qualitativ nicht wie eine reine Information (ähnlich der Auskunft) einzustufen, sondern es liegt ein Handeln mit appelativem bzw. mahnendem Charakter vor. Insofern wird man hier regelmäßig zugleich einen Grundrechtseingriff zu bejahen haben, mit der Folge, dass eine Rechtsgrundlage erforderlich ist. Hier ist dann aber § 3 Abs. 1 SOG – die Generalklausel – als Rechtsgrundlage anwendbar, die nicht nur für Verwaltungsakte, sondern auch für schlichtes Verwaltungshandeln gilt (vgl. „Maßnahmen zur Gefahrenabwehr"). Dies bedeutet, dass bei Gefährderansprachen/Gefährderanschreiben die Voraussetzungen des § 3 Abs. 1 SOG vorliegen müssen, etwa eine Gefahr für die öffentliche Sicherheit und Ordnung.

b) Checkliste Rechtmäßigkeit einer Gefahrenabwehrmaßnahme

105 Zu allen **Gefahrenabwehrmaßnahmen** lassen sich Checklisten entwickeln, wie sie gerade auch in Klausuren oder Hausarbeiten helfen können. Von großer praktischer Relevanz sind dabei konkret-individuelle Maßnahmen, und zwar hier Verwaltungsakte und schlichtes Verwaltungshandeln. Insofern wird für diesen Ausschnitt ein gemeinsames Schema entfaltet.[195] Zugleich wird anhand des Schemas auch das Verwaltungsverfahren beschrieben.

192 *Graulich, Kurt,* Das Polizeihandeln, in: L/D, E. Rn. 231 m. w. N.

193 *Graulich, Kurt,* Das Polizeihandeln, in: L/D, E. Rn. 231

194 *Graulich, Kurt,* Das Polizeihandeln, in: L/D, E. Rn. 231

195 S. *Schlömer, Uwe/Hombert, Thomas/Sperl, Michael,* Verwaltungsrecht Besonderer Teil Hamburg Band I, 6. Aufl. Hamburg 2017, S. 107.

Teil 1: Maßnahme XY

Als Obersatz lässt sich beispielsweise formulieren: „Die Maßnahme war rechtmäßig, wenn eine Ermächtigungsgrundlage vorlag (A.) und die Maßnahme formell (B.) ebenso wie materiell (C.) rechtmäßig war." (Anmerkung: auch im Präsens formulierbar).

A. Ermächtigungsgrundlage

Schon wegen des Vorbehaltes des Gesetzes ist bei allen Eingriffsmaßnahmen eine gesetzliche Grundlage nötig. Insofern ist entsprechend dem Subsidiaritätsgrundsatz zunächst zu prüfen, ob eine spezialgesetzliche Grundlage greift (z. B. nach dem HafenSG oder Versammlungsgesetz). Sollte dies nicht der Fall sein, ist auf das SOG (für die Polizei im Bereich Datenschutz auf das PolDVG) zurückzugreifen. Im SOG selbst ist zu untersuchen, ob eine Standardmaßnahme der §§ 11 ff. SOG sachlich einschlägig ist und – falls dies nicht der Fall ist – auf die Generalklausel (§ 3 Abs. 1 SOG) zurückzugreifen.

B. Formelle Rechtmäßigkeit

Entsprechend den allgemeinen Vorgaben zum Verwaltungsverfahren (wozu Maßnahmen nach SOG, PolDVG, HafenSG gehören), sind formelle Standards einzuhalten, die insbesondere im HmbVwVfG geregelt sind. Zum Teil sind die Vorschriften (ab §§ 9 ff. HmbVwVfG) auf Verwaltungsakte, nicht aber ausdrücklich auf schlichtes Verwaltungshandeln anwendbar. Allerdings sollten jedenfalls bei denjenigen Handlungen des schlichten Verwaltungshandelns, die in Grundrechte eingreifen (z. B. Gefährderansprache, Gefährderanschreiben), prophylaktisch und sicherheitshalber auch die auf den Verwaltungsakt anwendbaren Vorschriften analog angewendet werden, weil die Vorgaben letztlich ohnehin aus den Grundrechten abgeleitet werden können und insoweit dadurch schon verfassungsrechtliche Rechtsrisiken vermieden werden.[196]

I. Zuständigkeit

1. Sachlich

Die sachliche Zuständigkeit ergibt sich aus der Ermächtigungsgrundlage. Im SOG ist durchweg von den „Verwaltungsbehörden" die Rede. Gleichwohl ist auch die Polizei – genauer die Vollzugspolizei – gem. § 3 Abs. 2 Satz 1 lit. a SOG in allen Fällen der Gefahrenabwehr zuständig, falls die Maßnahme unaufschiebbar ist. Solche Eilfälle liegen oftmals vor. § 3 Abs. 3 SOG, nach dem der Schutz privater Rechte nur im Ausnahmefall in die Kompetenz der Behörden fällt, spielt keine Rolle, wenn mit zivilrechtlichen Beeinträchtigungen auch Straftatbestände vorliegen (man denke nur an die Nötigung, § 240 StGB), sodass schon deshalb ein Eingriff des Staates notwendig wird.

196 S. dazu *Eisenmenger, Sven*, Moderne Verwaltung – Modernes Verfahren. 12 Gründe für die Neuregelung des Verwaltungsverfahrensgesetzes des Bundes, in: GewArch 2012, 145 ff.

2. Örtlich

Die Polizei hat die Allzuständigkeit auf dem Gebiet Hamburgs, bei den Verwaltungsbehörden ist dies im Einzelfall zu prüfen.

II. Verfahren

Eine Anhörung ist bei eingreifenden Polizeimaßnahmen entbehrlich, wenn Gefahr im Verzug besteht, § 28 Abs. 2 Nr. 1 HmbVwVfG. Im Zweifel kann die Anhörung ohnehin nachgeholt werden, § 45 Abs. 1 Nr. 3 HmbVwVfG. Gleiches gilt für Verwaltungsbehörden.

III. Form

Formprobleme bestehen in der Regel – angesichts der grundsätzlichen Formfreiheit für Verwaltungsakte, § 37 Abs. 2 Satz 1 HmbVwVfG – nicht.

C. Materielle Rechtmäßigkeit

I. Voraussetzungen der Ermächtigungsgrundlage (Tatbestandsvoraussetzungen)

Hier sind nur die einzelnen Voraussetzungen der jeweiligen Ermächtigungsgrundlage zu prüfen. Insofern wird auf die Checklisten bei den jeweiligen Befugnissen verwiesen (B., C. und D.), dort konkret auf „Tatbestandsvoraussetzungen".

II. Verantwortlichkeit

Im Rahmen des Prüfungspunktes Verantwortlichkeit ist zu prüfen, wer Adressat der Maßnahme sein kann, also ob die Voraussetzungen als Verhaltensverantwortlicher (§ 8 SOG), Zustandsverantwortlicher (§ 9 SOG) oder subsidiär Nichtverantwortlicher (§ 10 SOG) vorliegen. Die Einzelheiten dazu sind unter B.I.3. entfaltet. Sind mehrere Personen auswählbar, ist die konkrete Auswahl im Rahmen des Auswahlermessens zu thematisieren (s. unter B.I.4.b.cc.).

III. Allgemeine Rechtmäßigkeitsvoraussetzungen

Hier können anlassbezogene andere Rechtsprobleme thematisiert werden. Insoweit ist an die Vorgabe des § 37 Abs. 1 HmbVwVfG zu erinnern, nach dem Verwaltungsakte inhaltlich hinreichend bestimmt sein müssen. Eine Begründung ist bei mündlichen Verwaltungsakten nach dem SOG, PolDVG und HafenSG grundsätzlich nicht erforderlich, vgl. § 39 Abs. 1 HmbVwVfG.

IV. Rechtsfolge: Ermessen

Soweit das Gesetz jeweils anordnet, die Behörde „kann", „darf" oder „ist befugt dazu" Maßnahmen (zu) ergreifen, liegt eine Ermessensentscheidung vor (vgl. dazu die einzelnen Checklisten bei den jeweiligen Befugnissen). Nur in den seltenen Ausnahmefällen, in denen Normen im Polizei- und Ordnungsrecht den Behörden kein Ermessen einräumen, sondern eine bestimmte Maßnahme konkret und zwingend anordnen („müssen"), liegt eine gebundene Entscheidung vor.

Dies ist etwa im besonderen Gefahrenabwehrrecht der Fall, so etwa bei der Gewerbeuntersagung wegen Unzuverlässigkeit (§ 35 Abs. 1 Satz 1 Gewerbeordnung: „Die Ausübung eines Gewerbes *ist* … zu untersagen, wenn …“). Wegen der Einzelheiten zum Ermessen und den jeweiligen Stufen einschließlich Verhältnismäßigkeitsprinzip wird auf B. I.4.b.bb. verwiesen. Zu prüfen ist jedenfalls:

1. Entschließungsermessen
2. Gestaltungsermessen: Grundsatz der Verhältnismäßigkeit
   - a) Legitimer Zweck der Maßnahme
     (§ 4 Abs. 1 Satz 1 SOG, Gefahrenabwehr, weiter zu konkretisieren)
   - b) Prüfung
     - aa) Geeignetheit (§ 4 Abs. 1 SOG)
     - bb) Erforderlichkeit (§ 4 Abs. 2 und 4 SOG)
     - cc) Angemessenheit (§ 4 Abs. 3 und ggf. § 5 SOG)
3. Auswahlermessen

V. Sonstiges

Hier sollten noch „Nebennormen“ (in den Checklisten „Maßnahmenspezifische Verfahrens- und Formerfordernisse“) zu Modalitäten geprüft werden, angefangen von Richtervorbehalten über Belehrungspflichten bis hin zu Benachrichtigungsrechten (z. B. § 13 a–c SOG, § 16 Abs. 3 bis 5 mit § 16 a SOG). Diese Elemente können – auch gut vertretbar – unter der „Formellen Rechtmäßigkeit“ ergänzend geprüft werden. Nicht jede Verletzung führt indes zur Rechtswidrigkeit der gesamten Maßnahme. Insoweit ist hinsichtlich der Konsequenzen eine Einzelbetrachtung nötig.

c) Kooperationsformen

Der Staat kann in verschiedenen Formen Gefahren für die öffentliche Sicherheit und Ordnung abwehren. Dazu stehen ihm verschiedene Handlungsformen zur Verfügung, die von allgemeinen bis zu konkreten Maßnahmen reichen. Von Bedeutung sind aber auch Kooperationen, insbesondere mit Polizeivollzugsbeamten des Bundes und anderer Länder und Bediensteten ausländischer Staaten, wie sie in § 30 a SOG fixiert und etwa auch beim G-20-Einsatz im Jahr 2017 zum Einsatz gekommen sind. Spiegelbildlich können nach § 30 b SOG auch hamburgische Polizeivollzugsbeamte außerhalb Hamburgs tätig werden, soweit dies insbesondere auch im Recht des Partnerlandes festgeschrieben ist. **106**

107 Kooperationen bestehen im Übrigen auch zwischen Polizei und privatem Sicherheitsgewerbe auf Hamburger Landesebene. Schon nach § 43 Abs. 2 der Versammlungsstättenverordnung hat der Betreiber für Versammlungsstätten mit mehr als 5.000 Besucherplätzen im Einvernehmen mit den für Sicherheit oder Ordnung zuständigen Behörden, insbesondere der Polizei, der Feuerwehr und den Rettungsdiensten, ein Sicherheitskonzept aufzustellen. Im Sicherheitskonzept sind die Mindestzahl der Kräfte des Ordnungsdienstes, gestaffelt nach Besucherzahlen und Gefährdungsgraden, sowie die betrieblichen Sicherheitsmaßnahmen und die allgemeinen und besonderen Sicherheitsdurchsagen festzulegen. Weitere Kooperationen existieren in den Business Improvement Districts in der Stadt („Beobachten und Melden"). Die Zusammenarbeit am Flughafen und den Bahnhöfen betrifft dagegen vor allem das Verhältnis zwischen Bundespolizei und Sicherheitsgewerbe.[197]

2. Generalklausel, § 3 Abs. 1 SOG

Kristin Pfeffer

a) Vorbemerkung

108 Wird im Polizei- und Ordnungsrecht von der **„Generalklausel"** gesprochen, so geht es regelmäßig um die allgemeine Ermächtigung zum Ergreifen von „Maßnahmen zur Gefahrenabwehr" „im Einzelfall", **§ 3 Abs. 1 SOG**. Dabei findet sich eine ganz ähnlich strukturierte Generalklausel mit einer Ermächtigungsgrundlage zum Erlass von Gefahrenabwehrverordnungen in **§ 1 Abs. 1 SOG** (zu dieser Handlungsform im Ordnungsrecht, vgl. B.I.1.a.). Statt um die Abwehr konkreter Gefahren, wie bei § 3 Abs. 1 SOG, geht es bei der Verordnungsermächtigung um die Bekämpfung abstrakter Gefahren (zur Unterscheidung dieser Gefahr von der konkreten Gefahr unter B.I.2.g.aa.2.).

b) Struktur

109 Die beiden Generalklauseln des SOG sind gleich aufgebaut. Die **Tatbestandsseite** normiert jeweils die Eingriffsvoraussetzungen: Als Schutzgüter müssen die „öffentliche Sicherheit oder Ordnung" betroffen sein. Für eines dieser beiden Schutzgüter muss eine „Gefahr" oder bei § 3 Abs. 1 SOG alternativ bereits eine Störung vorliegen. Auf **Rechtsfolgenseite** besteht aus-

197 Zu Kooperationsformen zwischen Staat und Privat s. z. B. *Stober, Rolf* (Hrsg.), Public Private Partnerships und Sicherheitspartnerschaften, Köln 2000; *Jungk, Fabian*, Police Private Partnership, Köln 2002 bis hin zu *Stober, Rolf* (Hrsg.), Verkehrssicherheitspartnerschaften, Köln 2012.

drücklich (§ 3 Abs. 1 SOG) oder konkludent (§ 1 Abs. 1 SOG, „wird ermächtigt“) Ermessen (zum Ermessen vgl. B.I.4.).

In § 3 SOG werden die ordnungsbehördlichen und polizeilichen **Aufgaben** (Schutz der öffentlichen Sicherheit oder Ordnung) und die **Befugnis** zum Treffen der **„erforderlichen Maßnahmen“** gemeinsam innerhalb einer Norm geregelt. Dennoch sind Aufgabe und Befugnis bei Grundrechtseingriffen strikt auseinanderzuhalten: Aus der Aufgabe ergibt sich noch nicht die Befugnis für Maßnahmen mit Eingriffscharakter. Hier kann „von der Aufgabe nicht auf die Befugnis geschlossen werden“[198]. Die bloße Aufgabenzuweisung (sachliche Zuständigkeit) ist lediglich hinreichend für ein Tätigwerden, das nicht mit einem Grundrechtseingriff verbunden ist (z. B. Streifenwagenfahrt, Warnung vor Gefahren, Öffentlichkeitsarbeit per Facebook und Twitter[199], u. U. Gefährderansprache). Die vom Gesetzesvorbehalt geforderte Ermächtigungsgrundlage für einen Eingriff in Grundrechte des Betroffenen durch die Polizei ergibt sich erst aus der Befugnisnorm.[200] 110

In einigen Bundesländern werden Aufgabe und Befugnis daher jeweils in getrennten Bestimmungen normiert, wodurch die Unterscheidung von Aufgabe und Befugnis deutlicher wird. Zusammengenommen stellen diese Bestimmungen dann dort die Generalklausel dar.[201]

c) Vereinbarkeit mit dem Vorbehalt des Gesetzes und dem Bestimmtheitsgebot

Die Generalklauseln des SOG verwenden äußerst **unbestimmte Gesetzesbegriffe**, wie etwa „bevorstehende Gefahren“, „öffentliche Sicherheit oder Ordnung“ und „erforderliche Maßnahmen“. Dennoch werden diese nach überwiegender Auffassung als vereinbar mit dem Vorbehalt des Gesetzes und dem Bestimmtheitsgebot angesehen. Zum einen, weil diese unbestimmten Rechtsbegriffe inzwischen durch die Rechtsprechung und Dogmatik konkretisiert worden sind.[202] 111

198 Dazu *Denninger, Erhard*, Polizeiaufgaben, in: L/D, D. Rn. 68 ff.; *Pünder, Hermann*, Polizei- und Ordnungsrecht, in: Ehlers, Dirk/Fehling, Michael/Pünder, Hermann (Hrsg.), Besonderes Verwaltungsrecht, Band 3, 4. Aufl. Heidelberg 2020, § 69 Rn. 14 (im Erscheinen).

199 Dazu *Ingold, Albert*, „Polizei 2.0“ – Grenzen der behördlichen Öffentlichkeitsarbeit in sozialen Netzwerken, in: VerwArch 108 (2017), 240 ff.

200 *Schoch, Friedrich*, Polizei- und Ordnungsrecht, in: Schoch, Friedrich (Hrsg.), Besonderes Verwaltungsrecht, München 2018, S. 11, 68.

201 Z. B. § 2 Abs. 1 POG (Aufgabe) i. V. m. § 12 Abs. 1 (Befugnis) ThürPAG; § 1 BWPolAG (Aufgabe) i. V. m. § 3 BWPolAG (Befugnis).

202 BVerfGE 54, 143, 144 f.; 69, 315, 352; BVerwGE 129, 142, 148; *Wißmann, Hinnerk*, Generalklauseln: Verwaltungsbefugnisse zwischen Gesetzmäßigkeit und offenen Normen, Tübingen 2008, S. 167 ff.

Begonnen hat diese Entwicklung mit dem berühmten **Kreuzberg-Urteil** *des 1875 geschaffenen Preußischen* **Oberverwaltungsgerichts vom 14. 06. 1882**. *Das Polizeipräsidium in Berlin hatte eine Verordnung erlassen, wonach in dem das Siegesdenkmal auf dem Kreuzberg umgebenden Bauviertel Gebäude nur in solcher Höhe errichtet werden durften, dass dadurch die Aussicht vom Fuße des Denkmals auf die Stadt und umgekehrt die Aussicht auf das Denkmal nicht beeinträchtigt wurde. Die Verordnung war auf die damalige* **polizeiliche Generalklausel, § 10 II 17 des Preußischen Allgemeinen Landrechts (ALR)**, *gestützt: „Die nöthigen Anstalten zur Erhaltung der öffentlichen Ruhe, Sicherheit und Ordnung und zur Abwendung der dem Publico, oder einzelnen Mitgliedern desselben, bevorstehenden Gefahr zu treffen, ist das Amt der Polizey". Das Gericht urteilte, dass sich das Polizeipräsidium nicht auf § 10 II 17 ALR berufen konnte, da es sich nicht um die Abwehr einer Gefahr gehandelt habe, sondern nur um die „Förderung des gemeinen Wohls"*[203].

112 Zum anderen sind die Generalklauseln als flexible Gefahrenabwehrinstrumente notwendig, um angemessen auf neuartige polizeiliche Herausforderungen reagieren zu können **(Befugnisreserve)**.[204] Bei besonders schwerwiegenden Grundrechtseingriffen fordert der Vorbehalt des Gesetzes in Verbindung mit dem Bestimmtheitsgebot (Art. 20 Abs. 3 GG) jeweils genauere spezialgesetzliche Eingriffsermächtigungen.[205] Hierbei gilt: Je grundrechtsintensiver die Maßnahme ist, desto bestimmter muss die Regelung sein. Auch neuartige grundrechtsintensive polizeiliche Maßnahmen können u. U. vorübergehend auf die polizeiliche Generalklausel gestützt werden. Hierdurch soll den Behörden ermöglicht werden, „auf unvorhersehbare Gefahrensituationen auch mit im Grunde genommen näher regulierungsbedürftigen Maßnahmen vorläufig zu reagieren" und dem Gesetzgeber ermöglicht werden, eventuelle Regelungslücken zu schließen.[206] Dies gilt jedoch nur für eine Übergangszeit.[207]

---

203 PrOVGE 9, 353 ff. abgedruckt in: DVBl. 1985, 219 ff.

204 *Rachor, Frederik/Graulich, Kurt*, Das Polizeihandeln, in: L/D, E. Rn. 201; *Schoch, Friedrich*, Polizei- und Ordnungsrecht, in: Schoch, Friedrich (Hrsg.), Besonderes Verwaltungsrecht, München 2018, S. 11, 81 ff.; *Pünder, Hermann*, Polizei- und Ordnungsrecht, in: Ehlers, Dirk/Fehling, Michael/Pünder, Hermann (Hrsg.), Besonderes Verwaltungsrecht, Band 3, 4. Aufl. Heidelberg 2020, § 69 Rn. 23, 25 (im Erscheinen) spricht von „ergänzender Funktion".

205 BVerfGE 113, 348, 375 ff.; 120, 274, 315 ff.; 133, 277, 336 ff.; 141, 220, 265.

206 BVerfG, in: DÖV 2013, 128 zur Dauerobservation entlassener Sicherungsverwahrter.

207 Hierzu VG Hamburg, Urteil v. 27. 11. 2013, 13 K 1715/13: Über ein Jahr nach Feststellung einer Regelungslücke durch das BVerfG ist die „Übergangszeit" abgelaufen.

> Es ist Aufgabe der Legislative, auf aktuelle Entwicklungen mit neuen Eingriffsbefugnissen zu reagieren. Schaffen die Parlamente für besonders grundrechtsintensive Maßnahmen keine Standardbefugnisnormen, dann bleibt diese Maßnahme dem Handlungsrepertoire der Exekutive entzogen.[208]

Dies ist der verfassungsrechtliche Hintergrund für die ständige Erweiterung des Katalogs der „besonderen Maßnahmen" (Standardbefugnisse) in den Polizeigesetzen. Die Schaffung des PolDVG im Jahr 1991[209] geschah in Reaktion auf das Volkszählungsurteil des BVerfG[210] und dient vor allem Eingriffen in das Recht auf informationelle Selbstbestimmung, Art. 2 Abs. 1 i. V. m. Art. 1 Abs. 1 GG. Allein hierdurch hatte sich der Umfang der Standardmaßnahmen mehr als verdoppelt (s. zum PolDVG unter C. I.). **113**

d) Praktische Bedeutung des § 3 Abs. 1 SOG

Mit der immer weiter fortschreitenden Erweiterung des Katalogs der Standardmaßnahmen durch die Kodifizierung spezieller Eingriffsbefugnisse nimmt auch die praktische Bedeutung der Generalermächtigung ab.[211] Existierten im Preußischen Polizeiverwaltungsgesetz vom 01. 06. 1931 (PrVG) neben der Generalklausel nur drei Standardmaßnahmen (Gewahrsam, Eindringen in Wohnungen, Vorladung, §§ 15–17 PrVG)[212], so wuchs die Anzahl im Musterentwurf eines einheitlichen Polizeigesetzes aus dem Jahre 1977 bereits auf neun an. Durch verschiedene Novellen des Hamburgischen SOG und des PolDVG etwa 2005[213] und zuletzt umfangreich im Jahr 2019[214] ist der Katalog der Standardmaßnahmen auch im Hamburgischen Polizeirecht erheblich angewachsen.[215] **114**

---

208 BVerfG, in: DÖV 2013, 128 zur Dauerobservation entlassener Sicherungsverwahrter.

209 Das Gesetz wurde am 02. 05. 1991 erlassen, HmbGVBl. 1991 187.

210 BVerfGE 65, 1 ff.

211 *Graulich, Kurt,* Das Polizeihandeln, in: L/D, E. Rn. 203.

212 Am 12. 05. 1931 verabschiedete der Preußische Landtag das Preußische Polizeiverwaltungsgesetz (PVG). Es galt nach 1945 zunächst fort und wurde zum Modell der heutigen Polizeigesetze. Dazu *Naas, Stefan,* Die Entstehung des Preußischen Polizeiverwaltungsgesetzes von 1931: Ein Beitrag zur Geschichte des Polizeirechts in der Weimarer Republik, Tübingen 2003.

213 Gesetz zur Erhöhung der öffentlichen Sicherheit in Hamburg v. 16. 06. 2005, HmbGVBl. 2005 233, Dazu *Pünder, Hermann,* Hamburgs neues Polizeigesetz, in: NordÖR 2005, 292 ff.; 349 ff.; 497 ff. Die Novelle erfolgte in Reaktion auf die Anschläge vom 11. 09. 2001 in den USA. Bundesweit wurde danach das Recht der inneren Sicherheit angepasst.

214 Gesetz über die Datenverarbeitung der Polizei und zur Änderung weiterer polizeirechtlicher Vorschriften v. 12. 12. 2019, HmbGVBl. 2019 485.

215 Besonders das PolDVG ist 2019 hierbei erheblich erweitert worden: Von 38 Paragraphen auf nunmehr 78.

e) Checkliste Rechtmäßigkeit

115
- Tatbestandsvoraussetzungen
  - öffentliche Sicherheit oder Ordnung
  - bevorstehende Gefahr oder Störung
- Rechtsfolge
  - erforderliche Maßnahmen
  - Ermessen
  - Adressat nach §§ 8–10 SOG
- Zuständigkeits-, Verfahrens- und Formerfordernisse
  - zuständige Gefahrenabwehrbehörde
  - Subsidiarität der Generalklausel
  - Benachrichtigung, § 3 Abs. 1 Satz 2 SOG
  - allgemeine Verfahrenserfordernisse

f) Betroffene Grundrechte

116 Da die Generalklausel des § 3 Abs. 1 SOG selbst naturgemäß keine spezifische Maßnahme vorsieht („erforderlichen Maßnahmen"), kann auch ein jeweils betroffenes Grundrecht nicht generell benannt werden. Auf die für alle möglichen Maßnahmen zutreffenden Ausführungen unter A.III.3.a. wird verwiesen.

g) Einzelerläuterungen

aa) Tatbestandsvoraussetzungen

(1) Öffentliche Sicherheit oder Ordnung

117 **„Öffentliche Sicherheit oder Ordnung"** – das sind die beiden **Schutzgüter** sowohl in der Generalklausel des § 3 Abs. 1 SOG und in der Generalklausel für Verordnungen, § 1 SOG, als auch bei einigen „besonderen Maßnahmen" ausdrücklich[216] und konkludent immer dort, wo keine bestimmten Schutzgüter genannt werden, aber von „Gefahrenabwehr" o. Ä. die Rede ist.[217]

---

216 Etwa für eine Sicherstellung nach § 14 Abs. 1 Satz 1 lit. a SOG.

217 Etwa für die Vorladung, § 11 Abs. 1 SOG und die Identitätsfeststellung durch Verwaltungsbehörden, § 12 Abs. 1 SOG.

Durch die „besonderen Maßnahmen" oder Standardbefugnisse werden dagegen meist nur ganz bestimmte, besonders hochrangige Güter geschützt. Dann heißt es dort stattdessen etwa „Leib oder Leben"[218], „Leib, Leben oder Freiheit einer Person oder Sachen von bedeutendem Wert"[219], „zur Verhütung von Straftaten"[220], oder es geht um „Straftaten oder Ordnungswidrigkeiten von erheblicher Bedeutung"[221]. **118**

„Öffentliche Sicherheit oder Ordnung" sind auch die beiden Schutzgüter einiger Maßnahmen der Datenerhebung und -weiterverarbeitung durch die Vollzugspolizei im PolDVG, soweit diese Befugnisse auf die „Erfüllung einer bestimmen polizeilichen Aufgabe"[222] verweisen oder selbst bestimmte Schutzgüter gar nicht nennen und allein von „Gefahr"[223] o. Ä. sprechen. **119**

Der Schutz der **öffentlichen Sicherheit** umfasst und fordert die Durchsetzung der in der objektiven Rechtsordnung normierten Verhaltenspflichten, der verfassungsmäßigen Ordnung, den Schutz der Rechtsgüter und Rechte des Einzelnen, den Schutz von Einrichtungen und Veranstaltungen des Staates und sonstiger Hoheitsträger.[224] **120**

Zur **objektiven Rechtsordnung** zählt die Gesamtheit der Rechtsvorschriften, die verfassungsmäßig erlassen worden sind und in Geltung stehen. Sie meint also das gesamte geschriebene objektive Recht.[225] Umfasst sind daher insbesondere **Straf- und Ordnungswidrigkeitsbestimmungen**, woraus sich die ordnungsbehördliche und vollzugspolizeiliche Aufgabe der Verhütung und vorbeugenden Bekämpfung von Straftaten und Ordnungswidrigkeiten ergibt. Umfasst sind aber auch nicht strafbewehrte, **öffentlich-rechtliche Gebots- und Verbotsnormen**. Insoweit dient die Generalklausel der Durchsetzung spezialgesetzlicher Verhaltenspflichten, für die das Spezialgesetz selbst keine Durchsetzungsermächtigung enthält. Durch Auslegung ermittelbare **Schutzzwecke von Gesetzen und Verordnungen** sind ebenfalls von dem Schutzgut der öffentlichen Sicherheit umfasst.[226] **121**

---

218 Etwa bei der Ingewahrsamnahme nach § 13 Abs. 1 Nr. 1 SOG.

219 Etwa bei der Wohnungsdurchsuchung nach § 16 Abs. 2 Nr. 4 SOG.

220 Etwa bei der Meldeauflage, § 11 a SOG.

221 Etwa bei der Ingewahrsamnahme nach § 13 Abs. 1 Nr. 2 SOG.

222 Etwa bei der Befragung nach § 12 Abs. 1 PolDVG.

223 Etwa bei der Identitätsfeststellung nach § 13 Abs. 1 Nr. 1 PolDVG.

224 *Denninger, Erhard*, Polizeiaufgaben, in: L/D, D. Rn. 16 ff. In einigen Bundesländern enthalten die Polizeigesetze Legaldefinitionen der öffentlichen Sicherheit, s. § 2 Nr. 2 BremPolG; § 3 Nr. 1 SOG LSA; § 54 Nr. 1 ThürOBG.

225 *Denninger, Erhard*, Polizeiaufgaben, in: L/D, D. Rn. 17.

226 Beispielsweise ist der Schutz des Grundwassers ein Schutzzweck des Wasserhaushaltsgesetzes (WHG).

122 Bestandteil der öffentlichen Sicherheit ist auch die Unversehrtheit der **verfassungsmäßigen Ordnung.**[227]

123 Mit dem Schutz der **Rechtsgüter und Rechte des Einzelnen** dient die öffentliche Sicherheit auch dem Individualrechtsschutz. Gemeint sind hierbei Rechtsgüter, wie **Leben**, **Gesundheit**, **Freiheit**, **Eigentum**, **Ehre** und **Besitz**. Diese wichtigen Individualrechtsgüter sind zugleich grundgesetzlich geschützt und damit bereits als Teil der verfassungsmäßigen Ordnung vom Schutzgut der öffentlichen Sicherheit erfasst. Zugleich werden diese Rechtsgüter durch die objektive Rechtsordnung, insbesondere hier durch das Strafrecht, geschützt.[228]

124 Der polizeiliche Schutz **rein privater Rechte** erfolgt gem. **§ 3 Abs. 3 SOG** nur **subsidiär.** Die private Rechtsverfolgung und Streitschlichtung obliegt gemäß § 3 Abs. 3 SOG grundsätzlich der ordentlichen Gerichtsbarkeit.

125 Unabhängig von dieser Regelung ergibt sich die Subsidiarität aus der Beschränkung des Schutzgutes auf die **„öffentliche"** Sicherheit und aus dem verfassungsrechtlichen Gewaltenteilungsprinzip.[229] Aus dieser Subsidiarität folgt, dass der Bürger seine zivilrechtlichen Forderungen selbst einklagen oder sichern muss. Er kann die Polizei hierfür grundsätzlich nicht instrumentalisieren.

Rein private Rechte in diesem Sinne sind nur solche, die **allein im Privatrecht** begründet sind, z. B. privatrechtliche Forderungen aus einem Kauf- oder Mietvertrag. Nicht nur rein privates Recht, sondern **auch die objektive Rechtsordnung** ist betroffen, wenn die Verletzung zivilrechtlicher Normen bereits durch das Strafrecht oder öffentliches Recht sanktioniert wird.[230] Dies ist z. B. beim Verstoß gegen die Unterhaltspflicht der Fall, § 170 StGB, oder beim Parken vor einer privaten Grundstückseinfahrt, §§ 12 Abs. 3 Nr. 3, 49 Abs. 1 Nr. 12 StVO.[231]

126 Lediglich ausnahmsweise, d. h. subsidiär, ist es auch Aufgabe der Polizei, rein private Recht zu sichern: Dies ist der Fall, wenn eine **gerichtliche Rechtsdurchsetzung nicht rechtzeitig möglich** ist und ohne Hilfe der Poli-

---

227 *Schmidbauer, Wilhelm/Holzner, Thomas*, Bayerisches Polizei- und Sicherheitsrecht, München 2019, Rn. 429 f.

228 Z. B. Leben durch §§ 211 ff. StGB; Gesundheit durch §§ 223 f., 2490 ff. StGB; Eigentum durch §§ 242 ff. StGB; Ehre durch §§ 164, 185 ff. StGB.

229 *Pünder, Hermann*, Polizei- und Ordnungsrecht, in: Ehlers, Dirk/Fehling, Michael/Pünder, Hermann (Hrsg.), Besonderes Verwaltungsrecht, Band 3, 4. Aufl. Heidelberg 2020, § 69 Fn. 375 (im Erscheinen).

230 *Denninger, Erhard*, Polizeiaufgaben, in: L/D, D. Rn. 29.

231 Beispiele nach *Pünder, Hermann*, Polizei- und Ordnungsrecht, in: Ehlers, Dirk/Fehling, Michael/Pünder, Hermann (Hrsg.), Besonderes Verwaltungsrecht, Band 3, 4. Aufl. Heidelberg 2020, § 69 Rn. 90 (im Erscheinen).

zei bzw. Ordnungsverwaltung die Verwirklichung des Rechts **vereitelt oder wesentlich erschwert** würde, § 3 Abs. 3 SOG.[232]

So kommen polizeiliche Maßnahmen zur Sicherung der privaten Rechtsverfolgung in Betracht, wenn der **Anspruchsgegner unbekannt** ist. Hier kann z. B. eine Identitätsfeststellung zur Ermittlung des Halters eines Fahrzeuges zur Geltendmachung von Abschleppkosten wegen rechtswidrigen Parkens in einer Grundstückseinfahrt vorgenommen werden.

Nicht einheitlich beantwortet werden kann die Frage, ob die Polizei- und Ordnungsbehörden auch die Aufgabe haben, den Bürger vor Selbstschädigung zu schützen. Bejaht werden kann dies für den Fall einer **ungewollten oder unbewussten** Selbstschädigung. Die bewusste, **autonom verantwortete Selbstgefährdung**, z. B. durch das Betreiben gefährlicher Sportarten oder eine Selbstschädigung durch übermäßigen Nikotin- oder Alkoholgenuss, hingegen ist durch die Allgemeine Handlungsfreiheit nach Art. 2 Abs. 1 GG geschützt.[233] **127**

Keine bloße Selbstgefährdung ist anzunehmen, wenn zugleich auch **Dritte** mitgefährdet werden.[234] Z. B. beim Badengehen in stürmischer und damit gefährlicher See, wenn Rettungsschwimmer regelmäßig tätig werden müssen und damit auch gefährdet werden.[235] Nach einer bisher herrschenden Ansicht sollte das eigene Leben dagegen der Verfügungsgewalt des Einzelnen gänzlich entzogen sein, sodass die Polizei- oder Ordnungsbehörde zur Verhinderung eines **Suizids** einschreiten kann. Überwiegend wurde mit einer Schutzpflicht des Staates für das Leben als höchstes Schutzgut (aus Art. 2 Abs. 2 i. V. m. Art. 1 Abs. 1, Abs. 3 GG) argumentiert. Nach der neuesten Rechtsprechung des BVerfG umfasst das allgemeine Persönlichkeitsrecht, Art. 2 Abs. 1 i. V. m. Art. 1 Abs. 1 GG, jedoch auch ein **Recht auf selbstbestimmtes Sterben**.[236] Bei einem **erkennbar überlegten Selbsttötungsentschluss** scheidet ein Einschreiten daher aus. Ein Einschreiten kommt aber immer dann noch in Betracht, wenn nicht mit einer vollständigen Freiverantwortlichkeit

232 Zur dieser Problematik bei der polizeilichen Räumung besetzter Häuser, *Schlink, Bernhard*, Die polizeiliche Räumung besetzter Häuser, in: NVwZ 1986, 529 ff.

233 *Denninger, Erhard,* Polizeiaufgaben, in: L/D, D. Rn. 31 ff.

234 *Pünder, Hermann*, Polizei- und Ordnungsrecht, in: Ehlers, Dirk/Fehling, Michael/Pünder, Hermann (Hrsg.), Besonderes Verwaltungsrecht, Band 3, 4. Aufl. Heidelberg 2020, § 69 Rn. 91 (im Erscheinen).

235 *Pünder, Hermann*, Polizei- und Ordnungsrecht, in: Ehlers, Dirk/Fehling, Michael/Pünder, Hermann (Hrsg.), Besonderes Verwaltungsrecht, Band 3, 4. Aufl. Heidelberg 2020, § 69 Rn. 91 (im Erscheinen).

236 Urteil v. 26. 02. 2020, 2 BvR 2347/15 u. a., Pressemitteilung Nr. 12/2020 www.bundesver fassungsgericht.de (zuletzt abgerufen am 01. 04. 2020).

zu rechnen ist.[237] Eine psychische Ausnahmesituation dürfte in vielen Fällen des Suizids anzunehmen sein.[238] Dann wäre außerdem die Ingewahrsamnahme nach § 13 Abs. 1 Nr. 1 SOG tatbestandsmäßig.

128 Mit dem Schutz von **Einrichtungen und Veranstaltungen des Staates und sonstiger Hoheitsträger** erhält die öffentliche Sicherheit eine gemeinschaftsbezogene Dimension.[239] Einrichtungen und Veranstaltungen von Hoheitsträgern werden auch dann geschützt, wenn kein Verstoß gegen Rechtsnormen vorliegt.

Beispiele für staatliche Einrichtungen und Veranstaltungen sind Obdachlosenheime, Kasernen, der Bundestag, der sog. „Zapfenstreich", das Treffen der Staats- und Regierungschefs auf dem G20-Gipfel in Hamburg 2017 usw.

129 Damit die grundgesetzlich garantierten Freiheiten, über die geschriebene objektive Rechtsordnung hinaus, nicht übermäßig eingeschränkt oder gar ausgehöhlt werden, ist das Schutzgut der Integrität staatlicher Einrichtungen und Veranstaltungen sehr zurückhaltend zu handhaben.[240]

Meist wird der Schutz aber bereits durch vorhandene Rechtsvorschriften gewährleistet sein, etwa durch den Tatbestand des Friedens- und Hochverrats, §§ 80 ff. StGB, des Widerstands gegen Vollstreckungsbeamte, § 113 StGB, des Hausfriedensbruchs, § 123 StGB, oder der Nötigung gem. § 240 StGB bei der Behinderung der Aufgabenerfüllung von Behörden.[241]

130 Unter der **öffentlichen Ordnung** versteht man all jene „ungeschriebenen Regeln", deren Befolgung nach den „jeweils herrschenden sozialen und ethischen Anschauungen" als „unentbehrliche Voraussetzung für ein gedeihliches Miteinanderleben" der innerhalb einer bestimmten Gegend lebenden Menschen angesehen wird (ungeschriebenes **sozialethisches Minimum**).[242]

---

237 *Pünder, Hermann*, Polizei- und Ordnungsrecht, in: Ehlers, Dirk/Fehling, Michael/Pünder, Hermann (Hrsg.), Besonderes Verwaltungsrecht, Band 3, 4. Aufl. Heidelberg 2020, § 69 Rn. 94 (im Erscheinen).

238 *Di Fabio, Udo*, in: Maunz, Theodor/Dürig, Günter (Hrsg.), GG (Kommentar), 89. EL München Oktober 2019, Art. 2 Abs. 2 Nr. 1 Rn. 47 f.

239 BVerfGE 69, 315, 352.

240 *Pünder, Hermann*, Polizei- und Ordnungsrecht, in: Ehlers, Dirk/Fehling, Michael/Pünder, Hermann (Hrsg.), Besonderes Verwaltungsrecht, Band 3, 4. Aufl. Heidelberg 2020, § 69 Rn. 93 (im Erscheinen).

241 *Schmidbauer, Wilhelm/Holzner, Thomas*, Bayerisches Polizei- und Sicherheitsrecht, München 2019, Rn. 433.

242 BVerfGE 69, 315, 352; Legaldefinitionen enthalten einige Landespolizeigesetze, etwa § 54 Nr. 2 ThürOBG; § 3 Nr. 2 SOG LSA.

Anders als beim Begriff der öffentlichen Sicherheit ist die Verfassungsmäßigkeit des Tatbestandsmerkmals der öffentlichen Ordnung umstritten.[243] In einigen Bundesländern wird auf dieses Tatbestandsmerkmal in der Generalklausel inzwischen sogar ganz verzichtet.[244] Zum einen wird betont, dass die Verhaltenspflichten der Bürger anders als noch im vorletzten Jahrhundert inzwischen derart ausdifferenziert parlamentarisch geregelt sind (**Verrechtlichung**), dass für ungeschriebene Verhaltensregeln kaum noch Raum bleibt.[245] Gem. BVerfG fordert auch das Demokratieprinzip in Art. 20 Abs. 2 GG (Gewaltenteilung), dass die **Legislative** ihre „vornehmste Aufgabe“ selbst wahrnimmt, nämlich „jede Ordnung eines Lebensbereichs durch Sätze objektiven Rechts“ auf eine Willensentschließung der vom Volke bestellten Gesetzgebungsorgane zurückzuführen und dabei „unter Abwägung der verschiedenen, unter Umständen widerstreitenden Interessen über die von der Verfassung offen gelassenen Fragen des Zusammenlebens zu entscheiden“.[246] Daneben bleibt in Hamburg – wie in den meisten Bundesländern – dem Senat noch die Möglichkeit, mit **Gefahrenabwehrverordnungen** schnell auf neue Gefahren zu reagieren, § 1 SOG (dazu B.I.1.a.).[247] Dabei ergibt sich die Notwendigkeit, die Gefahrensituation in einen abstrakt und generell formulierten Tatbestand zu fassen (dazu unten B.I.2.d.aa.2.). 131

Beispiele:

Alkoholkonsumverbote auf Plätzen, Verbote gegen das sog. Cornern im Schanzenviertel, Verkaufsverbote, Ausgehbeschränkungen u. Ä. während der Corona-Pandemie usw.

Die in der Rechtsprechung bisher unter die öffentliche Ordnung subsumierten Fälle lassen sich regelmäßig bereits über den Rückgriff auf die „öffentliche Sicherheit“ lösen. Ein Auffangtatbestand, wie die öffentliche Ordnung, erscheint deshalb überflüssig.[248] Denjenigen, die die „öffentliche Ordnung“ 132

243 Kritisch etwa *Rogosch, Josef Konrad*, in: B/E/R/S, § 3 SOG Rn. 13 ff.; *Denninger, Erhard*, Polizeiaufgaben, in: L/D, D. Rn. 36 ff.; einen Anwendungsbereich auch heute bejahend z. B. *Pünder, Hermann*, Polizei- und Ordnungsrecht, in: Ehlers, Dirk/Fehling, Michael/Pünder, Hermann (Hrsg.), Besonderes Verwaltungsrecht, Band 3, 4. Aufl. Heidelberg 2020, § 69 Rn. 95 (im Erscheinen).

244 § 1 Abs. 1 BremPolG; § 162 SHLVwG; aus § 1 Abs. 1 PolG NRW wurde der Begriff 2010 entfernt, ist aber inzwischen wieder eingefügt worden, vgl. Art. 1 des Gesetzes zur Änderung des Polizeigesetzes des Landes Nordhein-Westfalen v. 09. 02. 2010, GV.NRW 2010 Nr. 7.

245 *Denninger, Erhard*, Polizeiaufgaben, in: L/D, D. Rn. 35; *Pünder, Hermann*, Polizei- und Ordnungsrecht, in: Ehlers, Dirk/Fehling, Michael/Pünder, Hermann (Hrsg.), Besonderes Verwaltungsrecht, Band 3, 4. Aufl. Heidelberg 2020, § 69 Rn. 95 (im Erscheinen).

246 BVerfGE 33, 125, 158 f.; BVerfGE 76, 171, 188; *Denninger, Erhard*, Polizeiaufgaben, in: L/D, D. Rn. 36.

247 *Denninger, Erhard*, Polizeiaufgaben, in: L/D, D. Rn. 37.

248 *Rogosch, Josef Konrad*, in: B/E/R/S, § 3 SOG Rn. 13 ff.

als nötigen Auffangtatbestand für neuartige Gefahrensituationen als notwendig erachten, kann entgegnet werden, dass auch unbekannte Gefahren für Rechtsgüter (Leben, Gesundheit, Persönlichkeitsrecht usw.) bereits von der objektiven Rechtsordnung abgedeckt sind.[249]

Beispiele:

Ein Rückgriff auf die öffentliche Ordnung ist für den Fall der Obdachlosigkeit gar nicht notwendig, weil Leben und Gesundheit bedroht sind.[250] Bei Spielen, die die Tötung von Menschen simulieren, ist die Menschenwürde nach Art. 1 Abs. 1 GG als Teil der öffentlichen Sicherheit (objektive Rechtsordnung) betroffen.[251] Im Fall der offenen Drogenszene handelt es sich um Kriminalität nach dem BtmG. Auch wird u. U. auf Spielplätzen die Gesundheit spielender Kinder durch infizierte, weggeworfene Einmalspritzen bedroht.[252] Maßnahmen können hier auf § 12 b Abs. 2 SOG gestützt werden.

133 Zu Recht wird von den Kritikern des Begriffs der öffentlichen Ordnung auch darauf hingewiesen, dass sich in einer pluralistischen Gesellschaft immer weniger **verbindliche gemeinsame Moralstandards** identifizieren lassen.[253] Daneben stellt sich hier auch vielfach das Problem eines Schutzes der Betroffenen „gegen sich selbst“.

Beispiele:

So wurde eine Live Peep-Show 1981 vom BVerwG als Verstoß gegen die guten Sitten angesehen.[254] Eine Veranstaltung, bei der Kleinwüchsige durch kräftige Männer aus dem Publikum möglichst weit geworfen werden sollen, wurde u. a. unter Rückgriff auf die öffentliche Ordnung untersagt.[255]

134 Eine sehr restriktive Auslegung des Schutzgutes „öffentliche Ordnung“ ist wegen Art. 5 und Art. 8 GG im Versammlungsrecht bei der Untersagung von

249 *Denninger, Erhard*, Polizeiaufgaben, in: L/D, D. Rn. 37.

250 Anders noch OVG Bremen, in: DÖV 1994, 221.

251 *Beaucamp, Guy*, Das ordnungsbehördliche Verbot von Laserdromen – europarechtliche, gewerberechtliche und verfassungsrechtliche Probleme, DVBl. 2005, 1174, 1178; noch anders: OVG Koblenz, in: NVwZ-RR 1995, 31 ff.; BVerwGE 115, 189 ff.

252 VG Sigmaringen, in: NVwZ-RR 1995, 328.

253 *Pünder, Hermann*, Polizei- und Ordnungsrecht, in: Ehlers, Dirk/Fehling, Michael/Pünder, Hermann (Hrsg.), Besonderes Verwaltungsrecht, Band 3, 4. Aufl. Heidelberg 2020, § 69 Rn. 96 (im Erscheinen).

254 BVerwGE 64, 274 ff.; a. A. OVG Hamburg, in: NVwZ 1985, 841; zustimmend *Rogosch, Josef Konrad*, in: B/E/R/S, § 3 SOG Rn. 20.

255 VG Münster, in: NVwZ 1993, 100; kritisch *dazu Rogosch, Josef Konrad*, in: B/E/R/S, § 3 SOG Rn. 20.

Demonstrationen nach § 15 VersG[256] geboten. Das BVerfG hat den Begriff der öffentlichen Ordnung im Versammlungsrecht nochmals konkretisiert:[257]

> „Für den Begriff der öffentlichen Ordnung ist demgegenüber kennzeichnend, dass er auf ungeschriebene Regeln verweist, deren Befolgung nach den jeweils herrschenden und mit dem **Wertegehalt des Grundgesetzes** zu vereinbarenden sozialen und ethischen Anschauungen als unerlässliche Voraussetzung eines geordneten menschlichen Zusammenlebens innerhalb eines bestimmten Gebiets angesehen wird (...)."

Durch die Einbindung des „Wertegehalts des Grundgesetzes" in die Definition durch das BVerfG ist der Rückgriff auf die öffentliche Ordnung sehr eingeschränkt worden.[258] **135**

(2) Bevorstehende Gefahr oder Störung

Eine „konkrete Gefahr" ist erforderlich für Einzelfallmaßnahmen nach dem § 3 Abs. 1 SOG, für „besondere Maßnahmen" nach §§ 11 ff. SOG auch dann, wenn im Tatbestand (nur) „Gefahrenabwehr"[259] oder „Gefahr"[260] normiert wurden. Entsprechendes gilt auch für Maßnahmen nach dem PolDVG.[261] **136**

Eine **konkrete Gefahr** wird definiert als eine Sachlage, die bei ungehindertem Geschehensablauf aus dem Blickwinkel eines verständigen Beobachters ex ante in absehbarer Zeit mit hinreichender Wahrscheinlichkeit zu einem Schaden an einem ordnungsrechtlich geschützten Rechtsgut führen wird.[262] **137**

> Einige Landespolizeigesetze enthalten Legaldefinitionen, vgl. § 2 Nr. 3 lit. a BremPolG; § 3 Abs. 3 Nr. 1 SOG MV; § 3 Nr. 1 lit. a NdsSOG; § 3 Nr. 3 lit. a SOG LSA; § 54 Nr. 3 lit. a ThürOBG.

Hat sich eine Gefahr bereits realisiert, ist also ein geschütztes Rechtsgut bereits verletzt worden oder dauert die Verletzung noch an, so liegt eine **„Störung"** vor.[263] **138**

---

256 Entsprechendes gilt für die vergleichbaren Vorschriften der Länder, soweit diese von der Möglichkeit Gebrauch gemacht haben, eigene Versammlungsgesetze zu verabschieden.

257 BVerfGE 111, 147 ff.

258 *Rogosch, Josef Konrad,* in: B/E/R/S, § 3 SOG Rn. 15.

259 Etwa bei der Vorladung nach § 11 Abs. 1 SOG.

260 Etwa bei der Sicherstellung nach § 14 Abs. 1 Satz 1 lit. a SOG.

261 Etwa bei der Identitätsfeststellung nach § 13 Abs. 1 Nr. 1 PolDVG.

262 BVerwGE 45, 51, 57; dazu *Denninger, Erhard,* Polizeiaufgaben, in: L/D, D. Rn. 39.

263 *Rogosch, Josef Konrad,* in: B/E/R/S, § 3 SOG Rn. 32 m. w. N.

139 Die konkrete Gefahr ist von der abstrakten Gefahr abzugrenzen, auf die es beim Erlass von Verordnungen (abstrakt-generelle Regelung) nach § 1 SOG ankommt (vgl. B.I.1.a.). Eine **abstrakte Gefahr** liegt vor, wenn nach den Erfahrungen des täglichen Lebens bei bestimmten Arten von Verhaltensweisen mit hinreichender Wahrscheinlichkeit im Einzelfall ein Schaden an einem polizeilich geschützten Rechtsgut eintreten wird.[264] Im Gegensatz zur konkreten Gefahr wird also bei der abstrakten Gefahr nicht auf eine bestimmte konkrete Situation, sondern auf die typischen Konsequenzen eines Verhaltens abgestellt, d. h. es werden allgemeine Erwägungen für generelle Fälle in typisierter Form angestellt.[265] Dadurch wird freilich der Grundrechtseingriff vorverlagert.[266]

Beispiel:

Insbesondere Glasflaschenverbots- oder Alkoholkonsumverbotsverordnungen in Städten oder Gemeinden sind daher von den Verwaltungsgerichten häufig als rechtswidrig angesehen worden.[267]

140 Der Gefahrenbegriff erfordert eine **Prognose** des hypothetischen Geschehensablaufs **(Blickwinkel eines verständigen Beobachters ex ante)**.[268] Insoweit besteht kein Beurteilungsspielraum.[269] Die Prognoseentscheidung ist später voll gerichtlich überprüfbar.[270] Allerdings muss sich das überprüfende Gericht in die Situation hineinversetzen, die sich dem Beamten aufgrund tatsächlicher Anhaltspunkte **(Indiztatsachen)**[271] und den Erfahrungen des täglichen Lebens darbot, als er seine Entscheidung über ein Einschreiten zu fällen hatte („ex ante").[272] Dabei kommt es gerade nicht darauf an, wie sich die damalige Lage zum Zeitpunkt der gerichtlichen Entscheidung im Nachgang darstellt.[273] Hierauf kommt es auch bei der Abgrenzung

---

264 BVerwGE 116, 347, 351.

265 *Schmidbauer, Wilhelm/Holzner, Thomas,* Bayerisches Polizei- und Sicherheitsrecht, München 2019, Rn. 386 f.

266 Dies kann problematisch im Hinblick auf die Rechtfertigung von Grundrechtseingriffen durch Gefahrenabwehrverordnungen sein.

267 Z. B. OVG Bremen zur Unwirksamkeit des Glasflaschenverbots durch Polizeiverordnung in der Bremer Vorstadt, in: NordÖR 2017, 194 ff.

268 *Denninger, Erhard,* Polizeiaufgaben, in: L/D, D. Rn. 47; *Schoch, Friedrich,* Polizei- und Ordnungsrecht, in: Schoch, Friedrich (Hrsg.), Besonderes Verwaltungsrecht, München 2018, S. 11, 95 f.; *Pünder, Hermann,* Polizei- und Ordnungsrecht, in: Ehlers, Dirk/Fehling, Michael/Pünder, Hermann (Hrsg.), Besonderes Verwaltungsrecht, Band 3, 4. Aufl. Heidelberg 2020, § 69 Rn. 99 (im Erscheinen).

269 *Graulich, Kurt,* Das Polizeihandeln, in: L/D, E. Rn. 129 f.

270 Dazu *Rogosch, Josef Konrad,* in: B/E/R/S, § 3 SOG Rn. 23.

271 *Graulich, Kurt,* Das Polizeihandeln, in: L/D, E. Rn. 148 ff.

272 BVerwG, in: NJW 1975, 2158, 2159.

273 Dazu *Rogosch, Josef Konrad,* in: B/E/R/S, § 3 SOG Rn. 24.

der Begriffe „Anscheinsgefahr“ und „Scheingefahr“ (s. unten) an. Anders ist dies allerdings auf der Kostenebene (dazu unter B. V.).

Die ganz überwiegende Ansicht vertritt heute einen **subjektiven Gefahrenbegriff**: Subjektiv insoweit, als es auf den Wissenshorizont eines **durchschnittlichen und sorgfältigen Beamten** ankommt.[274] Gefahrensituationen sind regelmäßig durch Eile geprägt. Es würde einer effektiven Gefahrenabwehr zuwiderlaufen, wenn einem sorgfältig handelnden Beamten der Vorwurf der Rechtswidrigkeit gemacht werden könnte, obwohl er sorgfältig gehandelt hat.[275] 141

Das Merkmal **„in absehbarer Zeit“** fordert, dass der Schaden nicht erst in ferner Zukunft droht, sondern in hinreichender zeitlicher Nähe zu erwarten ist.[276] Hier ist eine Bewertung im Einzelfall gefordert. Abstrakte zeitliche Grenzen lassen sich hier nicht angeben. Entscheidend ist, ob bei weiterem Zuwarten später noch eine effektive Gefahrenabwehr möglich sein wird. Keine Gefahr liegt jedenfalls vor im Zeitpunkt einer nur „latenten“ Störung, bei der es noch wesentlicher Änderungen der tatsächlichen Verhältnisse bedarf, um eine Störung herbeizuführen. 142

Bei einzelnen **besonderen Maßnahmen** und einzelnen Zwangsmaßnahmen wird eine **größere zeitliche Nähe** gefordert, etwa eine „unmittelbar bevorstehende Gefahr“[277]. 143

Erforderlich ist kein fester Grad an Wahrscheinlichkeit. Vielmehr genügt die **hinreichende Wahrscheinlichkeit**. Je höher der drohende Schaden, desto geringer darf die Wahrscheinlichkeit des Schadenseintritts sein, um eine „Gefahr“ annehmen zu können und umgekehrt **(„je-desto-Formel“)**.[278] 144

---

274 *Denninger, Erhard*, Polizeiaufgaben, in: L/D, D. Rn. 47; *Schmidbauer, Wilhelm/Holzner, Thomas*, Bayerisches Polizei- und Sicherheitsrecht, München 2019, Rn. 379.

275 *Pünder, Hermann*, Polizei- und Ordnungsrecht, in: Ehlers, Dirk/Fehling, Michael/Pünder, Hermann (Hrsg.), Besonderes Verwaltungsrecht, Band 3, 4. Aufl. Heidelberg 2020, § 69 Rn. 105 (im Erscheinen).

276 S. auch Legaldefinition des § 2 Nr. 1 a NdsSOG; zu diesem Merkmal *Denninger, Erhard*, Polizeiaufgaben, in: L/D, D. Rn. 41.

277 Etwa bei der Sicherstellung von Sachen, § 14 Abs. 1 Satz 1 lit. a SOG oder bei der Ingewahrsamnahme von Personen gem. § 13 Abs. 1 Nr. 2 SOG (hier „unmittelbar bevorstehende Begehung“), bei der Durchsuchung von Wohnungen § 16 Abs. 2 Nr. 4 SOG („unmittelbar bevorstehenden Gefahr“), beim Schusswaffengebrauch § 25 Abs. 1 Nr. 1 SOG („unmittelbar bevorstehende Ausführung“).

278 BVerfGE 100, 313, 375 f., 392; 110, 33, 60; BVerfG, in: NJW 2005, 2603, 2609 und in: NJW 1970, 1890, 1892.

Beispiel:

Nachbarn melden der Hamburger Polizei am Morgen „einen arabisch aussehenden Mann", der einen schwarzen „Sprengstoffgürtel" trägt und an der Ampel in Hamburg-Hamm „herumtänzelte", bevor er in die gegenüberliegende Filiale der Agentur für Arbeit lief. 30 Streifenwagen mit 60 Einsatzkräften der Hamburger Polizei riegelten daraufhin das Gebäude ab. Schwerbewaffnete Spezialeinheiten stürmen die Filiale. Sie treffen auf den vermeintlichen Attentäter, einen Zahnarzt mit arabischen Wurzeln, der beim Joggen einen Gewichtsgürtel trug und seine Zahnarztpraxis in dem Gebäude hat.[279] Die erhebliche Gefahr für Leib und Leben rechtfertigt dennoch die Annahme einer Gefahr. Die Maßnahmen waren danach rechtmäßig.

145 Des Weiteren muss ein **Schaden an einem geschützten Rechtsgut** drohen oder eingetreten sein. Nach h. M. ist hierbei auf den durchschnittlich empfindenden Normalbürger abzustellen[280] und die Allgemeine Handlungsfreiheit (Art. 2 Abs. 1 GG) zu berücksichtigen. Die außergewöhnliche Empfindsamkeit Einzelner ist hingegen kein Maßstab.[281]

Insbesondere genügen bloße Belästigungen, Nachteile, Geschmacklosigkeiten oder Unbequemlichkeit noch nicht.[282] Ort und Zeit spielen bei der Bewertung aber eine Rolle.[283] Anzahl und Dauer von Belästigungen können zudem ein solches Maß erreichen, dass sie die Schwelle zum „Schaden" und damit zur „Gefahr" überschreiten (anhaltendes Hundegebell zur Nachtzeit, übermäßiges Glockengeläut, Gestank einer Schweinemästerei).[284] Einige Tatbestände „der Belästigung" sind von § 118 OWiG bzw. § 119 OWiG erfasst und bußgeldbewert („grob ungehörige" bzw. „sexuell anstößige" Handlungen). Liegen diese vor, handelt es sich um eine Störung der öffentlichen Sicherheit.

146 Die **Anscheinsgefahr** bezeichnet eine Situation, in der der sorgfältige und durchschnittliche Beamte aus der Sicht ex ante aufgrund hinreichender Anhaltspunkte eine Gefahr annehmen musste, sich aber später herausstellt, dass gar kein Schaden drohte, also aus der Sicht ex post keine Gefahr vorlag.[285] Weil es beim Gefahrenbegriff auf die Prognose eines verständigen

---

279 *Gökkaya, Hassan*, Große Aufregung in Hamm: Dieser Zahnarzt löste den Terror-Alarm aus, in: Hamburger Morgenpost v. 02. 06. 2016, https://www.mopo.de/hamburg/polizei/grosse-aufregung-in-hamm-dieser-zahnarzt-loeste-den-terror-alarm-aus-24155926 (zuletzt abgerufen am 01. 04. 2020).

280 *Denninger, Erhard*, Polizeiaufgaben, in: L/D, D. Rn. 40.

281 *Rogosch, Josef Konrad*, in: B/E/R/S, § 3 SOG Rn. 23.

282 *Denninger, Erhard*, Polizeiaufgaben, in: L/D, D. Rn. 40.

283 *Schoch, Friedrich*, Polizei- und Ordnungsrecht, in: Schoch, Friedrich (Hrsg.), Besonderes Verwaltungsrecht, München 2018, S. 11, 95.

284 *Denninger, Erhard*, Polizeiaufgaben, in: L/D, D. Rn. 40.

285 Ähnlich OVG Hamburg, in: NJW 1985, 2005; S. zum Ganzen auch *Schenke, Wolf-Rüdiger*, Polizeiliches Handeln bei Anscheinsgefahr und Gefahrverdacht, in: JuS 2018, 505.

Beobachters ex ante ankommt (dazu oben), wobei bei diesem nach h. M. die Kenntnis eines sorgfältigen Durchschnittsbeamten zu unterstellen ist (dazu oben), handelt es sich bei der Anscheinsgefahr um eine **„echte" konkrete Gefahr** im polizeirechtlichen Sinne, die zum Einschreiten berechtigt. Die zu ihrer Abwehr getroffenen Maßnahmen gelten daher als rechtmäßig.[286]

> **Beispiel:**
>
> Die Stürmung einer von außen nicht einsehbaren Wohnung nach lautstarken Schreien, wenn sich nachher herausstellt, dass der Fernseher („Tatort") eines Schwerhörigen die Ursache war.

Selbstständige Bedeutung erlangt die „Anscheinsgefahr" immer dann, wenn es später darum geht, ob der „Anscheinsstörer" die Kosten der ordnungsbehördlichen bzw. polizeilichen Maßnahme zu tragen hat (dazu unter B. V.). **147**

Die **Scheingefahr**, auch **Putativgefahr** genannt, bezeichnet hingegen eine Situation, bei der der Beamte aufgrund eines **vorwerfbaren Irrtums** eine Gefahr angenommen hat, obwohl bereits aus der Sicht eines verständigen Betrachters, also auch aus der Sicht eines sorgfältigen Durchschnittsbeamten, ex ante keine ausreichenden Anhaltspunkte für eine Gefahr vorlagen und die Situation sich auch ex post als ungefährlich darstellt.[287] Daher ist die Scheingefahr **keine „echte" konkrete Gefahr**.[288] Ein polizeiliches Einschreiten aufgrund einer bloßen Scheingefahr ist rechtswidrig.[289] Dies wirkt sich auch auf die Frage aus, ob der Adressat einer solchen rechtswidrigen Maßnahme die Kosten zu tragen hat (dazu unter B. V.). **148**

> **Beispiel:**
>
> Die Polizei stürmt eine leicht einsehbare Wohnung im Erdgeschoss eines Mehrfamilienhauses, nachdem sie aus der Wohnung laute Hilfeschreie wahrgenommen hat. Es stellt sich heraus, dass der 95-jährige schwerhörige Rentner, wie jeden Tag, einfach nur sehr laut seinen Fernseher eingeschaltet hat („Tatort"). Die Nachbarn wissen von der Schwerhörigkeit und dem lautem Fernseher schon seit langem.

Der **Gefahrenverdacht** bezeichnet eine Situation, in der erste Anhaltspunkte eine Gefahr für möglich erscheinen lassen, es aus der Sicht eines verständigen Betrachters ex ante ohne weitere Ermittlungen aber noch nicht recht- **149**

---

286 *Pünder, Hermann*, Polizei- und Ordnungsrecht, in: Ehlers, Dirk/Fehling, Michael/Pünder, Hermann (Hrsg.), Besonderes Verwaltungsrecht, Band 3, 4. Aufl. Heidelberg 2020, § 69 Rn. 105 (im Erscheinen).

287 *Denninger, Erhard*, Polizeiaufgaben, in: L/D, D. Rn. 50.

288 *Schoch, Friedrich*, Polizei- und Ordnungsrecht, in: Schoch, Friedrich (Hrsg.), Besonderes Verwaltungsrecht, München 2018, S. 11, 98 f.

289 VGH Mannheim, in: NVwZ 1991, 493; s. auch *Schmidbauer, Wilhelm/Holzner, Thomas*, Bayerisches Polizei- und Sicherheitsrecht, München 2019, Rn. 417.

fertigen, bereits eine endgültige Gefahrenprognose zu treffen.[290] In Abgrenzung zur Anscheinsgefahr muss es sich um eine Situation handeln, die noch **weitere Ermittlungen** zu einer begründeteren Gefahrenprognose zulässt.[291]

Beispiel:

Ein Hamburgischer Polizeibeamter, zuständig für Jugendschutz, beobachtet mehrere Jugendliche zu später Stunde auf den Alsterterrassen an der Binnenalster beim Alkoholkonsum, wobei die Jugendlichen noch sehr jung aussehen. Es könnte ein Verstoß gegen das Jugendschutzgesetz vorliegen. Der Beamte hat das Alter der Jugendlichen noch nicht überprüft.

150 Ist dagegen der drohende Schaden hoch und somit ein weiteres Zuwarten „zu riskant", können auch schon wenige erste Anhaltspunkte ausreichen, um nach der **„je-desto-Formel"** (s. oben B. I.2.) eine hinreichende Wahrscheinlichkeit eines Schadenseintritts und damit eine „vollgültige Gefahr" zu begründen.[292] Inwieweit der bloße Gefahrenverdacht, ohne bereits eine „vollgültige" Gefahr zu sein, bereits polizeiliche Maßnahmen rechtfertigt, ist im Einzelnen umstritten. Nach ganz h. M. sind grundsätzlich vorläufige Maßnahmen **(„Gefahrerforschungsmaßnahmen")** zur weiteren Aufklärung gerechtfertigt.[293]

Zum Teil werden im besonderen Ordnungsrecht spezielle Eingriffsermächtigungen bereits explizit für einem bloßen Gefahrenverdacht geregelt: § 13 Abs. 1 BBodSchG zu Sanierungsuntersuchungen und in § 15 Abs. 2, Abs. 3 BBodSchG die Verpflichtung zu Eigenkontrollmaßnahmen bei Altlasten durch den Pflichtigen (Umweltrecht). § 16 Abs. 2 Satz 1 Bundesinfektionsschutzgesetz erlaubt Maßnahmen zur Ermittlung von Tatsachen, die zum Auftreten einer übertragbaren Krankheit führen können (Infektionsschutzrecht).

151 Unter Berufung auf die Entscheidung des BVerfG zu Überwachungsmaßnahmen nach dem BKA-Gesetz[294] hat der bayrische Gesetzgeber die Rechtsfigur der **„drohenden Gefahr"** in das Landespolizeigesetz (BayPAG) eingeführt,[295] um auch im Vorfeld von „konkreten Gefahren" polizeiliche Maßnahmen ergreifen zu können. Die sog. „drohende Gefahr" als Eingriffsgrundlage stellt im polizei-

290 *Denninger, Erhard,* Polizeiaufgaben, in: L/D, D. Rn. 49; *Schoch, Friedrich,* Polizei- und Ordnungsrecht, in: Schoch, Friedrich (Hrsg.), Besonderes Verwaltungsrecht, München 2018, S. 11, 98 ff.

291 *Schmidbauer, Wilhelm/Holzner, Thomas,* Bayerisches Polizei- und Sicherheitsrecht, München 2019, Rn. 451.

292 *Denninger, Erhard,* Polizeiaufgaben, in: L/D, D. Rn. 47 ff.

293 *Schmidbauer, Wilhelm/Holzner, Thomas,* Bayerisches Polizei- und Sicherheitsrecht, München 2019, Rn. 451 ff.

294 BVerfGE 141, 220.

295 § 11 Abs. 3 BayPAG sowie zahlreiche weitere Befugnisnormen des BayPAG, eingeführt durch das Gesetz zur effektiven Überwachung gefährlicher Personen v. 24. 07. 2017, GVBl. 2017 388.

rechtlichen Regelungsgefüge in zweifacher Hinsicht eine Neuerung dar. Zum einen modifiziert bzw. erweitert sie den polizeirechtlichen Gefahrenbegriff. Zum anderen führt dies zu einem erweiterten Anwendungsbereich der polizeirechtlichen Generalklausel. Diese Vorverlagerung der Eingriffsbefugnisse wird unter Berufung auf den **Bestimmtheitsgrundsatz** und den Grundsatz der **Verhältnismäßigkeit** vielfach als verfassungswidrig kritisiert.[296]

In Nordrhein-Westfalen war die Einführung des Begriffs „drohende Gefahr" in das dortige Polizeigesetz ebenfalls vorgesehen. Nach eingehender Debatte und vielfacher Kritik wurde auf die Einführung verzichtet.[297]

bb) Rechtsfolge

Liegen die Tatbestandsvoraussetzungen der Generalklausel des § 3 Abs. 1 SOG vor, so haben Polizei und Ordnungsbehörden zum einen Ermessen, ob sie überhaupt tätig werden **(Entschließungsermessen)**. Zum anderen besteht Ermessen bei der Frage, wie sie tätig werden **(Auswahlermessen)**. Dies betrifft die Wahl der einzusetzenden **Mittel und Maßnahmen**, und bei verschiedenen Verantwortlichen die **Auswahl des Adressaten** der Maßnahme (zur Störerauswahl näher B. I. 3.; zum Ermessen im Allgemeinen s. B. I. 4.). 152

cc) Zuständigkeits-, Verfahrens- und Formerfordernisse

(1) Zuständige Gefahrenabwehrbehörde

Die Generalklausel des § 3 Abs. 1 SOG weist die sachliche Zuständigkeit primär den **„Verwaltungsbehörden im Rahmen ihres Geschäftsbereichs"** zu. Welche Behörde danach für welche Teilaufgabe zuständig ist, ergibt sich – soweit keine Spezialregelung existiert – aus den „Anordnungen zur Durchführung des SOG und des PolDVG". Zuständig ist im Grundsatz **jede Verwaltungsbehörde**, weil die Zuständigkeit zur Gefahrenabwehr als Annex in den eigenen Zuständigkeitsbereich fällt, teilweise sind es aber auch die **Bezirksämter**. Die sachliche Zuständigkeit ist im Rahmen der formellen Rechtmäßigkeit der Maßnahme zu prüfen (dazu Prüfungsaufbau unter B. I. 1. b.). 153

---

296 Statt vieler *Löffelmann, Markus*, Das Gesetz zur effektiveren Überwachung gefährlicher Personen – Sicherheitsrecht am Rande der Verfassungsmäßigkeit und darüber hinaus, in: BayVBl. 2018, 145, 147 f.; Stellungnahme der *Neue Richtervereinigung* (NRV) e. V., Fachgruppe Verwaltungsrecht Juni 2018, https://www.neuerichter.de/details/artikel/article/die-drohende-gefahr-im-polizeirecht574.html (zuletzt abgerufen am 27. 02. 2020); zum aktuellen Sachstand der Gesetzesentwicklung in anderen Bundesländern, einem Rechtsvergleich mit der Schweiz und Österreich, sowie zu einem Überblick über die kontroverse Literatur s. die Zusammenfassung bei *Wissenschaftlicher Dienst des Bundestages*, Ausweitung polizeilicher Befugnisse in Deutschland und Europa, 27. 07. 2018, WD 3–3000–226/18, S. 7 ff. und v. 16. 01. 2019, WD 3–3000–433/18.

297 S. auch die Debatte im Innenausschuss, zum Gesetzesentwurf der Landesregierung, Landtag Nordrhein-Westfalen, Drs. 17/2351 v. 07. 06. 2018, Ausschussprotokoll 17/299 v. 07. 06. 2018.

154 Die **Vollzugspolizei** ist, sofern keine Spezialregelung besteht, nach § 3 Abs. 2 Satz 1 lit. a SOG subsidiär für ordnungsrechtliche Maßnahmen zuständig, wenn diese **„unaufschiebbar sind"**. Entscheidend ist also die zeitliche Dringlichkeit der Gefahrenabwehr. **„Unaufschiebbare Maßnahmen"** (§ 3 Abs. 2 Satz 1 SOG) sind solche, bei denen ein Zuwarten bis zur Entscheidung der primär zuständigen Verwaltungsbehörde den Erfolg der Maßnahme vereiteln oder wesentlich erschweren würde.[298] Sofern zunächst ausreichend, muss sich die Vollzugspolizei auf **vorläufige Maßnahmen** beschränken und alles weitere der zuständigen Verwaltungsbehörde überlassen.[299] Als vorläufige Maßnahmen kommen innerhalb dieses **„Rechts des ersten Zugriffs"** regelmäßig nur sichernde oder vorbeugende Maßnahmen in Betracht.[300]

155 Auf welche Rechtsgrundlage die Vollzugspolizei ihr Eingreifen zu stützen hat, wenn sie im Rahmen ihrer Eilzuständigkeit im besonderen Ordnungsrecht an Stelle der eigentlich zuständigen Verwaltungsbehörde tätig wird, ist streitig. Teilweise wird hier vertreten, dass für die Vollzugspolizei dann die Regelungen des besonderen Ordnungsrechts (z.B. Umweltrechts) gelten, d.h. dieselben, wie auch für die primär zuständige Verwaltungsbehörde.[301] Problematisch an dieser Ansicht ist die Tatsache, dass die erforderlichen speziellen Rechtskenntnisse vieler Gebiete des besonderen Ordnungsrechts in der Praxis von der Vollzugspolizei nur schwerlich vorausgesetzt werden können. Nach der vorzugswürdigen Gegenauffassung gelten für die Vollzugspolizei in derartigen Fällen materiell-rechtlich die Eingriffsbefugnisse des allgemeinen Polizeirechts im SOG – meist wird es hier die Generalklausel des § 3 Abs. 1 SOG sein – und nicht die spezialgesetzliche Regelung.[302] Würde der Vollzugspolizei die Normkenntnis aus dem speziellen Ordnungsrecht abverlangt, was nicht leistbar ist, bestünde die Gefahr, dass die Vollzugspolizei insgesamt gehemmt ist, überhaupt einzuschreiten.[303] Auch rechtsstaatlich scheint diese Ansicht vertretbar, da die

298 VGH Mannheim, in: NJW 1990, 1618, 1619; *Denninger, Erhard*, Polizeiaufgaben, in: L/D, D. Rn. 241 ff.

299 *Rogosch, Josef Konrad*, in: B/E/R/S, § 3 SOG Rn. 44.

300 *Denninger, Erhard*, Polizeiaufgaben, in: L/D, D. Rn. 244; *Rogosch, Josef Konrad*, in: B/E/R/S, § 3 SOG Rn. 44.

301 *Hoffmann-Riem, Wolfgang/Eifert, Martin*, Polizei- und Ordnungsrecht, in: Hoffmann-Riem/Koch (Hrsg), Hamburgisches Staats- und Verwaltungsrecht, 3. Aufl. Baden-Baden 2005, S. 161, 167 und Fn. 29.

302 *Rogosch, Josef Konrad*, in: B/E/R/S, § 3 SOG Rn. 44; *Pünder, Hermann*, Polizei- und Ordnungsrecht, in: Ehlers, Dirk/Fehling, Michael/Pünder, Hermann (Hrsg.), Besonderes Verwaltungsrecht, Band 3, 4. Aufl. Heidelberg 2020, § 69 Rn. 36 (im Erscheinen).

303 *Rogosch, Josef Konrad*, in: B/E/R/S, § 3 SOG Rn. 44.

Vollzugspolizei im Rahmen ihrer Eilkompetenz soweit wie möglich auf vorläufige Maßnahmen beschränkt ist.[304]

„Im Zusammenhang mit den ihr obliegenden Aufgaben" ist die **Feuerwehr (Berufsfeuerwehr und Freiwillige Feuerwehren)**, § 3 Abs. 2 Satz 1 lit. b SOG, für unaufschiebbare Maßnahmen zuständig. **156**

(2) Subsidiarität der Generalklausel

Beide Generalklauseln des SOG sind nur einschlägig, wenn keine **speziellere Eingriffsermächtigung** vorliegt. **157**

Dies ist bei der Ermächtigungsgrundlage zu prüfen (dazu Prüfungsaufbau unter B.I.1.b.).

So tritt die Generalklausel des § 3 Abs. 1 SOG als subsidiär zurück, wenn die Voraussetzungen einer **spezielleren Eingriffsermächtigung in einem spezielleren Gesetz** vorliegen. **158**

Das SOG wird dann von einer spezielleren Rechtsmaterie verdrängt, wie z. B. dem Infektionsschutzrecht, Ausländerrecht, Baurecht, Gewerberecht. Die polizeiliche Datenverarbeitung ist im PolDVG spezialgesetzlich geregelt (dazu C. I.), das Verwaltungsvollstreckungsrecht z. T. im HmbVwVG (dazu unter B.IV.).

Der Anwendungsbereich der Generalklausel des § 3 Abs. 1 SOG ist des Weiteren nur eröffnet, wenn das SOG eine polizeiliche Befugnis nicht besonders regelt. Unter besonderen Regelungen im SOG sind die Bestimmungen über die sogenannten **Standardbefugnisse**[305] oder **Standardmaßnahmen** zu verstehen (§§ 11 SOG ff.). Hier werden bestimmte, in der polizeilichen Praxis häufig wiederkehrende, Maßnahmen typisiert[306] bzw. standardisiert[307]. Die Befugnis, eine **Maßnahme des jeweiligen Typs** zu ergreifen, kann dann nur der speziellen Standardbefugnis des SOG entnommen werden. **159**

Beispiel:

Gestützt auf § 3 Abs. 1 SOG verfügt ein Polizeivollzugsbeamter zur Durchsetzung eines Platzverweises die zwangsweise Verbringung eines unter Entzugserscheinungen leidenden Drogensüchtigen vom Vorplatz des Hamburger Hauptbahnhofes in die weit abgelegene Boberger Dünen im Stadtteil Vierlande (Stadtrand von Hamburg, ca. 12 km entfernt). Dieser sog. „Verbringungsgewahrsam" kann nicht auf § 3 SOG gestützt werden, da der Tatbestand der Ingewahrsamnahme als Stan-

---

304 *Pünder, Hermann*, Polizei- und Ordnungsrecht, in: Ehlers, Dirk/Fehling, Michael/Pünder, Hermann (Hrsg.), Besonderes Verwaltungsrecht, Band 3, 4. Aufl. Heidelberg 2020, § 69 Rn. 36 (im Erscheinen).

305 *Graulich, Kurt*, Das Polizeihandeln, in: L/D, E. Rn. 68 ff.

306 *Graulich, Kurt*, Das Polizeihandeln, in: L/D, E. Rn. 195.

307 *Heintzen, Markus*, Was standardisieren Standardmaßnahmen?, in: DÖV 2006, 1038 ff.

dardmaßnahme im SOG abschließend geregelt ist und es sich hier zudem als Maßnahme auch nicht ausschließlich um eine Ingewahrsamnahme, sondern um ein „aliud" handelt (dazu unter B.II.4.d.bb.1.).[308]

160 Ein Rückgriff auf die Generalklausel für eine Maßnahme scheidet auch dann aus, wenn eine Standardmaßnahme der Rechtsfolge nach gewollt ist, der Tatbestand für diese Standardmaßnahme aber im konkreten Fall gar nicht erfüllt ist.[309]

161 Auch wenn eine Maßnahme als solche gar nicht speziell geregelt wurde, aber durch systematische Auslegung, insbesondere durch Vergleich mit sehr „ähnlichen" Standardmaßnahmen, darauf geschlossen werden kann, dass die geregelten Maßnahmen abschließend sein sollen („numerus clausus" der Standardmaßnahmen[310]), so verbietet sich in diesem Fall auch ein Rückgriff auf die Generalklausel. Wichtiger Indikator einer solchen **Sperrwirkung** durch eine Standardmaßnahme ist eine vergleichbare oder sogar höhere Eingriffsintensität der zu ergreifenden Maßnahme.[311] Gesetzesvorbehalt und Bestimmtheitsgebot erfordern dann erst recht auch für diese Maßnahme eine eigene spezielle Regelung.

Bespiel:

Wegen der Rechtsprechung des EGMR im Jahr 2009, wonach ein Gesetz zur nachträglichen Verlängerung von Sicherungsverwahrungen gegen das Rückwirkungsverbot (Art. 7 EMRK „nulla poena sine lege") verstößt,[312] wird ein ehemals sicherungsverwahrter Sexualstraftäter, bei dem laut Gutachten noch immer eine hohe Wahrscheinlichkeit des Rückfalls besteht, aus der Sicherungsverwahrung entlassen. Er nimmt in Hamburg seinen Wohnsitz und wird, gestützt auf § 3 Abs. 1 SOG, seither durch fünf hamburgische Polizeibeamte rund um die Uhr observiert bzw. begleitet. Wegen der Schwere des Eingriffs kann die Maßnahme nicht auf § 3 Abs. 1 SOG gestützt werden (zur deshalb geschaffenen Standardbefugnis der polizeilichen Begleitung [§ 12 c SOG] s. B.II.6.).[313]

---

308 LG Hamburg, in: NVwZ-RR 1997, 537 ff.; dazu *Hoffmann-Riem, Wolfgang/Eifert, Martin*, Polizei- und Ordnungsrecht, in: Hoffmann-Riem/Koch (Hrsg), Hamburgisches Staats- und Verwaltungsrecht, 3. Aufl. Baden-Baden 2005, S. 161, 203 ff.; a. A. tendenziell OVG Bremen, in: NVwZ 1987, 235 ff.; zum Ganzen *Schucht, Carsten*, Der Verbringungsgewahrsam im Polizeirecht – Eine kritische Bestandsaufnahme nach mehr als 30 Jahren Polizeipraxis, in: DÖV 2011, 553 ff.

309 *Graulich, Kurt*, Das Polizeihandeln, in: L/D, E. Rn. 196.

310 *Hoffmann-Riem, Wolfgang/Eifert, Martin*, Polizei- und Ordnungsrecht, in: Hoffmann-Riem/ Koch (Hrsg), Hamburgisches Staats- und Verwaltungsrecht, 3. Aufl. Baden-Baden 2005, Polizei- und Ordnungsrecht, S. 161, 203 ff.

311 *Graulich, Kurt*, Das Polizeihandeln, in: L/D, E. Rn. 196.

312 EGMR, Urteil v. 17. 12. 2009, 19359/04 (M. v. Germany).

313 BVerfG, in: DÖV 2013, 128 ff.; zum Ganzen *Eisenbarth, Markus/Ringhof, Hermann*, Die Dauerobservierung ehemals sicherheitsverwahrter Sexualstraftäter – eine präventiv-polizeiliche Zwischenlösung, in: DVBl. 2013, 566 ff.

(3) Benachrichtigungspflicht, § 3 Abs. 2 Satz 2 SOG

Nach Durchführung der unaufschiebbaren Maßnahme hat die Vollzugspolizei oder die Feuerwehr eine **Benachrichtigungspflicht** gem. § 3 Abs. 2 Satz 2 SOG. „**Unverzüglich** sind Feststellungen und Maßnahmen der **zuständigen Verwaltungsbehörde** mitzuteilen". Die zuständige Verwaltungsbehörde darf die unaufschiebbaren Maßnahmen aufheben und ändern, § 3 Abs. 2 Satz 3 SOG. Diese Folgen sind die Konsequenz des „Rechts des ersten Zugriffs".[314] 162

(4) Allgemeine Verfahrenserfordernisse

Weitere spezielle Verfahrensanforderungen werden in der Generalklausel naturgemäß nicht normiert, es gelten insoweit die allgemeinen Verfahrensanforderungen (ggf. Anhörung, Begründung usw.) des HmbVwfG. Diese sind im Rahmen der „formellen Rechtmäßigkeit", insbesondere beim „Verfahren" zu prüfen (s. B. I.1.b.). 163

3. Verantwortlichkeit, §§ 8–10 SOG

Guy Beaucamp

a) Allgemeines

Die Vorschriften über die **Verantwortlichen**, auch **Störer** oder Adressat genannt, ergänzen die Generalklausel.[315] Erweist sich eine Person im Nachhinein weder als handlungs- (§ 8 SOG) noch als zustandsverantwortlich (§ 9 SOG) und liegen die sehr restriktiven Voraussetzungen der Notstands- oder Nichtstörerhaftung (§ 10 SOG) ebenfalls nicht vor, war die gegen sie gerichtete polizeiliche Verfügung in der Regel rechtswidrig.[316] 164

Um aus der Vielfalt der Lebenszusammenhänge die für die Gefahren relevanten Ursachen und darauf aufbauend die hierfür Verantwortlichen herauszufiltern, verwendet die h.M. die **Theorie der unmittelbaren Verursachung.**[317] D.h. nur derjenige wird als Störer betrachtet, dessen Verhalten oder dessen 165

314 *Denninger, Erhard*, Polizeiaufgaben, in: L/D, D. Rn. 244.

315 *Kingreen, Thorsten/Poscher, Ralf*, Polizei- und Ordnungsrecht, 10. Aufl. München 2018, § 9 Rn. 3.

316 OVG Hamburg, in: GewArch 1990, 223; VGH Mannheim, in: NVwZ-RR 2002, 16.

317 OVG Hamburg, in: NJW 2000, 2600, 2601; *Kingreen, Thorsten/Poscher, Ralf*, Polizei- und Ordnungsrecht, 10. Aufl. München 2018, § 9 Rn. 11; *Richter, Eike*, Polizeirecht, in: Hoffmann-Riem, Wolfgang/Koch, Hans-Joachim (Hrsg.), Hamburgisches Staats- und Verwaltungsrecht, 4. Aufl. Baden-Baden 2020, Rn. 61; *Thiel, Markus*, Polizei- und Ordnungsrecht, 4. Aufl. Baden-Baden 2020, § 8 Rn. 95; *Denninger, Erhard*, Polizeiaufgaben, in: L/D, D. Rn. 77 ff.

Sache die Gefahrengrenze überschreitet und die unmittelbare Ursache für den Gefahreneintritt setzt. Es kommt hierbei auf die wertende Betrachtung des Einzelfalls an, sodass man nicht generell sagen kann, der letzte Verursachungsbeitrag sei derjenige, der die Gefahrengrenze überschreite.[318] Ein nur indirekter, mittelbarer Beitrag zur Gefahr wird als Veranlassung bezeichnet und führt typischerweise nicht zur polizeirechtlichen Verantwortlichkeit.[319]

b) Handlungsverantwortlichkeit

166 Wie die Formulierung des § 8 Abs. 1 SOG erkennen lässt, kann eine Person sowohl durch ihr Tun als auch durch Unterlassen für eine Gefahr verantwortlich sein **(Verhaltensverantwortlicher)**. Die letztgenannte Variante ist allerdings nur einschlägig, wenn jemand einer Handlungspflicht nicht nachkommt.[320] Beispiele hierfür wären die Schnee- und Eisräumpflicht des § 29 HmbWegeG oder die Pflicht der Unfallbeteiligten, eine Unfallstelle zu sichern (§ 34 StVO).

167 § 8 Abs. 1 SOG erlaubt auch ein Vorgehen gegen juristische Personen des Privatrechts, etwa eine Aktiengesellschaft oder eine Gewerkschaft.[321] Hoheitsträger müssen das Polizei- und Ordnungsrecht ebenfalls beachten und haben in erster Linie selbst dafür zu sorgen, dass ihre Betätigung die übrige Rechtsordnung und damit die öffentliche Sicherheit und Ordnung nicht beeinträchtigt; anderenfalls wäre die gesetzlich vorgesehene Kompetenzordnung gefährdet.[322] Ausnahmen von diesem Grundsatz sind allerdings für Not- und Eilfälle sowie für rein fiskalisches Handeln von Hoheitsträgern anerkannt – etwa das verkehrsbehindernde Abstellen von angelieferten Schulmöbeln auf dem Fußweg.[323] Das Bundesverwaltungsgericht hat ebenfalls akzeptiert, dass eine Immissionsschutzbehörde Lärmgrenzwerte für ein gemeindliches Schwimmbad nach § 24 BImSchG festgelegt hat.[324]

---

318 OVG Hamburg, in: NJW 2000, 2600, 2601; VGH Mannheim, in: ZUR 2002, 227, 228; *Kingreen, Thorsten/Poscher, Ralf,* Polizei- und Ordnungsrecht, 10. Aufl. München 2018, § 9 Rn. 13.

319 *Kingreen, Thorsten/Poscher, Ralf,* Polizei- und Ordnungsrecht, 10. Aufl. München 2018, § 9 Rn. 11.

320 *Kingreen, Thorsten/Poscher, Ralf,* Polizei- und Ordnungsrecht, 10. Aufl. München 2018, § 9 Rn. 6; *Richter, Eike,* Polizeirecht, in: Hoffmann-Riem, Wolfgang/Koch, Hans-Joachim (Hrsg.), Hamburgisches Staats- und Verwaltungsrecht, 4. Aufl. Baden-Baden 2020, Rn. 61 (im Erscheinen).

321 OVG Hamburg, in: NJW 1989, 605; *Denninger, Erhard,* Polizeiaufgaben, in: L/D, D. Rn. 101.

322 BVerwGE 29, 52, 57; *Thiel, Markus,* Polizei- und Ordnungsrecht, 4. Aufl. Baden-Baden 2020, § 8 Rn. 146 f.; *Kingreen, Thorsten/Poscher, Ralf,* Polizei- und Ordnungsrecht, 10. Aufl. München 2018, § 3 Rn. 37 ff.; *Denninger, Erhard,* Polizeiaufgaben, in: L/D, D. Rn. 99 f.

323 *Thiel, Markus,* Polizei- und Ordnungsrecht, 4. Aufl. Baden-Baden 2020, § 8 Rn. 147; *Denninger, Erhard,* Polizeiaufgaben, in: L/D, D. Rn. 100.

324 BVerwGE 117, 1, 3 ff.

Umstritten ist die Frage, ob auch der sogenannte **Zweckveranlasser** Adressat polizeilicher Maßnahmen sein kann. Als Zweckveranlasser werden Personen angesehen, die eine Gefahr zwar nicht unmittelbar verursachen, aber das störende Verhalten objektiv hervorgerufen haben und zumindest damit einverstanden sind.[325] Die Figur des Zweckveranlassers erfüllt das praktische Bedürfnis, die vielleicht uneffektive Heranziehung einer unbestimmten Personenmenge durch die Inanspruchnahme eines Einzelnen zu ersetzen.[326] **168**

Dennoch vermögen die für diese Rechtsfigur vorgebrachten Begründungen nicht zu überzeugen. Zunächst spielt im Polizei- und Ordnungsrecht die subjektive Einstellung, auf die eine Heranziehung des Zweckveranlassers teilweise gestützt wird, generell keine Rolle.[327] Überdies wird der Zweckveranlasser das störende Verhalten Dritter häufig nicht wollen. Ein Geschäftsmann möchte z. B. erreichen, dass möglichst viele Passanten im Vorbeigehen sein Schaufenster betrachten, nicht aber, dass Ansammlungen Neuankömmlingen den Blick verstellen und Verkehrsbehinderungen auslösen. Die These, dass die Dritten nahezu zwangsläufig zu Störern werden, weil sie dem vom Zweckveranlasser gesetzten Impuls nicht widerstehen können, verkennt, dass es sich um zurechnungsfähige Erwachsene handelt, die eigene Entscheidungen treffen.[328] Die Figur des Zweckveranlassers ermöglicht Grundrechtseingriffe, die nicht von einer hinreichend bestimmten Ermächtigungsnorm gedeckt sind und lässt sich folglich schwer mit dem rechtsstaatlichen Vorbehalt des Gesetzes vereinbaren.[329] An ihre Stelle muss die Nichtstörerverantwortlichkeit (§ 10 SOG) treten.[330] **169**

---

325 VGH Mannheim, in: NVwZ-RR 1995, 663; VGH Mannheim, in: ZUR 2002, 227, 229 f.; VGH Mannheim, in: ZUR 2006, 262, 263; *Thiel, Markus,* Polizei- und Ordnungsrecht, 4. Aufl. Baden-Baden 2020, § 8 Rn. 105 ff.; *Denninger, Erhard,* Polizeiaufgaben, in: L/D, D. Rn. 82 f.

326 So darstellend *Denninger, Erhard,* Polizeiaufgaben, in: L/D, D. Rn. 82; *Richter, Eike,* Polizeirecht, in: Hoffmann-Riem, Wolfgang/Koch, Hans-Joachim (Hrsg.), Hamburgisches Staats- und Verwaltungsrecht, 4. Aufl. Baden-Baden 2020, Rn. 62.

327 BVerfGK 8, 285, 296; *Denninger, Erhard,* Polizeiaufgaben, in: L/D, D. Rn. 75; *Thiel, Markus,* Polizei- und Ordnungsrecht, 4. Aufl. Baden-Baden 2020, § 8 Rn. 91; *Richter, Eike,* Polizeirecht, in: Hoffmann-Riem, Wolfgang/Koch, Hans-Joachim (Hrsg.), Hamburgisches Staats- und Verwaltungsrecht, 4. Aufl. Baden-Baden 2020, Rn. 65; *Kingreen, Thorsten/Poscher, Ralf,* Polizei- und Ordnungsrecht, 10. Aufl. München 2018, § 9 Rn. 10.

328 *Kingreen, Thorsten/Poscher, Ralf,* Polizei- und Ordnungsrecht, 10. Aufl. München 2018, § 9 Rn. 29.

329 Vertiefend m. w. N. *Beaucamp, Guy/Seifert, Jens,* Soll der Zweckveranlasser weiterleben?, in: JA 2007, 577, 579 f.; *Kingreen, Thorsten/Poscher, Ralf,* Polizei- und Ordnungsrecht, 10. Aufl. München 2018, § 9 Rn. 27 ff.; skeptisch auch OVG Hamburg, in: NJW 2012, 1975, 1979; a. A. *Thiel, Markus,* Polizei- und Ordnungsrecht, 4. Aufl. Baden-Baden 2020, § 8 Rn. 107 m. w. N.

330 Ebenso *Richter, Eike,* Polizeirecht, in: Hoffmann-Riem, Wolfgang/Koch, Hans-Joachim (Hrsg.), Hamburgisches Staats- und Verwaltungsrecht, 4. Aufl. Baden-Baden 2020, Rn. 62.

170 Stellt sich später heraus, dass die Beamtinnen und Beamten bei der Annahme, jemand sei Störer, im Irrtum waren, kommt es auf die Vertretbarkeit dieses Irrtums an. Durfte ein sachkundiger und besonnener Amtsträger vor seiner Entscheidung (ex ante) annehmen, dass der Herangezogene Störer war **(Anscheinsstörer)**, bleibt die ergriffene Maßnahme rechtmäßig.[331] Anderenfalls kann die Heranziehung nur gemäß § 10 SOG gerechtfertigt werden.

171 Als Handlungsstörer wird nach § 8 Abs. 2 SOG auch derjenige behandelt, der seiner Aufsichtspflicht für einen unter 14-jährigen Minderjährigen oder eine zu betreuende Person nicht nachkommt. Schließlich ist – wie in § 831 BGB – der Geschäftsherr gemäß § 8 Abs. 3 SOG für störende Ausführungshandlungen seiner Verrichtungsgehilfen verantwortlich. Unter Verrichtungsgehilfen versteht man Personen, die von Weisungen des Geschäftsherrn abhängig sind,[332] also typischerweise Arbeitnehmer. Anders als im BGB steht dem Geschäftsherrn allerdings die Exkulpationsmöglichkeit des § 831 Abs. 1 Satz 2 BGB im Polizei- und Ordnungsrecht nicht zur Verfügung.[333] Die genannten Personen, also Aufsichtspflichtige und Geschäftsherren, können zusätzlich neben oder an Stelle des eigentlichen Verursachers herangezogen werden.[334]

c) Zustandsverantwortlichkeit

172 **Zustandsverantwortlicher** ist der Eigentümer (§ 9 Abs. 1 Satz 1 SOG) oder der Besitzer (§ 9 Abs. 1 Satz 3 SOG) einer gefahrbringenden Sache, also etwa eines bissigen Hundes oder eines Fahrzeugs mit defekter Bremsanlage. Der gefährliche Zustand muss nicht bewusst herbeigeführt worden sein. Er kann auf Naturereignissen oder der Lage einer Sache im Raum beruhen.[335] Ist der Eigentümer unbekannt oder abwesend, wird die Polizei nach § 9 Abs. 1 Satz 3 SOG auf den zugreifen, der die tatsächliche Gewalt über die Sache hat.[336] Hier kommen etwa Halter von Autos, Mieter, Pächter, Verwah-

331 OVG Hamburg, in: NJW 1986, 2005, 2006; *Thiel, Markus,* Polizei- und Ordnungsrecht, 4. Aufl. Baden-Baden 2020, § 8 Rn. 102 f.; *Richter, Eike,* Polizeirecht, in: Hoffmann-Riem, Wolfgang/Koch, Hans-Joachim, Hamburgisches Staats- und Verwaltungsrecht (Hrsg.), 4. Aufl. Baden-Baden 2020, Rn. 57; *Kingreen, Thorsten/Poscher, Ralf,* Polizei- und Ordnungsrecht, 10. Aufl. München 2018, § 9 Rn. 20 ff.

332 *Thiel, Markus,* Polizei- und Ordnungsrecht, 4. Aufl. Baden-Baden 2020, § 8 Rn. 116.

333 *Denninger, Erhard,* Polizeiaufgaben, in: L/D, D. Rn. 104; *Kingreen, Thorsten/Poscher, Ralf,* Polizei- und Ordnungsrecht, 10. Aufl. München 2018, § 9 Rn. 7.

334 *Thiel, Markus,* Polizei- und Ordnungsrecht, 4. Aufl. Baden-Baden 2020, § 8 Rn. 116; *Denninger, Erhard,* Polizeiaufgaben, in: L/D, D. Rn. 102.

335 *Thiel, Markus,* Polizei- und Ordnungsrecht, 4. Aufl. Baden-Baden 2020, § 8 Rn. 118; *Kingreen, Thorsten/Poscher, Ralf,* Polizei- und Ordnungsrecht, 10. Aufl. München 2018, § 9 Rn. 40.

336 *Denninger, Erhard,* Polizeiaufgaben, in: L/D, D. Rn. 106.

rer, Wohnungs- oder Insolvenzverwalter in Frage.[337] Das Alter, die Einsichts- oder Verschuldensfähigkeit oder die Weisungsgebundenheit haben für die Zustandshaftung keine Bedeutung.[338]

§ 9 Abs. 1 Satz 2 SOG macht deutlich, dass die Aufgabe des Eigentums (Dereliktion) nicht von der Zustandshaftung befreit. Deshalb bleibt der frühere Eigentümer eines illegal im Wald „entsorgten" Autos verantwortlich. Der Eigentumsaufgabe gleichgestellt wird die Veräußerung einer gefährlichen Sache, etwa eines Altlastengrundstücks, an eine vermögenslose (juristische) Person.[339] Spezialnormen für Altlastenfälle finden sich in § 4 Abs. 3 und Abs. 6 BBodSchG. **173**

Kommt es zu einer Verbindung oder Vermischung der gefährlichen Sache mit anderen Sachen – zu denken ist hier etwa an eine Vermischung von ausgelaufenem Öl mit Flusswasser –, verhindert § 9 Abs. 1 Satz 3 SOG a. E., dass der Eigentumsuntergang zu einer Enthaftung führt. **174**

§ 9 Abs. 2 SOG legt fest, dass die Zustandshaftung des Eigentümers endet, wenn er – etwa durch einen Diebstahl oder eine Unterschlagung – jede Einwirkungsmöglichkeit auf sein Eigentum verliert. Jetzt muss nicht mehr er, sondern nur noch der aktuelle Inhaber der tatsächlichen Gewalt für den Zustand der Sache einstehen. **175**

Grenzen der Zustandsverantwortlichkeit werden aus Verhältnismäßigkeitsüberlegungen für solche Fälle diskutiert, in denen Eigentümer rein zufällig in die Verantwortungsposition geraten, etwa weil ein Tanklastzug mit giftigen Chemikalien gerade auf ihrem Grundstück verunfallt oder sich Jahrzehnte nach dem Kauf eines Grundstücks herausstellt, dass es durch frühere, unbekannte Eigentümer kontaminiert wurde.[340] Als grobe Richtschnur mag hier eine Entscheidung des Bundesverfassungsgerichts dienen, die jedenfalls dann die Unzumutbarkeit einer Grundstückssanierung angenommen hat, wenn deren Kosten den Verkehrswert des Grundstücks nach Sanierung übersteigen und der aktuelle Eigentümer nicht Verursacher der Altlast ist.[341] **176**

---

337 *Kingreen, Thorsten/Poscher, Ralf,* Polizei- und Ordnungsrecht, 10. Aufl. München 2018, § 9 Rn. 34; *Denninger, Erhard,* Polizeiaufgaben, in: L/D, D. Rn. 113.

338 *Kingreen, Thorsten/Poscher, Ralf,* Polizei- und Ordnungsrecht, 10. Aufl. München 2018, § 9 Rn. 33.

339 *Thiel, Markus,* Polizei- und Ordnungsrecht, 4. Aufl. Baden-Baden 2020, § 8 Rn. 126; *Kingreen, Thorsten/Poscher, Ralf,* Polizei- und Ordnungsrecht, 10. Aufl. München 2018, § 9 Rn. 36.

340 *Kingreen, Thorsten/Poscher, Ralf,* Polizei- und Ordnungsrecht, 10. Aufl. München 2018, § 9 Rn. 68 ff.; *Thiel, Markus,* Polizei- und Ordnungsrecht, 4. Aufl. Baden-Baden 2020, § 8 Rn. 131 ff.; *Denninger, Erhard,* Polizeiaufgaben, in: L/D, D. Rn. 117 ff. jeweils m. w. N.

341 BVerfGE 102, 1, 20 f.; s. a. *Richter, Eike,* Polizeirecht, in: Hoffmann-Riem, Wolfgang/Koch, Hans-Joachim (Hrsg.), Hamburgisches Staats- und Verwaltungsrecht, 4. Aufl. Baden-Baden 2020, Rn. 64.

d) Maßnahmen gegen Dritte (Nichtstörer)

177 Im Unterschied zu den bisher behandelten Handlungs- und Zustandsverantwortlichen hat der in § 10 SOG gemeinte Dritte, die abzuwehrende Gefahr oder die zu beseitigende Störung nicht verursacht. Deshalb können diese sogenannten **Nichtstörer** nur unter sehr strengen Voraussetzungen zu den in § 10 Abs. 2 SOG beispielhaft aufgezählten Unterstützungshandlungen verpflichtet werden. Ein Beispiel: Ein Fußballverein, in dessen Stadion ein Hochrisikospiel stattfindet, bei dem zu erwarten ist, dass rivalisierende Fangruppen gewalttätig werden, ist Nichtstörer. Dennoch hat es das OVG Hamburg aufgrund des § 10 SOG für zulässig gehalten, diesem Fußballverein aufzugeben, keine Eintrittskarten an den Gastverein abzugeben.[342]

178 § 10 Abs. 1 SOG formuliert drei ausdrückliche Bedingungen für die Heranziehung von Nichtstörern. Zunächst muss eine Störung der öffentlichen Sicherheit oder Ordnung bereits vorliegen oder eine Gefahr unmittelbar bevorstehen (zu diesen Begriffen s. B. I.2.b.). Sodann darf kein anderes Mittel zur Verfügung stehen, um der Gefahr bzw. Störung zu begegnen. Insbesondere muss der Erlass einer Verfügung gegen den Verantwortlichen ausscheiden, sei es, weil es keinen Verantwortlichen gibt, wie etwa bei wetterbedingten Gefahrenlagen, sei es, dass der Verantwortliche nicht oder nicht rechtzeitig greifbar ist, wie etwa bei einem entlaufenen wilden Tier.[343] Die dritte geschriebene Bedingung des § 10 Abs. 1 SOG besteht darin, dass der Behörde ausreichende eigene Mittel und Kräfte zur Gefahrenabwehr fehlen müssen. Dies muss die Behörde belegen.[344] So soll verhindert werden, dass die Verwaltung einen nicht verantwortlichen Bürger allein deshalb belastet, um Kosten zu sparen oder sich die Arbeit zu erleichtern.[345] Die Behörde muss also alles ihr Mögliche und Zumutbare unternommen haben, z. B. auch andere Stellen um Amtshilfe gebeten haben, bevor sie auf den Nichtstörer zugreift.[346]

179 Aus Verhältnismäßigkeitsgründen werden zwei weitere – im hamburgischen SOG nicht ausdrücklich niedergelegte – Anforderungen an die Heranziehung des Nichtstörers (auch: Notstandspflichtiger) gestellt. Zum einen

342 Einzelheiten insoweit bei OVG Hamburg, in: NJW 2012, 1975 ff.

343 OVG Hamburg, in: NJW 1986, 2005; *Thiel, Markus,* Polizei- und Ordnungsrecht, 4. Aufl. Baden-Baden 2020, § 8 Rn. 139; *Kingreen, Thorsten/Poscher, Ralf,* Polizei- und Ordnungsrecht, 10. Aufl. München 2018, § 9 Rn. 74.

344 BVerfG, in: NJW 2001, 2069, 2072 für die Problematik potentiell gewalttätiger Gegendemonstrationen.

345 OVG Lüneburg, in: NVwZ-RR 2007, 103, 104; *Kingreen, Thorsten/Poscher, Ralf,* Polizei- und Ordnungsrecht, 10. Aufl. München 2018, § 9 Rn. 82; *Thiel, Markus,* Polizei- und Ordnungsrecht, 4. Aufl. Baden-Baden 2020, § 8 Rn. 140.

346 *Kingreen, Thorsten/Poscher, Ralf,* Polizei- und Ordnungsrecht, 10. Aufl. München 2018, § 9 Rn. 82 f.

darf die abzuwehrende Gefahr bzw. die zu beseitigende Störung keine Bagatelle darstellen, sie muss erheblich sein.[347] Zum anderen muss man dem Nichtstörer persönlich zumuten können, tätig zu werden. Diese Bedingung ist nicht erfüllt, wenn die angesprochene Person physisch oder psychisch nicht in der Lage ist, zu helfen, sich durch die Unterstützung der Behörde in erhebliche Gefahr bringen oder anderweitige höherwertige Pflichten vernachlässigen würde.[348] Ein konkretes Beispiel für den Einsatz des § 10 SOG wäre die Einweisung unfreiwillig Obdachloser in leerstehende Wohnungen Dritter, vorausgesetzt es gibt keinerlei Möglichkeit für die öffentliche Hand, anderweitig für Unterbringung zu sorgen.[349]

Im Unterschied zu Handlungs- und Zustandsstörern hat der Nichtstörer einen **180**
Entschädigungsanspruch, der analog auch auf den Fall übertragen wird, dass ein Nichtstörer eine polizeiliche Verfügung befolgen muss, obwohl die strengen Voraussetzungen für seine Heranziehung nicht erfüllt waren.[350] Auch dem Anscheinsstörer wird dieser Entschädigungsanspruch zugestanden, wenn er den Anschein einer Gefahr in nicht zurechenbarer Weise gesetzt hat.[351]

e) Störerauswahl

Die Frage der **Störerauswahl** tritt auf, wenn mehrere Personen für eine Ge- **181**
fahr verantwortlich sind. In dieser Situation dürfen Verwaltungsbehörde oder Polizei nach Ermessen (s. B. I.4.b.cc.) entscheiden, wen sie als Adressaten einer Verfügung auswählen.[352] Maßgebliches Auswahlkriterium ist dabei, welcher von mehreren Verantwortlichen die Gefahr bzw. Störung am schnellsten und wirksamsten beseitigt.[353] Regelmäßig ist dabei jeder Störer

347 *Denninger, Erhard,* Polizeiaufgaben, in: L/D, D. Rn. 143.

348 *Richter, Eike,* Polizeirecht, in: Hoffmann-Riem, Wolfgang/Koch, Hans-Joachim (Hrsg.), Hamburgisches Staats- und Verwaltungsrecht, 4. Aufl. Baden-Baden 2020, Rn. 68; *Thiel, Markus,* Polizei- und Ordnungsrecht, 4. Aufl. Baden-Baden 2020, § 8 Rn. 141.

349 Einzelheiten insoweit etwa bei *Kingreen, Thorsten/Poscher, Ralf,* Polizei- und Ordnungsrecht, 10. Aufl. München 2018, § 9 Rn. 85 f.

350 *Kingreen, Thorsten/Poscher, Ralf,* Polizei- und Ordnungsrecht, 10. Aufl. München 2018, § 26 Rn. 18 f.; *Denninger, Erhard,* Polizeiaufgaben, in: L/D, D. Rn. 153.

351 BGHZ 117, 303, 307 f.; 126, 279, 283 f.; OVG Berlin, in: NVwZ-RR 2002, 623; *Kingreen, Thorsten/Poscher, Ralf,* Polizei- und Ordnungsrecht, 10. Aufl. München 2018, § 26 Rn. 14.

352 *Kingreen, Thorsten/Poscher, Ralf,* Polizei- und Ordnungsrecht, 10. Aufl. München 2018, § 9 Rn. 87; *Denninger, Erhard,* Polizeiaufgaben, in: L/D, D. Rn. 131; *Thiel, Markus,* Polizei- und Ordnungsrecht, 4. Aufl. Baden-Baden 2020, § 8 Rn. 165.

353 OVG Bremen, in: NordÖR 2005, 119, 120; VGH München, in: NJW 1993, 81 u. NVwZ 2001, 458; VGH Mannheim, in: DVBl 2013, 594, 595; *Kingreen, Thorsten/Poscher, Ralf,* Polizei- und Ordnungsrecht, 10. Aufl. München 2018, § 9 Rn. 89; *Thiel, Markus,* Polizei- und Ordnungsrecht, 4. Aufl. Baden-Baden 2020, § 8 Rn. 166; *Richter, Eike,* Polizeirecht, in: Hoffmann-Riem, Wolfgang/Koch, Hans-Joachim (Hrsg.), Hamburgisches Staats- und Verwaltungsrecht, 4. Aufl. Baden-Baden 2020, Rn. 71.

für die gesamte Gefahr verantwortlich.[354] Erst wenn es unklar ist, welcher Adressat zur effektivsten Gefahrenabwehr in der Lage ist oder wenn mehrere Störer die Gefahr gleich effektiv abwehren können, kommt es darauf an, wen die Gefahrenabwehr am wenigsten belastet.[355] Als unverhältnismäßig wurde es allerdings bewertet, dass einem Störer, dem maximal 2 % Verursachungsanteil zugerechnet werden konnte, die volle Beseitigung der Störung aufgebürdet wurde.[356]

182 Wegen der überragenden Bedeutung einer effektiven Gefahrenabwehr gibt es bei Maßnahmen der Gefahrenabwehr (sogenannte Primärebene) keine zwingend einzuhaltende Abstufung zwischen Verhaltens- und Zustandsstörern. Sie werden überwiegend als gleichrangig betrachtet.[357]

183 Bei der Störerauswahl auf der Haftungsebene (sogenannte Sekundärebene) geht es um die Verteilung der Kosten nach einem Polizeieinsatz. Die Gefahr ist beseitigt, sodass das Effektivitätskriterium nicht mehr allein maßgeblich ist. Vielmehr erscheint es gerecht, die Kosten nach dem jeweiligen Verursachungsanteil auf die einzelnen Störer zu verteilen.[358] Diese Grundregel gilt zumindest immer dann, wenn die verschiedenen Störer auffindbar und rechtlich noch existent sind.[359] Manche Länderpolizeigesetze sehen eine gesamtschuldnerische Haftung mehrerer Störer ausdrücklich vor.[360] Selbst wenn dies nicht gesetzlich verankert ist, erlaubt die h. M. den Behörden, von jedem einzelnen Störer den vollen Kostenbeitrag zu verlangen.[361]

---

354 BVerwG, in: NVwZ 2006, 928, 929; VGH Mannheim, in: VBlBW 1991, 30, 31; *Thiel, Markus,* Polizei- und Ordnungsrecht, 4. Aufl. Baden-Baden 2020, § 8 Rn. 168.

355 *Kingreen, Thorsten/Poscher, Ralf,* Polizei- und Ordnungsrecht, 10. Aufl. München 2018, § 9 Rn. 90; *Richter, Eike,* Polizeirecht, in: Hoffmann-Riem, Wolfgang/Koch, Hans-Joachim (Hrsg.), Hamburgisches Staats- und Verwaltungsrecht, 4. Aufl. Baden-Baden 2020, Rn. 71; *Thiel, Markus,* Polizei- und Ordnungsrecht, 4. Aufl. Baden-Baden 2020, § 8 Rn. 168.

356 BVerwG, in: NVwZ 2006, 928, 929.

357 VGH München, in: NJW 2004, 2768, 2770; VGH Mannheim, in: DVBl 2013, 594, 595; *Thiel, Markus,* Polizei- und Ordnungsrecht, 4. Aufl. Baden-Baden 2020, § 8 Rn. 166; *Denninger, Erhard,* Polizeiaufgaben, in: L/D, D. Rn. 131; *Kingreen, Thorsten/Poscher, Ralf,* Polizei- und Ordnungsrecht, 10. Aufl. München 2018, § 9 Rn. 94 ff.

358 OVG Bremen, in: NordÖR 2005, 119, 120; *Thiel, Markus,* Polizei- und Ordnungsrecht, 4. Aufl. Baden-Baden 2020, § 8 Rn. 169; *Kingreen, Thorsten/Poscher, Ralf,* Polizei- und Ordnungsrecht, 10. Aufl. München 2018, § 25 Rn. 18; *Denninger, Erhard,* Polizeiaufgaben, in: L/D, D. Rn. 137 jeweils m. w. N. zu dieser umstrittenen Frage.

359 OVG Hamburg, in: NVwZ 2001, 1295, 1296.

360 § 8 Abs. 2 Satz 2 Hess SOG; § 9 Abs. 2 Satz 2 SOG LSA; §§ 9 Abs. 2 Satz 2 u. 73 Abs. 2 ThürPAG.

361 OVG Bremen, in: NordÖR 2005, 119, 120 f.; OVG Hamburg, in: NVwZ 2001, 1295, 1296.

4. Ermessen, insbesondere Verhältnismäßigkeit

Sven Eisenmenger

a) Ermessen – eine Einordnung

Wenn man ein Gesetz zur Gefahrenabwehr kreiert, dann steht man vor einem Dilemma. Einerseits muss das Gesetz – schon wegen des Bestimmtheitsgrundsatzes gem. Art. 20 Abs. 3 GG (s. o. A.III.2.) – hinreichend präzise gefasst sein, also klare Lösungen bereithalten. Andererseits kann der Gesetzgeber nicht alle Situationen voraussehen, mithin auch nicht abschließend sämtliche denkbaren Gefahrensituationen detailliert aufführen, sondern er muss versuchen, das Gesetz so abstrakt zu formulieren, dass es allgemeingültig ist und auf eine Vielzahl von Situationen Anwendung finden kann. 184

Eine Lösung dieses Dilemmas besteht nun darin, auf der Tatbestandsseite bzw. „Voraussetzungsseite" einer Norm **unbestimmte Rechtsbegriffe** zu fixieren, wie etwa „Gefahr" in § 3 Abs. 1 SOG, um eine Situation zu beschreiben, gleichzeitig aber der Praxis Flexibilität zu geben bei der Frage, was darunter zu verstehen ist. Eine zweite „Stellschraube" besteht auf der Rechtsfolgenseite darin, der Verwaltung auch die Entscheidung zu übertragen, ob sie einschreitet, selbst wenn alle Voraussetzungen vorliegen. Lässt der Gesetzgeber im Wege von Formulierungen wie „darf … durchsucht werden" (§ 15 Abs. 1 SOG), „ist berechtigt, eine Person anzuhalten" (§ 12 Abs. 1 SOG), „kann" Maßnahmen treffen oder „treffen … nach pflichtgemäßem Ermessen … die erforderlichen Maßnahmen" (§ 3 Abs. 1 SOG), der Verwaltung diesen Entscheidungsspielraum, so räumt er ihr **Ermessen** ein. Ist die Behörde ermächtigt, nach ihrem Ermessen zu handeln, hat sie ihr Ermessen entsprechend dem Zweck der Ermächtigung auszuüben und die gesetzlichen Grenzen des Ermessens einzuhalten (so ausdrücklich § 40 HmbVwVfG). Im Gegensatz zum unbestimmten Rechtsbegriff ist das Ermessen nur eingeschränkt durch Gerichte überprüfbar (s. B. I.4.c.). 185

> **Beispiel:**
>
> § 12 b Abs. 1 Satz 1 SOG lautet: „Eine Person darf aus ihrer Wohnung und dem unmittelbar angrenzenden Bereich verwiesen werden, wenn dies erforderlich ist, um eine Gefahr für Leib, Leben oder Freiheit von Bewohnern derselben Wohnung abzuwehren."
>
> Analysiert man die Norm aufbautechnisch, so ergibt sich:
>
> <u>Tatbestandsseite mit unbestimmten Rechtsbegriff „Gefahr":</u>
>
> „wenn dies erforderlich ist, um eine *Gefahr* für Leib, Leben oder Freiheit von Bewohnern derselben Wohnung abzuwehren."

Rechtsfolgenseite mit Ermessen „darf“:

„Eine Person *darf* aus ihrer Wohnung und dem unmittelbar angrenzenden Bereich verwiesen werden“

b) Arten des Ermessens

aa) Entschließungsermessen

186 Ist den Verwaltungsbehörden und insbesondere der Polizei Ermessen eingeräumt, so müssen die Behörden im Rahmen ihres Ermessens zunächst die Entscheidung treffen, ob sie überhaupt einschreiten (Entschließungsermessen).[362] In den Fällen der **Ermessensreduzierung auf Null** oder **Ermessensschrumpfung**, in denen ein Nichthandeln schlichtweg unvertretbar wäre, schlägt die Möglichkeit zu handeln aber ohnehin in eine Pflicht um. So ist die Polizei z.B. zum Handeln verpflichtet bei erheblichen Gefahren für wesentliche Rechtsgüter wie Leib und Leben.[363]

bb) Gestaltungsermessen mit Verhältnismäßigkeit

187 Zum Teil bereits unter „Auswahlermessen“ firmierend, teilweise aber auch als „Gestaltungsermessen“ (einschließlich Prüfung der **Verhältnismäßigkeit** der Maßnahme) bezeichnet,[364] liegt sodann der Fokus auf der Auswahl der Maßnahme. Im Kern geht es um die Frage, welche Maßnahme adäquat ist. Prüfungstechnisch sind zunächst die Zwecke der Maßnahme zu ermitteln und es ist dann zu untersuchen, ob die ausgewählte Maßnahme zur Erreichung des Zwecks geeignet ist, ob sie erforderlich und angemessen ist (Verhältnismäßigkeit). Es gilt im Überblick:

- Legitimer Zweck der Maßnahme (§ 4 Abs. 1 Satz 1 SOG, Gefahrenabwehr, weiter zu konkretisieren)
- Prüfung
  - Geeignetheit (§ 4 Abs. 1 SOG)
  - Erforderlichkeit (§ 4 Abs. 2 und 4 SOG)
  - Angemessenheit (§ 4 Abs. 3 und ggf. § 5 SOG)

---

362 *Maurer, Hartmut/Waldhoff, Christian,* Allgemeines Verwaltungsrecht, 19. Aufl. München 2017, S. 147.

363 *Maurer, Hartmut/Waldhoff, Christian,* Allgemeines Verwaltungsrecht, 19. Aufl. München 2017, S. 155.

364 *Maurer, Hartmut/Waldhoff, Christian,* Allgemeines Verwaltungsrecht, 19. Aufl. München 2017, S. 147 f.

Legitime Zwecke richten sich im Rahmen der Befugnisse nach den einschlägigen Rechtsgrundlagen. Insbesondere im SOG ist dies durch § 4 Abs. 1 Satz 1 SOG auf den Punkt gebracht, wenn dort vorgeschrieben ist, dass eine Maßnahme zur **Gefahrenabwehr** geeignet sein muss. Ausgangspunkt ist mithin immer die Gefahrenabwehr, auch im PolDVG sowie im HafenSG (vgl. z. B. § 2 HafenSG „Allgemeine Maßnahmen zur Gefahrenabwehr"). Dies wird dann in den einschlägigen Befugnisgrundlagen weiter konkretisiert. So muss eine Maßnahme nach § 3 Abs. 1 SOG z. B. auf den Schutz der öffentlichen Sicherheit oder Ordnung ausgerichtet sein (was seinerseits dann im einzelnen Fall näher konkretisiert werden sollte, z. B. Schutz des Lebens Anderer, Art. 2 Abs. 2 Satz 1 GG). Nach § 12 b Abs. 2 Satz 1 SOG muss etwa ein Aufenthaltsverbot der „Verhütung von Straftaten" dienen. 188

Im Rahmen der Prüfung der Verhältnismäßigkeit steht die Frage im Mittelpunkt, ob die Zweck-Mittel-Relation ausgewogen ist. Zunächst ist die Frage der Geeignetheit der Maßnahme zur Erreichung des Zwecks zu überprüfen. Letztlich fehlt es an dem Kriterium dann, wenn eine Maßnahme den Zweck überhaupt nicht fördert oder gar behindert. Anders ausgedrückt reicht es aus, wenn eine Maßnahme den Zweck mindestens fördern kann.[365] Das Kriterium ist also sehr niedrigschwellig. Demzufolge konkretisiert § 4 Abs. 1 SOG auch: 189

> *„(1) Eine Maßnahme muss zur Gefahrenabwehr geeignet sein. Sie ist auch geeignet, wenn sie die Gefahr nur vermindert oder vorübergehend abwehrt. Sie darf gegen dieselbe Person wiederholt werden."*

Bei der Erforderlichkeit ist zu untersuchen, ob es ein milderes und gleich effektives Mittel gibt.[366] Fehlt es an einer solchen Alternative, ist das ausgewählte Mittel erforderlich. Somit heißt es in § 4 Abs. 2 und 4 SOG: 190

> *„(2) Kommen für die Gefahrenabwehr im Einzelfall mehrere Maßnahmen in Betracht, so ist nach pflichtgemäßem Ermessen diejenige Maßnahme zu treffen, die den Einzelnen und die Allgemeinheit am wenigsten belastet. Bleibt eine Maßnahme wirkungslos, so darf in den Grenzen der Absätze 1 bis 3 eine stärker belastende Maßnahme getroffen werden."*

> *„(4) Ist jemand aufgefordert worden, eine bevorstehende Gefahr abzuwehren oder eine Störung zu beseitigen, so ist ihm auf Antrag zu gestatten, ein von ihm angebotenes anderes Mittel anzuwenden, durch das der beabsich-*

365 *Jarass, Hans D.*, in: Jarass, Hans D./Pieroth, Bodo, GG (Kommentar), 15. Aufl. München 2018, Art. 20 Rn. 118 m. w. N.

366 *Jarass, Hans D.*, in: Jarass, Hans D./Pieroth, Bodo, GG (Kommentar), 15. Aufl. München 2018, Art. 20 Rn. 119 m. w. N.

tigte Erfolg ebenso wirksam herbeigeführt und die Allgemeinheit nicht stärker beeinträchtigt wird. Der Antrag kann nur bis zu dem Zeitpunkt gestellt werden, in dem die Voraussetzungen für die Anwendung von Verwaltungszwang vorliegen, spätestens bis zur Unanfechtbarkeit der Aufforderung."

191 Die Maßnahme ist angemessen oder verhältnismäßig im engeren Sinne, wenn die durch die Maßnahme verfolgten Zwecke die beeinträchtigten Rechtsgüter (insbesondere das beeinträchtigte Grundrecht des Adressaten der Maßnahme) überwiegen.[367] Hilfreich und ausschlaggebend für die Abwägung kann sein, ob es sich um einen tiefen Grundrechtseingriff handelt, ob es auf der Schutzseite um Rechtsgüter wie Leib und Leben geht oder ob eine Vielzahl von Rechtsgütern geschützt werden soll. § 4 Abs. 3 SOG lautet (zum zeitlichen Übermaßverbot vgl. § 5 SOG):

„(3) Maßnahmen zur Gefahrenabwehr dürfen für den Einzelnen oder die Allgemeinheit keinen Nachteil herbeiführen, der erkennbar außer Verhältnis zu dem beabsichtigten Erfolg steht."

cc) Auswahlermessen

192 Ist eine Maßnahme im Sinne des Gestaltungsermessens auch verhältnismäßig, steht in Fällen mehrerer Störer (§§ 8, 9 SOG) oder potenziell mehrerer in Anspruch nehmbarer Dritter (Nichtstörer, § 10 SOG) noch nicht fest, gegen wen die Maßnahme konkret zu adressieren ist. Die Einzelheiten zur Auswahl von einer Person unter mehreren Störern/Nichtstören sind unter B. I.3.e. beschrieben. Wird aber gegenüber einer Vielzahl von Personen gleichermaßen eine Maßnahme ergriffen, z. B. ein Platzverweis per Lautsprecher gegenüber einer Menschenmenge erteilt, weil beispielsweise aufgrund eines möglichen Terroranschlages für alle Personen eine Gefahr besteht, stellt sich keine Auswahlproblematik (Verwaltungsakt in Form der Allgemeinverfügung i. S. d. § 35 Satz 2 Alt. 1 HmbVwVfG).

c) Ermessensfehler

193 Die Überprüfung der Ermessensbetätigung durch spätere Gerichtsverfahren ist eingeschränkt, weil der Verwaltung ein **Ermessensspielraum** zukommt. Nach § 114 Satz 1 VwGO überprüft das Gericht nur, ob der Verwaltungsakt oder die Ablehnung oder Unterlassung des Verwaltungsakts rechtswidrig ist, weil die gesetzlichen Grenzen des Ermessens überschritten sind oder

---

367 S. dazu auch *Jarass, Hans D.*, in: Jarass, Hans D./Pieroth, Bodo, GG (Kommentar), 15. Aufl. München 2018, Art. 20 Rn. 120 ff. m.w.N.

von dem Ermessen in einer dem Zweck der Ermächtigung nicht entsprechenden Weise Gebrauch gemacht ist. Im Übrigen können die Verwaltungsbehörden ihre Ermessenserwägungen hinsichtlich des Verwaltungsaktes auch noch im verwaltungsgerichtlichen Verfahren gem. § 114 Satz 2 VwGO ergänzen. Diese eingeschränkte Überprüfbarkeit des Ermessens ist nicht zu verwechseln mit der richterlichen Überprüfung unbestimmter Rechtsbegriffe auf der Tatbestandsseite (wie „Gefahr") – hier besteht eine volle Überprüfungskompetenz und -pflicht der Gerichte.

Kurz gefasst lässt sich sagen, dass nur schwerwiegende Fehler zugleich einen **Ermessensfehler** begründen und insoweit gerichtlich anfechtbar sind. Bildlich gesprochen darf der Richter bei der Ermessensfrage seine Lupe „etwas unscharf" stellen. Sind dann immer noch Fehler erkennbar, so handelt es sich um Ermessensfehler. Die Kategorisierung von Ermessensfehlern erfolgt weder in Literatur noch in Rechtsprechung einheitlich. Anerkannt ist jedenfalls folgende Systematisierung: **194**

Eine **Ermessensüberschreitung** liegt vor, wenn eine nicht mehr im Rahmen der Ermessensvorschrift vorgesehene Rechtsfolge gewählt wird.[368] Wird z. B. ein Platzverweis, der nur vorübergehend gem. § 12 a SOG gelten kann, auf 3 Monate ausgesprochen, liegt ein Fall einer Ermessensüberschreitung vor. **195**

Beim **Ermessensnichtgebrauch (Ermessensunterschreitung)** übt die Behörde irrtümlich kein Ermessen aus, weil sie nicht erkannt hat, dass es sich um eine Ermessensentscheidung handelt.[369] **196**

Bei dem **Ermessensfehlgebrauch (Ermessensmissbrauch)** lässt sich die Verwaltung nicht von dem Zweck der Norm, sondern von anderen Zwecken leiten, sie lässt wichtige Gesichtspunkte unberücksichtigt oder sie berücksichtigt falsche Gesichtspunkte.[370] Wenn z. B. eine polizeiliche Maßnahme nicht der Gefahrenabwehr dient, sondern nur dazu, einem Bürger „einen Gefallen" zu erweisen, liegt Ermessensfehlgebrauch vor. **197**

Ermessensfehlerhaft ist auch ein **Verstoß gegen Grundrechte und allgemeine Verwaltungsgrundsätze**[371], etwa ein Verstoß gegen den Verhältnismäßigkeitsgrundsatz. Insofern ist eine Prüfung des Verhältnismäßigkeitsgrundsatzes essenziell. **198**

---

368 *Maurer, Hartmut/Waldhoff, Christian,* Allgemeines Verwaltungsrecht, 19. Aufl. München 2017, S. 153.

369 *Maurer, Hartmut/Waldhoff, Christian,* Allgemeines Verwaltungsrecht, 19. Aufl. München 2017, S. 153.

370 *Maurer, Hartmut/Waldhoff, Christian,* Allgemeines Verwaltungsrecht, 19. Aufl. München 2017, S. 153 f.

371 *Maurer, Hartmut/Waldhoff, Christian,* Allgemeines Verwaltungsrecht, 19. Aufl. München 2017, S. 154 f.

II. Personenbezogene Standardmaßnahmen

1. Vorladung, § 11 SOG

Tim Holzki

a) Vorbemerkung

199 Die §§ 11 ff. SOG enthalten unter der Abschnittsüberschrift „**Besondere Maßnahmen**“ die sog. **Standardmaßnahmen**.[372] Bei diesen Normen handelt es sich um Ermächtigungsgrundlagen für in der Praxis häufig wiederkehrende Sachlagen, in denen ein schnelles und situationsadäquates behördliches Handeln gefordert ist.[373] Die Regelungen lassen sich nach ihrer Wirkungsrichtung in personenbezogene und objektbezogene Vorschriften unterscheiden. Sie gehen aufgrund ihrer spezielleren Voraussetzungen sämtlich der **Generalklausel** des § 3 Abs. 1 SOG vor.[374]

200 Die **Vorladung** gem. § 11 SOG stellt eine geradezu „klassische“ Maßnahme des Polizei- und Ordnungsrechts dar,[375] die von den vergleichbaren (repressiven) Maßnahmen der StPO (§§ 161 a, 163 a Abs. 3 und 133) abzugrenzen ist.[376] Hieraus folgt die Unzulässigkeit einer Vorladung im Rahmen der Gefahrenabwehr, wenn das mit ihr verfolgte Ziel die Aufklärung von Straftaten oder Ordnungswidrigkeiten ist.[377]

201 Statthafter Rechtsbehelf gegen die Vorladung ist im Hauptsacheverfahren die Anfechtungsklage gem. § 42 Abs. 1 Alt. 1 VwGO, denn bei der Vorladung handelt es sich um einen belastenden Verwaltungsakt.[378]

---

372 *Schwemer, Holger/Heinze, Arne,* Hamburger SOG 2005, Hamburg 2005, Vorbemerkung §§ 11 ff. Rn. 1.

373 Vgl. *Schwemer, Holger/Heinze, Arne,* Hamburger SOG 2005, Hamburg 2005, Vorbemerkung §§ 11 ff. Rn. 1.

374 *Schwemer, Holger/Heinze, Arne,* Hamburger SOG 2005, Hamburg 2005, Vorbemerkung §§ 11 ff. Rn. 1. Vgl. auch *Götz, Volkmar/Geis, Max-Emanuel,* Allgemeines Polizei und Ordnungsrecht, 16. Aufl. München 2017, § 8 Rn. 5.

375 *Schoch, Friedrich,* Polizei- und Ordnungsrecht, in: Schoch, Friedrich (Hrsg.), Besonderes Verwaltungsrecht, München 2018, S. 11, 164.

376 *Schoch, Friedrich,* Polizei- und Ordnungsrecht, in: Schoch, Friedrich (Hrsg.), Besonderes Verwaltungsrecht, München 2018, S. 11, 164.

377 *Ettemeyer, Ulrich,* in: B/E/R/S, § 11 SOG Rn. 2. Vgl. zum Abgrenzungsmaßstab: *Denninger, Erhard,* Polizeiaufgaben, in: L/D, D. Rn. 171.

378 *Graulich, Kurt,* Das Polizeihandeln, in: L/D, E. Rn. 400; *Ettemeyer, Ulrich,* in: B/E/R/S, § 11 SOG Rn. 2.

b) Checkliste Rechtmäßigkeit

- Tatbestandsvoraussetzungen 202
  - Tatsachen und Annahme bezüglich sachdienlicher Hinweise
  - erkennungsdienstliche Maßnahmen
- Rechtsfolge
  - Vorladung
  - Ermessen (legitimer Zweck: zur Gefahrenabwehr)
- Maßnahmenspezifische Verfahrens- und Formerfordernisse
  - Begründung
  - Festsetzung des Zeitpunktes
  - Zwang
  - Entschädigung

c) Betroffene Grundrechte

In grundrechtlicher Hinsicht stellt die **Vorladung** zwar einen Eingriff in die **Allgemeine Handlungsfreiheit im Sinne des Art. 2 Abs. 1 GG** dar, sie tangiert jedoch nicht automatisch die körperliche Bewegungsfreiheit im Sinne des Art. 2 Abs. 2 Satz 2 GG.[379] Für einen Eingriff in Art. 2 Abs. 2 Satz 2 GG fehlt es nämlich an der vom BVerfG geforderten Eingriffsintensität.[380] Die Vorladung stellt daher auch keine Freiheitsentziehung im Sinne des Art. 104 Abs. 2 GG dar.[381] 203

Da Art. 2 Abs. 2 Satz 2 GG vor unmittelbarem Zwang schützt,[382] wird durch die Durchsetzung der Vorladung mittels **Vorführung** auch ein Eingriff in die **Freiheit der Person (Art. 2 Abs. 2 Satz 2 GG)** bewirkt.[383] Die Vorführung ist aber grundsätzlich nur als Freiheitsbeschränkung (Art. 104 Abs. 1 GG) und nicht als Freiheitsentziehung (Art. 104 Abs. 2 GG) zu qualifizieren.[384] Sie kann 204

379 *Graulich, Kurt*, Das Polizeihandeln, in: L/D, E. Rn. 400.

380 Vgl. BVerfG, in: NJW 2002, 3161, 3162.

381 OVG Münster, in: NVwZ 1982, 448.

382 BVerfG, in: NVwZ 2008, 304, 305.

383 OVG Münster, in: NVwZ 1982, 447, 448; *Graulich, Kurt*, Das Polizeihandeln, in: L/D, E. Rn. 400; *Schmidbauer, Wilhelm/Holzner, Thomas*, Bayerisches Polizei- und Sicherheitsrecht, München 2019, Rn. 811.

384 BayObLG, in: BayObLGZ 1983, 199 *Schmidbauer, Wilhelm/Holzner, Thomas*, Bayerisches Polizei- und Sicherheitsrecht, München 2019, Rn. 811.

daher aufgrund eines formellen Gesetzes unter Wahrung der darin festgelegten Form von der zuständigen Behörde angeordnet werden, solange die jeweilige landesrechtliche Ermächtigungsgrundlage keine richterliche Entscheidung fordert.[385] Eine Freiheitsentziehung kann aber dann in Betracht kommen, wenn die Vorführung von der Intensität ihrer Eingriffswirkung her über das Maß einer bloßen Freiheitsbeschränkung hinausgeht.[386] Dies ist etwa dann anzunehmen, wenn der Vorführungsadressat über einen unverhältnismäßig langen Zeitraum einstweilen in einem Gewahrsamsraum festgehalten wird.[387]

d) Einzelerläuterungen

aa) Tatbestandsvoraussetzungen

(1) Tatsachen und Annahme bezüglich sachdienlicher Hinweise

205 Die Vorladung darf nur erfolgen, wenn Tatsachen die Annahme rechtfertigen, dass der Vorzuladende sachdienliche Hinweise machen kann, die für die Aufgabenerfüllung erforderlich sind. Der Begriff der Vorladung meint das an eine konkrete Person gerichtete rechtliche Erfordernis, zu einer gewissen Zeit an einem gewissen Ort zu erscheinen und dort bis zur Erledigung des in der Vorladung bezeichneten Sachverhalts zu verweilen.[388] Zweck der Vorladung kann zunächst die Informationserlangung im Wege der polizeilichen Befragung (§ 11 Abs. 1 Satz 1 SOG) sein. Einen Ort, an dem sich der Vorgeladene einzufinden hat, nennt § 11 SOG nicht. Es kommen daher nicht nur eine Dienststelle der Polizei (wohl der Regelfall), sondern auch andere Orte in Frage.[389]

206 Zu den Voraussetzungen: Der Begriff der **„Tatsachen“** ist von dem der „tatsächlichen Anhaltspunkte“, wie sie etwa § 15 a Abs. 1 Satz 2 SOG und auch § 12

385 *Schoch, Friedrich,* Polizei- und Ordnungsrecht, in: Schoch, Friedrich (Hrsg.), Besonderes Verwaltungsrecht, München 2018, S. 11, 164. Vgl. auch BVerfG, in: NJW 1989, 1663 und BGH, in: NJW 2001, 888, 890.

386 *Graulich, Kurt,* Das Polizeihandeln, in: L/D, E. Rn. 400.

387 *Graulich, Kurt,* Das Polizeihandeln, in: L/D, E. Rn. 400. Vgl. auch *Hoffmann-Riem, Wolfgang/Eifert, Martin,* Polizei- und Ordnungsrecht, in: Hoffmann-Riem, Wolfgang/Koch, Hans-Joachim (Hrsg.), Hamburgisches Staats- und Verwaltungsrecht, 3. Aufl. Baden-Baden 2006, S. 161, 177 sowie *Schmidbauer, Wilhelm/Holzner, Thomas,* Bayerisches Polizei- und Sicherheitsrecht, München 2019, Rn. 811.

388 OVG Magdeburg, Beschluss v. 18. 09. 2007, 2 O 218/07 (Juris); *Schmidbauer, Wilhelm/Holzner, Thomas,* Bayerisches Polizei- und Sicherheitsrecht, München 2019, Rn. 798.

389 *Graulich, Kurt,* Das Polizeihandeln, in: L/D, E. Rn. 400; *Kingreen, Thorsten/Poscher, Ralf,* Polizei- und Ordnungsrecht, 10. Aufl. München 2018, § 13 Rn. 76; *Hoffmann-Riem, Wolfgang/Eifert, Martin,* Polizei- und Ordnungsrecht, in: Hoffmann-Riem, Wolfgang/Koch, Hans-Joachim (Hrsg.), Hamburgisches Staats- und Verwaltungsrecht, 3. Aufl. Baden-Baden 2006, S. 161, 176.

Abs. 1 PolDVG fordern, abzugrenzen.[390] Tatsachen im Sinne des § 11 SOG sind konkrete Umstände und Fakten.[391] An das Vorliegen der Tatsachen sind strengere Konkretisierungsanforderungen zu stellen, als an „tatsächliche Anhaltspunkte".[392] Gegen eine Gleichsetzung beider Begriffe spricht, dass der Hamburger Gesetzgeber beide Begriffe (teilweise gar innerhalb derselben Norm) parallel verwendet,[393] so etwa in § 12 Abs. 1 und Abs. 2 sowie § 29 Abs. 1 Nr. 2 und § 13 Abs. 4 Satz 3 PolDVG. Außerdem ergibt sich bereits aus den Gesetzgebungsmaterialien, dass der Gesetzgeber beiden Begriffen eine unterschiedliche Bedeutung beigemessen hat und sie bewusst differenziert verwendet.[394]

Als zweite tatbestandliche Voraussetzung fordert § 11 Abs. 1 Satz 1 SOG, **207**
dass die Person **sachdienliche Hinweise** machen kann, die **für die Aufgabenerfüllung erforderlich** sind. Es handelt sich anders ausgedrückt um eine Prognoseentscheidung, ob die entscheidenden Tatsachen unter Berücksichtigung der polizeilichen Erfahrung mit hinreichender Wahrscheinlichkeit den Schluss zulassen, dass sachdienliche Hinweise gemacht werden können.[395]

Dass den Vorladungsadressaten im Rahmen des § 11 SOG jedenfalls eine **208**
Pflicht zum Erscheinen und Bleiben trifft, folgt bereits aus der Normierung der Zwangsmittel (Zwangsgeld oder Vorführung) in § 11 Abs. 3 SOG. Bestünde eine derartige Pflicht nämlich nicht, so wäre die Formulierung dieser Zwangsmaßnahmen überflüssig. Die Erscheinens- und Bleibepflicht des Vorgeladenen besteht dabei unabhängig davon, ob ihn gleichzeitig eine Auskunftspflicht trifft.[396] Der letztgenannte Aspekt bemisst sich nämlich nach den Voraussetzungen der §§ 12 ff. PolDVG[397] und ist insoweit von den Anforderungen des § 11 SOG zu trennen.[398]

---

390 Vgl. *Ettemeyer, Ulrich,* in: B/E/R/S, § 11 SOG Rn. 5.

391 *Ettemeyer, Ulrich,* in: B/E/R/S, § 11 SOG Rn. 5.

392 Vgl. *Ettemeyer, Ulrich,* in: B/E/R/S, § 11 SOG Rn. 5.

393 *Ettemeyer, Ulrich,* in: B/E/R/S, § 11 SOG Rn. 5.

394 Vgl. BürgDrucks. 13/5422 v. 30. 01. 1990, S. 26.

395 Vgl. *Ettemeyer, Ulrich,* in: B/E/R/S, § 11 SOG Rn. 5.

396 *Graulich, Kurt,* Das Polizeihandeln, in: L/D, E. Rn. 403; *Götz, Volkmar/Geis, Max-Emanuel,* Allgemeines Polizei und Ordnungsrecht, 16. Aufl. München 2017, § 8 Rn. 22. Vgl. auch *Hoffmann-Riem, Wolfgang/Eifert, Martin,* Polizei- und Ordnungsrecht, in: Hoffmann-Riem, Wolfgang/Koch, Hans-Joachim (Hrsg.), Hamburgisches Staats- und Verwaltungsrecht, 3. Aufl. Baden-Baden 2006, S. 161, 177.

397 *Merten, Karlheinz/Merten, Heike,* Hamburgisches Polizei- und Ordnungsrecht, Stuttgart 2007, § 11 Rn. 12 f. zu den Vorgängerregelungen der §§ 3 ff. PolDVG a. F. Vgl. auch *Alberts, Hans W./Merten, Karlheinz,* Gesetz über die Datenverarbeitung der Polizei, 3. Aufl. Hamburg 2002, § 3 Rn. 3.

398 Vgl. *Würtenberger, Thomas/Heckmann, Dirk/Tanneberger, Steffen,* Polizeirecht in Baden-Württemberg, 7. Aufl. Heidelberg 2017, § 5 Rn. 161 (zu den entsprechenden Regelungen im PolG) sowie *Schmidbauer, Wilhelm/Holzner, Thomas,* Bayerisches Polizei- und Sicherheitsrecht, München 2019, Rn. 798 (zum PAG).

(2) Erkennungsdienstliche Maßnahmen

209 Das Tatbestandsmerkmal der erkennungsdienstlichen Maßnahmen bezieht sich auf § 16 Abs. 3 PolDVG. Es müssen deshalb im Rahmen des § 11 Abs. 1 Satz 2 SOG auch die Voraussetzungen des § 16 Abs. 1 PolDVG erfüllt sein.[399] Sind die genannten Tatbestandsvoraussetzungen gegeben, ist die Vorladung erforderlich.[400] Die Rechtmäßigkeit einer verbindlichen Vorladung zur Durchführung einer erkennungsdienstlichen Behandlung „eventuell auf freiwilliger Basis" ist hingegen diskutabel.[401] In der Vorladung ist schließlich aufzuführen, welche konkrete erkennungsdienstliche Behandlung erfolgen soll.[402]

bb) Rechtsfolge

(1) Vorladung

210 Mit Blick auf die Rechtsfolge sieht § 11 SOG als Maßnahme zur Gefahrenabwehr die Möglichkeit vor, eine Vorladung zu erlassen. Aus der Formulierung „darf" wird deutlich, dass die Norm den handelnden Behörden Ermessen einräumt (s. ausführlich zum Ermessen: B.I.4.).

(2) Ermessen

211 Das eingeräumte Ermessen bezieht sich nicht nur auf die Frage, ob die Behörde die Vorladung erlässt (Entschließungsermessen), sondern grundsätzlich auch darauf, wie sie die Rechtsfolge gestaltet (Gestaltungsermessen) sowie auf das Auswahlermessen bei mehreren in Betracht kommenden Personen (s. dazu B.I.4.b.). In der Ausübung ihres Gestaltungsermessens ist sie jedoch nicht vollkommen frei, denn § 11 Abs. 1 Satz 1 SOG legt fest, dass eine Vorladung nur „zur Gefahrenabwehr" ergehen darf. Insoweit konkretisiert die Norm die Anforderungen an die Verhältnismäßigkeit der Vorladung, indem sie deren Zwecksetzung näher ausgestaltet. Es ist durchaus diskutabel, das Merkmal „zur Gefahrenabwehr" nicht auf der Ebene der Rechtsfolge, sondern bereits auf Tatbestandsebene zu prüfen und in diesem Zuge außerdem das Vorliegen einer konkreten Gefahr zu fordern.[403] Gegen eine Prüfung auf Tatbestandsebene spricht jedoch der systematische Blick auf § 4 Abs. 1 SOG, der die Eignung der behördlichen Maßnahmen zur Gefahren-

---

399 Vgl. *Graulich, Kurt*, Das Polizeihandeln, in: L/D, E. Rn. 405.

400 *Graulich, Kurt*, Das Polizeihandeln, in: L/D, E. Rn. 405.

401 OVG Magdeburg, Beschluss v. 18. 09. 2007, 2 O 218/07 (Juris).

402 Vgl. OVG Lüneburg, in: NVwZ-RR 2004, 346.

403 So etwa *Ettemeyer, Ulrich*, in: B/E/R/S, § 11 SOG Rn. 4; *Schwemer, Holger/Heinze, Arne*, Hamburger SOG 2005, Hamburg 2005, § 11 Rn. 2; *Merten, Karlheinz/Merten, Heike*, Hamburgisches Polizei- und Ordnungsrecht, Stuttgart 2007, § 11 Rn. 14.

abwehr gerade auf der Ebene der Verhältnismäßigkeit verortet (s. zur Verhältnismäßigkeit B. I.4.b.bb.). Der Forderung nach der Prüfung einer konkreten Gefahr lässt sich entgegenhalten, dass § 11 Abs. 1 Satz 1 SOG gerade eine spezifische Gefahrensituation regelt („wenn Tatsachen die Annahme rechtfertigen, dass…"), deren Voraussetzungen sich abschließend aus dem Wortlaut der Norm ergeben und es deshalb schon keines Rückgriffs auf die Anforderung der „konkreten Gefahr" bedarf. Anderenfalls drohen nicht nur Redundanzen, sondern es besteht auch das Risiko, die vom Gesetzgeber bewusst geschaffenen, speziellen Voraussetzungen des § 11 Abs. 1 Satz 1 SOG zu unterlaufen. Insofern erscheint eine eher allgemein gehaltene Prüfung der Voraussetzung „zur Gefahrenabwehr" im Ermessen ausreichend.

In der Praxis dürften sich diese dogmatischen Fragen kaum auswirken, **212**
denn nach allen Ansichten muss die Voraussetzung „zur Gefahrenabwehr" (entweder im Tatbestand oder im Ermessen) geprüft werden. Außerdem dürfte bei Vorliegen der eigentlichen Voraussetzungen des § 11 Abs. 1 Satz 1 SOG eine konkrete Gefahr in der Regel zugleich vorliegen.

An der Erforderlichkeit der Vorladung fehlt es, wenn die handelnde Behör- **213**
de auch auf andere Weise die begehrte Auskunft erlangen kann.[404] Zu berücksichtigen ist in diesem Zusammenhang allerdings der Grundsatz der Effektivität der Gefahrenabwehr, sodass die Anforderungen an die Erforderlichkeit nicht überspannt werden dürfen. Da eine Vorladung von vornherein insbesondere in den Fällen nicht in Betracht kommt, in denen die erhofften Erkenntnisse der Aufklärung einer Straftat oder Ordnungswidrigkeit dienen sollen, ist in der Praxis schließlich darauf zu achten, dass bei der Befragung ausreichend deutlich wird, dass gefahrenabwehrrechtliche, aber keine strafprozessualen Zwecke verfolgt werden.[405]

cc) Maßnahmenspezifische Verfahrens- und Formerfordernisse

(1) Form und Begründung (§ 11 Abs. 1, Abs. 2 Satz 1 SOG)

Nach § 11 Abs. 1 Satz 1 und Satz 2 SOG darf die Vorladung schriftlich oder **214**
mündlich ergehen. Die Vorschrift ist somit enger gefasst, als § 37 Abs. 2 Satz 1 HmbVwVfG, der auch den Erlass von Verwaltungsakten „in sonstiger Weise" ermöglicht. Ferner soll gem. § 11 Abs. 2 Satz 1 SOG bei der Vorladung deren Grund angegeben werden. Ob eine Begründung erfolgt, steht somit im intendierten Ermessen der handelnden Behörde. Unter Zugrundelegung der allgemeinen Regeln (hier: „Soll-Vorschrift") bedeutet dies, dass

---

404 *Graulich, Kurt,* Das Polizeihandeln, in: L/D, E. Rn. 403. Vgl. ebenfalls *Schmidbauer, Wilhelm/Holzner, Thomas,* Bayerisches Polizei- und Sicherheitsrecht, München 2019, Rn. 801.

405 *Graulich, Kurt,* Das Polizeihandeln, in: L/D, E. Rn. 404.

nur in Ausnahmefällen von einer Begründung abgesehen werden kann.[406] Darüber hinaus streiten auch rein praktische Erwägungen für ein Begründungserfordernis im Regelfall: Je konkreter nämlich der Vorzuladende über den Grund der Vorladung informiert ist, desto eher weiß er, was von ihm gefordert wird[407] und desto zielgerichteter kann er ggf. Auskunft geben.[408] In diesem Zusammenhang ebenso zu berücksichtigen ist das Bestimmtheitsgebot des § 37 Abs. 1 HmbVwVfG. Dieses steht einer allgemein gehaltenen oder floskelhaften Begründung wie „zur Aufklärung eines Sachverhalts" ebenso entgegen, wie einer Vorladung allein zum Zwecke der Ausforschung.[409] Für den Betroffenen muss nämlich bereits aus der Begründung deutlich werden, in welchem Kontext und aus welchem Grund die Vorladung erfolgt und warum sie gerade ihm gegenüber ergeht.[410]

(2) Festsetzung des Zeitpunkts (§ 11 Abs. 2 Satz 2 SOG)

215 Gem. § 11 Abs. 2 Satz 2 SOG soll bei der Festsetzung des Zeitpunkts der Vorladung auf den Beruf und die sonstigen Lebensverhältnisse der betroffenen Person Rücksicht genommen werden. Dieses Tatbestandsmerkmal lässt sich, sofern man es nicht als maßnahmenspezifisches Verfahrenserfordernis einordnet, ebenso als Konkretisierung des Verhältnismäßigkeitsgrundsatzes prüfen.[411] Hinsichtlich der Berufsdefinition kann auf Art. 12 Abs. 1 GG zurückgegriffen werden. Problematische Abgrenzungsfragen sind an dieser Stelle kaum zu erwarten, denn unter das sehr weit gefasste Merkmal der sonstigen Lebensverhältnisse dürften sich die meisten für den Vorladungszeitpunkt relevanten tatsächlichen Konstellationen subsumieren lassen. Denkbar sind etwa familiäre, erzieherische oder gesundheitliche Aspekte. Um den Anwendungsbereich des § 11 Abs. 2 Satz 2 SOG nicht ausufern zu lassen und so die zeitlichen Dispositionsmöglichkeiten der Behörde über

406 *Kingreen, Thorsten/Poscher, Ralf,* Polizei- und Ordnungsrecht, 10. Aufl. München 2018, § 13 Rn. 78.

407 *Kingreen, Thorsten/Poscher,* Ralf, Polizei- und Ordnungsrecht, 10. Aufl. München 2018, § 13 Rn. 78.

408 Vgl. *Kingreen, Thorsten/Poscher, Ralf,* Polizei- und Ordnungsrecht, 10. Aufl. München 2018, § 13 Rn. 78.

409 *Hoffmann-Riem, Wolfgang/Eifert, Martin,* Polizei- und Ordnungsrecht, in: Hoffmann-Riem, Wolfgang/Koch, Hans-Joachim (Hrsg.), Hamburgisches Staats- und Verwaltungsrecht, 3. Aufl. Baden-Baden 2006, S. 161, 176; *Kingreen, Thorsten/Poscher, Ralf,* Polizei- und Ordnungsrecht, 10. Aufl. München 2018, § 13 Rn. 78; *Schenke, Wolf-Rüdiger,* Polizei- und Ordnungsrecht, 10. Aufl. Heidelberg 2018, Rn 130.

410 *Graulich, Kurt,* Das Polizeihandeln, in: L/D, E. Rn. 409. Zum Begründungserfordernis im Zusammenhang mit § 80 Abs. 2 Nr. 4 VwGO: *Graulich, Kurt,* Das Polizeihandeln, in: L/D, E. Rn. 410 sowie *Merten, Karlheinz/Merten, Heike,* Hamburgisches Polizei- und Ordnungsrecht, Stuttgart 2007, § 11 Rn. 9.

411 So *Kingreen, Thorsten/Poscher, Ralf,* Polizei- und Ordnungsrecht, 10. Aufl. München 2018, § 13 Rn. 83.

die Maßen einzuschränken, sind bei dessen Auslegung der Grundsatz der Effektivität der Gefahrenabwehr und die Funktionsfähigkeit der Verwaltung als Korrektiv zu berücksichtigen.

(3) Zwang (§ 11 Abs. 3 SOG)

Leistet die betroffene Person der Vorladung ohne hinreichenden Grund keine Folge, so kann die Vorladung mittels **Zwangsgeld** oder **Vorführung** durchgesetzt werden. Ein hinreichender Grund liegt vor, wenn unter Abwägung der beteiligten Interessen und unter Berücksichtigung der Effektivität der Gefahrenabwehr vom Vorgeladenen nicht verlangt werden kann, am Ort der Vorladung zu erscheinen. Eine Vorführung kommt als Zwangsmittel allerdings nur dann in Betracht, wenn die Angaben der betroffenen Person entweder zur Abwehr einer Gefahr für Leib, Leben oder Freiheit einer Person erforderlich sind oder wenn die Vorladung zur Durchführung erkennungsdienstlicher Maßnahmen notwendig ist (vgl. § 11 Abs. 3 Satz 1 Nr. 1 und 2 SOG). Betrachtet man § 11 Abs. 3 SOG im Ländervergleich, so wird deutlich, dass die Hamburger Regelung an die Zulässigkeit der Vorführung höhere Anforderungen stellt, als etwa ihr bayerisches oder sächsisches Pendant. So statuiert Art. 15 BayPAG zwar ebenfalls das Erfordernis einer Gefahr für Leib, Leben oder Freiheit einer Person, die Norm lässt es aber bereits ausreichen, wenn eine solche Gefahr nur droht. § 14 Abs. 2 Nr. 1 SächsPVDG fordert hingegen lediglich eine erhebliche Gefahr, lässt aber offen, auf welches Rechtsgut sich diese beziehen muss. Beide Ausgestaltungen weisen in verfassungsrechtlicher Hinsicht Spannungspotential auf. 216

(4) Entschädigung (§ 11 Abs. 5 SOG)

§ 11 Abs. 5 SOG ordnet die entsprechende Anwendung des Justizvergütungs- und -entschädigungsgesetzes (JVEG) für die Vorladung von Zeugen und Sachverständigen an. 217

2. Meldeauflage, § 11 a SOG

Sven Eisenmenger

a) Vorbemerkung

Die Vorschrift ist durch Gesetz vom 12. 12. 2019[412] eingeführt worden. Die **Meldeauflage** wurde bislang auf die Generalklausel gestützt, ist aber klar- 218

412 HmbGVBl. 2019 485 ff.

stellend nunmehr in § 11 a SOG geregelt. Sie bezweckt in der Regel zu verhindern, dass sich eine Person an einen bestimmten Ort begibt. So kann sich die Meldeauflage z. B. an Hooligans richten, die gehindert werden sollen, an bestimmten Fußballspielen teilzunehmen, oder an potenzielle Attentäter, bei denen ohne die Auflage die Gefahr bestünde, dass sie sich im Ausland in Terrorcamps ausbilden lassen.[413] Rechtstatsächlich wurden in Hamburg z. B. im Rahmen der Fußballeuropameisterschaft 14 Meldeauflagen erteilt,[414] im Rahmen der FIFA-WM 2006 insgesamt 8[415].

219 In ihrer Struktur ist die Vorschrift klar aufgebaut. Sie setzt voraus, dass Tatsachen die Annahme rechtfertigen, dass eine Person eine Straftat begehen wird und die Maßnahme zur Verhütung dieser Straftat erforderlich ist, § 11 a Satz 1 SOG. Die Meldeauflage bedarf der Schriftform und ist auf höchstens sechs Monate zu befristen, § 11 a Satz 2 SOG. Eine Verlängerung ist aber möglich, § 11 a Satz 3 SOG. Mit der Anordnung der Schriftform ist zugleich auch ein grundsätzliches Begründungserfordernis ausgelöst (§ 39 Abs. 1 Satz 1 HmbVwVfG). Bei der Befristung handelt es sich um eine Nebenbestimmung i. S. d. § 36 Abs. 2 Nr. 1 HmbVwVfG.

b) Checkliste Rechtmäßigkeit

220

- Tatbestandsvoraussetzungen
  - Tatsachen
  - (künftige) Begehung einer Straftat
  - (Meldeauflage) zur Verhütung der Straftat erforderlich
- Rechtsfolge
  - Pflicht zur Meldung an bestimmter Polizeidienststelle an bestimmten Tagen und zu bestimmten Zeiten
  - Ermessen (legitimer Zweck: zur Verhütung von Straftaten)
- Maßnahmenspezifische Verfahrens- und Formerfordernisse
  - Schriftform
  - Begründung
  - Befristung

413 S. zu allem BürgDrucks. 21/17906 v. 30. 07. 2019, S. 84 f.

414 BürgDrucks. 16/6466 v. 03. 08. 2001.

415 BürgDrucks. 18/4637 v. 14. 07. 2006.

c) Betroffene Grundrechte

Grundrechtlich sind verschiedene Fallgruppen zu differenzieren: Geht es darum, eine Person durch die Meldeauflage von der Teilnahme an einer Versammlung i. S. d. Art. 8 Abs. 1 GG abzuhalten, so ist **Art. 8 Abs. 1 GG, die Versammlungsfreiheit**, betroffen, wobei der Eingriff je nach Einzelfall gerechtfertigt werden kann. Gleiches gilt für Art. 11 EMRK.[416] 221

Das BVerwG hat ausgeführt, es komme Art. 11 Abs. 1 GG, die Freizügigkeit, als einschlägiges Grundrecht in Betracht, wenn der Betroffene geltend mache, er habe während der Dauer der Meldeauflage Wohnsitz oder (echten) Aufenthalt an einem Ort im Bundesgebiet nehmen wollen, woran er gehindert worden sei.[417] Dies dürfte als Konstellation in der Praxis kaum eine Rolle spielen. Letztlich findet – soweit es also nicht um Versammlungen geht und nicht um eine geltend gemachte Wohnsitz- oder (echte) Aufenthaltsnahme – **Art. 2 Abs. 1 GG, die Allgemeine Handlungsfreiheit**, Anwendung. Art. 2 Abs. 2 Satz 2 GG, die Freiheit der Person, die die „körperliche" Bewegungsfreiheit und damit vor allem in Fällen der Ingewahrsamnahme schützt,[418] spielt im Zusammenhang mit der Meldeauflage im Übrigen keine Rolle. 222

d) Einzelerläuterungen

aa) Tatbestandsvoraussetzungen

(1) Tatsachen

Hinsichtlich des Tatsachenbegriffs kann sinngemäß auf die Ausführungen zu der Vorladung i. S. d. § 11 SOG verwiesen werden, d. h. wesentlich sind konkrete Umstände und Fakten (B.II.1.d.aa.1.). Das OVG Lüneburg hat im Zusammenhang mit einer Meldeauflage für einen Fußball-Hooligan unterstrichen, dass bei der Beurteilung der Rechtmäßigkeit der Anordnung das Tatsachenwissen zugrunde zu legen ist, das der Verwaltungs- oder Polizeibehörde zum Zeitpunkt des Einschreitens bekannt war.[419] 223

---

416 *Graulich, Kurt,* Das Polizeihandeln, in: L/D, E. Rn. 241.

417 BVerwG, in: NVwZ 2007, 1439, 1442.

418 *Jarass, Hans D.*, in: Jarass, Hans D./Pieroth, Bodo, GG (Kommentar), 15. Aufl. München 2018, Art. 2 Rn. 1112.

419 OVG Lüneburg, in: NVwZ-RR 2006, 613.

(2) (Künftige) Begehung einer Straftat

224 Es ist auf Basis der o.g. Tatsachen die Prognose anzustellen, ob der von der Maßnahme Betroffene eine Straftat begehen wird. Insofern geht es beispielsweise darum, ob es wohl durch den Betroffenen z.B. am Rande von Fußballspielen – etwa als gewalttätiger Hooligan – zu einer Verletzung von Rechtsgütern mit strafrechtlicher Relevanz kommen wird (§§ 223 ff. StGB), z.B. mit Blick auf andere an den Auseinandersetzungen Beteiligte oder an unbeteiligten Zuschauern und Passanten. Denkbar sind auch Prognosen dergestalt, dass Betroffene in das Ausland reisen, um sich in Terrorcamps für spätere Anschläge (= künftige Straftaten) ausbilden zu lassen.[420] Ähnlich wie bei § 12 b Abs. 2 Satz 1 SOG („Straftat begehen wird") dürfte auch hier ein im Vergleich zur konkreten Gefahr herabgestufter Wahrscheinlichkeitsmaßstab anzulegen sein.[421]

(3) Maßnahme zur Verhütung der Straftat erforderlich

225 Interessanterweise direkt auf Tatbestandsebene ist Voraussetzung, dass die Maßnahme zur Verhütung der Straftat erforderlich sein muss. Hier ist an sich zu prüfen, ob eine Meldeauflage geeignet und erforderlich sowie angemessen ist (vgl. dazu auch das Schrifttum zu § 35 Abs. 1 Satz 1 GewO, der die „Erforderlichkeit" der Gewerbeuntersagung verlangt)[422]. Allerdings handelt es sich hier um eine Verhältnismäßigkeitsprüfung, mit der verbindlichen Zwecksetzung der „Verhütung der Straftat", die ohnehin im Rahmen des Ermessens vorgenommen werden muss („zur Verhütung von Straftaten"). Damit kommt der hier in Rede stehenden Verhältnismäßigkeitsprüfung als Tatbestandsvoraussetzung eine rein deklaratorische Bedeutung zu.

bb) Rechtsfolge

226 In der Rechtsfolge kann eine auf höchstens 6 Monate befristete **Meldeauflage** angeordnet werden, und zwar von einer Verwaltungsbehörde oder der Polizei. Danach muss sich der Adressat an bestimmten Tagen zu bestimmten Zeiten bei einer bestimmten Polizeidienststelle melden. Hierbei steht den Behörden **Ermessen** zu (Einzelheiten unter B.I.4.). Im Rahmen des Gestaltungsermessens gibt § 11 a Satz 1 SOG für die Verhältnismäßigkeitsprüfung, dort wiederum für die Zwecksetzung, vor, dass die Meldeauflage „zur Verhütung von Straftaten" erfolgen muss (vgl. auch die zusätzliche, deklaratorische Formulierung in § 11 a Satz 1 SOG: „wenn die Maßnahme zur

420 S. dazu auch BürgDrucks. 21/17906 v. 30. 07. 2019, S. 84 f.

421 *Stammer, Jens* in: B/E/R/S, § 12 b SOG Rn. 38.

422 *Stober, Rolf/Eisenmenger, Sven*, Öffentliches Wirtschaftsrecht – Besonderer Teil, 17. Aufl. Stuttgart 2019, Rn. 171.

Verhütung der Straftat erforderlich ist"). Weiterhin stellt sich im Rahmen der Verhältnismäßigkeit bei der „Erforderlichkeit" regelmäßig die Frage, ob es mildere und gleich effektive Mittel gibt.[423] Insofern sei auf Alternativen wie Ausreisebeschränkungen oder Platzverweise hingewiesen. Ob sie jeweils milder sind (auch eine Frage des Ausmaßes der Meldeauflage) und ob sie gleich effektiv sind (Einzelfallfrage), kann nicht generell beantwortet, sondern muss in den spezifischen Situationen beurteilt werden. Die Alternativen sollten jedenfalls aber bedacht worden sein. Nicht ausgeschlossen ist, die Meldeauflage ergänzend anzuordnen.[424] Eine Frage der Erforderlichkeit ebenso wie der Angemessenheit ist schließlich die zeitliche Dimension der Meldeauflage, d.h. die Bemessung der Dauer der Maßnahme.

Im Zusammenhang mit Versammlungen und dem dann betroffenen Art. 8 **227**
Abs. 1 GG, der einen besonderen Schutz vermittelt, sind auch Meldeauflagen denkbar. Anschaulich führt das BVerwG im Zusammenhang mit einer Meldeauflage wegen evtl. geplanter Straftaten durch deutsche Staatsbürger beim G8-Treffen in Genua 2001 aus:

> *„Die Meldeauflage war zur Abwehr der (...) Gefahr geeignet, denn mit ihrer Hilfe konnte der gewünschte Erfolg gefördert werden, den Kläger an der Begehung von Straftaten anlässlich politischer Versammlungen in Genua zu hindern. Die Meldeauflage war auch erforderlich, weil kein milderes Mittel zur Verfügung stand, um das mit ihr verfolgte Ziel gleich wirksam zu fördern. Insbesondere musste der Beklagte sich zur Gefahrenabwehr nicht mit der gegen den Kläger etwa zeitgleich verhängten Personalausweisbeschränkung gemäß § 2 Abs. 2 PersAuswG i.V.m. § 7 Abs. 1 Nr. 1 PassG begnügen. Denn die am Wohnort zu befolgende Meldeauflage unterwarf den Kläger einer weitaus wirkungsvolleren Kontrolle als derjenigen, der er aufgrund der Personalausweisbeschränkung bei einem Ausreiseversuch seitens der Grenzkontrollbehörden ausgesetzt war. Entsprechendes gilt im Ergebnis für den Einwand des Klägers, die italienische Polizei sei zu gefahrenabwehrenden Maßnahmen an Ort und Stelle in der Lage gewesen. Denn dem Berliner Polizeipräsidenten stand, nachdem er die vom Kläger ausgehende Gefahr festgestellt hatte, zur Gefahrenabwehr keine andere, gleich wirksame Maßnahme als der Erlass des umstrittenen Bescheids zur Verfügung. Abgesehen davon besteht bei Ausschreitungen einer großen Zahl von Personen, wie sie hier von dem Beklagten befürchtet wurden, stets das Risiko, dass die Polizeibehörden am Ort der Versammlung der Ausschreitungen nicht oder*

423 S. dazu auch BVerwG, in: NVwZ 2007, 1439, 1442.
424 BürgDrucks. 21/17906 v. 30. 07. 2019, S. 85.

nicht vollständig Herr zu werden vermögen. Diesem Risiko kann am ehesten dadurch begegnet werden, dass die (potenziellen) Gewalttäter schon im Vorfeld identifiziert und von der Versammlung ferngehalten werden.“[425]

228 Trotz dieser Ausführungen des Gerichts sollten im Zusammenhang mit Art. 8 Abs. 1 GG Meldeauflagen – um Rechtsrisiken nochmals zu senken – auf Personen mit besonderem Risikopotenzial beschränkt werden. So ist eine Meldeauflage – bei Vorliegen der allgemeinen Voraussetzungen – gut vertretbar etwa bei reisenden Gewalttätern, d.h. bei folgenden Personenhinweisen in POLAS/INPOL: „Straftäter rechts oder links motiviert“, „Straftäter politisch motiviert mit Bezug zu Ausländerkriminalität“.

cc) Maßnahmenspezifische Verfahrens- und Formerfordernisse

229 Gem. § 39 Abs. 1 Satz 1 HmbVwVfG muss die Anordnung – wegen des **Schriftformerfordernisses** (§ 11 a Satz 2 SOG) – auch begründet werden (Ausnahmen: § 39 Abs. 2 HmbVwVfG, **Begründungserfordernis**). Gem. § 39 Abs. 1 Satz 2 HmbVwVfG sind in der Begründung die wesentlichen tatsächlichen und rechtlichen Gründe mitzuteilen, die die Behörde zu ihrer Entscheidung bewogen haben. Da es sich bei der Vorschrift zur Meldeauflage um eine Ermessensentscheidung handelt, soll die Begründung gem. § 39 Abs. 1 Satz 3 VwVfG auch die Gesichtspunkte erkennen lassen, von denen die Behörde bei der Ausübung ihres Ermessens ausgegangen ist. Die Meldeauflage ist nach § 11 a Satz 2 SOG auf höchstens sechs Monate zu **befristen**. Die Befristung ist so lange zu bemessen, wie die Gefahrenlage prognostisch andauern wird. Nach § 11 a Satz 3 SOG sind Verlängerungen möglich, wenn die Voraussetzungen weiter vorliegen.

3. Feststellung der Personalien, § 12 SOG

Tim Holzki

a) Vorbemerkung

230 Die **Feststellung der Personalien** entspricht inhaltlich der Identitätsfeststellung des § 13 PolDVG.[426] Gleichwohl geht § 13 PolDVG in den Fällen, in denen die Polizei die Identität einer Person überprüft, dem § 12 SOG als

425 BVerwG, in: NVwZ 2007, 1439, 1442.

426 *Schwemer, Holger/Heinze, Arne,* Hamburger SOG 2005, Hamburg 2005, § 12 Rn. 1 noch zu § 4 PolDVG a.F.

neuere und speziellere Regelung vor.[427] § 12 SOG findet daher nur dann Anwendung, wenn nicht die Polizei, sondern andere Verwaltungsbehörden zur Gefahrenabwehr die Personalien einer Person feststellen wollen.[428] Die Norm dient insoweit der Individualisierung von Personen als (Nicht-)Störer, Zeuge, Opfer oder unbeteiligter Dritter, um zielgerichtete Maßnahmen ergreifen zu können.[429] Die im Rahmen des § 12 SOG getroffenen Anordnungen erfüllen die Voraussetzungen des § 35 Satz 1 HmbVwVfG und sind daher als Verwaltungsakt zu qualifizieren.[430]

b) Checkliste Rechtmäßigkeit

- Tatbestandsvoraussetzungen **231**
  - zur Gefahrenabwehr
  - Personalien auf andere Weise nicht/nur unter erheblichen Schwierigkeiten feststellbar oder Verdacht unrichtiger Angaben (bei Verbringung zur Dienststelle)
- Rechtsfolge
  - Anhalten der Person und Feststellung der Personalien
  - Verbringen zur Dienststelle
  - Ermessen (Erforderlichkeit: Beschränkungen, die zur Feststellung der Personalien erforderlich sind)
- Maßnahmenspezifische Verfahrens- und Formerfordernisse
  - Bekanntgabe Grund
  - Gelegenheit zur Benachrichtigung Dritter
  - weitere Modalitäten

---

427 *Schwemer, Holger/Heinze, Arne,* Hamburger SOG 2005, Hamburg 2005, § 12 Rn. 1 noch zu § 4 PolDVG a. F.

428 *Schwemer, Holger/Heinze, Arne,* Hamburger SOG 2005, Hamburg 2005, § 12 Rn. 1. Vgl. auch BürgDrucks. 13/5422 v. 30. 01. 1990, S. 15 sowie *Ettemeyer; Ulrich,* in: B/E/R/S, § 12 SOG Rn. 1.

429 Vgl. *Würtenberger, Thomas/Heckmann, Dirk/Tanneberger, Steffen,* Polizeirecht in Baden-Württemberg, 7. Aufl. Heidelberg 2017, § 5 Rn. 139 sowie *Graulich, Kurt,* Das Polizeihandeln, in: L/D, E. Rn. 307 und *Kingreen, Thorsten/Poscher, Ralf,* Polizei- und Ordnungsrecht, 10. Aufl. München 2018, § 13 Rn. 36 f.

430 Vgl. VGH Mannheim, in: NVwZ-RR 2011, 231, 232 sowie *Würtenberger, Thomas/Heckmann, Dirk/Tanneberger, Steffen,* Polizeirecht in Baden-Württemberg, 7. Aufl. Heidelberg 2017, § 6 Rn. 214.

c) Betroffene Grundrechte

232 Ein **Anhalten** gem. § 12 Abs. 1 SOG stellt einen Eingriff in die Allgemeine Handlungsfreiheit (Art. 2 Abs. 1 GG) dar.[431] Die **Feststellung der Personalien** durch Befragen und das Verlangen, die mitgeführten Ausweispapiere zur Prüfung auszuhändigen, bewirken hingegen einen Eingriff in das **Recht auf informationelle Selbstbestimmung (Art. 2 Abs. 1 i. V. m. Art. 1 Abs. 1 GG).**[432] Die Intensität des Grundrechtseingriffs ist jedoch jedenfalls dann als verhältnismäßig gering anzusehen, wenn die Feststellung der Personalien weder im Geheimen noch ohne Anlass erfolgt und die Persönlichkeitsrelevanz der erhobenen Daten von vornherein eingegrenzt ist.[433] Diese Voraussetzungen sind jedenfalls dann erfüllt, wenn die Feststellung der Personalien auf Situationen beschränkt wird, in denen Umstände des konkreten Ortes oder dokumentierte Lageerkenntnisse einen Anknüpfungspunkt für erhöhte Risiken der Rechtsgutgefährdung oder -verletzung aufweisen und eine hinreichende Wahrscheinlichkeit besteht, dass diesen Risiken mit der Maßnahme nach § 12 Abs. 1 SOG begegnet werden kann,[434] denn auf diesem Wege wird das staatliche Handeln „an vorhersehbare und kontrollierbare Voraussetzungen gebunden“[435].

233 Die **Sistierung** gem. § 12 Abs. 2 SOG ist grundsätzlich als Freiheitsbeschränkung im Sinne des **Art. 2 Abs. 2 Satz 2, 104 Abs. 1 GG** einzuordnen.[436] Sie kann jedoch ausnahmsweise die Intensität einer Freiheitsentziehung erreichen.[437] In diesen Fällen bemisst sich ihre Zulässigkeit nach Art. 104 Abs. 2 GG.[438] Lediglich eine Freiheitsbeschränkung liegt insbesondere dann vor, wenn die Sistierung nur kurzfristig aufrechterhalten wird.[439]

---

431 *Thiel, Markus,* Polizei- und Ordnungsrecht, 4. Aufl. Baden-Baden 2020, § 10 Rn. 25.

432 BVerfG, in: NVwZ 2016, 53.

433 BVerfG, in: NVwZ 2016, 53. Vgl. auch *Graulich, Kurt,* Das Polizeihandeln, in: L/D, E. Rn. 312 f.

434 Vgl. BVerfG, in: NJW 2008, 1505, 1516.

435 BVerfG, in: NJW 2019, 827, 834.

436 VGH Mannheim, in: NVwZ-RR 2011, 231, 233; *Hoffmann-Riem, Wolfgang/Eifert, Martin,* Polizei- und Ordnungsrecht, in: Hoffmann-Riem, Wolfgang/Koch, Hans-Joachim (Hrsg.), Hamburgisches Staats- und Verwaltungsrecht, 3. Aufl. Baden-Baden 2006, S. 161, 178 f.

437 *Hoffmann-Riem, Wolfgang/Eifert, Martin,* Polizei- und Ordnungsrecht, in: Hoffmann-Riem, Wolfgang/Koch, Hans-Joachim (Hrsg.), Hamburgisches Staats- und Verwaltungsrecht, 3. Aufl. Baden-Baden 2006, S. 161, 179.

438 *Hoffmann-Riem, Wolfgang/Eifert, Martin,* Polizei- und Ordnungsrecht, in: Hoffmann-Riem, Wolfgang/Koch, Hans-Joachim (Hrsg.), Hamburgisches Staats- und Verwaltungsrecht, 3. Aufl. Baden-Baden 2006, S. 161, 179.

439 *Würtenberger, Thomas/Heckmann, Dirk/Tanneberger, Steffen,* Polizeirecht in Baden-Württemberg, 7. Aufl. Heidelberg 2017, § 5 Rn. 154.

In der Literatur werden als zeitliche Obergrenze maximal eine[440] bzw. zwei[441] Stunden vorgeschlagen. Eine zeitliche Obergrenze wird sich jedoch abstrakt kaum festlegen lassen, sondern muss nach den Umständen des Einzelfalls, wie etwa dem Geschäftsanfall oder der Anzahl der Betroffenen, bestimmt werden.[442] Nur so wird den handelnden Behörden die nötige Flexibilität für die Vielzahl der in der Praxis zu bewältigenden Sachverhalte eingeräumt. Eine Freiheitsentziehung ist allerdings jedenfalls dann anzunehmen, wenn der Betroffene in einem Polizeiwagen zur Polizeiwache verbracht und dort in eine Gewahrsamszelle eingesperrt wird.[443]

Im Rahmen des Auswahlermessens ist das Diskriminierungsverbot des **234**
Art. 14 EMRK zu berücksichtigen.

d) Einzelerläuterungen

aa) Tatbestandsvoraussetzungen

(1) Zur Gefahrenabwehr

Zu den Voraussetzungen: § 12 Abs. 1 SOG ermächtigt die Verwaltungsbe- **235**
hörden, zur Gefahrenabwehr eine Person anzuhalten und ihre Personalien festzustellen. Die von der Norm vorgesehenen Maßnahmen kommen insoweit nur dann in Betracht, wenn eine konkrete Gefahr für die öffentliche Sicherheit oder Ordnung im Sinne des § 3 Abs. 1 SOG vorliegt.[444] Weitere tatbestandliche Voraussetzungen nennt die Norm nicht. Insbesondere trifft sie keine näheren Regelungen hinsichtlich der Störereigenschaft des Betroffenen. Mit der Bezugnahme auf § 3 Abs. 1 SOG wird allerdings auch eine Anknüpfung an die allgemeinen Regeln der §§ 8 ff. SOG verbunden sein, sodass auch deren jeweilige Tatbestandsmerkmale vorliegen müs-

---

440 *Belz, Reiner/Mußmann, Eike/Kahlert, Henning/Sander, Gerald G.*, Polizeigesetz für Baden-Württemberg, 8. Aufl. Stuttgart 2015, § 26 Rn. 31.

441 *Würtenberger, Thomas/Heckmann, Dirk/Tanneberger, Steffen*, Polizeirecht in Baden-Württemberg, 7. Aufl. Heidelberg 2017, § 5 Rn. 154; *Graulich, Kurt*, Das Polizeihandeln, in: L/D, E. Rn. 484.

442 *Stephan, Ulrich/Deger, Johannes*, Polizeigesetz für Baden-Württemberg, 6. Aufl. Stuttgart 2009, § 26 Rn. 27; *Würtenberger, Thomas/Heckmann, Dirk/Tanneberger, Steffen*, Polizeirecht in Baden-Württemberg, 7. Aufl. Heidelberg 2017, § 5 Rn. 154. Vgl. auch *Hoffmann-Riem, Wolfgang/Eifert, Martin*, Polizei- und Ordnungsrecht, in: Hoffmann-Riem, Wolfgang/Koch, Hans-Joachim (Hrsg.), Hamburgisches Staats- und Verwaltungsrecht, 3. Aufl. Baden-Baden 2006, S. 161, 179.

443 BVerfG, in: NVwZ 2011, 743, 746.

444 *Ettemeyer, Ulrich*, in: B/E/R/S, § 12 SOG Rn. 2; *Schwemer, Holger/Heinze, Arne*, Hamburger SOG 2005, Hamburg 2005, § 12 Rn. 2. Vgl. auch *Kingreen/Poscher*, 10. Aufl. 2018, § 13 Rn. 36.

sen.[445] Dementsprechend müssen Maßnahmen gegenüber Dritten den Voraussetzungen des § 10 Abs. 1 SOG genügen.[446]

(2) Personalien auf andere Weise nicht/nur unter erheblichen Schwierigkeiten feststellbar oder Verdacht unrichtiger Angaben (bei Verbringung zur Dienststelle)

236 § 12 Abs. 2 SOG normiert ein Mittel für die Fälle, in denen sich die Personalien der angehaltenen Person vor Ort nicht oder nur unter erheblichen Schwierigkeiten feststellen lassen oder der Verdacht unrichtiger Angaben besteht.[447] **Feststellung der Personalien** meint (hier als Tatbestandsvoraussetzung) „die offene Erhebung von Daten, die eine natürliche Person von einer anderen Person unterscheiden“[448]. Vom Begriff der Daten umfasst ist insbesondere der Vor- und Familienname, der Geburtstag und -ort sowie die Wohnanschrift und die Staatsangehörigkeit des Maßnahmenadressaten.[449] Im Regelfall wird die Feststellung der Personalien durch Vorzeigen des Personalausweises erfolgen.[450] Alternativ kommt etwa auch die Vorlage des Führerscheins, eines Vereinsausweises oder die Aussage eines Zeugen in Betracht.[451] Die Pflicht zur Vorlage des Personalausweises folgt bereits aus § 1 Abs. 1 Satz 2 bzw. Abs. 2 PAuswG. Aus dieser Norm lässt sich indes keine allgemeine Pflicht ableiten, sich ohne Grund auf amtliche Aufforderung ausweisen zu müssen oder sonstige Angaben zu seinen Personalien zu machen.[452] Für die Praxis ist daher anzuraten, die Feststellung der Personalien zu begründen, obwohl § 12 SOG – anders als etwa § 11 Abs. 2 Satz 1 SOG – keine derartige Pflicht vorsieht. Um die Effektivität der Gefahrenabwehr zu gewährleisten und gleichzeitig die handelnden Beamten nicht zu überfordern, wird man an die Begründung keine zu hohen Anforderungen stellen dürfen.

---

445 Vgl. *Kingreen, Thorsten/Poscher, Ralf,* Polizei- und Ordnungsrecht, 10. Aufl. München 2018, § 13 Rn. 48 sowie *Thiel, Markus,* Polizei- und Ordnungsrecht, 4. Aufl. Baden-Baden 2020, § 10 Rn. 31.

446 *Hoffmann-Riem, Wolfgang/Eifert, Martin,* Polizei- und Ordnungsrecht, in: Hoffmann-Riem, Wolfgang/Koch, Hans-Joachim (Hrsg.), Hamburgisches Staats- und Verwaltungsrecht, 3. Aufl. Baden-Baden 2006, S. 161, 178. Vgl. auch *Pieroth, Bodo/Schlink, Bernhard/Kniesel, Michael,* Polizei- und Ordnungsrecht, 9. Aufl. München 2016, § 14 Rn. 44.

447 Vgl. *Schwemer, Holger/Heinze, Arne,* Hamburger SOG 2005, Hamburg 2005, § 12 Rn. 4.

448 *Thiel, Markus,* Polizei- und Ordnungsrecht, 4. Aufl. Baden-Baden 2020, § 10 Rn. 25. Vgl. auch *Graulich, Kurt,* Das Polizeihandeln, in: L/D, E. Rn. 310.

449 Vgl. *Thiel, Markus,* Polizei- und Ordnungsrecht, 4. Aufl. Baden-Baden 2020, § 10 Rn. 25 sowie BVerfG, in: NVwZ 1992, 767 f.

450 Vgl. *Gusy, Christoph,* Polizei- und Ordnungsrecht, 10. Aufl. Tübingen 2017, Rn. 232.

451 *Hoffmann-Riem, Wolfgang/Eifert, Martin,* Polizei- und Ordnungsrecht, in: Hoffmann-Riem, Wolfgang/Koch, Hans-Joachim (Hrsg.), Hamburgisches Staats- und Verwaltungsrecht, 3. Aufl. Baden-Baden 2006, S. 161, 178.

452 BVerfG, in: NVwZ 2016, 53. Vgl. auch OLG Hamm, in: NJW 1954, 1212.

Erhebliche Schwierigkeiten meint rechtliche oder tatsächliche Hemmnisse, die zu einer nicht nur marginalen Verzögerung des Überprüfungsverfahrens führen. Der **Verdacht unrichtiger Angaben** besteht insbesondere dann, wenn im konkreten Fall Anhaltspunkte dafür ersichtlich sind, dass die Papiere unecht oder solche dritter Personen sind.[453] Nach Sinn und Zweck des § 12 Abs. 2 SOG (Effektivität der Gefahrenabwehr) wird man unter § 12 Abs. 2 SOG auch Situationen fassen müssen, in denen die mitgeführten Dokumente über die Identität des Betroffenen keinen Aufschluss geben.[454] Dies ist jedoch nicht bereits dann der Fall, wenn das vorgelegte Dokument lediglich abgelaufen ist,[455] denn die Aussagekraft der im Dokument enthaltenen Informationen ist nicht zwingend mit der Gültigkeit des Dokuments selbst verknüpft. 237

bb) Rechtsfolge

(1) Anhalten

Auf Rechtsfolgenseite berechtigt § 12 Abs. 1 SOG die Verwaltungsbehörden zunächst zum Anhalten einer Person. Anhalten ist zu verstehen als Unterbrechung der Fortbewegung,[456] worin ein regelmäßig zulässiger, vorbereitender Begleiteingriff zur Feststellung der Personalien liegt.[457] Spiegelbildlich besteht die Pflicht des Angehaltenen, sich vor und während der Durchführung der Personalienfeststellung nicht zu entfernen.[458] 238

(2) Feststellung der Personalien

§ 12 Abs. 1 SOG ermächtigt die handelnde Behörde darüber hinaus zur Feststellung der Personalien. Hinsichtlich der Begriffsdefinition wird auf B.II.3.d.aa.2. verwiesen. Sofern die handelnden Beamten den Adressaten auffordern, seine Personalien anzugeben und seine Ausweispapiere auszuhändigen, handelt es sich auch hierbei um einen zulässigen Begleiteingriff.[459] 239

---

453 *Gusy, Christoph,* Polizei- und Ordnungsrecht, 10. Aufl. Tübingen 2017, Rn. 233.

454 Vgl. *Gusy, Christoph,* Polizei- und Ordnungsrecht, 10. Aufl. Tübingen 2017, Rn. 233.

455 Vgl. *Gusy, Christoph,* Polizei- und Ordnungsrecht, 10. Aufl. Tübingen 2017, Rn. 233.

456 *Merten, Karlheinz/Merten, Heike,* Hamburgisches Polizei- und Ordnungsrecht, Stuttgart 2007, § 12 Rn. 7.

457 *Gusy, Christoph,* Polizei- und Ordnungsrecht, 10. Aufl. Tübingen 2017, Rn. 232.

458 *Gusy, Christoph,* Polizei- und Ordnungsrecht, 10. Aufl. Tübingen 2017, Rn. 232.

459 *Hoffmann-Riem, Wolfgang/Eifert, Martin,* Polizei- und Ordnungsrecht, in: Hoffmann-Riem, Wolfgang/Koch, Hans-Joachim (Hrsg.), Hamburgisches Staats- und Verwaltungsrecht, 3. Aufl. Baden-Baden 2006, S. 161, 178.

(3) Zur Dienststelle bringen

240 § 12 Abs. 2 SOG regelt unter dem Merkmal **„zur Dienststelle bringen"** die sog. **„Sistierung"**.[460] Aus dem Wortlaut des § 13 b Abs. 1 SOG („wird eine Person auf Grund von § 12 Abs. 2 oder § 13 festgehalten") folgt, dass § 12 Abs. 2 SOG, sofern dessen tatbestandliche Voraussetzungen vorliegen, auch zum Festhalten einer Person berechtigt.[461] Für diese Einschätzung spricht auch der Blick auf den (für die Polizei spezielleren) § 13 Abs. 4 Satz 2 Nr. 4 PolDVG, der ebenfalls eine solche Ermächtigung beinhaltet.

241 Da § 15 Abs. 2 Satz 1 SOG auf § 12 SOG Bezug nimmt („Eine Person, deren Personalien nach diesem Gesetz oder anderen Rechtsvorschriften festgestellt oder die im öffentlichen Verkehrsraum angehalten und kontrolliert werden soll"), darf der Adressat der Maßnahme nach § 12 Abs. 2 SOG auch nach Waffen, anderen gefährlichen Werkzeugen und Explosivmitteln durchsucht werden, sofern dies den Umständen nach zum Schutz von Bediensteten oder eines Dritten gegen eine Gefahr für Leib oder Leben erforderlich ist.

(4) Ermessen

242 Sowohl § 12 Abs. 1 SOG („sind berechtigt") als auch § 12 Abs. 2 SOG („darf") räumen der handelnden Behörde Ermessen ein. Ein Ermessensfehlgebrauch kann zunächst im Hinblick auf Art. 3 Abs. 3 GG aus der Wahl unzulässiger Auswahlkriterien bei der Bestimmung des Maßnahmeadressaten entstehen.[462] Dieser Aspekt wird insbesondere unter der Bezeichnung des **„racial profiling"** diskutiert, bei dem Merkmale wie Rasse oder ethnische Herkunft im Rahmen des Auswahlermessens mitberücksichtigt werden.[463] Die obergerichtliche Rechtsprechung sieht hierin einen Verstoß gegen das Diskriminierungsverbot des Art. 3 Abs. 1 GG.[464] Teile der Literatur machen darüber hinaus einen Verstoß gegen Art. 14 EMRK geltend.[465] Un-

---

460 Vgl. *Hoffmann-Riem, Wolfgang/Eifert, Martin,* Polizei- und Ordnungsrecht, in: Hoffmann-Riem, Wolfgang/Koch, Hans-Joachim (Hrsg.), Hamburgisches Staats- und Verwaltungsrecht, 3. Aufl. Baden-Baden 2006, S. 161, 178 sowie *Gusy, Christoph,* Polizei- und Ordnungsrecht, 10. Aufl. Tübingen 2017, Rn. 234.

461 Im Ergebnis ebenso, jedoch ohne Begründung: *Merten, Karlheinz/Merten, Heike,* Hamburgisches Polizei- und Ordnungsrecht, Stuttgart 2007, § 12 Rn. 7.

462 *Würtenberger, Thomas/Heckmann, Dirk/Tanneberger, Steffen,* Polizeirecht in Baden-Württemberg, 7. Aufl. Heidelberg 2017, § 5 Rn. 158.

463 *Würtenberger, Thomas/Heckmann, Dirk/Tanneberger, Steffen,* Polizeirecht in Baden-Württemberg, 7. Aufl. Heidelberg 2017, § 5 Rn. 158.

464 OVG Koblenz, Beschluss v. 29. 10. 2012, 7 A 10532/12; OVG Münster, in: NVwZ 2018, 1497 ff.

465 Vgl. *Alter, Maximilian J.,* Grenzziehung und Grenzüberschreitung: Zu lageabhängigen Personenkontrollen nach § 22 Abs. 1 a BPolG, in: NVwZ 2015, 1567, 1569 f. sowie *Drohla, Jeannine,* Hautfarbe als Auswahlkriterium für verdachtsunabhängige Polizeikontrollen?, in: ZAR 2012, 411, 413.

geachtet dessen, aus welcher Rechtsquelle man das genannte Verbot ableitet, wird man es jedenfalls in den Fällen bejahen müssen, in denen sich das Auswahlermessen ausschließlich an den genannten Kriterien orientiert.[466]

Weitere gesetzliche Grenzen der Ermessensausübung ergeben sich auch aus dem Verhältnismäßigkeitsgrundsatz.[467] Dieser wird auf der Ebene der **Erforderlichkeit** durch § 12 Abs. 3 SOG konkretisiert,[468] nach dem der angehaltenen Person nur solche Beschränkungen auferlegt werden, die zur Feststellung der Personalien erforderlich sind. Das mildeste Mittel im Rahmen des § 12 SOG stellt die Ausweiskontrolle dar,[469] sodass diese aus Verhältnismäßigkeitsgründen vor einer Sistierung erfolgen muss.[470] Führt die überprüfte Person keinen Ausweis bei sich, so kommt als milderes Mittel zur Sistierung auch die Vorlage anderer Dokumente, wie beispielsweise des Führerschein,[471] in Betracht, solange diese ein Lichtbild, das Geburtsdatum und den vollständigem Namen beinhalten.[472] Dies gilt jedoch nicht, wenn spezifische Anhaltspunkte für Unstimmigkeiten (wie beispielsweise Verfälschungen oder den unrechtmäßigen Besitz der Papiere) gegeben sind.[473] Ebenfalls als milderes Mittel zur Sistierung kommt die Durchsuchung des Betroffenen und der von ihm mitgeführten Sachen in Frage.[474] Hierfür spricht der systematische Blick auf § 13 Abs. 4 Satz 2 Nr. 5 PolDVG, der die Polizei zur Durchsuchung des Betroffenen und der von ihm mitgeführten Sachen nach Gegenständen, die zur Identitätsfeststellung dienen können, ermächtigt.[475] Soll der Betroffene gefesselt werden, so ist dies nur unter den zusätzlichen Voraussetzungen des § 23 SOG zulässig.[476] **243**

Bereits an der **Angemessenheit** des Anhaltens fehlt es schließlich, wenn der Betroffene am Anhalteort auf die Feststellung der Personalien über die Maßen warten muss, während sich die handelnden Beamten anderen Aufga- **244**

466 Vgl. OVG Münster, in: NVwZ 2018, 1497 sowie *Drohla, Jeannine,* Hautfarbe als Auswahlkriterium für verdachtsunabhängige Polizeikontrollen?, in: ZAR 2012, 411, 413.

467 *Würtenberger, Thomas/Heckmann, Dirk/Tanneberger, Steffen,* Polizeirecht in Baden-Württemberg, 7. Aufl. Heidelberg 2017, § 5 Rn. 158.

468 Vgl. *Ettemeyer, Ulrich,* in: B/E/R/S, § 12 SOG Rn. 4.

469 Vgl. *Gusy, Christoph,* Polizei- und Ordnungsrecht, 10. Aufl. Tübingen 2017, Rn. 232.

470 Vgl. *Gusy, Christoph,* Polizei- und Ordnungsrecht, 10. Aufl. Tübingen 2017, Rn. 232.

471 *Würtenberger, Thomas/Heckmann, Dirk/Tanneberger, Steffen,* Polizeirecht in Baden-Württemberg, 7. Aufl. Heidelberg 2017, § 5 Rn. 155.

472 Vgl. BVerfG, in: NVwZ 1992, 767, 768.

473 Vgl. VGH Mannheim, in: NVwZ-RR 2011, 231, 233.

474 *Merten, Karlheinz/Merten, Heike,* Hamburgisches Polizei- und Ordnungsrecht, Stuttgart 2007, § 12 Rn. 7. Vgl. ebenso *Ettemeyer, Ulrich,* in: B/E/R/S, § 12 SOG Rn. 4.

475 In diesem Sinne zur Vorgängerregelung des § 4 Abs. 4 Satz 2 Nr. 5 PolDVG a.F.: *Ettemeyer, Ulrich,* in: B/E/R/S, § 12 SOG Rn. 4.

476 *Ettemeyer, Ulrich,* in: B/E/R/S, § 12 SOG Rn. 4.

ben zuwenden.[477] Gleiches gilt im Rahmen der Sistierung nach § 12 Abs. 2 SOG, wenn der Betroffene mehrere Stunden zur Identitätsfeststellung auf der Wache untergebracht wird.[478] Diesem Aspekt trägt auch § 13 c Abs. 2 SOG („Dauer der Freiheitsentziehung“) Rechnung, dessen Voraussetzungen mit guten Gründen nicht nur im Rahmen der Verhältnismäßigkeit, sondern auch innerhalb der maßnahmenspezifischen Verfahrensvorschriften geprüft werden können. Aus der in der Regelung festgelegten Obergrenze von 12 Stunden folgt, dass darunter liegende Wartezeiten – sofern nicht weitere Aspekte hinzukommen – einer Angemessenheitsprüfung in der Regel standhalten.

cc) Maßnahmenspezifische Verfahrens- und Formerfordernisse

245 Gem. § 13 b Abs. 1 SOG ist einer Person, die auf Grund von § 12 Abs. 2 festgehalten wird, unverzüglich der Grund des Festgehaltenwerdens bekanntzugeben. Ihr muss darüber hinaus unverzüglich Gelegenheit gegeben werden, einen Angehörigen oder eine Person ihres Vertrauens zu benachrichtigen, wobei eine Benachrichtigung zu unterbleiben hat, soweit dies zur Verhütung von Straftaten erforderlich ist (§ 13 b Abs. 2 Satz 1 SOG). Unverzüglich meint in diesem Zusammenhang zum frühestmöglichen Zeitpunkt und ist abhängig von „der Situation des Antreffens, den Umständen am Einsatzort und der Anzahl von Festgehaltenen“[479]. Grundsätzlich finden auch die weiteren Modalitäten der §§ 13 b und 13 c SOG Anwendung. Insbesondere darf eine Freiheitsentziehung zum Zwecke der Feststellung der Personalien die Dauer von 12 Stunden nicht überschreiten, § 13 c Abs. 2 SOG.

4. Platzverweisung, § 12 a SOG

Tim Holzki

a) Vorbemerkung

246 Bei der **Platzverweisung** im Sinne des § 12 a SOG handelt es sich um eine Maßnahme, mit der eine Person zeitlich befristet einer Örtlichkeit verwiesen oder ihr das Betreten einer Örtlichkeit untersagt werden kann.[480] Sie

477 Vgl. *Gusy, Christoph,* Polizei- und Ordnungsrecht, 10. Aufl. Tübingen 2017, Rn. 232.

478 Vgl. BVerfG, in: NVwZ 2011, 743 sowie *Gusy, Christoph,* Polizei- und Ordnungsrecht, 10. Aufl. Tübingen 2017, Rn. 232.

479 *Merten, Karlheinz/Merten, Heike,* Hamburgisches Polizei- und Ordnungsrecht, Stuttgart 2007, § 13 b Rn. 5.

480 *Schoch, Friedrich,* Polizei- und Ordnungsrecht, in: Schoch, Friedrich (Hrsg.), Besonderes Verwaltungsrecht, München 2018, S. 11, 165; *Stammer, Jens,* in: B/E/R/S, § 12 a SOG Rn. 1.

stellt einen Verwaltungsakt im Sinne des § 35 Satz 1 HmbVwVfG dar.[481] Da sich die formellen Voraussetzungen der Platzverweisung nach den allgemeinen Regeln richten, kann diese auch als Allgemeinverfügung gem. § 35 Satz 2 HmbVwVfG – etwa in Gestalt einer Lautsprecherdurchsage – ergehen.[482] Obgleich § 12 a SOG in der Vergangenheit in Hamburg vor allem als Ermächtigungsgrundlage zur Bekämpfung der offenen Drogenszene genutzt wurde, erschöpft sich dessen Anwendungsbereich darin nicht.[483] Beispielsweise lässt sich ebenso die Räumung eines Lokals im Rahmen einer Razzia oder im Falle einer Bombendrohung auf die Norm stützen.[484] Im Zusammenhang mit **Versammlungen** gilt Folgendes: Hier gehen die Regelungen des Versammlungsgesetzes im Wege der Spezialität denen des SOG vor.[485] Eine Platzverweisung scheidet mithin grundsätzlich und solange aus, wie der Adressat sich auf die Versammlungsfreiheit berufen kann.[486] Vor einer Versammlung ist eine Platzverweisung gem. § 12 a SOG soweit zulässig, wie sie sich nicht gegen die Versammlung als solche richtet, sondern der Bekämpfung z.B. der Drogenszene dient.[487] Während einer Versammlung kommt eine Platzverweisung nach § 12 a SOG nur bei nichtversammlungstypischen Gefahren (z.B. wiederum Drogenbekämpfung) oder als „Minusmaßnahme“ zu einer Versammlungsauflösung in Betracht.[488] Nach einer Versammlung und mit etwas zeitlichem Abstand ist der Anwendungsbereich des § 12 a SOG ohnehin eröffnet.[489]

Die Durchsetzung der Platzverweisung geschieht grundsätzlich im Wege **247**
des unmittelbaren Zwangs gem. §§ 17 f., 22 SOG.[490] Als Maßnahmen kommen etwa ein Zurückdrängen des Betroffenen oder auch der Einsatz eines Wasserwerfers in Betracht.[491] Darüber hinaus besteht die Möglichkeit einer

---

481 *Stammer, Jens,* in: B/E/R/S, § 12 a SOG Rn. 1. Vgl. ebenfalls *Schoch, Friedrich,* Polizei- und Ordnungsrecht, in: Schoch, Friedrich (Hrsg.), Besonderes Verwaltungsrecht, München 2018, S. 11, 165. Näher zur Bekanntgabe der Verfügung: *Stammer, Jens,* in: B/E/R/S, § 12 b SOG Rn. 54.

482 *Stammer, Jens,* in: B/E/R/S, § 12 a SOG Rn. 1. Vgl. ebenfalls *Schoch, Friedrich,* Polizei- und Ordnungsrecht, in: Schoch, Friedrich (Hrsg.), Besonderes Verwaltungsrecht, München 2018, S. 11, 165.

483 *Stammer, Jens,* in: B/E/R/S, § 12 a SOG Rn. 15 ff. zur Drogenszene.

484 *Stammer, Jens,* in: B/E/R/S, § 12 a SOG Rn. 2.

485 Vgl. *Graulich, Kurt,* Das Polizeihandeln, in: L/D, E. Rn. 417.

486 BVerfG, in: NVwZ 2011, 422, 424.

487 Vgl. *Gusy, Christoph,* Polizei- und Ordnungsrecht, 10. Aufl. Tübingen 2017, Rn. 232.

488 Vgl. *Pieroth, Bodo/Schlink, Bernhard/Kniesel, Michael,* Polizei- und Ordnungsrecht, 9. Aufl. München 2016, § 20 Rn. 13 ff.

489 Vgl. BVerfG, in: NVwZ 2011, 422, 424 sowie BVerfG, in: NVwZ 2005, 80, 81.

490 *Stammer, Jens,* in: B/E/R/S, § 12 a SOG Rn. 14. Vgl. auch *Schenke, Wolf-Rüdiger,* Polizei- und Ordnungsrecht, 10. Aufl. Heidelberg 2018, Rn. 132 b.

491 *Stammer, Jens,* in: B/E/R/S, § 12 a SOG Rn. 14. Vgl. auch BVerfG, in: NVwZ 1999, 290.

Gewahrsamnahme, sofern diese zur Durchsetzung der Platzverweisung unerlässlich ist (§ 13 Abs. 1 Nr. 3 SOG).[492]

b) Checkliste Rechtmäßigkeit

248
- Tatbestandsvoraussetzungen
  - konkrete Gefahr
  - öffentliche Sicherheit oder Ordnung
- Rechtsfolge
  - vorübergehende Verweisung von einem Ort
  - vorübergehendes Betretungsverbot eines Ortes
  - Ermessen

c) Betroffene Grundrechte

249 Aufgrund der Kurzfristigkeit der Platzverweisung („vorübergehend") liegt kein Eingriff in den Schutzbereich der Freizügigkeit (Art. 11 Abs. 1 GG) vor.[493] In Bezug auf die Freiheit der Person (Art. 2 Abs. 2 Satz 2 GG) wird teilweise ein Eingriff durch den Platzverweis angenommen.[494] Dieser Einschätzung ist jedoch entgegenzuhalten, dass auch bei der Platzverweisung die körperliche Bewegungsfreiheit[495] grundsätzlich gewahrt bleibt, denn aus Art. 2 Abs. 2 Satz 2 GG lässt sich nicht das Recht ableiten, sich überall unbegrenzt aufhalten zu können.[496] Selbst wenn man eine Einschränkung der körperlichen Bewegungsfreiheit durch die Platzverweisung bejaht, so ist diese lediglich kurzfristig. Eine nur kurzfristige räumliche Beschränkung reicht für einen Eingriff in den Schutzbereich des Art. 2 Abs. 2 Satz 2 GG jedoch nicht aus.[497]

250 Ob eine Platzverweisung gegenüber einem Hausrechtsinhaber einen Eingriff in den Schutzbereich des Art. 13 Abs. 1 GG darstellt, wird unterschied-

---

492 *Stammer, Jens,* in: B/E/R/S, § 12 a SOG Rn. 14.

493 BVerfG, Nichtannahmebeschluss v. 25. 03. 2008, 1 BvR 1548/02 (Juris); *Graulich, Kurt,* Das Polizeihandeln, in: L/D, E. Rn. 416.

494 *Graulich, Kurt,* Das Polizeihandeln, in: L/D, E. Rn. 416.

495 BVerfG, in: NJW 2002, 3161; BVerfG, in: NVwZ-RR 2009, 304, 305.

496 BVerfG, in: NVwZ 1996, 678, 681; BVerfG, in: NVwZ 1997, 1109, 1110.

497 *Di Fabio, Udo,* in: Maunz, Theodor/Dürig, Günter (Hrsg.), GG (Kommentar), 89. EL München Oktober 2019, Art. 2 Abs. 2 Satz 2 Rn. 28 m.w.N.

lich beantwortet.[498] Unter der Prämisse, der von Art. 13 Abs. 1 GG gewährte Schutz sei umfassend, wird vertreten, dass auch der zeitlich eng begrenzte Ausschluss des Zutritts- oder Anwesenheitsrechts einen Eingriff in den Schutzbereich des Art. 13 Abs. 1 GG darstelle.[499] Die Verweisungsverfügung müsse daher den Anforderungen des Art. 13 Abs. 7 GG genügen.[500] Dieser Einschätzung wird entgegengehalten, dass eine Platzverweisung allenfalls eine vorübergehende Nutzungshinderung darstelle, die von vornherein nicht vom Schutzbereich des Art. 13 Abs. 1 GG umfasst sei.[501] Letztlich kann eine Entscheidung dahinstehen, denn die von Art. 13 Abs. 7 geforderte dringende Gefahr für die öffentliche Sicherheit und Ordnung entspricht der konkreten Gefahr, die ohnehin Tatbestandsvoraussetzung des § 12 a SOG ist.[502]

Durch die Platzverweisung liegt in der Regel jedenfalls ein Eingriff in den sachlichen Schutzbereich des **Art. 2 Abs. 1 GG** vor,[503] denn dieser umfasst „jedes Tun und Lassen nach dem eigenen Willen und damit letztlich jede Freiheit von staatlichem Zwang“[504]. 251

d) Einzelerläuterungen

aa) Tatbestandsvoraussetzungen

(1) Konkrete Gefahr

Zu den Voraussetzungen: Die Formulierung, „zur Gefahrenabwehr“ ist als Bezugnahme auf § 3 Abs. 1 SOG zu verstehen.[505] Es muss daher auch im Rahmen des § 12 a SOG eine **konkrete Gefahr** für die öffentliche Sicherheit oder Ordnung oder eine Störung vorliegen.[506] Hinsichtlich dieses Merkmals wird auf die Kommentierung zu § 3 Abs. 1 SOG verwiesen (s. B. I.2.g.aa.2.). Grundsätzlich keine Gefahr liegt bei bloßen Nachteilen, Belästigungen oder 252

498 *Stammer, Jens,* in: B/E/R/S, § 12 a SOG Rn. 9.

499 So wohl *Kühne, Jörg-Detlef,* in: Sachs, Michael (Hrsg.), GG (Kommentar), 8. Aufl. München 2018, Art. 13 Rn. 10 („grundsätzliche Integrität des häuslichen Autonomiebereichs“).

500 Vgl. *Stammer, Jens,* in: B/E/R/S, § 12 a SOG Rn. 9.

501 *Stammer, Jens,* in: B/E/R/S, § 12 a SOG Rn. 9. Vgl. auch BVerfG, in: NJW 1993, 2035 ff. sowie insgesamt *Kunig, Philip,* Grundrechtlicher Schutz der Wohnung, in: Jura 1992, 476 ff.

502 Vgl. *Stammer, Jens,* in: B/E/R/S, § 12 a SOG Rn. 9.

503 So auch *Würtenberger, Thomas/Heckmann, Dirk/Tanneberger, Steffen,* Polizeirecht in Baden-Württemberg, 7. Aufl. Heidelberg 2017, § 5 Rn. 166.

504 *Di Fabio, Udo,* in: Maunz, Theodor/Dürig, Günter (Hrsg.), GG (Kommentar), 89. EL München Oktober 2019, Art. 2 Abs. 1 Rn. 12.

505 *Schwemer, Holger/Heinze, Arne,* Hamburger SOG 2005, Hamburg 2005, § 12 a Rn. 3.

506 *Stammer, Jens,* in: B/E/R/S, § 12 a SOG Rn. 4. Vgl. auch VG Hamburg, Urteil v. 02. 10. 2012, 5 K 1236/11 (Juris).

Unbequemlichkeiten, wie etwa stillem Betteln oder öffentlichem Alkoholgenuss vor.[507] Etwas anderes gilt jedoch dann, wenn die genannten Verhaltensweisen ein gewisses Intensitätsniveau überschreiten, etwa wenn das Betteln aggressiv und auf Belästigung angelegt ist[508] oder mit dem Alkoholgenuss Verunreinigungen oder Lärmbelästigungen einhergehen.[509]

253 Anders als in anderen Bundesländern[510] hat der Hamburger Gesetzgeber in § 12 a SOG keine Ermächtigung vorgesehen, einen Platzverweis gegen Personen auszusprechen, die den Einsatz der **Feuerwehr oder von Hilfs- oder Rettungsdiensten behindern**.[511] Eine entsprechende Rechtsgrundlage befindet sich vielmehr in § 25 Abs. 2 des Hamburger Feuerwehrgesetzes, dessen Satz 2 nur eine Behinderung der genannten Dienste, nicht aber eine konkrete Gefahr fordert.[512] Die Polizei kann jedoch auch in derartigen Einsatzsituationen eine Maßnahme auf § 12 a SOG stützen, denn die Gefahrenschwelle dürfte dort in der Regel erreicht sein.

(2) Öffentliche Sicherheit oder Ordnung

254 Hinsichtlich des Begriffs der öffentlichen Sicherheit oder Ordnung wird auf die Kommentierung zu § 3 Abs. 1 SOG (B. I.2.g.aa.1.) verwiesen.

bb) Rechtsfolge

(1) Vorübergehende Verweisung von einem Ort

255 Auf Rechtsfolgenseite ermächtigt § 12 a SOG zunächst zur vorübergehenden Verweisung von einem Ort. **Vorübergehend** meint dabei „zeitlich begrenzt“[513]. In Abgrenzung des Platzverweises zum Aufenthaltsverbot, wird die Frage, welche Zeitspanne der Begriff „vorübergehend“ erfasst, unter-

---

507 OLG Karlsruhe, in: NJW 1978, 1637; *Kohl, Wolfgang,* Zulässigkeit ordnungsrechtlicher Maßnahmen gegen Obdachlose in den Städten unter besonderer Berücksichtigung von Alkoholverboten auf Grund straßenrechtlicher Sondernutzungssatzungen, in: NVwZ 1991, 620, 621 ff.; *Graulich, Kurt,* Das Polizeihandeln, in: L/D, E. Rn. 418.

508 *Holzkämper, Volker,* Die Unterbindung aggressiven Bettelns als Rechtsproblem, in: NVwZ 1994, 146, 149.

509 *Stammer, Jens,* in: B/E/R/S, § 12 a SOG Rn. 5.

510 S. etwa Art. 16 Abs. 1 Satz 2 BayPAG und § 34 Abs. 1 Satz 2 PolG NRW.

511 Vgl. *Hoffmann-Riem, Wolfgang/Eifert, Martin,* Polizei- und Ordnungsrecht, in: Hoffmann-Riem, Wolfgang/Koch, Hans-Joachim (Hrsg.), Hamburgisches Staats- und Verwaltungsrecht, 3. Aufl. Baden-Baden 2006, S. 161, 180.

512 Vgl. *Hoffmann-Riem, Wolfgang/Eifert, Martin,* Polizei- und Ordnungsrecht, in: Hoffmann-Riem, Wolfgang/Koch, Hans-Joachim (Hrsg.), Hamburgisches Staats- und Verwaltungsrecht, 3. Aufl. Baden-Baden 2006, S. 161, 180.

513 Vgl. *Schoch, Friedrich,* Polizei- und Ordnungsrecht, in: Schoch, Friedrich (Hrsg.), Besonderes Verwaltungsrecht, München 2018, S. 11, 165.

schiedlich beantwortet.[514] Teilweise wird vertreten, „vorübergehend" könne höchstens 24 Stunden meinen.[515] Werde diese zeitliche Grenze überschritten, so liege kein Platzverweis sondern vielmehr ein Aufenthaltsverbot vor.[516] Andere Stimmen halten einen Platzverweis so lange für zulässig, bis die Gefahr entweder abgewehrt ist oder feststeht, dass sie entweder nicht von Dauer ist oder ihr überhaupt nicht mit einem Platzverweis begegnet werden kann.[517] Folglich sei ggf. auch ein sich auf mehrere Tage erstreckender Platzverweis noch zulässig.[518] Schließlich wird vertreten, dass der zeitlichen Dauer des Platzverweises zwar eine wesentliche, aber keine ausschließliche Bedeutung beizumessen sei, weil dies der „Vielgestaltigkeit der Lebenssachverhalte nicht gerecht" werde.[519] Letzterer Einschätzung ist zuzustimmen. Nur eine flexible Festlegung der zeitlichen Dauer des Platzverweises ermöglicht es der handelnden Behörde, im Einzelfall situationsadäquate Anordnungen zu treffen. Die Beamten handeln hier im Rahmen ihres Ermessensspielraums, denn aufgrund ihrer Praxiserfahrung vermögen sie am ehesten zu beurteilen, welche zeitliche Geltungsdauer im konkreten Fall zur Gefahrenabwehr erforderlich ist. In der Praxis kann die Behörde im Zweifel ein Aufenthaltsverbot anordnen, um die genannten Abgrenzungsschwierigkeiten und eine daraus resultierende Rechtsunsicherheit zu ver-

---

514 *Schenke, Wolf-Rüdiger,* Polizei- und Ordnungsrecht, 10. Aufl. Heidelberg 2018, Rn. 132. Vgl. auch *Schoch, Friedrich,* Polizei- und Ordnungsrecht, in: Schoch, Friedrich (Hrsg.), Besonderes Verwaltungsrecht, München 2018, S. 11, 166 f. sowie *Würtenberger, Thomas/Heckmann, Dirk/Tanneberger, Steffen,* Polizeirecht in Baden-Württemberg, 7. Aufl. Heidelberg 2017, § 5 Rn. 166. S. ebenfalls den Überblick bei: *Lang, Heinrich,* „Das Opfer bleibt, der Schläger geht" – Rechtsfragen polizeilicher Wohnungsverweisungen bei der Bekämpfung häuslicher Gewalt – in: VerwArch Band 96 (2005), 283 ff.

515 *Schenke, Wolf-Rüdiger,* Polizei- und Ordnungsrecht, 10. Aufl. Heidelberg 2018, Rn. 132.

516 *Schenke, Wolf-Rüdiger/Schenke, Ralf Peter,* Polizei- und Ordnungsrecht, in: Steiner, Udo/Brinktrine, Ralf (Hrsg.), Besonderes Verwaltungsrecht, 9. Aufl. Heidelberg 2018, S. 147, 201.

517 *Schmidbauer, Wilhelm,* Polizeiliche Gefahrenabwehr bei Gewalt im sozialen Nahraum, in: BayVBl. 2002, 257, 263. Vgl. auch *Berner, Georg/Köhler, Gerd Michael/Käß, Robert,* Polizeiaufgabengesetz, 20. Aufl. Heidelberg 2010, Art. 16 Rn. 3. Bedenken gegen eine solche Auffassung äußert *Schenke, Wolf-Rüdiger,* Polizei- und Ordnungsrecht, 10. Aufl. Heidelberg 2018, Rn. 132.

518 *Belz, Reiner/Mußmann, Eike/Kahlert, Henning/Sander, Gerald G.,* Polizeigesetz für Baden-Württemberg, 8. Aufl. Stuttgart 2015, § 27 a Rn. 5; *Würtenberger, Thomas/Heckmann, Dirk/Tanneberger, Steffen,* Polizeirecht in Baden-Württemberg, 7. Aufl. Heidelberg 2017, § 5 Rn. 166, Fn. 287. Vgl. auch *Stephan, Ulrich/Deger, Johannes,* Polizeigesetz für Baden-Württemberg, 6. Aufl. Stuttgart 2009, § 26 Rn. 27.

519 *Würtenberger, Thomas/Heckmann, Dirk/Tanneberger, Steffen,* Polizeirecht in Baden-Württemberg, 7. Aufl. Heidelberg 2017, § 5 Rn. 166. Vgl. auch *Belz, Reiner/Mußmann, Eike/Kahlert, Henning/Sander, Gerald G.,* Polizeigesetz für Baden-Württemberg, 8. Aufl. Stuttgart 2015, § 27 a Rn. 5. Im Ergebnis ebenfalls *Schoch, Friedrich,* Polizei- und Ordnungsrecht, in: Schoch, Friedrich (Hrsg.), Besonderes Verwaltungsrecht, München 2018, S. 11, 167.

meiden.[520] Selbstverständlich müssen dann die Voraussetzungen des § 12 b Abs. 2 SOG vorliegen.

256 Auch der Begriff des **Ortes** bietet definitorischen Spielraum. Zwar legt der Wortlaut, der gerade von einem „Ort" und nicht etwa von einem „Gebiet" (vgl. § 12 b Abs. 2 Satz 1 SOG) spricht, ein enges Begriffsverständnis im Sinne einer eng umgrenzten Örtlichkeit nahe.[521] Eine solche Einschätzung ist im Hinblick auf den Normzweck (Effektivität der Gefahrenabwehr) jedoch abzulehnen.[522] Auch der räumliche Geltungsbereich der Verweisungsverfügung muss vielmehr durch die Gefahrenlage im Einzelfall mitbestimmt werden.[523] Es sind nämlich Fallgestaltungen denkbar, in denen ein Platzverweis sich auf einen größeren räumlichen Bereich (wie etwa einen gesamten Stadtbezirk) beziehen muss, um zur Gefahrenabwehr geeignet zu sein.[524] Halten sich etwa in bestimmten Stadtteilen schwerpunktmäßig Angehörige der offenen Drogenszene auf, so kann einer auftretenden konkreten Gefahr mit Rauschgiftbezug in der Regel am effektivsten begegnet werden, indem ein Platzverweis für den gesamten betroffenen Stadtteil ausgesprochen wird.[525] Auf diesem Wege wird verhindert, dass lediglich eine räumliche Verlagerung der Gefahrenquelle um wenige Meter, etwa in eine anliegende Straße, stattfindet. Durch die feststehenden Stadtteilgrenzen ist eine solche Verweisungsanordnung auch in ihrem räumlichen Geltungsbereich hinreichend bestimmt. Für die Praxis gilt aber auch in diesem Zusammenhang: Je weiter der räumliche Geltungsbereich des Platzverweises reicht, desto eher kommt ein Aufenthaltsverbot in Betracht.[526]

257 Nicht von der Ermächtigung des § 12 a SOG gedeckt, ist das Gebot, sich an einen bestimmten Ort zu begeben.[527] Dies folgt schon aus dem insoweit eindeutigen Wortlaut der Norm, der keine Anhaltspunkte für eine solche An-

520 Vgl. *Schoch, Friedrich,* Polizei- und Ordnungsrecht, in: Schoch, Friedrich (Hrsg.), Besonderes Verwaltungsrecht, München 2018, S. 11, 167.

521 Vgl. *Belz, Reiner/Mußmann, Eike/Kahlert, Henning/Sander, Gerald G.,* Polizeigesetz für Baden-Württemberg, 8. Aufl. Stuttgart 2015, § 27 a Rn. 3 sowie *Siegel, Thorsten,* Stadionverbote und andere polizeirechtliche Maßnahmen zur Eindämmung von Gewalt in Fußballstadien, in: NJW 2013, 1035, 1036.

522 Vgl. *Würtenberger, Thomas/Heckmann, Dirk/Tanneberger, Steffen,* Polizeirecht in Baden-Württemberg, 7. Aufl. Heidelberg 2017, § 5 Rn. 167.

523 VGH München, in: NVwZ 2001, 1291.

524 Vgl. VGH Mannheim, Beschluss v. 08. 07. 1997, 1 S 1409/97 (Juris).

525 Vgl. VGH Mannheim, Beschluss v. 08. 07. 1997, 1 S 1409/97 (Juris) sowie *Stammer, Jens,* in: B/E/R/S, § 12 a SOG Rn. 8.

526 *Würtenberger, Thomas/Heckmann, Dirk/Tanneberger, Steffen,* Polizeirecht in Baden-Württemberg, 7. Aufl. Heidelberg 2017, § 5 Rn. 167.

527 Vgl. *Maaß, Rainald,* Der Verbringungsgewahrsam nach dem geltenden Polizeirecht, in: NVwZ 1985, 151, 154 sowie *Kappeler, Ann-Marie,* Der Verbringungsgewahrsam im System vollzugspolizeilicher Eingriffsbefugnisse, in: DÖV 2000, 227, 230.

ordnungsbefugnis enthält. In Betracht kommt in solchen Fällen aber der Rückgriff auf die Generalklausel des § 3 Abs. 1 SOG.[528] § 12 a SOG taugt weiterhin nicht als Ermächtigungsgrundlage für einen **Verbringungsgewahrsam**,[529] bei dem der Betroffene mit einem Polizeifahrzeug an einen Ort in größerer Entfernung verbracht wird, um eine schnelle Rückkehr an den Verweisungsort zu verhindern.[530] Auch § 3 Abs. 1 SOG scheidet nach herrschender Auffassung als Rechtsgrundlage aus (s. dazu B.I.2.g.cc.2.).[531]

Eine Platzverweisung kann nicht nur unter freiem Himmel, sondern grund- **258**
sätzlich auch in geschlossenen Räumen angeordnet werden.[532] Ebenso besteht grundsätzlich die Befugnis, dem Adressaten eine bestimmte Richtung zum Entfernen aufzugeben, etwa um ein Zusammentreffen mit bestimmten Personen zu vermeiden.[533] Im Zusammenhang mit einer Wegweisung bei häuslicher Gewalt ist jedoch § 12 b Abs. 1 SOG als speziellere Regelung anzuwenden.[534]

(2) Vorübergehendes Betretungsverbot eines Ortes

Es wird verwiesen auf die Ausführungen zur „vorübergehenden Verwei- **259**
sung von einem Ort". In Fällen häuslicher Gewalt bildet § 12 b Abs. 1 SOG auch bei einem vorübergehenden Betretungsverbot die speziellere Ermächtigungsgrundlage.[535]

(3) Ermessen

Ob die handelnde Behörde eine Platzverweisung und/oder ein Betretungs- **260**
verbot anordnet, liegt in ihrem pflichtgemäßen Ermessen („darf"). Im Rahmen des Auswahlermessens ist nicht nur der Grundsatz der Verhältnismäßigkeit einzuhalten, sondern es sind auch die bereits genannten räumlichen und zeitlichen Ermessungsbeschränkungen[536] **(„vorübergehend"/„Ort")** zu

---

528 Vgl. *Schenke, Wolf-Rüdiger,* Polizei- und Ordnungsrecht, 10. Aufl. Heidelberg 2018, Rn. 132.

529 Vgl. *Graulich, Kurt,* Das Polizeihandeln, in: L/D, E. Rn. 418.

530 *Schenke, Wolf-Rüdiger,* Polizei- und Ordnungsrecht, 10. Aufl. Heidelberg 2018, Rn. 132 b.

531 LG Hamburg, in: NVwZ-RR 1997, 537, 539 f.; *Schoch, Friedrich,* Polizei- und Ordnungsrecht, in: Schoch, Friedrich (Hrsg.), Besonderes Verwaltungsrecht, München 2018, S. 11, 175 f.; *Schucht, Carsten,* Der Verbringungsgewahrsam im Polizeirecht – Eine kritische Bestandsaufnahme nach mehr als 30 Jahren Polizeipraxis, in: DÖV 2011, 553, 559 f.

532 *Stammer, Jens,* in: B/E/R/S, § 12 a SOG Rn. 9.

533 *Schmidbauer, Wilhelm/Steiner, Udo,* Bayerisches Polizeiaufgabengesetz und bayerisches Polizeiorganisationsgesetz, 4. Aufl. München 2014, Art. 16 Rn. 26 ff.; *Stammer, Jens,* in: B/E/R/S, § 12 a SOG Rn. 12. A. A. *Honnacker, Heinz/Beinhofer, Paul/Hauser, Manfred,* Polizeiaufgabengesetz, 20. Aufl. Stuttgart 2014, Art. 16 Rn. 3.

534 *Stammer, Jens,* in: B/E/R/S, § 12 a SOG Rn. 9.

535 Vgl. *Stammer, Jens,* in: B/E/R/S, § 12 a SOG Rn. 2.

536 *Stammer, Jens,* in: B/E/R/S, § 12 a SOG Rn. 3.

berücksichtigen. Hinsichtlich der Inanspruchnahme von Störern und Dritten ist das Auswahlermessen korrekt auszuüben.[537] Insoweit wird auf B.I.4.b.cc. verwiesen.

5. Betretungs-, Aufenthalts-, Kontakt- und Näherungsverbot, § 12 b SOG

Tim Holzki

a) Betretungsverbot, § 12 b Abs. 1 SOG

aa) Vorbemerkung

261 Das in § 12 b Abs. 1 SOG geregelte[538] **Wegweisungsrecht** und **Betretungsverbot** wurde ursprünglich mit dem Fünften Gesetz zur Änderung des Gesetzes zum Schutz der öffentlichen Sicherheit und Ordnung vom 18. 07. 2001 in das SOG eingefügt,[539] um in Fällen häuslicher Gewalt die zeitliche Lücke zwischen polizeilicher Erstintervention und zivilrechtlicher Entscheidung im Rahmen des Gewaltschutzgesetzes (GewSchG) zu schließen.[540] Platzverweis (§ 12 a SOG) und Ingewahrsamnahme (§ 13 SOG) vermochten dies bis dato aufgrund ihrer begrenzten zeitlichen Dauer nur bedingt.[541]

262 Wegweisungsrecht und Betretungsverbot stellen Verwaltungsakte im Sinne des § 35 Satz 1 HmbVwVfG dar.[542] Das in der Praxis an den Betroffenen ausgehändigte Hinweisblatt fungiert dabei als schriftliche Bestätigung der Verfügung.[543] Zur Durchsetzung der jeweiligen Maßnahmen kann auf die Regelungen über die Anwendung des unmittelbaren Zwangs (§§ 17 ff. SOG) zurückgegriffen werden.[544] Ebenfalls ist die Polizei in diesem Zusammenhang regelmäßig ebenfalls befugt, die Wohnungsschlüssel des Betroffenen sicherzustellen.[545] Schließlich besteht die Möglichkeit der Ingewahrsam-

---

537 Vgl. *Schoch, Friedrich,* Polizei- und Ordnungsrecht, in: Schoch, Friedrich (Hrsg.), Besonderes Verwaltungsrecht, München 2018, S. 11, 166 f. sowie *Pieroth, Bodo/Schlink, Bernhard/Kniesel, Michael,* Polizei- und Ordnungsrecht, 9. Aufl. München 2016, § 16 Rn. 15 f.

538 Vgl. BürgDrucks. 18/1487 v. 14. 12. 2004, S. 1.

539 HmbGVBl. 2001 217. Dort noch als neuer § 12 a Abs. 2 SOG.

540 BürgDrucks. 16/6147 v. 05. 06. 2001, S. 1 sowie *Stammer, Jens,* in: B/E/R/S, § 12 b SOG Rn. 4. S. ebenfalls: *Hermann, Ulrike,* Die Umsetzung des „Gewaltschutzgesetzes" in das Landespolizeirecht, in: NJW 2002, 3062 ff.

541 *Stammer, Jens,* in: B/E/R/S, § 12 b SOG Rn. 4.

542 *Stammer, Jens,* in: B/E/R/S, § 12 b SOG Rn. 23.

543 *Stammer, Jens,* in: B/E/R/S, § 12 b SOG Rn. 23.

544 *Stammer, Jens,* in: B/E/R/S, § 12 b SOG Rn. 33.

545 *Stammer, Jens,* in: B/E/R/S, § 12 b SOG Rn. 33.

nahme, wenn eine solche zur Durchsetzung des Betretungsverbots unerlässlich ist (§ 13 b Abs. 1 Nr. 4 SOG).

bb) Checkliste Rechtmäßigkeit

- Tatbestandsvoraussetzungen 263
  - Gefahr für Leib, Leben oder Freiheit von Bewohnern derselben Wohnung
- Rechtsfolge
  - Wegweisung und/oder Betretungsverbot möglich
  - Wohnung und unmittelbar angrenzender Bereich
  - Ermessen
- Maßnahmenspezifische Verfahrens- und Formerfordernisse
  - Umfangs des Betretungsverbots zeitlich begrenzen
  - Benachrichtigungspflicht

cc) Betroffene Grundrechte

Durch die Wohnungsverweisung und das Betretungsverbot im Sinne des § 12 264
b Abs. 1 SOG wird in den Schutzbereich des **Grundrechts auf Freizügigkeit (Art. 11 Abs. 1 GG)** eingegriffen.[546] Die Maßnahmen müssen daher den Anforderungen des Art. 11 Abs. 2 GG („um strafbaren Handlungen vorzubeugen") genügen.[547] Vom personellen Schutzbereich des Art. 11 Abs. 1 GG sind dabei auch potentielle Straftäter erfasst.[548] Dies folgt bereits daraus, dass der qualifizierte Schrankenvorbehalt des Art. 11 Abs. 2 GG (Kriminalvorbehalt) explizit ebenfalls die Vorbeugung strafbarer Handlungen aufführt.[549] Der Schrankenvorbehalt wäre überflüssig, wenn „potentielle Rechtsbrecher" sich von vornherein nicht auf das Freizügigkeitsrecht berufen dürften.[550]

---

546 Vgl. VGH Mannheim, in: NJW 2005, 88 sowie *Mann, Thomas,* Polizei- und Ordnungsrecht, in: Erbguth, Wilfried/Mann, Thomas/Schubert, Mathias (Hrsg.) Besonderes Verwaltungsrecht, 13. Aufl. Heidelberg 2020, S. 167, 249 und *Gusy, Christoph,* Polizei- und Ordnungsrecht, 10. Aufl. Tübingen 2017, Rn. 279.

547 VGH Mannheim, in: NJW 2005, 88; *Mann, Thomas,* Polizei- und Ordnungsrecht, in: Erbguth, Wilfried/Mann, Thomas/Schubert, Mathias (Hrsg.) Besonderes Verwaltungsrecht, 13. Aufl. Heidelberg 2020, S. 167, 249; *Gusy, Christoph,* Polizei- und Ordnungsrecht, 10. Aufl. Tübingen 2017, Rn. 279.

548 *Graulich, Kurt,* Das Polizeihandeln, in: L/D, E. Rn. 424. S. zum Meinungsstand: *Götz, Volkmar,* Die Entwicklung des allgemeinen Polizei- und Ordnungsrechts (1994–1997), in: NVwZ 1998, 679, 683. Vgl. auch *Alberts, Hans W.,* Freizügigkeit als polizeiliches Problem, in: NVwZ 1997, 45, 47 f.

549 *Graulich, Kurt,* Das Polizeihandeln, in: L/D, E. Rn. 442.

550 *Graulich, Kurt,* Das Polizeihandeln, in: L/D, E. Rn. 442.

265 Ob Wegweisung und Betretungsverbot in den Schutzbereich des Art. 13 GG eingreifen, wird unterschiedlich beurteilt,[551] ist im Ergebnis aber zu verneinen. Das Grundrecht auf Unverletzlichkeit der Wohnung gewährt zwar Schutz vor einem Eindringen in die raumbezogene Privatsphäre, nicht jedoch davor, dass diese raumbezogene Privatsphäre der eigenen Verfügungs- oder Nutzungsmöglichkeit entzogen wird.[552] Letzteres ist jedoch im Rahmen des § 12 b Abs. 1 SOG der Fall. Selbst wenn man einen Eingriff in das Grundrecht aus Art. 13 GG annimmt, wird im Zusammenhang mit einer Wohnungsverweisung oder einem Betretungsverbot regelmäßig eine – den Eingriff rechtfertigende – dringende Gefahr für die öffentliche Sicherheit und Ordnung im Sinne des. Art. 13 Abs. 7 GG vorliegen.[553]

266 Schließlich kommt durch Wegweisung und Betretungsverbot ebenfalls ein Eingriff in den – auch den Mieter umfassenden[554] – Schutzbereich des Art. 14 Abs. 1 Satz 1 GG in Betracht.[555] Im Rahmen der anzustellenden Verhältnismäßigkeitsprüfung wird allerdings regelmäßig davon auszugehen sein, dass der Schutz von Leib und Leben der jeweiligen Gefährdungsopfer die Rechtspositionen des Betroffenen überwiegt.[556]

dd) Einzelerläuterungen

(1) Tatbestandsvoraussetzungen

267 Auf Tatbestandsebene fordert § 12 Abs. 1 SOG eine **Gefahr für Leib, Leben oder Freiheit von Bewohnern derselben Wohnung.** Zum Begriff der **Gefahr** wird auf die Kommentierung zu § 3 Abs. 1 SOG verwiesen (s. B. I.2.g.aa.2.). Bleibt bereits der Geschehensablauf zweifelhaft, weil die Darstellungen der Beteiligten **erheblich** voneinander abweichen oder können lediglich verbale Streitigkeiten festgestellt werden, so genügt dies für die Annahme einer Gefahr nicht.[557] Gleiches gilt, wenn ein Lebenspartner mit Suizid droht,

551 *Stammer, Jens,* in: B/E/R/S, § 12 b SOG Rn. 5.

552 BVerfG, in: NJW 2008, 2493; *Kingreen, Thorsten/Poscher, Ralf,* Polizei- und Ordnungsrecht, 10. Aufl. München 2018, § 15 Rn. 5.

553 Vgl. BürgDrucks. 16/6147 v. 05. 06. 2001, S. 3 sowie *Stammer, Jens,* in: B/E/R/S, § 12 b SOG Rn. 5.

554 BVerfG, in: NJW 2000, 2658 f.; *Kingreen, Thorsten/Poscher, Ralf,* Polizei- und Ordnungsrecht, 10. Aufl. München 2018, § 15 Rn. 5.

555 *Kingreen, Thorsten/Poscher, Ralf,* Polizei- und Ordnungsrecht, 10. Aufl. München 2018, § 15 Rn. 5; *Schoch, Friedrich,* Polizei- und Ordnungsrecht, in: Schoch, Friedrich (Hrsg.), Besonderes Verwaltungsrecht, München 2018, S. 11, 172.

556 Vgl. *Lang, Heinrich,* „Das Opfer bleibt, der Schläger geht" – Rechtsfragen polizeilicher Wohnungsverweisungen bei der Bekämpfung häuslicher Gewalt – in: VerwArch Band 96 (2005), 283, 295 f.

557 OVG Münster, in: NJW 2015, 1468, 1469.

aber keine strafbare Handlung des anderen Partners gegeben ist.[558] In zeitlicher Hinsicht kann eine Anordnung gem. § 12 b Abs. 1 SOG auch noch mehrere Tage im Anschluss an eine Misshandlung erteilt werden, sofern die konkrete Gefahr weiterer Misshandlungen verbleibt.[559] Für eine solche Einschätzung spricht bereits der Wortlaut der Norm, der keine Einschränkungen hinsichtlich der Schwere der Tat und des für die Gefahrenprognose heranzuziehenden Zeitraums enthält.[560]

Bezüglich des Wohnungsbegriffs ist auf § 16 Abs. 1 SOG zurückzugreifen. 268 **Wohnungen** im Sinne dieser Vorschrift sind demnach Wohn- und Nebenräume, Arbeits-, Betriebs- und Geschäftsräume sowie anderes befriedetes Besitztum, das mit diesen Räumen im Zusammenhang steht. Ein **Bewohnen derselben Wohnung** ist gegeben, wenn beide Bewohner in der konkreten Wohnung ihren Lebensmittelpunkt haben.[561] Hierzu bedarf es weder einer inneren Bindung der Bewohner aneinander, noch eines auf Dauer angelegten gemeinsamen Haushalts, sodass etwa auch Wohngemeinschaften in den Anwendungsbereich der Norm fallen.[562] Zu fordern ist jedoch eine gewisse Dauerhaftigkeit des Zusammenlebens, an der es etwa fehlt, wenn Personen sich nur vorübergehend – etwa im Rahmen eines Besuchs – in der Wohnung aufhalten.[563] Dies gilt selbst dann, wenn die Besucher über einen eigenen Rückzugsraum verfügen.[564] In derartigen Fällen können auftretende Gefahren mit einem Platzverweis (§ 12 a SOG), einem Aufenthaltsverbot (§ 12 b Abs. 2 SOG) oder einer Gewahrsamnahme (§ 13 Abs. 1 Nr. 2–4 SOG) bewältigt werden.[565] Adressat der jeweiligen Maßnahme ist dann die Person, die mit der gefährdeten Person die Wohnung teilt.[566]

(2) Rechtsfolge

(a) Wegweisung und/oder Betretungsverbot möglich

Auf Rechtsfolgenseite sieht § 12 b Abs. 1 Satz 1 SOG die Anordnung einer 269 Wegweisung und/oder eines Betretungsverbots vor. Die Durchsetzung der jeweiligen Maßnahme erfolgt nach den allgemeinen Regeln der Verwal-

558 Vgl. VGH Mannheim, in: NJW 2005, 88, 89.
559 *Stammer, Jens,* in: B/E/R/S, § 12 b SOG Rn. 8.
560 Vgl. *Stammer, Jens,* in: B/E/R/S, § 12 b SOG Rn. 8.
561 Vgl. *Graulich, Kurt,* Das Polizeihandeln, in: L/D, E. Rn. 472.
562 *Stammer, Jens,* in: B/E/R/S, § 12 b SOG Rn. 17.
563 *Stammer, Jens,* in: B/E/R/S, § 12 b SOG Rn. 17.
564 *Stammer, Jens,* in: B/E/R/S, § 12 b SOG Rn. 17.
565 *Stammer, Jens,* in: B/E/R/S, § 12 b SOG Rn. 17.
566 *Kingreen, Thorsten/Poscher, Ralf,* Polizei- und Ordnungsrecht, 10. Aufl. München 2018, § 15 Rn. 27.

tungsvollstreckung, was die Anwendung unmittelbaren Zwangs einschließt,[567] und durch Gewahrsamnahme (§ 13 Abs. 1 Nr. 4 SOG).

(b) Wohnung und unmittelbar angrenzender Bereich

270 Ebenfalls auf der Ebene der Rechtsfolge gestaltet § 12 b Abs. 1 Satz 1 SOG den räumlichen Geltungsbereich der Anordnungsbefugnis näher aus („darf aus ihrer Wohnung und dem unmittelbar angrenzenden Bereich verwiesen werden"). Hinsichtlich der **Wohnungsdefinition** wird auf die Ausführungen unter B.II.5.a.dd.1. verwiesen. Etwaige Eigentums- oder Besitzrechte des Täters an der Wohnung stehen der Anordnung eines Betretungsverbots dabei ebenso wenig entgegen,[568] wie ein bestehendes Umgangsrecht mit im Haushalt lebenden Kindern.[569] Dies muss schon deshalb gelten, weil diese einer bestehenden Gewaltbeziehung in besonderem Maße schutzlos ausgeliefert sind.[570] In der Praxis ist insbesondere zu beachten, dass § 12 b Abs. 1 SOG nicht zum Betreten oder Durchsuchen von Wohnungen berechtigt.[571] Diese Maßnahmen sind nur unter den zusätzlichen Voraussetzungen des § 16 SOG möglich.[572]

271 Zum **unmittelbar angrenzenden Bereich** zählen der Eingangsbereich zur Wohnung (inklusive Treppenhaus und Straße vor dem Eingangsbereich) sowie der sich daran anschließende Straßenbereich.[573] Letzterer muss im Hinblick auf den Sinn und Zweck des § 12 b Abs. 1 SOG (Opferschutz) von der Begriffsdefinition umfasst sein, um bereits eine visuelle Kontaktaufnahme des Betroffenen mit dem Opfer zu verhindern.[574] Um den allgemein zu beachtenden Bestimmtheitsgrundsatz des § 37 Abs. 1 Nr. 1 HmbVwVfG zu wahren, hat die Polizei dem Betroffenen genau darzulegen, welcher räumliche Bereich von der Wohnung und dem unmittelbar angrenzenden Bereich von der Verbotsverfügung umfasst ist.[575]

---

567 *Hoffmann-Riem, Wolfgang/Eifert,* Martin, Polizei- und Ordnungsrecht, in: Hoffmann-Riem, Wolfgang/Koch, Hans-Joachim (Hrsg.), Hamburgisches Staats- und Verwaltungsrecht, 3. Aufl. Baden-Baden 2006, S. 161, 182.

568 Vgl. VG Aachen, Beschluss v. 23. 04. 2004, 6 L 367/04 (Juris).

569 *Stammer, Jens,* in: B/E/R/S, § 12 b SOG Rn. 17.

570 Vgl. *Stammer, Jens,* in: B/E/R/S, § 12 b SOG Rn. 13 sowie VG Aachen, Beschluss v. 23. 04. 2004, 6 L 367/04 (Juris).

571 *Stammer, Jens,* in: B/E/R/S, § 12 b SOG Rn. 5.

572 *Stammer, Jens,* in: B/E/R/S, § 12 b SOG Rn. 5.

573 *Stammer, Jens,* in: B/E/R/S, § 12 b SOG Rn. 22.

574 Vgl. *Stammer, Jens,* in: B/E/R/S, § 12 b SOG Rn. 22.

575 *Stammer, Jens,* in: B/E/R/S, § 12 b SOG Rn. 22.

(c) Ermessen

§ 12 b Abs. 1 Satz 1 SOG räumt der handelnden Behörde **Ermessen** ein („darf").[576] Es gelten insoweit die allgemeinen Regeln zur Ermessensüberprüfung (s. B. I.4.). **272**

Berücksichtigung finden muss im Rahmen der behördlichen Ermessensentscheidung grundsätzlich auch der Wille einer sich selbst gefährdenden Person.[577] Dies folgt aus der Allgemeinen Handlungsfreiheit gem. Art. 2 Abs. 1 GG.[578] Dieses Recht findet seine Grenzen indes in Situationen, in denen sich eine erhebliche Gefahr für Leib und Leben anderer Personen ergibt.[579] In diesen Fällen ist die sich aus Art. 2 Abs. 2 Satz 1 GG ergebende und insoweit nicht disponible staatliche Schutzpflicht gegenüber dem Einzelnen höher zu gewichten.[580] Teilweise wird im Zusammenhang mit einer freiwilligen Selbstgefährdung bereits auf Tatbestandsebene das Vorliegen einer Gefahr verneint.[581] Gegen eine solche Einschätzung spricht jedoch, dass bei streng dogmatischer Betrachtung der Wille des Gefährdungsopfers ohne Auswirkung auf Definition und Subsumtion der Gefahr bleibt, sodass die besseren Argumente für eine Problematisierung auf Ermessensebene sprechen.[582] In der Praxis dürfte sich dieser Aspekt allerdings kaum auswirken: Die Polizeibeamten werden in der Regel schon aus Zeitgründen keine Motiverforschung anstellen können und – auch im Hinblick auf Art. 2 Abs. 2 Satz 1 GG – daher im Zweifel davon auszugehen haben, dass der geäußerte Wille der gefährdeten Person nicht frei gebildet wurde und insoweit unbe- **273**

576 *Stammer, Jens,* in: B/E/R/S, § 12 b SOG Rn. 30 plädiert aufgrund der Schutzverpflichtung des Staates für eine Ermessensreduzierung, wenn durch Tatsachen belegt ist, dass eine Gefahr für Leib, Leben oder Freiheit besteht.

577 *Schenke, Wolf-Rüdiger/Schenke, Ralf Peter,* Polizei- und Ordnungsrecht, in: Steiner, Udo/Brinktrine, Ralf (Hrsg.), Besonderes Verwaltungsrecht, 9. Aufl. Heidelberg 2018, S. 147, 202. Vgl. auch VG Aachen, in: NJW 2004, 1888, 1889 sowie *Hoffmann-Riem, Wolfgang/Eifert,* Martin, Polizei- und Ordnungsrecht, in: Hoffmann-Riem, Wolfgang/Koch, Hans-Joachim (Hrsg.), Hamburgisches Staats- und Verwaltungsrecht, 3. Aufl. Baden-Baden 2006, S. 161, 182.

578 *Stammer, Jens,* in: B/E/R/S, § 12 b SOG Rn. 13.

579 VGH Mannheim, in: BeckRS 2012, 59495; VGH Mannheim, Urteil v. 22. 07. 2004, 1 S 410/03 (Juris); VGH Mannheim, in: NJW 1998, 2235 ff.

580 VG Aachen, Beschluss v. 28. 03. 2013, 6 L 121/13 (Juris); VG Aachen, Beschluss v. 14. 02. 2013, 6 L 61/13 (Juris); *Guckelberger, Annette,* Die polizeiliche Wohnungsverweisung, in: JA 2011, 1, 6.

581 *Thiel, Markus,* Polizei- und Ordnungsrecht, 4. Aufl. Baden-Baden 2020, § 8 Rn. 30; *Pieroth, Bodo/Schlink, Bernhard/Kniesel, Michael,* Polizei- und Ordnungsrecht, 9. Aufl. München 2016, § 16 Rn. 29. Vgl. auch *Guckelberger, Annette/Gard, Andre,* Polizeiliche Wohnungsverweisung bei freiwilligem Verlassen der Wohnung durch das Opfer?, in: NJW 2014, 2822, 2825 f.

582 Im Ergebnis ebenso: *Würtenberger, Thomas/Heckmann, Dirk/Tanneberger, Steffen,* Polizeirecht in Baden-Württemberg, 7. Aufl. Heidelberg 2017, § 5 Rn. 177.

achtlich ist.[583] Dies muss erst recht in den Fällen gelten, in denen Dritte (etwa Kinder) gleichzeitige Gefährdungsopfer sind,[584] denn über deren Rechtsgüter kann die sich selbst gefährdende Person von vornherein nicht disponieren.[585]

274 Um der im Rahmen des **Gestaltungsermessens** zu prüfenden Verhältnismäßigkeit zu genügen, fordert dort unter anderem der Grundsatz der **Erforderlichkeit**, dass dem Betroffenen die Gelegenheit gegeben wird, dringend benötigte Gegenstände des persönlichen Bedarfs aus der Wohnung mitzunehmen.[586] Nach Verlassen der Wohnung ist dies nur noch über ein Ersuchen bei der Polizei möglich.[587] Nicht der Erforderlichkeit des Betretungsverbots steht es entgegen, wenn das Gewaltopfer ohnehin beabsichtigt, die Wohnung zu verlassen, denn ihm soll die freie Wahl ermöglicht werden, wo und in welchem Vorgehen es für sich selbst den größtmöglichen Schutz sieht.[588]

275 Der Grundsatz der **Angemessenheit** (Verhältnismäßigkeit im engeren Sinne) gebietet es darüber hinaus, den Betroffenen über andere Möglichkeiten der Unterkunft zu informieren, um eine Obdachlosigkeit zu verhindern.[589] Insbesondere im Zusammenhang mit Wegweisungen von Jugendlichen werden im Regelfall zusätzliche Schritte notwendig sein.[590] Welches Vorgehen im Einzelfall zielführend ist, sollte in Zusammenarbeit mit den zuständigen Jugendhilfeeinrichtungen abgeklärt werden, weil diese über die größere Fachkompetenz verfügen dürften.

276 Bei wechselseitigen Körperverletzungen ist grundsätzlich die Person der Wohnung zu verweisen, die „den größeren Anteil am Streit trägt“ oder der – bei gleichen Anteilen an der Auseinandersetzung – ein Auszug am

---

583 *Würtenberger, Thomas/Heckmann, Dirk/Tanneberger, Steffen,* Polizeirecht in Baden-Württemberg, 7. Aufl. Heidelberg 2017, § 5 Rn. 177. Vgl. auch *Stammer, Jens,* in: B/E/R/S, § 12 b SOG Rn. 13.

584 Vgl. LG Hamburg Beschluss v. 23. 09. 2005, 301 T 451/05, zitiert nach *Stammer, Jens,* in: B/E/R/S, § 12 b SOG Rn. 13 sowie *Würtenberger, Thomas/Heckmann, Dirk/Tanneberger, Steffen,* Polizeirecht in Baden-Württemberg, 7. Aufl. Heidelberg 2017, § 5 Rn. 177.

585 *Würtenberger, Thomas/Heckmann, Dirk/Tanneberger, Steffen,* Polizeirecht in Baden-Württemberg, 7. Aufl. Heidelberg 2017, § 5 Rn. 177.

586 So *Kingreen, Thorsten/Poscher, Ralf,* Polizei- und Ordnungsrecht, 10. Aufl. München 2018, § 15 Rn. 28.

587 *Stammer, Jens,* in: B/E/R/S, § 12 b SOG Rn. 32.

588 *Stammer, Jens,* in: B/E/R/S, § 12 b SOG Rn. 16.

589 *Gusy, Christoph,* Polizei- und Ordnungsrecht, 10. Aufl. Tübingen 2017, Rn. 279; *Stammer, Jens,* in: B/E/R/S, § 12 b SOG Rn. 31.

590 *Stammer, Jens,* in: B/E/R/S, § 12 b SOG Rn. 31.

ehesten abverlangt werden kann.[591] Dies folgt nicht nur aus **Verhältnismäßigkeitserwägungen,**[592] sondern letztlich auch aus den Grundsätzen der **Störerauswahl**[593] gem. §§ 8 ff. SOG, als Bestandteil des **Auswahlermessens.** Im Einzelfall kann es allerdings – entgegen der grundsätzlichen Schutzrichtung des § 12 b Abs. 1 SOG – angezeigt sein, dass das Opfer die Wohnung verlässt;[594] etwa angesichts des gesundheitlichen Zustands des Täters oder wenn Kinder und Jugendliche anderenfalls ohne Sorgeberechtigten zurückbleiben würden.[595] Auch bei diesem Aspekt handelt es sich um eine Frage des vom handelnden Beamten pflichtgemäß auszuübenden **Auswahlermessens.**[596] Ob das Opfer eine Misshandlung möglicherweise herausgefordert hat, ist in diesem Zusammenhang unerheblich.[597] Gleiches gilt, wenn das Opfer zwar selbst Gewalt angewendet hat, es aber aufgrund seiner Konstitution vor erneuten Übergriffen bewahrt werden muss.[598] Schließlich sind Fälle denkbar, in denen es aus Verhältnismäßigkeitsgründen angezeigt sein kann, den räumlichen Geltungsbereich des Betretungsverbots auf bestimmte Räume zu begrenzen.[599] Maßstab bleibt auch in diesen Fällen die Gewährleistung der Effektivität der Gefahrenabwehr.[600]

---

591 VG Lüneburg, Beschluss v. 13. 06. 2003, 3 B 47/03 (Juris); *Stammer, Jens,* in: B/E/R/S, § 12 b SOG Rn. 9. Vgl. auch *Bösch, Rainer,* Rechtswidrige polizeiliche Verweisungsmaßnahmen, in: Jura 2009, 650 ff. sowie *Guckelberger, Annette/Gard, Andre,* Polizeiliche Wohnungsverweisung bei freiwilligem Verlassen der Wohnung durch das Opfer?, in: NJW 2014, 2822, 2825 f. und *Schoch, Friedrich,* Polizei- und Ordnungsrecht, in: Schoch, Friedrich (Hrsg.), Besonderes Verwaltungsrecht, München 2018, S. 11, 174.

592 So VG Lüneburg, Beschluss v. 13. 06. 2003, 3 B 47/03 (Juris) sowie *Stammer, Jens,* in: B/E/R/S, § 12 b SOG Rn. 9.

593 Vgl. *Bösch, Rainer,* Rechtswidrige polizeiliche Verweisungsmaßnahmen, in: Jura 2009, 650 ff. sowie *Guckelberger, Annette/Gard, Andre,* Polizeiliche Wohnungsverweisung bei freiwilligem Verlassen der Wohnung durch das Opfer?, in: NJW 2014, 2822, 2825 f. und *Schoch, Friedrich,* Polizei- und Ordnungsrecht, in: Schoch, Friedrich (Hrsg.), Besonderes Verwaltungsrecht, München 2018, S. 11, 174.

594 Vgl. *Tegtmeyer, Henning/Vahle, Jürgen,* Polizeigesetz Nordrhein-Westfalen, 12. Aufl. Stuttgart 2018, § 34 a Rn. 14 sowie *Stammer, Jens,* in: B/E/R/S, § 12 b SOG Rn. 32.

595 *Tegtmeyer, Henning/Vahle, Jürgen,* Polizeigesetz Nordrhein-Westfalen, 12. Aufl. Stuttgart 2018, § 34 a Rn. 14 sowie *Stammer, Jens,* in: B/E/R/S, § 12 b SOG Rn. 32.

596 *Stammer, Jens,* in: B/E/R/S, § 12 b SOG Rn. 9. Vgl. ebenfalls VG Lüneburg, Beschluss v. 13. 06. 2003, 3 B 47/03 (Juris).

597 *Stammer, Jens,* in: B/E/R/S, § 12 b SOG Rn. 10.

598 VG Hamburg, Beschluss v. 14. 06. 2005, 8 E 1883/05, zitiert nach *Stammer, Jens,* in: B/E/R/S, § 12 b SOG Rn. 10.

599 *Schoch, Friedrich,* Polizei- und Ordnungsrecht, in: Schoch, Friedrich (Hrsg.), Besonderes Verwaltungsrecht, München 2018, S. 11, 173.

600 Vgl. *Schoch, Friedrich,* Polizei- und Ordnungsrecht, in: Schoch, Friedrich (Hrsg.), Besonderes Verwaltungsrecht, München 2018, S. 11, 173.

(3) Maßnahmenspezifische Verfahrens- und Formerfordernisse

277 Das Betretungsverbot **beginnt** mit dem Tag seiner Verfügung[601] und **endet** gem. § 12 b Abs. 1 Satz 2 SOG spätestens zehn Tage nach seiner Anordnung. Die Berechnung der **Fristen** richtet sich nach § 31 HmbVwVfG i. V. m. den §§ 187 ff. BGB.[602] Dem Wortlaut des § 12 b Abs. 1 Satz 2 SOG wird teilweise entnommen, dass eine entsprechende Verbotsverfügung regelmäßig für die Dauer von 10 Kalendertagen auszusprechen sei.[603] Dieser Auffassung steht jedoch entgegen, dass § 12 b Abs. 1 Satz 2 SOG mit der Formulierung „spätestens" lediglich eine Höchst-, jedoch keine Regelfrist setzt, sodass grundsätzlich auch eine geringere Geltungsdauer in Betracht kommt.[604] Insoweit wird den handelnden Beamten grundsätzlich ein gewisser Ermessensspielraum einzuräumen sein. Da Sinn und Zweck des § 12 b Abs. 1 Satz 2 SOG darin liegen, dem Opfer die Inanspruchnahme einer Beratung und gegebenenfalls die Stellung eines Antrags auf einstweiligen Rechtsschutz im Zusammenhang mit § 2 GewSchG[605] zu ermöglichen,[606] dürfte eine zu restriktive Fristbemessung allerdings im Widerspruch zum Telos der Norm stehen.

278 Wird ein **Antrag auf Erlass einer einstweiligen Anordnung auf Überlassung einer gemeinsam genutzten Wohnung** zur alleinigen Benutzung gestellt, so endet das Betretungsverbot mit dem Tag der Wirksamkeit der gerichtlichen Entscheidung, spätestens 20 Tage nach Anordnung der Maßnahme (§ 12 b Abs. 1 Satz 3 SOG). Die gerichtliche Entscheidung entfaltet dabei erst durch Zustellung im Parteibetrieb gegenüber dem Adressaten der gem. § 12 b Abs. 1 SOG getroffenen Anordnung Wirksamkeit.[607] Eine wirksame Zustellung durch die Polizei scheidet mithin aus.[608] Teilweise wird vertreten, dass die Polizei verpflichtet sei, während des Betretungsverbots das Vorliegen der Voraussetzungen des § 12 b Abs. 1 Satz 1 SOG laufend zu überprüfen und das Verbot gegebenenfalls bereits vor Ablauf der gesetzlichen Frist aufzuheben, „wenn sich die Gefahrenprognose im weiteren Verlauf nicht mehr rechtfertigen" lasse.[609] Eine solche Verpflichtung lässt sich dem Wortlaut der Norm nicht unmittelbar entnehmen. Auch § 5 SOG bietet für eine sol-

601 *Stammer, Jens,* in: B/E/R/S, § 12 b SOG Rn. 24.

602 *Stammer, Jens,* in: B/E/R/S, § 12 b SOG Rn. 26.

603 So *Stammer, Jens,* in: B/E/R/S, § 12 b SOG Rn. 24.

604 Vgl. OVG Lüneburg, in: NVwZ-RR 2010, 841.

605 Überlassung einer gemeinsam genutzten Wohnung.

606 BürgDrucks. 16/6147 v. 05. 06. 2001 S. 3; *Stammer, Jens,* in: B/E/R/S, § 12 b SOG Rn. 25.

607 *Stammer, Jens,* in: B/E/R/S, § 12 b SOG Rn. 27.

608 BGH, in: NJW 2007, 1605, 1606.

609 So *Stammer, Jens,* in: B/E/R/S, § 12 b SOG Rn. 12.

che Einschätzung keinerlei Anhaltspunkte, denn diese Norm setzt einen Antrag des Betroffenen und keine Tätigkeit von Amts wegen voraus. Die Einschätzung wird in dieser Pauschalität wohl auch deshalb abzulehnen sein, weil eine derartige Überprüfung in der Praxis schon aus Kapazitätsgründen schwerlich möglich sein wird. Im Übrigen ist es den Polizeibeamten aufgrund ihrer praktischen Erfahrungen durchaus zuzutrauen, das richtige zeitliche Maß eines Betretungsverbots innerhalb der von § 12 b Abs. 1 SOG festgelegten Höchstgrenzen zu wählen, sodass auch die Gefahr einer Verletzung des Verhältnismäßigkeitsgrundsatzes als gering einzustufen ist.

§ 12 b Abs. 1 Satz 4 SOG legt eine von den Zivilgerichten gegenüber der **279** Polizei zwingend zu erfüllende Benachrichtigungspflicht fest.[610] Diese umfasst nicht nur Anträge und Entscheidungen im Sinne des § 2 GewSchG, sondern auch Schutzanordnungen gem. § 1 GewSchG sowie gegebenenfalls getroffene Vergleiche.[611] Ein weiter Umfang der Benachrichtigungspflicht ist schon deshalb zu befürworten, weil nur eine optimal informierte Polizei einen wirksamen Opferschutz gewährleisten kann.

b) Aufenthaltsverbot, § 12 b Abs. 2 SOG

aa) Vorbemerkung

Das seit der Novellierung des SOG im Jahr 2005 in § 12 b Abs. 2 SOG gere- **280** gelte[612] **Aufenthaltsverbot** ermöglicht „das polizeiliche […] Verbot, sich für einen bestimmten Zeitraum an einem bestimmten Ort, etwa einem Stadtteil, aufzuhalten“[613]. Die Maßnahme wurde bis 2001, damals noch auf Grundlage des § 3 Abs. 1 SOG, ausnahmslos gegen die offene Drogenszene, insbesondere gegen Intensivdealer, eingesetzt.[614] Nachdem im Jahr 2001 bereits das Betretungsverbot spezialgesetzlich geregelt wurde (s. B.II.5.a.aa.), erachtete der Hamburger Gesetzgeber es jedoch im Hinblick auf das Wesentlichkeitsprinzip für notwendig, auch das Aufenthaltsverbot als Stan-

610 *Hoffmann-Riem, Wolfgang/Eifert,* Martin, Polizei- und Ordnungsrecht, in: Hoffmann-Riem, Wolfgang/Koch, Hans-Joachim (Hrsg.), Hamburgisches Staats- und Verwaltungsrecht, 3. Aufl. Baden-Baden 2006, S. 161, 182 sowie *Stammer, Jens,* in: B/E/R/S, § 12 b SOG Rn. 29.

611 *Stammer, Jens,* in: B/E/R/S, § 12 b SOG Rn. 29.

612 HmbGVBl. 2005 233 f.

613 *Gusy, Christoph,* Polizei- und Ordnungsrecht, 10. Aufl. Tübingen 2017, Rn. 281.

614 *Stammer, Jens,* in: B/E/R/S, § 12 b SOG Rn. 34 und weitergehend zum Einsatz von Aufenthaltsverboten zur Verhinderung von BtMG-Straftaten in Rn. 60 f.

dardmaßnahme in das SOG aufzunehmen.[615] In der Folge wurden Aufenthaltsverbote zunehmend auch außerhalb der Drogenbekämpfung erteilt.[616]

bb) Checkliste Rechtmäßigkeit

281
- Tatbestandsvoraussetzungen
  - Tatsachen rechtfertigen die Annahme, dass Person (dort) Straftat begehen wird
- Rechtsfolge
  - Aufenthaltsverbot
  - bestimmte Orte oder bestimmte Gebiete
  - Ermessen (legitimer Zweck: zur Verhütung von Straftaten)
- Maßnahmenspezifische Verfahrens- und Formerfordernisse
  - Umfang zeitlich und örtlich zu begrenzen
  - Verlängerungsmöglichkeit
  - Zulassung von Ausnahmen

cc) Betroffene Grundrechte

282 Das Aufenthaltsverbot im Sinne des § 12 Abs. 2 SOG stellt einen Eingriff in den Schutzbereich des Art. 11 Abs. 1 GG dar, sodass sich die verfassungsrechtliche Rechtfertigung nach den – bereits unter B.II.5.a.cc. dargestellten – Voraussetzungen des Art. 11 Abs. 2 bemisst.[617] Der Schutzbereich des Art. 2 Abs. 2 Satz 2 GG wird hingegen nicht berührt, denn der Betroffene wird durch das Aufenthaltsverbot nicht generell in seiner körperlichen Bewegungsfreiheit gehindert.[618]

---

615 *Stammer, Jens,* in: B/E/R/S, § 12 b SOG Rn. 34. Vgl. auch BürgDrucks. 18/2288 v. 02. 06. 2005, S. 5 ff. sowie *Hecker, Wolfgang,* Aufenthaltsverbote für Fußballfans, in: NVwZ 2003, 1334, 1335 f.

616 Beispielsweise bei Beziehungsgewalt, Stalking oder Körperverletzung (insbesondere im Zusammenhang mit Fußballveranstaltungen). S. hierzu den Überblick über die Rechtsprechung bei *Stammer, Jens,* in: B/E/R/S, § 12 b SOG Rn. 34.

617 *Hoffmann-Riem, Wolfgang/Eifert,* Martin, Polizei- und Ordnungsrecht, in: Hoffmann-Riem, Wolfgang/Koch, Hans-Joachim (Hrsg.), Hamburgisches Staats- und Verwaltungsrecht, 3. Aufl. Baden-Baden 2006, S. 161, 181. Vgl. auch *Schoch, Friedrich,* Polizei- und Ordnungsrecht, in: Schoch, Friedrich (Hrsg.), Besonderes Verwaltungsrecht, München 2018, S. 11, 168 sowie *Stammer, Jens,* in: B/E/R/S, § 12 b SOG Rn. 5 und *Schenke, Wolf-Rüdiger,* Polizei- und Ordnungsrecht, 10. Aufl. Heidelberg 2018, Rn. 135.

618 VGH München, in: NVwZ 2000, 454, 456; *Schoch, Friedrich,* Polizei- und Ordnungsrecht, in: Schoch, Friedrich (Hrsg.), Besonderes Verwaltungsrecht, München 2018, S. 11, 168.

dd) Einzelerläuterungen

(1) Tatbestandsvoraussetzungen

Zum Begriff der **Tatsachen** wird verwiesen auf die Kommentierung zu § 11 SOG (s. B.II.1.d.aa.1.). Als zweite Voraussetzung müssen diese die **Annahme rechtfertigen, dass die Person eine Straftat begehen wird**. Insoweit handelt es sich – ähnlich wie im Rahmen des § 11 SOG – um eine Prognoseentscheidung, ob die entscheidenden Tatsachen unter Berücksichtigung der polizeilichen Erfahrung mit hinreichender Wahrscheinlichkeit den Schluss zulassen, dass die in Rede stehende Person eine Straftat begehen wird.[619] **283**

Die Annahme einer Straftatbegehung muss sich auf einen bestimmten Ort oder ein bestimmtes Gebiet der Freien und Hansestadt Hamburg beziehen („dort"). Hinsichtlich der Definition des **Ortes** wird auf die Kommentierung zu § 12 a SOG (B.II.4.d.bb.1.). verwiesen. Dadurch dass § 12 b Abs. 2 Satz 1 SOG sowohl von einem „Ort" als auch von einem **„Gebiet"** spricht, ist die Norm recht weit gefasst.[620] **284**

(2) Rechtsfolge

(a) Aufenthaltsverbot

Auf Rechtsfolgenseite kann einer Person die Anwesenheit an bestimmten Orten oder in bestimmten Gebieten der Freien und Hansestadt Hamburg untersagt werden (Aufenthaltsverbot). Das Aufenthaltsverbot ist gem. § 80 Abs. 2 Nr. 2 bzw. 4 VwGO sofort vollziehbar und kann nach den §§ 17 ff. SOG im Wege des unmittelbaren Zwangs durchgesetzt werden.[621] In der Praxis wird dies in der Regel bedeuten, dass der Betroffene aus dem Verbotsgebiet gebracht wird.[622] Darüber hinaus kommt ebenfalls die Verhängung eines Zwangsgeldes oder die Anordnung von Erzwingungshaft in Betracht.[623] Schließlich besteht die Möglichkeit, dass Aufenthaltsverbot unter den zusätzlichen Voraussetzungen des § 13 Abs. 1 Nr. 4 SOG („unerlässlich […] um ein Betretungsverbot, ein Aufenthaltsverbot, ein Kontakt- oder Näherungsverbot nach § 12 b durchzusetzen") im Wege der Ingewahrsamnahme zu vollziehen.[624] **285**

---

619 Vgl. *Ettemeyer, Ulrich,* in: B/E/R/S, § 11 SOG Rn. 5.
620 Vgl. *Stammer, Jens,* in: B/E/R/S, § 12 b SOG Rn. 45.
621 *Stammer, Jens,* in: B/E/R/S, § 12 b SOG Rn. 56.
622 *Stammer, Jens,* in: B/E/R/S, § 12 b SOG Rn. 56.
623 *Stammer, Jens,* in: B/E/R/S, § 12 b SOG Rn. 56.
624 *Stammer, Jens,* in: B/E/R/S, § 12 b SOG Rn. 56.

(b) Bestimmte Orte oder bestimmte Gebiete

286 Der – wie bereits angedeutet – weit gefasste Wortlaut des § 12 b Abs. 2 Satz 1 SOG räumt die nötige Flexibilität ein, den Radius des Aufenthaltsverbots situationsadäquat zu ziehen. Auslegungsschwierigkeiten, wie sie sich etwa im Rahmen des § 12 a SOG stellen, werden auf diese Weise reduziert und der Anwendungsbereich des Aufenthaltsverbots gleichzeitig vergrößert. So kommt ein großflächiges Aufenthaltsverbot etwa als Maßnahme gegenüber Hooligans oder der offenen Drogenszene in Frage.[625] In der Praxis gilt es gleichwohl sicherzustellen, dass der für den Betroffenen verbotene Bereich genau benannt wird.[626] Dies dient nicht nur dazu, dem Betroffenen zu verdeutlichen, in welchem geografischen Bereich er sich nicht aufhalten darf, sondern auch dazu, den Anforderungen des Bestimmtheitsgrundsatzes zu genügen. Um diese Ziele zu erreichen, bietet es sich an, dem Betroffenen einen Stadtplan mit entsprechenden deutlichen Markierungen zu übergeben oder die betroffenen Straßen und Plätze zu benennen.[627]

(c) Ermessen

287 § 12 b Abs. 2 Satz 1 SOG räumt der handelnden Behörde Ermessen ein („kann“).[628] Es gelten daher die allgemeinen Grundsätze der Ermessensfehlerlehre (s. hierzu B. I.4.).

288 Die Formulierung „zur Verhütung von Straftaten“ ist zunächst als Konkretisierung der Zwecksetzung der im Rahmen des **Gestaltungsermessens** vorzunehmenden Verhältnismäßigkeitsprüfung zu verstehen.[629] Es wäre daher im Hinblick auf den **legitimen Zweck** der Maßnahme ermessensfehlerhaft, ein Aufenthaltsverbot aus anderen Gründen auszusprechen.[630] Auch kann Adressat eines Aufenthaltsverbots nur eine Person sein, die voraussichtlich eine Straftat verwirklichen wird.[631] Insoweit bedarf es einer Prognose im Einzelfall.[632] Eine „pauschale soziologische Zurechnung zu einer Gruppe“[633] genügt den Anforderungen der Ermächtigungsgrundlage hingegen nicht.

---

625 *Stammer, Jens,* in: B/E/R/S, § 12 b SOG Rn. 46.

626 Vgl. *Graulich, Kurt,* Das Polizeihandeln, in: L/D, E. Rn. 429.

627 Vgl. *Graulich, Kurt,* Das Polizeihandeln, in: L/D, E. Rn. 429.

628 S. dazu auch *Schoch, Friedrich,* Polizei- und Ordnungsrecht, in: Schoch, Friedrich (Hrsg.), Besonderes Verwaltungsrecht, München 2018, S. 11, 170.

629 Vgl. *Schoch, Friedrich,* Polizei- und Ordnungsrecht, in: Schoch, Friedrich (Hrsg.), Besonderes Verwaltungsrecht, München 2018, S. 11, 170.

630 Vgl. *Stammer, Jens,* in: B/E/R/S, § 12 b SOG Rn. 42.

631 VG Darmstadt, in: NVwZ 2016, 1344, 1345; *Graulich, Kurt,* Das Polizeihandeln, in: L/D, E. Rn. 437.

632 *Graulich, Kurt,* Das Polizeihandeln, in: L/D, E. Rn. 425.

633 *Graulich, Kurt,* Das Polizeihandeln, in: L/D, E. Rn. 425.

Gegebenenfalls auftretende Verdrängungseffekte, wie sie insbesondere im Zusammenhang mit Drogenkriminalität beobachtet werden können, stehen der **Geeignetheit** des Aufenthaltsverbots nicht entgegen,[634] denn eine Maßnahme ist zur Erreichung ihres legitimen Zweck bereits dann geeignet, wenn die Zielerreichung gefördert wird.[635] 289

Der Grundsatz der **Erforderlichkeit** gebietet, dass die räumlichen Grenzen der Verbotszone nur so weit gezogen werden, wie es der legitime Zweck (Verhütung von Straftaten) gebietet.[636] Die Schwelle der Erforderlichkeit wird dabei – je nach Regelungsbereich – unterschiedlich angesetzt.[637] Im Zusammenhang mit Maßnahmen zur Bekämpfung der Drogenszene wird die Erforderlichkeit „eher großzügig gehandhabt“[638], wohingegen die Rechtsprechung im Zusammenhang mit Aufenthaltsverboten gegen Fußball-Hooligans eher zurückhaltend ist, sofern diese über den Bereich des Stadions und den engeren Innenstadtbereich hinausgehen.[639] In der Praxis wird es daher auf eine Würdigung des Einzelfalls ankommen.[640] 290

§ 12 Abs. 2 Satz 2 SOG gestaltet schließlich das Gebot der **Angemessenheit** näher aus, indem er fordert, dass das Aufenthaltsverbot räumlich zu begrenzen ist und nicht den Zugang zur Wohnung des Betroffenen umfassen sowie zeitlich eine Dauer von sechs Monaten nicht überschreiten darf. Ebenso als Ausformung der Angemessenheit ist § 12 b Abs. 2 Satz 4 SOG zu sehen, nach dem, soweit im Einzelfall ein besonderes Bedürfnis geltend gemacht wird, eine Ausnahme vom Aufenthaltsverbot zugelassen werden kann. In Betracht kommen etwa Behörden-, Gerichts-, Rechtsanwalts- oder 291

634 VGH München, in: NVwZ 2000, 454, 456; OVG Bremen, in: NVwZ 1999, 314, 317. Kritisch hingegen: *Graulich, Kurt,* Das Polizeihandeln, in: L/D, E. Rn. 443.

635 *Schoch, Friedrich,* Polizei- und Ordnungsrecht, in: Schoch, Friedrich (Hrsg.), Besonderes Verwaltungsrecht, München 2018, S. 11, 170. Vgl. auch OVG Bremen, in: NVwZ 1999, 314, 317 sowie *Thiel, Markus,* Polizei- und Ordnungsrecht, 4. Aufl. Baden-Baden 2020, § 10 Rn. 97.

636 *Schoch, Friedrich,* Polizei- und Ordnungsrecht, in: Schoch, Friedrich (Hrsg.), Besonderes Verwaltungsrecht, München 2018, S. 11, 171.

637 Vgl. *Schoch, Friedrich,* Polizei- und Ordnungsrecht, in: Schoch, Friedrich (Hrsg.), Besonderes Verwaltungsrecht, München 2018, S. 11, 171 sowie OVG Bremen, in: NVwZ, 1999, 314 ff.; VGH München, in: NVwZ 2000, 454, 456 f.; VG Darmstadt, in: NVwZ 2016, 1344, 1346 und *Hecker, Wolfgang,* Aufenthaltsverbote für Fußballfans, in: NVwZ 2016, 1301, 1304.

638 *Schoch, Friedrich,* Polizei- und Ordnungsrecht, in: Schoch, Friedrich (Hrsg.), Besonderes Verwaltungsrecht, München 2018, S. 11, 171.

639 *Schoch, Friedrich,* Polizei- und Ordnungsrecht, in: Schoch, Friedrich (Hrsg.), Besonderes Verwaltungsrecht, München 2018, S. 11, 171. Vgl. ebenfalls VG Darmstadt, in: NVwZ 2016, 1344, 1346; *Hecker, Wolfgang,* Aufenthaltsverbote für Fußballfans, in: NVwZ 2016, 1301, 1304.

640 *Schoch, Friedrich,* Polizei- und Ordnungsrecht, in: Schoch, Friedrich (Hrsg.), Besonderes Verwaltungsrecht, München 2018, S. 11, 171; *Stammer, Jens,* in: B/E/R/S, § 12 b SOG Rn. 49.

Arztbesuche sowie Besuche sozialer Einrichtungen oder die Nutzung von öffentlichen Verkehrsmitteln.[641] In diesem Zusammenhang verlangt der Bestimmtheitsgrundsatz, die vom Aufenthaltsverbot nicht umfassten Verhaltensweisen genau anzugeben.[642] Allgemein ist im Rahmen der Angemessenheit zu berücksichtigen, dass mit steigender Größe des Verbotsbereichs auch das Bedürfnis nach Ausnahmen steigen wird, um dem Grundsatz der Angemessenheit der Maßnahme noch zu genügen.[643] Letzterer steht schließlich auch der Anordnung eines Aufenthaltsverbots mittels einer Allgemeinverfügung entgegen, weil diese der „Vielgestaltigkeit der Lebenssachverhalte“[644] nicht gerecht wird.

(3) Maßnahmenspezifische Verfahrens- und Formerfordernisse

292 Wie bereits zur Angemessenheit ausgeführt, sind die in § 12 b Abs. 2 Satz 2 SOG normierte **zeitliche und örtliche Begrenzung**, sowie die von § 12 b Abs. 2 Satz 4 SOG eingeräumte **Ausnahmemöglichkeit** zu beachten. § 12 b Abs. 2 Satz 3 SOG eröffnet außerdem die Möglichkeit, das Aufenthaltsverbot zu verlängern, sofern dessen tatbestandliche Voraussetzungen weiterhin gegeben sind.[645] Der Gesetzgeber sah eine **Verlängerungsmöglichkeit** in den Fällen als erforderlich an, in denen eine wirksame Durchsetzung des Aufenthaltsverbots bei andauernden Verstößen auf anderem Wege nicht sichergestellt werden kann:[646]

> „Die in § 12 b Abs. 2 SOG vorgesehene Höchstfrist von sechs Monaten ohne Verlängerungsmöglichkeit hat insbesondere in schweren Fällen zu gravierenden Nachteilen bei der Durchsetzung des Aufenthaltsverbots geführt. Gerade bei Personen, die während der Dauer der Aufenthaltsverbotsverfügung wiederholt gegen diese verstoßen haben und trotz Aufforderung, das festgesetzte Zwangsgeld zu zahlen, weiter gegen die Verfügung verstoßen, verbleibt als wirksames Beugemittel – weil das Zwangsgeld in den Fällen erfolglos geblieben ist – nur die Erzwingungshaft gemäß § 16 HmbVwVG. Die Erzwingungshaft darf jedoch nur während der Dauer der Verfügung vollstreckt werden. So hat das OVG Hamburg in seiner Entscheidung vom 31. 07. 2013 (4 So 36/13 – 5 V 96/13) ausgeführt, dass im Fall des zeitlichen Ablaufs einer Verfügung und neu angeordneter Verfügung eine Erzwingungshaft wegen Verstößen gegen die erste Verfügung nicht mehr möglich ist, weil die Voraussetzungen für eine Verwaltungsvollstreckung nicht vorliegen, weil es in dem Fall bereits an dem nach § 3 Abs. 1 HmbVwVG erforderlichen Titel fehlt. Eine im Anschluss neu angeordnete Aufenthaltsverbotsverfügung stellt je-

641 *Graulich, Kurt,* Das Polizeihandeln, in: L/D, E. Rn. 440.

642 *Graulich, Kurt,* Das Polizeihandeln, in: L/D, E. Rn. 430.

643 *Schoch, Friedrich,* Polizei- und Ordnungsrecht, in: Schoch, Friedrich (Hrsg.), Besonderes Verwaltungsrecht, München 2018, S. 11, 171.

644 VGH Mannheim, in: NVwZ 2003, 115, 116; VGH Mannheim, in: NVwZ-RR 1997, 225, 226.

645 Vgl. BürgDrucks. 21/19239 v. 04. 12. 2019, S. 2.

646 Vgl. BürgDrucks. 21/19239 v. 04. 12. 2019, S. 2.

doch nicht denselben Titel dar. Dies führt in den Fällen, in denen Personen (zum Beispiel Stalker) auch nach Ablauf einer sechsmonatigen Aufenthaltsverbotsverfügung weiter Straftaten in dem bestimmten Gebiet begehen, sodass ein erneutes Aufenthaltsverbot gegen sie erlassen wurde, dazu, dass gegen diese ein eingeleitetes Verfahren zur Beantragung von Erzwingungshaft wegen der zeitlich nicht durch die Polizei bestimmbaren Faktoren der Befassung durch die Verwaltungsgerichte nicht erfolgreich ist. Eine Verlängerung würde daher zu einer höheren Durchsetzbarkeit der polizeilichen Maßnahme führen und die Betreffenden dazu anhalten, sich an die Aufenthaltsverfügung zu halten."[647]

c) Kontakt- und Näherungsverbot, § 12 b Abs. 3 SOG

aa) Vorbemerkung

Das **Kontakt- und Näherungsverbot** gem. § 12 b Abs. 3 SOG ermöglicht **293** ebenfalls Aufenthaltsanordnungen, geht aber über die räumliche Dimension hinaus,[648] indem es auf die weiter zu ziehende soziale Sphäre des Betroffenen abzielt.[649] Es schließt insoweit die Lücke, die sich daraus ergibt, dass sich das Aufenthaltsverbot gem. § 12 Abs. 2 SOG nur auf die Wohnung der gefährdeten Person, nicht aber auf ihren – möglicherweise davon abweichenden – aktuellen Aufenthaltsort bezieht.[650]

Beim Kontakt- und Näherungsverbot handelt es sich um einen Verwal- **294** tungsakt im Sinne des § 35 Satz 1 HmbVwVfG,[651] der für eine längere Zeit gelten und als zusätzliche Maßnahme zur Platzverweisung und zum Aufenthaltsverbot angeordnet werden kann.[652] In der Praxis ist insbesondere zu berücksichtigen, dass § 12 b Abs. 3 SOG keine taugliche Rechtsgrundlage für ein Kontakt- und Näherungsverbot zum Schutz einer nur abstrakt beschreibbaren Personengruppe darstellt.[653]

---

647 BürgDrucks. 21/19239 v. 04. 12. 2019, S. 2 f.

648 *Kingreen, Thorsten/Poscher, Ralf,* Polizei- und Ordnungsrecht, 10. Aufl. München 2018, § 15 Rn. 3.

649 Vgl. *Graulich, Kurt,* Das Polizeihandeln, in: L/D, E. Rn. 475 f. und in Bezug auf § 55 BKAG: *Schenke, Wolf-Rüdiger,* in: Schenke, Wolf-Rüdiger/Graulich, Kurt/Ruthig, Josef (Hrsg.), Sicherheitsrecht des Bundes, 2. Aufl. München 2019, § 55 BKAG Rn. 18. Vgl. ebenfalls VG Hamburg, Beschluss v. 21. 01. 2019, 14 E 115/19 (Juris).

650 Vgl. *Graulich, Kurt,* Das Polizeihandeln, in: L/D, E. Rn. 475.

651 Vgl. VG München, Beschluss v. 18. 07. 2018, M 7 E 18.3382 (Juris).

652 Vgl. *Kingreen, Thorsten/Poscher, Ralf,* Polizei- und Ordnungsrecht, 10. Aufl. München 2018, § 15 Rn. 3.

653 VG Hamburg, Urteil v. 10. 02. 2017, 9 K 6154/14 (Juris).

bb) Checkliste Rechtmäßigkeit

295
- Tatbestandsvoraussetzungen
  - Gefahr für Leib, Leben oder Freiheit der Person insbesondere in engen sozialen Beziehungen
  - Wahrnehmung berechtigter Interessen steht nicht entgegen
- Rechtsfolge
  - Kontakt- und/oder Näherungsverbot möglich
  - Ermessen

cc) Betroffene Grundrechte

296 Durch das Kontakt- und Annäherungsverbot kommt ein Eingriff in das **Grundrecht aus Art. 11 Abs. 1 GG** in Betracht.[654] Die Rechtfertigung des Eingriffs bemisst sich in der Folge an den – bereits unter B.II.5.a.cc. dargestellten – Voraussetzungen des Art. 11 Abs. 2 GG. Ein Eingriff in den Schutzbereich des Art. 2 Abs. 2 Satz 2 GG scheidet hingegen aus,[655] denn dessen Gewährleistungsinhalt umfasst nicht die Berechtigung, sich unbeschränkt überall aufhalten und hinbewegen zu dürfen.[656] Der Tatbestand der Freiheitsentziehung kommt vielmehr nur in den Fällen in Betracht, in denen „die – tatsächlich und rechtlich an sich gegebene – körperliche Bewegungsfreiheit durch staatliche Maßnahmen nach jeder Richtung hin aufgehoben wird."[657] Dies ist beim Kontakt- und Näherungsverbot jedoch gerade nicht der Fall. Durch ein Verbot telefonischen Kontakts wird weiterhin auch nicht der Schutzbereich des Art. 10 Abs. 1 GG tangiert.[658] Art. 10 Abs. 1 GG bildet ein „Abwehrrecht gegen die Kenntnisnahme des Inhalts und der näheren Umstände der Telekommunikation durch den Staat"[659]. Die Eröffnung des Schutzbereichs setzt dementsprechend voraus, dass überhaupt ein Telekommunikationsvorgang in Gang gesetzt wurde, von dem Kenntnis er-

---

654 *Schenke, Wolf-Rüdiger,* Polizei- und Ordnungsrecht, 10. Aufl. Heidelberg 2018, Rn. 139; *Kingreen, Thorsten/Poscher, Ralf,* Polizei- und Ordnungsrecht, 10. Aufl. München 2018, § 15 Rn. 8.

655 A.A.: *Schenke, Wolf-Rüdiger,* Polizei- und Ordnungsrecht, 10. Aufl. Heidelberg 2018, Rn. 139 sowie *Kingreen, Thorsten/Poscher, Ralf,* Polizei- und Ordnungsrecht, 10. Aufl. München 2018, § 15 Rn. 8.

656 BVerfG, in: NVwZ 1996, 678, 681.

657 BVerfG, in: NVwZ 1996, 678, 681.

658 *Kingreen, Thorsten/Poscher, Ralf,* Polizei- und Ordnungsrecht, 10. Aufl. München 2018, § 15 Rn. 8.

659 BVerfG, in: NJW 2002, 3619, 3620.

langt werden kann.[660] Das Kontakt- und Näherungsverbot untersagt jedoch bereits die Initiierung eines derartigen Vorgangs und setzt insoweit zeitlich vor der Eröffnung des Schutzbereichs an, sodass es schon zu keinem Telekommunikationsvorgang und damit auch zu keinem schützenswerten Kommunikationsinhalt kommt. Subsidiär kommt – sollte Art. 11 Abs. 1 GG nicht greifen – Art. 2 Abs. 1 GG in Betracht.

dd) Einzelerläuterungen

(1) Tatbestandsvoraussetzungen

(a) Gefahr für Leib, Leben oder Freiheit der Person insbesondere in engen sozialen Beziehungen

Hinsichtlich des **Gefahrenbegriffs** wird verwiesen auf die Kommentierung 297
zu § 3 Abs. 1 SOG (s. B. I.2.g.aa.2.). Diese muss vorliegen mit Blick auf **Leib**, **Leben** oder **Freiheit einer Person**. Der nicht abschließend gefasste Wortlaut des § 12 b Abs. 3 Satz 1 SOG („insbesondere") verdeutlicht den weit gefassten Anwendungsbereich der Norm. Eine entsprechende Verbotsverfügung kommt daher nicht nur im Kontext von **Beziehungsgewalt**, sondern etwa auch bei einer **konspirativen Begehung von Straftaten**[661] oder im Zusammenhang mit terroristischen Aktivitäten in Betracht. In diesen Fällen kann mithilfe des Kontakt- und Näherungsverbot das kriminelle Zusammenwirken bestimmter Person oder auch eine radikale Indoktrinierung unterbunden werden.

(b) Wahrnehmung berechtigter Interessen steht nicht entgegen

Die Verbotsverfügung darf der Wahrnehmung berechtigter Interessen nicht 298
entgegenstehen (§ 12 b Abs. 3 Satz 1 SOG). Dabei ist es auch vertretbar, diesen Aspekt im Rahmen des Gestaltungsermessens (Verhältnismäßigkeit) zu prüfen.

(2) Rechtsfolge

(a) Kontakt- und/oder Näherungsverbot möglich

Auf Rechtsfolgenseite kann ein Kontaktverbot (§ 12 b Abs. 3 Satz 1 Nr. 1 299
SOG) oder ein Näherungsverbot (§ 12 b Abs. 3 Satz 1 Nr. 2 SOG) angeordnet werden. Während ein „Zusammentreffen" im Sinne des § 12 b Abs. 3 Nr. 2 SOG ein räumliches Annähern erfasst, wird eine „Verbindungsaufnahme"

660 Vgl. BVerfG, in: NJW 2002, 3619, 3620.

661 Bayerischer Landtag, Drucksache 17/16299 v. 04. 04. 2017, S. 11. Vgl. zu weiteren Einsatzbereichen: VGH München, in: NJW 2016, 2968 ff.

gem. § 12 b Abs. 3 Nr. 1 SOG weit zu verstehen sein.[662] Im Zusammenhang mit dem GewSchG wird der Geltungsbereich des Kontaktverbots von der obergerichtlichen Rechtsprechung weit interpretiert. So kann etwa bereits das Zeigen des so genannten „Stinkefingers“ bei einem nur zufälligen Zusammentreffen[663] oder auch das „Posten“ von Beiträgen auf der eigenen Facebook-Seite[664] bereits einen Verstoß gegen ein bestehendes Kontaktaufnahmeverbot darstellen. Die Durchsetzung des Kontakt- und Näherungsverbotes erfolgt nach den allgemeinen Regeln des polizei- und ordnungsrechtlichen Vollstreckungsrechts[665] und im Wege einer Gewahrsamnahme (§ 13 Abs. 1 Nr. 4 SOG).

(b) Ermessen

300 § 12 b Abs. 3 Satz 1 SOG räumt der handelnden Behörde Ermessen ein („kann“). Es gelten insoweit die allgemeinen Regeln der Ermessensfehlerlehre (s. hierzu B. I.4.).

(3) Maßnahmenspezifische Verfahrens- und Formerfordernisse

301 § 12 b Abs. 3 Satz 2 SOG ordnet in Fällen enger sozialer Beziehungen eine zeitliche Begrenzung des Umfangs der Verbotsverfügung auf höchstens zehn Tage an. Wird diese Frist überschritten, so ist die Verfügung rechtswidrig.[666] Im Falle eines zivilrechtlichen Antrags auf Erlass einer einstweiligen Anordnung auf Unterlassung endet sie mit dem Tag der Wirksamkeit der gerichtlichen Entscheidung, spätestens 20 Tage nach ihrem Erlass (§ 12 b Abs. 3 Satz 3 SOG). Gem. § 12 b Abs. 3 Satz 4 gilt § 12 b Abs. 1 Satz 4 SOG entsprechend. Es wird daher insoweit auf die Ausführungen unter B.II.5.a.dd.3. verwiesen.

---

662 Vgl. im Hinblick auf § 55 BKAG: *Schenke, Wolf-Rüdiger,* in: Schenke, Wolf-Rüdiger/Graulich, Kurt/Ruthig, Josef (Hrsg.), Sicherheitsrecht des Bundes, 2. Aufl. München 2019, § 55 BKAG Rn. 18.

663 OLG Zweibrücken, in: NJW Spezial 2019, 582.

664 So das OLG Hamm, in: NStZ-RR 2015, 242 ff. im Zusammenhang mit einem Widerruf der Strafaussetzung.

665 *Kingreen, Thorsten/Poscher, Ralf,* Polizei- und Ordnungsrecht, 10. Aufl. München 2018, § 15 Rn. 30.

666 VG Hamburg, Beschluss v. 21. 01. 2019, 14 E 115/19 (Juris).

6. Polizeiliche Begleitung, § 12 c SOG

Luise von Rodbertus

a) Vorbemerkung

Die Vorschrift des § 12 c SOG **(polizeiliche Begleitung)** wurde mit Wirkung vom 01. 02. 2014 in das Gesetz zum Schutz der öffentlichen Sicherheit und Ordnung (SOG) eingefügt.[667] Bislang existiert außerhalb von Hamburg weder auf Bundes- noch auf Landesebene eine vergleichbare Regelung. Vor Einfügung des § 12 c SOG wurde die „polizeiliche Begleitung“ entweder auf § 20 Abs. 1 Satz 1 Nr. 2 PolDVG[668] oder auf die Generalklausel des § 3 Abs. 1 SOG gestützt.[669] Nachdem das Verwaltungsgericht Hamburg die Dauerobservation eines ehemals sicherungsverwahrten Sexualstraftäters jedoch für unzulässig erklärt und die Notwendigkeit einer gesonderten gesetzlichen Grundlage betont hatte,[670] kam der Hamburger Gesetzgeber dieser Forderung durch Erlass des § 12 c SOG nach (s. B. I.2.g.cc.2.). Folgeprobleme könnten sich – sowohl auf tatsächlicher als auch auf rechtlicher Ebene – bei einer polizeilichen Begleitung über die Hamburger Landesgrenzen hinaus ergeben, da der räumliche Anwendungsbereich des § 12 c SOG lediglich im Gebiet der Freien und Hansestadt Hamburg eröffnet ist. An dieser Stelle könnten die anderen Bundesländer zur Frage der Anerkennung einer Hamburger Anordnung gem. § 12 c Abs. 3 SOG Regelungen in den jeweiligen Polizeigesetzen treffen. 302

Losgelöst von der genannten Rechtsprechung des VG Hamburg, war eine spezialgesetzliche Ermächtigungsgrundlage auch deshalb von Nöten, weil der EGMR[671] im Jahr 2009 entschieden hatte, dass die rückwirkende, zeitlich entgrenzte Sicherungsverwahrung (sog. nachträgliche Sicherungsverwahrung) gegen das in Art. 5 EMRK normierte Recht auf Freiheit sowie gegen das Rückwirkungsverbot gem. Art. 7 EMRK verstieß. Im Mai 2011 erklärte dann auch das BVerfG[672] die bisherigen Regelungen zur nachträglichen Sicherungsverwahrung für verfassungswidrig, sodass daraufhin die nachträglich Sicherungsverwahrten mit einer Haftdauer von über 10 Jahren freizulassen waren, sofern nicht eine Unterbringung nach dem Therapie- 303

667 HmbGVBl. 2014 34.

668 Bis zum 23. 12. 2019 wurde die *Datenerhebung durch Observation* in § 9 PolDVG a. F. geregelt.

669 VG Hamburg, Urteil v. 27. 11. 2013, 13 K 1715/13.

670 VG Hamburg, Urteil v. 27. 11. 2013, 13 K 1715/13; ähnlich auch VG Freiburg, Urteil v. 14. 02. 2013, 4 K 1115/12 (Juris) und BVerfG, in: LKV 2013, 30 f.

671 EGMR, Urteil v. 17. 12. 2009, 19359/04.

672 BVerfG, in: NJW 2011, 1931 ff.

unterbringungsgesetz in Betracht kam.[673] Bei der plötzlichen Freilassung vieler Sexualstraftäter, bei denen laut Prognose psychiatrischer Gutachten Rückfallgefahr bestand, stellte sich für die Polizei die grundlegende Frage, ob und in welcher Form sie zum Schutze der Allgemeinheit auf diese neuartige Situation reagieren sollte.[674]

304 Abzugrenzen ist der § 12 c SOG im Hinblick auf seine Zielrichtung insbesondere von § 20 Abs. 1 Satz 1 Nr. 2 PolDVG und § 163 f StPO: Während § 20 Abs. 1 Satz 1 Nr. 2 PolDVG – ausweislich der Gesetzessystematik und des Wortlauts – die Datenerhebung zur Informationsgewinnung gewährt, bezweckt die Polizei mit § 12 c SOG keineswegs das Beschaffen von Einzelangaben über persönliche oder sachliche Verhältnisse des Betroffenen. Die polizeiliche Begleitung nach § 12 c SOG ersetzt vielmehr auf der Ebene der Gefahrenabwehr die aus Rechtsgründen nicht mehr zulässige Sicherungsverwahrung im Falle von latent gefährlichen Personen mit psychopathologischer Neigung.[675] Ähnlich wie § 20 Abs. 1 Satz 1 Nr. 2 PolDVG, regelt § 163 f StPO ebenfalls die reine Datenerhebung, allerdings auf der Ebene repressiven staatlichen Handelns.

305 Angesichts der Tatsache, dass § 12 c SOG nur strafrechtlich relevantes Verhalten vor dem 31. 01. 1998 erfasst, wird die Vorschrift naturgemäß mit fortschreitender Zeit an Bedeutung verlieren. Hinzu kommt, dass Regelungen wie die **elektronische Aufenthaltsüberwachung** gemäß § 30 PolDVG im Vergleich zur „Rund-um-die-Uhr-Bewachung" nach § 12 c SOG durch Polizeibeamte eine vergleichbare, spezialpräventive Maßnahme zur effektiven Überwachung gefährlicher Personen darstellt. Denn sowohl die polizeiliche Begleitung als auch die „elektronische Fußfessel" ermöglichen dem Staat technisch gleichermaßen, den Aufenthaltsort des Betroffenen mit einer Abweichung von wenigen Metern 24 Stunden am Tag in Echtzeit zu überwachen oder ein umfassendes Bewegungsprofil dieser Person zu erstellen. Ausweislich der Gesetzesbegründung in einer ähnlich gelagerten Konstellation wird mit der elektronischen Überwachung gerade der Zweck verfolgt, den Täter von der Begehung weiterer Straftaten abzuhalten.[676] In diesem Zusammenhang geht der Bund sogar davon aus, dass die „elektronische Überwachung auch eine enge polizeiliche Überwachung in Form einer fortwährenden unmittelbaren Begleitung des Betroffenen durch Polizeibe-

673 BVerfG, in: NJW 2011, 1931 ff.

674 S. zu diesem Themenkomplex auch *Eisenbarth, Markus/Ringhof, Hermann*, Die Dauerobservierung ehemals sicherheitsverwahrter Sexualstraftäter – eine präventiv-polizeiliche Zwischenlösung, in: DVBl. 2013, 566 f.

675 VG Freiburg, Urteil v. 14. 02. 2013, 4 K 1115/12 (Juris).

676 S. näher dazu BTDrucks. 17/3403 v. 26. 10. 2010, S. 18.

amte entbehrlich machen kann"[677]. Im Gegensatz zur „Fußfessel", ergeben sich im Zusammenhang mit der polizeilichen Begleitung tatsächlich mehrere problematische Aspekte: Für den Betroffenen kann die andauernde Anwesenheit der Polizeibeamten eine emotionale und psychische Belastung darstellen.[678] Auf Seiten der Polizei wiederum erfordert die Maßnahme einen hohen Personalaufwand: So findet die polizeiliche Begleitung etwa in Wechselschichten statt, wobei mehrere Beamte der betroffenen Person zu Fuß, zu Rad und im Auto folgen.

b) Checkliste Rechtmäßigkeit

- Tatbestandsvoraussetzungen **306**
  - Straftat gegen genannte höchstpersönliche Rechtsgüter
  - Sicherungsverwahrung (mindestens 10 Jahre)
  - Tatsachen
  - (künftige) Begehung einer schwersten Gewalt- oder Sexualstraftat
  - (polizeiliche Begleitung) zur Verhütung dieser Straftaten erforderlich
  - Tatbestandsannex
- Rechtsfolge
  - polizeiliche Begleitung
  - Ermessen (Angemessenheit: Wahrung des Kernbereichs privater Lebensgestaltung)
- Maßnahmenspezifische Verfahrens- und Formerfordernisse
  - Anordnung
  - Befristung

c) Betroffene Grundrechte

Durch die polizeiliche Begleitung gem. § 12 c SOG liegt ein Eingriff in die **307**
vom Allgemeinen Persönlichkeitsrecht geschützte Privatsphäre, das Recht auf informationelle Selbstbestimmung und das Recht eines Straftäters auf Resozialisierung[679] aus Art. 2 Abs. 1 i. V. m. Art. 1 Abs. 1 GG vor.[680] Die ge-

677 S. näher dazu BTDrucks. 17/3403 v. 26. 10. 2010, S. 19.

678 Vgl. VG Hamburg, Urteil v. 27. 11. 2013, 13 K 1715/13.

679 Grundlegend: BVerfGE 35, 202, 235 f.; ebenso: BVerfG, in: NJW 2000, 1859, 1860.

680 Vgl. VG Hamburg, Urteil v. 27. 11. 2013, 13 K 1715/13.

schützte Privatsphäre ist hierbei nicht auf den häuslichen Bereich beschränkt.[681] Außer in öffentlich zugänglichen Räumen, ist eine polizeiliche Begleitung in die Wohnung hinein oder innerhalb der Wohnung des Betroffenen nicht zulässig und als Eingriff in Art. 13 GG zu werten.[682]

d) Einzelerläuterungen

aa) Tatbestandsvoraussetzungen

(1) Straftat gegen genannte höchstpersönliche Rechtsgüter

308 Die polizeiliche Begleitung darf nach § 12 c Abs. 1 Nr. 1 SOG nur erfolgen, wenn die Person wegen einer vor dem 31. 01. 1998 begangenen, gegen das Leben, die körperliche Unversehrtheit, die persönliche Freiheit oder die sexuelle Selbstbestimmung gerichteten **Straftat** in der Sicherungsverwahrung untergebracht worden war und sich für die Dauer von mehr als zehn Jahren in der Sicherungsverwahrung befunden hat. Da die dauerhafte begleitende Observation einen erheblichen Eingriff in das allgemeine Persönlichkeitsrecht des Betroffenen darstellt, ist der Adressatenkreis der Norm eng gefasst und orientiert sich inhaltlich am Wortlaut des § 66 Abs. 1 Nr. 1 a StGB. Polizeilich begleitet werden darf dementsprechend nur derjenige, durch dessen Handlung die im Tatbestand des § 12 c Abs. 1 Satz 1 Nr. 1 SOG genannten **höchstpersönlichen Rechtsgüter** (Leben, körperliche Unversehrtheit, persönliche Freiheit oder sexuelle Selbstbestimmung) beeinträchtigt wurden. Deren Verletzung wirkt sich auf die Rechtsgutinhaber in besonders gravierender Weise negativ aus und ist insoweit von besonderer Relevanz.[683]

309 Die Straftat muss **vor dem 31. 01. 1998 begangen** worden sein. Hintergrund dieser zeitlichen Vorgabe ist die Tatsache, dass die Sicherungsverwahrung bis zum Jahr 1998 mit einer Höchstdauer von zehn Jahren – ohne Verlängerungsoption – verhängt werden konnte.[684] Dieser Zustand wurde im Januar 1998 durch das Gesetz zur Bekämpfung von Sexualdelikten und anderen gefährlichen Straftaten[685] reformiert, welches die nachträgliche Verlängerung der Sicherungsverwahrung ermöglichte. Hinsichtlich derjenigen Straf-

681 Vgl. BVerfGE 101, 361, 384.

682 Ausführlich hierzu *Linke, Benjamin*, Die längerfristige Observation von als gefährlich eingestuften Straftätern durch Polizeibeamte, in: DVBl. 2013, 559 sowie *Guckelberger, Annette*, Die längerfristige Observation von Personen aus präventiv-polizeilichen Gründen, in: VBlBW 2011, 211 f.

683 Vgl. BTDrucks. 17/3403 v. 26. 10. 2010, S. 22.

684 Vgl. *Ullenbruch, Thomas*, in: Verschärfung der Sicherungsverwahrung auch rückwirkend – populär, aber verfassungswidrig?, in: NStZ 1998, 326 f.

685 BGBl. 1998 I 160.

täter, die **vor** dieser Gesetzesänderung verurteilt wurden, stellte sich nunmehr die Frage, ob die nachträgliche Verlängerung der Sicherungsverwahrung für diesen Personenkreis ebenfalls möglich war. Der EGMR[686] stellte diesbezüglich fest, dass die Verlängerung einer vor dem 31. 01. 1998 erstmals angeordneten Sicherungsverwahrung über zehn Jahre hinaus im Hinblick auf das Rückwirkungsverbot des Art. 7 EMRK konventionswidrig sei. Diejenigen sicherungsverwahrten Personen, die sich bereits vor dem 31. 01. 1998 mit einer Entlassungsperspektive von spätestens zehn Jahren in Sicherungsverwahrung befanden und später durch die Anordnung der nachträglichen Sicherungsverwahrung betroffen waren, mussten daher in der Folge des genannten EGMR-Urteils freigelassen werden. Insoweit entschied sich der Hamburger Gesetzgeber, die zeitliche Grenze des 31. 01. 1998 in den § 12 c Abs. 1 Satz 1 Nr. 1 SOG aufzunehmen.

(2) Sicherungsverwahrung

Der Betroffene muss in der **Sicherungsverwahrung** untergebracht worden sein und sich für die Dauer von **mehr als zehn Jahren** dort befunden haben. Die Sicherungsverwahrung gehört zu den sog. Maßregeln der Besserung und Sicherung i. S. d. § 61 Nr. 3 StGB. Sie kennzeichnet sich daher nicht durch ihren Strafcharakter, sondern dient der positiven Einflussnahme des Betroffenen und insbesondere dem Schutz der Allgemeinheit vor potenziellen Wiederholungstaten.[687] Das Gesetz kannte ursprünglich nur die Anordnung der Unterbringung in der Sicherungsverwahrung unmittelbar im Anschluss an das Strafurteil des erkennenden Gerichts (§ 66 StGB). Seit 1998 wurde der Anwendungsbereich der Norm jedoch mehrfach erweitert. Hervorzuheben sind insbesondere die Einführung der vorbehaltenen (§ 66 a StGB, eingefügt im Jahr 2002) und der nachträglichen Sicherungsverwahrung (§ 66 b StGB, eingefügt im Jahr 2004).[688] **310**

(3) Tatsachen

§ 12 c Abs. 1 Satz 1 Nr. 2 SOG stellt zwei weitere kumulative Voraussetzungen für eine polizeiliche Begleitung auf, indem er zusätzlich zu den Voraussetzungen des § 12 c Abs. 1 Satz 1 Nr. 1 SOG statuiert, dass Tatsachen die Annahme rechtfertigen müssen, dass die von der polizeilichen Begleitung betroffene Person schwerste Gewalt- und Sexualstraftaten begehen wird und die Maß- **311**

---

686 EGMR, Urteil v. 17. 12. 2009, 19359/04.

687 Vgl. *Kastner, Martin*, Sicherungsverwahrung, in: *Möllers, Martin*, Wörterbuch der Polizei, 3. Aufl. München 2018.

688 S. zu einem Überblick über den Themenkomplex der Sicherungsverwahrung etwa *Kinzig, Jörg*, in: Schönke, Adolf/Schröder, Horst, StGB (Kommentar), 30. Aufl. München 2019, § 66 Rn. 1 f.

nahme zur Verhütung dieser Straftaten erforderlich ist. Hinsichtlich des **Tatsachenbegriffs** kann sinngemäß auf die Ausführungen zu der Vorladung i. S. d. § 11 SOG verwiesen werden (s. B.II.1.d.aa.1.). Insoweit müssen **konkrete Umstände und Fakten** vorliegen, die den Schluss nahelegen, dass der Betroffene wiederholt straffällig wird. Aufgrund der hohen Eingriffsintensität der Maßnahme, genügen bloße Einschätzungen oder Vermutungen hier allerdings ebenso wenig wie allgemeine Erfahrungswerte. Die von der Norm geforderten Tatsachen können sich etwa aus der eigenen Annahme und Beobachtung der Polizeibeamten (z. B. eine vermeintliche Waffe zeichnet sich unter der Kleidung ab), aus Hinweisen von Personen oder Zeugen oder aus anderen Indizien ergeben.[689] Dies folgt daraus, dass der Wortlaut der Norm hinsichtlich der Mittel der Tatsachengewinnung keine Einschränkung vornimmt. Auch die Heranziehung bereits vorhandener polizeilicher Erkenntnisse (etwa Datenbankeinträge in POLAS) lässt der Wortlaut der Norm zu. Insoweit ist aber maßgeblich, wie lange die frühere Auffälligkeit zurückliegt.[690]

(4) (Künftige) Begehung einer schwersten Gewalt- oder Sexualstraftat

312 Auf der Basis der genannten Tatsachen ist die Prognose anzustellen, ob der von der Maßnahme Betroffene eine Straftat begehen wird. Das Vorliegen einer konkreten Gefahr ist dabei nicht erforderlich, es genügt vielmehr eine **adäquate Prognoseentscheidung** der Polizei,[691] wie sie etwa auch im Rahmen des § 12 b Abs. 2 Satz 1 SOG notwendig ist. Es wird daher auf die dortige Kommentierung verwiesen (s. B.II.5.b.dd.1.). Die nach § 12 c Abs. 1 Satz 1 Nr. 2 SOG zu treffende Prognoseentscheidung ist in regelmäßigen Zeitabständen zu überprüfen[692] und der Prognosemaßstab ist der Kenntnisstand des zuständigen Behördenleiters zum Zeitpunkt der Anordnung der polizeilichen Begleitung.[693] Dieser Kenntnisstand kann sich beispielsweise auf die für die Entscheidung über die Sicherungsverwahrung angefertigten Gutachten stützen, welche sich umfassend mit der Persönlichkeit und dem Verhalten der von der polizeilichen Begleitung betroffenen Person auseinandersetzen.[694]

---

689 Vgl. *Grünewald, Benedikt*, in: Möstl, Markus/Schwabenbauer, Thomas (Hrsg.), BeckOK Polizei- und Sicherheitsrecht Bayern, 11. Ed. München 10. 11. 2019, Art. 21 PAG Rn. 16–16.1.

690 Vgl. *Grünewald, Benedikt*, in: Möstl, Markus/Schwabenbauer, Thomas (Hrsg.), BeckOK Polizei- und Sicherheitsrecht Bayern, 11. Ed. München 10. 11. 2019, Art. 21 PAG Rn. 16.1.

691 S. hierzu ausführlich: *Eisenbarth, Markus/Ringhof, Hermann*, Die Dauerobservierung ehemals sicherheitsverwahrter Sexualstraftäter – eine präventiv-polizeiliche Zwischenlösung, in: DVBl. 2013, 566 f.

692 Vgl. BürgDrucks. 20/10443 v. 21. 01. 2014, S. 2.

693 Vgl. *Eisenbarth, Markus/Ringhof, Hermann*, Die Dauerobservierung ehemals sicherheitsverwahrter Sexualstraftäter – eine präventiv-polizeiliche Zwischenlösung, in: DVBl. 2013, 566 f.

694 Vgl. OVG Saarland, Beschluss v. 16. 12. 2010, 3 B 284/10 (Juris); VG Aachen, Urteil v. 24. 01. 2011, 6 K 140/10 (Juris).

Bezugspunkt der Prognose müssen **schwerste Gewalt- oder Sexualstraftaten** sein. Anhaltspunkte, um den unbestimmten Rechtsbegriff der schwersten Gewalt- oder Sexualstraftaten inhaltlich auszugestalten, liefern zunächst die in § 12 c Abs. 1 Satz 1 Nr. 1 SOG aufgezählten Straftaten. Der fehlende Verweis auf Nr. 1 in § 12 c Abs. 1 Satz 1 Nr. 2 SOG und die prognostizierte Gefährlichkeit des Täters spricht jedoch für die gesetzgeberische Intention, auch weitere als die gegen das Leben, die körperliche Unversehrtheit, die persönliche Freiheit und die sexuelle Selbstbestimmung gerichtete Straftaten erfassen zu wollen. Insoweit kann hier ergänzend der Katalog des § 66 a Abs. 2 Nr. 1 StGB Anhaltspunkte bieten, denn dort hat der Gesetzgeber diejenigen Straftaten genannt, deren Begehung besonders schwer wiegt und das Sicherungsinteresse der Allgemeinheit deshalb besonders hoch ist. Hiervon umfasst sind auch die gemeingefährlichen Straftaten im Sinne des 28. Abschnitts des StGB oder die §§ 250, 251, 252 und 255 StGB. Einschränkend ist jedenfalls zu fordern, dass die prognostizierten Taten auch im vorliegenden Einzelfall besonders schwer wiegen, denn nur durch eine konkrete Betrachtung kann eine Beschränkung auf schwerste Gewalt- und Sexualdelikte erreicht werden. Bei den gemeingefährlichen Straftaten ist eine Begrenzung auf solche Verbrechen notwendig, welche konkrete Angriffe auf Leib und Leben beinhalten.[695] 313

(5) (Polizeiliche Begleitung) zur Verhütung dieser Straftaten erforderlich

Strukturell ebenfalls auf Tatbestandsebene verortet der Gesetzgeber im Rahmen des § 12 c Abs. 1 Satz 1 Nr. 2 SOG weiterhin das Erfordernis, dass die Maßnahme zur Verhütung der genannten Straftaten **erforderlich** ist. Es handelt sich letztlich um die Verhältnismäßigkeitsprüfung, also die Prüfung, ob eine polizeiliche Begleitung geeignet, erforderlich sowie angemessen ist, die typischerweise im Rahmen des Ermessens vorgenommen werden muss. 314

(6) Tatbestandsannex

Die dogmatisch als klarstellendes **Tatbestandsannex** zu kategorisierende Regelung des § 12 c Abs. 2 SOG soll gewährleisten, dass es zu keinen zeitlichen Lücken in der Überwachung kommt. Insbesondere ist § 12 c Abs. 2 Nr. 1 SOG dahingehend auszulegen, dass die polizeiliche Begleitung in Zusammenhang mit der Entlassung verfügt werden muss.[696] Dadurch soll vermieden werden, dass der Betroffene aus dem Vollzug der Sicherungsver- 315

695 Ausführlich hierzu: *Mosbacher, Andreas,* Das aktuelle Recht der Sicherungsverwahrung im Überblick, in: HRRS, Ausgabe 6–7/2011, 233.

696 Ggf. in Abstimmung mit möglichen Entscheidungen der Führungsaufsicht und/oder der Bewährungshilfe.

wahrung entlassen wird und einige Tage verstreichen, bevor eine entsprechende Anordnung erfolgt.[697]

bb) Rechtsfolge

(1) Polizeiliche Begleitung

316 Mit Blick auf die Rechtsfolge sieht § 12 c SOG als Maßnahme zur Gefahrenabwehr die **polizeiliche Begleitung** vor. Eine solche ist die dauerhafte, offene und planmäßig angelegte Beobachtung einer Person mit dem Ziel, einen umfassenden Einblick in ihre Lebensumstände und eine möglichst vollständige Sachkenntnis ihrer Lebensführung zu erhalten. Es handelt sich bei der Maßnahme um eine Form der Dauerüberwachung, die durch die ständige Zugriffsmöglichkeit der Polizeibeamten aufgrund ihrer räumlichen Nähe zum Betroffenen gekennzeichnet ist. So wird der Betroffene – teilweise mit nur geringem Abstand – auf Schritt und Tritt durch Polizeibeamte verfolgt. Im Falle einer Kontaktaufnahme mit anderen Personen, weisen die Polizeibeamten i. d. R. mit einer sog. Gefährderansprache auf den Grund der polizeilichen Begleitung hin.[698] Die Maßnahme soll der betroffenen Person die Ausweglosigkeit des Versuchs strafbarer Handlungen vor Augen führen und der Polizei ermöglichen, notfalls unmittelbar eingreifen zu können.[699] Es findet insoweit eine engmaschige Überwachung der betroffenen Person statt, welche als Kompensation für eine aus Rechtsgründen nicht mehr zulässige Sicherungsverwahrung dient.[700]

317 Im Gegensatz zur längerfristigen Observation nach § 20 Abs. 1 PolDVG, welche innerhalb einer Woche länger als 24 Stunden oder über den Zeitraum einer Woche hinaus vorgesehen ist oder tatsächlich durchgeführt wird, stellt die polizeiliche Begleitung i. S. d. § 12 c SOG gerade keine zeitlich beschränkte auf die (verdeckte) Erhebung personenbezogener Daten zielende Maßnahme dar.[701] Dieser Einschätzung steht auch nicht entgegen, dass im Rahmen der polizeilichen Begleitung möglicherweise auch Daten als „Nebenprodukt" erhoben werden.[702] Abzustellen ist nämlich auf den schwerpunktmäßigen Zweck der jeweiligen Maßnahme. Dieser liegt im Fall

---

697 Vgl. BürgDrucks. 20/10443 v. 21. 01. 2014, S. 2.

698 Vgl. *Linke, Benjamin*, in: Die längerfristige Observation von als gefährlich eingestuften Straftätern durch Polizeibeamte, in: DVBl. 2013, 559.

699 S. auch *Guckelberger, Annette*, Die längerfristige Observation von Personen aus präventivpolizeilichen Gründen, in: VBlBW 2011, 211.

700 Vgl. VG Hamburg, Urteil v. 27. 11. 2013, 13 K 1715/13.

701 So wurde beispielsweise der Betroffene in dem vom VG Hamburg (Urteil v. 27. 11. 2013, 13 K 1715/13) entschiedenen Fall der „polizeilichen Begleitung" durchgängig observiert.

702 Vgl. VG Hamburg, Urteil v. 27. 11. 2013, 13 K 1715/13; OVG Saarland, Urteil v. 06. 09. 2013, 3 A 13/13 (Juris).

der polizeilichen Begleitung bei der „Beaufsichtigung" bestimmter Personen sowie – als Teil der unmittelbaren Gefahrenabwehr – der Verhinderung der im Sachverständigengutachten prognostizierten Rückfallgefahr.[703]

(2) Ermessen

Aus der Formulierung „darf" wird deutlich, dass die Norm der handelnden Behörde Ermessen einräumt (s. ausführlich zum Ermessen: B. I.4.). Das eingeräumte Ermessen bezieht sich hierbei nicht nur auf das **Entschließungsermessen**, sondern auch auf das **Gestaltungsermessen** (legitimer Zweck: die Verhütung von schwersten Gewalt- und Sexualstraftaten). Aufgrund des besonderen und schwerwiegenden Eingriffscharakters der Maßnahme, ist gerade im **Gestaltungsermessen** eine besonders umfassende Abwägung vorzunehmen. Berücksichtigung muss im Rahmen dieser Abwägungsentscheidung auch finden, dass sich die Sicherungsverwahrung deutlich von der normalen Haft unterscheidet,[704] weil sie keine Strafe ist, sondern der Sicherung der Allgemeinheit vor der Begehung künftiger Straftaten dient. Insoweit muss diese Wertung erst recht für die Dauerobservation der nach dem EGMR-Urteil[705] entlassenen Straftäter gelten. 318

Im Rahmen der Angemessenheit sind, neben dem allgemein zu wahrenden Verhältnismäßigkeitsgrundsatz, auch die **normspezifischen Voraussetzungen** des § 12 c Abs. 1 Satz 2 SOG zu berücksichtigen. Insoweit stellt § 12 c Abs. 1 Satz 2 SOG zunächst klar, dass eine polizeiliche Begleitung auch durchgeführt werden darf, wenn hierdurch Dritte unvermeidbar betroffen sind. Dritte i. S. d. Vorschrift sind solche Personen, die mit dem von der polizeilichen Begleitung Betroffenen nur kurzfristig in Berührung kommen, z. B. Verkaufs- oder Bedienungspersonal, Bus- oder Taxifahrer sowie Zugbegleiter oder bei einer polizeilichen Begleitung auf der Straße oder an sonstigen allgemein zugänglichen Orten.[706] Mit der Formulierung im § 12 c Abs. 1 Satz 2 SOG wird dem Umstand Rechnung getragen, dass eine polizeilich begleitete Person nicht immer von anderen anwesenden Personen getrennt bzw. isoliert werden kann.[707] Die Effektivität der Gefahrenabwehr wäre ohne diese Erweiterung der Eingriffsbefugnis nicht mehr gewährleis- 319

---

703 Vgl. *Roggenkamp, Jan/Albrecht, Florian/Wellhausen, Henning*, in: Möstl, Markus/Weiner, Bernhard (Hrsg.), BeckOK Polizei- und Ordnungsrecht Niedersachen, 14. Ed. München 01. 05. 2019, § 34 SOG Rn. 20 m. w. N.

704 S. hierzu *Heger, Martin/Pohlreich, Erol*, in: Lackner, Karl/Kühl, Kristian/Heger, Martin/Pohlreich, Erol, StGB (Kommentar), 29. Aufl. München 2018, § 66 Rn. 1 f.

705 Vgl. EGMR, Urteil v. 17. 12. 2009, 19359/04.

706 Vgl. *v. Häfen, Mario*, in: Graf, Jürgen-Peter (Hrsg.), BeckOK StPO mit RiStBV und MiStra, 35. Ed. München 01. 10. 2019, § 163 f StPO Rn. 5.

707 Vgl. *Ettemeyer, Ulrich*, in: B/E/R/S, § 9 PolDVG Rn. 9.

tet, sodass der Gesetzgeber diese Gefahrenabwehr höher gewichtet, als die möglicherweise betroffenen Rechte Dritter. Daraus folgt aber auch, dass das Merkmal der Unvermeidbarkeit im konkreten Fall sorgfältig zu prüfen ist.

320 Im Rahmen der Angemessenheit legt § 12 c Abs. 1 Satz 3 SOG überdies fest, dass bei Durchführung der Maßnahme **der Kernbereich privater Lebensgestaltung** zu wahren ist. Dieser vom BVerfG aus der Unantastbarkeit der Menschenwürde (Art. 1 Abs. 1 GG) abgeleitete absolut zu schützende Kernbereich privater Lebensgestaltung ist keiner Abwägung zugänglich und umfasst Sachverhalte, welche die Sphäre anderer oder der Gemeinschaft nicht oder nur mit äußerst geringer Intensität berühren.[708] Hierzu gehören etwa Gespräche mit Ehegatten und engsten Familienangehörigen in privaten Wohnräumen über die Intimsphäre, innere Vorgänge wie Empfindungen und Gefühle sowie Überlegungen, Ansichten und Erlebnisse höchstpersönlicher Art.[709]

cc) Maßnahmenspezifische Verfahrens- und Formerfordernisse

(1) Anordnung der Maßnahme

321 Aufgrund der besonderen Eingriffsintensität der „Rund-um-die-Uhr-Bewachung" dürfen nur besonders herausgehobene Beamte die polizeiliche Begleitung anordnen (so genannter **Behördenleitervorbehalt**). Zur Anordnung der Maßnahme befugt sind gem. § 12 c Abs. 3 Satz 1 SOG dementsprechend grundsätzlich der Polizeipräsident oder – im Falle seiner Abwesenheit oder Verhinderung – dessen Vertreter im Amt. Bei Gefahr im Verzug ist ausnahmsweise auch der Polizeiführer vom Dienst anordnungsbefugt. Hierdurch soll eine schnelle Erreichbarkeit des Anordnungsbefugten gewährleistet werden. Einem Richtervorbehalt unterliegt die polizeiliche Begleitung hingegen nicht.[710] Satz 2 der Vorschrift verlangt, dass eine entsprechende Anordnung **aktenkundig** zu machen ist, wobei sich aus dieser gemäß Satz 3 Nr. 1 bis 4 die weitergehenden Einzelheiten ergeben müssen. Auf diesem Wege soll die Nachprüfbarkeit der getroffenen Entscheidung erreicht werden.

---

708 Vgl. *Frister, Helmut*, Polizeihandeln im Strafverfahren, in: L/D, F. Rn. 130 f.

709 S. zu diesem Themenkomplex *Hillgruber, Christian*, in: Epping, Volker/Hillgruber, Christian (Hrsg.), BeckOK GG, 41. Ed. München 15. 05. 2019, Art. 1 Rn. 27 m. w. N. S. auch *Frister, Helmut*, Polizeihandeln im Strafverfahren, in: L/D, F. Rn. 130 f.

710 S. zur Diskussion über die Notwendigkeit eines Richtervorbehalts VG Hamburg, Urteil v. 27. 11. 2013, 13 K 1715/13 und insb. BürgDrucks. 20/11115 v. 11. 03. 2014, S. 8 f.

(2) Befristung der Maßnahme

Nach § 12 c Abs. 4 Satz 1 SOG ist die Anordnung der Maßnahme auf höchstens drei Monate zu befristen. Verlängerungen der Maßnahme, die jeweils – mit der Möglichkeit der Wiederholung – auf höchstens zwei Monate zu befristen sind, sind nach § 12 c Abs. 4 Satz 2 SOG zulässig. Die Verlängerung setzt allerdings voraus, dass die Anordnungsvoraussetzungen fortbestehen. Wenn die Voraussetzungen für die Anordnung nicht mehr vorliegen, ist die polizeiliche Begleitung unverzüglich zu beenden.[711] 322

7. Gewahrsam von Personen, § 13 SOG

Luise von Rodbertus

a) Vorbemerkung

Unter dem **Gewahrsam** im Sinne des § 13 SOG wird ein mit staatlicher Gewalt hergestelltes Rechtsverhältnis verstanden, kraft dessen einer Person die Freiheit so entzogen wird, dass sie von der Polizei in einer zweckentsprechenden Weise verwahrt und daran gehindert wird, sich fortzubewegen.[712] Der Vorgang der Herstellung eines solchen Gewahrsams wird als **Ingewahrsamnahme** bezeichnet.[713] § 13 SOG meint den Gewahrsam zur Abwehr einer Gefahr, wohingegen die Vorschriften der StPO (z. B. §§ 127, 163 b Abs. 1, 164 StPO) als Ermächtigungsgrundlage zur Erfüllung repressiver Aufgaben heranzuziehen sind. Bei doppelfunktionalen Maßnahmen der Polizei ist der Schwerpunkt der Tätigkeit maßgeblich.[714] Wenn eine Person in Gewahrsam genommen wird, ist dies nicht nur eine Beschränkung der körperlichen Bewegungsfreiheit i. S. d. Art. 104 Abs. 1 GG, sondern eine Freiheitsentziehung i. S. d. Art. 104 Abs. 2 GG, welche einen Richtervorbehalt auslöst.[715] Von den weiteren polizeilichen Standardmaßnahmen, welche die Freiheit der betroffenen Personen berühren (z. B. §§ 11, 15 SOG), unterscheidet sich der Gewahrsam dadurch, dass bei ihm die **Freiheitsentziehung** angestrebter Zweck der Maßnahme und nicht bloße Begleiterschei- 323

711 Vgl. BürgDrucks. 20/10443 v. 21. 01. 2014, S. 2.

712 Vgl. *Stammer, Jens,* in: B/E/R/S, § 13 SOG Rn. 1 m. w. N.

713 *Graulich, Kurt,* Das Polizeihandeln, in: L/D, E. Rn. 481.

714 Vgl. OVG Lüneburg, in: NVwZ-RR 2014, 327.

715 *Pünder, Hermann,* Polizei- und Ordnungsrecht, in: Ehlers, Dirk/Fehling, Michael/Pünder, Hermann (Hrsg.), Besonderes Verwaltungsrecht, Band 3, 4. Aufl. Heidelberg 2020, § 69 Rn. 284 (im Erscheinen).

nung ist.[716] So stellt z. B. das Anhalten einer Person zwecks Befragung (§ 12 Abs. 1 PolDVG) oder die Feststellung der Personalien (§ 12 SOG) keine Freiheitsentziehung, sondern eine bloße **Freiheitsbeschränkung** dar, die von der jeweiligen Ermächtigungsgrundlage der Maßnahme gedeckt wird.[717] Nicht unter den Gewahrsam i. S. d. § 13 SOG zählt zudem der Fall, dass eine Person freiwillig darum nachsucht, in polizeiliche Obhut genommen zu werden.[718] Erfasst ist hingegen die Situation, dass der Vormund um Schutzgewahrsam für sein Mündel ersucht.[719]

324 § 13 SOG unterscheidet zwischen verschiedenen **Formen des Gewahrsams** mit verschiedenen Voraussetzungen. Unterschieden wird in § 13 Abs. 1 SOG nach dem **Schutzgewahrsam** (§ 13 Abs. 1 Nr. 1 SOG), dem **Unterbindungsgewahrsam** (§ 13 Abs. 1 Nr. 2 SOG), dem **Durchsetzungsgewahrsam** (§ 13 Abs. 1 Nr. 3 und 4 SOG) und dem **Gewahrsam zum Schutz privater Rechte** (§ 13 Abs. 1 Nr. 5 SOG). Darüber hinaus normieren § 13 Abs. 2 SOG den **Sorgerechtsgewahrsam** und § 13 Abs. 3 SOG die **Ingewahrsamnahme entwichener Personen**. Nicht von der Ermächtigung des § 13 SOG umfasst ist hingegen der sog. **Verbringungsgewahrsam**,[720] bei dem der Polizeipflichtige gegen oder ohne seinen Willen an einen anderen, mehr oder weniger weit entfernten Ort verbracht und dort wieder auf freien Fuß gesetzt wird. Bereits der Wortlaut des § 13 SOG sieht diese Form des Gewahrsams nicht vor und auch der Begriff des Gewahrsams ist inhaltlich festgelegt und geht vom Festhalten in einem eng umgrenzten Raum und nicht vom Verbringen an einen abgelegenen Ort aus.[721] Für letztere Argumentation spricht insbesondere, dass dem Gewahrsam eine staatliche Fürsorgepflicht innewohnt, welche garantiert, dem Festgehaltenen Beaufsichtigung und Verpflegung sowie die sich aus der Rechtsschutzgarantie ergebenen rechtlichen Handlungsmöglichkeiten (s. z. B. § 13 b Abs. 2 Satz 1 SOG) zu gewährleisten. All dies findet beim Verbringungsgewahrsam gerade nicht statt (dazu B. I.2.g.cc.2. und B.II.4.d.bb.1.).

---

716 Vgl. *Merten, Karlheinz/Merten, Heike,* Hamburgisches Polizei- und Ordnungsrecht, Stuttgart 2007, § 13 Rn. 2.

717 S. hierzu auch *Stammer, Jens,* in: B/E/R/S, § 13 SOG Rn. 2.

718 Vgl. *Borsdorff, Anke,* Gewahrsam, in: *Möllers, Martin,* Wörterbuch der Polizei, 3. Aufl. München 2018.

719 Vgl. *Gusy, Christoph,* Polizei- und Ordnungsrecht, 10. Aufl. Tübingen 2017, Rn. 295; BVerfG, in: NJW 1960, 811.

720 S. hierzu ausführlich z. B. *Stammer, Jens,* in: B/E/R/S, § 13 SOG Rn. 6; *Merten, Karlheinz/Merten, Heike,* Hamburgisches Polizei- und Ordnungsrecht, Stuttgart 2007, § 13 Rn. 24 oder auch *Hornmann, Gerhard,* Hessisches Gesetz über die öffentliche Sicherheit und Ordnung, 2. Aufl. München 2008, § 32 HSOG Rn. 10.

721 Vgl. *Merten, Karlheinz/Merten, Heike,* Hamburgisches Polizei- und Ordnungsrecht, Stuttgart 2007, § 13 Rn. 24.

Eine bestimmte Form des Gewahrsams ist nicht vorgeschrieben. Der Gewahrsam muss daher nicht notwendigerweise in einer Gewahrsamszelle oder in einem Haft- oder Arrestraum vollzogen werden.[722] In Betracht kommen vielmehr auch Dienstfahrzeuge, Krankenhauszimmer und Gefangenensammelstellen.[723] Werden Demonstranten nach Auflösung einer Versammlung i. S. d. Art. 8 GG von der Polizei „eingekesselt“ und am Verlassen der Örtlichkeit gehindert, um ihre Identität festzustellen und ihnen ggf. anschließend eine Platzverweisung zu erteilen, liegt darin in aller Regel noch keine Freiheitsentziehung, weil das Festhalten anderen polizeilichen Maßnahmen dient.[724] Verfolgt die Polizei hingegen zumindest auch das Ziel, Ausschreitungen von Versammlungsteilnehmern oder die Fortsetzung der aufgelösten Versammlung an anderer Stelle zu verhindern, ist der Polizeikessel als Freiheitsentziehung i. S. d. Art. 104 Abs. 2 GG anzusehen und der Anwendungsbereich des § 13 SOG somit eröffnet.[725] **325**

Von ihrer **Rechtsnatur** her wird die Gewahrsamnahme unterschiedlich eingeordnet. Zum Teil wird sie als Verwaltungsakt i. S. d. § 35 Satz 1 HmbVwVfG eingestuft.[726] Dieser Kategorisierung wird jedoch zu Recht entgegengehalten, dass es am Regelungscharakter der Maßnahme fehle.[727] Die Gewahrsamnahme zielt nämlich nicht auf die Herbeiführung einer bestimmten Rechtsfolge ab, sondern stellt sich vielmehr allein als Realakt dar, der bewirkt, dass der betroffenen Person die Freiheit, ihren Aufenthaltsort zu bestimmen, genommen wird.[728] § 13 SOG ist somit nicht auf die Bewirkung von Rechtsfolgen, sondern allein auf den tatsächlichen Erfolg, den Gewahrsam über die betroffene Person zu erlangen, gerichtet.[729] Statthafte Klageart gegen eine Ingewahrsamnahme wäre dann die Feststellungsklage gem. § 43 Abs. 1 Alt. 1 VwGO. Sofern man den Gewahrsam jedoch als Verwaltungsakt qualifiziert, kommt eine Fortsetzungsfeststellungsklage gem. § 113 Abs. 1 Satz 4 VwGO analog in Betracht (s. hierzu auch B.II.7.d.cc.1.), da sich eine Ingewahrsamnahme regelmäßig erledigt hat, bevor ein Anfechtungswiderspruch bzw. eine Anfechtungsklage eingelegt werden kann. Da auch bei Realakten die Essentialia, wie etwa die Anhörungsvorschriften (§ 28 **326**

722 Vgl. *Stammer, Jens,* in: B/E/R/S, § 13 SOG Rn. 3.

723 *Graulich, Kurt,* Das Polizeihandeln, in: L/D, E. Rn. 481.

724 *Hauser, Michael,* in: Möstl, Markus/Trurnit, Christoph (Hrsg.), BeckOK Polizeirecht Baden-Württemberg, 16. Ed. München 15. 09. 2019, § 28 PolG Rn. 15.

725 S. hierzu ausführlich *Stammer, Jens,* in: B/E/R/S, § 13 SOG Rn. 5 oder auch *Merten, Karlheinz/Merten, Heike,* Hamburgisches Polizei- und Ordnungsrecht, Stuttgart 2007, § 13 Rn. 4.

726 Vgl. VG Frankfurt, in: NVwZ 1994, 721.

727 Vgl. *Stammer, Jens,* in: B/E/R/S, § 13 SOG Rn. 7.

728 Vgl. *Stammer, Jens,* in: B/E/R/S, § 13 SOG Rn. 7.

729 Vgl. zu dieser Fragestellung VG Hamburg, Urteil v. 15. 09. 2014, 2 K 2225/14 (Juris).

HmbVwVfG), analoge Anwendung finden dürften, kann die Frage dahinstehen, ob es sich bei dem Gewahrsam um einen Verwaltungsakt handelt.

b) Checkliste Rechtmäßigkeit

327
- Tatbestandsvoraussetzungen
  - Schutzgewahrsam
  - Unterbindungsgewahrsam
  - Durchsetzungsgewahrsam in Ausführung einer Platzverweisung
  - Durchsetzungsgewahrsam für ein Betretungs-, Aufenthalts-, Kontakt- oder Näherungsverbot
  - Gewahrsam zum Schutze privater Rechte
  - Sorgerechtsgewahrsam
  - Ingewahrsamnahme entwichener Personen
- Rechtsfolge
  - Ingewahrsamnahme
  - Ermessen
- Maßnahmenspezifische Verfahrens- und Formerfordernisse
  - Richtervorbehalt
  - Behandlung festgehaltener Personen
  - Dauer der Freiheitsentziehung

c) Betroffene Grundrechte

328 Der Gewahrsam stellt einen Eingriff in die **Freiheit der Person gem. Art. 2 Abs. 2 Satz 2 GG** in Gestalt einer Freiheitsentziehung (Art. 104 Abs. 2 GG) dar, weil der Adressat regelmäßig an einem eng umgrenzten Ort und unter Aufhebung der Bewegungsfreiheit in alle Richtungen festgehalten wird.[730] Darüber hinaus liegt in der Regel auch ein Eingriff in das Recht auf die Allgemeine Handlungsfreiheit (Art. 2 Abs. 1 GG) vor.[731] Art. 2 Abs. 1 GG ist jedoch im Verhältnis zu Art. 2 Abs. 2 Satz 2 GG subsidiär.

730 Vgl. hierzu BVerfG, in: NJW 2002, 3161, 3162.

731 Vgl. *Schucht, Carsten*, Generalklausel und Standardmaßnahme, Stuttgart 2010, S. 296.

d) Einzelerläuterungen

aa) Tatbestandsvoraussetzungen

(1) Schutzgewahrsam (§ 13 Abs. 1 Nr. 1 SOG)

Eine Gewahrsamnahme einer Person ist gem. § 13 Abs. 1 Nr. 1 SOG zulässig, wenn dies zum Schutz der **Person gegen eine Gefahr für Leib oder Leben** erforderlich ist. Der sog. **Schutzgewahrsam** richtet sich daher nicht zwingend gegen die Person des Störers, sondern gegen diejenige Person, deren Rechtsgüter bedroht sind.[732] **329**

§ 13 Abs. 1 Nr. 1 SOG fordert auf Tatbestandsseite zunächst eine **Gefahr** für Leib oder Leben. Insoweit ist eine konkrete Gefahr vonnöten, die jedoch nicht gegenwärtig zu sein braucht.[733] Unerheblich im Rahmen des § 13 Abs. 1 Nr. 1 SOG ist dabei, ob die Gefahrenlage durch die betroffene Person selbst – schuldhaft oder schuldlos – durch Dritte oder durch höhere Gewalt verursacht wurde.[734] Als Beispiel für eine Gefahr für **Leib oder Leben** („insbesondere") nennt § 13 Abs. 1 Nr. 1 SOG auf Tatbestandsebene den Fall, dass eine Person sich erkennbar in **einem die freie Willensbestimmung ausschließenden Zustand** befindet. Dies ist der Fall, wenn die betroffene Person nicht in der Lage ist, ihren Willen zu betätigen, oder sie nicht mehr nach ihrem Willensentschluss zu handeln vermag.[735] Von diesem Merkmal erfasst sind nicht nur Betrunkene, die zu ihrem Schutz in Ausnüchterungsgewahrsam genommen werden,[736] sondern auch Personen, die unter schweren Rauschzuständen, einer Bewusstlosigkeit, einem epileptischen Anfall oder einem schweren Nervenschock leiden.[737] **Erkennbar** ist der Mangel der freien Willensbestimmung, wenn ein Beamter bei sorgfältiger Wahrnehmung seiner Rechte und Pflichten objektiv davon ausgehen kann, dass die betroffene Person entweder nicht ansprechbar oder jedenfalls wesentlich desorientiert ist.[738] Als weiteres Beispiel für eine Gefahr im Sinne des Tatbestands nennt § 13 Abs. 1 Nr.1 SOG die Situation, dass sich eine Person **sonst in hilfloser Lage befindet**. Gemeint sind mit dieser Formulierung Personen, die sich – verschuldet oder unverschuldet – nicht selbst helfen kön- **330**

---

732 Vgl. *Graulich, Kurt,* Das Polizeihandeln, in: L/D, E. Rn. 495.

733 Vgl. *Graulich, Kurt,* Das Polizeihandeln, in: L/D, E. Rn. 495.

734 Vgl. *Hornmann, Gerhard,* Hessisches Gesetz über die öffentliche Sicherheit und Ordnung, 2. Aufl. München 2008, § 32 HSOG Rn. 12.

735 Vgl. *Graulich, Kurt,* Das Polizeihandeln, in: L/D, E. Rn. 496 f.

736 *Graulich, Kurt,* Das Polizeihandeln, in: L/D, E. Rn. 496.

737 Vgl. *Graulich, Kurt,* Das Polizeihandeln, in: L/D, E. Rn. 496.

738 Vgl. *Grünewald, Benedikt,* in: Möstl, Markus/Schwabenbauer, Thomas (Hrsg.), BeckOK Polizei- und Sicherheitsrecht Bayern, 11. Ed. München 10. 11. 2019, Art. 17 PAG Rn. 20.

nen.[739] Zur Bewertung der Hilflosigkeit sind objektive Kriterien heranzuziehen. Es ist daher unerheblich, ob sich die betroffene Person selbst für hilflos hält. In Frage kommen etwa alte Menschen, Kinder, Unfallopfer sowie Personen, die von anderen bedroht werden, ohne sich selbst der Gefahr entziehen zu können.[740] Von § 13 Abs. 1 Nr. 1 SOG umfasst ist auch die Verhinderung eines Suizids; bei willentlichen Selbstgefährdungen geringerer Intensität ist die Polizei hingegen nicht befugt, einzuschreiten.[741]

331 Schließlich fordert § 13 Abs. 1 Nr. 1 SOG als weitere tatbestandliche Voraussetzung, dass der Gewahrsam zum Schutz der Person gegen eine Gefahr für Leib oder Leben **erforderlich** ist. Hier ist an sich zu prüfen, ob eine Ingewahrsamnahme durch eine weniger beeinträchtigende Maßnahme abgewehrt werden kann. Insoweit handelt es sich hier um einen Aspekt, der ohnehin im Rahmen der Verhältnismäßigkeitsprüfung zu thematisieren ist. Auf Tatbestandsebene kommt der Erforderlichkeit der Maßnahme somit eine rein deklaratorische Bedeutung zu.

(2) Unterbindungsgewahrsam (§ 13 Abs. 1 Nr. 2 SOG)

332 § 13 Abs. 1 Nr. 2 SOG normiert den sog. **Unterbindungsgewahrsam**. Eine derartige Ingewahrsamnahme ist zulässig, wenn sie unerlässlich ist, um die unmittelbar bevorstehende Begehung (Präventivgewahrsam) oder Fortsetzung einer Straftat oder einer Ordnungswidrigkeit von erheblicher Bedeutung für die Allgemeinheit (Repressivgewahrsam) zu verhindern.[742] Die polizeiliche Lage ist also durch eine besonders qualifizierte Gefahr sowie durch ihre Begrenzung auf gesetzlich besonders sanktionierte Verhaltensweisen gekennzeichnet.

333 Gem. § 13 Abs. 1 Nr. 2 SOG muss die Begehung oder die Fortsetzung einer **Ordnungswidrigkeit** von erheblicher Bedeutung für die Allgemeinheit oder eine **Straftat** unmittelbar bevorstehen. Mit den Begriffen „Straftat" und „Ordnungswidrigkeit" ist jeweils ein Verhalten gemeint, das straf- bzw. ordnungsrechtlich als tatbestandsmäßig und rechtswidrig einzuordnen ist.[743] Auf ein Verschulden der handelnden Person kommt es hingegen nicht an.[744] Insoweit kann auch eine schuldunfähige Person in Unterbindungsgewahrsam genommen werden. Ob eine Ordnungswidrigkeit nach § 13 Abs. 1

---

739 *Graulich, Kurt,* Das Polizeihandeln, in: L/D, E. Rn. 497.

740 *Graulich, Kurt,* Das Polizeihandeln, in: L/D, E. Rn. 497.

741 *Graulich, Kurt,* Das Polizeihandeln, in: L/D, E. Rn. 497.

742 S. zu diesen Begriffen *Stammer, Jens,* in: B/E/R/S, § 13 SOG Rn. 13.

743 *Merten, Karlheinz/Merten, Heike,* Hamburgisches Polizei- und Ordnungsrecht, Stuttgart 2007, § 13 Rn. 8.

744 Vgl. BVerwG, in: NJW 1974, 807.

Nr. 2 SOG **von allgemeiner Bedeutung** ist, richtet sich wiederum danach, wie schwerwiegend der Rechtsverstoß ist und welches Gewicht den bedrohten Rechtsgütern zukommt.[745] Dabei kann die Art und Höhe der angedrohten Sanktion für die jeweilige Ordnungswidrigkeit eine Indizwirkung entfalten.[746]

Als weitere Voraussetzung fordert § 13 Abs. 1 Nr. 2 SOG, dass die genannte Straftat oder Ordnungswidrigkeit **unmittelbar bevorsteht**. Dies erfordert eine besondere Nähe und eine hohe Wahrscheinlichkeit des Schadeneintritts für eine Rechtsgutverletzung von einigem Gewicht,[747] wobei die Einwirkung des schädigenden Ereignisses bereits begonnen haben, unmittelbar oder in allernächster Zeit bevorstehen muss.[748] Insoweit verlangt das Gesetz vom Polizeibeamten eine **Prognoseentscheidung**. An diese Prognoseentscheidung hinsichtlich der Annahme der Begehung oder Fortsetzung einer Ordnungswidrigkeit oder Straftat sind umso geringere Anforderungen zu stellen, je größer oder folgenschwerer der vermeintlich eintretende Schaden wäre.[749] Die historische Auslegung der Norm zeigt, dass „die Unmittelbarkeit nicht nur dann vorliegt, wenn im nächsten zeitlichen Moment eine Straftat begangen werden soll, sondern dass vielmehr auch längere zeitliche Abstände denkbar sind, wenn sich aus einem wiederholt in der Vergangenheit gezeigten Verhalten die Prognose ableiten lässt, dass es auch in naher Zukunft zu solchen Handlungen kommen wird“[750]. Das SOG erlaubt in seiner gegenwärtigen Fassung also das polizeiliche Einschreiten und den Unterbringungsgewahrsam auch dann, „wenn die Straftat nicht im nächsten Moment begangen wird, aber die Umstände auf eine Wiederholung der Tat hinweisen“[751]. Jedoch handelt es sich bei der vorgenannten, beispielhaften gesetzlichen Definition nur um eine legislative Prognosehilfe;[752] die bevorstehende Straftat muss im Einzelfall stets ergänzend prognostiziert 334

745 Vgl. *Basteck, Vincent*, in: Kugelmann, Dieter/Möstl, Markus (Hrsg.), BeckOK Polizei- und Ordnungsrecht NRW, 12. Ed. München 10. 07. 2019, § 35 PolG NRW Rn. 45.

746 Vgl. *Basteck, Vincent*, in: Kugelmann, Dieter/Möstl, Markus (Hrsg.), BeckOK Polizei- und Ordnungsrecht NRW, 12. Ed. München 10. 07. 2019, § 35 PolG NRW Rn. 45.

747 Vgl. BVerwGE 45, 51, 58; VG Freiburg in: VBlBW 1986, 229; *Stammer, Jens*, in: B/E/R/S, § 13 SOG Rn. 16.

748 Vgl. OLG Hamburg, in: NJW 1998, 2231.

749 Vgl. BVerfG, in: NJW 2005, 2603, 2610.

750 Vgl. hierzu BürgDrucks. 15/5177 v. 26. 03. 1996, S. 5 zur polizeilichen Praxis im Zusammenhang mit der Bekämpfung der offenen Drogenszene in Hamburg.

751 Vgl. *Merten, Karlheinz/Merten, Heike*, Hamburgisches Polizei- und Ordnungsrecht, Stuttgart 2007, § 13 Rn. 7.

752 *Söllner, Sebastian*, in: Pewestorf, Adrian/Söllner, Sebastian/Tölle, Oliver, Polizei- und Ordnungsrecht, 2. Aufl. Köln 2017, § 30 ASOG Rn. 22.

werden.[753] Ergeben können sich die Erkenntnisse zu einer Wiederholungsgefahr z. B. aus den polizeilichen Informationssystemen (POLAS, Bundeszentralregister, Ausländerzentralregister).[754] § 13 Abs. 1 Nr. 2 SOG gibt in seinen 2. Halbsatz mit den dortigen Beispielen gute Hilfen, wann die genannten Tatbestandsvoraussetzungen nach Halbsatz 1 jedenfalls vorliegen.

(3) Durchsetzungsgewahrsam in Ausführung einer Platzverweisung (§ 13 Abs. 1 Nr. 3 SOG)

335 Der sog. Durchsetzungsgewahrsam[755] gem. § 13 Abs. 1 Nr. 3 SOG dient der Durchsetzung einer Platzverweisung nach § 12 a SOG. Ausweislich der Gesetzessystematik handelt es sich um eine selbstständige Standardmaßnahme und nicht um ein Zwangsmittel i. S. d. §§ 17 ff. SOG.[756] Kommen Personen einer polizeilichen Anordnung nach § 12 a SOG nicht nach, können sie in Gewahrsam genommen werden, was seinerseits mit unmittelbarem Zwang (§§ 17 ff. SOG) vollstreckt werden kann.[757] Voraussetzung für eine solche Maßnahme ist die **rechtmäßige Verfügung einer Platzverweisung** und deren **Nichtbefolgung** dieser Maßnahme durch den Adressaten.[758] Da der Gewahrsam i. S. d. § 13 Abs. 1 Nr. 3 SOG die Nichtbefolgung einer Platzverweisung ersetzen soll, ist die Dauer des Gewahrsams zur Durchsetzung einer Platzverweisung abhängig von der zeitlichen Frist der Platzverweisung selbst. Somit können nur vorübergehende Platzverweisungen auch nur einen **vorübergehenden Gewahrsam** zur Folge haben.[759]

(4) Durchsetzungsgewahrsam für ein Betretungs-, Aufenthalts-, Kontakt- oder Näherungsverbot (§ 13 Abs. 1 Nr. 4 SOG)

336 § 13 Abs. 1 Nr. 4 SOG normiert den Durchsetzungsgewahrsam[760] zur Durchsetzung eines Betretungs-, Aufenthalts-, Kontakt- oder Näherungsverbots i. S. d. § 12 b SOG. Eine solche Form des Gewahrsams ist zulässig, wenn die Gefahr der Nichtbeachtung der verfügten Verbote droht oder die Störung durch Verletzung des Verbots schon eingetreten ist.[761]

---

753 Vgl. hierzu auch *Stammer, Jens,* in: B/E/R/S, § 13 SOG Rn. 18.

754 *Stammer, Jens,* in: B/E/R/S, § 13 SOG Rn. 18.

755 S. zu diesem *Stammer, Jens,* in: B/E/R/S, § 13 SOG Rn. 20.

756 Vgl. *Stammer, Jens,* in: B/E/R/S, § 13 SOG Rn. 20.

757 *Schmidbauer, Wilhelm/Holzner, Thomas,* Bayerisches Polizei- und Sicherheitsrecht, München 2019, Rn. 970.

758 Vgl. *Stammer, Jens,* in: B/E/R/S, § 13 SOG Rn. 20.

759 *Merten, Karlheinz/Merten, Heike,* Hamburgisches Polizei- und Ordnungsrecht, Stuttgart 2007, § 13 Rn. 13.

760 Näher zu diesem *Stammer, Jens,* in: B/E/R/S, § 13 SOG Rn. 25.

761 *Merten, Karlheinz/Merten, Heike,* Hamburgisches Polizei- und Ordnungsrecht, Stuttgart 2007, § 13 Rn. 14.

(5) Gewahrsam zum Schutze privater Rechte (§ 13 Abs. 1 Nr. 5 SOG)

§ 13 Abs. 1 Nr. 5 SOG sieht den Gewahrsam für denjenigen vor, der sonst einem privaten Festhalten nach § 229 BGB ausgesetzt wäre. Gem. § 3 Abs. 3 SOG obliegt der Schutz privater Rechte nur dann der Polizei, wenn gerichtlicher Schutz (vgl. §§ 935 ff. ZPO) nicht rechtzeitig zu erlangen ist und ohne polizeiliche Hilfe die Verwirklichung des Rechts vereitelt oder wesentlich erschwert werden würde. Diese Voraussetzungen dürften nur in seltenen Fällen vorliegen, sodass der Anwendungsbereich des § 13 Abs. 1 Nr. 5 SOG begrenzt ist.[762] Gegenüber der Polizei hat der Gläubiger seinen zivilrechtlichen Anspruch, dessen Gefährdung sowie den Fluchtverdacht des Schuldners glaubhaft zu machen, vgl. § 920 Abs. 2 ZPO.[763] 337

(6) Sorgerechtsgewahrsam (§ 13 Abs. 2 SOG)

Nach § 13 Abs. 2 SOG darf die Polizei Minderjährige, die sich der Obhut der Sorgeberechtigten entzogen haben, in Gewahrsam nehmen, um sie den Sorgeberechtigten oder dem Jugendamt zuzuführen. **Minderjährige** sind gem. § 2 BGB Personen, die das 18. Lebensjahr noch nicht vollendet haben. Der Sorgerechtsgewahrsam[764] umfasst inhaltlich die elterliche Sorge (§ 1626 Abs. 1 i. V. m. § 1631 Abs. 1 BGB), bei geschiedenen Eltern das Recht des sorgeberechtigten Elternteils (§ 1671 BGB), bei nichtehelichen Kindern das Recht der Mutter (§ 1705 BGB) und bei Mündeln das Recht des Vormunds (§§ 1793, 1800 BGB).[765] § 13 Abs. 2 SOG gilt nach seinem eindeutigen Wortlaut nur für Minderjährige, nicht aber für Volljährige, für die ein Betreuer bestellt ist. Der Minderjährige hat sich der Obhut des Sorgeberechtigten **entzogen**, wenn er sich für eine gewisse Dauer ohne oder gegen den Willen des Sorgeberechtigten entfernt hat und diesem der Aufenthaltsort nicht bekannt ist.[766] Ein Entziehen im Sinne der Vorschrift liegt auch vor, wenn dem Sorgeberechtigten der Aufenthalt an einem bestimmten Ort zwar bekannt ist, der Minderjährige sich dort jedoch gegen den ausdrücklichen Willen des Sorgeberechtigten aufhält.[767] Eine unmittelbare Gefährdung, die von 338

762 Vgl. *Merten, Karlheinz/Merten, Heike,* Hamburgisches Polizei- und Ordnungsrecht, Stuttgart 2007, § 13 Rn. 15.

763 Vgl. *Hornmann, Gerhard,* Hessisches Gesetz über die öffentliche Sicherheit und Ordnung, 2. Aufl. München 2008, § 32 HSOG Rn. 36.

764 *Stammer, Jens,* in: B/E/R/S, § 13 SOG Rn. 30.

765 Vgl. *Graulich, Kurt,* Das Polizeihandeln, in: L/D, E. Rn. 511.

766 Vgl. *Merten, Karlheinz/Merten, Heike,* Hamburgisches Polizei- und Ordnungsrecht, Stuttgart 2007, § 13 Rn. 18.

767 Vgl. *Merten, Karlheinz/Merten, Heike,* Hamburgisches Polizei- und Ordnungsrecht, Stuttgart 2007, § 13 Rn. 18.

dem Minderjährigen ausgeht oder ihm droht, ist nicht erforderlich.[768] Die Ingewahrsamnahme aus § 13 Abs. 2 SOG verfolgt ausschließlich den Zweck, die minderjährige Person den Sorgeberechtigten oder dem Jugendamt zuzuführen und soll der Polizei ermöglichen, ihrer Pflicht zum Schutz des Sorgerechts nachzukommen.[769] Das Sorgerecht ist Teil des von Art. 6 GG geschützten elterlichen und staatlichen Erziehungsrechts, sodass eine Verletzung durch Entziehung aus diesem grundrechtlich geschützten Bereich eine **Störung der öffentlichen Sicherheit** darstellt und die Polizei zum Handeln verpflichtet.[770] Allerdings kann es sich hierbei nur um die Sicherung des Kernbereichs des Erziehungsrechts, nicht aber um den gesamten Bereich der Jugend- und Familienhilfe handeln.[771] Von § 13 Abs. 2 SOG bleibt die Befugnis der Polizei, gem. § 8 Abs. 2 Jugendschutzgesetz Kinder und Jugendliche, die sich an sog. jugendgefährdenden Orten aufhalten, dem Erziehungsberechtigten oder dem Jugendamt zuzuführen, unberührt.[772]

(7) Ingewahrsamnahme entwichener Personen (§ 13 Abs. 3 SOG)

339 Die Ingewahrsamnahme nach § 13 Abs. 3 SOG ergänzt das Strafvollstreckungsrecht auf der Ebene des polizeirechtlichen Handelns. So erfasst die Vorschrift Personen, die aus der Strafhaft, Untersuchungshaft, dem Maßregelvollzug oder sonstigen richterlich angeordneten Freiheitsentziehungen (z.B. nach dem HmbPsychKG, § 13 SOG, § 24 HmbVwVfG oder gem. § 1631 b BGB) **entwichen** sind oder sich **unbefugt** außerhalb der Einrichtung aufhalten.[773] Unbefugt hält sich eine Person außerhalb einer Anstalt auf, wenn sie geflüchtet ist, nicht fristgerecht vom Hafturlaub, vom Arztbesuch oder von einer Arbeitsstelle außerhalb der Anstalt zurückkehrt.[774] Es ist nicht notwendig, dass von der entwichenen Person eine Gefahr ausgeht.[775] Sinn und Zweck eines Gewahrsams nach § 13 Abs. 3 SOG ist es, den rechtlich legitimierten, aber tatsächlich unterbrochenen Freiheitsentzug wieder herzustellen.[776] Daher stellt der Polizeigewahrsam in den in § 13

768 *Stammer, Jens,* in: B/E/R/S, § 13 SOG Rn. 30.

769 Vgl. BürgDrucks. 13/5422 v. 30. 01. 1990, S. 16.

770 Vgl. *Stammer, Jens,* in: B/E/R/S, § 13 SOG Rn. 30.

771 Vgl. *Stammer, Jens,* in: B/E/R/S, § 13 SOG Rn. 30.

772 Vgl. *Hornmann, Gerhard,* Hessisches Gesetz über die öffentliche Sicherheit und Ordnung, 2. Aufl. München 2008, § 32 HSOG Rn. 41.

773 Vgl. *Graulich, Kurt,* Das Polizeihandeln, in: L/D, E. Rn. 512.

774 Vgl. hierzu *Merten, Karlheinz/Merten, Heike,* Hamburgisches Polizei- und Ordnungsrecht, Stuttgart 2007, § 13 Rn. 19; *Hornmann, Gerhard,* Hessisches Gesetz über die öffentliche Sicherheit und Ordnung, 2. Aufl. 2008, § 32 HSOG Rn. 43.

775 Vgl. *Stammer, Jens,* in: B/E/R/S, § 13 SOG Rn. 31.

776 *Merten, Karlheinz/Merten, Heike,* Hamburgisches Polizei- und Ordnungsrecht, Stuttgart 2007, § 13 Rn. 22.

Abs. 3 SOG aufgezählten Fällen auch keinen Eingriff in die geschützten Rechte des Betroffenen dar.[777]

bb) Rechtsfolge

(1) Ingewahrsamnahme

Mit Blick auf die Rechtsfolge sieht § 13 SOG als Maßnahme zur Gefahren- **340** abwehr die Möglichkeit vor, eine Person in Gewahrsam zu nehmen (zum Begriff des Gewahrsams s. B.II.7.a.).

(2) Ermessen

Aus der Formulierung „darf" wird deutlich, dass die Norm den handelnden **341** Behörden Ermessen einräumt (s. ausführlich zum Ermessen B.I.4.). Die Ingewahrsamnahme ist eine kurzfristige Maßnahme vorläufigen Charakters, sodass eine äußerst enge Auslegung dieser Vorschrift und somit eine äußerst restriktive Handhabung zwingend ist. Da der Gewahrsam stets mit einer Freiheitsentziehung nach Art. 104 Abs. 2 GG verbunden ist, ist er nur als **ultima ratio** zulässig und darf nur so lange aufrechterhalten werden, wie die Voraussetzungen des § 13 SOG vorliegen. Er ist aufzuheben, sobald der verfolgte Zweck erreicht ist oder durch ein milderes Mittel erreicht werden kann.[778] Dies ist stets bei der zu treffenden Ermessensentscheidung zu berücksichtigen.

Ausweislich des Wortlauts des § 13 Abs. 1 Nr. 2–5 SOG muss der Gewahr- **342** sam **unerlässlich** sein. Der Begriff der Unerlässlichkeit ist eine Steigerung gegenüber „erforderlich" in § 13 Abs. 1 Nr. 1 SOG und bringt zum Ausdruck, dass die Ingewahrsamnahme nach § 13 Abs. 1 Nr. 2–5 SOG nicht nur wie jede Maßnahme geeignet und erforderlich sein muss, sondern dass die Gefahrenabwehr nur auf diese Weise möglich und nicht durch eine andere Maßnahme ersetzbar ist.[779] Der in der Rechtssprache nicht oft gebräuchliche Terminus der Unerlässlichkeit soll daher ausdrücklich betonen, dass die Ingewahrsamnahme das **äußerste polizeiliche Mittel** zur Gefahrenabwehr darstellt.[780] Es muss dem Betroffenen stets die Gelegenheit gegeben werden, die Freiheitsentziehung zu vermeiden. Von einer Unerlässlichkeit des

777 Vgl. hierzu *Merten, Karlheinz/Merten, Heike,* Hamburgisches Polizei- und Ordnungsrecht, Stuttgart 2007, § 13 Rn. 22.

778 *Hauser, Michael*, in: Möstl, Markus/Trurnit, Christoph (Hrsg.), BeckOK Polizeirecht Baden-Württemberg, 16. Ed. München 15. 09. 2019, § 28 PolG Rn. 50.

779 Vgl. *Hornmann, Gerhard*, Hessisches Gesetz über die öffentliche Sicherheit und Ordnung, 2. Aufl. München 2008, § 32 HSOG Rn. 19; *Söllner, Sebastian*, in: Pewestorf, Adrian/Söllner, Sebastian/Tölle, Oliver, Polizei- und Ordnungsrecht, 2. Aufl. Köln 2017, § 30 ASOG Rn. 36; s. hierzu auch BVerfGE 83, 24.

780 Vgl. *Graulich, Kurt,* Das Polizeihandeln, in: L/D, E. Rn. 487.

Durchsetzungsgewahrsams zur Durchsetzung einer Platzverweisung gem. **§ 13 Abs. 1 Nr. 3 SOG** ist beispielsweise auszugehen, wenn diese nicht durch die Anwendung unmittelbaren Zwangs i. S. d. §§ 17 ff. SOG durchgesetzt werden kann und zudem erhebliche Rechtsgutverletzungen drohen.[781] Eine auf § 13 Abs. 1 Nr. 3 SOG gestützte Ingewahrsamnahme kommt hingegen etwa dann in Betracht, wenn Anhaltspunkte dafür bestehen, dass der Adressat einer vorherigen Platzverweisung nach § 12 a SOG auch nach dessen zwangsweiser Durchsetzung zeitnah wieder an den Ort zurückkehren wird, von welchem er verwiesen wurde.[782] Auch der Gewahrsam zum Schutz privater Rechte nach **§ 13 Abs. 1 Nr. 5 SOG** muss unerlässlich sein, d. h. mildere polizeiliche Maßnahmen (wie z. B. die Feststellung der Personalien) zum Schutz privater Rechte dürfen nicht ausreichen, um den Anspruch des Gläubigers zu sichern.[783] Hinsichtlich des Schutzgewahrsams aus **§ 13 Abs. 1 Nr. 1 SOG** ist, bevor eine hilflose Person in Gewahrsam genommen wird, stets zu prüfen, ob sie – ggf. unter Einschaltung des Rettungsdienstes – unmittelbar ihren Angehörigen oder anderen geeigneten Stellen (z. B. Heim, Krankenhaus o. ä.) übergeben werden kann.

cc) Maßnahmenspezifische Verfahrens- und Formerfordernisse

(1) Richtervorbehalt

343 § 13 a SOG befasst sich mit der Entscheidung des Richters über die Ingewahrsamnahme einer Person durch die Polizei gem. § 13 SOG. Die Vorschrift regelt sowohl für die Polizei als auch für das Gericht die maßgeblichen Verfahrensfragen und muss im Zusammenhang mit der verfassungsrechtlichen Wertung des Art. 104 Abs. 2 GG i. V. m. Art. 2 Abs. 2 Satz 2 GG gelesen werden. Der **Richtervorbehalt** findet beim **Festhalten** einer Person, d. h. schon zu Beginn einer freiheitsentziehenden Maßnahme, wie des Gewahrsams, Anwendung.[784] § 13 a SOG erstreckt sich hingegen nicht auf ein Festhalten bezüglich lediglich freiheitsbeschränkender Maßnahmen (z. B. Identitätsfeststellung, Vorführung, körperliche Untersuchung).[785] Der Richtervorbehalt aus Art. 104 Abs. 2 GG findet jedoch wieder Anwendung, sobald eine freiheitsbeschränkende Maßnahme aufgrund z. B. überlanger Dauer in eine Freiheitsentziehung umschlägt.[786]

---

781 Vgl. *Stammer, Jens,* in: B/E/R/S, § 13 SOG Rn. 21 (insbesondere im Kontext von Platzverweisungen im Hamburger Drogen- und Rotlichtmilieu).

782 Vgl. *Graulich, Kurt,* Das Polizeihandeln, in: L/D, E. Rn. 511.

783 Vgl. *Stammer, Jens,* in: B/E/R/S, § 13 SOG Rn. 29.

784 Vgl. *Stammer, Jens,* in: B/E/R/S, § 13 a SOG Rn. 1.

785 Vgl. *Stammer, Jens,* in: B/E/R/S, § 13 a SOG Rn. 1.

786 Vgl. *Stammer, Jens,* in: B/E/R/S, § 13 a SOG Rn. 1.

344 Gemäß der grundgesetzlichen Konzeption ist die richterliche Entscheidung nach Möglichkeit bereits **vor** Beginn der freiheitsentziehenden Maßnahme einzuholen. Dies ergibt sich aus Art. 104 Abs. 2 Satz 1 GG, wonach bereits über die „Zulässigkeit“ einer Freiheitsentziehung nur der Richter zu entscheiden hat.[787] Typischerweise setzt die Polizei Ingewahrsamnahmen zur Gefahrenabwehr jedoch vor Ort in Eillagen ein, sodass die vorherige Einschaltung des Richters nur in Ausnahmefällen möglich sein wird.[788] In solchen Fällen ist die richterliche Entscheidung aber **unverzüglich und während der noch andauernden Freiheitsentziehung einzuholen.**[789] Der verfassungsrechtlichen Vorgabe des Art. 104 Abs. 2 GG folgend ist der Begriff der **Unverzüglichkeit** dahingehend auszulegen, dass die richterliche Entscheidung – sofern nicht die Voraussetzungen des § 13 a Abs. 1 Satz 2 SOG vorliegen – ohne jede Verzögerung, die sich nicht aus sachlichen Gründen rechtfertigen lässt, nachgeholt werden muss.[790] Nicht vermeidbar sind hierbei z. B. Verzögerungen, die durch die Länge des Weges, Schwierigkeiten beim Transport, die notwendige Registrierung und Protokollierung, ein renitentes Verhalten des Festgehaltenen oder durch vergleichbare Umstände bedingt sind.[791] Nicht gerechtfertigte Verzögerungen können entweder in der Sphäre der Polizei[792] oder des Gerichts liegen.[793] Ob die Verzögerung sich aus sachlichen Gründen rechtfertigen lässt oder vielmehr vermeidbar ist, ist anhand der Besonderheiten des Einzelfalles konkret zu ermitteln.[794] Wird gegen den Richtervorbehalt i. S. d. § 13 a SOG verstoßen, ist die Ingewahrsamnahme rechtswidrig und die festgehaltene Person muss freigelassen werden.[795]

345 § 13 a Abs. 1 Satz 2 SOG eröffnet die Möglichkeit von der richterlichen Entscheidung abzusehen. Durch diese Ausnahmebestimmung soll vermieden werden, dass sich die Entlassung des Festgehaltenen nur deshalb verzögert, weil die richterliche Entscheidung noch abzuwarten ist.[796] Ansonsten würde Art. 104 Abs. 2 Satz 2 GG zu einer mit ihrem Schutzweck nicht zulässi-

787 Vgl. BVerfGE 45, 51, 62.

788 Vgl. *Stammer, Jens,* in: B/E/R/S, § 13 a SOG Rn. 2.

789 Vgl. *Stammer, Jens,* in: B/E/R/S, § 13 a SOG Rn. 3.

790 Vgl. BVerfGE 105, 239, 249.

791 Vgl. BVerfG, Beschluss v. 13. 12. 2005, 2 BvR 447/05, Rn. 37 (Juris).

792 Beispiele s. *Graulich, Kurt,* Das Polizeihandeln, in: L/D, E. Rn. 524.

793 Vgl. *Graulich, Kurt,* Das Polizeihandeln, in: L/D, E. Rn. 524.

794 Vgl. EGMR in: NJW 2001, 51.

795 *Pünder, Hermann,* Polizei- und Ordnungsrecht, in: Ehlers, Dirk/Fehling, Michael/Pünder, Hermann (Hrsg.), Besonderes Verwaltungsrecht, Band 3, 4. Aufl. Heidelberg 2020, § 69 Rn. 289 (im Erscheinen).

796 Vgl. *Graulich, Kurt,* Das Polizeihandeln, in: L/D, E. Rn. 526.

gen Verlängerung der Freiheitsentziehung führen.[797] Bei der Prüfung, ob die Voraussetzungen des § 13 a Abs. 1 Satz 2 SOG vorliegen, hat die Polizei einen **geschätzten Zeitabgleich** durchzuführen.[798] Dabei ist die voraussichtliche Dauer des Gewahrsams mit der Zeitspanne zu vergleichen, welche für die richterliche Entscheidung erforderlich ist.[799] Hierbei sind die Umstände des Einzelfalles zu berücksichtigen, insbesondere aber die Erreichbarkeit des Gerichts sowie Tageszeit, Sonn- und Feiertage, Fahrtdauer, Wartezeit sowie die Vorführbarkeit (Transport- und Anhörungsfähigkeit) des Betroffenen.[800] Eine richterliche Entscheidung auf Grund von § 13 a Abs. 1 SOG **nach der Entlassung** des Betroffenen kommt nicht in Betracht.[801]

346 Zwar sind Streitigkeiten über die Zulässigkeit einer polizeilichen freiheitsentziehenden Maßnahme öffentlich-rechtlicher Natur und damit grundsätzlich gem. § 40 Abs. 1 Satz 1 VwGO Sache der Verwaltungsgerichte. Das SOG erklärt jedoch in § 13 Abs. 2 Satz 1 das Amtsgericht Hamburg i. S. d. § 40 Abs. 1 Satz 2 VwGO für **sachlich zuständig**. Das Verfahren vor dem Amtsgericht richtet sich gem. § 13 a Abs. 2 Satz 2 SOG nach den §§ 415 bis 432 FamFG. Der Richter entscheidet gem. § 38 FamFG durch einen mit Gründen zu versehenden **Beschluss**. Der Beschluss kann nach § 429 FamFG mit der **Beschwerde** angefochten werden, über die das zuständige Landgericht entscheidet. Beschwerdeberechtigt ist neben dem Betroffenen auch die antragstellende Polizei.[802] § 13 a Abs. 2 Satz 4 SOG sieht eine **nachträgliche Überprüfung** der Rechtmäßigkeit von Ingewahrsamnahmen i. S. d. § 13 SOG vor, sofern es nicht bereits zu einer Entscheidung des Amtsgerichts im Rahmen des § 13 a SOG gekommen ist.[803]

(2) Behandlung festgehaltener Personen

347 Wird eine Person auf Grund von § 12 Abs. 2 oder § 13 SOG festgehalten, ist ihr unverzüglich, d. h. zum frühestmöglichen Zeitpunkt, der **Grund bekannt zu geben, § 13 b Abs. 1 SOG**. Hierzu gehört die Mitteilung, aus welcher Rechtsgrundlage und welchem Sachverhalt die Befugnis zum Festhal-

797 Vgl. VGH Mannheim, in: NVwZ-RR 2005, 540, 541.

798 Vgl. *Basteck, Vincent*, in: Kugelmann, Dieter/Möstl, Markus (Hrsg.), BeckOK Polizei- und Ordnungsrecht NRW, 12. Ed. München 10. 07. 2019, § 36 PolG NRW Rn. 25.

799 Vgl. *Meixner, Kurt/Fredrich, Dirk*, Hessisches Gesetz über die öffentliche Sicherheit und Ordnung – HSOG –, 12. Aufl. 2016, § 33 HSOG Rn. 7.

800 Vgl. *Stammer, Jens*, in: B/E/R/S, § 13 a SOG Rn. 8.

801 Vgl. *Meixner, Kurt/Fredrich, Dirk*, Hessisches Gesetz über die öffentliche Sicherheit und Ordnung – HSOG –, 12. Aufl. Stuttgart 2016, § 33 HSOG Rn. 8.

802 *Merten, Karlheinz/Merten, Heike*, Hamburgisches Polizei- und Ordnungsrecht, Stuttgart 2007, § 13 a Rn. 10.

803 S. hierzu auch *Stammer, Jens*, in: B/E/R/S, § 13 a SOG Rn. 9.

ten hergeleitet wird.[804] Mitzuteilen ist zudem, ob eine richterliche Entscheidung herbeigeführt wird, oder, ob in Hinblick auf eine lediglich kurze Inanspruchnahme hierauf verzichtet werden kann.[805] Sinn und Zweck dieser Mitteilungspflicht der Polizei ist, dass die betroffene Person sich frühzeitig auf die staatliche Maßnahme einstellen kann.[806] Über seine Rechtsmittel muss der Betroffene hingegen nicht belehrt werden.[807] Sofern die Bekanntgabe nur deshalb nicht erfolgen kann, weil der Betroffene nicht in der Lage ist, diese aufzunehmen, ist die Bekanntgabe – ggf. unter Hinzuziehung eines Dolmetschers – nachzuholen, sobald der Hinderungsgrund weggefallen ist.[808]

Der festgehaltenen Person ist gem. **§ 13 b Abs. 2 Satz 1 SOG** unverzüglich **348**
Gelegenheit zu geben, einen Angehörigen (vgl. § 11 Abs. 1 Nr. 1 StGB) oder eine Person ihres Vertrauens (z. B. Rechtsanwälte, Geistliche, Bekannte o. Ä.)[809] zu benachrichtigen (vgl. hierzu auch Art. 104 Abs. 4 GG). Hierzu sind dem Betroffenen die dazu erforderlichen Kommunikationsmittel unentgeltlich zur Verfügung zu stellen und die betroffene Person ist auf ihr Benachrichtigungsrecht hinzuweisen.[810] Gelegenheit zur Benachrichtigung muss jedoch nicht gewährt werden, wenn der Zweck des Gewahrsams gefährdet würde.[811] Die Polizei soll die Benachrichtigung übernehmen, wenn die betroffene Person nicht in der Lage ist, von ihrem gesetzlichen Benachrichtigungsrecht Gebrauch zu machen und die Benachrichtigung dem mutmaßlichen Willen der Person entspricht, § 13 b Abs. 2 Satz 3 SOG. Bei festgehaltenen **Minderjährigen** oder **betreuten Personen** ist die Polizei verpflichtet, unverzüglich den Sorgeberechtigten bzw. den Betreuer zu benachrichtigen, § 13 b Abs. 2 Satz 4 und 5 SOG. **Ausländer** können gem. Art. 36 WÜK (Wiener Übereinkommen über Konsularische Beziehungen) verlangen, dass nicht erst der Haftrichter, sondern schon die Polizei das zuständige Konsulat bei der Ingewahrsamnahme benachrichtigt.[812]

Die festgehaltene Person **soll** weiterhin gem. **§ 13 b Abs. 3 Satz 1 SOG** gesondert, d. h. insbesondere ohne ihre Einwilligung nicht in demselben Raum **349**

804 Vgl. hierzu *Merten, Karlheinz/Merten, Heike,* Hamburgisches Polizei- und Ordnungsrecht, Stuttgart 2007, § 13 b Rn. 3.

805 Vgl. hierzu *Merten, Karlheinz/Merten, Heike,* Hamburgisches Polizei- und Ordnungsrecht, Stuttgart 2007, § 13 b Rn. 3.

806 *Schwemer, Holger/Heinze, Arne,* Hamburger SOG 2005, Hamburg 2005, § 13 b Rn. 1.

807 Vgl. *Stammer, Jens,* in: B/E/R/S, § 13 b SOG Rn. 2.

808 Vgl. *Stammer, Jens,* in: B/E/R/S, § 13 b SOG Rn. 1.

809 Vgl. *Stammer, Jens,* in: B/E/R/S, § 13 b SOG Rn. 3.

810 *Graulich, Kurt,* Das Polizeihandeln, in: L/D, E. Rn. 540.

811 Vgl. *Stammer, Jens,* in: B/E/R/S, § 13 b SOG Rn. 3.

812 BVerfG, in: NJW 2007, 499, 503.

mit Straf- oder Untersuchungsgefangenen, untergebracht werden.[813] Eine gesonderte Unterbringung ist insbesondere geboten, wenn es der körperliche oder geistige Zustand der festgehaltenen Person erfordert oder wenn es sich bei dieser Person um einen Minderjährigen handelt.[814] Darüber hinaus sieht § 13 b Abs. 3 Satz 2 SOG eine getrennte Unterbringung von Männern und Frauen vor.[815] Gewahrsamsspezifische Beschränkungen nach Satz 3 der Vorschrift können beispielsweise eine Durchsuchung (§ 15 Abs. 1 Nr. 1 SOG), eine Sicherstellung (§ 14 Abs. 1 Satz 1 b SOG), eine Fesselung (§ 23 Abs. 1 SOG) oder auch eine Videoüberwachung (§ 17 SOG) sein, wobei die Voraussetzungen der jeweiligen Ermächtigungsgrundlage ihrerseits vorliegen müssen. **§ 13 b Abs. 4 SOG** regelt den Sonderfall, dass der polizeiliche Gewahrsam mangels eigener Gewahrsamsräume in einer Justizvollzugsanstalt vollzogen wird (sog. Amtshilfe).[816] Für diesen Fall wird für die Behandlung der festgehaltenen Person im Gewahrsam auf Normen des Strafvollzugsgesetzes des Bundes und des Hamburgischen Strafvollzugsgesetzes Bezug genommen. Diese Normen regeln überwiegend nicht die Strafhaft, sondern andere Haftarten, welche keinen Sanktionscharakter haben. § 13 b Abs. 4 SOG wurde anlässlich der Erhöhung der Dauer für den Unterbindungsgewahrsam (§ 13 Abs. 1 Nr. 2 SOG) und den Durchsetzungsgewahrsam (§ 13 Abs. 1 Nr. 4 SOG) auf maximal zehn Tage eingefügt, da die Verwahrungsmöglichkeiten in den jeweiligen Polizeikommissariaten grundsätzlich nicht für mehrtägige Freiheitsentziehungen vorgesehen sind.[817]

(3) Dauer der Freiheitsentziehung

350 Die Vorschrift des § 13 c SOG trägt dem Umstand Rechnung, dass es sich bei einer Freiheitsentziehung um einen besonders schweren Grundrechtseingriff handelt und schreibt insoweit die sich aus Art. 104 Abs. 2 Satz 3 GG ergebenden Grenzen einfachgesetzlich fest. Während § 13 c Abs. 1 Nr. 1 und 2 SOG konkrete Ereignisse benennt, welche zu einer sofortigen Freilassung des Festgehaltenen führen müssen, werden in § 13 c Abs. 1 Nr. 3 und Abs. 2 zeitliche Höchstgrenzen geregelt. Die in § 13 c SOG normierten Entlassungsgründe sind zwingend; sie eröffnen weder einen Beurteilungsspielraum noch Ermessen.[818]

---

813 *Graulich, Kurt,* Das Polizeihandeln, in: L/D, E. Rn. 543.

814 Vgl. *Hornmann, Gerhard,* Hessisches Gesetz über die öffentliche Sicherheit und Ordnung, 2. Aufl. München 2008, § 34 HSOG Rn. 18.

815 Zum Gewahrsam bei Kindern s. *Stammer, Jens,* in: B/E/R/S, § 13 b SOG Rn. 7.

816 Vgl. *Stammer, Jens,* in: B/E/R/S, § 13 b SOG Rn. 9.

817 Vgl. *Stammer, Jens,* in: B/E/R/S, § 13 b SOG Rn. 9.

818 *Merten, Karlheinz/Merten, Heike,* Hamburgisches Polizei- und Ordnungsrecht, Stuttgart 2007, § 13 c Rn. 2.

Die festgehaltene Person ist nach **§ 13 c Abs. 1 Nr. 1 SOG** zu entlassen, sobald der Grund für die Maßnahme weggefallen ist. Der Grund für die Freiheitsentziehung ist weggefallen, wenn das polizeiliche Ziel erreicht ist oder aber wenn der Zweck der Ingewahrsamnahme auch bei Fortdauer des Gewahrsams nicht mehr erreicht werden kann.[819] Dies ist etwa dann der Fall, wenn der Volltrunkene soweit ausgenüchtert ist, der Drogendealer morgens um 04:00 Uhr keine Abnehmer mehr findet, die Identität der Person festgestellt wurde, der Grund für die Platzverweisung weggefallen ist oder die Gefahrenprognose sich beim Betretungs-, Aufenthalts-, Kontakt- und Näherungsverbot als falsch erwiesen hat.[820] § 13 c Abs. 1 Nr. 1 SOG gilt stets und unabhängig davon, ob bereits eine richterliche Entscheidung über die Ingewahrsamnahme ergangen ist oder ob die Polizei aufgrund einer Entscheidung der betroffenen Person die Freiheit entzogen hat.[821] **351**

Nach **§ 13 c Abs. 1 Nr. 2 SOG** ist die festgehaltene Person zu entlassen, wenn die Fortdauer der Freiheitsentziehung durch richterliche Entscheidung für unzulässig erklärt wurde. In diesem Fall erfolgt die Entlassung der festgehaltenen Person durch den Richter, der eigentliche Vollzug obliegt jedoch der Polizei. Sofern der Richter gem. § 13 c Abs. 1 Nr. 2 SOG die sofortige Wirksamkeit seiner Entscheidung anordnet, was in der Praxis die absolute Regel ist, entfaltet auch eine Beschwerde gegen den Beschluss keine aufschiebende Wirkung.[822] **352**

Auf der Grundlage der verfassungsrechtlich vorgeschriebenen Höchstdauer des Art. 104 Abs. 2 Satz 3 GG, bestimmt **§ 13 Abs. 1 Nr. 3 SOG** schließlich, dass ein Gewahrsam, der allein auf einer Entscheidung der Polizei beruht, **spätestens** am Ende des Tages nach dem Ergreifen zu enden hat, sofern nicht vorher die Fortdauer der Freiheitsentziehung durch richterliche Entscheidung angeordnet worden ist. Hierbei kommt es gerade nicht darauf an, ob das polizeiliche Ziel und der Zweck der Ingewahrsamnahme erreicht wurden und die Fortdauer der Freiheitsentziehung bei objektiver polizeilicher Draufsicht geboten wäre.[823] Auch darf diese absolute Frist dann nicht überschritten werden, wenn weitere Gründe für eine Freiheitsentziehung entstehen.[824] **353**

---

819 Vgl. *Stammer, Jens,* in: B/E/R/S, § 13 c SOG Rn. 1.

820 Vgl. *Hornmann, Gerhard,* Hessisches Gesetz über die öffentliche Sicherheit und Ordnung, 2. Aufl. München 2008, § 35 HSOG Rn. 21; *Merten, Karlheinz/Merten, Heike,* Hamburgisches Polizei- und Ordnungsrecht, Stuttgart 2007, § 13 c Rn. 4.

821 Vgl. *Stammer, Jens,* in: B/E/R/S, § 13 c SOG Rn. 1.

822 Vgl. *Stammer, Jens,* in: B/E/R/S, § 13 c SOG Rn. 2.

823 Vgl. hierzu *Merten, Karlheinz/Merten, Heike,* Hamburgisches Polizei- und Ordnungsrecht, Stuttgart 2007, § 13 c Rn. 2.

824 Vgl. *Stammer, Jens,* in: B/E/R/S, § 13 c SOG Rn. 3.

354 In der Entscheidung, in der eine Fortdauer der Freiheitsentziehung angeordnet wurde, ist gem. **§ 13 c Abs. 1 Nr. 3 SOG** die zulässige Höchstdauer der Freiheitsentziehung zu bestimmen. Für den Unterbindungsgewahrsam (§ 13 Abs. 1 Nr. 2 SOG) und den Durchsetzungsgewahrsam für ein Betretungs-, Aufenthalts-, Kontakt- oder Näherungsverbot (§ 13 Abs. 1 Nr. 4 SOG) beträgt die zeitliche Höchstgrenze **zehn Tage** und in den übrigen Fällen des § 13 Abs. 1 **zwei Tage**. Eine länger andauernde richterlich angeordnete Freiheitsentziehung auf Grund eines anderen Gesetzes (z. B. Abschiebungshaft gem. § 62 AufenthG) ist jedoch zulässig, vgl. § 13 c Abs. 1 Nr. 3 Satz 2 SOG a. E.

355 In Anlehnung an § 163 c StPO ist der Gewahrsam zum Zwecke der **Feststellung der Personalien** auf höchstens 12 Stunden beschränkt, **§ 13 c Abs. 2 SOG**. Diese Form des Gewahrsams ist grundsätzlich nur als freiheitsbeschränkende Maßnahme einzuordnen und unterliegt daher nicht den Voraussetzungen des § 13 a SOG. Die Feststellung der Personalien hat ohne zeitliche Verzögerung zu erfolgen.[825] Ergeben sich in dieser Zeit andere Gründe für eine Freiheitsentziehung oder schlägt die Feststellung der Personalien z. B. aufgrund einer überlangen Dauer in eine Freiheitsentziehung um, sind Art. 104 Abs. 2 GG bzw. § 13 c Abs. 1 SOG direkt anzuwenden.[826]

8. Durchsuchung und Untersuchung von Personen, § 15 SOG

Luise von Rodbertus

a) Durchsuchung von Personen, § 15 Abs. 1–3 SOG

aa) Vorbemerkung

356 § 15 Abs. 1–3 SOG normiert die polizeiliche Befugnis, eine Person zu durchsuchen. Diese Befugnis dient ausschließlich der **Gefahrenabwehr** und ist von der Durchsuchung im Rahmen der Strafverfolgung gem. §§ 102 bis 110 StPO abzugrenzen.[827] Während § 15 Abs. 1 und 2 SOG Ermächtigungsgrundlagen enthält, statuiert § 15 Abs. 3 SOG Durchführungsbestimmungen für die **Durchsuchung von Personen**.[828] Die tatbestandlichen Voraussetzungen, welche zur Durchsuchung der betroffenen Person berechti-

825 Vgl. OLG Schleswig, in: NVwZ 2003, 1412.

826 Vgl. *Stammer, Jens,* in: B/E/R/S, § 13 c SOG Rn. 5.

827 Vgl. *Merten, Karlheinz/Merten, Heike,* Hamburgisches Polizei- und Ordnungsrecht, Stuttgart 2007, § 15 Rn. 2.

828 *Thiel, Markus,* in: Kugelmann, Dieter/Möstl, Markus (Hrsg.), BeckOK Polizei- und Ordnungsrecht NRW, 12. Ed. München 10. 07. 2019, § 39 PolG NRW Rn. 1.

gen, stehen regelmäßig mit einer anderen polizeilichen Standardmaßnahme in enger Relation. Anders als beispielsweise der Gewahrsam oder die Sicherstellung stellt die Durchsuchung nach § 15 SOG eher eine Begleit-, Unterstützungs- oder Vorbereitungsmaßnahme dar.[829]

Mit der polizeilichen **Durchsuchung** von Personen ist die Suche nach Gegenständen am Körper oder in der Bekleidung der betroffenen Person gemeint.[830] Von der Durchsuchung umfasst ist nicht nur die Suche an der Körperoberfläche, sondern auch eine solche in den natürlichen Körperöffnungen wie Mund, Nase und Ohren, sofern diese ohne Weiteres zugänglich sind.[831] Auf das Körperinnere, beispielswiese den Genitalbereich, darf sich die Durchsuchung hingegen nicht erstrecken, da § 15 Abs. 1–3 SOG nur solche Handlungen umfasst, die nicht in die Körperintegrität der zu durchsuchenden Person eingreifen und vor allem keine gesundheitlichen Gefährdungen bewirken können.[832] Eine Suche in den Körperöffnungen des Intimbereichs einer Person dient zwar dem Auffinden körperfremder Gegenstände i. S. d. § 15 Abs. 1–3 SOG, ist aber aufgrund der hohen Eingriffsintensität als **Untersuchung** i. S. d. § 15 Abs. 4 SOG zu werten.[833] Eine solche ist darauf gerichtet, das Körperinnere oder den körperlichen Zustand einer Person festzustellen.[834] Auch die **Inaugenscheinnahme** nach § 13 Abs. 2 PolDVG, welche lediglich ein bloßes Betrachten gestattet, ist von der Durchsuchung zu unterscheiden.[835] **357**

Durchsuchungsobjekt des § 15 Abs. 1–3 SOG kann lediglich der noch lebende Mensch sein, sodass die Durchsuchung einer Leiche nicht unter § 15 SOG, sondern unter die Durchsuchung von Sachen (§ 15 a SOG) fällt.[836] Der jeweilige Wortlaut des § 15 Abs. 1–2 SOG stellt klar, wer richtiger Adressat der Maßnahme ist. So richtet sich die Durchsuchung nach § 15 Abs. 1 Nr. 1 gegen die Person, die festgehalten werden darf, nach Abs. 1 Nr. 2 an die Person, welche möglicherweise sicherzustellende Gegenstände mit sich führt. Bei Abs. 1 Nr. 3 ist Adressat die in hilfloser Lage befindliche Person, **358**

---

829 *Merten, Karlheinz/Merten, Heike*, Hamburgisches Polizei- und Ordnungsrecht, Stuttgart 2007, § 15 Rn. 2.

830 *Stammer, Jens*, in: B/E/R/S, § 15 SOG Rn. 1.

831 *Stammer, Jens*, in: B/E/R/S, § 15 SOG Rn. 1.

832 Vgl. *Schenke, Wolf-Rüdiger/Schenke, Ralf Peter*, Polizei- und Ordnungsrecht, in: Steiner, Udo/Brinktrine, Ralf (Hrsg.), Besonderes Verwaltungsrecht, 9. Aufl. Heidelberg 2018, S. 147, 210; *Gusy, Christoph*, Polizei- und Ordnungsrecht, 10. Aufl. Tübingen 2017, Rn. 247.

833 *Graulich, Kurt*, Das Polizeihandeln, in: L/D, E. Rn. 574.

834 *Stammer, Jens*, in: B/E/R/S, § 15 SOG Rn. 1.

835 *Stammer, Jens*, in: B/E/R/S, § 15 SOG Rn. 1.

836 *Neuhäuser, Armin*, in: Möstl, Markus/Weiner, Bernhard (Hrsg.), BeckOK Polizei- und Ordnungsrecht Niedersachsen, 14. Ed. München 01. 05. 2019, § 22 SOG Rn. 8.

bei Nr. 4 diejenige, die nach § 31 PolDVG zur gezielten Kontrolle ausgeschrieben ist. Adressat der Durchsuchung nach § 15 Abs. 2 SOG ist schließlich diejenige Person, deren Personalien festgestellt, angehalten, kontrolliert oder die vorgeführt oder zum Zwecke der Durchführung einer polizeilichen Maßnahme an einen anderen Ort verbracht werden soll.

359 Die Durchsuchungshandlung selbst ist als **Realakt** zu qualifizieren, welcher jedoch typischerweise von einem anordnenden **Verwaltungsakt (Durchsuchungsanordnung)** begleitet wird.[837] Letzterer gibt der betroffenen Person die Mitwirkung an der Ausführung der Durchsuchung, mindestens aber deren Duldung auf.[838] Sog. Begleitverfügungen, die von der Ermächtigungsnorm des § 15 Abs. 1–3 SOG gedeckt sind und der Umsetzung der eigentlichen Durchsuchung dienen (z.B. die Aufforderung zum Aussteigen aus einem Fahrzeug, zum Ablegen von Kleidungsstücken, sich in einer bestimmten Haltung bis zum Abschluss der Durchsuchung hinzustellen oder sich zum Zwecke der Durchsuchung in einen bestimmten Raum zu begeben), können ebenfalls als Verwaltungsakte i.S.d. § 35 Satz 1 HmbVwVfG ergehen.[839]

bb) Checkliste Rechtmäßigkeit

360

- Tatbestandsvoraussetzungen
  - Personen, die festgehalten werden können
  - Personen, die möglicherweise der Sicherstellung unterliegende Sachen mit sich führen
  - Personen, die sich in hilfloser Lage befinden
  - Personen, die zur gezielten Kontrolle ausgeschrieben sind
  - weitere Konstellationen
- Rechtsfolge
  - Durchsuchung
  - Ermessen

---

837 Vgl. *Hornmann, Gerhard,* Hessisches Gesetz über die öffentliche Sicherheit und Ordnung, 2. Aufl. München 2008, § 36 HSOG Rn. 6; *Stammer, Jens,* in: B/E/R/S, § 15 SOG Rn. 3; anders: *Graulich, Kurt,* Das Polizeihandeln, in: L/D, E. Rn. 557.

838 *Pieroth, Bodo/Schlink, Bernhard/Kniesel, Michael,* Polizei- und Ordnungsrecht, 9. Aufl. München 2016, § 18 Rn. 1.

839 Vgl. *Hornmann, Gerhard,* Hessisches Gesetz über die öffentliche Sicherheit und Ordnung, 2. Aufl. München 2008, § 36 HSOG Rn. 6; *Thiel, Markus,* in: Kugelmann, Dieter/Möstl, Markus (Hrsg.), BeckOK Polizei- und Ordnungsrecht NRW, 12. Ed. München 10. 07. 2019, § 39 PolG NRW Rn. 5.

- Maßnahmenspezifische Verfahrens- und Formerfordernisse
- Durchführungsbestimmungen (Berücksichtigung des Geschlechts)

cc) Betroffene Grundrechte

Durch die Durchsuchung von Personen wird ggf. in die **körperliche Unversehrtheit** in Form des körperlichen Wohlbefindens **(Art. 2 Abs. 2 Satz 1 GG)** eingegriffen.[840] Weil die betroffene Person für die Dauer der polizeilichen Maßnahme am Durchsuchungsort bleiben muss, liegt zudem ein Eingriff in die Bewegungsfreiheit in Gestalt einer **Freiheitsbeschränkung (Art. 2 Abs. 2 Satz 2 i.V.m. Art. 104 Abs. 1 GG)** vor.[841] Schließlich kann auch das **Allgemeine Persönlichkeitsrecht in Ausprägung des Rechts auf Wahrung der Privat- und Intimsphäre** sowie ggf. das **Recht auf informationelle Selbstbestimmung (Art. 2 Abs. 1 i.V.m. Art. 1 Abs. 1 GG)** tangiert sein.[842] 361

dd) Einzelerläuterungen

(1) Tatbestandsvoraussetzungen

(a) Personen, die festgehalten werden können (§ 15 Abs. 1 Nr. 1 SOG)

Eine Durchsuchung einer Person ist gem. § 15 Abs. 1 Nr. 1 SOG zulässig, wenn sie nach dem SOG oder anderen Rechtsvorschriften **festgehalten** werden darf. Festhalteberechtigungen können sich beispielsweise aus §§ 11, 13 SOG, §§ 13, 16 PolDVG oder außerhalb des Polizeirechts z.B. aus §§ 81 a, 81 b, 115, 127, 163 b, 164 StPO, § 87 StVollzG oder § 62 AufenthG ergeben.[843] Nur wenn die in den vorgenannten (oder sonstigen) Vorschriften geregelten gesetzlichen Voraussetzungen eines Festhaltens vorliegen, kann auch eine Durchsuchung nach § 15 Abs. 1 Nr. 1 SOG zulässig sein. § 15 Abs. 1 Nr. 1 SOG verlangt aber nicht, dass die Person auch tatsächlich festgehalten wird.[844] Insoweit genügt es, wenn die jeweiligen Tatbestandsvoraussetzungen für ein Festhalten aus den vorgenannten Ermächtigungsnormen vorliegen.[845] Weitere Voraussetzungen nennt § 15 Abs. 1 Nr. 1 SOG 362

---

840 Vgl. *Merten, Karlheinz/Merten, Heike*, Hamburgisches Polizei- und Ordnungsrecht, Stuttgart 2007, § 15 Rn. 1.

841 Vgl. *Thiel, Markus*, in: Kugelmann, Dieter/Möstl, Markus (Hrsg.), BeckOK Polizei- und Ordnungsrecht NRW, 12. Ed. 10. 07. 2019, § 39 PolG NRW Rn. 3.

842 Vgl. *Thiel, Markus*, in: Kugelmann, Dieter/Möstl, Markus (Hrsg.), BeckOK Polizei- und Ordnungsrecht NRW, 12. Ed. München 10. 07. 2019, § 39 PolG NRW Rn. 3.

843 *Stammer, Jens*, in: B/E/R/S, § 15 SOG Rn. 4.

844 *Stammer, Jens*, in: B/E/R/S, § 15 SOG Rn. 5.

845 *Thiel, Markus*, in: Kugelmann, Dieter/Möstl, Markus (Hrsg.), BeckOK Polizei- und Ordnungsrecht NRW, 12. Ed. 10. 07. 2019, § 39 PolG NRW Rn. 20.

nicht, insbesondere ist auch eine personenbezogene Gefahrenprognose nicht notwendig. Abzugrenzen ist das Festhalten i.S.d. § 15 Abs. 1 Nr. 1 SOG vom bloßen Anhalten, welches beispielsweise anlässlich einer Befragung nach § 12 Abs. 1 PolDVG stattfinden kann.[846]

363 Da die Durchsuchung von Personen gem. § 15 Abs. 1 Nr. 1 SOG teleologisch nur anlässlich der Gefahrenabwehr erfolgen darf, ist vorrangiges Ziel der Vorschrift etwa die Vereitelung einer Flucht, die Eigensicherung der Beamten, die Verhinderung einer Selbstschädigung oder insbesondere das Auffinden von gefährlichen Gegenständen oder Ausweispapieren bei der betroffenen Person.[847] Die Durchsuchungshandlung hat sich nach den konkreten Umständen des Einzelfalls zu richten. § 15 Abs. 1–3 SOG gibt der Polizei grundsätzlich die Anordnungsbefugnis, dass die betroffene Person ihre Kleidung auszuziehen hat.[848] Grundsätzlich ist es jedoch nicht notwendig, dass sich der Betroffene vollständig entkleiden muss.[849] Dies kommt vielmehr nur dann in Betracht, sofern Anhaltspunkte vorliegen, dass diese Person Betäubungsmittel, Waffen, Legitimationspapiere oder sonstige verdächtige Gegenstände unmittelbar am Körper trägt.[850] Typischerweise handelt es sich im Rahmen des § 15 Abs. 1–3 SOG um Durchsuchungen, welche im engen Zusammenhang mit Ordnungswidrigkeiten und/oder Straftaten durchgeführt werden. Solche sog. „doppelfunktionalen Maßnahmen" dienen einerseits der (weiteren) Gefahrenabwehr und andererseits der Sicherung von Beweismitteln bzw. dem Auffinden von Beutegegenständen.[851] Sofern der Schwerpunkt der Durchsuchungsmaßnahme repressiver Art ist (z.B. Betäubungsmittel zwecks Beweismittel, Legitimationspapiere zwecks Identitätsfeststellung), muss die einschlägige strafprozessuale Norm auf die Maßnahme Anwendung finden.[852]

---

846 *Thiel, Markus,* in: Kugelmann, Dieter/Möstl, Markus (Hrsg.), BeckOK Polizei- und Ordnungsrecht NRW, 12. Ed. 10. 07. 2019, § 39 PolG NRW Rn. 19.

847 *Pieroth, Bodo/Schlink, Bernhard/Kniesel, Michael,* Polizei- und Ordnungsrecht, 9. Aufl. München 2016, § 18 Rn. 6; *Merten, Karlheinz/Merten, Heike,* Hamburgisches Polizei- und Ordnungsrecht, Stuttgart 2007, § 15 Rn. 1.

848 *Merten, Karlheinz/Merten, Heike,* Hamburgisches Polizei- und Ordnungsrecht, Stuttgart 2007, § 15 Rn. 4.

849 *Stammer, Jens,* in: B/E/R/S, § 15 SOG Rn. 7.

850 *Stammer, Jens,* in: B/E/R/S, § 15 SOG Rn. 7.

851 OVG Lüneburg, in: NVwZ-RR 2014, 327.

852 *Stammer, Jens,* in: B/E/R/S, § 15 SOG Rn. 7; *Thiel, Markus,* in: Kugelmann, Dieter/Möstl, Markus (Hrsg.), BeckOK Polizei- und Ordnungsrecht NRW, 12. Ed. München 10. 07. 2019, § 39 PolG NRW Rn. 27.

(b) Personen, die möglicherweise der Sicherstellung unterliegende Sachen mit sich führen (§ 15 Abs. 1 Nr. 2 SOG)

Nach § 15 Abs. 1 Nr. 2 SOG ist eine Durchsuchung zulässig, wenn Tatsachen die Annahme rechtfertigen, dass eine Person Sachen mit sich führt, die **sichergestellt** werden dürfen. Mit dieser Formulierung wird an die Voraussetzungen und den Zweck der Sicherstellung gem. § 14 SOG angeknüpft.[853] Für das Mitführen möglicherweise der Sicherstellung unterliegende Sachen müssen **Tatsachen**, mithin konkrete, personenbezogene Umstände, Verhältnisse oder Fakten, die dem Beweis zugänglich sind, vorliegen.[854] Diese können sich beispielweise aus Aussagen oder Verhaltensweisen der betroffenen Person, Hinweisen von Dritten, förmlichen Zeugenaussagen, früher gewonnenen polizeilichen Erkenntnissen oder aus sinnlichen Wahrnehmungen der Beamten ergeben.[855] Bloße Erfahrungssätze oder Vermutungen der Beamten reichen für eine Durchsuchung nach § 15 Abs. 1 Nr. 2 SOG hingegen nicht aus.[856] Zudem fordert § 15 Abs. 1 Nr. 2 SOG, dass Tatsachen **die Annahme rechtfertigen**, dass die betroffene Person der Sicherstellung unterliegende Sachen mit sich führt. Nach der Rechtsprechung beschreibt diese Formulierung einen sog. **Gefahrenverdacht**, sodass sich die Durchsuchung in der Regel als **Gefahrerforschungseingriff** darstellt.[857] Zur Erfüllung der Voraussetzungen des § 15 Abs. 1 Nr. 2 SOG sei „[…] erforderlich aber auch ausreichend die aus einer hinreichend objektivierbaren Tatsachenbasis abgeleitete Wahrscheinlichkeit der befürchteten Rechtsgutbedrohung und die Nähe der von der Maßnahme betroffenen Person zu dieser Bedrohung, wobei die Einschreitschwelle umso niedriger liegen kann, desto größer die Wahrscheinlichkeit der befürchteten Rechtsgutbedrohungen und desto höher die Bedeutung der bedrohten Rechtsgüter ist"[858]. 364

Auch die Durchsuchung nach § 15 Abs. 1 Nr. 2 SOG dient teleologisch der Gefahrenabwehr. Das Auffinden von möglicherweise mitgeführten Sachen soll der missbräuchlichen Verwendung dieser Sache(n) vorbeugen und stellt somit eine wichtige Komponente der Eigen- bzw. Fremdsicherung 365

853 *Stammer, Jens,* in: B/E/R/S, § 15 SOG Rn. 8.

854 Vgl. OLG Hamburg Beschluss v. 17. 05. 2010, 2 Ws 160/09 (Juris); *Stammer, Jens,* in: B/E/R/S, § 15 SOG Rn. 8.

855 Vgl. *Merten, Karlheinz/Merten, Heike,* Hamburgisches Polizei- und Ordnungsrecht, Stuttgart 2007, § 15 Rn. 9.

856 Vgl. *Merten, Karlheinz/Merten, Heike,* Hamburgisches Polizei- und Ordnungsrecht, Stuttgart 2007, § 15 Rn. 9.

857 OVG Saarlouis, Urteil v. 30. 11. 2007, 3 R 9/06 (Juris).

858 OVG Saarlouis, Urteil v. 30. 11. 2007, 3 R 9/06 (Juris).

dar.[859] Auch sollen künftige Ordnungswidrigkeiten und Straftaten verhindert werden sowie Eigentümer von Sachen vor der Beschädigung sowie dem Verlust der Sache bewahrt werden.[860] Ein **„Mitsichführen"** i. S. d. § 15 Abs. 1 Nr. 2 SOG liegt vor, wenn die von der Durchsuchung betroffene Person die Sache mit der Möglichkeit eines direkten Zugriffs am Körper oder aber in der Kleidung aufbewahrt.[861] Gegenstände, welche bei der Durchsuchung gefunden werden, aber nicht sichergestellt bzw. beschlagnahmt werden dürfen, sind dem Betroffenen unverzüglich wieder auszuhändigen.[862]

(c) Personen, die sich in hilfloser Lage befinden (§ 15 Abs. 1 Nr. 3 SOG)

366 § 15 Abs. 1 Nr. 3 SOG bestimmt, dass eine Person durchsucht werden darf, wenn sie sich erkennbar in einem die freie Willensbestimmung ausschließenden Zustand oder sonst in hilfloser Lage befindet. Aus dem Wortlaut folgt, dass die „hilflose Lage" der Oberbegriff und der „die freie Willensbestimmung ausschließende Zustand" dessen Unterfall ist. Eine Person befindet sich in einem **die freie Willensbildung erkennbar ausschließenden Zustand**, wenn sie keine selbstbestimmten Entscheidungen mehr treffen kann (s. im Übrigen die Kommentierung zu § 13 Abs. 1 Nr. 1 SOG, B.II.7.d.aa.1.).[863] Von diesem Merkmal erfasst sind nicht nur Betrunkene, sondern auch Personen, die unter schweren Rauschzuständen, einer Bewusstlosigkeit, einem epileptischen Anfall oder einem schweren Nervenschock leiden.[864] Der Mangel der freien Willensbestimmung ist **erkennbar**, wenn ein Polizeibeamter bei besonnener Wahrnehmung seiner Dienstpflichten objektiv davon ausgehen darf, dass die betroffene Person nicht ansprechbar oder – wenn ansprechbar – so doch jedenfalls erheblich desorientiert ist.[865] **Sonst in hilfloser Lage** befinden sich Personen, die sich – verschuldet oder unverschuldet – nicht selbst helfen können.[866] In Betracht kommen etwa Kinder, Verunglückte, alte Menschen sowie Personen, die

---

859 *Thiel, Markus*, in: Kugelmann, Dieter/Möstl, Markus (Hrsg.), BeckOK Polizei- und Ordnungsrecht NRW, 12. Ed. München 10. 07. 2019, § 39 PolG NRW Rn. 25.

860 Vgl. *Thiel, Markus*, in: Kugelmann, Dieter/Möstl, Markus (Hrsg.), BeckOK Polizei- und Ordnungsrecht NRW, 12. Ed. München 10. 07. 2019, § 39 PolG NRW Rn. 25.

861 *Thiel, Markus*, in: Kugelmann, Dieter/Möstl, Markus (Hrsg.), BeckOK Polizei- und Ordnungsrecht NRW, 12. Ed. München 10. 07. 2019, § 39 PolG NRW Rn. 31.

862 *Thiel, Markus*, in: Kugelmann, Dieter/Möstl, Markus (Hrsg.), BeckOK Polizei- und Ordnungsrecht NRW, 12. Ed. München 10. 07. 2019, § 39 PolG NRW Rn. 64.

863 *Stammer, Jens*, in: B/E/R/S, § 15 SOG Rn. 10.

864 Vgl. *Graulich, Kurt*, Das Polizeihandeln, in: L/D, E. Rn. 496.

865 Vgl. *Grünewald, Benedikt*, in: Möstl, Markus/Schwabenbauer, Thomas (Hrsg.), BeckOK Polizei- und Sicherheitsrecht Bayern, 11. Ed. München 10. 11. 2019, Art. 17 PAG Rn. 20.

866 VG Berlin, Urteil v. 25. 04. 2013, 1 K 27.12 (Juris); *Graulich, Kurt*, Das Polizeihandeln, in: L/D, E. Rn. 497.

von anderen bedroht werden, ohne sich der Gefahr entziehen zu können.[867] Zur Bewertung der Hilflosigkeit sind objektive Kriterien heranzuziehen. Es ist daher unerheblich, ob sich die betroffene Person selbst für hilflos hält. Dass die betroffene Person Hilfe ablehnt, muss die Annahme einer hilflosen Lage nicht zwingend hindern, da es gerade Ausdruck einer besonderen Hilflosigkeit sein kann, die Ansinnen Dritter abzulehnen.[868] Überschneidungen zwischen den Tatbestandsmerkmalen der hilflosen Lage und dem die freie Willensbestimmung ausschließenden Zustand i. S. d. § 15 Abs. 1 Nr. 3 SOG sind möglich. Daraus folgt jedoch auch, dass die Annahme einer hilflosen Lage keinen die freie Willensbestimmung ausschließenden Zustand voraussetzt.[869]

Zielrichtung der Durchsuchung nach § 15 Abs. 1 Nr. 3 SOG ist es, weitere **367** Maßnahmen zur Hilfeleistung oder zur Identifizierung der betroffenen Person zu ermöglichen und ggf. Angehörige verständigen zu können.[870] So kann etwa die Kleidung einer erkennbar in einem schlechten Gesundheitszustand befindlichen Person nach Medikamenten oder aussagekräftigen Dokumenten, die den Grund der Hilflosigkeit erkennen lassen, durchsucht[871] oder Folgemaßnahmen wie die Verbringung ins Krankenhaus, in Pflegeeinrichtungen, zum Notarzt oder Ähnliches realisiert werden.[872]

(d) Personen, die zur gezielten Kontrolle ausgeschrieben sind (§ 13 Abs. 1 Nr. 4 SOG)

Gem. § 15 Abs. 1 Nr. 4 SOG darf eine Person schließlich durchsucht wer- **368** den, wenn sie **zur gezielten Kontrolle** nach § 31 PolDVG oder einer vergleichbaren Rechtsvorschrift **ausgeschrieben** ist. Durch eine Gesetzesänderung zum 24. 12. 2019 wurde § 15 Abs. 1 SOG um Nr. 4 ergänzt und damit eine weitere Durchsuchungsbefugnis geschaffen.[873] Die Änderung steht im Zusammenhang mit der Normierung der gezielten Kontrolle in § 31 Abs. 1 Satz 2 PolDVG. Im Gegensatz zur ebenfalls in § 31 PolDVG normierten polizeilichen Beobachtung ist die gezielte Kontrolle angesichts der damit verknüpften Möglichkeit zur Durchsuchung einer Person als offene Maßnahme

867 Vgl. *Graulich, Kurt*, Das Polizeihandeln, in: L/D, E. Rn. 497.

868 VG Berlin Urteil v. 12. 01. 2012, 1K 299 11 (Juris).

869 VG Berlin, Urteil v. 12. 01. 2012, 1K 299 11 (Juris).

870 *Gusy, Christoph*, Polizei- und Ordnungsrecht, 10. Aufl. Tübingen 2017, Rn. 246.

871 *Thiel, Markus*, in: Kugelmann, Dieter/Möstl, Markus (Hrsg.), BeckOK Polizei- und Ordnungsrecht NRW, 12. Ed. München 10. 07. 2019, § 39 PolG NRW Rn. 32.

872 *Neuhäuser, Armin*, in: Möstl, Markus/Weiner, Bernhard (Hrsg.), BeckOK Polizei- und Ordnungsrecht Niedersachsen, 14. Ed. München 01. 05. 2019, § 22 SOG Rn. 22.

873 Vgl. HmbGVBl. 2019 485.

ausgestaltet.[874] Eine Ausschreibung zur gezielten Kontrolle i. S. d. § 31 Abs. 1 PolDVG setzt voraus, dass die Gesamtwürdigung der Person und der von ihr bisher begangenen Straftaten erwarten lassen, dass sie auch künftig Straftaten von erheblicher Bedeutung begehen wird (Satz 1 Nr. 1) oder Tatsachen die Annahme rechtfertigen, dass die Person Straftaten von erheblicher Bedeutung begehen wird (Satz 1 Nr. 2). Nunmehr kann gem. § 15 Abs. 1 Nr. 4 SOG die zur gezielten Kontrolle ausgeschriebene Person selbst im Falle eines Antreffens durchsucht werden.

(e) Weitere Konstellationen (§ 15 Abs. 2 SOG)

369 § 15 Abs. 2 SOG erlaubt eine Durchsuchung nach **Waffen** (z. B. Schusswaffen, Messer), **anderen gefährlichen Werkzeugen** (wie etwa spitz geschliffenen Schraubenziehern) und **Explosivmitteln** (z. B. sog. Molotow-Cocktails).[875] Voraussetzung der Durchsuchung nach Satz 1 der Vorschrift ist, dass die Personalien der Person **festgestellt** oder die Person im öffentlichen Verkehrsraum **angehalten** und **kontrolliert** werden soll. Satz 2 der Norm erlaubt hingegen eine Durchsuchung, wenn eine Person **vorgeführt** oder zur **Durchführung einer anderen Maßnahme** an einen anderen Ort gebracht werden soll. Die Feststellung der Personalien der betroffenen Person in § 15 Abs. 2 Satz 1 SOG verweist hierbei insbesondere auf § 12 SOG, § 13 PolDVG oder auch § 163 b StPO. Während mit dem Anhalten insbesondere auf § 12 PolDVG Bezug genommen wird, meint das Kontrollieren etwa ein solches im öffentlichen Verkehrsraum nach § 13 Abs. 2 PolDVG.[876] Als Vorführung gem. § 15 Abs. 2 Satz 2 Alt. 1 SOG kommen insbesondere Vorführungen (auch im Rahmen der Amtshilfe) von Beschuldigten (§§ 163 a Abs. 3, 133, 134 StPO) oder von Sachverständigen oder Zeugen anlässlich einer staatsanwaltschaftlichen Vernehmung (§§ 162 a Abs. 2, 55, 133 StPO) in Betracht.[877] Unter der Verbringung an einen anderen Ort zwecks Durchführung einer anderen Maßnahme i. S. d. § 15 Abs. 2 Satz 2 Alt. 2 SOG ist etwa die Verbringung zur Durchführung einer erkennungsdienstlichen Behandlung (z. B. § 81 b StPO, § 16 PolDVG) oder einer körperlichen Untersuchung (z. B. § 81 a StPO, § 15 Abs. 4 SOG) gemeint.[878] Die vorgenannten

874 Vgl. BürgDrucks. 21/17906, v. 30. 07. 2019, S. 61.

875 S. zur Begriffsbestimmung von Waffen und anderen gefährlichen Werkzeugen i. S. d. § 15 Abs. 2 Satz 1: *Thiel, Markus*, in: Kugelmann, Dieter/Möstl, Markus (Hrsg.), BeckOK Polizei- und Ordnungsrecht NRW, 12. Ed. München 10. 07. 2019, § 39 PolG NRW Rn. 58–60.

876 *Stammer, Jens*, in: B/E/R/S, § 15 SOG Rn. 11.

877 Vgl. *Thiel, Markus*, in: Kugelmann, Dieter/Möstl, Markus (Hrsg.), BeckOK Polizei- und Ordnungsrecht NRW, 12. Ed. München 10. 07. 2019, § 39 PolG NRW Rn. 55.

878 Vgl. *Thiel, Markus*, in: Kugelmann, Dieter/Möstl, Markus (Hrsg.), BeckOK Polizei- und Ordnungsrecht NRW, 12. Ed. München 10. 07. 2019, § 39 PolG NRW Rn. 56.

Tatbestandsalternativen des § 15 Abs. 2 Satz 1 oder 2 SOG sind jeweils nicht Zweck der Durchsuchung, sondern lediglich ihr Anlass.

Ferner verlangt die Vorschrift auf Tatbestandsebene, dass die Durchsu- **370**
chung nach den Umständen zum **Schutz von Bediensteten oder eines Dritten gegen eine Gefahr für Leib oder Leben erforderlich ist**, § 15 Abs. 2 Satz 1 SOG. Eine konkrete **Gefahr** muss nicht vorliegen,[879] denn die Durchsuchung nach § 15 Abs. 2 SOG dient der **Eigensicherung** der Polizeibeamten und dem Schutz Dritter und umfasst insoweit gefahrenträchtige Situationen, in die sich Beamte typischerweise begeben müssen, um die ihnen übertragenen, hoheitlichen Aufgaben zu erfüllen.[880] Ausweislich des Wortlauts des § 15 Abs. 2 Satz 1 SOG soll die Durchsuchung gerade „gegen eine Gefahr" schützen, mithin schon deren Eintritt verhindern.[881] Dies bedeutet jedoch nicht, dass § 15 Abs. 2 SOG eine Durchsuchung ohne jeglichen Anlass erlaubt. „Nach den Umständen erforderlich" kann eine Durchsuchung nur dann sein, wenn zumindest Anhaltspunkte bestehen, dass die von der Maßnahme betroffene Person Waffen, sonstige gefährliche Werkzeuge oder Explosivmittel mit sich führt.[882] Aus den Gesamtumständen muss sich daher zumindest ein **hinreichend begründeter Gefahrenverdacht** ergeben, welcher sowohl situativ (abendliche Personenkontrolle) als auch personenbezogen (Fahndung nach einem gewalttätigen Straftäter) entstehen kann.[883] Das Merkmal der **Erforderlichkeit** i. S. d. § 15 Abs. 2 Satz 1 SOG meint die Prüfung, ob eine Durchsuchung durch eine weniger beeinträchtigende Maßnahme abgewehrt werden kann. Insoweit handelt es sich hier um einen Aspekt, der ohnehin im Rahmen der Verhältnismäßigkeitsprüfung zu thematisieren ist. Auf Tatbestandsebene kommt der Erforderlichkeit der Maßnahme somit eine rein deklaratorische Bedeutung zu. **Dritte** i. S. d. Vorschrift können etwa Personen sein, welche gemeinschaftlich im polizeilichen Gewahrsam untergebracht werden, Personen am Einsatzort oder solche Personen, die im weiteren Verlauf der Maßnahme gegenüber der zu durchsuchenden Person mit dieser zwangsläufig in Berührung kommen (z. B. der Mitarbeiter des Erkennungsdienstes oder der Arzt, der eine Blutprobe entnimmt).[884]

---

879 Vgl. *Graulich, Kurt,* Das Polizeihandeln, in: L/D, E. Rn. 568; *Stammer, Jens,* in: B/E/R/S, § 15 SOG Rn. 13; anders: *Merten, Karlheinz/Merten, Heike,* Hamburgisches Polizei- und Ordnungsrecht, Stuttgart 2007, § 15 Rn. 12.

880 Vgl. *Graulich, Kurt,* Das Polizeihandeln, in: L/D, E. Rn. 569.

881 *Graulich, Kurt,* Das Polizeihandeln, in: L/D, E. Rn. 568.

882 *Graulich, Kurt,* Das Polizeihandeln, in: L/D, E. Rn. 568.

883 Vgl. *Stammer, Jens,* in: B/E/R/S, § 15 SOG Rn. 13.

884 Vgl. *Thiel, Markus,* in: Kugelmann, Dieter/Möstl, Markus (Hrsg.), BeckOK Polizei- und Ordnungsrecht NRW, 12. Ed. München 10. 07. 2019, § 39 PolG NRW Rn. 49.

(2) Rechtsfolge

(a) Durchsuchung

371 Mit Blick auf die Rechtsfolge sieht § 15 Abs. 1–3 SOG als Maßnahme zur Gefahrenabwehr die Möglichkeit vor, eine Person zu durchsuchen (zum Begriff der Durchsuchung s. B.II.8.a.aa.).

(b) Ermessen

372 § 15 Abs. 1–3 SOG räumt der handelnden Behörde **Ermessen** ein („darf/soll“). Es gelten insoweit die allgemeinen Regeln zur Ermessensüberprüfung (s. B.I.4.).

373 Dem erheblichen Eingriff in die grundrechtlich geschützte Lebenssphäre der von § 15 Abs. 1–3 SOG betroffenen Person entspricht ein besonderes Rechtfertigungsbedürfnis nach dem **Grundsatz der Verhältnismäßigkeit**. Berücksichtigung finden müssen im Rahmen der behördlichen Ermessensentscheidung insbesondere die unterschiedlichen Anforderungen, die der Verhältnismäßigkeitsgrundsatz an eine Durchsuchung stellt.[885] Es ist daher nach der konkreten Art der Durchsuchung und der damit jeweils verknüpften, abgestuften Eingriffsintensität zu differenzieren.[886] Insoweit ergibt sich Folgendes: Durchsuchungen, welche sich lediglich auf ein Abtasten des bekleideten Körpers beschränken, werden von der betroffenen Person regelmäßig als nicht überaus belastend empfunden, sofern diese Nachschau z. B. nicht durch das Berühren des Intimbereichs erfolgt.[887] Anders ist die Situation jedoch zu werten, wenn diese Durchsuchungssituation durch Dritte beobachtet wird und dadurch eine Stigmatisierung der durchsuchten Person droht.[888] Als eingriffsintensivere Maßnahmen sind daher auch solche Durchsuchungen zu verorten, in welchen die polizeiliche Maßnahme für einen unbeteiligten Dritten unmittelbar den Eindruck erweckt, dass der Betroffene sich nicht rechtskonform verhalten habe.[889] Insoweit stellt nicht nur die Art der Durchsuchung selbst, sondern auch diskriminierende Begleitumstände wie die Umgebung oder das „gesellschaftliche Ansehen“ der betroffenen Person ein gewichtiges Abwägungskriterium im Rahmen der

---

885 *Neuhäuser, Armin*, in: Möstl, Markus/Weiner, Bernhard (Hrsg.), BeckOK Polizei- und Ordnungsrecht Niedersachsen, 14. Ed. München 01. 05. 2019, § 22 SOG Rn. 55.

886 *Neuhäuser, Armin*, in: Möstl, Markus/Weiner, Bernhard (Hrsg.), BeckOK Polizei- und Ordnungsrecht Niedersachsen, 14. Ed. München 01. 05. 2019, § 22 SOG Rn. 55.

887 *Neuhäuser, Armin*, in: Möstl, Markus/Weiner, Bernhard (Hrsg.), BeckOK Polizei- und Ordnungsrecht Niedersachsen, 14. Ed. München 01. 05. 2019, § 22 SOG Rn. 56.

888 *Neuhäuser, Armin*, in: Möstl, Markus/Weiner, Bernhard (Hrsg.), BeckOK Polizei- und Ordnungsrecht Niedersachsen, 14. Ed. München 01. 05. 2019, § 22 SOG Rn. 57.

889 *Neuhäuser, Armin*, in: Möstl, Markus/Weiner, Bernhard (Hrsg.), BeckOK Polizei- und Ordnungsrecht Niedersachsen, 14. Ed. München 01. 05. 2019, § 22 SOG Rn. 57.

Verhältnismäßigkeitsprüfung dar. Zum Schutz der Intim- und Privatsphäre kann es daher insbesondere geboten sein, die Durchsuchung nicht in der Öffentlichkeit, sondern in den geschützten Räumlichkeiten des Polizeikommissariats durchzuführen.[890] Schließlich erlaubt § 15 Abs. 1–3 SOG der Polizei auch, das (nahezu) vollständige Entkleiden gegenüber der betroffenen Person anzuordnen, sofern der Durchsuchungszweck auf andere Weise nicht zu erreichen ist. Diese Durchsuchungsform stellt einen besonders schwerwiegenden Eingriff in die Rechte des Adressaten dar, sodass insoweit besonders strenge Anforderungen an die Erforderlichkeits- und Angemessenheitsprüfung zu stellen sind.[891] Zu prüfen ist daher, ob das bloße Betrachten oder das Abtasten des bekleideten Körpers sich als weniger belastende Maßnahme als ausreichend darstellt. Die Nachschau am unbekleideten Körper kommt daher nur in Betracht, wenn der gesuchte Gegenstand auch am unbekleideten Körper versteckt sein könnte (z. B. Kokainkügelchen im Bauchnabel).[892] Ungeachtet der einzelnen, vorgenannten Durchsuchungsformen muss die Polizei jedoch stets diejenige wählen, welche die geringstmögliche Eingriffsintensität aufweist. Schließlich muss die jeweilige Durchsuchungsform und der damit verbundene Eingriff in die Grundrechte der betroffenen Person in einem angemessenen Verhältnis zu der Schwere der Straftat und der Stärke des Tatverdachts stehen.[893]

(3) Maßnahmenspezifische Verfahrens- und Formerfordernisse

§ 15 Abs. 3 SOG bestimmt, dass eine Durchsuchung nur von Personen glei- **374**
chen Geschlechts oder von Ärzten vorgenommen werden soll. Ausweislich des Wortlauts muss lediglich die durchsuchende Person, nicht jedoch der Arzt bzw. die Ärztin das gleiche Geschlecht wie die durchsuchte Person besitzen. Diese Verfahrensanforderung stellt eine besondere Ausprägung des Gebots der Wahrung der Menschenwürde aus Art. 1 Abs. 1 GG dar und soll dem Schamgefühl der von einer Durchsuchung betroffenen Person Rechnung tragen.[894] Auch soll diese Durchführungsbestimmung den jeweiligen Beamten vor möglichen Vorwürfen sexueller Belästigungen schützen.[895] Laut Rechtsprechung kommt es bei transsexuellen Personen hin-

890 Vgl. *Schoch, Friedrich,* Polizei- und Ordnungsrecht, in: Schoch, Friedrich (Hrsg.), Besonderes Verwaltungsrecht, München 2018, S. 11, 184.

891 OVG Saarlouis, Urteil v. 30. 11. 2007, 3 R 9/06 (Juris).

892 *Stammer, Jens,* in: B/E/R/S, § 15 SOG Rn. 6 f.

893 Vgl. BVerfGE 96, 44, 51.

894 *Pieroth, Bodo/Schlink, Bernhard/Kniesel, Michael,* Polizei- und Ordnungsrecht, 9. Aufl. München 2016, § 18 Rn. 5; *Stammer, Jens,* in: B/E/R/S, § 15 SOG Rn. 14.

895 Vgl. *Merten, Karlheinz/Merten, Heike,* Hamburgisches Polizei- und Ordnungsrecht, Stuttgart 2007, § 15 Rn. 16.

sichtlich der geschlechtlichen Zuordnung auf das äußere Erscheinungsbild an.[896] Mit **Personen** i. S. d. § 15 Abs. 3 SOG sind vor allem Polizeibeamte gemeint. Sofern gleichgeschlechtliches Personal jedoch nicht zur Verfügung steht, kann auch jede andere Person, welche für den öffentlichen Dienst verpflichtet worden ist, als sog. Verwaltungshelfer die Durchsuchungshandlung durchführen.[897] § 15 Abs. 3 SOG statuiert eine Ausnahme vom vorgenannten Grundsatz. Ist die sofortige Durchsuchung zum Schutz gegen eine Gefahr für Leib oder Leben erforderlich, darf auch eine Person, welche nicht das gleiche Geschlecht besitzt, die Durchsuchung durchführen. Dies kann insbesondere bei Maßnahmen zur Eigensicherung vorkommen (Durchsuchung eines Attentäters), aber auch dann, wenn Leib oder Leben der durchsuchten Person bedroht ist (Durchsuchung eines Suizidgefährdeten).[898]

b) Untersuchung von Personen, § 15 Abs. 4 SOG

aa) Vorbemerkung

375 § 15 Abs. 4 SOG wurde am 16. 06. 2005 in das SOG eingefügt.[899] Bis dato kannte das Polizeirecht die körperliche **Untersuchung** nur auf der Ebene der Strafverfolgung (§§ 81 a, 81 b StPO), nicht aber auf der Ebene der **Gefahrenabwehr**.[900] Die gesetzliche Neuregelung in Abs. 4 basiert auf den Erkenntnissen der Polizei Hamburg bei der Abwehr von Infektionsgefahren wie HIV, Hepatitis-C und Hepatitis-B.[901] Bislang wurde die Anordnung einer Blutentnahme und die Veranlassung einer mikrobiologischen Untersuchung zwecks Feststellung einer Infektionsgefahr auf §§ 25 ff. Infektionsschutzgesetz (IfSG) i. V. m. der polizeilichen Generalklausel i. S. d. § 3 Abs. 2 lit. a SOG gestützt.[902] Während bei anderen staatlichen Untersuchungsbefugnissen der Schutz des Betroffenen im Vordergrund steht, bezweckt die Regelung des § 15 Abs. 4 SOG den Schutz von Polizeibeamten und Op-

896 *Merten, Karlheinz/Merten, Heike,* Hamburgisches Polizei- und Ordnungsrecht, Stuttgart 2007, § 15 Rn. 18 m. w. N.

897 *Merten, Karlheinz/Merten, Heike,* Hamburgisches Polizei- und Ordnungsrecht, Stuttgart 2007, § 15 Rn. 19.

898 *Graulich, Kurt,* Das Polizeihandeln, in: L/D, E. Rn. 570.

899 Vgl. HmbGVBl. 2005 233.

900 *Schwemer, Holger/Heinze, Arne,* Hamburger SOG 2005, Hamburg 2005, § 15 Rn. 6.

901 *Stammer, Jens,* in: B/E/R/S, § 15 SOG Rn. 16.

902 *Merten, Karlheinz/Merten, Heike,* Hamburgisches Polizei- und Ordnungsrecht, Stuttgart 2007, § 15 Rn. 20; *Stammer, Jens,* in: B/E/R/S, § 15 SOG Rn. 18; s. hierzu auch *Helmrich, Jan,* Zulässigkeit zwangsweiser Blutentnahmen bei Infektionsgefahr für Polizeibeamte, in: NVwZ 2008, 162 f.

fern.[903] Sofern Untersuchungen notwendig erscheinen, um mögliche Infektionen durch einen Störer zu ermitteln, bietet die Vorschrift nunmehr eine spezifische Ermächtigungsgrundlage etwa für eine Blutentnahme. Oftmals kann nur eine Untersuchung des Blutes eines Störers darüber Aufschluss geben, ob eine Infektion von etwa HI-Viren von vornherein ausgeschlossen werden kann, da eine Ansteckung beim Opfer kurze Zeit nach dem Kontakt mit dem Verursacher noch nicht nachweisbar ist.[904] Dabei können nach der Gesetzesbegründung medizinische Maßnahmen unmittelbar nach der Übertragung der Krankheitserreger die Gefahr einer Infektion signifikant verringern bzw. die Heilungschancen verbessern.[905]

bb) Checkliste Rechtmäßigkeit

- Tatbestandsvoraussetzungen 376
  - Gefahr für Leib oder Leben einer Person
  - kein Nachteil für die Gesundheit der Person zu befürchten und Maßnahme aus ärztlicher Sicht erforderlich
- Rechtsfolge
  - (körperliche) Untersuchung einer Person (Blutproben und andere körperliche Eingriffe)
  - Ermessen
- Maßnahmenspezifische Verfahrens- und Formerfordernisse
  - von einem Arzt nach den Regeln der ärztlichen Kunst
  - ohne Einwilligung des Betroffenen
  - richterliche Anordnung
  - Gefahr im Verzug
  - Gerichtszuständigkeit
  - Umgang mit personenbezogenen Daten

cc) Betroffene Grundrechte

Die Untersuchung im Sinne des § 15 Abs. 4 SOG stellt einen Eingriff in den 377
Schutzbereich der **körperlichen Unversehrtheit gem. Art. 2 Abs. 2 Satz 1**

903 *Merten, Karlheinz/Merten, Heike,* Hamburgisches Polizei- und Ordnungsrecht, Stuttgart 2007, § 15 Rn. 20.

904 *Graulich, Kurt,* Das Polizeihandeln, in: L/D, E. Rn. 580.

905 Vgl. BürgDrucks. 18/1487 v. 04. 12. 2004, S. 9 f.

GG dar.[906] Im Gegensatz zur Durchsuchung nach § 15 Abs. 1–3 SOG ist eine Untersuchung oftmals mit der Verletzung des Körpers (z. B. im Rahmen einer Blutentnahme) verbunden.

dd) Einzelerläuterungen

(1) Tatbestandsvoraussetzungen

378 Die körperliche Untersuchung nach § 15 Abs. 4 Satz 1 SOG setzt auf Tatbestandsebene eine **konkrete Gefahr für Leib oder Leben** einer Person voraus. Eine solche Gefahr liegt bei einem Sachverhalt vor, bei dem eine nicht nur leichte Körperverletzung oder der Tod einzutreten droht.[907] Sie kann sich insbesondere daraus ergeben, dass eine Person beispielsweise Betäubungsmittel verschluckt, um sie dem Zugriff der Beamten zu entziehen. In einem solchen Fall kann die körperliche Durchsuchung jedoch nicht nur auf die gefahrenabwehrrechtliche Norm des § 15 Abs. 4 Satz 1 SOG, sondern auch auf die strafprozessuale Rechtsgrundlage des § 81 a StPO gestützt werden. Entscheidend ist insoweit die Schwere der Rechtsgutbeeinträchtigung und die Frage, ob die Durchsuchung der Person schwerpunktmäßig repressiven (Erlangung von Beweismitteln) oder präventiven (Schutz des Betroffenen vor einer [tödlichen] Vergiftung) Zwecken dient.[908] Gleichwohl kann eine tatbestandliche Gefahr für Leib oder Leben i. S. d. § 15 Abs. 4 Satz 1 SOG auch schon beim bloßen Vorliegen eines **Gefahrenverdachts** angenommen werden.[909] Dieser Einschätzung ist im Hinblick auf den Telos der Norm zuzustimmen, da die Beamten typischerweise aus ex-ante-Sicht eine objektivierte Prognose treffen müssen, ob eine Gefahr für Leib oder Leben einer anderen Person vorliegt. Einschränkend ist lediglich festzuhalten, dass die prognostizierte Gefahr auch durch Tatsachen (z. B. POLAS-Einträge) gerechtfertigt sein muss, d. h. dass etwa hinreichende Anhaltspunkte dafür bestehen müssen, dass die zu untersuchende Person beispielsweise tatsächlich an einer infektiösen Krankheit leidet.[910] Hinsichtlich der Gefahr für Leib oder Leben (Ansteckungsgefahr) kommt es auf ein subjektives Verschulden der zu untersuchenden Person nicht an.[911]

---

906 *Graulich, Kurt*, Das Polizeihandeln, in: L/D, E. Rn. 574.

907 *Merten, Karlheinz/Merten, Heike,* Hamburgisches Polizei- und Ordnungsrecht, Stuttgart 2007, § 15 Rn. 22.

908 Vgl. *Leggereit, Rainer*, in: Möstl, Markus/Bäuerle, Michael (Hrsg.), BeckOK Polizei- und Ordnungsrecht Hessen, 15. Ed. München 10. 07. 2019, § 36 HSOG Rn. 27.

909 *Merten, Karlheinz/Merten, Heike,* Hamburgisches Polizei- und Ordnungsrecht, Stuttgart 2007, § 15 Rn. 22.

910 Vgl. *Neuhäuser, Armin*, in: Möstl, Markus/Weiner, Bernhard (Hrsg.), BeckOK Polizei- und Ordnungsrecht Niedersachsen, 14. Ed. München 01. 05. 2019, § 22 SOG Rn. 66.

911 Vgl. *Neuhäuser, Armin*, in: Möstl, Markus/Weiner, Bernhard (Hrsg.), BeckOK Polizei- und Ordnungsrecht Niedersachsen, 14. Ed. München 01. 05. 2019, § 22 SOG Rn. 74.

Die Vorschrift des § 15 Abs. 4 SOG ist dahingehend auszulegen, dass die körperliche Untersuchung sowohl beim Opfer als auch beim Täter vorgenommen werden kann.[912] Eine Infektion mit HIV, Hepatitis B oder C führt erwiesenermaßen zu einer erheblichen Gefahr für Leib oder Leben der jeweils infizierten Person.[913] Hier dürfte man vertretbar auch das **Covid-19-Virus (Corona)** einordnen. Neben der abstrakten Gefahr möglicher Krankheitserreger muss im Einzelfall die **konkrete Gefahr einer Übertragung** der genannten Viren hinzukommen.[914] Eine solche Gefahr kann insbesondere bei einer Infektionsgefahr durch Stich- und Schnittverletzungen mit möglicherweise infektiös verunreinigten Gegenständen (z.B. Hohlnadeln), Benetzung offener Wunden und Schleimhäute mit Blut, Speichel oder Sperma, Bissverletzungen, Augenkontakt mit möglicherweise infektiösen Körperflüssigkeiten, Aufnahme möglicherweise infektiöser Körperflüssigkeiten in Nasen-/Mundraum oder durch ungeschütztem Geschlechtsverkehr (Vergewaltigungsfälle) angenommen werden.[915] Wird eine Person etwa durch einen Stich mit einer Spritze verletzt, ist zunächst aufzuklären, ob der Täter diese Spritze schon verwendet hat und ob er an einer übertragbaren Krankheit leidet.[916] Auch sind Umstände, wie etwa die Zugehörigkeit zu einer Risikogruppe, Drogenabhängigkeit und Angaben des Betroffenen zunächst mit einzubeziehen und schließlich unter **Einholung einer ärztlichen Beurteilung** zu bewerten.[917] Wird im Einzelfall die Eintrittswahrscheinlichkeit durch die ärztliche Beurteilung bestätigt, kann eine Untersuchung nach § 15 Abs. 4 SOG angeordnet werden.[918] 379

Nach § 15 Abs. 4 Satz 2 SOG ist eine körperliche Untersuchung, d.h. die Entnahme von Blutproben und andere körperliche Eingriffe, nur zulässig, wenn **kein Nachteil für die Gesundheit** der betroffenen Person zu befürchten ist. Die einschränkende Formulierung orientiert sich am Wortlaut des § 81 a Abs. 1 Satz 2 StPO. Nachteile sind nicht schon bei etwaigen Beeinträchtigungen des körperlichen Wohlbefindens der Person anzunehmen, sondern implizieren vielmehr eine „mehr als nur unerhebliche, über den Eingriff hinausgehende und auf eine gewisse Dauer angelegte nachteilige 380

912 *Schwemer, Holger/Heinze, Arne,* Hamburger SOG 2005, Hamburg 2005, § 15 Rn. 9.

913 Vgl. *Stammer, Jens,* in: B/E/R/S, § 15 SOG Rn. 21.

914 *Stammer, Jens,* in: B/E/R/S, § 15 SOG Rn. 22.

915 S. BürgDrucks. 18/1487 v. 14. 12. 2004, S. 12.

916 *Merten, Karlheinz/Merten, Heike,* Hamburgisches Polizei- und Ordnungsrecht, Stuttgart 2007, § 15 Rn. 22.

917 *Merten, Karlheinz/Merten, Heike,* Hamburgisches Polizei- und Ordnungsrecht, Stuttgart 2007, § 15 Rn. 22.

918 *Merten, Karlheinz/Merten, Heike,* Hamburgisches Polizei- und Ordnungsrecht, Stuttgart 2007, § 15 Rn. 22.

Veränderung des körperlichen oder seelischen Wohlbefindens“[919]. Nachteile für die Gesundheit können bereits dann vorliegen, wenn sie aufgrund der geistigen oder körperlichen Konstitution der zu durchsuchenden Person i. S.d § 15 Abs. 4 SOG nicht ausgeschlossen werden können.[920]

381 Ebenfalls direkt auf Tatbestandsebene („wenn“) ist weitere Voraussetzung des § 15 Abs. 4 Satz 2 SOG, dass eine körperliche Untersuchung **aus ärztlicher Sicht erforderlich** ist. Jedoch handelt es sich hierbei um einen rein deklaratorischen Verweis auf die im Rahmen der Verhältnismäßigkeitsprüfung ohnehin vorzunehmende Prüfung der Erforderlichkeit.

(2) Rechtsfolge

(a) Untersuchung

382 Zur Abwehr einer Gefahr für Leib oder Leben darf eine Person gem. § 15 Abs. 4 Satz 1 SOG körperlich **untersucht** werden. Im Gegensatz zur Durchsuchung nach § 15 Abs. 1–3 SOG soll eine Untersuchung die Beschaffenheit und den Zustand des Körpers und seiner Organe bestimmen und gerade nicht dem Auffinden körperfremder Gegenstände dienen.[921] Maßnahmen, die unter Einsatz technischer und/oder medizinischer Hilfsmittel durchgeführt werden, stellen daher typischerweise Untersuchungshandlungen dar.[922] Von einer körperlichen Untersuchung i. S.d § 15 Abs. 4 SOG umfasst sind auch die nicht ohne Weiteres zugänglichen Körperöffnungen, zu denen auch der Genitalbereich gehört.[923] Von der Durchsuchung unterscheidet sich die Untersuchung nicht nur durch ihre Zwecksetzung, sondern auch durch die Eingriffsintensität, da die Untersuchung als Eingriff in die körperliche Unversehrtheit zu werten ist.[924]

383 § 15 Abs. 4 Satz 2 SOG konkretisiert die körperliche Untersuchung dahingehend, dass eine solche durch die **Entnahme von Blutproben** oder durch **andere körperliche Eingriffe** vorgenommen werden kann. Während die Blutprobe selbsterklärend ist, können etwa Röntgenaufnahmen **andere körperliche Eingriffe** im Sinne der Norm darstellen.[925]

---

919 Vgl. *Berg, Johannes*, in: Dötsch, Jens/Koehl, Felix/Krenberger, Benjamin/Türpe, Andreas (Hrsg.), BeckOK Straßenverkehrsrecht, 6. Ed. München 01. 01. 2020, § 81 a StPO Rn. 6.

920 Vgl. *Berg, Johannes*, in: Dötsch, Jens/Koehl, Felix/Krenberger, Benjamin/Türpe, Andreas (Hrsg.), BeckOK Straßenverkehrsrecht, 6. Ed. München 01. 01. 2020, § 81 a StPO Rn. 6.

921 *Stammer, Jens*, in: B/E/R/S, § 15 SOG Rn. 15.

922 VGH München, in: NVwZ-RR 1999, 310.

923 *Merten, Karlheinz/Merten, Heike*, Hamburgisches Polizei- und Ordnungsrecht, Stuttgart 2007, § 15 Rn. 20.

924 *Graulich, Kurt*, Das Polizeihandeln, in: L/D, E. Rn. 574.

925 *Graulich, Kurt*, Das Polizeihandeln, in: L/D, E. Rn. 574. S. im Übrigen dazu die BürgDrucks. 18/1487 v. 04. 12. 2004, S. 9 f.

(b) Ermessen

384 § 15 Abs. 4 SOG räumt der handelnden Behörde Ermessen ein („darf").[926] Es gelten daher die allgemeinen Grundsätze der Ermessensfehlerlehre (s. hierzu B. I.4.).

385 Die Untersuchung muss – schon wegen § 4 Abs. 1 Satz 1 SOG – der Gefahrenabwehr dienen (Gestaltungsermessen/Verhältnismäßigkeit). Es wäre daher ermessensfehlerhaft, eine körperliche Untersuchung aus anderen Gründen durchzuführen.

386 § 15 Abs. 4 Satz 2 SOG verlangt, dass die Untersuchung aus ärztlicher Sicht **erforderlich** ist. Eine bloße Durchsuchung der Person nach § 15 Abs. 1–3 SOG darf insoweit kein milderes, gleich effektives Mittel darstellen. Im Rahmen der **Angemessenheit** kann insbesondere eine Abwägung zwischen einer möglichen Infektionsgefahr des Opfers und dem Recht auf körperliche Unversehrtheit des Störers (etwa durch einen Nadelstich i. R.d Blutentnahme) notwendig sein.

(3) Maßnahmenspezifische Verfahrens- und Formerfordernisse

387 § 15 Abs. 4 Satz 2 SOG bestimmt, dass eine Untersuchung von einem Arzt nach den Regeln der ärztlichen Kunst vorgenommen werden muss. Für den **Arztbegriff** maßgeblich ist das in der Bundesärzteordnung (BÄO) normierte deutsche Medizinrecht.[927] Gem. § 2 Abs. 5 BÄO ist die Ausübung des ärztlichen Berufes die Ausübung der Heilkunde unter der Berufsbezeichnung „Arzt" bzw. „Ärztin". Diese Berufsbezeichnung darf nach § 2 a BÄO nur führen, wer als Arzt nach inländischem Recht approbiert oder wer nach der dortigen näheren gesetzlichen Maßgabe zur vorübergehenden Ausübung des ärztlichen Berufes befugt ist, insbesondere als Bürger der Europäischen Union mit einer in einem Mitgliedsstaat erworbenen entsprechenden Qualifikation.

388 Die körperliche Untersuchung muss gem. § 15 Abs. 4 Satz 2 SOG nach **den Regeln der ärztlichen Kunst** vorgenommen werden. Dem behandelnden Arzt obliegt eine besondere Schutzpflicht für das ihm anvertraute Rechtsgut Leib oder Leben der zu durchsuchenden Person: Sowohl die Risikoeinschätzung einer möglichen Infektion, die Umsetzung und Durchführung der medizinischen Untersuchung und die sich oftmals anschließende Beratung liegen allein in der Verantwortung des behandelnden Arztes.[928] Re-

---

926 *Schoch, Friedrich,* Polizei- und Ordnungsrecht, in: Schoch, Friedrich (Hrsg.), Besonderes Verwaltungsrecht, München 2018, S. 11, 170.

927 Vgl. BGHSt 24, 125, 127; *Neuhäuser, Armin,* in: Möstl, Markus/Weiner, Bernhard (Hrsg.), BeckOK Polizei- und Ordnungsrecht Niedersachsen, 14. Ed. München 01. 05. 2019, § 22 SOG Rn. 64.

928 *Stammer, Jens,* in: B/E/R/S, § 15 SOG Rn. 30.

geln der ärztlichen Kunst sind die allgemein anerkannten Grundsätze und Methoden der Medizin für eine fachgerechte Durchführung des Eingriffs.[929]

389 § 15 Abs. 4 Satz 2 SOG bringt mit seinem Wortlaut zum Ausdruck, dass die Anordnung einer körperlichen Untersuchung möglich ist, selbst wenn der Betroffene in die Maßnahme **nicht eingewilligt** hat.[930] Eine wirksame Einwilligung setzt Freiwilligkeit voraus und liegt daher gerade nicht bei Drohung, Zwang oder Täuschung vor.[931] Die Einwilligung muss ausdrücklich erklärt werden und ernsthaft gemeint sein.[932] Nicht ausreichend ist, dass die körperliche Untersuchung i. S. d. § 15 Abs. 4 SOG einfach hingenommen wird.[933] Der Beschuldigte muss nicht geschäftsfähig sein, aber über eine ausreichende Verstandesreife verfügen, um den Sinn und die Tragweite seiner Erklärung zu verstehen.[934] Letzteres kann insbesondere bei (stark) alkoholisierten oder unter Drogeneinfluss stehenden Personen schwer zu beurteilen sein.[935]

390 Gemäß § 15 Abs. 4 Satz 3 SOG bedarf die Anordnung einer Untersuchung grundsätzlich, außer bei Gefahr in Verzug, einer richterlichen Anordnung. Der **Richtervorbehalt** stellt eine grundrechtssichernde Maßnahme dar und kompensiert das fehlende rechtliche Gehör der von der Untersuchung betroffenen Person.[936] Vor der richterlichen Anordnung ist eine ärztliche Beurteilung hinsichtlich der möglichen Infektionsgefahr, der zu befürchteten Nachteile für Leib und Leben des Betroffenen und zur Erforderlichkeit der Maßnahme einzuholen.[937] Nach § 15 Abs. 4 Satz 4 SOG ist das **Amtsgericht Hamburg** zuständig.

391 § 15 Abs. 4 Satz 3 und 6 SOG enthält eine Eilzuständigkeitsregelung, nach der bei **Gefahr im Verzug** die Polizei die Untersuchungsanordnung treffen

929 OLG Hamm, in: NJW 2013, 3662, 3663. S. hierzu ausführlicher: *Goers, Matthias*, in: Graf, Jürgen-Peter (Hrsg.), BeckOK StPO mit RiStBV und MiStra, 35. Ed. München 01. 10. 2019, § 81 a StPO Rn. 12.

930 Vgl. hierzu auch OLG Hamburg, in: NJW 2008, 2597, 2599.

931 *Goers, Matthias*, in: Graf, Jürgen-Peter (Hrsg.), BeckOK StPO mit RiStBV und MiStra, 35. Ed. München 01. 10. 2019, § 81 a StPO Rn. 15.

932 *Goers, Matthias*, in: Graf, Jürgen-Peter (Hrsg.), BeckOK StPO mit RiStBV und MiStra, 35. Ed. München 01. 10. 2019, § 81 a StPO Rn. 15.

933 *Goers, Matthias*, in: Graf, Jürgen-Peter (Hrsg.), BeckOK StPO mit RiStBV und MiStra, 35. Ed. München 01. 10. 2019, § 81 a StPO Rn. 15.

934 *Goers, Matthias*, in: Graf, Jürgen-Peter (Hrsg.), BeckOK StPO mit RiStBV und MiStra, 35. Ed. München 01. 10. 2019, § 81 a StPO Rn. 15.

935 S. hierzu ausführlich *Goers, Matthias*, in: Graf, Jürgen-Peter (Hrsg.), BeckOK StPO mit RiStBV und MiStra, 35. Ed. München 01. 10. 2019, § 81 a StPO Rn. 15 f.

936 *Merten, Karlheinz/Merten, Heike*, Hamburgisches Polizei- und Ordnungsrecht, Stuttgart 2007, § 15 Rn. 23.

937 *Merten, Karlheinz/Merten, Heike*, Hamburgisches Polizei- und Ordnungsrecht, Stuttgart 2007, § 15 Rn. 23.

kann, wobei bereits die Formulierung „darf auch“ verdeutlicht, dass es sich dabei grundsätzlich um eine Ausnahme handelt. Das BVerfG hat den Begriff „Gefahr im Verzug“ für die in der StPO geregelten Eilzuständigkeiten der Staatsanwaltschaft und der Polizei bei Zwangsmaßnahmen im Ermittlungsverfahren **eng ausgelegt**. Dies wird mit dem durch den Richtervorbehalt intendierten Grundrechtsschutz durch eine unabhängige und neutrale Instanz begründet.[938] Gefahr im Verzug liegt vor, wenn die richterliche Anordnung nicht rechtzeitig vor Eintritt des zu erwartenden Schadens ergehen könnte, d.h. wenn ohne das sofortige polizeiliche Eingreifen der drohende Schaden eintreten würde.[939] Gefahr im Verzug muss im Fall des § 15 Abs. 4 Satz 3 und 6 durch einen Arzt hinreichend begründet dargelegt werden.[940] Hypothetische Überlegungen oder fallunabhängige Vermutungen reichen nicht aus.[941] Die Gefahr im Verzug ist stets mit konkreten, auf den Einzelfall bezogenen Tatsachen zu begründen,[942] darf aber angesichts des Grundsatzes der Effektivität der Gefahrenabwehr im Polizeirecht nicht zu eng ausgelegt werden. Da der Einleitung medizinischer Maßnahmen insbesondere gegen eine HIV-Infektion sehr enge zeitliche Grenzen gesetzt sind und die besten Ergebnisse bei einer sog. Postexpositionsprophylaxe (PEP) innerhalb von zwei Stunden zu erwarten sind,[943] wird in den Infektionsschutz-Fällen regelmäßig Gefahr in Verzug vorliegen und die Polizei die Anordnung treffen.[944] Dessen ungeachtet und für den Fall einer gerichtlichen Nachprüfung, ist die polizeiliche Annahme, dass Gefahr im Verzug vorliegt, mit Tatsachen zu begründen und schriftlich festzuhalten.[945] § 15 Abs. 4 Satz 3 und 6 SOG meint nur die **Anordnung der Untersuchung**, nicht deren konkrete Umsetzung. Letztere darf nur von Ärztinnen oder Ärzten vorgenommen werden, vgl. § 15 Abs. 4 Satz 2 SOG. Hinsichtlich des gerichtlichen Verfahrens verweist § 15 Abs. 4 Satz 5 SOG auf eine entsprechende Geltung des Gesetzes über das Verfahren in Familiensachen und in den Angelegenheiten der freiwilligen Gerichtsbarkeit (FamFG). § 15 Abs. 4 Satz 7 SOG formuliert eine Zweckbindung hinsichtlich der **personenbezogenen Daten**.

---

938 BVerfG, in: NJW 2001, 1121 f.; BVerfG, in: NJW 2007, 1345 f.

939 Vgl. BVerfGE 51, 97 f.; BVerfG, in: NJW 2001, 1121.

940 *Merten, Karlheinz/Merten, Heike,* Hamburgisches Polizei- und Ordnungsrecht, Stuttgart 2007, § 15 Rn. 24.

941 BVerfG, in: NJW 2011, 1123.

942 *Merten, Karlheinz/Merten, Heike,* Hamburgisches Polizei- und Ordnungsrecht, Stuttgart 2007, § 15 Rn. 24.

943 *Stammer, Jens,* in: B/E/R/S, § 15 SOG Rn. 29 m. w. N.

944 *Stammer, Jens,* in: B/E/R/S, § 15 SOG Rn. 29.

945 Vgl. BVerfG, in: NJW 2001, 1121.

III. Objektbezogene Standardmaßnahmen

1. Sicherstellung von Sachen, § 14 SOG

Guy Beaucamp

a) Vorbemerkung

392 Die **Sicherstellung** nimmt dem bisherigen Eigentümer oder sonstigen Berechtigten die tatsächliche Sachherrschaft und begründet eine neue Sachherrschaft,[946] nämlich die der Behörde, die die sichergestellte Sache gemäß § 14 Abs. 3 Satz 1 SOG in Verwahrung nimmt.[947] Typische Sicherstellungsobjekte sind Kraftfahrzeuge, Waffen, Sprengstoff, Bargeld, gefährlicher Müll oder entlaufene Tiere als bewegliche Sachen. Die Sicherstellung kann sich auch auf unbewegliche Sachen – etwa eine Wohnung oder ein Gebäude – erstrecken, die dann zu versiegeln sind.[948] Rechtstatsächlich gesehen sind Sicherstellungen in Hamburg häufig: im Jahr 2017 wurde diese Standardmaßnahme 9230 Mal eingesetzt, 2018 gab es 8581 Sicherstellungen.[949]

393 Weil sie typischerweise mit der Anordnung verknüpft ist, eine Sache herauszugeben, wird die Sicherstellung als Verwaltungsakt betrachtet, zumindest wenn ein Adressat anwesend ist.[950] Die Durchsetzung der Sicherstellungsanordnung und die Verwahrung der Sache stellen Realakte dar.

394 Aus § 14 Abs. 1 Satz 2 SOG lässt sich entnehmen, dass die Umsetzung eines Fahrzeugs auf einen nahgelegenen freien Platz im öffentlichen Verkehrsraum nicht als Sicherstellung anzusehen ist. Wird eine Sache nur zerstört, liegt ebenfalls keine Sicherstellung vor.[951] Mangels Begründung amtlichen

---

946 *Thiel, Markus,* Polizei- und Ordnungsrecht, 4. Aufl. Baden-Baden 2020, § 10 Rn. 181; *Kingreen, Thorsten/Poscher, Ralf,* Polizei- und Ordnungsrecht, 10. Aufl. München 2018, § 18 Rn. 1; s. a. Mitteilung des Senats an die Bürgerschaft v. 11. 05. 1965, S. 198; *Richter, Eike,* Polizeirecht, in: Hoffmann-Riem, Wolfgang/Koch, Hans-Joachim (Hrsg.), Hamburgisches Staats- und Verwaltungsrecht, 4. Aufl. Baden-Baden 2020, Rn. 120; *Graulich, Kurt,* Das Polizeihandeln, in: L/D, E. Rn. 637 ff.

947 OVG Greifswald, in: VRS 109 (2005), 151, 156; *Graulich, Kurt,* Das Polizeihandeln, in: L/D, E. 637 f.

948 *Kingreen, Thorsten/Poscher, Ralf,* Polizei- und Ordnungsrecht, 10. Aufl. München 2018, § 18 Rn. 6; *Graulich, Kurt,* Das Polizeihandeln, in: L/D, E. Rn. 641 u. 672.

949 BürgDrucks. 21/17271 v. 18. 06. 2019, S. 8.

950 VGH Kassel, in: NJW 1999, 3793, 3795; OVG Greifswald, in: VRS 109 (2005), 151, 156; *Thiel, Markus,* Polizei- und Ordnungsrecht, 4. Aufl. Baden-Baden 2020, § 10 Rn. 183; *Richter, Eike,* Polizeirecht, in: Hoffmann-Riem, Wolfgang/Koch, Hans-Joachim (Hrsg.), Hamburgisches Staats- und Verwaltungsrecht, 4. Aufl. Baden-Baden, 2020, Rn. 120; A. A. *Graulich, Kurt,* Das Polizeihandeln, in: L/D, E. Rn. 643.

951 *Thiel, Markus,* Polizei- und Ordnungsrecht, 4. Aufl. Baden-Baden 2020, § 10 Rn. 181.

Gewahrsams wird auch das Anbringen einer Parkkralle an einem Auto nicht als Sicherstellung bewertet.[952] Umstritten ist, ob herrenlose Sachen sichergestellt werden können. Vertreten wird, dass wegen der Herrenlosigkeit keine Sachherrschaft bestehe und deshalb kein rechtfertigungsbedürftiger Eingriff vorliege.[953] Andererseits erlaubt § 9 Abs. 1 Satz 2 SOG auch Maßnahmen gegen den früheren Eigentümer einer herrenlosen Sache. Deshalb können auch das unter Eigentumsaufgabe im Wald abgestellte Autowrack und die verlorene Brieftasche sichergestellt werden.[954] Handelt es sich allerdings um Objekte, die nie Eigentum einer natürlichen Person waren, wie etwa das einen Park verwüstende Wildschwein oder ein totes Reh auf einer Straße, ist der Rückgriff auf § 14 SOG nicht nötig.

Es gibt eine Reihe von Spezialnormen, die vorrangig anzuwenden sind, **395**
wenn ihre Voraussetzungen vorliegen. Genannt seien z. B. die Regeln über die Einziehung (§ 73 ff. StGB), die strafprozessuale Beschlagnahme (§§ 94 bzw. 111 a-111 q StPO) sowie Normen aus dem Waffenrecht (§ 13 KrWaffKontrG, §§ 46, 54 WaffG).

b) Checkliste Rechtmäßigkeit

- Tatbestandsvoraussetzungen **396**
  - amtliche Wegnahme und Verwahrung einer sicherstellungsfähigen Sache
  - Vorliegen eines Sicherstellungsgrundes, der bestehen kann in
    - der Abwehr einer unmittelbar bevorstehenden Gefahr oder der Beseitigung einer Störung, die von der Sache ausgeht,
    - der Verhinderung einer missbräuchlichen Verwendung einer Sache nach Ingewahrsamnahme einer Person,
    - dem Schutz des Berechtigten vor Verlust oder Beschädigung,
    - der Abwehr der von einem abgestellten oder liegen gebliebenem Fahrzeug ausgehenden Gefahren.
- Rechtsfolge
  - Ermessen, insbesondere Verhältnismäßigkeit der Sicherstellung
  - auf Verlangen ist eine Bescheinigung über die Sicherstellung auszustellen (§ 14 Abs. 2 SOG)

952 VG Hamburg, Beschluss v. 22. 06. 2018, 1 E 2009/18 (Juris).

953 Mitteilung des Senats an die Bürgerschaft v. 11. 05. 1965, S. 198; *Thiel, Markus,* Polizei- und Ordnungsrecht, 4. Aufl. Baden-Baden 2020, § 10 Rn. 181.

954 Differenzierend *Graulich, Kurt,* Das Polizeihandeln, in: L/D, E. Rn. 640.

- zunächst öffentlich-rechtliche Verwahrung (§ 14 Abs. 3 SOG)
- Verwertung unter den Bedingungen der §§ 14 Abs. 4 und 14 Abs. 5 SOG möglich
- Einziehung und Vernichtung unter den Voraussetzungen des § 14 Abs. 6 SOG möglich

c) Betroffene Grundrechte

397 Die Einziehung gemäß § 14 Abs. 6 SOG mit ihren Unterfällen Unbrauchbarmachung und Vernichtung, stellt eine gesetzliche **Inhalts- und Schrankenbestimmung des Eigentums i. S. d. Art. 14 Abs. 1 Satz 2 GG** dar.[955] Sie wird nicht als Enteignung gemäß Art. 14 Abs. 3 GG betrachtet, weil die öffentliche Hand das Privateigentum nicht für öffentliche Zwecke nutzen will.[956] Die Verwertung einer sichergestellten Sache (§ 14 Abs. 5 SOG) oder die Sicherstellung selbst sind ebenfalls gesetzliche Inhalts- und Schrankenbestimmungen des Eigentums.[957]

d) Einzelerläuterungen

aa) Sicherstellungen zur Gefahrenabwehr, § 14 Abs. 1 a SOG

398 Die nach § 14 Abs. 1 Nr. 1 a SOG zu bekämpfende **Gefahr** (s. zu diesem Begriff B.I.2.g.aa.2.) muss unmittelbar bevorstehen, d.h. wie bei § 7 Abs. 1 oder § 10 Abs. 1 SOG muss die Gefahr in besonderer zeitlicher Nähe liegen und ein Schadenseintritt muss gesteigert wahrscheinlich sein; Abwarten würde eine effektive Gefahrenabwehr vereiteln.[958] Gefahrbegründend kann zunächst der Gegenstand selbst sein. Hier kommen ein tollwütiges Tier, Explosivstoffe oder Giftmüll in Frage.[959] Aber auch an sich ungefährliche Gegenstände können sichergestellt werden, wenn ihr Besitzer sie in gefähr-

---

955 Mitteilung des Senats an die Bürgerschaft v. 11. 05. 1965, S. 199; *Graulich, Kurt,* Das Polizeihandeln, in: L/D, E. Rn. 679; *Kingreen, Thorsten/Poscher, Ralf,* Polizei- und Ordnungsrecht, 10. Aufl. München 2018, § 18 Rn. 17.

956 BVerfG, in: NJW 2017, 217, 224 f.; *Kingreen, Thorsten/Poscher, Ralf,* Polizei- und Ordnungsrecht, 10. Aufl. München 2018, § 18 Rn. 17.

957 OVG Hamburg, in: VRS 113 (2007), 132, 138.

958 *Kingreen, Thorsten/Poscher, Ralf,* Polizei- und Ordnungsrecht, 10. Aufl. München 2018, § 8 Rn. 21; s.a. VG Hamburg, Beschluss v. 22. 06. 2018, 1 E 2009/18 (Juris); OVG Hamburg, in: NuR 1993, 147, 148; OVG Lüneburg, in: NVwZ-RR 2009, 954, 955.

959 *Graulich, Kurt,* Das Polizeihandeln, in: L/D, E. Rn. 646; *Kingreen, Thorsten/Poscher, Ralf,* Polizei- und Ordnungsrecht, 10. Aufl. München 2018, § 18 Rn. 8 f.

licher Weise verwendet oder eine solche Verwendung zu erwarten ist.[960] Beispiele bilden insoweit die Autoschlüssel des Volltrunkenen, der gerade in sein Auto steigen will, die Stahlmuttern oder Steine, die jemand als Munition für seine Zwille aufgesammelt hat,[961] oder das Schlagzeug, das zum Ärger der Mitmieter immer wieder nachts in Betrieb genommen wird. Hierzu zählt ebenfalls Werkzeug, das für das betrügerische Verstellen von Kilometerzählern eingesetzt wird[962] oder Fleisch, welches mit gefälschten Untersuchungspapieren transportiert werden soll.[963] Ferner wird Bargeld in diese Kategorie gerechnet, wenn es mit an Sicherheit grenzender Wahrscheinlichkeit aus Straftaten stammt und wahrscheinlich wieder für Straftaten eingesetzt werden wird.[964]

Diskutiert wird, ob das **Verbringen eines Autos zu einem Verwahrplatz als** 399
Sicherstellung betrachtet werden kann. Von manchen kommt der Einwand, der Polizei gehe es in den Abschleppfällen nur darum, die Gefahr zu beseitigen, die von dem verbotswidrig abgestellten Fahrzeug ausgehe, ohne den Besitzer von der Einwirkungsmöglichkeit ausschließen zu wollen, sodass keine Sicherstellung vorliege.[965] Dennoch befindet sich das Fahrzeug schließlich in amtlicher Verwahrung, sodass der Besitzer keinen freien Zugriff mehr hat.[966] Für Hamburg legen der Wortlaut des § 14 Abs. 1 Satz 2 SOG sowie die dazu ergangene Gesetzesbegründung ausdrücklich fest, dass verbotswidrig abgestellte oder liegengebliebene Fahrzeuge in der Regel sicherzustellen sind.[967]

Die Gesetzesbegründung nennt im Anschluss an die Rechtsprechung[968] fol- 400
gende Beispielsfälle, in denen ein Auto wegen Verkehrsbehinderung oder -gefährdung regelmäßig abgeschleppt und sichergestellt werden kann:[969]

960 OVG Bremen, in: NordÖR 2015, 26, 27; *Kingreen, Thorsten/Poscher, Ralf,* Polizei- und Ordnungsrecht, 10. Aufl. München 2018, § 18 Rn. 8 f.; *Graulich, Kurt,* Das Polizeihandeln, in: L/D, E. Rn. 647.

961 *Kingreen, Thorsten/Poscher, Ralf,* Polizei- und Ordnungsrecht, 10. Aufl. München 2018, § 18 Rn. 9.

962 OVG Hamburg, in: DÖV 2004, 928.

963 OVG Hamburg, in: NordÖR 2005, 173.

964 OVG Lüneburg, in: NVwZ-RR 2009, 954 f.; OVG Bremen, in: NordÖR 2015, 26, 27; *Graulich, Kurt,* Das Polizeihandeln, in: L/D, E. Rn. 642.

965 OVG Greifswald, in: VRS 109 (2005), 151, 156; *Thiel, Markus,* Polizei- und Ordnungsrecht, 4. Aufl. Baden-Baden 2020, § 10 Rn. 189; *Graulich, Kurt,* Das Polizeihandeln, in: L/D, E. Rn. 637.

966 OVG Hamburg, in: NJW 2005, 2247; *Kingreen, Thorsten/Poscher, Ralf,* Polizei- und Ordnungsrecht, 10. Aufl. München 2018, § 18 Rn. 5.

967 BürgDrucks. 17/2810 v. 27. 05. 2003, S. 3 f.

968 S. insoweit OVG Hamburg, in: NJW 2005, 2247, 2250.

969 BürgDrucks. 17/2810 v. 27. 05. 2003, S. 3.

- es hält auf der Fahrbahn,
- vor, auf oder gegenüber von Grundstückszufahrten,
- an Bushaltestellen,
- auf Gehwegen oder Radwegen,
- in Fußgängerzonen oder Grünflächen,
- auf Verkehrsinseln, Mittel- oder Grünstreifen,
- ohne Berechtigungsnachweis auf Parkplätzen für Schwerbehinderte. Gleiches gilt auch für das Benutzen von Parkplätzen, die für die Aufladung von elektrisch betriebenen Fahrzeugen reserviert sind, wenn man ein „normales" Fahrzeug dort abstellt.[970]

401 Rechtliche Schwierigkeiten macht häufig die Sicherstellung von Kameras bzw. Filmmaterial oder Speicherchips. Grundsätzlich muss das Fotografieren oder Filmen von Polizeieinsätzen als zulässig bewertet werden, weil die Öffentlichkeit insoweit informiert werden will und muss (Art. 5 Abs. 1 Satz 2 GG).[971] Andererseits gilt auch für Polizeibeamte das Kunsturheberrecht, welches verbietet, Bilder ohne Einwilligung des Abgebildeten zu verbreiten (antragsgebundene Straftat nach §§ 33, 22, 23 KunstUrhG). Jedenfalls dann, wenn – wie bei einem Pressefotografen – mit Sicherheit zu erwarten ist, dass die gefertigten Bilder veröffentlicht werden und einzelne Polizeibeamte in Großaufnahme porträtiert wurden, erscheint eine Sicherstellung zur Verhinderung einer ungenehmigten Veröffentlichung vertretbar, jedenfalls sofern eine spätere Verständigung über die Veröffentlichung der Bilder ausgeschlossen erscheint.[972]

402 Zur vorbeugenden Sicherstellung von Presseerzeugnissen, also Flugblättern, Broschüren, Zeitungen oder Büchern, kann § 14 Abs. 1 Nr. 1 a SOG nicht herangezogen werden.[973] Diese präventive Sicherstellung wäre mit dem Zensurverbot des Art. 5 Abs. 1 Satz 3 GG nicht vereinbar. Möglich bleiben allerdings nachträgliche Beschlagnahmen nach §§ 111 m und 111 n StPO.

403 Eine **Störung** der öffentlichen Sicherheit in Gestalt der Verletzung von Straf- bzw. Ordnungswidrigkeitenvorschriften liegt vor, wenn jemand Gegenstände mit sich führt, deren Besitz generell oder bei bestimmten Anlässen verboten ist. Diese Situation liegt etwa beim Führen einer Waffe

---

970 VG Hamburg, Gerichtsbescheid v. 25. 05. 2018, 2 K 7467/17.

971 BVerwG, in: NVwZ 2000, 63, 65; BVerwGE 143, 74, 82 f.; VGH Mannheim, in: DVBl. 2010, 1569, 1571; *Kingreen, Thorsten/Poscher, Ralf,* Polizei- und Ordnungsrecht, 10. Aufl. München 2018, § 18 Rn. 9.

972 BVerwGE 143, 74, 83 f.; VGH Mannheim, in: DVBl. 2010, 1569, 1571.

973 *Graulich, Kurt,* Das Polizeihandeln, in: L/D, E. Rn. 654.

ohne den erforderlichen Waffenschein (§ 52 WaffG) oder beim Führen verbotener Waffen vor (§§ 40, 51 WaffG i. V. m. Anlage 2, Abschnitt 1 z. B. Präzisionsschleudern, Stahlruten oder Schlagringe).[974] Gleiches gilt für das gesetzlich verbotene Mitbringen von Waffen zu öffentlichen Veranstaltungen oder Versammlungen (§ 42 WaffG).

bb) Sicherstellungen bei in Gewahrsam genommenen Personen, § 14 Abs. 1 b SOG

§ 14 Abs. 1 b SOG bezieht sich auf Personen, die **in amtlichen Gewahrsam** genommen wurden.[975] Dies kann etwa auf § 13 SOG, einer vorläufigen Festnahme nach § 127 StPO oder einer vorläufigen Unterbringung nach § 12 HmbPsychKG beruhen. Die festgehaltenen Personen sollen keine Sachen behalten dürfen, mit denen sie sich oder andere verletzen, Sachen beschädigen oder mit denen sie fliehen könnten.[976] In den Anwendungsbereich des § 14 Abs. 1 b SOG fallen folglich etwa Waffen, Werkzeuge, Regenschirme, Medikamente, Feuerzeuge, Rasierklingen, Seile, Gürtel, Glasbehälter und Mobiltelefone.[977] Es genügt für die Sicherstellung, dass sich die Sache abstrakt für eine missbräuchliche Verwendung eignet, eine konkrete Verwendungsabsicht braucht die Polizei nicht nachzuweisen.[978] **404**

cc) Sicherstellungen zum Schutz des Berechtigten, § 14 Abs. 1 c SOG

Findet die Polizei verloren gegangene oder gestohlene Sachen oder kann sich ein Berechtigter aufgrund Ortsabwesenheit oder Bewusstlosigkeit nicht um sein Eigentum kümmern, dürfen die betroffenen Sachen sichergestellt werden, um sie dem **Eigentümer** unbeschädigt zurückgeben zu können. Eine Sicherstellung nach § 14 Abs. 1 c SOG ist wegen des Subsidiaritätsgrundsatzes aus § 3 Abs. 3 SOG indes nur zulässig, wenn ohne diese Maßnahme die Wiedererlangung unbeschädigten Eigentums vereitelt oder wesentlich erschwert würde. Die Gefahr des Eigentumsverlustes oder der (weiteren) Beschädigung muss dabei hinreichend konkret sein.[979] Dies lässt sich z. B. bejahen für Wertgegenstände, die in der Wohnung eines bereits verurteilten Taschendiebes gefunden werden oder für ein entlaufenes un- **405**

974 *Graulich, Kurt,* Das Polizeihandeln, in: L/D, E. Rn. 648.

975 *Graulich, Kurt,* Das Polizeihandeln, in: L/D, E. Rn. 666.

976 *Thiel, Markus,* Polizei- und Ordnungsrecht, 4. Aufl. Baden-Baden 2020, § 10 Rn. 192; *Graulich, Kurt,* Das Polizeihandeln, in: L/D, E. Rn. 666.

977 *Kingreen, Thorsten/Poscher, Ralf,* Polizei- und Ordnungsrecht, 10. Aufl. München 2018, § 18 Rn. 10; *Graulich, Kurt,* Das Polizeihandeln, in: L/D, E. Rn. 669.

978 *Graulich, Kurt,* Das Polizeihandeln, in: L/D, E. Rn. 666; *Kingreen, Thorsten/Poscher, Ralf,* Polizei- und Ordnungsrecht, 10. Aufl. München 2018, § 18 Rn. 10.

979 VGH Kassel, in: NJW 1999, 3793, 3794; *Kingreen, Thorsten/Poscher, Ralf,* Polizei- und Ordnungsrecht, 10. Aufl. München 2018, § 18 Rn. 12.

gefährliches Haustier. Erklärt sich ein Eigentümer später mit der Sicherstellung – insbesondere mit der Kostenbelastung nach § 14 Abs. 3 Satz 3 SOG – nicht einverstanden, ist diese Willensbekundung unbeachtlich, wenn der handelnde Amtsträger im Zeitpunkt der Sicherstellung annehmen durfte, dass ein durchschnittlicher Eigentümer seinem Vorgehen zugestimmt hätte (mutmaßlicher Wille).[980]

406 Die Kosten der Sicherstellung müssen in einem vernünftigen Verhältnis zum Wert der sichergestellten Sache stehen.[981] Auch um die Kostenfrage zu klären, sollte die Polizei versuchen, vor der Sicherstellung zugunsten des Berechtigten Kontakt zu diesem aufzunehmen, bei Autos etwa durch eine Halterabfrage.[982]

dd) Weitere Verfahrensschritte nach der Sicherstellung

407 § 14 Abs. 2 SOG gibt dem Betroffenen einen **Anspruch auf eine schriftliche Bescheinigung über die Sicherstellung**. Die Bescheinigung dient zur Beweissicherung für den Fall, dass die sichergestellte Sache später nicht mehr auffindbar ist oder beschädigt wurde.[983] Ist der Betroffene nicht erreichbar oder nicht ansprechbar, empfiehlt es sich, eine Niederschrift über die sichergestellte Sache anzufertigen.[984]

408 Sichergestellte Sachen werden entweder bei der Polizei oder der Verwaltungsbehörde oder bei einem beauftragten Dritten amtlich **verwahrt** (§ 14 Abs. 3 Satz 1 und Satz. 2 SOG). Währenddessen haben die Verwahrer die Pflicht, sorgsam mit dem fremden Eigentum umzugehen und zu verhindern, dass es an Wert verliert, beschädigt wird oder verloren geht.[985] Pflichtverletzungen führen zu Schadensersatzansprüchen aus dem Verwahrungsverhältnis sowie zu Amtshaftungsansprüchen, für die nach § 40 Abs. 2 VwGO der ordentliche Rechtsweg gilt.

---

980 *Thiel, Markus,* Polizei- und Ordnungsrecht, 4. Aufl. Baden-Baden 2020, § 10 Rn. 191; *Graulich, Kurt,* Das Polizeihandeln, in: L/D, E. Rn. 664.

981 VGH München, in: NJW 2001, 1960 f.; *Graulich, Kurt,* Das Polizeihandeln, in: L/D, E. Rn. 664.

982 VGH München, Urteil v. 11. 12. 2013, 10 B 12.2569 (Juris); *Thiel, Markus,* Polizei- und Ordnungsrecht, 4. Aufl. Baden-Baden 2020, § 10 Rn. 191; *Graulich, Kurt,* Das Polizeihandeln, in: E. Rn. 665.

983 Mitteilung des Senats an die Bürgerschaft v. 11. 05. 1965, S. 198; *Kingreen, Thorsten/Poscher, Ralf,* Polizei- und Ordnungsrecht, 10. Aufl. München 2018, § 18 Rn. 7; *Graulich, Kurt,* Das Polizeihandeln, in: L/D, E. Rn. 674.

984 *Kingreen, Thorsten/Poscher, Ralf,* Polizei- und Ordnungsrecht, 10. Aufl. München 2018, § 18 Rn. 7; *Graulich, Kurt,* Das Polizeihandeln, in: L/D, E. Rn. 674.

985 Mitteilung des Senats an die Bürgerschaft v. 11. 05. 1965, S. 198; *Thiel, Markus,* Polizei- und Ordnungsrecht, 4. Aufl. Baden-Baden 2020, § 10 Rn. 197; *Graulich, Kurt,* Das Polizeihandeln, in: L/D, E. Rn. 674.

Das durch die Sicherstellung begründete **öffentlich-rechtliche Verwahrungsverhältnis** ist in der Regel kurzfristig. Sobald seine Voraussetzungen nicht mehr vorliegen, ist die sichergestellte Sache ihrem Eigentümer oder dem rechtmäßigen Besitzer gemäß § 14 Abs. 3 Satz 1 SOG zurückzugeben. So muss nach Ende eines Polizeieinsatzes die sichergestellte Kamera wieder ausgehändigt werden. Wird jemand aus dem polizeilichen Gewahrsam wieder entlassen, erhält er seine sichergestellten Medikamente, Taschenmesser oder Feuerzeuge zurück. Vom Regelfall der Herausgabe gibt es indes vier Ausnahmen: 409

- gemäß § 14 Abs. 3 Satz 1 SOG für die Situation, dass die Herausgabe erneut die Voraussetzungen einer Sicherstellung entstehen lassen würde, hierunter fallen etwa nachgemachte Medikamente, gefährliche Tiere, spezielle Einbruchswerkzeuge oder grundsätzlich verbotene Waffen;
- gemäß § 14 Abs. 3 Satz 5 SOG kann die Herausgabe von der Zahlung der Kosten für Sicherstellung und Verwahrung abhängig gemacht werden;
- gemäß § 14 Abs. 4 und 5 SOG, wenn die Sache verwertet werden darf;
- gemäß § 14 Abs. 6 SOG, wenn die Sache eingezogen werden darf.

Der Verantwortliche muss nach § 14 Abs. 3 Satz 3 SOG die Kosten der Sicherstellung und der Verwahrung tragen. Deshalb kann die Herausgabe von der Zahlung dieser Kosten abhängig gemacht werden. So wird verhindert, dass die FHH nach Herausgabe der Sache auf ihren Kosten sitzenbleibt.[986] Hier ist z.B. an Fütterungs- oder Tierarztkosten für ein entlaufenes Tier zu denken. Den Hauptanwendungsfall für diese Einschränkung der Herausgabepflicht bilden allerdings die Abschleppkosten. § 14 Abs. 3 Satz 6 SOG sieht vor, auch private Betreiber eines Aufbewahrungsplatzes vertraglich zu ermächtigen, die Zahlung gegen Herausgabe des Autos in Empfang zu nehmen. Der Dritte macht hierbei keine eigenen Ansprüche, sondern Ansprüche der FHH geltend und fungiert nur als Empfangsbote, sodass eine eventuell mit dem Rechtsberatungsgesetz unvereinbare Inkassotätigkeit nicht vorliegt.[987] Die Ausübung des Zurückbehaltungsrechts als Ermessensentscheidung muss indes verhältnismäßig sein.[988] Belegt ein Abholwilliger, dass er sein Auto dringend und unverzüglich benötigt, hat aber nicht ausreichend Geld dabei, um die Kosten zu begleichen, kann es unangemessen sein, das Auto nicht herauszugeben.[989] 410

986 BürgDrucks. 17/2810 v. 27. 05. 2003, S. 4.
987 BürgDrucks. 17/2810 v. 27. 05. 2003, S. 4.
988 OVG Hamburg, in: VRS 113 (2007), 132, 137.
989 BürgDrucks. 17/2810 v. 27. 05. 2003, S. 4; OVG Hamburg, in: VRS 113 (2007), 132, 137.

411 In vier Fällen gestattet § 14 Abs. 4 SOG die **Verwertung der Sache anstelle der Herausgabe**. Der erste Fall, nämlich dass sich innerhalb eines Jahres kein Berechtigter meldet oder dieser nicht zu ermitteln ist, erscheint z. B. für sichergestellte Fundstücke praktisch. Eine Verwertung ist zweitens zulässig, wenn der Eigentümer oder sonstige Berechtigte die Sache trotz Aufforderung und Ankündigung der Verwertung nicht in einer angemessenen Frist abholt. Der Verderb oder die wesentliche Wertminderung der Sache, die ebenfalls eine Verwertung rechtfertigen, erscheint vor allem bei Lebensmitteln relevant.[990] Eine vierte und letzte Verwertungsmöglichkeit sieht das Gesetz vor, wenn die Kosten und Mühen der Aufbewahrung den Wert der Sache übersteigen. Hier kann man an die Verwahrung eines alten Tieres oder eines fast wertlosen Autos denken.

412 § 14 Abs. 5 SOG befasst sich mit den Modalitäten der Verwertung und ihrem Erlös. Als Regelfall ist eine öffentliche Versteigerung nach § 383 Abs. 3 BGB vorgesehen. Diese kann entfallen, wenn ein Börsen- oder Marktpreis feststeht und dieser auch erzielt werden kann. Dies gilt etwa bei Wertpapieren, Zigaretten, Edelmetallen oder Autos (Schwacke-Liste). Der erzielte Verwertungserlös ist gemäß § 14 Abs. 5 Satz 4 SOG nach Abzug der Kosten für die Verwahrung und Verwertung an den Berechtigten auszuzahlen. Er tritt an die Stelle der verwerteten Sache. Der Anspruch auf Auskehrung des Erlöses erlischt gemäß § 14 Abs. 5 Satz 5 SOG bereits drei Jahre nach Ablauf des Verwertungsjahres, wohingegen § 382 BGB eine dreißigjährige Verjährungsfrist vorsieht.

413 Bleibt die öffentliche Versteigerung erfolglos oder würde die Sache in der Hand des Ersteigerers weiterhin eine Gefahr für die öffentliche Sicherheit oder Ordnung darstellen, erlaubt § 14 Abs. 6 SOG ihre Einziehung. Farbbeutel oder Molotowcocktails können als Beispiele für § 14 Abs. 6 a SOG dienen. Die Tatbestandsvoraussetzungen des § 14 Abs. 6 b SOG werden z. B. von vergammelten Lebensmitteln, verbotenen Waffen, giftigen oder radioaktiven Sachen oder Radarwarngeräten erfüllt.[991]

990 *Graulich, Kurt,* Das Polizeihandeln, in: L/D, E. Rn. 678.

991 Mitteilung des Senats an die Bürgerschaft v. 11. 05. 1965, S. 198 f.; *Graulich, Kurt,* Das Polizeihandeln, in: L/D, E. Rn. 679.

2. Durchsuchen von Sachen, § 15 a SOG

Guy Beaucamp

a) Vorbemerkung

Durchsuchen bedeutet, dass die Polizeibeamtinnen und -beamten zielgerichtet nach Personen, Sachen oder Spuren suchen, die der Inhaber der Sache, die durchsucht wird, von sich aus nicht offenlegen oder herausgeben will.[992] Die **Durchsuchung von Sachen** ist hierbei von der Durchsuchung von Personen (§ 15 SOG) und dem Durchsuchen und Betreten von Wohnungen (§ 16 SOG) abzugrenzen. Befindet sich Kleidung an einer Person, wird diese Person durchsucht.[993] Anders sieht es aus, wenn ein Mantel oder eine Jacke der Polizei ausgehändigt wird. Dann handelt es sich um die Untersuchung einer Sache. Weitere typische Anwendungsfälle für § 15 a SOG sind Rucksäcke, Taschen, Koffer, Fahrzeuge und Daten auf mitgeführten Speichermedien.[994] Sobald es um Wohnungen geht, die in § 16 Abs. 1 SOG legal definiert sind (s. B.III.3.), ist § 16 SOG als Spezialgesetz vorrangig. § 15 a SOG erfasst jedoch die Durchsuchung von Grundstücken, solange keine Wohngebäude betreten werden, also etwa die Suche von Dingen oder Personen in Gärten, auf Wiesen, auf Feldern oder in Wäldern.[995] Es gibt die Meinung, das Betreten der Ladefläche eines geschlossenen LKW sei nicht von der Befugnis zur Durchsuchung von Sachen gedeckt.[996] Diese Ansicht erscheint nicht besonders überzeugend, denn der Wortlaut der Norm erlaubt diese Durchsuchungsart. Im Übrigen werden auch Grundstücke zur Durchsuchung nach Sachen oder Menschen betreten, warum dann nicht eine viel kleinere LKW-Ladefläche? Letztlich erscheint es vom Sinn und Zweck der Norm her gesehen plausibel, LKW komplett zu untersuchen, weil sie sich wegen ihrer Größe besonders gut als Versteck für gefährliche Gegenstände eignen. 414

992 BVerfGE 76, 83, 89; BVerwGE 47, 31, 37; 121, 345, 350.

993 *Thiel, Markus,* Polizei- und Ordnungsrecht, 4. Aufl. Baden-Baden 2020, § 10 Rn. 166; *Graulich, Kurt,* Das Polizeihandeln, in: L/D, E. Rn. 585; *Kingreen, Thorsten/Poscher, Ralf,* Polizei- und Ordnungsrecht, 10. Aufl. München 2018, § 17 Rn. 12.

994 *Graulich, Kurt,* Das Polizeihandeln, in: L/D, E. Rn. 585; *Kingreen, Thorsten/Poscher, Ralf,* Polizei- und Ordnungsrecht, 10. Aufl. München 2018, § 17 Rn. 12.

995 *Kingreen, Thorsten/Poscher, Ralf,* Polizei- und Ordnungsrecht, 10. Aufl. München 2018, § 17 Rn. 13; *Thiel, Markus,* Polizei- und Ordnungsrecht, 4. Aufl. Baden-Baden 2020, § 10 Rn. 166; *Graulich, Kurt,* Das Polizeihandeln, in: L/D, E. Rn. 585, der aber eingezäunte Gärten ausnimmt.

996 *Thiel, Markus,* Polizei- und Ordnungsrecht, 4. Aufl. Baden-Baden 2020, § 10 Rn. 167.

415 Sachen werden häufig durchsucht, um andere Standardmaßnahmen der Polizei vorzubereiten, zu begleiten oder zu unterstützen.[997] Dies zeigt sich z. B. an § 15 a Abs. 1 Satz 1 Nr. 1 SOG als Begleitmaßnahme der Durchsuchung einer Person, an § 15 Abs. 1 Satz 1 Nr. 2 a SOG als Begleitmaßnahme der Ingewahrsamnahme, an § 15 Abs. 1 Satz 1 Nr. 3 SOG als Vorbereitung einer Sicherstellung, an § 15 Abs. 1 Satz 1 Nr. 8 SOG als Begleitmaßnahme einer Identitätsfeststellung an Kontrollstellen i. S. d. § 13 Abs. 1 Nr. 4 PolDVG oder an § 15 Abs. 1 Satz 1 Nr. 9 SOG als Begleitmaßnahme der Ausschreibung einer Person oder eines Fahrzeugs zur gezielten Kontrolle nach § 31 PolDVG. Dann müssen die Voraussetzungen der in Bezug genommenen Standardmaßnahmen, z. B. des polizeilichen Gewahrsams für § 15 a Abs. 1 Satz 1 Nr. 2 a SOG, vorliegen, damit die Durchsuchung von Sachen rechtmäßig ist.[998]

416 Einen Spezialfall der Durchsuchung von Sachen, nämlich die Durchsuchung von Sachen in Waffenverbotszonen, regelt § 13 Abs. 2 PolDVG. Diese Norm gilt nur bis zum 30. 06. 2021. Nicht von § 15 a SOG abgedeckt ist die Suche nach Beweismitteln für begangene Straftaten, weil insoweit §§ 102, 105 StPO (Richtervorbehalt) vorgehen.[999]

b) Checkliste Rechtmäßigkeit

417
- Tatbestandsvoraussetzungen
  - polizeiliche Durchsuchung einer Sache (nicht Person oder Wohnung)
  - Vorliegen eines Durchsuchungsgrundes aus § 15 a Abs. 1 Satz 1 Nr. 1–9 SOG
- Rechtsfolge
  - Ermessen, insbesondere Verhältnismäßigkeit der Durchsuchung
  - Anwesenheitsrecht des Berechtigten, eines Vertreters oder eines Zeugen; auf Verlangen ist eine Bescheinigung über die Durchsuchung auszustellen (§ 15 a Abs. 2 SOG)

c) Betroffene Grundrechte

418 Werden Sachen einer Person durchsucht, man denke etwa an eine Handtasche oder ein Auto, liegt hierin ein Eingriff in die **informationelle Selbst-**

997 *Kingreen, Thorsten/Poscher, Ralf,* Polizei- und Ordnungsrecht, 10. Aufl. München 2018, § 17 Rn. 16.

998 BürgDrucks. 21/17906 v. 30. 07. 2019, S. 85 für § 15 a Abs. 1 Satz 1 Nr. 9 SOG; *Thiel, Markus,* Polizei- und Ordnungsrecht, 4. Aufl. Baden-Baden 2020, § 10 Rn. 169.

999 *Graulich, Kurt,* Das Polizeihandeln, in: L/D, E. Rn. 592.

bestimmung, weil dabei bestimmte persönliche Daten, etwa Schriftstücke oder Medikamente zu Tage gefördert werden.[1000] Das OVG Hamburg vertritt den Standpunkt, dass der Eingriff, den ein Anhalten einer Person und die Durchsuchung ihrer Sachen darstellt, als besonders intensiv zu bewerten sei, weil damit eine stigmatisierende Wirkung verbunden sei.[1001] Die Durchsuchung beeinträchtigt ferner die **Gestaltungfreiheit des Eigentümers bzw. der Eigentümerin aus Art. 14 Abs. 1 Satz 1 GG**, der bzw. die diese hinzunehmen hat.[1002] Dies gilt insbesondere für die Durchsuchung (unbefriedeter) Grundstücke. Sie ist allerdings in der Regel nur kurzfristig und deshalb – wenn verhältnismäßig – eine zulässige gesetzliche Inhalts- und Schrankenbestimmung des Eigentums i. S. d. Art. 14 Abs. 1 Satz 2 GG.

d) Einzelerläuterungen

Bei Durchsuchungen von Sachen geht es meistens darum, in diesen Sachen **419** möglicherweise versteckte gefährliche Gegenstände zu finden, etwa Waffen, Sprengstoff oder Werkzeuge zur Begehung von Straftaten.[1003] Zu dieser Gruppe von **Durchsuchungsbefugnissen lassen sich die Nr. 1, 3, 8 und 9 des § 15 a Abs. 1 Satz 1 SOG** rechnen. Auch die Ermächtigungen, Sachen zu durchsuchen, wenn diese an gefährlichen oder gefährdeten Orten angetroffen werden, verfolgen diesen Zweck **(§ 15 a Abs. 1 Nr. 4–7 SOG)**. **§ 15 Abs. 1 Satz 1 Nr. 2 SOG** befasst sich dagegen mit dem Auffinden von Menschen, die entweder in Gewahrsam genommen werden sollen (Ergreifungsdurchsuchung),[1004] von der Polizei befreit werden sollen[1005] oder – z. B. aufgrund einer Demenzerkrankung – hilflos sind. Manchmal dient die Durchsuchung von Sachen lediglich der Identitätsfeststellung,[1006] nämlich im Fall des § 15 a Abs. 1 Satz 1 Nr. 1 i. V. m. § 15 Abs. 1 Nr. 3 SOG.

Gefährliche Orte i. S. d. § 15 a Abs. 1 Satz 1 Nr. 4 und Nr. 6 SOG sind zum **420** einen Kriminalitätsschwerpunkte, zum anderen typische Aufenthaltsorte von gesuchten Straftätern, beispielsweise bestimmte Vergnügungsviertel, Lokale, Bahnhöfe, Tiefgaragen oder Parkanlagen.[1007] In Hamburg kommen

---

1000 OVG Hamburg, in: NVwZ-RR 2015, 695, 696 f.; VGH München, Beschluss v. 08. 03. 2012, 10 C 12.141 (Juris).

1001 OVG Hamburg, in: NVwZ-RR 2015, 695, 700 f.

1002 *Kingreen, Thorsten/Poscher, Ralf,* Polizei- und Ordnungsrecht, 10. Aufl. München 2018, § 17 Rn. 1.

1003 *Graulich, Kurt,* Das Polizeihandeln, in: L/D, E. Rn. 587.

1004 *Graulich, Kurt,* Das Polizeihandeln, in: L/D, E. Rn. 590.

1005 *Graulich, Kurt,* Das Polizeihandeln, in: L/D, E. Rn. 591.

1006 *Graulich, Kurt,* Das Polizeihandeln, in: L/D, E. Rn. 588.

1007 BürgDrucks. 21/5325 v. 19. 07. 2016, S. 2; *Kingreen, Thorsten/Poscher, Ralf,* Polizei- und Ordnungsrecht, 10. Aufl. München 2018, § 13 Rn. 39.

insbesondere die Stadtviertel St. Georg und Teile St. Paulis in Betracht.[1008] Die dort zu erwartenden Straftaten müssen von erheblicher Bedeutung sein. Eine Legaldefinition dieser Straftaten enthält § 2 Abs. 2 PolDVG. Durchsuchungen von Sachen an gefährlichen Orten sind in Hamburg praktisch relevant und wurden im Jahr 2018 1380 Mal vorgenommen.[1009] Die in § 15 a Abs. 1 Satz 1 Nr. 5 und Nr. 7 SOG gemeinten gefährdeten Orte zeichnen sich durch eine besondere Schutzbedürftigkeit aus.[1010]

421 Viele Durchsuchungsbefugnisse in Bezug auf Sachen setzen lediglich einen **Gefahrenverdacht** voraus, was durch die Formulierung „wenn Tatsachen die Annahme rechtfertigen“ in § 15 a Abs. 1 Satz 1 Nr. 2, 3, 4, 5, und 7 SOG deutlich gemacht wird.[1011] Weiter einschränkend legt § 15 a Abs. 1 Satz 2 SOG fest, dass eine Durchsuchung von Sachen einer Person nach Nr. 4 und 5 des Satzes 1 nur zulässig ist, wenn auf die Person bezogene tatsächliche Anhaltspunkte dies erforderlich machen. D.h. pauschale Durchsuchungen der Sachen aller an gefährlichen oder gefährdeten Orten anwesenden Personen sind nicht zulässig.[1012] Ergibt aber z. B. eine Identitätsfeststellung, dass die Person Vorstrafen hat oder wegen Betäubungsmitteldelikten auffällig geworden ist, sind hinreichende tatsächliche personenbezogene Verdachtsmomente gegeben, die eine Durchsuchung der Sachen dieser Person rechtfertigen.[1013]

422 § 15 a Abs. 2 SOG regelt das **Verfahren bei der Durchsuchung von Sachen**. Der Besitzer der Sache darf anwesend sein und die Polizei muss ihn wegen § 25 Satz 2 HmbVwVfG auf dieses Recht auch hinweisen.[1014] Ist dies nicht realisierbar, etwa wenn eine Sache ohne Besitzer an einem gefährlichen oder gefährdeten Ort entdeckt wird (§ 15 a Abs. 1 Nr. 6 und 7 SOG), soll ein Vertreter oder ein Zeuge, der allerdings nicht Polizeibeamter sein darf, hinzugezogen werden. Diese Norm ist nicht zwingend, kann also in dringlichen Fällen unbeachtet bleiben.[1015] Auf Antrag des Betroffenen muss die

---

1008 BürgDrucks. 21/5325 v. 19. 07. 2016, S. 3.

1009 BürgDrucks. 21/17271 v. 18. 06. 19, S. 8.

1010 *Kingreen, Thorsten/Poscher, Ralf,* Polizei- und Ordnungsrecht, 10. Aufl. München 2018, § 13 Rn. 40.

1011 *Kingreen, Thorsten/Poscher, Ralf,* Polizei- und Ordnungsrecht, 10. Aufl. München 2018, § 8 Rn. 53; a. A. gefahrenunabhängig *Thiel, Markus,* Polizei- und Ordnungsrecht, 4. Aufl. Baden-Baden 2020, § 8 Rn. 63.

1012 VGH München, Beschluss v. 08. 03. 2012, 10 C 12.141 (Juris); OVG Hamburg, in: NVwZ-RR 2015, 695, 701.

1013 BürgDrucks. 21/5325 v. 19. 07. 2016, S. 4; VGH München, Beschluss v. 08. 03. 2012, 10 C 12.141 (Juris).

1014 *Graulich, Kurt,* Das Polizeihandeln, in: L/D, E. Rn. 598; *Kingreen, Thorsten/Poscher, Ralf,* Polizei- und Ordnungsrecht, 10. Aufl. München 2018, § 17 Rn. 14.

1015 *Graulich, Kurt,* Das Polizeihandeln, in: L/D, E. Rn. 599.

Polizei ihm nach § 15 Abs. 2 Satz 3 SOG eine Bescheinigung über die Durchsuchung der Sache und den Grund der Durchsuchung ausstellen. Es erscheint, erneut wegen § 25 Satz 2 HmbVwVfG, plausibel, dass die Polizei auf diese Möglichkeit auch hinweisen muss, weil die meisten Durchsuchten von diesem Recht nichts wissen.[1016]

Werden die geschilderten Verfahrensregeln missachtet, ist die Durchsuchung formell rechtswidrig.[1017] Es kommt aber die Anwendung der Heilungsregel des § 45 Abs. 1 Nr. 2 HmbVwVfG[1018] oder die Anwendung der Unbeachtlichkeitsregel des § 46 HmbVwVfG in Betracht, letztere sofern die Missachtung der Verfahrensregeln die materielle Rechtmäßigkeit der Durchsuchung nicht beeinflusst hat.[1019] **423**

3. Betreten und Durchsuchen von Wohnungen, §§ 16, 16 a SOG

Guy Beaucamp

a) Vorbemerkung

§ 16 SOG enthält zwei an unterschiedliche Voraussetzungen geknüpfte Eingriffsbefugnisse. Zunächst ermächtigt die Norm zum **Betreten von Wohnungen**, worunter ein Eintreten, Verweilen und Sich-Umsehen subsummiert wird.[1020] Bereits der Fuß in der Tür ist als Betreten der Wohnung zu bewerten.[1021] Betreten hat eine geringere Eingriffstiefe als die Durchsuchung, die das vorherige Betreten voraussetzt. Ein **Durchsuchen** findet statt, wenn die Polizei zielgerichtet nach Personen, Sachen oder Spuren sucht, die der Wohnungsinhaber von sich aus nicht offenlegen oder herausgeben **424**

1016 *Kingreen, Thorsten/Poscher, Ralf,* Polizei- und Ordnungsrecht, 10. Aufl. München 2018, § 17 Rn. 14; *Graulich, Kurt,* Das Polizeihandeln, in: L/D, E. Rn. 601.

1017 *Thiel, Markus,* Polizei- und Ordnungsrecht, 4. Aufl. Baden-Baden 2020, § 10 Rn. 170; *Richter, Eike,* Polizeirecht, in: Hoffmann-Riem, Wolfgang/Koch, Hans-Joachim (Hrsg.), Hamburgisches Staats- und Verwaltungsrecht, 4. Aufl. Baden-Baden, 2020, Rn. 123; *Kingreen, Thorsten/Poscher, Ralf,* Polizei- und Ordnungsrecht, 10. Aufl. München 2018, § 17 Rn. 15; *Graulich, Kurt,* Das Polizeihandeln, in: L/D, E. Rn. 601.

1018 *Kingreen, Thorsten/Poscher, Ralf,* Polizei- und Ordnungsrecht, 10. Aufl. München 2018, § 17 Rn. 15.

1019 *Graulich, Kurt,* Das Polizeihandeln, in: L/D, E. Rn. 602.

1020 *Richter, Eike,* Polizeirecht, in: Hoffmann-Riem, Wolfgang/Koch, Hans-Joachim (Hrsg.), Hamburgisches Staats- und Verwaltungsrecht, 4. Aufl. Baden-Baden, 2020, Rn. 124; *Thiel, Markus,* Polizei- und Ordnungsrecht, 4. Aufl. Baden-Baden 2020, § 10 Rn. 173; *Graulich, Kurt,* Das Polizeihandeln, in: L/D, E. Rn. 615; *Kingreen, Thorsten/Poscher, Ralf,* Polizei- und Ordnungsrecht, 10. Aufl. München 2018, § 17 Rn. 25.

1021 *Thiel, Markus,* Polizei- und Ordnungsrecht, 4. Aufl. Baden-Baden 2020, § 10 Rn. 173.

will.[1022] Nur für die Durchsuchung gelten die strengen Verfahrensvorschriften des § 16 a SOG. Außerdem ist das bloße Betreten von Wohnungen bzw. Arbeits-, Betriebs- und Geschäftsräumen nach § 16 Abs. 4 und Abs. 5 SOG unter erleichterten Bedingungen möglich. Die akustische und optische Wohnraumüberwachung fallen nicht in den Anwendungsbereich des § 16 SOG,[1023] sondern sind in § 22 PolDVG geregelt.

425 Es gibt zahlreiche Spezialvorschriften, die ebenfalls Betretungs- und/oder Durchsuchungsbefugnisse gewähren. Genannt seien beispielhaft §§ 2, Abs. 2, 3 Abs. 1 HafenSG, § 13 Abs. 1, 2 Hafenverkehrs- und Schifffahrtsgesetz oder § 16 Abs. 2 Infektionsschutzgesetz des Bundes.

b) Checkliste Rechtmäßigkeit

426

- Tatbestandsvoraussetzungen
  - polizeiliches Betreten oder Durchsuchen einer Wohnung
  - keine Einwilligung des Wohnungsinhabers
  - Vorliegen eines Grundes für das Betreten und Durchsuchen aus § 16 Abs. 2 Nr. 1–4 SOG, wobei die Betretens- und Durchsuchungsgründe aus § 16 Abs. 2 Nr. 1 und Nr. 2 SOG nicht zur Nachtzeit herangezogen werden dürfen (§ 16 Abs. 3 SOG) oder
  - Vorliegen eines Grundes für das bloße Betreten aus § 16 Abs. 4 und Abs. 5 SOG
- Rechtsfolge
  - Ermessen, insbesondere Verhältnismäßigkeit der Durchsuchung
  - in der Regel richterliche Anordnung erforderlich (§ 16 a Abs. 1 SOG); Anwesenheitsrecht des Wohnungsinhabers, eines Vertreters oder eines sonstigen Zeugen (§ 16 a Abs. 2 SOG); in der Regel Niederschrift über die Durchsuchung (§ 16 a Abs. 4 und Abs. 5 SOG)

1022 BVerfGE 76, 83, 89; BVerwGE 47, 31, 37; 121, 345, 350; OVG Hamburg, in: DVBl. 1997, 665, 666; *Kingreen, Thorsten/Poscher, Ralf,* Polizei- und Ordnungsrecht, 10. Aufl. München 2018, § 17 Rn. 23; *Richter, Eike,* Polizeirecht, in: Hoffmann-Riem, Wolfgang/Koch, Hans-Joachim (Hrsg.), Hamburgisches Staats- und Verwaltungsrecht, 4. Aufl. Baden-Baden, 2020, Rn. 124; *Graulich, Kurt,* Das Polizeihandeln, in: L/D, E. Rn. 611; *Thiel, Markus,* Polizei- und Ordnungsrecht, 4. Aufl. Baden-Baden 2020, § 10 Rn. 175.

1023 *Kingreen, Thorsten/Poscher, Ralf,* Polizei- und Ordnungsrecht, 10. Aufl. München 2018, § 17 Rn. 26; *Thiel, Markus,* Polizei- und Ordnungsrecht, 4. Aufl. Baden-Baden 2020, § 10, Rn. 173 u. 175.

c) Betroffene Grundrechte

Betreten und Durchsuchen einer Wohnung sind **Eingriffe in Art. 13 Abs. 1 GG**, der die räumliche Privatsphäre schützt.[1024] Ein Eingriff lässt sich nur verneinen, wenn der betroffene Wohnungsinhaber freiwillig darin eingewilligt hat, dass Polizeibeamte in seine Wohnung kommen.[1025] Wird der Wohnungsinhaber mit der Aussage bedroht, wenn er nicht öffne, werde die Tür eingetreten, liegt keine Freiwilligkeit mehr vor.[1026] Freiwilligkeit ist ebenfalls zu verneinen, wenn der betroffene Wohnungsinhaber nicht darüber aufgeklärt wird, dass weder eine richterliche Durchsuchungsanordnung noch Gefahr im Verzug vorliegt und dass er die Durchsuchung seiner Wohnung deshalb verweigern darf.[1027] Art. 13 GG prägt auch ansonsten die Regeln über die präventiv-polizeiliche Durchsuchung von Wohnungen. Dies zeigt sich an der Wohnungsdefinition des § 16 Abs. 1 SOG, die die Rechtsprechung des Bundesverfassungsgerichts aufnimmt. Dies zeigt sich weiterhin am Richtervorbehalt des § 16 a Abs. 1 SOG, der die Anforderungen des Art. 13 Abs. 2 GG umsetzt. Schließlich sind die Formulierungen des § 16 Abs. 4 SOG an Art. 13 Abs. 7 GG angelehnt.[1028] 427

d) Einzelerläuterungen

aa) Begriff der Wohnung, § 16 Abs. 1 SOG

Wie die Legaldefinition des § 16 Abs. 1 SOG erkennen lässt, wird der **Begriff der Wohnung** sehr weit gefasst. Über Mietwohnungen oder Wohnhäuser hinaus werden auch Hotelzimmer, Zimmer in Studentenwohnheimen oder Asylbewerberunterkünften, Campingwagen, Hausboote, Schlafkojen in LKW oder Zelte erfasst, wenn sie Wohnzwecken dienen.[1029] Die ebenfalls benannten Nebenräume sind etwa Keller, Garagen, Dachböden oder Veran- 428

1024 BVerfGE 65, 1, 40; BVerfG, in: NJW 2019, 1428, 1429; BVerwGE 121, 345, 350; LG Hamburg, Urteil v. 30. 06. 2010, 706 Ns 17/10 (Juris); *Graulich, Kurt,* Das Polizeihandeln, in: L/D, E. Rn. 609 f.; *Thiel, Markus,* Polizei- und Ordnungsrecht, 4. Aufl. Baden-Baden 2020, § 10 Rn. 172.

1025 *Kingreen, Thorsten/Poscher, Ralf,* Polizei- und Ordnungsrecht, 10. Aufl. München 2018, § 17 Rn. 27.

1026 *Kingreen, Thorsten/Poscher, Ralf,* Polizei- und Ordnungsrecht, 10. Aufl. München 2018, § 17 Rn. 27.

1027 LG Hamburg, Urteil v. 30. 06. 2010, 706 Ns 17/10 (Juris).

1028 BürgDrucks. 20/1923 v. 25. 10. 2011, S. 23.

1029 *Thiel, Markus,* Polizei- und Ordnungsrecht, 4. Aufl. Baden-Baden 2020, § 10 Rn. 171; *Graulich, Kurt,* Das Polizeihandeln, in: L/D, E. Rn. 604; *Kingreen, Thorsten/Poscher, Ralf,* Polizei- und Ordnungsrecht, 10. Aufl. München 2018, § 17 Rn. 21.

den.[1030] Zu den Arbeits-, Betriebs- und Geschäftsräumen zählen z. B. Büroräume, Ladengeschäfte, Fabriken, Gaststätten, Werkstätten, Lager- und Praxisräume.[1031] Das als letztes in § 16 Abs. 1 SOG erwähnte befriedete Besitztum lässt sich bejahen, wenn ein Grundstück vom freien Gelände durch Zäune, Mauern, Hecken oder ähnliches abgegrenzt ist und in räumlichen Zusammenhang mit Wohn- oder Arbeitsräumen steht. Diese zweite Voraussetzung verhindert, dass ein eingezäuntes Waldstück fern jeder Wohnbebauung oder ein mit Mauern geschützter Obstgarten, weit vom Wohnhaus entfernt, als Wohnung i. S. d. § 16 Abs. 1 SOG und des Art, 13 Abs. 1 GG gelten. Für solche Grundstücke ist kein Schutz der räumlichen Privatsphäre nötig. Ihre Durchsuchung richtet sich nach § 15 a SOG.

429 Nicht als Wohnungen i. S. d. § 16 Abs. 1 SOG sind normale Autos, Sportstätten, Warteräume an Haltestellen oder Unterstände anzusehen.[1032] Gleiches gilt für Besuchs- und Hafträume in Justizvollzugsanstalten.[1033]

bb) Durchsuchungsgründe

430 § 16 Abs. 2 SOG nennt abschließend eine Reihe von **Gründen**, die das Betreten und Durchsuchen einer Wohnung rechtfertigen können. § 16 Abs. 1 Nr. 1 und Nr. 2 SOG dienen dabei der **Vorbereitung weiterer polizeilicher Standardmaßnahmen**, nämlich einer Vorführung zur erkennungsdienstlichen Behandlung bzw. einer Vernehmung nach § 11 Abs. 3 SOG, einer Ingewahrsamnahme nach § 13 SOG oder einer Sicherstellung zur Gefahrenabwehr bzw. Störungsbeseitigung nach § 14 Abs. 1 a SOG. Dafür, dass die in den anderen Normen geregelten Tatbestandsmerkmale gegeben sind, muss die Polizei Tatsachen anführen, die diese Annahme tragen.[1034] Erneut reicht also ein Gefahrenverdacht, Gewissheit ist nicht erforderlich. Bloße Vermutungen oder Einschätzungen anderer Sicherheitsbehörden stellen indes keine Tatsachen dar, man braucht also zumindest glaubhafte Aussagen Dritter, eigene polizeiliche Beobachtungen oder sonstige polizeiliche Erkenntnisse.[1035]

1030 VGH München, in: NVwZ-RR 1994, 251, 252; *Graulich, Kurt,* Das Polizeihandeln, in: L/D, E. Rn. 604.

1031 BVerfGE 76, 83, 88; BVerwGE 121, 345, 348; *Graulich, Kurt,* Das Polizeihandeln, in: L/D, E. Rn. 604.

1032 *Kingreen, Thorsten/Poscher, Ralf,* Polizei- und Ordnungsrecht, 10. Aufl. München 2018, § 17 Rn. 21; *Graulich, Kurt,* Das Polizeihandeln, in: L/D, E. Rn. 604.

1033 BGH, in: NJW 1998, 3284, 3285; BVerfG, in: NJW 1996, 2643; *Graulich, Kurt,* Das Polizeihandeln, in: L/D, E. Rn. 609.

1034 *Graulich, Kurt,* Das Polizeihandeln, in: L/D, E. Rn. 621, 623.

1035 *Kingreen, Thorsten/Poscher, Ralf,* Polizei- und Ordnungsrecht, 10. Aufl. München 2018, § 8 Rn. 53; *Graulich, Kurt,* Das Polizeihandeln, in: L/D, E. Rn. 621; *Richter, Eike,* Polizeirecht, in: Hoffmann-Riem, Wolfgang/Koch, Hans-Joachim (Hrsg.), Hamburgisches Staats- und Verwaltungsrecht, 4. Aufl. Baden-Baden, 2020, Rn. 55.

Gemäß § 16 Abs. 2 Nr. 3 SOG darf die Polizei Wohnungen betreten und durchsuchen, von denen **Emissionen** ausgehen, das sind etwa Lärm, Gerüche oder Gase, die nach Art, Ausmaß und Dauer die Nachbarschaft erheblich belästigen.[1036] In Hinsicht auf die Erheblichkeit der Emission erscheint eine Orientierung an § 3 Abs. 1 BImSchG angebracht, der ebenfalls von erheblichen Belästigungen spricht. Maßstab für die Erheblichkeit sind in erster Linie vorhandene Grenzwerte, etwa für Lärm oder Luftverunreinigungen. Sind diese dauerhaft überschritten, ist die Belästigung erheblich. Liegen die Beeinträchtigungen unterhalb der Grenzwerte oder fehlen solche Werte, ist zu fragen, ob die Beeinträchtigung nach Art, Ausmaß und Dauer einem Durchschnittsmenschen in vergleichbarer Lage noch zugemutet werden könnte.[1037] Hierbei ist nicht nur die einzelne Immission, sondern die Gesamtbelastung zu berücksichtigen.[1038] So würde man Krach und Rauchschwaden eines einmaligen Geburtstagsfeuerwerks, welches 15 Minuten dauert, wohl als den Nachbarn zumutbar einordnen. Gleiches gilt für die Anfahrt von Baufahrzeugen zu einer benachbarten Baustelle. Lärm von einem Kinderspielplatz oder einer Kindertageseinrichtung ist gemäß § 22 Abs. 1 a BImSchG in der Regel ebenfalls nicht mehr als erhebliche, schädliche Umwelteinwirkung zu bewerten, sondern als sozial üblich hinzunehmen. **431**

Als eine Art Auffangklausel[1039] erlaubt § 16 Abs. 2 Nr. 4 SOG das Durchsuchen einer Wohnung zwecks **Abwehr einer unmittelbar bevorstehenden Gefahr für besonders hochwertige Rechtsgüter**. Hier kann es etwa um die Befreiung eines Entführungsopfers oder die Rettung hilfloser Personen aus der Wohnung gehen.[1040] Unmittelbar bevorstehend ist eine Gefahr, wenn ihr Eintreten in besonderer zeitlicher Nähe liegt und gesteigert wahrscheinlich ist.[1041] Wann eine Sache einen bedeutenden Wert hat, wird unterschiedlich gesehen. §§ 315, 315 a und 315 b StGB verwenden den gleichen Ausdruck. Hier wird mindestens ein objektiver Wert von 750 € gefordert.[1042] Plausibler erscheint indes der höhere Betrag von 1300 Euro, was ebenfalls vertreten wird.[1043] **432**

1036 Kritisch zu dieser Ermächtigung wegen des Vorrangs der Ordnungsbehörden *Graulich, Kurt,* Das Polizeihandeln, in: L/D, E. Rn. 626.

1037 BVerwGE 90, 53, 56; *Jarass, Hans D.,* BImSchG (Kommentar), 12. Aufl. München 2017, § 3 Rn. 53.

1038 *Jarass, Hans D.,* BImSchG (Kommentar), 12. Aufl. München 2017, § 3 Rn. 55.

1039 *Graulich, Kurt,* Das Polizeihandeln, in: L/D, E. Rn. 624.

1040 *Kingreen, Thorsten/Poscher, Ralf,* Polizei- und Ordnungsrecht, 10. Aufl. München 2018, § 17 Rn. 32.

1041 *Kingreen, Thorsten/Poscher, Ralf,* Polizei- und Ordnungsrecht, 10. Aufl. München 2018, § 8 Rn. 21 s.a. VG Hamburg, Beschluss v. 22. 06. 2018, 1 E 2009/18 (Juris); OVG Hamburg, in: NuR 1993, 147, 148; OVG Lüneburg, in: NVwZ-RR 2009, 954, 955.

1042 BGH, in: JuS 2011, 660 f. m. w. N.

1043 *Fischer, Thomas,* StGB (Kommentar), 66. Aufl. München, 2019, § 315 Rn. 16 a m. w. N.

cc) Nachtzeit

433 Zwei der vier Fallgruppen des § 16 Abs. 2 SOG sind nur tagsüber anwendbar. Dies sind die zuletzt angesprochenen Nr. 3 und Nr. 4. **Nachtzeit** bedeutet gemäß § 104 Abs. 3 StPO, der Norm, auf die verwiesen wird, im Sommerhalbjahr (01.04. bis 30.09.) die Zeit von 21:00 Uhr bis 04:00 Uhr, im Winterhalbjahr (01.10. bis 31.03) die Zeit von 21:00 Uhr bis 06:00 Uhr. In einer jüngeren Entscheidung hat allerdings das Bundesverfassungsgericht den Schutz der Bürger vor nächtlichen Durchsuchungen generell auf die **Zeit von 21:00 Uhr bis 06:00 Uhr** ausgedehnt.[1044]

dd) Gründe für polizeiliches Betreten (ohne Durchsuchung)

434 Die Befugnis zum **Betreten von Wohnungen** aus § 16 Abs. 4 SOG setzt zunächst eine dringende Gefahr voraus, d.h. bei ungehindertem Ablauf des objektiv zu erwartenden Geschehens wird mit hinreichender Wahrscheinlichkeit ein wichtiges Rechtsgut geschädigt.[1045] Zudem müssen erneut Tatsachen die Annahme rechtfertigen (s. bereits oben unter B.III.3.d.bb.), dass sich in der Wohnung Straftäter verbergen oder Straftaten von erheblicher Bedeutung stattfinden oder geplant werden. Eine Legaldefinition der hiermit gemeinten Straftaten enthält § 2 Abs. 2 PolDVG. Der in § 16 Abs. 4 Nr. 2 SOG erwähnte Schlupfwinkel ist ein Ort, von dem die Polizei aus Erfahrung weiß, dass dort verdeckt und in größerem Stil illegal mit Waffen oder Betäubungsmitteln gehandelt wird oder unerlaubtes Glücksspiel oder kriminelle Prostitution betrieben wird (§ 104 Abs. 2 StPO).

435 An § 16 Abs. 5 Satz 1 SOG zeigt sich, dass **Arbeits-, Betriebs- und Geschäftsräume** einen geringeren Schutz genießen, als Wohnungen im engeren Sinne. Denn diese Räume dürfen von der Polizei – ohne richterliche Anordnung – in den Geschäftszeiten zur Gefahrenabwehr betreten werden. Es werden also nicht die strengen Bedingungen des Art. 13 Abs. 7 GG angelegt, sondern nur die der Allgemeinen Handlungsfreiheit des Art. 2 Abs. 1 GG.[1046] Als Begründung hierfür lässt sich anführen, dass die Geschäfts- und Betriebsinhaber selbst dem Zugang vieler Personen zustimmen, diese Räume also nicht besonders schutzbedürftig sind.[1047] Die Norm verlangt nur das Vorliegen einer abstrakten Gefahr, kann also etwa zur Identitätsfeststellung eingesetzt wer-

1044 BVerfG, in: NJW 2019, 1428, 1430 f.

1045 BVerwGE 47, 31, 40; BürgDrucks. 20/1923 v. 25. 10. 2011, S. 23; *Kingreen, Thorsten/Poscher, Ralf,* Polizei- und Ordnungsrecht, 10. Aufl. München 2018, § 17 Rn. 36.

1046 BVerfGE 32, 54, 75 f.; BVerwGE 121, 345, 350 ff.; *Kingreen, Thorsten/Poscher, Ralf,* Polizei- und Ordnungsrecht, 10. Aufl. München 2018, § 17 Rn. 35.

1047 BVerfGE 97, 228, 266; BVerwGE 121, 345, 350; OVG Hamburg, in: DVBl. 1997, 665, 666.

den.[1048] § 16 Abs. 5 Satz 2 SOG enthält eine Ausnahme vom Betretungsrecht nach § 16 Abs. 5 Satz 1 SOG für den Fall, dass es sich etwa um ein Vereinslokal oder einen Club handelt, der für Nichtmitglieder gesperrt ist.

ee) Verfahren

Die **Verfahrensregeln** des § 16 a SOG gelten nur für Durchsuchungen von Wohnungen. Aus Art. 13 Abs. 2 GG folgt der **Richtervorbehalt** für diese Maßnahme in § 16 a Abs. 1 SOG. Nur als Ausnahme ist bei Gefahr im Verzug eine Anordnung der Staatsanwaltschaft möglich. Gefahr im Verzug wird dann angenommen, wenn die Einholung der richterlichen Anordnung den Erfolg der Durchsuchung gefährden würde,[1049] nicht aber allein deshalb, weil ein Amtsrichter oder eine Amtsrichterin schwer zu erreichen ist. Das Bundesverfassungsgericht ist hier streng und fordert, dass ein richterlicher Eil- und Notdienst organisiert wird, der an allen Tagen der Woche von 06:00 bis 21:00 Uhr besetzt sein muss und zur Nachtzeit ebenfalls erreichbar sein muss, wenn dies praktisch nicht nur als Ausnahmefall vorkommt.[1050] Für Großstädte wie Hamburg ist ein Bedarf nach einem richterlichen 24-Stunden-Eildienst anzunehmen.[1051] Anderenfalls werde das verfassungsrechtlich vorgesehene Regel-Ausnahme-Verhältnis zwischen richterlicher und nichtrichterlicher Anordnung nicht gewahrt.[1052] **436**

Wie bei der Durchsuchung von Sachen der Berechtigte, darf bei der Durchsuchung einer Wohnung der **Wohnungsinhaber anwesend sein** (§ 16 a Abs. 2 Satz 1 SOG). Die Polizei muss ihn gemäß § 25 Satz 2 HmbVwVfG auf dieses Recht hinweisen.[1053] In Abwesenheit des Wohnungsinhabers soll die Polizei dafür sorgen, dass ein anderer Zeuge bei der Durchsuchung dabei ist; in Frage kommen Vertreter, andere erwachsene Angehörige, andere Hausbewohner oder Nachbarn, wenn dadurch keine schutzwürdigen Belange des Wohnungsinhabers verletzt werden (§ 16 a Abs. 2 Satz 2 SOG). **437**

1048 BVerwGE 121, 345, 351 f.; *Kingreen, Thorsten/Poscher, Ralf,* Polizei- und Ordnungsrecht, 10. Aufl. München 2018, § 17 Rn. 35.

1049 BVerfG, in: NJW 2019, 1428, 1429 m. w.N; *Graulich, Kurt,* Das Polizeihandeln, in: L/D, E. Rn. 633; *Kingreen, Thorsten/Poscher, Ralf,* Polizei- und Ordnungsrecht, 10. Aufl. München 2018, § 17 Rn. 29; *Thiel, Markus,* Polizei- und Ordnungsrecht, 4. Aufl. Baden-Baden 2020, § 10 Rn. 178.

1050 BVerfG, in: NJW 2019, 1428, 1430; *Thiel, Markus,* Polizei- und Ordnungsrecht, 4. Aufl. Baden-Baden 2020, § 10 Rn. 178; *Graulich, Kurt,* Das Polizeihandeln, in: L/D, E. Rn. 633; *Richter, Eike,* Polizeirecht, in: Hoffmann-Riem, Wolfgang/Koch, Hans-Joachim (Hrsg.), Hamburgisches Staats- und Verwaltungsrecht, 4. Aufl. Baden-Baden, 2020, Rn. 124.

1051 LG Hamburg, Urteil v. 30. 06. 2010, 706 Ns 17/10 (Juris); *Krumm, Carsten,* Anmerkung, in: NJW 2019, 1432 f.

1052 BVerfG, in: NJW 2019, 1428, 1429; LG Hamburg, Urteil v. 30. 06. 2010, 706 Ns 17/10 (Juris).

1053 *Kingreen, Thorsten/Poscher, Ralf,* Polizei- und Ordnungsrecht, 10. Aufl. München 2018, § 17 Rn. 30.

438 Der **Durchsuchungsgrund ist zu Beginn der Maßnahme bekanntzugeben** und auch in die erforderliche **Niederschrift** über die Wohnungsdurchsuchung aufzunehmen (§ 16 a Abs. 3 und Abs. 4 SOG). Die Bekanntgabe kann nur ausnahmsweise entfallen, wenn sie den Zweck der Durchsuchung gefährden würde. Denkbar ist hier, dass der Wohnungsinhaber durch die Mitteilung des Durchsuchungsgrundes noch die Möglichkeit hat, die gesuchte Sache zu vernichten oder unauffindbar zu verstecken.[1054] Das Protokoll zur Durchsuchung muss neben dem Grund auch die verantwortliche Dienststelle, die Zeit, den Ort und das Ergebnis der Maßnahme sowie die Unterschrift des durchsuchenden Beamten und des Wohnungsinhabers bzw. sonstigen Zeugen enthalten. Auf Verlangen ist dem Wohnungsinhaber eine Abschrift der Niederschrift zu geben (§ 16 a Abs. 4 Satz 5 SOG). Erneut ist insoweit ein Hinweis auf dieses Recht angebracht (§ 25 Satz 2 HmbVwVfG).[1055] Als Ausnahme sieht § 16 a Abs. 5 SOG vor, dass Grund und Ergebnis der Wohnungsdurchsuchung nicht mitgeteilt zu werden brauchen, wenn dies nach den besonderen Umständen des Falles unmöglich ist oder den Durchsuchungszweck gefährden würde.

439 Fehlt die richterliche Anordnung der Durchsuchung, obwohl es möglich gewesen wäre, einen Richter oder eine Richterin heranzuziehen, ist die Wohnungsdurchsuchung unheilbar rechtswidrig.[1056] Werden nur Vorschriften über die Mitteilung des Durchsuchungsgrundes oder die Niederschrift verletzt, wird eine Heilung nach § 45 Abs. 1 Nr. 2 HmbVwVfG für möglich gehalten.[1057]

1054 *Graulich, Kurt,* Polizeihandeln, in: L/D, E. Rn. 635.

1055 *Kingreen, Thorsten/Poscher, Ralf,* Polizei- und Ordnungsrecht, 10. Aufl. München 2018, § 17 Rn. 30.

1056 *Kingreen, Thorsten/Poscher, Ralf,* Polizei- und Ordnungsrecht, 10. Aufl. München 2018, § 17 Rn. 29 u. § 16 Rn. 11.

1057 *Kingreen, Thorsten/Poscher, Ralf,* Polizei- und Ordnungsrecht, 10. Aufl. München 2018, § 17 Rn. 31.

IV. Durchsetzung

Laurence O'Hara

1. Anwendbarkeit der Durchsetzungsbefugnisse

a) Bedeutung für die polizeiliche und ordnungsbehördliche Praxis

440 Durchsetzungsmaßnahmen dienen der **Erzwingung von Handlungen, Duldungen oder Unterlassungen**, also der **Vollstreckung** (§ 1 HmbVwVG). Die Vollzugspolizei und übrigen Ordnungsbehörden ergreifen sie, wenn Personen angeordnete Pflichten nicht freiwillig befolgen. Sie richten sich nach Verwaltungsvollstreckungsrecht, einem Teilgebiet des allgemeinen Verwaltungsrechts, das Bund und Länder je gesondert regeln. In der Praxis setzt die Polizei meist Anordnungen nach dem SOG zwangsweise durch – auch verbunden mit Maßnahmen nach der StPO (s. unten B.IV.3.d.bb.1.). Dadurch ist Vollstreckungsrecht maßgeblich für beide Aufgabenbereiche der Polizei, **Gefahrenabwehr und Strafverfolgung**. Auch viele Maßnahmen nach dem PolDVG, dem VersG[1058] oder dem HafenSG können vollstreckt werden. Zudem unterstützt die Polizei andere Behörden bei der Durchsetzung (§ 22 HmbVwVG). In anderen Bundesländern bildet zudem das Abschleppen von Kraftfahrzeugen einen wichtigen Anwendungsbereich (in Hamburg nur in Ausnahmefällen, s. unten B.IV.1.c.aa. sowie B.IV.2.d.ee.).

441 Von den Formen, in denen Behörden handeln können, gehören Vollstreckungsmaßnahmen zu den eingriffsintensivsten. Sie unterliegen daher strengen bis **strengsten Verhältnismäßigkeitsanforderungen**. Rechtswidriger Zwang muss unbedingt unterbleiben. Er kann überaus folgenschwer sein. Bei den Betroffenen kann er schwere körperliche und seelische Beeinträchtigungen auslösen. Diese können nur gerechtfertigt sein, soweit das Recht gewahrt bleibt. Für die Einsatzkräfte drohen bei Rechtswidrigkeit schwerste persönliche Konsequenzen: Die Maßnahmen erfüllen oft Tatbestände von Strafgesetzen (Sachbeschädigungs-, Nötigungs- und Körperverletzungsdelikte, in schweren Fällen auch Tötungsdelikte). Nur soweit die Bediensteten rechtmäßig handeln, gewähren ihnen die verwaltungsrechtlichen Durchsetzungsbefugnisse **strafausschließende Rechtfertigungsgründe.**[1059] Darüber hinaus ist ein kluger, **maßvoller Einsatz der Zwangsbefug-**

1058 S. etwa BVerwG, in: NVwZ 2019, 1281 f.

1059 *Fischer, Thomas*, StGB (Kommentar), 67. Aufl. München 2020, Vor § 32 Rn. 6; s. etwa BGH, in: NJW 1999, 2533 ff.

nisse auch taktisch geboten. Da Zwang zu Abwehrreaktionen führen kann (etwa aus Schrecken oder Wut), ist er häufig nicht das effektivste Einsatzmittel; er kann erst recht die Bereitschaft zu Akzeptanz und Kooperation hemmen, deren Fehlen oft überhaupt erst den Anlass für das ordnungsbehördliche Tätigwerden gibt.

b) Wichtige Besonderheiten des Vollstreckungsrechts

442 Die zwangsweise Rechtsdurchsetzung durch die Hamburgischen Behörden[1060] ist nicht hauptsächlich im SOG geregelt. Vielmehr gilt ein **gesondertes Vollstreckungsgesetz**, das **HmbVwVG**. Das SOG enthält aber wichtige Ergänzungen mit besonderer Nähe zur Polizeipraxis, nämlich in § 7 die Befugnis zur Zwangsanwendung als unmittelbare Ausführung (einer besonderen Verfahrensart) und im dritten Teil die meisten Bestimmungen zum unmittelbaren Zwang (einer Zwangsmittelform). Ein eigenes Vollstreckungsregime gilt für die behördliche Beitreibung von Geldforderungen (§§ 30 ff. HmbVwVG; § 35 verweist in weiten Teilen auf die AO).[1061]

443 Die Vorgaben des Vollstreckungsrechts unterscheiden sich deutlich von denen des allgemeinen Polizei- und Ordnungsrechts. Jenseits der Beitreibung von Geldforderungen sind die Behörden **auf vier Formen von Zwangsmitteln beschränkt** (*numerus clausus* der Zwangsmittel, § 11 Abs. 1 HmbVwVG):[1062] Ersatzvornahme, Zwangsgeld, unmittelbaren Zwang und Erzwingungshaft. Andere Zwangsmittel dürfen sie nicht anwenden. Auch dürfen sie die Mittel nur unter Wahrung der Erfordernisse eines Vollstreckungsverfahrens anwenden. Das Hamburgische Vollstreckungsrecht stellt dafür **bloß zwei Verfahrensarten** bereit. Vorrangig anzuwenden ist das **gestreckte Verfahren** nach dem HmbVwVG. Hier werden die Betroffenen zuerst durch eine gesonderte, vorgelagerte Entscheidung zu einem Verhalten verpflichtet, regelmäßig durch

---

1060 Zum Anwendungsbereich *Bull, Hans Peter*, Recht der Verwaltungsorganisation und des Verwaltungshandelns, in: Hoffmann-Riem, Wolfgang/Koch, Hans-Joachim (Hrsg.), Hamburgisches Staats- und Verwaltungsrecht, 3. Aufl. Baden-Baden 2006, S. 89, 129 f.

1061 „Duales System", das sich überall in Deutschland entwickelt hat. S. *Waldhoff, Christian*, Vollstreckung und Sanktionen, in: Hoffmann-Riem, Wolfgang/Schmidt-Aßmann, Eberhard/Voßkuhle, Andreas (Hrsg.), Grundlagen des Verwaltungsrechts, Band III, 2. Aufl. München 2013, § 46 Rn. 104. Die Beitreibung wird hier nicht im Detail erläutert, weil sie die eigentliche vollzugspolizeiliche und ordnungsbehördliche Aufgabenwahrnehmung nur am Rande betrifft.

1062 S. etwa *Waldhoff, Christian*, Vollstreckung und Sanktionen, in: Hoffmann-Riem, Wolfgang/Schmidt-Aßmann, Eberhard/Voßkuhle, Andreas (Hrsg.), Grundlagen des Verwaltungsrechts, Band III, 2. Aufl. München 2013, § 46 Rn. 130; *Baumeister, Peter*, in: Schenke, Wolf-Rüdiger/Graulich, Kurt/Ruthig, Josef (Hrsg.), Sicherheitsrecht des Bundes, 2. Aufl. München 2019, Vorb VwVG Rn. 5. S. ferner *Merten, Karlheinz/Merten, Heike*, Hamburgisches Polizei- und Ordnungsrecht, Stuttgart 2007, Vorbemerkungen zu §§ 17 ff. SOG Rn. 5.

Verwaltungsakt (§§ 11 Abs. 1, 3 Abs. 1 Nr. 1 HmbVwVG). In einem zweiten Schritt wird die Verpflichtung mit einem oder mehreren der zugelassenen Zwangsmittel durchgesetzt. Nur wenn in einem dringlichen Fall vor dem Zwangsmitteleinsatz kein Verpflichtungsakt ergehen kann, die Zwangsanwendung aber umgehend erfolgen muss, um eine unmittelbar bevorstehende Gefahr abzuwehren, darf ausnahmsweise die zweite Verfahrensart angewendet werden, die **unmittelbare Ausführung** nach § 7 SOG. Zwangsmitteleinsatz außerhalb der Verfahren ist stets rechtswidrig. Stets rechtswidrig ist auch die unmittelbare Ausführung einer Zwangsmaßnahme, sofern die Durchsetzung im gestreckten Verfahren möglich wäre, man also abwarten und vor dem Zwangsmitteleinsatz einen Verwaltungsakt erlassen könnte. Zusätzlich zu diesem verfahrensmäßigen Rahmen gelten für den Zwangsmitteleinsatz mitunter detaillierte materiell-rechtliche Vorgaben, die sich unter den Zwangsmitteln noch einmal erheblich unterscheiden.

c) Verhältnis zu ähnlichen Befugnissen

Das strikte vollstreckungsrechtliche Sonderregime greift jedoch nur, soweit 444
es im engeren Sinne um zwangsweise Durchsetzung geht, also um die eigentliche Erzwingung von Handlungen, Duldungen oder Unterlassungen. Abzugrenzen sind Durchsetzungsmaßnahmen in diesem vollstreckungsrechtlichen Sinn von zwei ähnlichen Maßnahmenformen, auf die das **Vollstreckungsrecht nicht anwendbar** ist.

aa) Schlichte Vollziehung

Vollstreckung liegt nicht schon vor, weil eine Behörde ein Gesetz oder 445
einen Verwaltungsakt umsetzt. Von der Befugnis, eine Maßnahme zu ergreifen, sind alle **Bestandteile ihres eigentlichen Einsatzes** gedeckt; für diese Teile braucht die Behörde keine zusätzliche Ermächtigung durch Vollstreckungsrecht.[1063] Das gilt auch, wenn die Vollziehung gegen den Protest der betroffenen Person erfolgt. Merkmal von Eingriffsmaßnahmen ist gerade, dass Betroffene regelmäßig nicht mit deren Durchführung einverstanden sind. Von der Befugnis zur Durchführung einer Maßnahme sind dagegen

1063 S. *Schenke, Wolf-Rüdiger*, Polizei- und Ordnungsrecht, 9. Aufl. Heidelberg 2016, Rn. 115 f.; *Waldhoff, Christian*, Vollstreckung und Sanktionen, in: Hoffmann-Riem, Wolfgang/ Schmidt-Aßmann, Eberhard/Voßkuhle, Andreas (Hrsg.), Grundlagen des Verwaltungsrechts, Band III, 2. Aufl. München 2013, § 46 Rn. 154; *Ruthig, Josef*, in: Schenke, Wolf-Rüdiger/Graulich, Kurt/Ruthig, Josef (Hrsg.), Sicherheitsrecht des Bundes, 2. Aufl. München 2019, § 1 UZwG Rn. 8. S. ferner *Merten, Karlheinz/Merten, Heike*, Hamburgisches Polizei- und Ordnungsrecht, Stuttgart 2007, Vorbemerkungen zu §§ 17 ff. SOG Rn. 3; *Pünder, Hermann*, Polizei- und Ordnungsrecht, in: Ehlers, Dirk/Fehling, Michael/Pünder, Hermann (Hrsg.), Besonderes Verwaltungsrecht, Band 3, 4. Aufl. Heidelberg 2020, § 69 Rn. 186 ff. (im Erscheinen).

keine weitergehenden Eingriffe gedeckt, auch wenn sie die Durchführung erleichtern oder ergänzen sollen. Ob eine Befugnis zu vollziehenden Realakten ermächtigt, ist durch **Auslegung** zu klären.[1064] Die Ermächtigung muss sich auf faktisches Eingriffshandeln erstrecken, darf also nicht bloß den Einsatz von Anordnungen gestatten,[1065] wie etwa die Befugnis zur Platzverweisung in § 12 a SOG. Zu Realakten befugt eine Norm, soweit das vom **Wortlaut** gestattete Verhalten tatsächliches Handeln einschließt.[1066] Nach § 16 Abs. 2 SOG dürfen etwa Wohnungen „betreten und durchsucht werden". Nach § 36 Abs. 1 PolDVG darf die Polizei „personenbezogene Daten in Dateisystemen verarbeiten". Die gesetzlichen Begriffe lassen sich nur so verstehen, dass sie faktische Handlungen bezeichnen oder zumindest umfassen. Nicht dem Vollstreckungsrecht unterfallen deshalb auch Begleiteingriffe, die als Teilakte von Standardmaßnahmen vorgenommen werden.[1067] Dazu gehören alle tatsächlichen Handlungen, die regelmäßig erforderlich sind, um eine Standardmaßnahme durchzuführen, solange nicht nennenswerte körperliche Hindernisse überwunden werden müssen und die betroffene Person keinen Widerstand leistet. Hier greift die Befugnis zum Einsatz der jeweiligen Standardmaßnahme. Beispiele:

- Bei Durchsuchung einer Tasche (§ 15 a Abs. 1 SOG): Aufheben und Abtasten der Tasche, gewaltloses Öffnen von Verschlüssen, Herausnehmen des Inhalts.
- Bei Betreten einer Wohnung (§ 16 Abs. 2 bis 5 SOG): Nutzung vorhandener Zutrittswege, auch gewaltloses Überwinden von Hindernissen, Öffnen unverschlossener Türen und Verrücken im Weg stehender Möbel- oder Gepäckstücke.

446 Diese Handlungen sind Teile der Vorgänge „Durchsuchen" und „Betreten", nicht von Vollstreckungsvorgängen. Weiteres Beispiel für eine schlichte Vollziehung ist der gesetzliche Regelfall des **Abschleppens eines Kfz** mit Verbringung auf den Verwahrhof. Der Vorgang ist vollständig von der Be-

1064 S. *Kingreen, Thorsten/Poscher, Ralf*, Polizei- und Ordnungsrecht, 10. Aufl. München 2018, § 11 Rn. 10 ff.

1065 Näher zur Einteilung in Befehls- und Ausführungsbefugnisse *Kingreen, Thorsten/Poscher, Ralf*, Polizei- und Ordnungsrecht, 10. Aufl. München 2018, § 11 Rn. 10 ff.; *Kjellsson, Rabea*, Das Zwangsmittel der Ersatzvornahme, Berlin 2019, S. 128 ff.; *Pünder, Hermann*, Polizei- und Ordnungsrecht, in: Ehlers, Dirk/Fehling, Michael/Pünder, Hermann (Hrsg.), Besonderes Verwaltungsrecht Band 3, 4. Aufl. Heidelberg 2020, § 69 Rn. 184 ff. (im Erscheinen).

1066 S. *Kingreen, Thorsten/Poscher, Ralf*, Polizei- und Ordnungsrecht, 10. Aufl. München 2018, § 11 Rn. 10.

1067 Vgl. etwa *Kingreen, Thorsten/Poscher, Ralf*, Polizei- und Ordnungsrecht, 10. Aufl. München 2018, § 17 Rn. 37 ff., § 18 Rn. 15 ff.

fugnis zur Sicherstellung nach § 14 Abs. 1 Satz 2 SOG gedeckt,[1068] denn regelmäßig kann ein Kfz nicht anders als durch Abschleppen und Verbringen sichergestellt werden. Die anordnende Einsatzkraft braucht in Hamburg – anders als in Bundesländern ohne entsprechende Sonderregelung – das Vollstreckungsrecht nicht zu beachten.[1069]

bb) Flankierende Durchsetzungsanordnungen

Um Verhaltenspflichten durchzusetzen, kann die Behörde bei Vorliegen der **447** Voraussetzungen bereits nach dem zweiten Teil des SOG oder Spezialgesetzen einschreiten, ohne dass sich Besonderheiten ergeben.[1070] Auch dann kommt es nicht auf Vollstreckungsrecht an, weil bereits die dortige Befugnis den Eingriff rechtfertigt. Beispiele:

- Sicherstellung einer Musikanlage (§ 14 Abs. 1 SOG) zur Durchsetzung eines Verbots der Ruhestörung (§ 3 Abs. 1 SOG).
- Platzverweisung (§ 12 a SOG) zur Durchsetzung eines Verbots, sich zu prügeln (§ 3 Abs. 1 SOG).

Mitunter enthält das SOG auch ausdrückliche Befugnisse für Anordnungen **448** zur Durchsetzung anderer Anordnungen, insbesondere zur **Vorführung** (§ 11 Abs. 3 Satz 1 SOG)[1071] und zum **Durchsetzungsgewahrsam** (§ 13 Abs. 1 Nr. 3 und 4 SOG). Werden bei der Ausführung dieser Anordnungen Zwangsmittel eingesetzt (gewaltsames Festhalten, Zerren, Fesseln), bemisst sich deren Rechtmäßigkeit allerdings wiederum nach Vollstreckungsrecht.[1072]

cc) Vollstreckung

Stets handelt es sich dagegen um Vollstreckung, wenn die Behörde über das **449** Maß hinaus, das zur Vollziehung der durchzusetzenden Maßnahme regelmäßig erforderlich ist, mit Gewalt auf Personen oder Sachen einwirkt.[1073]

1068 S. OVG Hamburg, in: NZV 2009, 524 f. sowie in: NVwZ-RR 2009, 995 ff. und in: NVwZ-RR 2010, 263. Vgl. auch OVG Hamburg, in: NJW 2007, 3513 f.

1069 Anders ist es im Ausnahmefall der Umsetzung.

1070 S. *Kingreen, Thorsten/Poscher, Ralf*, Polizei- und Ordnungsrecht, 10. Aufl. München 2018, § 11 Rn. 17 ff.; *Pünder, Hermann*, Polizei- und Ordnungsrecht, in: Ehlers, Dirk/Fehling, Michael/Pünder, Hermann (Hrsg.), Besonderes Verwaltungsrecht, Band 3, 4. Aufl. Heidelberg 2020, § 69 Rn. 189 (im Erscheinen).

1071 Zu unterscheiden von der Durchsetzung nach § 19 HmbVwVG, einer Form des unmittelbaren Zwangs.

1072 Zur Abgrenzung auch *Finger, Thorsten*, Polizeiliche Standardmaßnahmen und ihre zwangsweise Durchsetzung, in: JuS 2005, 116, 118 ff.

1073 S. *Kingreen, Thorsten/Poscher, Ralf*, Polizei- und Ordnungsrecht, 10. Aufl. München 2018, § 11 Rn. 15; *Pünder, Hermann*, Polizei- und Ordnungsrecht, in: Ehlers, Dirk/Fehling, Michael/Pünder, Hermann (Hrsg.), Besonderes Verwaltungsrecht, Band 3, 4. Aufl. Heidelberg 2020, § 69 Rn. 186 (im Erscheinen); ferner *Merten, Karlheinz/Merten, Heike*, Hamburgisches Polizei- und Ordnungsrecht, Stuttgart 2007, Vorbemerkungen zu §§ 17 ff. SOG Rn. 3.

Sicher ist eine zwangsweise Durchsetzungsmaßnahme gegeben, wenn **Widerstand körperlich gebrochen oder Sachsubstanz verletzt** wird. Beispiele:

– Bei Durchsuchung einer Tasche: Entreißen aus dem festen Griff der betroffenen Person, Schläge gegen die Person zur Ermöglichung der Wegnahme, Beschädigung der Tasche oder ihres Verschlusses.

– Bei Betreten einer Wohnung: Aufbrechen des Türschlosses und sonstige Beschädigungen, gewaltsames Wegschieben einer Person, die den Zutritt versperrt.

450 Ohnehin liegt der Fall unproblematisch im Regelungsbereich des Vollstreckungsrechts, wenn die Behörde Handlungen vornimmt, die bereits **dem Wortlaut nach Gegenstand einer Zwangsmittelbefugnis** sind. Schlägt etwa eine Einsatzkraft eine Person mit dem Schlagstock, so verwendet sie gemäß § 18 Abs. 4 SOG eine Waffe, setzt also gemäß § 18 Abs. 1 SOG unmittelbaren Zwang ein.

d) Richtige Auswahl der Zwangsmittel

aa) Maßstäbe der Auswahl

451 Welche der vier zugelassenen Zwangsmittelformen – und innerhalb der Obergruppen welche spezifischen Zwangsmaßnahmen – im konkreten Fall angewendet werden, liegt im **Ermessen** der durchsetzenden Behörde (§ 11 HmbVwVG). Noch stärker als sonst wird der Spielraum aber durch den Grundsatz der **Verhältnismäßigkeit** eingeschränkt (allgemein klargestellt in § 12 Abs. 1 HmbVwVG). Zum Beispiel darf Erzwingungshaft nur angeordnet werden, wenn ein anderes Zwangsmittel erfolglos geblieben ist (§ 16 Abs. 1 HmbVwVG). Schusswaffen dürfen nur gebraucht werden, wenn andere Maßnahmen des unmittelbaren Zwangs erfolglos angewendet sind oder offensichtlich keinen Erfolg versprechen (§ 24 Abs. 1 Satz 1 SOG). Die intensivsten Zwangsmittel können also immer nur *ultima ratio* sein. Jenseits solcher eindeutigen Fälle ist es jedoch kaum möglich, Schwereverhältnisse zwischen den Zwangsarten abstrakt zu beschreiben. Zwar ordnet § 11 Abs. 1 HmbVwVG die Zwangsmittel grob in aufsteigender Reihenfolge nach Intensität. Doch es **hängt vom konkreten Fall ab**, wie schwer ein Mittel wirkt. So kann ein hohes Zwangsgeld (§ 11 Abs. 1 Nr. 2 HmbVwVG) die Betroffenen härter treffen, als ein Körperstoß durch einen Polizisten bei einer Rangelei (unmittelbarer Zwang, §§ 11 Abs. 1 Nr. 3, 15 Abs. 1 HmbVwVG, 18 Abs. 2 SOG). Das Zerstören eines hochwertigen Gegenstands, etwa das Abreißen eines Gebäudes (Ersatzvornahme, §§ 11 Abs. 1 Nr. 1, 13 Abs. 1 HmbVwVG), mag sogar beeinträchtigender sein, als ein einzelner Tag in Haft (§§ 11 Abs. 1 Nr. 4, 16 Abs. 2 Satz 1 HmbVwVG). Es lässt sich also kaum allgemein sagen, dass einzelne Zwangsmittelformen für sich genommen härter wirken als andere. Neben Gesichtspunkten der Verhältnismäßigkeit ist die Ermessensausübung praktisch von **Zweckmäßigkeitserwägungen** geleitet, bei der vollzugspolizeilichen Arbeit besonders der **Einsatztaktik**. Obwohl prinzipiell jede Zwangsmittelform fast jeder durchsetzenden Behörde offensteht, ergeben sich dadurch klare Anwendungsschwerpunkte für die verschiedenen Verwaltungsbereiche.

bb) Maßgebliche Eigenheiten der einzelnen Zwangsmittel

Die **Ersatzvornahme** (§§ 11 Abs. 1 Nr. 1, 13 HmbVwVG) spielt in der Poli- **452** zeipraxis gelegentlich eine Rolle (etwa beim Abschleppen eines Kfz im Ausnahmefall der Umsetzung). Häufiger kommt sie in der übrigen Verwaltung vor. Ersatzvornahmen bieten sich an, wenn die betroffene Person konkrete Handlungen vornehmen muss und die Behörde nicht darauf vertrauen kann, dass allein die Festsetzung von Zwangsgeldern rechtzeitig den Erfolg herbeiführen wird, etwa auch weil die Person zwar willens, aber nicht in der Lage zur Pflichtbefolgung ist.[1074]

Das **Zwangsgeld** (§§ 11 Abs. 1 Nr. 2, 14 HmbVwVG) kommt in der vollzugs- **453** polizeilichen Arbeit traditionell selten vor. Bezirksämter und Fachbehörden verwenden es oft. Sie werden regelmäßig schriftlich tätig, sodass der Einsatz wenig Mehraufwand verursacht. Zwangsgelder müssen zwar anders als andere Zwangsmittel eigens durch Verwaltungsakt festgesetzt werden (§ 11 Abs. 1 Nr. 2 HmbVwVG). Jedoch kann die Festsetzung gleichzeitig mit dem durchzusetzenden Verwaltungsakt erfolgen (§ 14 Abs. 2 HmbVwVG). Für den Fall, dass die Person ihrer Pflicht beharrlich nicht nachkommt, lassen sich zusätzliche Zwangsgelder festsetzen,[1075] entweder schon im Erstbescheid durch Setzung mehrerer Fristen (§ 14 Abs. 3 HmbVwVG) oder durch weitere Bescheide (§ 12 Abs. 2 HmbVwVG). Nachteil des Zwangsgeldes ist seine beschränkte Effektivität. Vielfach kann es die Durchsetzung nur langsam bewirken. Andererseits sind Zwangsgelder einsetzbar, wo andere Zwangsmittel strukturell versagen. Das betrifft besonders die Durchsetzung **unvertretbarer Pflichten**,[1076] im Sicherheits- und Ordnungsbereich zum Beispiel von Betretungs-, Aufenthalts-, Kontakt- und Näherungsverboten (§ 12 b SOG). Ersatzvornahmen sind hier ausgeschlossen (beschränkt auf vertretbare Handlungen, § 13 Abs. 1 Satz 1 HmbVwVG),

1074 S. etwa *Graulich, Kurt*, Das Polizeihandeln, in: L/D, E. Rn. 822.

1075 Zu den Anforderungen etwa OVG Hamburg, in: NVwZ-RR 1997, 263 f.

1076 S. *Beaucamp, Guy*, in: B/E/R/S, vor §§ 17 ff. SOG Rn. 12; *Graulich, Kurt*, Das Polizeihandeln, in: L/D, E. Rn. 860.

unmittelbarer Zwang ist oft untunlich oder unverhältnismäßig, steht erst recht unter hohen Verhältnismäßigkeitshürden. Für den polizeilichen Einsatz kommt das Zwangsgeld auch zur Durchsetzung von **Meldeauflagen** (§ 11 a SOG) in Betracht, die ohnehin schriftlich ergehen (§ 11 a Satz 2 SOG).

454 Der **unmittelbare Zwang** (§§ 11 Abs. 1 Nr. 3, 15, 17–19 HmbVwVG, 17 ff. SOG) ist das klassische Zwangsmittel der Vollzugspolizei. Bei anderen Behörden kommt er selten vor. Anwendungsfelder außerhalb der polizeilichen Arbeit gibt es insbesondere im Justizvollzug (§§ 78 ff. HmbStVollzG, 19 Abs. 2 SOG). Der Sache nach um unmittelbaren Zwang handelt es sich auch bei manchen Sicherungsmaßnahmen im Straf- und Unterbringungsvollzug (§§ 74 Abs. 2 Satz 1 Nr. 6 HmbStVollzG, 18 PsychKG).

455 Die **Erzwingungshaft** (§§ 11 Abs. 1 Nr. 4, 16 HmbVwVG) als verwaltungsrechtliches Pendant zur Erzwingungs- und Zwangshaft im Gerichtsverfahren nach §§ 888, 802g ff. ZPO (nicht zu verwechseln mit dem Gewahrsam von Personen nach § 13 SOG) ist praktisch weitgehend bedeutungslos. Zum einen unterliegt sie besonders hohen Verhältnismäßigkeitshürden, zum anderen lässt sich die Durchsetzung regelmäßig ebenso gut mit anderen Zwangsmitteln erreichen. Denkbarer Anwendungsbereich sind letztlich nur höchstpersönliche Pflichten bei sehr hochrangigen gefährdeten Interessen. Denkbares Beispiel wären Auskunftspflichten nach § 12 Abs. 2 Satz 2 PolDVG, wenn die betroffene Person Wissen über geplante staats- oder lebensgefährdende Straftaten nicht preisgibt und zugleich keinem Risiko ausgesetzt ist, selbst wegen der Straftaten oder ihrer Nichtanzeige bestraft zu werden (selbst belasten muss sie sich nie, § 12 Abs. 3 PolDVG). Hier käme sonst nur Zwangsgeld in Betracht; unmittelbarer Zwang wäre selbstverständlich unzulässig (§ 15 Abs. 2 HmbVwVG). Anzuordnen wäre die Erzwingungshaft durch das Verwaltungsgericht (§ 16 Abs. 3 HmbVwVG). Vollstreckt würde die Haft in einer Vollzugsanstalt der Landesjustizverwaltung (§ 16 Abs. 5 HmbVwVG).

456 Die folgenden ausführlichen Erläuterungen behandeln die häufigeren und komplexeren Fälle der Vollstreckung durch Vollzugspolizei und Ordnungsbehörden, Ersatzvornahme und unmittelbaren Zwang, und zwar der besseren Handhabbarkeit halber geordnet nach Verfahrensarten (erst gestrecktes Verfahren, dann unmittelbare Ausführung). Die Erzwingungshaft wird mangels praktischer Bedeutung ausgeblendet. Ebenfalls nicht vertieft behandelt werden muss das Zwangsgeld, das sich gerade auf der Anordnungsebene (Festsetzung) leicht rechtssicher handhaben lässt. Allerdings lassen sich die Ausführungen zu den Erfordernissen des gestreckten Verfahrens für diese beiden Zwangsmittel entsprechend heranziehen. Als unmittelbare

Ausführungen können sie nicht vorkommen,[1077] weil ihr Einsatz einen Verwaltungsakt beziehungsweise eine richterliche Anordnung voraussetzt. Es ist also ausgeschlossen, dass man sie im Anwendungsbereich der unmittelbaren Ausführung einsetzen kann, wo zugleich für den Erlass eines Grundverwaltungsakts die Zeit fehlt.

2. Ersatzvornahme im gestreckten Verfahren

a) Vorbemerkung

Ersatzvornahme ist die **Ausführung einer gebotenen Handlung anstelle der pflichtigen Person auf deren Kosten,**[1078] entweder durch die Vollstreckungsbehörde selbst oder eine von ihr beauftragte Einrichtung. Statt (weiter) auf die pflichtige Person einzuwirken, damit sie ihrer Pflicht nachkommt, schafft die Behörde Tatsachen. Sie stellt den Zustand selbst her, der bei pflichtgemäßem Verhalten bestehen müsste. Weil die Kosten prinzipiell zwingend der pflichtigen Person aufzuerlegen sind (§ 13 Abs. 2 HmbVwVG), gilt das im Ergebnis auch für die wirtschaftliche Lage. Die Person müsste aufgrund des Handlungsgebots eigentlich selbst tätig werden und erhielte in Abwesenheit besonderer Umstände keinen Ersatz für anfallende Kosten. Die Kostentragungspflicht gewährleistet, dass sie die Lasten ihrer Pflicht nicht auf die Allgemeinheit abwälzen kann. 457

Die Ausführungen erläutern zunächst nur die Ersatzvornahme im **Normalfall des gestreckten Verfahrens** (zur Ersatzvornahme als unmittelbare Ausführung unten B.IV.4.). Hier geht es also um Situationen, in denen ein Verwaltungsakt (Grundverfügung, Grundverwaltungsakt) oder sonstiger Titel nach § 3 Abs. 1, Abs. 2 HmbVwVG besteht, der die Person verpflichtet. Besteht ein solcher Verwaltungsakt nicht, muss er prinzipiell zunächst erlassen werden; vorher kann die Ersatzvornahme nicht stattfinden. Oftmals ist der Erlass aber mündlich vor Ort durch Polizeivollzugsbeamte und andere Behördenmitarbeiter mit entsprechenden Befugnissen möglich. 458

1077 S. auch *Hoffmann-Riem, Wolfgang/Eifert, Martin*, Polizei- und Ordnungsrecht, in: Hoffmann-Riem, Wolfgang/Koch, Hans-Joachim (Hrsg.), Hamburgisches Staats- und Verwaltungsrecht, 3. Aufl. Baden-Baden 2006, S. 161, 206.

1078 Einführung bei *Kjellsson, Rabea*, Das Zwangsmittel der Ersatzvornahme, Berlin 2019, S. 105 ff. S. ferner *Waldhoff, Christian*, Vollstreckung und Sanktionen, in: Hoffmann-Riem, Wolfgang/Schmidt-Aßmann, Eberhard/Voßkuhle, Andreas (Hrsg.), Grundlagen des Verwaltungsrechts, Band III, 2. Aufl. München 2013, § 46 Rn. 131; *Baumeister, Peter*, in: Schenke, Wolf-Rüdiger/Graulich, Kurt/Ruthig, Josef (Hrsg.), Sicherheitsrecht des Bundes, 2. Aufl. München 2019, § 10 VwVG Rn. 1.

b) Checkliste Rechtmäßigkeit

459 Vorsicht: Die Checkliste betrifft **nur die Rechtmäßigkeit der Ersatzvornahme selbst**, nicht die Rechtmäßigkeit des Grundverwaltungsakts, der mittels der Ersatzvornahme durchgesetzt wird.

- Rechtsgrundlage: Zwangsmittelbefugnis aus §§ 11 Abs. 1 Nr. 1, 13 Abs. 1 Satz 1 HmbVwVG
  - Merkmale der Ersatzvornahme
    - Verpflichtung zu einer vertretbaren Handlung durch den Grundverwaltungsakt
    - behördliche Ersetzung der privaten Pflichterfüllung
  - Abgrenzung vom unmittelbaren Zwang gegen Sachen
- Vollstreckungsvoraussetzungen
  - allgemeine Vollstreckungsvoraussetzungen im gestreckten Verfahren
    - befehlender Verwaltungsakt (oder sonstiger Titel, §§ 11 Abs. 1; 3 Abs. 1, Abs. 2 HmbVwVG)
    - Vollstreckbarkeit des Verwaltungsakts (§ 3 Abs. 3 HmbVwVG oder § 27 HmbVwVG)
    - Fehlen von Vollstreckungshindernissen (§ 28 HmbVwVG)
  - Voraussetzung der Ersatzvornahme: Pflichtwidrigkeit (§ 13 Abs. 1 Satz 1 HmbVwVG)
- Rechtsfolge: Ermessen (einschließlich Verhältnismäßigkeitsprüfung)
- Maßnahmenspezifische Verfahrens- und Formerfordernisse
  - Regelerfordernisse
    - Fristsetzung (§ 8 Abs. 1 Satz 1 HmbVwVG)
    - Hinweis auf den möglichen Zwangsmitteleinsatz (§ 8 Abs. 1 Satz 1 HmbVwVG)
  - bei der Vollstreckung durch Vollziehungspersonen: Besondere Erfordernisse
    - Vollstreckungsauftrag (§ 6 Abs. 3 HmbVwVG)
    - vor Durchsuchungen: Richterliche Anordnung (§ 23 Abs. 3 HmbVwVG)
    - gegebenenfalls Hinzuziehung Dritter (§ 24 HmbVwVG)
    - Niederschrift (§ 26 HmbVwVG)
    - punktuelle Ausnahmen im Gefahrenabwehreinsatz (§ 27 HmbVwVG)

c) Betroffene Grundrechte

Zwangsmittel greifen oft bereits dadurch in Freiheitsrechte (jedenfalls die Allgemeine Handlungsfreiheit aus **Art. 2 Abs. 1 GG** als Auffanggrundrecht) ein, dass sie ein gebotenes Verhalten erzwingen. Die Ersatzvornahme ist darüber hinaus **klassisch eigentumsrelevant**, greift also häufig in die Eigentumsfreiheit aus **Art. 14 Abs. 1 GG** ein, und zwar auch dann, wenn sie Rechtspositionen beeinträchtigt, die über das zivilrechtliche Eigentum (§§ 903 ff. BGB) hinausgehen (etwa das Besitzrecht des Mieters).[1079] Üblicherweise gehen mit ihr nämlich Verwendungen, Entziehungen und Beschädigungen von Sachen im Herrschaftsbereich der Betroffenen einher. Schwieriger zu beurteilen ist die Situation, wenn die Behörde Handlungen ersetzt, ohne auf Sachen der betroffenen Person zuzugreifen, etwa Schnee vor einem Grundstück räumen lässt. Insofern liegt es nahe, dass die berechtigte Person durch das Räumen selbst nicht beeinträchtigt ist. Ihrem wirtschaftlichen Interesse nach wird sie sich ohnehin erst am Kostenbescheid stören, der eindeutig einen gesonderten Eingriff in Art. 2 Abs. 1 GG bedeutet. 460

d) Einzelerläuterungen

aa) Rechtsgrundlage (Vorliegen einer Ersatzvornahme)

Rechtsgrundlage für alle Ersatzvornahmen sind §§ 11 Abs. 1 Nr. 1, 13 Abs. 1 Satz 1 HmbVwVG. Danach darf die Vollstreckungsbehörde bei Vorliegen der Voraussetzungen eine vertretbare Handlung, zu der die betroffene Person durch den Grundverwaltungsakt verpflichtet ist, anstelle der Person selbst ausführen **(Selbstvornahme)** oder durch eine andere Stelle oder eine dritte Person ausführen lassen **(Fremdvornahme)**.[1080] 461

(1) Merkmale der Ersatzvornahme

(a) Durchsetzbare Pflicht

Die Ersatzvornahme kann nicht zur Durchsetzung aller denkbaren Pflichten eingesetzt werden, sondern **nur solcher Pflichten, die Handlungen gebieten.** Im Zuge ihrer Ausführung wird regelmäßig ein bestimmter rechtmäßiger Zustand hergestellt – etwa ein rechtswidrig abgestelltes Fahrzeug auf einen zulässigen Parkplatz umgesetzt oder ein gefährliches, rechtswidrig 462

1079 Vgl. *Wendt, Rudolf*, in: Sachs, Michael (Hrsg.), GG (Kommentar), 8. Aufl. München 2018, Art. 14 Rn. 21 ff., 24.

1080 Zur Terminologie und zur Bedeutung der Unterformen etwa *Graulich, Kurt*, Das Polizeihandeln, in: L/D, E. Rn. 853; *Kjellsson, Rabea*, Das Zwangsmittel der Ersatzvornahme, Berlin 2019, S. 162 ff.

errichtetes Gebäude abgerissen. Eigentlicher Anknüpfungspunkt der Vollstreckung ist aber eine konkrete Handlungspflicht der pflichtigen Person. Die Ersatzvornahme kommt also **nicht zur Durchsetzung von Duldungs- und Unterlassungspflichten** in Betracht. Weiter können als Ersatzvornahme nur **vertretbare Handlungen** ausgeführt werden. Eine vertretbare Handlung zeichnet sich dadurch aus, dass sie von einer anderen Person als der pflichtigen Person vorgenommen werden kann (vgl. § 13 Abs. 1 Satz 1 HmbVwVG), ohne dass sich aus Sicht der Behörde nennenswerte Unterschiede in den Folgen, insbesondere für herzustellende Zustände, ergeben.[1081] Vertretbar sind zahlreiche verwaltungsrechtliche Handlungspflichten, besonders solche, mit beweglichen Sachen und Grundstücken in bestimmten Weisen zu verfahren. Pflichten, die nur die pflichtige Person erfüllen kann, nennt man demgegenüber **höchstpersönliche Pflichten**; sie sind nicht mit der Ersatzvornahme durchsetzbar. Höchstpersönlich ist etwa die Pflicht, eigenes Wissen zu offenbaren. Auch die Pflicht, einen bestimmten Ort aufzusuchen oder nicht aufzusuchen, ist höchstpersönlich,[1082] denn die Anwesenheit oder Abwesenheit einer Person kann nicht einfach durch die Anwesenheit oder Abwesenheit einer anderen Person ersetzt werden. Auch Unterlassungspflichten sind – abgesehen davon, dass sie schon nicht dem Begriff der Handlungspflicht unterfallen – stets höchstpersönlich.[1083] Unterlassen kann das Verhalten zwar auch jede andere Person, im Ergebnis kommt es aber gerade darauf an, dass (auch) die verpflichtete Person es unterlässt. Aus diesen Vorgaben folgt, dass die Ersatzvornahme **regelmäßig nicht zur Vollstreckung polizeilicher Standardmaßnahmen** eingesetzt werden kann.[1084] Standardbefugnisse umschreiben klassisch Behördenhandeln. Ihrem Regelungsgedanken nach sind sie hinsichtlich der betroffenen Personen meist auf die Anordnung von Duldungspflichten ausgerichtet. Eine Privatperson ist beispielsweise nicht zur Durchsuchung ihrer Wohnung oder ihrer Sachen verpflichtet, sich selbst oder (als Sicherstellung) ihre Sachen in staatlichen Gewahrsam nehmen kann sie schon mangels hoheitlicher Befugnisse nicht. Diejenigen Standardbefugnisse, die nicht auf die Anordnung von Duldungspflichten ausgerichtet sind, betreffen in der Regel höchstpersönliche und Unterlassungspflichten. So verlangen Vorladung (§ 11 SOG), Meldeauflage (§ 11 a SOG), Platzverweisung (§ 12 a SOG), Betretungs-, Aufenthalts-, Kontakt- und Näherungsverbot (§ 12 b SOG) ge-

1081 S. *Graulich, Kurt*, Das Polizeihandeln, in: L/D, E. Rn. 854; *Kjellsson, Rabea*, Das Zwangsmittel der Ersatzvornahme, Berlin 2019, S. 108 ff., mit einer umfangreichen Sammlung von Beispielen ab S. 115.

1082 S. *Graulich, Kurt*, Das Polizeihandeln, in: L/D, E. Rn. 854.

1083 S. *Graulich, Kurt*, Das Polizeihandeln, in: L/D, E. Rn. 854.

1084 S. *Kjellsson, Rabea*, Das Zwangsmittel der Ersatzvornahme, Berlin 2019, S. 128 ff.

rade Verhaltensweisen, die niemand außer dem Adressaten vornehmen kann.

(b) Behördliche Ersetzung der privaten Pflichterfüllung

Das wesensbestimmende Merkmal der Ersatzvornahme ist, dass die Maßnahme der Behörde die Pflichterfüllung durch die Privatperson **ersetzt**. Nur dann ist eine Maßnahme als Ersatzvornahme einzuordnen – und auf der Rechtsgrundlage von §§ 11 Abs. 1 Nr. 1, 13 Abs. 1 Satz 1 HmbVwVG durchführbar –, wenn die Behörde oder die von ihr beauftragte Stelle **genau die geschuldete Handlung**[1085] ausführt – nicht etwa eine andere Handlung mit demselben Ergebnis. Was die Behörde tut, muss insbesondere in Art und Umfang der Beeinträchtigung für die pflichtige Person dem entsprechen, was die pflichtige Person tun oder veranlassen müsste. Hier liegt der tiefere Grund dafür, dass Verpflichtungen zu nichtvertretbaren Handlungen mit der Ersatzvornahme nicht durchsetzbar sind: Sie lassen sich nicht ersetzen, nur erzwingen. Die Vorgabe bereitet keine Anwendungsprobleme, solange die Handlungspflicht hinreichend weit formuliert ist, insbesondere ohne Bezeichnung konkreter Handlungsweisen auf Beseitigung eines rechtwidrigen Zustands oder Herstellung eines ordnungsgemäßen Zustands lautet, etwa auf Entfernen eines verbotswidrig abgestellten Kfz oder eines Graffitis (§ 76 Abs. 2 Nr. 1 HBauO). Um ihrer Pflicht nachzukommen, würde die pflichtige Person das Fahrzeug möglicherweise auf einen zulässigen Parkplatz fahren oder die Wand mit dem Graffiti überstreichen. Wenn die Behörde ein Unternehmen beauftragt, das Kfz mit einem Kranwagen auf den Parkplatz zu heben oder das Graffiti mit Reinigungsmittel wegzuwischen, führen die veranlassten Maßnahmen trotz der unterschiedlichen Bewirkungsweisen genau die geschuldeten Handlungen aus. 463

(2) Abgrenzung vom unmittelbaren Zwang

Im Wesentlichen **anhand des Merkmals der behördlichen Ersetzung** einer privaten Pflichterfüllung, erfolgt die **Abgrenzung** der Ersatzvornahme vom unmittelbaren Zwang.[1086] Anders als Befugnisse, sie einzusetzen, stehen die Zwangsmittel in einem Exklusivitätsverhältnis: Eine Maßnahme kann nur entweder Ersatzvornahme oder unmittelbarer Zwang sein. Auf die Unterscheidung kommt es unter anderem an, weil die betroffene Person grund- 464

1085 Merkmal der Handlungsidentität. S. etwa *Graulich, Kurt*, Das Polizeihandeln, in: L/D, E. Rn. 858. Näher *Kjellsson, Rabea*, Das Zwangsmittel der Ersatzvornahme, Berlin 2019, S. 111 ff.

1086 S. *Beaucamp, Guy*, in: B/E/R/S, vor §§ 17 ff. SOG Rn. 11; *Graulich, Kurt*, Das Polizeihandeln, in: L/D, E. Rn. 857 ff.; *Kingreen, Thorsten/Poscher, Ralf*, Polizei- und Ordnungsrecht, 10. Aufl. München 2018, § 24 Rn. 14; *Kjellsson, Rabea*, Das Zwangsmittel der Ersatzvornahme, Berlin 2019, S. 113 ff.

sätzlich nur für Ersatzvornahmen die Kosten tragen muss (§§ 13 Abs. 2 HmbVwVG, 1 ff. HmbVKO); außerdem haben die Zwangsmittel teils unterschiedliche Voraussetzungen. Von vornherein kann es sich bloß um unmittelbaren Zwang handeln, wenn **körperliche Gewalt gegen eine Person** angewendet wird. Denn eine Person kann nicht verpflichtet sein, sich selbst Gewalt anzutun beziehungsweise Gewalt gegen sich zu veranlassen, was aber für eine behördliche Ersetzung der Handlung erforderlich wäre.[1087] Klar keine Ersatzvornahme ist auch die **Wegnahme** einer Sache zur Durchsetzung einer Herausgabepflicht.[1088] Geht es dagegen um die Einordnung von **körperlichen Einwirkungen auf Sachen**, erfordert die Abgrenzung eine genauere Betrachtung.[1089] Bloß anhand des äußeren Geschehens lassen sich Ersatzvornahme und unmittelbarer Zwang gegen Sachen nämlich nicht auseinanderhalten.[1090] Das Merkmal der „Einwirkung (…) durch körperliche Gewalt“ (vgl. § 18 Abs. 1 SOG) im Sinne einer physischen Kraftentfaltung erfüllt grundsätzlich auch die Ersatzvornahme. Auch ist der unmittelbare Zwang nicht notwendig intensiver oder folgenschwerer. Das völlige Zerstören eines Bauwerks, das Fällen eines Baumes, das Abtragen großer Mengen Erdreichs von einem Grundstück, das Zerlegen und Abtransportieren umfangreicher Aufbauten und Anlagen (etwa eines „Protestcamps“) können Ersatzvornahmen sein. Zu lösen ist die Problematik anhand der Frage, ob das Verhalten der Behörde noch als Ersetzung der privaten Pflichterfüllung zu werten ist. Es kommt also darauf an, die **durchzusetzende Pflicht genau zu bestimmen**. Maßgeblich sind dabei besonders die bewirkten Beschädigungen und sonstigen Beeinträchtigungen. Beispiele:

- Bei Betreten eines Gebäudes: Beschädigungen (besonders durch **Aufbrechen der Tür**) sind regelmäßig unmittelbarer Zwang, denn die Person hat die Pflicht zum Öffnen, nicht zum gewaltsamen Aufbrechen. Letzteres verursacht erhebliche zusätzliche Beeinträchtigungen.[1091] Wenn die Tür

1087 Wird Gewalt gegen eine Person eingesetzt, um eine Unterlassungspflicht (etwa bezogen auf eigene Gewalthandlungen der Person) oder sonstige höchstpersönliche Pflicht (etwa stehenzubleiben) durchzusetzen, scheidet die Ersatzvornahme schon mangels einer Verpflichtung zu einer vertretbaren Handlung aus, s. *Graulich, Kurt*, Das Polizeihandeln, in: L/D, E. Rn. 857.

1088 S. *Graulich, Kurt*, Das Polizeihandeln, in: L/D, E. Rn. 859. Vgl. auch §§ 11 Abs. 1 Nr. 3, 17 Abs. 1 HmbVwVG. Der eigentliche Wegnahmevorgang im Sinne der Begründung neuen Gewahrsams gegen den Willen der betroffenen Person wird bei Polizeieinsätzen regelmäßig schon nicht dem Vollstreckungsrecht unterfallen, weil er schlichte Vollziehung der Anordnung der Herausgabe ist.

1089 S. *Kjellsson, Rabea*, Das Zwangsmittel der Ersatzvornahme, Berlin 2019, S. 113 ff.

1090 S. *Graulich, Kurt*, Das Polizeihandeln, in: L/D, E. Rn. 858.

1091 S. *Kingreen, Thorsten/Poscher, Ralf*, Polizei- und Ordnungsrecht, 10. Aufl. München 2018, § 24 Rn. 15; *Beaucamp, Guy*, in: B/E/R/S, vor §§ 17 ff. SOG Rn. 11.

nicht bestimmungsgemäß gebraucht werden kann, etwa aufgrund von Schäden festklemmt, kann aber Ersatzvornahme vorliegen.[1092] Merke jedoch: Wenn die Tür unverschlossen ist oder sich ohne Substanzverletzung öffnen lässt (etwa mit einem Nachschlüssel), ist bei der polizeilichen Öffnung regelmäßig kein Vollstreckungsrecht einschlägig (s. oben B.IV.1.c.aa.).[1093] Um Vollstreckung handelt es sich aber, wenn die Behörde über keine entsprechende Standard- oder Spezialbefugnis verfügt. Vollstreckung ist auch die Öffnung durch die Vollziehungsperson nach § 23 Abs. 2 HmbVwVG (s. unten B.IV.2.d.dd.2.).

- Bei der Pflicht, eine absturzgefährdete Leuchtreklame-Anlage zu entfernen: Abschrauben der Anlage mit den erwartbaren Schäden (etwa abblätternder Farbe neben den Bohrlöchern) ist Ersatzvornahme. Herunterreißen mit Herausbrechen der Schrauben aus den Bohrlöchern ist unmittelbarer Zwang.

bb) Vollstreckungsvoraussetzungen

Die Umstände, die vorliegen müssen, damit die Behörde ein Zwangsmittel einsetzen darf, nennt man **Vollstreckungsvoraussetzungen**.[1094] Sie lassen sich einteilen in die allgemeinen Voraussetzungen des gestreckten Verfahrens und die besonderen Voraussetzungen des jeweiligen Zwangsmittels, hier also der Ersatzvornahme. Jede Vollstreckung setzt zumindest **einfache Pflichtwidrigkeit** voraus, also dass die betroffene Person die durchzusetzende Verpflichtung nicht erfüllt.[1095] Hingegen kommt es auf die Ursachen der Pflichtwidrigkeit im Prinzip nicht an. Zwangsmittel dienen nicht nur der Überwindung entgegenstehenden Willens. Sie sind auch einsetzbar, wenn die Person ihre Pflicht zwar erfüllen will, aber nicht kann (etwa wegen Zahlungsunfähigkeit).[1096] 465

1092 S. *Graulich, Kurt,* Das Polizeihandeln, in: L/D, E. Rn. 858.

1093 So auch *Kingreen, Thorsten/Poscher, Ralf,* Polizei- und Ordnungsrecht, 10. Aufl. München 2018, § 24 Rn. 15 (Dietrich).

1094 Allgemein für das Hamburgische Recht *Bull, Hans Peter,* Recht der Verwaltungsorganisation und des Verwaltungshandelns, in: Hoffmann-Riem, Wolfgang/Koch, Hans-Joachim (Hrsg.), Hamburgisches Staats- und Verwaltungsrecht, 3. Aufl. Baden-Baden 2006, S. 89, 132 ff.

1095 S. *Waldhoff, Christian,* Vollstreckung und Sanktionen, in: Hoffmann-Riem, Wolfgang/ Schmidt-Aßmann, Eberhard/Voßkuhle, Andreas (Hrsg.), Grundlagen des Verwaltungsrechts, Band III, 2. Aufl. München 2013, § 46 Rn. 106.

1096 S. *Graulich, Kurt,* Das Polizeihandeln, in: L/D, E. Rn. 822.

(1) Allgemeine Vollstreckungsvoraussetzungen des gestreckten Verfahrens

(a) Befehlender Grundverwaltungsakt

466 **Die zentrale Voraussetzung**[1097] für alle Vollstreckungen im gestreckten Verfahren ist ein wirksamer, im Verwaltungswege vollstreckbarer Titel nach § 3 HmbVwVG. Denn gemäß § 11 Abs. 1 HmbVwVG darf die Vollstreckungsbehörde nur zur Durchsetzung eines solchen Titels Zwangsmittel einsetzen. In der Regel handelt es sich dabei um einen Verwaltungsakt, § 3 Abs. 1 Nr. 1 HmbVwVG **(Grundverfügung, Grundverwaltungsakt)**. Hier liegt der wesentliche verfahrensmäßige Unterschied zu anderen polizeilichen und ordnungsbehördlichen Maßnahmen: Besonders die Durchführung vieler Standardmaßnahmen nach dem SOG oder dem PolDVG setzt nicht notwendig einen Verwaltungsakt voraus.[1098] Dagegen erfordern Zwangsmittel prinzipiell immer eine Grundverfügung. Für den Zwangsmitteleinsatz reicht demnach grundsätzlich nicht aus, dass ein Gesetz die betroffene Person zu einem Verhalten verpflichtet. (Eine Ausnahme gilt nur für die unmittelbare Ausführung, s. unten B.IV.4.). Notwendig ist ein eigener behördlicher Rechtsakt, der die abstrakte gesetzliche Pflicht individualisiert und konkretisiert, also zumindest auch speziell für die betroffene Person regelt, dass diese zu einem bestimmten Verhalten verpflichtet wird. Diese behördliche Einzelfallentscheidung – nicht etwa die im Hintergrund stehende gesetzliche Pflicht – wird mit dem Zwangsmittel durchgesetzt. Dafür genügt gem. § 11 Abs. 1 HmbVwVG nicht jeder Rechtsakt, der die Merkmale des § 35 HmbVwVfG erfüllt. Vollstrecken lässt sich nur ein Verwaltungsakt, der sich auf eine Handlungs-, Duldungs- oder Unterlassungspflicht richtet **(befehlender Verwaltungsakt)**. Nicht vollstreckbar sind daher insbesondere Verwaltungsakte, die nur Rechte gewähren (etwa Genehmigungen), nur rechtsgestaltend oder feststellend sind.[1099]

1097 Das Erfordernis gilt überall im deutschen Verwaltungsvollstreckungsrecht. S. etwa *Poscher, Ralf*, Verwaltungsakt und Verwaltungsrecht in der Vollstreckung, in: VerwArch Band 89 (1998), 111 ff.; *Waldhoff, Christian*, Vollstreckung und Sanktionen, in: Hoffmann-Riem, Wolfgang/Schmidt-Aßmann, Eberhard/Voßkuhle, Andreas (Hrsg.), Grundlagen des Verwaltungsrechts, Band III, 2. Aufl. München 2013, § 46 Rn. 106 ff.; *Graulich, Kurt*, Das Polizeihandeln, in: L/D, E. Rn. 826; *Baumeister, Peter*, in: Schenke, Wolf-Rüdiger/Graulich, Kurt/Ruthig, Josef (Hrsg.), Sicherheitsrecht des Bundes, 2. Aufl. München 2019, Vorb VwVG Rn. 18 ff.; *Kjellsson, Rabea*, Das Zwangsmittel der Ersatzvornahme, Berlin 2019, S. 71 ff.;

1098 S. *Kingreen, Thorsten/Poscher, Ralf*, Polizei- und Ordnungsrecht, 10. Aufl. München 2018, § 11 Rn. 10 ff.; *Kjellsson, Rabea*, Das Zwangsmittel der Ersatzvornahme, Berlin 2019, S. 128 ff.

1099 S. *Waldhoff, Christian*, Vollstreckung und Sanktionen, in: Hoffmann-Riem, Wolfgang/Schmidt-Aßmann, Eberhard/Voßkuhle, Andreas (Hrsg.), Grundlagen des Verwaltungsrechts, Band III, 2. Aufl. München 2013, § 46 Rn. 111.

Wirksam wird ein Verwaltungsakt durch **Bekanntgabe** (§ 43 Abs. 1 Satz 1 HmbVwVfG). Eine bestimmte Form muss dabei meist nicht gewahrt werden (vgl. auch § 37 Abs. 2 Satz 1 HmbVwVfG), sodass eine hinreichend befugte Einsatzkraft auch am Einsatzort mündlich, über Gesten oder Telekommunikationsmittel eine Grundverfügung erlassen kann. Notwendig ist zunächst einmal nur, dass die Mitteilung der betroffenen Person mit dem richtigen Inhalt zugeht (s. aber sogleich zum Erfordernis der Vollstreckbarkeit). Weil die Vollstreckung von einer wirksamen Grundverfügung und die Wirksamkeit der Grundverfügung von der Bekanntgabe abhängt, ist gewährleistet, dass **überraschende Vollstreckungen prinzipiell ausgeschlossen** sind. Bevor die Behörde ein Zwangsmittel einsetzt, muss sie die betroffene Person kontaktieren und verbindlich zu dem durchzusetzenden Verhalten verpflichten. Dadurch erhält die Person die Möglichkeit, die Vollstreckung abzuwenden, indem sie die Pflicht befolgt. Gegen eine Person, die die Behörde nicht erreichen kann und die nicht bereits durch einen bestehenden Verwaltungsakt verpflichtet ist, darf prinzipiell nicht vollstreckt werden, weil ihr gegenüber mangels Bekanntgabe grundsätzlich kein Verwaltungsakt wirksam werden kann. Eine Ausnahme bildet die öffentliche Bekanntgabe nach § 41 Abs. 3 und Abs. 4 HmbVwVfG. Sie ist zumal für Allgemeinverfügungen (§ 35 Satz 2 HmbVwVfG), etwa im Kontext von Versammlungen, unter lockeren Voraussetzungen zulässig (§ 41 Abs. 3 Satz 2, Abs. 4 Satz 4 HmbVwVfG; zum Verkehrszeichen, s. unten B.IV.2.d.ee.). Für andere Verwaltungsakte als Allgemeinverfügungen wird sie aber selten gebraucht. Gerade in der Gefahrenabwehrverwaltung spielt sie wegen der Möglichkeit der unmittelbaren Ausführung keine Rolle. Wenn der Verwaltungsakt postalisch oder elektronisch versandt wird, gilt er innerhalb weniger Tage als bekannt gegeben, außer er geht überhaupt nicht zu (§ 41 Abs. 2 HmbVwVfG). Insofern ist möglich, dass die betroffene Person den Verwaltungsakt zwar erhält, aber nicht zur Kenntnis nimmt; wirksam ist er dann gleichwohl. 467

(b) Vollstreckbarkeit des Grundverwaltungsakts

Zusätzlich zur Wirksamkeit erfordert der Zwangsmitteleinsatz im gestreckten Verfahren die **Vollstreckbarkeit des Grundverwaltungsakts** nach § 3 Abs. 3 HmbVwVG. Dieser sieht als Standardfall die **Unanfechtbarkeit** vor (Nr. 1). Sie ist gegeben, wenn die betroffene Person nicht mehr gerichtlich gegen den Verwaltungsakt vorgehen kann, entweder weil alle Rechtsbehelfsverfahren für sie erfolglos geendet haben oder weil sie zulässigerweise keine Rechtsbehelfe mehr erheben kann, besonders wegen Fristablaufs (§§ 70 Abs. 1 Satz 1; 74 Abs. 1; 124 a Abs. 2 Satz 1, Abs. 4 Satz 1; 139 Abs. 1 468

Satz 1 VwGO).[1100] Nach diesem Grundmodell der Vollstreckbarkeit können Zwangsmittel also erst eingesetzt werden, wenn ein etwaiger Rechtsstreit über die Rechtmäßigkeit des Grundverwaltungsakts abgeschlossen ist. Die Beteiligten können zunächst darüber streiten, welche Handlungs-, Duldungs- und Unterlassungspflichten die betroffene Person rechtmäßigerweise treffen. Erst nachdem der Streit entschieden ist, können die – dann verbindlich geklärten – Pflichten durchgesetzt werden. Solange kommt der pflichtigen Person prinzipiell die **aufschiebende Wirkung von Widerspruch und Anfechtungsklage** (§ 80 Abs. 1 VwGO) zugute. Jedenfalls bis nach dem abweisenden Urteil der ersten Instanz (§ 80 b Abs. 1 VwGO) darf der Verwaltungsakt, sofern Rechtsbehelfe erhoben sind, nicht vollzogen werden. Eigentlich kann die öffentliche Verwaltung Pflichten durch Verwaltungsakt einseitig setzen und nach Vollstreckungsrecht selbst vollstrecken (Grundsatz der verwaltungseigenen Vollstreckung),[1101] während ein Privater, um gegen Private einen vollstreckbaren Titel zu erhalten (§§ 704, 794 ZPO) und zu vollstrecken (§§ 753 Abs. 1, 829 Abs. 1 ZPO), prinzipiell die Justiz anrufen muss. Infolge der aufschiebenden Wirkung muss sich auch die Behörde vor Gericht durchsetzen, bevor sie die Vollstreckung betreiben kann. Wenn es nicht zum Rechtsstreit kommt, weil die Person keinen Rechtsbehelf erhebt, kann die Behörde den Verwaltungsakt nach § 3 Abs. 3 Nr. 1 HmbVwVG dennoch nicht umgehend vollstrecken, sondern muss die Rechtsbehelfsfristen abwarten.

469 Von dem Grundmodell sehen Nr. 2 und Nr. 3 des § 3 Abs. 3 HmbVwVG zwei wichtige Ausnahmen vor. Sie haben zur Folge, dass in der vollzugspolizeilichen und ordnungsbehördlichen Praxis Grundverwaltungsakte meist gleich nach ihrem Erlass vollstreckbar sind.[1102] Jeweils entfällt nach § 80 Abs. 2 VwGO die aufschiebende Wirkung etwaiger Rechtsbehelfe. Im ersten Ausnahmefall (Nr. 2) hat die Behörde selbst ausdrücklich die **sofortige Vollziehung des Verwaltungsakts angeordnet**. Solche Anordnungen kann sie aufgrund von § 80 Abs. 2 Satz 1 Nr. 4 VwGO erlassen, wenn das Interesse an einer baldigen Vollziehung das Interesse der Betroffenen an der aufschiebenden Wirkung überwiegt. Diese Voraussetzung ist gerade bei der Gefahrenabwehr oft erfüllt: Könnten Vollziehungen hier erst nach der endgültigen Unanfechtbarkeit erfolgen, wären Gefahren kaum effektiv abwehr-

1100 *Graulich, Kurt*, Das Polizeihandeln, in: L/D, E. Rn. 827; *Baumeister, Peter*, in: Schenke, Wolf-Rüdiger/Graulich, Kurt/Ruthig, Josef (Hrsg.), Sicherheitsrecht des Bundes, 2. Aufl. München 2019, § 6 VwVG Rn. 9.

1101 Näher zum Hintergrund *Poscher, Ralf*, Verwaltungsakt und Verwaltungsrecht in der Vollstreckung, in: VerwArch Band 89 (1998), 111, 114 ff.; *Graulich, Kurt*, Das Polizeihandeln, in: L/D, E. Rn. 823.

1102 S. auch *Graulich, Kurt*, Das Polizeihandeln, in: L/D, E. Rn. 825, 828.

bar; häufige Verletzungen von Schutzgütern wären unvermeidlich.[1103] Insbesondere bei konkreter Gefahr ist deshalb üblich, dass Behörden beim Erlass einer Ordnungsverfügung zugleich deren sofortige Vollziehung anordnen. Der zweite Ausnahmefall (Nr. 3) liegt vor, wenn Rechtsbehelfe schon qua Gesetz keine aufschiebende Wirkung haben. Daher sind wegen § 80 Abs. 2 Satz 1 Nr. 2 VwGO unaufschiebbare **Anordnungen von Polizeivollzugsbeamten**[1104] **sofort vollstreckbar**, ohne dass es einer gesonderten Entscheidung bedarf. Die Anordnung ist unaufschiebbar, wenn sie erkennen lässt, nicht ebenso später umsetzbar zu sein, wie es bei mündlichen präventivpolizeilichen Maßnahmen meist der Fall ist.[1105] Im Ergebnis sind **Verwaltungsakte zur Gefahrenabwehr** also regelmäßig schon unmittelbar nach ihrem Erlass vollstreckbar, und zwar bereits aufgrund von § 3 Abs. 3 HmbVwVG. Für den Fall, dass ein Grundverwaltungsakt zur Gefahrenabwehr umgehend vollzogen werden muss und aus Zeitgründen keine Anordnung nach § 80 Abs. 2 Satz 1 Nr. 4 VwGO ergehen kann, ermöglicht außerdem § 27 Abs. 1 HmbVwVG ausnahmsweise die Vollstreckung. Ein Grundverwaltungsakt bleibt aber erforderlich, denn § 27 Abs. 1 gestattet Abweichungen nur von § 3 Abs. 3, nicht von §§ 3 Abs. 1, 11 Abs. 1 HmbVwVG.[1106] Zudem stehen alle Varianten des § 27 Abs. 1 unter Erforderlichkeitsvorbehalt (s. unten B.IV.2.d.dd.3.). Die Anordnung der sofortigen Vollziehung hat also Vorrang. Solange sie möglich ist, kommt keine Ausnahme nach § 27 in Betracht. Dessen Anwendungsbereich ist demnach hinsichtlich der Vollstreckbarkeit überaus begrenzt. Nur für seltenste Fälle ist vorstellbar, dass Bedienstete eine solche Entscheidung nicht mehr treffen und rasch übermitteln können, insbesondere zumal § 80 Abs. 3 Satz 2 VwGO bei Gefahr im Verzug eine Ausnahme vom Erfordernis der schriftlichen Begründung vorsieht.

Bis der Verwaltungsakt unanfechtbar ist, kann allerdings eine behördliche **470**
oder gerichtliche Entscheidung die eingetretene **Vollstreckbarkeit wieder beseitigen**, sodass die Vollstreckungsvoraussetzung wieder entfällt. In der Regel ergeht die Entscheidung im **einstweiligen Rechtsschutz nach § 80 Abs. 5 VwGO**. Vor allem wenn das Gericht nach einer vorläufigen Prüfung meint, dass sich der Verwaltungsakt im Hauptsacheverfahren als rechtswidrig erweisen wird, ordnet es die aufschiebende Wirkung an oder stellt sie wieder her, je nachdem, ob sie qua Gesetz oder durch Anordnung ent-

1103 Vgl. auch BVerfGE 87, 399, 410; BVerfG, in: NVwZ 1999, 290, 292.

1104 Vgl. § 1 der HmbV über die zum Polizeivollzugsdienst gehörenden Beamtinnen und Beamten.

1105 S. *Gersdorf, Hubertus*, in: Posser, Herbert/Wolff, Heinrich Amadeus (Hrsg.), BeckOK VwGO, 52. Ed. München 2019, § 80 Rn. 56.

1106 S. auch *Beaucamp, Guy*, in: B/E/R/S, vor §§ 17 ff. SOG Rn. 6.

fallen ist. Mit einem entsprechenden Antrag kann die betroffene Person die Vollziehung also doch noch verhindern. Anders als im Hauptsacheverfahren ergeht eine Entscheidung im einstweiligen Rechtsschutz schnell. Das Gericht kann sie ohne mündliche Verhandlung (vgl. §§ 101 Abs. 3, 122 Abs. 2 VwGO) innerhalb weniger Tage oder gar Stunden erlassen. Außer dem Gericht können auch Ausgangs- und Widerspruchsbehörde die Vollstreckbarkeit beseitigen, indem sie die Vollziehung aussetzen (§ 80 Abs. 4 VwGO).

471 Zu den Vollstreckungsvoraussetzungen zählt **nicht die Rechtmäßigkeit** des Grundverwaltungsakts.[1107] Das ist für das Grundmodell der Vollstreckbarkeit bei Unanfechtbarkeit (§ 3 Abs. 3 Nr. 1 HmbVwVG), wo das Bestehen der Pflicht bei Eintritt der Vollstreckbarkeit endgültig[1108] feststeht, das einzig denkbare Ergebnis.[1109] Doch auch in den Fällen des § 3 Abs. 3 Nrn. 2 und 3 HmbVwVG sprechen die besseren Gründe dafür, dass sich die Rechtmäßigkeit des Grundverwaltungsakts höchstens mittelbar auf die Vollstreckungsvoraussetzungen auswirkt. Verwaltungsakt und Zwangsmittel sind gerade getrennte Maßnahmen und rechtlich getrennt zu würdigen. Die Betroffenen sind gleichwohl hinreichend vor rechtswidrigem Handeln geschützt. Schwere Fehler nach § 44 Abs. 1 und 2 HmbVwVfG, etwa wegen grober Polizeiwillkür, führen schon zur **Nichtigkeit** des Verwaltungsakts, sodass Zwang von vornherein nach § 11 Abs. 1 HmbVwVG rechtswidrig ist. Im Übrigen führt die Rechtswidrigkeit des Verwaltungsakts bloß seine **Aufhebbarkeit** herbei. Eine aufhebende Entscheidung kann die betroffene Person aber jedenfalls im gerichtlichen Hauptsacheverfahren erzwingen.[1110] Auf die Anfechtungsklage hebt das Gericht den Verwaltungsakt regelmäßig

---

1107 Problem des „Rechtswidrigkeitszusammenhangs". Ausführlich *Poscher, Ralf*, Verwaltungsakt und Verwaltungsrecht in der Vollstreckung, in: VerwArch Band 89 (1998), 111 ff.; *Waldhoff, Christian*, Vollstreckung und Sanktionen, in: Hoffmann-Riem, Wolfgang/Schmidt-Aßmann, Eberhard/Voßkuhle, Andreas (Hrsg.), Grundlagen des Verwaltungsrechts, Band III, 2. Aufl. München 2013, § 46 Rn. 131; *Graulich, Kurt*, Das Polizeihandeln, in: L/D, E. Rn. 830 ff.; *Kingreen, Thorsten/Poscher, Ralf*, Polizei- und Ordnungsrecht, 10. Aufl. München 2018, § 24 Rn. 32; *Kjellsson, Rabea*, Das Zwangsmittel der Ersatzvornahme, Berlin 2019, S. 77 ff.; *Pünder, Hermann*, Polizei- und Ordnungsrecht, in: Ehlers, Dirk/Fehling, Michael/Pünder, Hermann (Hrsg.), Besonderes Verwaltungsrecht, Band 3, 4. Aufl. Heidelberg 2020, § 69 Rn. 309 f. (im Erscheinen).

1108 Eine Ausnahme kann sich aus § 51 HmbVwVfG ergeben.

1109 BVerwG, in: NJW 1984, 2591, 2592.

1110 § 113 Abs. 1 Satz 1 VwGO. Dies bleibt auch nach der Vollziehung des Verwaltungsakts möglich, jedenfalls soweit die Person weiterhin durch Vollzugs- oder Vollstreckungsfolgen belastet ist (auch Kostenbescheide). Solange tritt nämlich keine Erledigung nach § 113 Abs. 1 Satz 4 VwGO ein und die Anfechtungsklage bleibt statthaft, s. BVerwG, in: NVwZ 2009, 122; sowie *Schenke, Wolf-Rüdiger/Schenke, Ralf P.*, in: Kopp, Ferdinand O./Schenke, Wolf-Rüdiger, VwGO (Kommentar), 25. Aufl. München 2019, § 113 Rn. 102.

rückwirkend zum Zeitpunkt seines Erlasses auf.[1111] Damit entfällt nachträglich der Vollstreckungstitel und die Vollstreckung wird rechtswidrig. Zudem entsteht ein Anspruch auf Beseitigung weiterhin fortwirkender Vollzugsfolgen.[1112] Bis zur Aufhebung ist Zwang aber rechtmäßig und darf eingesetzt werden. Um die Ausführung zu verhindern, kann die Person im einstweiligen Rechtsschutz vorgehen. Gewiss fällt diese Möglichkeit aus, wenn die Vollstreckung umgehend erfolgt, wie es typisch bei spontan veranlasstem Zwang der Polizei der Fall ist. Auch für diese Fälle entspricht es aber der gesetzlichen Konzeption (§§ 80 Abs. 2 VwGO, 3 Abs. 3 Nr. 2 und Nr. 3 HmbVwVG) und ist wegen des staatlichen Schutzauftrags für alle möglicherweise betroffenen Personen unumgänglich, dass manche Verwaltungsakte durchsetzbar sind, bevor ihre Rechtmäßigkeit endgültig geklärt werden kann. Damit korrespondiert, dass die betroffene Person eine Pflicht zunächst auch dann befolgen muss, wenn sie den anordnenden Verwaltungsakt für rechtswidrig hält.[1113] Erst wenn die Person die Pflicht nicht befolgt, wird der Zwang zulässig (s. oben B.IV.2.d.bb.). Liegt aber Pflichtwidrigkeit vor, sind Zwangsmaßnahmen, soweit sie im Übrigen rechtmäßig sind, zum Einsatzzeitpunkt zumutbar. Das entspricht auch der Wertung des § 113 StGB, besonders dem dortigen Rechtmäßigkeitsbegriff.[1114] Dass die Rechtmäßigkeit der Vollstreckung nicht von der Rechtmäßigkeit der Grundverfügung abhängt, heißt im Ergebnis also vor allem, dass Personen, die Anordnungen von Einsatzkräften nicht befolgen, im Einsatzzeitpunkt Durchsetzungsakte hinnehmen müssen. Speziell liegt bloß der Fall, dass die Behörde ihren **eigenen Grundverwaltungsakt für rechtswidrig hält**, etwa weil sie Fehler bemerkt oder ihre Rechtsauffassung geändert hat. Hier ist, zumindest vor Unanfechtbarkeit, der Schluss aus dem Grundsatz der Gesetzmäßigkeit zwingend, dass sie den Verwaltungsakt nicht ausführen und nicht durchsetzen darf.[1115] Die Behörde dürfte verpflichtet sein, ihn aufzuheben.[1116] Damit könnte sie ohnehin nur eine Entscheidung vollzie-

---

1111 Aufhebung *ex tunc,* BVerwGE 144, 230; *Schenke, Wolf-Rüdiger/Schenke, Ralf P.*, in: Kopp, Ferdinand O./Schenke, Wolf-Rüdiger, VwGO (Kommentar), 25. Aufl. München 2019, § 113 Rn. 8, 102.

1112 Zu dessen Durchsetzung über § 113 Abs. 1 Satz 2 VwGO *Schenke, Wolf-Rüdiger/Schenke, Ralf P.*, in: Kopp, Ferdinand O./Schenke, Wolf-Rüdiger, VwGO (Kommentar), 25. Aufl. München 2019, § 113 Rn. 80 ff.

1113 BVerfGE 87, 399, 410; BVerfG, in: NVwZ 1999, 290, 292.

1114 Dazu *Fischer, Thomas*, StGB (Kommentar), 67. Aufl. München 2020, § 113 Rn. 11 ff.

1115 S. *Kingreen, Thorsten/Poscher, Ralf,* Polizei- und Ordnungsrecht, 10. Aufl. München 2018, § 24 Rn. 33.

1116 Das Ermessen nach § 48 Abs. 1 Satz 1 HmbVwVfG wird regelmäßig auf null reduziert sein, s. auch *Ramsauer, Ulrich*, in: Kopp, Ferdinand O./Ramsauer, Ulrich, VwVfG (Kommentar), 20. Aufl. München 2019, § 48 Rn. 79 ff.; *Graulich, Kurt*, Das Polizeihandeln, in: L/D, E. Rn. 833.

hen, die sie sogleich rückgängig machen müsste. Die Entscheidung für das Zwangsmittel wäre ein Ermessensfehlgebrauch.[1117] So dürfte es auch sein, wenn die Behörde den Verwaltungsakt zwar nicht für rechtswidrig hält, ihn aber alsbald aus Opportunitätsgründen aufheben will. Zu unterscheiden ist der Fall, dass eine einzelne Einsatzkraft den Verwaltungsakt abweichend von Vorgesetzten oder Kollegen für rechtwidrig hält. Insofern gelten die allgemeinen Weisungs-, Gehorsams- und Remonstrationsvorschriften (§§ 35, 36 BeamtStG, 107 Abs. 2 und 3 HmbBeamtG; für den unmittelbaren Zwang speziell § 20 SOG).

(c) Fehlen von Vollstreckungshindernissen

472 Zwangsmittel dürfen nicht eingesetzt werden, soweit ein Vollstreckungshindernis nach § 28 Abs. 1 HmbVwVG besteht. Die ersten drei Varianten betreffen die Wirkungen des Grundverwaltungsakts. Im Fall der Nr. 1 ist der Verwaltungsakt schon nicht (mehr) wirksam. Nr. 2 und Nr. 3 erfassen Fälle, in denen ein Gericht oder eine Behörde entschieden hat, dass der wirksame Grundverwaltungsakt nicht vollzogen werden darf, insbesondere im einstweiligen Rechtsschutz nach § 80 Abs. 5 VwGO (oder bei behördlicher Entscheidung nach § 80 Abs. 4 VwGO). Bei näherem Hinsehen ist die Funktion der Nrn. 1–3 des § 28 Abs. 1 HmbVwVG vorwiegend eine klarstellende. Sie beschreiben Fälle, in denen allgemeine Vollstreckungsvoraussetzungen fehlen. Bedeutsamer können die Hindernisse in § 28 Abs. 1 Nr. 4 und Nr. 5 HmbVwVG sein. Nr. 4 normiert **Zweckerreichung**, **Zweckfortfall** und sonstige **Erledigung**, Nr. 5 formuliert besondere Unterfälle für Duldungs- und Unterlassungspflichten. Ziel des Vollstreckungsrechts ist nur die Rechtsdurchsetzung, nicht General- oder Spezialprävention.[1118] Ist die Durchsetzung unerreichbar geworden (auch dadurch, dass sie erreicht ist), erfolgen keine weiteren Belastungen mit Zwangsmitteln. Deshalb kommt es der betroffenen Person auch zugute, wenn der durch die Vollstreckung zu schaffende Zustand ohne ihr Zutun eintritt (Zweckerreichung ohne Pflichtbefolgung). Der Zweckfortfall und die sonstige Erledigung (etwa durch Zeitablauf) sowie die Fälle des § 28 Abs. 1 Nr. 5 HmbVwVG erfassen darüber hinaus alle Situationen, in denen mit Blick auf die Ziele des Grundverwaltungsakts kein Interesse mehr an der Pflichterfüllung besteht oder die Pflichterfüllung unmöglich geworden ist. Das gilt sogar, wenn die betroffene Person die Möglichkeit der Zielerreichung durch die Pflichtwidrigkeit selbst vereitelt hat, zum Beispiel entgegen einem Verbot einen Baum gefällt oder ein Tier mit gefährlichem Futter gefüttert hat, woraufhin es gestorben

---

1117 S. auch *Graulich, Kurt*, Das Polizeihandeln, in: L/D, E. Rn. 833.

1118 OVG Hamburg, in: SVR 2012, 69 ff.

ist. Durchsetzungs- und Beugefunktion der Zwangsmittel würden dann leerlaufen. Einzig für Zwangsgelder zur Durchsetzung von Duldungs- und Unterlassungspflichten sieht der Gesetzgeber in § 28 Abs. 2 HmbVwVG eine Ausnahme vor. Der Zweck liegt in der Vermeidung der gerade beschriebenen Vereitelungssituationen.[1119] Könnte die betroffene Person sicher sein, dass sie die Beitreibung des Zwangsgelds ausgerechnet durch einen Verstoß gegen die zwangsgeldbewehrte Pflicht verhindern könnte, wäre völlige Ineffektivität zu befürchten.

(2) Voraussetzung des Zwangsmittels der Ersatzvornahme

Über die allgemeinen Vollstreckungsvoraussetzungen hinaus erfordert der 473
Einsatz der Ersatzvornahme **einfache Pflichtwidrigkeit**, also dass die Handlungspflicht nicht oder nicht vollständig erfüllt wird (§ 13 Abs. 1 Satz 1 HmbVwVG).[1120] Das Erfordernis ist nicht schon gegeben, wenn die Pflicht bislang nicht erfüllt ist. Die pflichtige Person muss zumindest Gelegenheit gehabt haben, der Pflicht nachzukommen. Befolgt „wird" eine Pflicht auch dann, wenn die Person gerade mit der Pflichterfüllung befasst ist oder die Pflicht sicher sogleich erfüllen wird.[1121] Ferner darf die Ersatzvornahme nur eingesetzt werden, soweit die Pflichtwidrigkeit reicht. Werden also Teile der Pflicht befolgt, ist die behördliche Ersetzung dieser Teile unzulässig.

cc) Rechtsfolge: Ermessen

Sofern die Vollstreckungsvoraussetzungen vorliegen, steht der Zwangsmit- 474
teleinsatz im Ermessen der Behörde. Es gelten die allgemeinen Grundsätze (§§ 40 HmbVwVfG, 114 VwGO). Eingeräumt sind Entschließungsermessen und Auswahlermessen hinsichtlich des Zwangsmittels (§§ 11 Abs. 1 HmbVwVG). Von dem Auswahlermessen ist auch die genaue Ausgestaltung umfasst, insbesondere die Auswahl eines Privaten für eine Fremdvornahme.[1122] Soweit der Grundverwaltungsakt (etwa eine Allgemeinverfügung) mehrere Personen verpflichtet, kann Auswahlermessen außerdem hinsichtlich der Personen bestehen, gegen die ein Zwangsmittel eingesetzt wird. Verpflichtet der Titel nur eine Person, steht sie als Vollstreckungsschuldner fest (§ 9 Abs. 1 Nr. 1 HmbVwVG). Von größter Bedeutung hinsichtlich der Auswahl und Ausgestaltung der Zwangsmittel ist der **Grundsatz der Ver-**

1119 S. die Gesetzesbegründung, BürgDrucks. 20/4579 v. 26. 06. 2012, S. 32. S. zur Frage einer analogen Anwendung für andere Pflichten VG Hamburg, Urteil v. 16. 07. 2015, 15 K 5677/14 (Juris).

1120 S. *Kjellsson, Rabea*, Das Zwangsmittel der Ersatzvornahme, Berlin 2019, S. 138 f.

1121 S. – wenngleich eher im Verhältnismäßigkeitskontext – OVG Hamburg, in: NJW 2005, 2247, 2249 sowie in: SVR 2012, 69 ff.

1122 Näher *Kjellsson, Rabea*, Das Zwangsmittel der Ersatzvornahme, Berlin 2019, S. 199 ff.

hältnismäßigkeit. Diesen schon aus dem Verfassungsrecht folgenden Zusammenhang stellt der Gesetzgeber zusätzlich in § 12 Abs. 1 HmbVwVG klar. Schon viele spezielle Wirkungen von Vollstreckungsvoraussetzungen bringen Wertungen der Verhältnismäßigkeit zum Ausdruck. Alle übrigen Erfordernisse der Geeignetheit, Erforderlichkeit und Angemessenheit sind unmittelbar als gesetzliche Grenzen (§ 40 HmbVwVfG) des Auswahlermessens zu berücksichtigen.

dd) Maßnahmenspezifische Verfahrens- und Formerfordernisse

475 Sachlich zuständig für den Einsatz von Zwangsmitteln ist die **Vollstreckungsbehörde** (§§ 11 Abs. 1, 13 Abs. 1 Satz 1 HmbVwVG). Das ist nach Ziff. I der aufgrund von § 4 HmbVwVG ergangenen Anordnung des Senats über Vollstreckungsbehörden im Bereich der allgemeinen Verwaltung die jeweils fachlich zuständige Behörde. Es führt also prinzipiell diejenige Behörde die Vollstreckung durch, die den Grundverwaltungsakt erlassen hat (Grundsatz der Selbstvollstreckung). Vollstreckungsbehörden sind insbesondere Senatsämter, Fachbehörden (auch die Polizei als Organisationseinheit der Behörde für Inneres und Sport) und Bezirksämter. Letztere wenden auch für die Senatsämter und landesunmittelbaren juristischen Personen des öffentlichen Rechts den unmittelbaren Zwang an (Ziff. II Nr. 1 der Anordnung). Beitreibungen von Geldforderungen werden größtenteils von der Finanzbehörde durchgeführt (Ziff. III der Anordnung). Hinsichtlich der verfahrensmäßigen Rechtmäßigkeitsvoraussetzungen weist das Hamburgische Vollstreckungsrecht verglichen mit den entsprechenden Bestimmungen anderer Länder und des Bundes einige Besonderheiten auf. Die verbreitet bei allen Vollstreckungen im regelmäßigen Verfahren zu beachtende Abfolge von Androhung, Festsetzung und Anwendung (vgl. etwa §§ 13, 14, 15 BVwVG) hat der Hamburgische Gesetzgeber nicht generell übernommen.[1123] Vielmehr gelten einzelne dieser Anforderungen für einzelne Zwangsmittelformen. Eine Reihe von Spezialbestimmungen regelt darüber hinaus die Vollstreckung durch Vollziehungspersonen der allgemeinen Verwaltungsbehörden. Bei der Vollstreckung von Verwaltungsakten zum Zweck der Gefahrenabwehr kann wiederum von einzelnen dieser Verfahrensbestimmungen abgewichen werden.

(1) Regelerfordernisse des gestreckten Verfahrens: Fristablauf und Hinweis

476 Prinzipiell müssen jedem Zwangsmitteleinsatz im gestreckten Verfahren zwei Schritte vorangehen (§ 8 Abs. 1 HmbVwVG): Erstens muss die Behörde der betroffenen Person eine **Frist** setzen, innerhalb derer die durchzusetzende Pflicht zu erfüllen ist, und die Frist muss fruchtlos verstreichen.

1123 Vgl. auch OVG Hamburg, Beschluss v. 20. 08. 2019, 1 Bs 136/19 (Juris).

Dieses Erfordernis stellt zusätzlich zu dem eines Titels, der die abstrakte gesetzliche Handlungspflicht konkretisiert, sicher, dass die Person die Vollstreckung durch Pflichtbefolgung abwenden kann. Zweitens muss die Person darauf **hingewiesen werden**, dass gegen sie die Zwangsmittel nach § 11 Abs. 1 HmbVwVG angewendet werden können. Dem Normtext lässt sich zwar kein Erfordernis entnehmen, die Person über die genaue Art der beabsichtigten Zwangsanwendung zu informieren; zum Zeitpunkt des Hinweises muss also keine Festlegung erfolgen.[1124] Weil der Hinweis aber die Funktion hat, die Person wegen der möglichen Folgen ihrer Pflichtwidrigkeit zu warnen, muss er jedenfalls erlauben, Art und Umfang der zu erwartenden Zwangsanwendung abzuschätzen. Jedenfalls aus Gesichtspunkten der Zweckmäßigkeit bietet sich an, wenigstens knapp zu beschreiben, welche Vollstreckungsmaßnahmen ergriffen würden. Weder die Fristsetzung noch der Hinweis sind Verwaltungsakte.[1125] Beiden fehlt eine eigenständige Regelungswirkung. Eine solche könnte man bei der Fristsetzung gerade noch in der Festlegung sehen, dass die Vollstreckung erst nach der genannten Zeit erfolgen darf; jedoch kommt diese Wirkung der betroffenen Person bereits aufgrund von § 8 Abs. 1 HmbVwVG zugute. Ein Hinweis hat gerade immer nur informatorischen, nicht appellativ-verpflichtenden Charakter. Gemäß § 8 Abs. 2 Satz 1 können Fristsetzung und Hinweis schon mit dem Grundverwaltungsakt verbunden werden, wodurch sich der Verwaltungsaufwand gering halten und Vollstreckungen zügiger durchführen lassen.

(2) Sonderbestimmungen für die Vollstreckung durch Vollziehungspersonen

Bestimmte Zwangsmaßnahmen nach dem HmbVwVG dürfen nur **Vollziehungspersonen** durchführen, nämlich Verhaftung zur Erzwingungshaft (§ 16 Abs. 4 HmbVwVG), Wegnahme von Sachen und bei verlorenen Sachen die ersatzweise Entgegennahme eidesstattlicher Versicherungen (§ 17 HmbVwVG), Zwangsräumungen nebst Verwahrungen dabei aufgefundener Sachen (§ 18 HmbVwVG), Bewirkung von Eigentumsübertragungen (§ 21 Abs. 2 HmbVwVG) sowie Betretungen und Durchsuchungen von Wohnungen und anderen Immobilien zum Zweck der Vollstreckung, dabei auch gewaltsame Öffnung von Türen und Behältnissen (§ 23 Abs. 1 und 2 HmbVwVG). Vollziehungspersonen sind Bedienstete der jeweiligen Behörde, die für die genannten Aufgaben **besonders bestellt** sind (§ 6 Abs. 1 HmbVwVG). Ihr Tätigkeits- 477

1124 S. *Bull, Hans Peter*, Recht der Verwaltungsorganisation und des Verwaltungshandelns, in: Hoffmann-Riem, Wolfgang/Koch, Hans-Joachim (Hrsg.), Hamburgisches Staats- und Verwaltungsrecht, 3. Aufl. Baden-Baden 2006, S. 89, 132 f.

1125 S. *Beaucamp, Guy*, in: B/E/R/S, vor §§ 17 ff. SOG Rn. 4; für den Hinweis auch OVG Hamburg, Beschluss v. 20. 08. 2019, 1 Bs 136/19 (Juris).

profil ähnelt dem von Gerichtsvollziehern (vgl. auch § 7 Abs. 1 HmbVwVG). Klassisch beheimatet sind sie in der Vollstreckung durch Fachbehörden und Bezirksämter. Die vollzugspolizeiliche Arbeit ist dagegen vom Tätigwerden aufgrund des SOG geprägt, das Sonderbefugnisse für Vollziehungspersonen nicht kennt. Verglichen mit dem vollzugspolizeilichen Zwangsmitteleinsatz ist die Vollstreckung durch Vollziehungspersonen stärker formalisiert. Vollziehungspersonen müssen schriftlich oder in elektronischer Form beauftragt werden; den Vollstreckungsauftrag müssen sie regelmäßig auf Verlangen vorzeigen (§ 6 Abs. 3 HmbVwVG). Vollstreckungen zur Nachtzeit, an Sonn- und Feiertagen müssen eigens erlaubt werden (§ 25 HmbVwVG). Über ihre Vollstreckungshandlungen müssen Vollziehungspersonen eine Niederschrift mit dem in § 26 Abs. 2 HmbVwVG bezeichneten Inhalt anfertigen. Sofern zum Zweck der Vollstreckung Durchsuchungen von Wohnungen erfolgen, ist zudem eine gesonderte richterliche Anordnung nach § 23 Abs. 3 HmbVwVG erforderlich. Zwangsräumungen erfordern eine vorherige gesonderte Ankündigung (§ 18 Abs. 1 HmbVwVG). Schließlich kann nach § 24 HmbVwVG erforderlich sein, Zeugen oder Vertrauenspersonen hinzuziehen. Das ist der Fall, wenn die betroffene Person abwesend oder aufgrund eines psychischen Defekts in ihrer Handlungsfähigkeit beschränkt ist.

478 Obwohl **Polizeivollzugsbeamte und Vollziehungspersonen** mit denselben Zwangsmittelformen – vor allem Ersatzvornahme und unmittelbarem Zwang – handeln, sind ihre Kompetenzen weitgehend klar abgegrenzt. Allgemein folgt aus § 6 Abs. 1 HmbVwVG, dass Befugnisse, die das HmbVwVG Vollziehungspersonen zuweist, diesen allein vorbehalten sind. Soweit Polizeivollzugsbeamte also nicht zugleich Vollziehungspersonen sind, dürfen sie die eben aufgeführten Maßnahmen prinzipiell nicht ergreifen (sondern lediglich – bei gegebenem oder zu erwartendem Widerstand – unterstützen, § 22 Abs. 2 HmbVwVG). Dazu besteht meist auch kein Anlass, weil die Maßnahmen außerhalb des üblichen vollzugspolizeilichen Aufgabenspektrums liegen. Überschneidungen gibt es allerdings bei Wegnahmen, durch die Polizei etwa zur Vollstreckung einer Sicherstellung nach § 14 Abs. 1 SOG, bei den Betretungs- und Durchsuchungsbefugnissen, sowie möglicherweise bei Zwangsräumungen. Hier ist das Verhältnis folgendermaßen: Nach §§ 17 Abs. 1, 18 Abs. 1, 23 HmbVwVG in Verbindung mit § 6 Abs. 1 HmbVwVG dürfen zum Zweck der Vollstreckung Wegnahmen, Zwangsräumungen, Betretungen, Durchsuchungen und damit verbundene gewaltsame Öffnungen von Türen und Behältnissen eigentlich nur von Vollziehungspersonen durchgeführt werden. Jeweils gilt aber eine Ausnahme, soweit eine Gefahrenlage besteht. Nach § 27 Abs. 1 HmbVwVG darf nämlich von § 6 Abs. 1 HmbVwVG abgewichen werden, wenn die Gefahrenabwehr es erfordert (daneben sind für die Polizei bei Gefahr regelmäßig auch die Betretens- und Durchsuchungsbefugnisse nach §§ 15, 15 a, 16 SOG eröffnet). Daraus folgt, dass die Polizei die Maßnahmen **vorrangig Vollziehungspersonen überlassen** muss. Soweit aber die effektive Abwehr der Gefahr vereitelt würde, wenn zunächst die zuständige Verwaltungsbehörde kontaktiert und die Vollziehungsperson beauftragt werden müsste, darf ausnahmsweise auch die Polizei selbst die Maßnahme durchführen.

(3) Punktuelle Ausnahmen im Gefahrenabwehreinsatz (§ 27 HmbVwVG)

Nach § 27 Abs. 1 HmbVwVG darf die Behörde von einigen Verfahrensbestimmungen abweichen.[1126] Außer der Vollstreckbarkeit des Grundverwaltungsakts (s. oben B.IV.2.d.bb.1.b.) sind das vor allem: **479**

- Vorbehalt bestimmter Befugnisse für Vollziehungspersonen (§ 6 Abs. 1 HmbVwVG)
- Vollstreckungsauftrag in Schriftform oder elektronischer Form (§ 6 Abs. 3 Satz 1 HmbVwVG)
- Frist (§ 8 Abs. 1 HmbVwVG)
- Hinweis (§ 8 Abs. 1 HmbVwVG)
- Ankündigung der Zwangsräumung (§ 18 Abs. 1 HmbVwVG)
- Hinzuziehung von Zeugen und Vertrauenspersonen (§ 24 HmbVwVG)
- Gesonderte Erlaubnis bei Vollstreckung zur Nachtzeit sowie an Sonn- und Feiertagen (§ 25 HmbVwVG).

Zu den Erfordernissen, von denen § 27 HmbVwVG Abweichungen gestattet, gehört aber **nicht der befehlende Grundverwaltungsakt** oder sonstige Titel als Vollstreckungsvoraussetzung (§§ 11 Abs. 1, 3 Abs. 1 HmbVwVG). § 27 normiert also keine Hamburgische Entsprechung der in anderen Vollstreckungsregimen vorgesehenen Verfahrensart des Sofortvollzugs. Das Hamburgische Verwaltungsrecht kennt als Vollstreckungsverfahren nur das gestreckte Verfahren und die unmittelbare Ausführung. Kernanforderung des § 27 Abs. 1 HmbVwVG in allen drei Varianten ist die **Notwendigkeit der Abweichung** zur Erreichung des jeweiligen Ziels – also dass das Ziel nicht zumutbarer Weise erreicht werden könnte, wenn die Behörde die jeweilige Verfahrensbestimmung einhielte (nichts Anderes drückt auch die Voraussetzung der Erforderlichkeit in Nr. 2 aus). Mögliche Ziele sind: **480**

1126 Zur Funktion der Norm *Bull, Hans Peter*, Recht der Verwaltungsorganisation und des Verwaltungshandelns, in: Hoffmann-Riem, Wolfgang/Koch, Hans-Joachim (Hrsg.), Hamburgisches Staats- und Verwaltungsrecht, 3. Aufl. Baden-Baden 2006, S. 89, 134; *Hoffmann-Riem, Wolfgang/ Eifert, Martin*, Polizei- und Ordnungsrecht, in: Hoffmann-Riem, Wolfgang/Koch, Hans-Joachim (Hrsg.), Hamburgisches Staats- und Verwaltungsrecht, 3. Aufl. Baden-Baden 2006, S. 161, 207.

- Nr. 1: Beseitigung einer Störung der öffentlichen Sicherheit oder Ordnung
- Nr. 2: Abwehr einer Gefahr für die öffentliche Sicherheit oder Ordnung, wobei es sich um eine unmittelbar bevorstehende Gefahr handeln muss (Gefahrqualifikation)
- Nr. 3: Verhinderung einer Straftrat oder Ordnungswidrigkeit.

ee) Spezialfall der Umsetzung eines Kfz bei Abstellverbot durch Verkehrszeichen

481 Gemäß § 14 Abs. 1 Satz 2 SOG müssen verbotswidrig abgestellte oder liegengebliebene Fahrzeuge im Regelfall sichergestellt werden.[1127] Dabei handelt es sich um eine Standardmaßnahme, die nicht dem Vollstreckungsrecht unterfällt (s. oben B.IV.1.c.aa.). § 14 Abs. 1 Satz 2 SOG bestimmt aber auch, dass die Behörde vorrangig prüfen muss, ob sie der Gefahr mit einer Umsetzung begegnen kann. Diese ist nicht von der Ermächtigung durch § 14 Abs. 1 Satz 2 SOG erfasst. Die Norm gestattet nämlich keine Umsetzungen, sondern verbietet nur Sicherstellungen, soweit Umsetzungen möglich sind. Stattdessen ist die **Umsetzung Ersatzvornahme.**[1128] Als Vollstreckungsmaßnahme muss sie prinzipiell **im gestreckten Verfahren** erfolgen. Wenn die betroffene Person kommunikativ erreichbar ist, kann die Einsatzkraft den Grundverwaltungsakt selbst am Einsatzort erlassen. Er ergeht aufgrund von § 3 Abs. 1 SOG und lautet auf Entfernen des Fahrzeugs.[1129] Das Entfernungsgebot ist auf eine vertretbare Handlung gerichtet, denn aus Sicht der Behörde macht es keinen Unterschied, wer das Fahrzeug entfernt; damit lässt sich die private Pflichterfüllung auch behördlich ersetzen (vgl. oben B.IV.2.d.aa.1.).[1130] Ist die betroffene Person nicht erreichbar, kann die Einsatzkraft keinen Verwaltungsakt erlassen. Die Folgen hängen davon ab, ob die Lage des Fahrzeugs gegen ein Abstellverbot aus Verkehrszeichen (etwa einem Halteverbotsschild) oder aus Gesetz (etwa § 12 Abs. 3 Nr. 5 StVO) verstößt. Ein Wegfahrgebot, also ein Handlungsgebot, das Fahrzeug zu entfernen, wird jedem Park- und Halteverbot entnommen.[1131] Verstößt das Abstellen dagegen bloß gegen gesetzliche Vorgaben, besteht kein vollstreckbarer Grundverwaltungsakt. Dann ist die Umsetzung **unmittelbare Ausführung** einer Ersatzvornahme.[1132] Dagegen sind Verkehrszeichen All-

---

1127 S. auch OVG Hamburg, in: NVwZ-RR 2009, 995.

1128 S. OVG Hamburg, in: NJW 2001, 168, 169 sowie in: SVR 2012, 69 ff.

1129 S. *Kjellsson, Rabea,* Das Zwangsmittel der Ersatzvornahme, Berlin 2019, S. 264.

1130 S. *Kjellsson, Rabea,* Das Zwangsmittel der Ersatzvornahme, Berlin 2019, S. 135.

1131 S. *Kjellsson, Rabea,* Das Zwangsmittel der Ersatzvornahme, Berlin 2019, S. 133 ff.

1132 S. OVG Hamburg, in: NJW 2001, 168, 169 sowie in: SVR 2012, 69 ff.; *Kjellsson, Rabea,* Das Zwangsmittel der Ersatzvornahme, Berlin 2019, S. 275.

gemeinverfügungen, also mögliche Grundverwaltungsakte.[1133] Sie werden mit der Ersatzvornahme im gestreckten Verfahren vollstreckt,[1134] wobei hinsichtlich ihrer Wirkungen Besonderheiten gelten.[1135] Hinweis und Fristsetzung sind gemäß § 27 Abs. 1 Nr. 1 HmbVwVG entbehrlich, weil eine Störung besteht.[1136] Wegen des Grundsatzes der Verhältnismäßigkeit und wegen § 27 Abs. 1 HmbVwVG muss die Behörde aber jede zumutbare Möglichkeit nutzen, die betroffene Person zu kontaktieren. Eine solche Möglichkeit besteht jedenfalls, wenn die Person Kontaktdaten am Fahrzeug hinterlassen hat, auf die sich ohne nennenswerten Ermittlungsaufwand zurückgreifen lässt, etwa eine Mobilfunknummer.[1137]

3. Unmittelbarer Zwang im gestreckten Verfahren

a) Vorbemerkung

Unmittelbarer Zwang ist grundsätzlich **jede aktive körperliche Einwirkung**, die keiner Spezial- oder Standardbefugnis unterfällt und keine Ersatzvornahme ist.[1138] Er umfasst intensivste Eingriffsformen, besonders den Waffengebrauch, aber auch weniger scharfe Kraftanwendungen wie das Festhalten, Drücken oder Zerren einer Person oder Sache. Die Behörde kann ihn einsetzen, um einen Zustand unmittelbar herzustellen (etwa Wegtragen einer Person zur Durchsetzung der Pflicht, sich zu entfernen,) oder um den Willen einer Person zu beugen, damit sie ihr Verhalten selbst anpasst (etwa Reizstoffeinsatz zur Durchsetzung der Pflicht, einen Angriff zu beenden).[1139] Der unmittelbare Zwang ist das **klassische Zwangsmittel der Vollzugspolizei**; sie ist auf seinen Einsatz spezialisiert.[1140] Im Bund und in 482

1133 OVG Hamburg, in: NZV 2008, 313, 314.

1134 S. OVG Hamburg, in: NZV 2008, 313 ff.; *Kjellsson, Rabea*, Das Zwangsmittel der Ersatzvornahme, Berlin 2019, S. 275 ff.

1135 Werden sie ordnungsgemäß aufgestellt, werden sie gegenüber jeder betroffenen Person unabhängig davon wirksam, ob die Person sie tatsächlich wahrnimmt, s. BVerwGE 102, 316; OVG Hamburg, in: NZV 2008, 313, 314. Zudem sind sie analog § 80 Abs. 2 Satz 1 Nr. 2 VwGO unmittelbar mit ihrer Errichtung vollstreckbar, s. BVerwG, in: NJW 1978, 656 f. Näher mit zahlreichen weiteren Nachweisen *Kjellsson, Rabea*, Das Zwangsmittel der Ersatzvornahme, Berlin 2019, S. 275 ff.

1136 OVG Hamburg, in: NZV 2008, 313, 314.

1137 OVG Hamburg, in: NJW 2001, 3647, 3648; NVwZ-RR 2010, 263; NJW 2005, 2247, 2249; SVR 2012, 69 ff.

1138 Vgl. *Graulich, Kurt*, Das Polizeihandeln, in: L/D, E. Rn. 861 ff.

1139 S. *Waldhoff, Christian*, Vollstreckung und Sanktionen, in: Hoffmann-Riem, Wolfgang/Schmidt-Aßmann, Eberhard/Voßkuhle, Andreas (Hrsg.), Grundlagen des Verwaltungsrecht, Band III, 2. Aufl. München 2013, § 46 Rn. 136.

1140 S. *Graulich, Kurt*, Das Polizeihandeln, in: L/D, E. Rn. 861.

anderen Ländern ist er auch ausschließlich oder weit vorwiegend der Polizei vorbehalten.[1141] Das Hamburgische Verwaltungsrecht kennt solche Sonderbefugnisse – außer für den Waffengebrauch in § 19 Abs. 1 SOG – nicht[1142] und enthält sogar besondere Normierungen von Unterformen, die auf die Anwendung durch andere Verwaltungsbehörden zugeschnitten sind (vgl. §§ 17, 18, 19, 23 Abs. 2 HmbVwVG). Auch hier ist unmittelbarer Zwang aber ganz hauptsächlich eine vollzugspolizeiliche Angelegenheit. Wenn im Vorfeld einer Maßnahme absehbar ist, dass Zwangsanwendung gegen Personen nötig werden könnte, fordern andere Behörden regelmäßig die Unterstützung der Vollzugspolizei an (§ 22 Abs. 2 HmbVwVG).

483 Entsprechend der Vorgehensweise unter B.IV.2. erläutern die Ausführungen zunächst nur den unmittelbaren Zwang **im Normalfall des gestreckten Verfahrens** (zur unmittelbaren Ausführung s. unten B.IV.4.). Es geht also weiterhin um Situationen, in denen ein Verwaltungsakt besteht, der die pflichtige Person zu der durchzusetzenden Handlung verpflichtet.

b) Checklisten Rechtmäßigkeit

484 **Vorsicht:** Die Checklisten betreffen **nur die Rechtmäßigkeit des Zwangsmittels**, nicht die Rechtmäßigkeit des Grundverwaltungsakts, der durch die Anwendung des unmittelbaren Zwangs durchgesetzt wird.

aa) Allgemeine Checkliste für unmittelbaren Zwang im gestreckten Verfahren

485

- Rechtsgrundlage: Zwangsmittelbefugnis für das eingesetzte Zwangsmittel
  - Merkmale des Zwangsmittels
  - gegebenenfalls Abgrenzung von anderen Eingriffsformen
- Vollstreckungsvoraussetzungen
  - allgemeine Vollstreckungsvoraussetzungen im gestreckten Verfahren
    - befehlender Verwaltungsakt (oder sonstiger Titel, §§ 11 Abs. 1; 3 Abs. 1, 2 HmbVwVG)
    - Vollstreckbarkeit des Verwaltungsakts (§ 3 Abs. 3 HmbVwVG oder § 27 HmbVwVG)
    - Fehlen von Vollstreckungshindernissen (§ 28 HmbVwVG)

1141 Etwa *Ruthig, Josef*, in: Schenke, Wolf-Rüdiger/Graulich, Kurt/Ruthig, Josef (Hrsg.), Sicherheitsrecht des Bundes, 2. Aufl. München 2019, § 1 UZwG Rn. 7.

1142 Vgl. § 11 Abs. 1 HmbVwVG. Vgl. auch Ziff. II der Anordnung über Vollstreckungsbehörden.

- Voraussetzung des unmittelbaren Zwangs allgemein: Pflichtwidrigkeit
- gegebenenfalls besondere Voraussetzungen des eingesetzten Zwangsmittels
- Rechtsfolge
  - gegebenenfalls besondere Ermessensgrenzen des eingesetzten Zwangsmittels
  - allgemeine Ermessensgrenzen (einschließlich Verhältnismäßigkeitsprüfung)
- Maßnahmenspezifische Verfahrens- und Formerfordernisse
  - Regelerfordernisse
    - Fristsetzung (§ 8 Abs. 1 Satz 1 HmbVwVG)
    - Androhung (§ 22 HmbVwVG)
  - gegebenenfalls besondere Erfordernisse des eingesetzten Zwangsmittels
  - gegebenenfalls besondere Erfordernisse bei der Vollstreckung durch Vollziehungspersonen
  - punktuelle Ausnahmen im Gefahrenabwehreinsatz (§ 27 HmbVwVG)

bb) Besondere Vorgaben für einzelne Zwangsmittel

Diese Checklisten ergänzen die allgemeine Checkliste; die Unterpunkte sind also am jeweils bezeichneten Prüfungspunkt in das Prüfungsschema einzubeziehen. **486**

(1) Fesselung von Personen

- Zwangsmittelbefugnis: §§ 11 Abs. 1 Nr. 3, 15 Abs. 1 HmbVwVG, 23 Abs. 1 SOG **487**
- besondere Voraussetzungen der Fesselung
  - Gewahrsamsverhältnis (§ 23 Abs. 1 SOG)
    - amtlicher Gewahrsam
    - oder Vorführung
    - oder Verbringung zur Durchführung einer Maßnahme
  - besonderer Anlass (§ 23 Abs. 1 SOG)
    - a) Gefahr der Fremdschädigung
    - oder b) Flucht- oder Befreiungsgefahr
    - oder c) Verdunklungsgefahr
    - oder d) Gefahr der Selbstschädigung

(2) Fixierung von Personen

488
- Zwangsmittelbefugnis: §§ 11 Abs. 1 Nr. 3, 15 Abs. 1 HmbVwVG, 23 Abs. 2 SOG
- besondere Voraussetzungen (§ 23 Abs. 2 Satz 1 SOG)
  - gegenwärtige Gefahr einer Selbsttötung oder Selbstverletzung oder von Angriffen gegen eine andere Person
  - Erheblichkeit der Gefahr
  - Unerlässlichkeit der Fixierung zur Abwehr der Gefahr
- besondere Verfahrens- und Formerfordernisse
  - fortlaufende Überwachung (§ 23 Abs. 2 Satz 5 SOG)
  - bei nicht nur kurzfristiger Fixierung: Richtervorbehalt
    - Vorrang der vorherigen richterlichen Anordnung (§ 23 Abs. 2 Satz 2 SOG)
    - anderenfalls innerpolizeiliche Anordnung (§ 23 Abs. 2 Satz 3 SOG)
      - Dienstellenleitervorbehalt
      - richterliche Bestätigung (sofern nicht entbehrlich nach Satz 4)
  - Belehrung über das Recht auf richterliche Nachprüfung (§ 23 Abs. 2 Satz 6 SOG)
  - Dokumentation (§ 23 Abs. 2 Satz 7 Nrn. 1 bis 6 SOG)

(3) Schusswaffengebrauch

489
- Zwangsmittelbefugnis: §§ 11 Abs. 1 Nr. 3, 15 Abs. 1 HmbVwVG, 19 Abs. 1, 25 Abs. 1 SOG
- besondere Voraussetzungen
  - Erfolglosigkeit oder offensichtliche Ungeeignetheit anderer Mittel (§ 24 Abs. 1 Satz 1 SOG)
  - bei Gebrauch gegen Personen außerdem
    - Ungeeignetheit des Gebrauchs gegen Sachen (§ 24 Abs. 1 Satz 2 SOG)
    - qualifiziertes Gefahrenabwehrerfordernis (§ 25 Abs. 1 SOG)
      - Nr. 1: Verhinderung einer schweren Straftat
        - Verbrechen oder Vergehen mit Waffen oder Sprengstoff
        - unmittelbares Bevorstehen von Ausführung oder Fortsetzung
      - oder Nr. 2: Verhinderung der Flucht vor Festnahme oder Feststellung
        - Verbrechen oder Vergehen mit Waffen oder Sprengstoff
        - Betreffen auf frischer Tat oder dringender Tatverdacht

- oder Nr. 3: Verhinderung der Flucht aus amtlichem Gewahrsam
- oder Nr. 4: Verhinderung einer gewaltsamen Gefangenenbefreiung
- bei sicherer Todesfolge (§ 25 Abs. 2 Satz 1 SOG) außerdem
  - unmittelbar bevorstehende Lebensgefahr oder Gefahr schwerwiegender Körperverletzung
  - Alternativlosigkeit des Schusses
- Besondere Ermessensgrenzen
  - Zweckvorgaben (§ 24 Abs. 2 Satz 1 SOG)
  - verbotene Zielpersonen
    - Kinder (§ 24 Abs. 3 SOG)
    - grundsätzlich Personen in Menschenmengen (§ 26 Abs. 1 SOG)
  - Verbot der Gefährdung Unbeteiligter (§ 24 Abs. 2 Satz 2 und 3 SOG)
  - besonderes Verfahrenserfordernis: Qualifizierte Androhung (§ 22 Abs. 2 SOG)

c) Betroffene Grundrechte

Soweit der unmittelbare Zwang ein Verhalten abnötigt, greift er in das jeweilige Freiheitsrecht ein, dem das Verhalten unterfällt, jedenfalls in die Allgemeine Handlungsfreiheit. Für Zwang gegen Sachen lassen sich die Ausführungen zur Ersatzvornahme (s. oben B.IV.2.c.) entsprechend heranziehen. Zwang gegen Personen greift meist zumindest in das Grundrecht auf körperliche Unversehrtheit (Art. 2 Abs. 2 Satz 1 GG) ein. Fesselungen betreffen das Recht auf Freiheit der Person (Art. 2 Abs. 2 Satz 2 GG), grundsätzlich als Freiheitsbeschränkungen nach Art. 104 Abs. 1 GG; Fixierungen aller Gliedmaßen sind aber Freiheitsentziehungen im Sinne von Art. 104 Abs. 2 GG.[1143] Bei Lebensgefährdung und Tod ist das Recht auf Leben (Art. 2 Abs. 2 Satz 1 GG) betroffen. 490

d) Einzelerläuterungen

aa) Rechtsgrundlage (Vorliegen des jeweiligen Zwangsmittels)

Anders als bei der Ersatzvornahme gibt es im Recht des unmittelbaren Zwangs mehrere Befugnisnormen für unterschiedliche Arten der Zwangsausübung. Die allgemeine Rechtsgrundlage für den unmittelbaren Zwang 491

1143 BVerfGE 149, 293. Dazu *Schemmel, Jakob*, Freiheitsentziehung durch Fixierung – Verfassungsrechtliche Maßstäbe für Gesetzgeber und Rechtsprechung, in: DVBl. 2019, 277 ff.

im gestreckten Verfahren ist **§ 11 Abs. 1 Nr. 3 HmbVwVG**. Danach dürfen prinzipiell diejenigen Zwangsmittel angewendet werden, die § 18 SOG aufführt. Er ist als Definition des unmittelbaren Zwangs aufgrund von § 15 Abs. 1 HmbVwVG für die gesamte Hamburgische Verwaltungsvollstreckung maßgeblich.[1144] Für manche Unterformen gibt es **speziellere Befugnisnormen**, deren Voraussetzungen zusätzlich vorliegen müssen und die gemeinsam mit § 11 Abs. 1 Nr. 3 HmbVwVG die Rechtsgrundlage für das jeweilige Zwangsmittel bilden. Das sind:

- Fesselung von Personen nach §§ 15 Abs. 1 HmbVwVG, 23 Abs. 1 SOG
- Fixierung von Personen nach §§ 15 Abs. 1 HmbVwVG, 23 Abs. 2 SOG
- Waffengebrauch nach §§ 15 Abs. 1 HmbVwVG, 19 Abs. 1 und 2 SOG
- Schusswaffengebrauch nach §§ 15 Abs. 1 HmbVwVG, 19 Abs. 1, 25 Abs. 1 SOG
- Ärztliche Zwangsmaßnahmen nach § 15 Abs. 1 HmbVwVG, 18 a SOG
- Wegnahme nach § 17 Abs. 1 HmbVwVG
- Zwangsräumung nach § 18 Abs. 1 HmbVwVG
- Zwangsweise Vorführung nach § 19 Abs. 1 HmbVwVG
- Gewaltsames Brechen von Widerstand nach § 22 Abs. 1 und 2 HmbVwVG
- Öffnung verschlossener Türen und Behältnisse nach § 23 Abs. 2 HmbVwVG.

492 Dass es sich bei einer Maßnahme um unmittelbaren Zwang handelt, sodass die genannten Normen die Rechtsgrundlage bilden können, steht in diesen speziellen Fällen unproblematisch fest. Wenn die Behörde ein Mittel benutzt, das in § 18 Abs. 3 und 4 SOG genannt ist, oder wenn sie eine Handlung nach den §§ 18 a SOG, 17 bis 19, 22 oder 23 Abs. 2 HmbVwVG ausführt, kann aus Spezialitätsgründen nur unmittelbarer Zwang gegeben sein. Damit ist zugleich die einzig in Betracht kommende Rechtsgrundlage geklärt. Dagegen kann sich bei der **einfachen körperlichen Gewalt** nach § 18 Abs. 2 SOG Abgrenzungsbedarf ergeben. § 18 Abs. 2 SOG definiert körperliche Gewalt als jede unmittelbare körperliche Einwirkung. Der Begriff ist seinem Wortlaut nach äußerst weit. Unter ihn lässt sich jedes aktive Verhalten fassen, das direkte physische (nicht nur psychisch vermittelte) Wirkungen verursacht.[1145] Weil das Vollstreckungsrecht staatliche Zwangsausübung regeln soll, dürfte außerdem erforderlich sein, dass die Wirkungen

1144 S. auch *Merten, Karlheinz/Merten, Heike*: Hamburgisches Polizei- und Ordnungsrecht, Stuttgart 2007, § 22 SOG Rn. 1.

1145 Vgl. *Graulich, Kurt*, Das Polizeihandeln, in: L/D, E. Rn. 862.

geeignet sind, Handlungsfreiheit zu begrenzen. Geringfügigste Einwirkungen durch leichteste Berührungen, Windstöße oder Schall im sicher schmerzfreien Spektrum (aber nicht darüber hinaus, etwa aus Schallwaffen) bewirken danach keinen Zwang. Ansonsten sind die erfassten Einwirkungen aber nicht auf bestimmte Arten oder Ausmaße begrenzt. Jeder nicht ganz unerhebliche Einfluss auf den Körper ist nach § 18 Abs. 2 SOG erst einmal unmittelbarer Zwang.[1146] Die §§ 11 Abs. 1 Nr. 3, 15 Abs. 1 HmbVwVG 17 ff. SOG können allerdings wiederum aus Spezialitätsgründen verdrängt werden. Das ist erstens der Fall, wenn eine Maßnahme **Ersatzvornahme** ist (kommt nur bei sachbezogenen Maßnahmen in Betracht, zur Abgrenzung s. oben B.IV.2.d. aa.2.). Zweitens greift das Recht des unmittelbaren Zwangs als Teil des Vollstreckungsrechts auch dann nicht, wenn die Einwirkung **schlichte Vollziehung** (s. oben B.IV.1.c.aa.) ist.

Einige Zwangsbefugnisse sind von den Befugnisnormen **ausdrücklich bestimmten Gruppen von Bediensteten** zugewiesen, vor allem Polizeivollzugsbeamten und Vollziehungspersonen. Das ist nicht bloß eine Frage der organisatorischen Zuständigkeit. Die Eingriffsermächtigung wird der Vollstreckungsbehörde nicht schlechthin gewährt, sondern nur für das Handeln durch bestimmte Einsatzkräfte mit spezieller Expertise.[1147] Ergreifen andere Kräfte die Maßnahme, ist sie mangels Rechtsgrundlage unmittelbar rechtswidrig. Das wichtigste Beispiel ist – neben den Befugnissen der Vollziehungspersonen (s. dazu oben B.IV.2.d.dd.2.) – die ausschließliche Befugnis der Polizeivollzugsbeamten zum Gebrauch von Waffen nach § 19 Abs. 1 SOG. Eine solche Sonderbefugnis ist auch § 22 Abs. 2 HmbVwVG für Polizeieinsätze bei der Vollstreckung durch andere Verwaltungsbehörden. 493

bb) Vollstreckungsvoraussetzungen

(1) Allgemeine Vollstreckungsvoraussetzungen des gestreckten Verfahrens

Die **allgemeinen Vollstreckungsvoraussetzungen** des gestreckten Verfahrens sind für den unmittelbaren Zwang im Prinzip dieselben wie für die Ersatzvornahme. Die diesbezüglichen Ausführungen (s. oben B.IV.2.d.bb.1.) lassen sich entsprechend heranziehen. In der vollzugspolizeilichen Praxis ergibt sich der Anlass für den Zwangsmitteleinsatz vielfach spontan, ohne dass sich die konkrete Situation im Vorfeld vorhersagen ließ. Auch dann bleibt die zentrale Vorgabe des Vollstreckungsrechts bestehen, dass prinzipiell jeder Zwangsanwendung ein **Grundverwaltungsakt vorangehen muss** (§§ 11 Abs. 1 Nr. 3, 3 Abs. 1 HmbVwVG) – zum Beispiel mit der Verpflichtung, 494

1146 S. auch *Ruthig, Josef*, in: Schenke, Wolf-Rüdiger/Graulich, Kurt/Ruthig, Josef (Hrsg.), Sicherheitsrecht des Bundes, 2. Aufl. München 2019, § 2 UZwG Rn. 3.

1147 Vgl. auch *Beaucamp, Guy*, in: B/E/R/S, § 19 SOG Rn. 1.

stehenzubleiben, eine Tür zu öffnen oder einen gefährlichen Gegenstand fallen zu lassen. Gerade Verpflichtungen, gegenwärtig stattfindende Rechtsbrüche abzustellen – etwa eine Schlägerei zu beenden, ein Grundstück zu verlassen, von weiteren Angriffen oder Bedrohungen abzusehen –, kann die Polizei jederzeit formlos aufgrund von § 3 Abs. 1 SOG anordnen. Die Anordnung ist nach § 80 Abs. 2 Satz 1 Nr. 2 VwGO sofort vollziehbar, folglich nach § 3 Abs. 3 Nr. 3 HmbVwVG gleich nach ihrem Erlass vollstreckbar.

495 Oftmals erfolgt die Anwendung unmittelbaren Zwangs im **Zusammenhang mit strafprozessualen Maßnahmen**. Klassische Beispiele sind das gewaltsame Öffnen einer Tür zur Ermöglichung einer Durchsuchung nach § 102 StPO oder die Fesselung eines Beschuldigten bei der Festnahme nach § 127 StPO. Eindeutig ist, dass sich solche Maßnahmen nur nach Verwaltungsvollstreckungsrecht richten können, denn das Strafprozessrecht enthält keine einschlägigen Ermächtigungsgrundlagen.[1148] Erforderlich ist also ein Grundverwaltungsakt oder sonstiger Titel. Nach teilweise vertretener Auffassung ist das die strafprozessuale Anordnung.[1149] Sie dürfte allerdings regelmäßig kein Verwaltungsakt (auch kein sonstiger Titel nach § 3 Abs. 1 HmbVwVG) sein, der nach §§ 11 Abs. 1, 3 Abs. 1 Nr. 1 HmbVwVG aber Voraussetzung für die Vollstreckung ist. Erstens ergeht die Anordnung nach der StPO oft durch ein Gericht (keine Behörde, vgl. §§ 35 Satz 1, 1 Abs. 2 HmbVwVfG). Zweitens gilt das Verwaltungsverfahrensrecht – auch soweit ein „Justizverwaltungsakt" (behördliche Anordnung oder Verfügung im Sinne von § 23 Abs. 1 EGGVG) erfolgt – nach § 2 Abs. 2 Nr. 2 HmbVwVfG für die Strafverfolgung nicht. Deshalb sollte man annehmen, dass eine **gesonderte polizeirechtliche Grundverfügung erforderlich** ist. Bei doppelfunktionalen Maßnahmen liegen die Voraussetzungen für Anordnungen nach dem SOG oft ohnehin vor, etwa für die Sicherstellung gefährlicher Gegenstände, die zugleich Beweismittel sind, nach § 14 Abs. 1 Satz 1 a SOG. Es können sich auch neue Gefahrenlagen aus Anlass der strafprozessualen Maßnahme ergeben. Wenn etwa ein Beschuldigter bei der Festnahme aktiv Widerstand leistet, sind die Voraussetzungen von § 3 Abs. 1 SOG schon wegen einer Verletzung der objektiven Rechtsordnung gegeben. Ansonsten wird man die abzuwendende Gefahr oder Störung in der Vereitelung oder Behinderung der strafprozessualen Maßnahme sehen müssen,

---

1148 S. *Denninger, Erhard*, Polizeiaufgaben, in: L/D, D. Rn. 180 f. So im Ergebnis auch *Ruthig, Josef*, in: Schenke, Wolf-Rüdiger/Graulich, Kurt/Ruthig, Josef (Hrsg.), Sicherheitsrecht des Bundes, 2. Aufl. München 2019, § 1 UZwG Rn. 16 ff.; VG München, in: BeckRS 2016, 51674 (Maßgeblichkeit des Verfahrens „nach den polizeirechtlichen Vorschriften").

1149 *Denninger, Erhard*, Polizeiaufgaben, in: L/D, D. Rn. 180 f.; *Frister, Helmut*, Polizeihandeln, im Strafverfahren, in: L/D, F. Rn. 144 ff. Vgl. ferner VG München, in: BeckRS 2016, 51674 unter Berufung auf BGH, Urteil v. 09. 04. 1986, 3 StR 551/85.

etwa wenn der Beschuldigte bloß passiv bleibt und das Öffnen einer Tür unterlässt. Hier muss die verwaltungsrechtliche Anordnung nach dem SOG die Öffnungspflicht aus der strafprozessualen Anordnung wiederholen.

(2) Voraussetzungen des unmittelbaren Zwangs

Wie die übrigen Zwangsmittel setzt unmittelbarer Zwang immer **zumindest einfache Pflichtwidrigkeit** voraus. Das Erfordernis wird für bestimmte Unterformen qualifiziert, zum Beispiel dürfen Schusswaffen aufgrund von § 25 Abs. 1 Nr. 1 a SOG nur zur Verhinderung eines Verbrechens gebraucht werden (s. unten B.IV.3.d.ee.3.). Für die meisten Zwangsformen fehlen aber solche besonderen Vorgaben. Besonders die einfache körperliche Gewalt und der Einsatz von Hilfsmitteln der körperlichen Gewalt (§ 18 Abs. 2 und 3 SOG) stehen unter keinen inhaltlichen Spezialvoraussetzungen. Damit hängt die rechtliche Bewertung vor allem von der Verhältnismäßigkeit ab.[1150] Für Zweifel von Polizeivollzugsbeamten an der Rechtmäßigkeit einer Maßnahme, zu deren Durchführung sie angewiesen sind, gilt gemäß § 20 SOG ein besonderes Überprüfungsregime.[1151] 496

cc) Rechtsfolge: Ermessen

Für die Ermessensausübung gelten wiederum dieselben Grundsätze wie bei der Ersatzvornahme (s. oben B.IV.2.d.cc.). Tendenziell ist allerdings die **Bedeutung des Grundsatzes der Verhältnismäßigkeit noch größer**, weil Maßnahmen des unmittelbaren Zwangs oft eine besonders hohe Eingriffsintensität aufweisen. Sie sind daher schnell unangemessen. Teilweise, besonders beim Schusswaffengebrauch (s. unten B.IV.3.d.ee.3.), sind dem Ermessen für einzelne Zwangsmittel auch besondere gesetzliche Grenzen gesetzt. 497

dd) Maßnahmenspezifische Verfahrens- und Formerfordernisse

Im Grundsatz gelten für alle Maßnahmen im gestreckten Verfahren einheitliche formelle Vorgaben. Insofern sind wiederum die Erläuterungen zur Ersatzvornahme heranzuziehen (s. oben B.IV.2.d.dd.). Insbesondere gilt auch beim unmittelbaren Zwang das Erfordernis einer erfolglos gesetzten Frist (§ 8 Abs. 1 Satz 1 HmbVwVG). Fristsetzung kann auch bedeuten, dass die Pflicht sofort befolgt werden muss. Es kommt darauf an, dass die Person eine zumutbare Möglichkeit erhält, die Vollstreckung durch Befolgung abzuwenden. Handelt die Vollziehungsperson, sind die diesbezüglichen Vorgaben zu beachten (s. oben B.IV.2.d.dd.2.). Abweichungen von Verfahrens- und Formerfordernissen ermöglicht im Gefahrenabwehreinsatz § 27 Abs. 1 HmbVwVG. 498

1150 Zur diesbezüglichen Kritik nur *Graulich, Kurt*, Das Polizeihandeln, in: L/D, E. Rn. 863.
1151 Näher *Beaucamp, Guy*, in: B/E/R/S, § 20 SOG.

499 Allerdings wird beim unmittelbaren Zwang der Hinweis (§ 8 HmbVwVG) ersetzt durch die **Androhung nach § 22 SOG**. Das Erfordernis dient der Warnung – konfrontiert mit den möglichen Folgen ihrer Pflichtwidrigkeit soll die betroffene Person den Zwang vermeiden, indem sie sich doch noch pflichtgemäß verhält.[1152] Bei der Androhung soll es sich um einen Verwaltungsakt handeln,[1153] was aber nicht zwingend ist.[1154] § 22 Abs. 1 Satz 2 SOG regelt, wann die Androhung **entbehrlich** ist. Das ist erstens der Fall, wenn die Umstände sie nicht zulassen, besonders weil die betroffene Person nicht erreichbar ist, etwa abwesend oder unfähig, Erklärungen zur Kenntnis zu nehmen. Zweitens kann von der Androhung abgesehen werden, wenn das Zwangsmittel sofort angewendet werden muss, um eine unmittelbar bevorstehende Gefahr abzuwehren. Eine Sonderregelung trifft § 22 Abs. 3 Satz 1 SOG für Androhungen gegenüber einer Menschenmenge. Sie müssen möglichst so lange vor der Zwangsanwendung erfolgen, dass Unbeteiligte noch Gelegenheit haben, sich zu entfernen.

ee) Besondere Vorgaben für einzelne Zwangsmittel

500 Soweit das SOG und das HmbVwVG zusätzliche Vorgaben für einzelne Unterformen des unmittelbaren Zwangs enthalten, ergänzen diese die gerade erläuterten allgemeinen Erfordernisse. Die Vorgaben lassen sich also am jeweils relevanten Punkt in die allgemeine Rechtmäßigkeitsprüfung einbinden. Besondere Erfordernisse gibt es im SOG etwa für ärztliche Eingriffsmaßnahmen (§ 18 a) und **Ganzkörperfixierungen (§ 23 Abs. 2)**, sowie im HmbVwVG für Zwangsräumungen (§ 18 Abs. 1) und zwangsweise Vorführungen (§ 19 Abs. 1 und 2). Für die vollzugspolizeiliche Praxis sind die folgenden weiteren Erfordernisse von besonderer Bedeutung.

1152 S. *Beaucamp, Guy*, in: B/E/R/S, § 22 SOG Rn. 2.

1153 Etwa *Hoffmann-Riem, Wolfgang/Eifert, Martin*, Polizei- und Ordnungsrecht, in: Hoffmann-Riem, Wolfgang/Koch, Hans-Joachim (Hrsg.), Hamburgisches Staats- und Verwaltungsrecht, 3. Aufl. Baden-Baden 2006, S. 161, 208; *Merten, Karlheinz/Merten, Heike*, Hamburgisches Polizei- und Ordnungsrecht, Stuttgart 2007, § 22 SOG Rn. 12. B/E/R/S, § 22 SOG Rn. 1. Dafür wohl auch OVG Hamburg, Beschluss v. 20. 08. 2019, 1 Bs 136/19, Rn. 13 (Juris).

1154 Es bleibt unklar, worin die Regelungswirkung liegen soll. Bloßes Inaussichtstellen einer Handlung setzt noch keine Rechtsfolge. Zudem hat der Hamburgische Gesetzgeber entschieden, das Verfahren mit Androhung, Festsetzung und Anwendung (etwa §§ 13, 14, 15 BVwVG) nicht zu übernehmen, bei dem die Androhung herrschend als Verwaltungsakt betrachtet wird, BVerwG , in: NVwZ 1997, 381, 382; BVerwG, in: NVwZ 1998, 393; kritisch selbst hier *Baumeister, Peter*, in: Schenke, Wolf-Rüdiger/Graulich, Kurt/Ruthig, Josef (Hrsg.), Sicherheitsrecht des Bundes, 2. Aufl. München 2019, § 13 VwVG Rn. 4. Die Einordnung als Verwaltungsakt nützt auch der betroffenen Person nichts, sondern unterwirft sie den Rechtsbehelfsfristen. Auch gegen schlicht-hoheitlich angedrohte Vollstreckungsmaßnahmen ist vorbeugender einstweiliger Rechtsschutz gegeben, dann nach § 123 Abs. 1 VwGO. Um ein gerichtliches Verfahren käme die betroffene Person ohnehin nicht herum, weil Rechtsbehelfe gegen einen Androhungsverwaltungsakt nach § 29 Abs. 1 HmbVwVG keine aufschiebende Wirkung hätten, sodass ein Antrag auf Anordnung nach § 80 Abs. 5 Satz 1 Alt. 1 VwGO nötig wäre.

(1) Fesselung von Personen

Die Befugnis zur **Fesselung von Personen** folgt aus §§ 11 Abs. 1 Nr. 3, 15 Abs. 1 HmbVwVG, 23 Abs. 1 SOG. Fesseln sind Hilfsmittel der körperlichen Gewalt nach § 18 Abs. 3 SOG (keine Waffen), sodass die Befugnis nicht nach § 19 SOG nur der Vollzugspolizei und bestimmten Beamten der Justizverwaltung zugewiesen ist. Die Fesselung kann erfolgen, indem Körperteile zusammengebunden oder an Gegenständen festgebunden werden.[1155] § 23 Abs. 1 SOG macht die Zulässigkeit der Fesselung vom Vorliegen besonderer Voraussetzungen abhängig. Erstens muss sich die Person in einem **Gewahrsamsverhältnis** befinden.[1156] Dazu zählen nach dem gefahrenabwehrrechtlichen Regelungszusammenhang zunächst einmal Gewahrsam nach § 13 SOG und Vorführungen nach §§ 11 Abs. 3 SOG, 19 HmbVwVG. Es ist aber anerkannt, dass auch Gewahrsamsverhältnisse mit repressiv-polizeilichem Zweck der Befugnis unterfallen, solange sie nicht von Spezialnormen verdrängt wird (besonders während vollstreckter Untersuchungshaft von § 54 Abs. 2 Satz 1 Nr. 6 HmbUVollzG). § 23 Abs. 1 SOG befugt also auch zur Fesselung von Personen, die nach § 127 StPO vorläufig festgenommen sind. Entscheidend ist nach dem Sinn der Vorschrift, dass gegenüber der betroffenen Person eine Anordnung erlassen worden ist, nach der sie im örtlichen Herrschaftsbereich der Behörde verbleiben muss. Unzulässig sind Fesselungen von Personen, die nicht in behördlicher Obhut sind. Außer dem Gewahrsamsverhältnis muss ein **besonderer Anlass** für die Fesselung bestehen. Dabei muss es sich um einen Fall handeln, den § 23 Abs. 1 a bis d SOG nennt: 501

- **a) Gefahr der Fremdschädigung**: Fesselungen sind zulässig, wenn ein Sicherungsbedürfnis besteht. Dieses erfordert die Gefahr von Angriffen (plötzlichen Gewalthandlungen) gegen Personen oder Sachen oder tatsächlich geleisteten Widerstand (körperliche Gegenwehr gegen Amtshandlungen).
- **b) Flucht- oder Befreiungsgefahr**: Hinreichender Anlass besteht auch, wenn die betroffene Person einen Fluchtversuch unternimmt, also dazu ansetzt, sich aus dem Herrschaftsbereich der Behörde zu entfernen. Ferner besteht er, wenn ein Fluchtversuch oder der Versuch eines Dritten, die Person zu befreien, zu befürchten ist, aber noch nicht stattgefunden

1155 S. *Merten, Karlheinz/Merten, Heike*, Hamburgisches Polizei- und Ordnungsrecht, Stuttgart 2007, § 23 SOG Rn. 2.

1156 Vgl. zur entsprechenden bundesgesetzlichen Regelung *Ruthig, Josef*, in: Schenke, Wolf-Rüdiger/Graulich, Kurt/Ruthig, Josef (Hrsg.), Sicherheitsrecht des Bundes, 2. Aufl. München 2019, § 8 UZwG Rn. 2. S. auch *Merten, Karlheinz/Merten, Heike*, Hamburgisches Polizei- und Ordnungsrecht, Stuttgart 2007, § 23 SOG Rn. 6.

hat. Dann verlangt die Norm aber, dass die Besorgnis auf besonderen Umständen beruht. Es reicht also nicht das normale Fluchtrisiko jeder Gewahrsamssituation.

- **c) Verdunklungsgefahr**: Die Fesselung ist auch zulässig, wenn die Gefahr besteht, dass die Person sicherzustellende Gegenstände beiseite schafft (etwa aus dem Fenster wirft) oder vernichtet (insofern kann schon Variante a erfüllt sein).
- **d) Gefahr der Selbstschädigung**: Schließlich darf eine Person durch Fesselung an erheblichen Selbstverletzungen gehindert werden.

502 In allen vier Varianten müssen **tatsächliche Anhaltspunkte** für den Anlass vorliegen, also **Tatsachen** aus dem konkreten Fall der betroffenen Person.[1157] Das folgt in Varianten a, b und d aus dem Begriff der Gefahr. In Variante b hat der Gesetzgeber mit dem Merkmal der Besorgnis eine niedrigere Eingriffsschwelle normiert, fordert zugleich aber die besonderen Umstände. Zentrale Verhältnismäßigkeitsvorgabe ist, dass der Anlass hinreichend sein muss, um die Beeinträchtigungen durch die Fesselung zu rechtfertigen. Dabei kommt es auf Ausmaß und Länge der Maßnahme an. Außer beim Auswahlermessen lässt sich dem Erfordernis schon bei der Auslegung der Varianten des § 23 Abs. 1 a bis d SOG Rechnung tragen. So rechtfertigt nicht schon die mögliche Beschädigung geringwertiger Sachen den Eingriff nach Variante a.[1158] Selbstverletzungen nach Variante d dürfen nicht geringfügig sein. Gebot der Erforderlichkeit ist zudem, dass **schmerzhafte und gesundheitsschädliche Fesselungsmethoden verboten** sind.[1159] Sie werden ab gewissen Intensitätsgraden schon nicht mehr der Rechtsgrundlage des § 23 Abs. 1 SOG unterfallen, weil die Norm Einschränkungen nur der Bewegungsfreiheit, nicht der körperlichen Unversehrtheit, gestattet. Die Fesselung verletzt sogar die Menschenwürde, wenn sie unnötig öffentlich erfolgt und eine Prangerwirkung für die betroffene Person entsteht.[1160] Bei Wegfall des Anlasses ist die Fesselung sofort zu beenden; in der Regel sobald sich die Person in einem Haftraum befindet.[1161]

1157 S. *Merten, Karlheinz/Merten, Heike*, Hamburgisches Polizei- und Ordnungsrecht, Stuttgart 2007, § 23 SOG Rn. 8 ff. S. auch *Ruthig, Josef*, in: Schenke, Wolf-Rüdiger/Graulich, Kurt/Ruthig, Josef (Hrsg.), Sicherheitsrecht des Bundes, 2. Aufl. München 2019, § 8 UZwG Rn. 2.

1158 So auch *Beaucamp, Guy*, in: B/E/R/S, § 23 SOG Rn. 8.

1159 S. auch *Ruthig, Josef*, in: Schenke, Wolf-Rüdiger/Graulich, Kurt/Ruthig, Josef (Hrsg.), Sicherheitsrecht des Bundes, 2. Aufl. München 2019, § 8 UZwG Rn. 6.

1160 BVerwGE 113, 187.

1161 *Beaucamp, Guy*, in: B/E/R/S, § 23 SOG Rn. 13.

(2) Fixierung von Personen

Mit § 23 Abs. 2 SOG begegnet der Gesetzgeber Vorgaben[1162] aus der neueren Verfassungsrechtsprechung.[1163] Für die gleichzeitige **Fixierung** sämtlicher Gliedmaßen (regelmäßig auf speziellen „Fesselbetten") gelten strengste Voraussetzungen und umfangreiche Verfahrensvorgaben. Fixierungen können **nur in seltenen Ausnahmefällen** geboten sein und kommen im polizeilichen Gewahrsam nur ganz vorübergehend in Betracht. Im Gewahrsam befindliche Personen, die nicht nur kurzfristig schwer aggressiv gegen sich und andere sind, werden oft zeitnah nach § 12 HmbPsychKG oder § 126 a StPO vorläufig unterzubringen sein. Wichtigste Voraussetzung der Fixierung ist nach § 23 Abs. 2 Satz 1 SOG die **gegenwärtige Gefahr einer Selbst- oder Fremdverletzung**. Sie muss erheblich sein.[1164] Weiter darf es keine Möglichkeit geben, die Gefahr anders abzuwenden (Unerlässlichkeit). Solange eine Person sich nicht selbst zu verletzen droht, besteht eine solche Möglichkeit regelmäßig, weil die Person durch Isolation in einem Haftraum an Gewaltakten gegen andere gehindert werden kann. Damit ist die Zulässigkeit der Fixierung faktisch auf Fälle beschränkt, in denen jedenfalls auch Selbstverletzungen im Raum stehen. Wichtigstes Verfahrenserfordernis ist die **richterliche Anordnung** (§ 23 Abs. 2 Satz 2 SOG). Zudem muss eine fixierte Person **ständig überwacht** werden (§ 23 Abs. 2 Satz 5 SOG). Endet das aggressive Verhalten, ist die Fixierung sofort zu lösen. Ein Fixierungsvorgang ist umfassend zu dokumentieren (§ 23 Abs. 2 Satz 7 Nrn. 1 bis 6 SOG). 503

(3) Schusswaffengebrauch

Schusswaffen sind das intensivste Einsatzmittel der Hamburgischen Verwaltung. Das Regelungsregime ist engmaschig. Zugelassene Schusswaffen sind Pistole, Revolver, Gewehr und Maschinenpistole (§§ 18 Abs. 4, 22 Abs. 2 Satz 2 SOG). Die Befugnis zu ihrem Gebrauch folgt aus §§ 11 Abs. 1 Nr. 3, 15 Abs. 1 HmbVwVG, 19 Abs. 1, 25 Abs. 1 SOG. Nach § 19 Abs. 1 SOG ist sie ausschließlich den Polizeivollzugsbeamten zugewiesen.[1165] 504

§§ 24 und 25 SOG normieren strenge besondere Voraussetzungen für den Schusswaffeneinsatz. Zunächst bestimmt § 24 Abs. 1 Satz 1 SOG in Kon- 505

1162 BVerfGE 149, 293. Dazu *Schemmel, Jakob*, Freiheitsentziehung durch Fixierung – Verfassungsrechtliche Maßstäbe für Gesetzgeber und Rechtsprechung, in: DVBl. 2019, 277 ff. S. nunmehr zum Anspruch auf effektive Strafverfolgung wegen rechtswidriger Zwangsfixierung auch BVerfG, in: NJW 2020, 675 ff.

1163 S. die Gesetzesbegründung, BürgDrucks. 21/17906 v. 30. 07. 19, S. 85 ff.

1164 S. die Gesetzesbegründung, BürgDrucks. 21/17906 v. 30. 07. 19, S. 86.

1165 Vgl. § 1 der HmbV über die zum Polizeivollzugsdienst gehörenden Beamtinnen und Beamten. Nach § 30 a Abs. 2 SOG gilt sie auch für Beamte, die nach § 30 a Abs. 1 SOG in Hamburg eingesetzt werden.

kretisierung des Verhältnismäßigkeitsprinzips, dass stets **andere Zwangsmittel Vorrang haben**. Im Übrigen hängen die Anforderungen davon ab, ob die Waffe gegen eine Sache oder einen Menschen eingesetzt wird. Beim Gebrauch gegen Sachen (auch Tiere[1166]) gelten keine weiteren Spezialvorgaben, beim Gebrauch gegen Personen hingegen strenge zusätzliche Anforderungen. Nach § 24 Abs. 1 Satz 2 SOG hat vor ihm wiederum der Gebrauch gegen Sachen Vorrang. Im Übrigen normiert § 25 Abs. 1 SOG als zentrale Voraussetzung für den Einsatz gegen Personen das **qualifizierte Gefahrenabwehrerfordernis**.

- Wichtigster Fall ist Nr. 1: Hier muss die Zielperson strafrechtlich geschützte Rechtsgüter gegenwärtig verletzen oder gefährden. Aus der prognostischen Sicht der Einsatzkraft (den Umständen nach) muss damit zu rechnen sein, dass die Begehung einer gefährlichen Straftat nur Augenblicke entfernt ist **(unmittelbar bevorsteht)**. Dafür reicht keine erwartete Begehung in einigen Minuten, der Schuss darf erst **im letzten Augenblick** erfolgen, in dem er die Tat noch effektiv verhindern kann.[1167] Taugliche Taten sind alle Verbrechen nach § 12 Abs. 1 StGB (auch §§ 29 a, 30 BtMG, 51 WaffG). Ansonsten muss die Tat mit Waffen oder Sprengstoff erfolgen (zumindest unter Mitführung), woraus sich eine hohe Gefährlichkeit ergibt. Unerlaubter Umgang mit Schusswaffen ist nach § 52 WaffG meist schon an sich strafbar. Im Ergebnis dürfen die Einsatzkräfte zumindest immer dann schießen, wenn sie **mit einer bewaffneten Person konfrontiert** sind und zu erwarten ist, dass die Person ihre Waffe sogleich verwenden wird.[1168] Die prognostizierte Tat muss rechtswidrig sein. Das schließt erforderlichen Vorsatz der Zielperson ein (unvorsätzliche Handlungen können auch meist anders abgewendet werden), nicht aber Schuld.
- Nr. 2 erfasst Fälle, in denen die Zielperson nach einer schweren Straftat im Sinne von Nr. 1 zu fliehen versucht – entweder im unmittelbaren Anschluss an die Tat (a) oder später, wenn Einsatzkräfte die Person stellen, soweit dringender Tatverdacht besteht (b) und (c). Nr. 3 und Nr. 4 regeln Fluchtszenarien, beziehungsweise Versuche gewaltsamer Gefangenenbefreiungen. In den Fällen der Nrn. 2 bis 4 ist die unmittelbar abzuwehrende Gefahr die der Flucht. Der Kontext ist regelmäßig **repressiv-polizeilich**. Allerdings lassen sich Körperverletzungen durch Schüsse kaum als strafprozessuale Maßnahmen einordnen. Schlüssiger ist, dass Schusswaffeneinsatz direkt immer nur der Gefahrenabwehr dienen darf.[1169]

1166 S. auch *Beaucamp, Guy*, in: B/E/R/S, § 24 SOG Rn. 7.

1167 S. *Graulich, Kurt*, Das Polizeihandeln, in: L/D, E. Rn. 935.

1168 S. *Graulich, Kurt*, Das Polizeihandeln, in: L/D, E. Rn. 930.

1169 S. auch *Graulich, Kurt*, Das Polizeihandeln, in: L/D, E. Rn. 932.

Das qualifizierte Gefahrenabwehrerfordernis gilt für alle Fälle des Schusswaffengebrauchs gegen Menschen. Auch § 26 Abs. 1 SOG normiert keine gesonderte Befugnis mit eigenen Voraussetzungen, sondern beschränkt bloß die Befugnis nach § 25 Abs. 1 SOG für den Fall, dass sich die Zielperson in einer Menschenmenge befindet.[1170] § 25 Abs. 2 Satz 1 SOG normiert zusätzliche Voraussetzungen für einen Schuss, der höchstwahrscheinlich tödlich wirken wird **(finaler Rettungsschuss**[1171]**)**. Ein solcher Schuss erfordert eine unmittelbare Lebensgefahr oder Gefahr schwerer Körperschäden (Schulbeispiel: augenblicklich drohende Geiselerschießung). Er muss das einzige Mittel sein, mit dem sich die Gefahr abwehren lässt. Auch dann muss weiterhin § 25 Abs. 1 SOG erfüllt sein. Nur Nr. 1 kommt in Betracht: Ginge die Gefahr nach Abs. 2 nämlich nicht von einer Tat nach Nr. 1 aus, wäre die Zielperson hinsichtlich der Leibes- oder Lebensgefährdung Nichtstörer oder allenfalls unvorsätzlicher Verursacher. Dann aber liefe ihre gezielte Tötung auf die Opferung eines Lebens zugunsten eines anderen hinaus.[1172] 506

Auch dem polizeilichen Ermessen sind beim Schusswaffengebrauch besondere Grenzen gesetzt. Zweck des Einsatzes darf nur sein, **angriffs- oder fluchtunfähig zu machen** (§ 24 Abs. 2 Satz 1 SOG); Schüsse mit Tötungsvorsatz können allein nach der Sonderregelung des § 25 Abs. 2 SOG erlaubt sein.[1173] Weiter sind bestimmte Personen als Zielpersonen ausgeschlossen. Das betrifft nach § 24 Abs. 3 SOG zunächst **Kinder**, also Personen die aus der Sicht der Einsatzkraft noch nicht 14 Jahre alt sind. Gegen sie dürfen Schusswaffen nach dem SOG nicht eingesetzt werden. Der Gesetzgeber will Kinder besonders schützen, die wegen Schuldunfähigkeit (§ 19 StGB) auch nicht strafverfolgt werden können. Zufriedenstellend ist die Rechtslage aber nicht. Gegenwärtige, rechtswidrige Angriffe von Kindern bleiben – wenn auch unter verschärften Voraussetzungen – nach § 32 StGB mit Waffen abwehrbar.[1174] Das ist rechtsstaatlich zwingend, weil auch das angegriffene Rechtsgut Schutz verdient (man denke an eine dreizehnjährige Person, die töten will). Auf diesen strafrechtlichen Rechtfertigungsgrund verweist aber § 24 Abs. 3 SOG die Einsatzkraft. Die Norm führt zur verwaltungsrechtlichen Rechtswidrigkeit von Maßnahmen, die mit Blick auf die grundrechtlichen Schutzpflichten 507

1170 S. auch *Beaucamp, Guy*, in: B/E/R/S, § 26 SOG Rn. 1.

1171 Ausführlich zu der Eingriffsform *Graulich, Kurt*, Das Polizeihandeln, in: L/D, E. Rn. 949 ff.

1172 Eine Ausnahme ließe sich höchstens für erheblich sorgfaltswidriges Verhalten erwägen. Fahrlässige Tötung ist gemäß § 222 StGB kein Verbrechen. Jedenfalls bei grob fahrlässiger Gefährdung mag ethisch aber wieder einsichtig sein, warum eher das eine Leben als das andere gerettet werden sollte.

1173 Allerdings wird ein Schuss ohne Tötungsvorsatz nicht dadurch rechtswidrig, dass er fehlgeht und den Tod bewirkt, s. BGH, in: NJW 1999, 2533, 2534.

1174 Vgl. zum polizeilichen Schusswaffengebrauch als Notwehrhandlung BGH, in: NStZ 2005, 31.

nicht missbilligenswert sind.[1175] Als Ziele ausgeschlossen sind auch **Personen in einer Menschenmenge**, sofern Unbeteiligte wahrscheinlich gefährdet würden; eine Ausnahme gilt bei Lebensgefahr (§ 26 Abs. 1 SOG). Taugliche Ziele sind immer nur bestimmte Einzelpersonen.[1176] Eine Personengruppe als solche „niederzuschießen" ist verboten. Es kann bloß sein, dass sämtliche in einer Gruppe befindlichen Personen taugliche Zielpersonen oder jedenfalls nicht unbeteiligt sind (vgl. auch § 26 Abs. 2 SOG). **Unbeteiligte** selbst scheiden als Zielpersonen aus, schon weil die Vollstreckung sich nur gegen Adressaten des Grundverwaltungsakts richten darf (§ 9 Abs. 1 Nr. 1 HmbVwVG). Zusätzlich verbietet § 24 Abs. 2 Satz 2 SOG (wieder mit Ausnahme für Lebensgefahr in Satz 3) den Schusswaffeneinsatz für alle weiteren Fälle, in denen hohe Wahrscheinlichkeiten für Schädigungen Unbeteiligter bestehen.

508 Die allgemeine Ermessensgrenze der Verhältnismäßigkeit wirkt bei der Entscheidung für Schusswaffeneinsätze besonders stark. Wenn alle besonderen Voraussetzungen gewahrt sind, kann es zwar an Geeignetheit und Erforderlichkeit kaum fehlen. Erhebliche Auswirkungen kann aber das Gebot der **Angemessenheit** haben. Es hat nämlich zur Folge, dass die geschützten Güter hinreichend gewichtig sein müssen, um die Beeinträchtigungen und Gefährdungen, die der Waffengebrauch auslöst, aufzuwiegen. Das ist klar der Fall, soweit Lebens- und erhebliche Gesundheitsgefahren bekämpft werden. Allerdings dürften allein Vermögensinteressen oder der staatliche Strafverfolgungsanspruch nicht ausreichen, um die schwerwiegenden Verletzungen zu rechtfertigen, die ein Schuss auslösen kann. Für den Schusswaffeneinsatz nach § 25 Abs. 1 Nr. 1 a SOG heißt das, dass das Verbrechen nicht bloß Eigentums- oder Vermögensdelikt sein darf, wie etwa § 260 a Abs. 1 StGB. Für den Einsatz nach § 25 Abs. 1 Nrn. 2 bis 4 SOG heißt es, dass die **Zielperson weiterhin gefährlich** sein muss, und zwar für Rechtsgüter, die den Schusswaffengebrauch rechtfertigen.[1177] Jedenfalls darf bloß zum Zweck der Festnahme nicht auf die Körpermitte gezielt werden. Allein das Strafinteresse rechtfertigt keine Lebensgefährdung.[1178]

509 Besondere Regelungen gelten schließlich für die **Androhung** des Schusswaffengebrauchs. Sie ist unter engeren Voraussetzungen entbehrlich als andere Androhungen, nämlich nur, wenn es zur Abwehr einer unmittelbar bevorstehenden Gefahr für Leib oder Leben erforderlich ist (§ 22 Abs. 2 Satz 1 SOG).

1175 Kritisch auch *Ruthig, Josef*, in: Schenke, Wolf-Rüdiger/Graulich, Kurt/Ruthig, Josef (Hrsg.), Sicherheitsrecht des Bundes, 2. Aufl. München 2019, § 13 UZwG Rn. 10.

1176 S. auch *Graulich, Kurt*, Das Polizeihandeln, in: L/D, E. Rn. 923.

1177 S. *Graulich, Kurt*, Das Polizeihandeln, in: L/D, E. Rn. 932. S. auch *Beaucamp, Guy*, in: B/E/R/S, § 25 SOG Rn. 8.

1178 BGH, in: NJW 1999, 2533 f.

Gegenüber Personen in einer Menschenmenge ist die Androhung des Schusswaffengebrauchs nie entbehrlich (§ 22 Abs. 3 Satz 2 SOG). Die Androhung kann ersetzt werden durch einen Warnschuss (§ 22 Abs. 1 Satz 3 SOG).[1179]

4. Unmittelbare Ausführung der Ersatzvornahme und des unmittelbaren Zwangs

a) Vorbemerkung

Nach § 7 Abs. 1 SOG dürfen Behörden Vollstreckungsmaßnahmen in dringlichen Fällen ausnahmsweise außerhalb des gestreckten Verfahrens durchführen, also **ohne zuvor einen Grundverwaltungsakt zu erlassen.**[1180] Für solche Einsätze lässt das Hamburgische Vollstreckungsrecht nur die **unmittelbare Ausführung** zu. Damit ist es schlüssiger als andere Regime, die außerdem die Verfahrensart des Sofortvollzugs kennen (vgl. §§ 6 Abs. 2 BVwVG und 19 BPolG).[1181] Besteht kein Grundverwaltungsakt, kann Zwang nur nach § 7 SOG gerechtfertigt werden, und zwar unabhängig davon, ob sein Einsatz dem (mutmaßlichen) Willen der Betroffenen entspricht.[1182] 510

Unmittelbare Ausführung ist eine **Art des Vollstreckungsverfahrens,** keine selbstständige Zwangsform.[1183] § 7 SOG gestattet Eingriffe, die sonst im gestreckten Verfahren zulässig sind, nämlich Einsätze von Zwangsmitteln nach § 11 Abs. 1 HmbVwVG. Er gewährt **keine weitergehenden Zwangsbefugnisse**; der *numerus clausus* der Zwangsmittel (s. oben B.IV.1.b.) greift auch hier (praktisch können aber nur Ersatzvornahme und unmittelbarer Zwang unmittelbar ausgeführt werden,[1184] s. oben B.IV.1.d.bb.). Als Norm des Vollstreckungsrechts erweitert § 7 auch nicht den Anwendungsbereich von Stan- 511

1179 Näher *Graulich, Kurt*, Das Polizeihandeln, in: L/D, E. Rn. 917.

1180 S. *Beaucamp, Guy*, in: B/E/R/S, § 7 SOG Rn. 1.

1181 Dazu etwa *Waldhoff, Christian*, Vollstreckung und Sanktionen, in: Hoffmann-Riem, Wolfgang/Schmidt-Aßmann, Eberhard/Voßkuhle, Andreas (Hrsg.), Grundlagen des Verwaltungsrechts, Band III, 2. Aufl. München 2013, § 46 Rn. 121 ff.; *Baumeister, Peter*, in: Schenke, Wolf-Rüdiger/Graulich, Kurt/Ruthig, Josef (Hrsg.), Sicherheitsrecht des Bundes, 2. Aufl. München 2019, § 7 VwVG Rn. 15 f.

1182 Tätigwerden im Einklang mit dem (mutmaßlichen) Willen wird in Regimen mit mehreren Verfahrensarten ohne Grundverfügung nämlich als Voraussetzung der unmittelbaren Ausführung betrachtet, s. *Graulich, Kurt*, Das Polizeihandeln, in: L/D, E. Rn. 837, 850 f.; *Kingreen, Thorsten/Poscher, Ralf*: Polizei- und Ordnungsrecht, 10. Aufl. München 2018, § 24 Rn. 42 f.

1183 Vgl. *Graulich, Kurt*, Das Polizeihandeln, in: L/D, E. Rn. 840.

1184 S. *Hoffmann-Riem, Wolfgang/Eifert, Martin*, Polizei- und Ordnungsrecht, in: Hoffmann-Riem, Wolfgang/Koch, Hans-Joachim (Hrsg.), Hamburgisches Staats- und Verwaltungsrecht, 3. Aufl. Baden-Baden 2006, S. 161, 206; *Pünder, Hermann*, Polizei- und Ordnungsrecht, in: Ehlers, Dirk/Fehling, Michael/Pünder, Hermann (Hrsg.), Besonderes Verwaltungsrecht, Band 3, 4. Aufl. Heidelberg 2020, § 69 Rn. 329 (im Erscheinen).

dard- und Spezialermächtigungen. Die Befugnisnormen regeln die Voraussetzungen der jeweiligen Maßnahmen abschließend und werden von § 7 nicht verdrängt. Auch wenn wegen Dringlichkeit kein Verwaltungsakt ergehen kann, richtet sich die Zulässigkeit einer Maßnahme nur nach ihrer jeweiligen Befugnisnorm. Standardmaßnahmen, die wesensnotwendig als Anordnungen erfolgen[1185] (wie Platzverweisungen nach § 12 a SOG), lassen sich ohne Verwaltungsakt gar nicht einsetzen. Sie kommen deshalb kombiniert mit der unmittelbaren Ausführung eines Zwangsmittels gegen dieselbe Person nicht vor. Anders ist es bei Maßnahmen, die durch Realhandlungen vorgenommen werden[1186] (etwa Durchsuchungen nach § 16 SOG). Sie können ohne Verwaltungsakt schlicht vollzogen werden (s. oben B.IV.1.c.aa.).[1187] Wird ein Zwangsmittel unmittelbar ausgeführt, um die Vollziehung einer solchen Standardmaßnahme zu ermöglichen (etwa Aufbrechen einer Tür zur Ermöglichung einer Durchsuchung), richtet sich die Rechtmäßigkeit der Standardmaßnahmen-Vollziehung (des Durchsuchens) nach der jeweiligen Standardermächtigung. § 7 SOG kann nur das Zwangsmittel rechtfertigen (hier das Aufbrechen). Oftmals wird sich allerdings eine eingehende Rechtsprüfung der Standardmaßnahme erübrigen, weil ihre wesentlichen Gesichtspunkte durch die Prüfung der unmittelbaren Ausführung abgedeckt sind (Merkmal der Rechtmäßigkeit einer hypothetischen Grundverfügung, unten B.IV.4.d.bb.1.).[1188]

b) Checkliste Rechtmäßigkeit

512
- Rechtsgrundlage: § 7 SOG
- Tatbestandsvoraussetzungen
  - Rechtmäßigkeit eines hypothetischen Grundverwaltungsakts
    - Rechtsgrundlage
    - Soweit anwendbar: Formelle Rechtmäßigkeit
    - Materielle Rechtmäßigkeit

1185 Vgl. *Kjellsson, Rabea*: Das Zwangsmittel der Ersatzvornahme, Berlin 2019, S. 129 f.

1186 Vgl. *Kjellsson, Rabea*: Das Zwangsmittel der Ersatzvornahme, Berlin 2019, S. 130 f.

1187 S. *Kingreen, Thorsten/Poscher, Ralf*: Polizei- und Ordnungsrecht, 10. Aufl. München 2018, § 11 Rn. 10; *Pünder, Hermann*, Polizei- und Ordnungsrecht, in: Ehlers, Dirk/Fehling, Michael/Pünder, Hermann (Hrsg.), Besonderes Verwaltungsrecht, Band 3, 4. Aufl. Heidelberg 2020, § 69 Rn. 188 (im Erscheinen).

1188 Das ist aber nicht zwingend. Eine Durchsuchung kann dem Grunde nach zulässig sein, sodass eine hypothetische Grundverfügung rechtmäßig wäre, während zugleich Gesichtspunkte der Vollziehung rechtswidrig sind (etwa unnötige Erstreckung auf Gegenstände des höchstpersönlichen Lebensbereichs).

  - Voraussetzungen des eingesetzten Zwangsmittels (jedenfalls Pflichtwidrigkeit)
  - Besondere Dringlichkeit
    - Unmittelbar bevorstehende Gefahr für die öffentliche Sicherheit oder Ordnung
    - Keine zumutbare Möglichkeit anderweitiger Gefahrenabwehr
- Rechtsfolge: Ermessen
  - Gegebenenfalls besondere Ermessensgrenzen des eingesetzten Zwangsmittels
  - Allgemeine Ermessensgrenzen (einschließlich Verhältnismäßigkeitsprüfung)
  - Maßnahmenspezifische Verfahrens- und Formerfordernisse

c) Betroffene Grundrechte

Form und Intensität des Grundrechtseingriffs hängen nicht von der Verfahrensart ab, sondern vom eingesetzten Zwangsmittel. S. zur Ersatzvornahme oben B.IV.2.c. und zum unmittelbaren Zwang oben B.IV.3.c. **513**

d) Einzelerläuterungen

aa) Rechtsgrundlage (Vorliegen eines Zwangsmitteleinsatzes außerhalb des gestreckten Verfahrens)

Rechtsgrundlage für alle unmittelbaren Ausführungen ist § 7 Abs. 1 SOG.[1189] **514**
Zur Prüfung, ob die Norm einschlägig ist, stellt man zunächst fest, ob ein Zwangsmitteleinsatz gegeben ist, also eine Ersatzvornahme (s. oben B.IV.2.d.aa.) oder eine Maßnahme des unmittelbaren Zwangs (s. oben B.IV.3.d.aa.) vorliegt. Ist das der Fall, prüft man weiter, ob ein Verwaltungsakt besteht, den das Zwangsmittel durchsetzt. Besteht ein Grundverwaltungsakt, handelt es sich um Vollstreckung im gestreckten Verfahren. **Besteht kein Grundverwaltungsakt**, kommt nur § 7 Abs. 1 SOG als Rechtsgrundlage in Betracht. Ein wirksamer Grundverwaltungsakt scheidet insbesondere

1189 Wenn man meint, dass § 7 Abs. 1 SOG keine eigene Befugnisnorm ist (wie *Merten, Karlheinz/Merten, Heike*: Hamburgisches Polizei- und Ordnungsrecht, Stuttgart 2007, § 7 SOG Rn. 7; *Beaucamp, Guy*, in: B/E/R/S, § 7 SOG Rn. 6), zitiert man die Befugnis für den Einsatz des jeweiligen Zwangsmittels im gestreckten Verfahren hinzu (etwa §§ 11 Abs. 1 Nr. 1, 13 Abs. 1 Satz 1 HmbVwVG für Ersatzvornahmen). Dadurch ändert sich an den Rechtmäßigkeitsvoraussetzungen nichts.

aus, wenn gegenüber der betroffenen Person keine Bekanntgabe erfolgt ist (§ 43 Abs. 1 HmbVwVfG, s. oben B.IV.2.d.bb.1.a.). An der Bekanntgabe fehlt es regelmäßig, wenn keine Kommunikation mit der Person stattgefunden hat, besonders wenn die Person abwesend ist oder Nachrichten nicht zur Kenntnis nehmen kann (bewusstlose Person, Rausch, zu hohe Umgebungslautstärke).[1190] Verkehrszeichen können aber unabhängig davon wirksam werden, ob die Person sie wahrnimmt. Wenn das Abstellen eines Kfz gegen ein Verkehrszeichen verstößt, ist dessen Abschleppen zur Umsetzung Ersatzvornahme im gestreckten Verfahren. Verstößt es bloß unmittelbar gegen ein Gesetz, ist die **Umsetzung des Kfz unmittelbare Ausführung der Ersatzvornahme**. Der Regelfall des Abschleppens als Sicherstellung ist keine Vollstreckungsmaßnahme. Näher zu den Abschleppfällen s. oben B.IV.1.c.aa. und B.IV.2.d.ee.

bb) Tatbestandsvoraussetzungen

(1) Rechtmäßigkeit eines hypothetischen Grundverwaltungsakts

515 Zwangsmittel sind dafür konzipiert, vorangegangene Entscheidungen durchzusetzen. Das Vollstreckungsrecht sagt nichts darüber aus, welche Pflichten eine Person hat. Das bestimmt normalerweise der Grundverwaltungsakt nach Maßgabe des inhaltlichen Verwaltungsrechts.[1191] Fehlt aber ein Grundverwaltungsakt, ergibt die Zulässigkeit von Durchsetzungsmaßnahmen nur Sinn, soweit man Pflichten der betroffenen Person anderweitig begründet.[1192] Sonst gäbe es keine Norm, die der Zwang durchsetzen könnte, und der Eingriff wäre nicht inhaltlich erklärbar. Aus diesem Grund gilt für die unmittelbare Ausführung anerkanntermaßen eine **ungeschriebene Tatbestandsvoraussetzung**. Sie verlangt, dass ein Grundverwaltungsakt – hätte man ihn vor der Vollstreckung erlassen – rechtmäßig gewesen wäre.[1193] Es geht also um die Rechtmäßigkeit nicht eines tatsächlich erlassenen, sondern eines hypothetischen Grundverwaltungsakts. Das Merkmal

1190 S. auch *Merten, Karlheinz/Merten, Heike*: Hamburgisches Polizei- und Ordnungsrecht, Stuttgart 2007, § 7 SOG Rn. 9.

1191 S. *Waldhoff, Christian*, Vollstreckung und Sanktionen, in: Hoffmann-Riem, Wolfgang/ Schmidt-Aßmann, Eberhard/Voßkuhle, Andreas (Hrsg.), Grundlagen des Verwaltungsrechts, Band. III, 2. Aufl. München 2013, § 46 Rn. 1 ff., 167.

1192 S. *Kingreen, Thorsten/Poscher, Ralf*: Polizei- und Ordnungsrecht, 10. Aufl. München 2018, § 24 Rn. 39.

1193 S. *Hoffmann-Riem, Wolfgang/Eifert, Martin*, Polizei- und Ordnungsrecht, in: Hoffmann-Riem, Wolfgang/Koch, Hans-Joachim (Hrsg.), Hamburgisches Staats- und Verwaltungsrecht, 3. Aufl. Baden-Baden 2006, S. 161, 206; *Beaucamp, Guy*, in: B/E/R/S, § 7 SOG Rn. 4. S. auch *Merten, Karlheinz/Merten, Heike*: Hamburgisches Polizei- und Ordnungsrecht, Stuttgart 2007, Vorbemerkungen zu §§ 17 ff. SOG Rn. 18; *Pünder, Hermann*, Polizei- und Ordnungsrecht, in: Ehlers, Dirk/Fehling, Michael/Pünder, Hermann (Hrsg.), Besonderes Verwaltungsrecht, Band 3, 4. Aufl. Heidelberg 2020, § 69 Rn. 330 (im Erscheinen).

gewährleistet, dass die Behörde bei der unmittelbaren Ausführung keine weiteren Befugnisse hat als im normalen Verfahren. Sie darf ein Zwangsmittel nur einsetzen, wenn sie **zum Erlass des Verwaltungsakts befugt wäre**, den das Mittel vollstrecken würde. Der Verwaltungsakt wird aber nicht – wie es zuweilen heißt[1194] – fingiert. Die unmittelbare Ausführung eines Zwangsmittels ist Realhandeln und rechtlich (besonders beim Rechtsschutz) als solches zu behandeln. Nach § 7 SOG ist nicht zu unterstellen, dass tatsächlich ein Grundverwaltungsakt erlassen wird. Es müssen bloß dessen Voraussetzungen vorliegen.

Das Erfordernis der Rechtmäßigkeit einer hypothetischen Grundverfügung bindet Sachfragen (besonders des materiellen Polizei- und Ordnungsrechts) in die vollstreckungsrechtliche Rechtmäßigkeitsprüfung ein. Es kann daher eine **umfangreiche Schachtelprüfung** verlangen. Zur Beurteilung des Merkmals muss man nämlich alle Gesichtspunkte untersuchen, die man sonst bei der Prüfung des Grundverwaltungsakts erörtern würde. Nötig sind jedenfalls eine **Rechtsgrundlage**, das Vorliegen aller materiellen **Tatbestandsvoraussetzungen** und die Einhaltung aller **Ermessensgrenzen** und sonstigen Vorgaben für die Rechtsfolgenebene. Es entfallen bloß Erfordernisse, die sich nur sinnvoll einhalten lassen, wenn der Verwaltungsakt tatsächlich erlassen wird. Dabei geht es um Vorgaben der formellen Rechtmäßigkeit, und zwar des Verfahrens und der Form. Beispielsweise muss, bevor ein belastender Verwaltungsakt erlassen wird, nach § 28 Abs. 1 HmbVwVfG eine Anhörung erfolgen. Hier wird aber kein Verwaltungsakt erlassen, im Hinblick auf den man eine Person anhören könnte (ohnehin wird regelmäßig ein Fall des § 28 Abs. 2 HmbVwVfG vorliegen). Das heißt aber nicht, dass alle Erfordernisse der formellen Rechtmäßigkeit entfallen. Zumindest die Zuständigkeitsordnung muss gewahrt bleiben; nur die für den Verwaltungsakt zuständige Behörde (notfalls die Polizei, § 3 Abs. 2 Satz 1 a SOG) darf die Maßnahme ausführen. 516

(2) Voraussetzungen des eingesetzten Zwangsmittels

Die Vollstreckungsvoraussetzungen des gestreckten Verfahrens sind bei der unmittelbaren Ausführung nicht anwendbar. Sie setzen größtenteils gerade einen Titel, regelmäßig einen Grundverwaltungsakt, voraus. Anwenden ließe sich allenfalls das Vollstreckungshindernis des § 28 Abs. 1 Nr. 4 HmbVwVG. Auch das ist im Ergebnis aber verzichtbar, weil seine Voraussetzungen im Merkmal der besonderen Dringlichkeit aufgehen. Zu beachten sind aber **alle Erfordernisse des eingesetzten Zwangsmittels** (allgemein 517

1194 *Beaucamp, Guy*, in: B/E/R/S, § 7 SOG Rn. 4 ff.

zur Ersatzvornahme s. oben B.IV.2.d.bb.2.), zum unmittelbaren Zwang s. oben B.IV.3.d.bb.2.). Dazu zählt stets mindestens einfache Pflichtwidrigkeit, also dass die Pflicht, die der Grundverwaltungsakt angeordnet hätte, nicht befolgt ist. Vorliegen müssen aber auch alle besonderen Voraussetzungen des Zwangsmittels.

(3) Besondere Dringlichkeit

518 Kernregelung des § 7 Abs. 1 SOG ist, dass die unmittelbare Ausführung nur erfolgen darf, wenn auf andere Weise eine unmittelbar bevorstehende Gefahr für die öffentliche Sicherheit oder Ordnung nicht abgewehrt oder eine Störung der öffentlichen Sicherheit oder Ordnung nicht beseitigt werden kann. Die Voraussetzung ist zweigeteilt. Erstens bedarf es einer **Gefahrenlage** oder Störung, wobei die erforderliche Gefahr als unmittelbar bevorstehend qualifiziert ist.[1195] Das Merkmal ist, wenn die Rechtmäßigkeit der hypothetischen Grundverfügung gegeben ist, oft miterfüllt. Zweitens darf es keine Möglichkeit geben, die Gefahr oder Störung anders zu bekämpfen. In dieser Bestimmung steckt zunächst eine Konkretisierung des Grundsatzes der Erforderlichkeit. Sie stellt klar, dass das Zwangsmittel nicht verwendet werden darf, wenn andere Lösungen verfügbar sind. Vor allem aber ordnet die Bestimmung an, dass die unmittelbare Ausführung nicht erfolgen darf, solange das gestreckte Verfahren durchgeführt werden könnte **(Vorrang des gestreckten Verfahrens vor der unmittelbaren Ausführung)**.[1196] Hierin liegt der praktisch wichtigste Hinderungsgrund für Maßnahmen nach § 7 Abs. 1 SOG. Sofern nicht anderenfalls die Gefahrenabwehr vereitelt würde, muss die Behörde mit dem Zwangsmitteleinsatz abwarten, bis sie der betroffenen Person gegenüber einen Verwaltungsakt bekanntgeben kann.

cc) Rechtsfolge: Ermessen

519 Für unmittelbare Ausführungen gelten die allgemeinen Bestimmungen über Gebrauch und Kontrolle von Ermessen sowie die besonderen Erfordernisse und Ausprägungen für den Zwangsmitteleinsatz (s. oben B.IV.2.d.cc. sowie B.IV.3.d.cc.), gerade der **Verhältnismäßigkeit**. Gelten für das eingesetzte Zwangsmittel besondere Vorgaben auf der Ermessensebene, sind auch diese bei seiner unmittelbaren Ausführung zu beachten (s. B.IV.3.d.ee.).

1195 S. *Graulich, Kurt*, Das Polizeihandeln, in: L/D, E. Rn. 839.

1196 S. *Beaucamp, Guy*, in: B/E/R/S, § 7 SOG Rn. 7; *Graulich, Kurt*, Das Polizeihandeln, in: L/D, E. Rn. 841 ff.; *Kingreen, Thorsten/Poscher, Ralf*: Polizei- und Ordnungsrecht, 10. Aufl. München 2018, § 24 Rn. 41; *Pünder, Hermann*, Polizei- und Ordnungsrecht, in: Ehlers, Dirk/ Fehling, Michael/Pünder, Hermann (Hrsg.), Besonderes Verwaltungsrecht, Band 3, 4. Aufl. Heidelberg 2020, § 69 Rn. 331 f. (im Erscheinen).

dd) Maßnahmenspezifische Verfahrens- und Formerfordernisse

§ 7 SOG normiert als einziges Verfahrenserfordernis, dass eine betroffene Person, der Nachteile durch den Zwangsmitteleinsatz entstehen, unverzüglich benachrichtigt werden muss (Abs. 2). Ergänzend gelten die Verfahrens- und Formvorschriften für das jeweils angewandte Zwangsmittel (für die Ersatzvornahme s. oben B.IV.2.dd. und für den unmittelbaren Zwang s. oben B.IV.3.dd.), denn das Verfahren nach § 7 SOG soll nicht die Rechtsstellung der betroffenen Person verschlechtern. Wegen der besonderen Dringlichkeit werden formelle Erfordernisse bei Vorliegen der Voraussetzungen von § 7 Abs. 1 SOG allerdings oft entbehrlich sein, etwa die Androhung unmittelbaren Zwangs nach § 22 Abs. 1 Satz 2 SOG und die Fristsetzung gemäß § 8 Abs. 1 HmbVwVG nach § 27 Abs. 1 HmbVwVG. **520**

V. Kosten- und Entschädigungsrecht

Anneken Kari Sperr

1. Vorbemerkung: Sekundärebene/gerechter Lastenausgleich im Überblick

521 Während die Maßnahmen der Polizei- und Ordnungsbehörden auf der Primärebene der effektiven Gefahrenabwehr zum Wohle der Allgemeinheit dienen, geht es auf der Sekundärebene, dem Kosten- und Entschädigungsrecht, um einen gerechten Lastenausgleich zwischen Gemeinwohl- und Individualinteressen. Dieser beruht auf rechtsstaatlichen Erwägungen und muss dem Gleichheitsgrundsatz nach Art. 3 Abs. 1 GG standhalten.

522 Grundsätzlich ist zwischen Kostenansprüchen der Verwaltung gegen den Bürger (s. unter B.V.2.) und Entschädigungsansprüchen des Bürgers gegen den Staat (s. unter B.V.5.) zu unterscheiden. Daneben ist auch der Störer-Innenausgleich anzusprechen, der auf eine anteilige Kostenübernahme abzielt, wenn zunächst nur einer von mehreren Störern in Anspruch genommen worden ist (s. unter B.V.3.). Außerdem ist auf die Sonderfrage einer Kostentragung des Begünstigten von polizei- und ordnungsrechtlichen Maßnahmen einzugehen (s. unter B.V.4.).

2. Kostenansprüche der Verwaltung gegen den Bürger

523 **Sinn und Zweck** des Kostenrechts ist es zu verhindern, dass polizeirechtlich Verantwortliche finanzielle Aufwendungen auf die Allgemeinheit abwälzen, die sie selbst hätten tragen müssen (Vorteilsausgleichsgedanke).[1197] Ansprüche der Behörde auf Zahlung von **Auslagen** (an Dritte geleisteter Fremdaufwand) oder **Gebühren** (Eigenaufwendungen der Polizei) gegenüber sog. Pflichtigen sind außerdem am Sanktions- und Missbrauchsabwehrgedanken orientiert: Wer behördliche Maßnahmen veranlasst, soll am erforderlichen Aufwand beteiligt werden. Dagegen hat sich der Aspekt einer ansatzweisen Kommerzialisierung polizeilicher Tätigkeit nur vereinzelt durchgesetzt (dazu unter B.V.4.).

524 **Gesetzlich geregelt** ist die Kostentragung des Pflichtigen dem Grunde nach im **SOG** sowie im **HmbVwVG**. Der Höhe nach bestimmt sich der Kostenersatz nach dem Gebührengesetz (HmbGebG), der Gebührenordnung für

---

1197 *Gusy, Christoph*, Polizei- und Ordnungsrecht, 10. Aufl. Tübingen 2017, Rn. 456.

Maßnahmen auf dem Gebiet der öffentlichen Sicherheit und Ordnung (HmbGebOSiO), der Hamburger Vollstreckungskostenordnung (VKO) sowie weiteren Rechtsvorschriften, etwa der Verordnung über die Höhe von Gemeinkostenzuschlägen.

Grundbedingung von Zahlungsansprüchen ist das Vorliegen einer **Anspruchsgrundlage**. Diese muss einen Tatbestand als Grund der Leistungspflicht normieren, zur Erhebung einer Geldleistung ermächtigen und den Leistungspflichtigen bestimmen. Im Rahmen des Polizei- und Ordnungsrechts dürfen Kosten nur erhoben werden, wenn die Maßnahme im Gesetz als kostenpflichtig qualifiziert wird. Dies ist der Fall bei der Sicherstellung (§ 14 Abs. 3 Satz 3 SOG), der Ersatzvornahme (§ 13 Abs. 2 HmbVwVfG) und der unmittelbaren Ausführung, also der Ersatzvornahme im einaktigen Verfahren (§ 7 Abs. 3 Satz 1 SOG), s. allgemein oben B.IV. Gemeinsam mit den Bestimmungen zur Kostenerhebung bilden diese Vorschriften die Rechtsgrundlage des Kostenbescheids.[1198] 525

Neben dem Vorliegen der Rechtsgrundlage (I.) sind als **Voraussetzungen des Kostenanspruchs** die formelle[1199] (II.) und materielle (III.) Rechtsmäßigkeit des Kostenbescheids zu nennen. Die **materielle Rechtsmäßigkeit** setzt vier Elemente voraus: Zunächst muss ein **Kostengrund (1.)** gegeben sein, das heißt die Vornahme einer zulässigen und rechtmäßigen (Vollstreckungs-)Maßnahme. Dabei muss auch die der Vollstreckung zugrunde liegende (gegebenenfalls hypothetische) Grundverfügung rechtmäßig sein, soweit diese nicht ausnahmsweise unanfechtbar geworden ist.[1200] 526

1198 So besteht der Kostengrund im Falle des Abschleppens eines Pkw etwa in der Sicherstellung des Fahrzeugs § 14 Abs. 3 Satz 3 SOG, die Bestimmungen zur Kostenerhebung finden sich in § 3 Abs. 1 Nr. 4 HmbGebG, § 1 HmbGebOSiO in Verbindung mit Anlage 1 Nr. 25 (Gebühren), § 5 Abs. 2 Nr. 5 HmbGebG (besondere Auslagen), § 5 Abs. 5 Satz 1 HmbGebG in Verbindung mit § 1 VO über die Höhe von Gemeinkostenzuschlägen (Gemeinkosten); gleiches gilt etwa beim Umsetzen eines PKW aufgrund eines Verkehrszeichens (Verwaltungsakt) für die Ersatzvornahme im mehraktigen Verfahren, § 13 Abs. 2 HmbVwVfG (s. oben B.IV.2.d.ee.) und – beim Umsetzen aus anderen Gründen, also ohne Verwaltungsakt – für die unmittelbare Ausführung (Ersatzvornahme im einaktigen Verfahren), § 7 Abs. 3 Satz 1 SOG (s. dazu oben B.IV.4.). Außerhalb von Abschleppfällen regelt die gem. § 40 HmbVwVG erlassene Vollstreckungskostenordnung (VKO) die Frage, welche Kosten (Gebühren und Auslagen) im Rahmen der Verwaltungsvollstreckung (Ersatzvornahme § 13 Abs. 2 HmbVwVfG) im Einzelfall zu tragen sind.

1199 Zu beachten ist insbesondere das Erfordernis einer Anhörung. Diese ist nicht nach § 28 Abs. 2 Nr. 5 HmbVwVfG entbehrlich, weil es sich bei einem Kostenbescheid nicht um eine Maßnahme in der Verwaltungsvollstreckung handelt.

1200 Nach Auffassung der Rechtsprechung ist die Rechtmäßigkeit des unanfechtbaren Grundverwaltungsaktes auch dann entbehrlich, wenn er vor seiner Bestandskraft vollzogen worden ist, vgl. BVerwG, in: NVwZ 2009, 122; kritisch im Hinblick auf einen effektiven Rechtsschutz (Art. 19 Abs. 4 GG) *Enders, Christoph*, Der Verwaltungsakt als Titel für die Anforderung der Kosten seiner Vollstreckung – Selbstverständlicher Rechtsgrundsatz oder grundsätzliches Missverständnis?, in: NVwZ 2009, 958.

527 Auch muss die **Kostenhöhe ordnungsgemäß festgesetzt (2.)** sein. Gefordert werden dürfen tatsächlich entstandene **Auslagen** bei privaten oder dritten staatlichen Stellen, sowie sonstige bei einem Einsatz **durch Eigenaufwand der Polizei entstandene Kosten** („Gebühren"), soweit sie ihrem Charakter nach „Auslagen" sind und sich nicht als Kosten *des* Einsatzes darstellen. Hier werden **Pauschalen** nach Einsatzstunden, Fahrzeugkosten, Kilometern usw. angesetzt. **Gesonderte Gebührenansprüche** hinsichtlich des Eigenaufwandes der Polizei fanden und finden sich nur vereinzelt (dazu unter B.V.4.a.). Die Diskussion über die Kostentragung des Begünstigten wird anlässlich der Rechtsprechung zur bremischen Regelung im Bereich des Profifußballs aktuell unter dem Stichwort der Kostentragung kommerzieller Großveranstaltungen geführt (s. B.V.4.b.). Die konkrete Kostenhöhe richtet sich hinsichtlich der (Verwaltungs-)Gebühren nach den Bestimmungen des § 1 HmbGebOSiO in Verbindung mit deren Anlage 1 bzw. der VKO, hinsichtlich des Auslagenersatzes für an Dritte geleisteten Aufwand nach der Höhe der entstandenen Auslagen sowie gegebenenfalls nach der Gemeinkostenzuschlägeverordnung. Hat die Vollstreckungsbehörde gem. § 13 Abs. 2 Satz 3 HmbVwVfG eine Vorauszahlung bis zur Höhe der voraussichtlich entstehenden Kosten gefordert, die sich als nicht ausreichend erweist, kann sie eine Kostennachforderung stellen (Prinzip der vollständigen Kostenerstattung).[1201]

528 **Kostenschuldner (3.)** ist der polizeirechtlich Verantwortliche.[1202] Im Fall der Ersatzvornahme ist dies gem. § 13 Abs. 2 Satz 1 HmbVwVfG der durch die Grundverfügung Verpflichtete („Pflichtige"). Im Fall der Sicherstellung (§ 14 Abs. 3 SOG) und der unmittelbaren Ausführung (§ 7 Abs. 3 SOG) ist dies der nach §§ 8, 9 SOG Verantwortliche (zur Verantwortlichkeit im SOG s. oben B. I.3.). Gegen den Nichtverantwortlichen entsteht kein Kostenanspruch.[1203] **Anscheinsstörer** dürfen nur in Anspruch genommen werden, wenn sie bei ex-post-Betrachtung den Anschein der Gefahr zurechenbar gesetzt und damit selbst Veranlassung zu ihrer Inanspruchnahme gegeben haben.[1204] Gleiches gilt für den sogenannten **Gefahrenverdachtsstörer**. Wer sich also nicht als Störer erweist, kann nur dann als Kostenschuldner in Betracht kommen, wenn er bei ex-post Betrachtung zurechenbar durch eigenes Verhalten Veranlassung zu Gefahraufklärungsmaßnahmen gesetzt hat.[1205] Für die Auswahl des Kostenpflichtigen bei mehreren Verantwortlichen gelten die gleichen Grundsätze wie bei der Störerauswahl (dazu unter

1201 Vgl. BVerwG, in: NJW 1984, 2591.

1202 OVG Münster, in: NVwZ-RR 2013, 681.

1203 OVG Hamburg, in: DVBl. 1985, 972.

1204 OVG Hamburg, in: NJW 1986, 2005.

1205 OVG Münster, in: DVBl. 1996, 1444.

B.I.3.e.). Allein bei der Sicherstellung findet sich ausnahmsweise die Vorgabe einer gesamtschuldnerischen Haftung, vgl. § 14 Abs. 3 Satz 5 SOG.

Im Wege des **Ermessens (4.)** kann von der Kostenerhebung abgesehen werden, 529
wenn diese für den Betroffenen eine unbillige Härte bedeuten würde. So kann etwa die Rechtswidrigkeit der vollzogenen Grundverfügung ermessensreduzierend berücksichtigt werden. Gleiches gilt, wenn die Maßnahme nicht vorhersehbar war, weil sie im Wege des Sofortvollzugs durchgeführt wurde.[1206]

Kostenersatzansprüche gegen den Pflichtigen können durch **Leistungsbe-** 530
scheid (Kostenbescheid) geltend gemacht werden.[1207] Die Vollstreckung des Leistungsbescheides erfolgt nach §§ 30 ff. HmbVwVfG. Widerspruch und Anfechtungsklage haben grundsätzlich **aufschiebende Wirkung**, § 80 Abs. 1 Satz 1 VwGO, da bei der Heranziehung zu den Kosten einer Ersatzvornahme oder einer unmittelbaren Ausführung weder öffentliche Abgaben noch Kosten im Sinne des § 80 Abs. 2 Satz 1 VwGO geltend gemacht werden.[1208] Werden aber Kosten nach dem Hamburger Gebührengesetz erhoben, wie etwa beim Gebührenbescheid zum Beiseiteräumen eines verkehrsbehindernd abgestellten Fahrzeugs, so greift § 80 Abs. 2 Satz 1 VwGO. Eine aufschiebende Wirkung von Rechtsbehelfen entfällt in Hamburg bei Kostenbescheiden nach Abschleppmaßnahmen kraft Sachzusammenhangs nicht nur hinsichtlich der Amtshandlungsgebühr (§ 3 Abs. 1 Satz 1 Nr. 4 HmbGebG) und des Gemeinkostenzuschlags (§ 5 Abs. 5 Satz 1 HmbGebG), sondern auch hinsichtlich der auf der Rechnung des Abschleppunternehmers beruhenden Forderung der besonderen Auslagen (§ 5 Abs. 2 Satz 1 Nr. 5 HmbGebG).[1209]

3. Störer-Innenausgleich

Im Fall der Störermehrheit auf Primärebene ergibt sich auf Sekundärebene 531
die Frage nach einem **Störer-Innenausgleich**. In der Regel hat sich die Behörde im Rahmen ihres Auswahlermessens bei der Inanspruchnahme zur Gefahrenabwehr für einen Störer entschieden. Dieser hat ein Interesse an

1206 Mit weiteren Beispielen *Gusy, Christoph*, Polizei- und Ordnungsrecht, 10. Aufl. Tübingen 2017, Rn. 460; zwar hat die Behörde bei der Ersatzvornahme nach dem Wortlaut des § 13 Abs. 2 Satz 1 HmbVwVG kein Ermessen, § 13 Abs. 2 Satz 4 HmbVwVG sieht aber ausdrücklich Ausnahmen für den Fall der unbilligen Härte vor.

1207 *Schoch, Friedrich*, Kosten der Gefahrenabwehr und Ersatzansprüche gegen die Verwaltung, in: JuS 1995, 508; *Buchberger, Elisabeth/Sailer, Wolfgang*, Ausgleichs- und Ersatzansprüche des Bürgers und Haftung für Polizeikosten, in: L/D, M. Rn. 182.

1208 *Gusy, Christoph*, Polizei- und Ordnungsrecht, 10. Aufl. Tübingen 2017, Rn. 465.

1209 So mit ausführlicher Erörterung OVG Hamburg, in: NordÖR 2006, 201, 202 f.

einem internen Ausgleich mit möglichen weiteren Störern. Eine allgemeine öffentlich-rechtliche Rechtsgrundlage für einen Ausgleichsanspruch des herangezogenen gegen die übrigen Pflichtigen fehlt indes. Die **Rechtsprechung** lehnt Versuche zur Herbeiführung eines **gerechten Lastenausgleichs** ab, weil die Behörde durch die Kriterien zur Störerauswahl in ihrem Ermessen festgelegt sei. Für den nicht in Anspruch genommenen Störer bestand aufgrund der für ihn günstigeren Ermessensentscheidung keine Verbindlichkeit, womit der Rückgriff auf Institute wie Gesamtschuldverhältnis (§§ 426, 254 BGB analog), Geschäftsführung ohne Auftrag (§ 677 BGB) und Bereicherungsrecht (§ 812 Abs. 1, Satz 1, 1. Alt BGB) ausscheide.[1210] In der **Literatur** wird dagegen die **analoge** Anwendung des **Gesamtschuldverhältnisses** nach § 426 BGB gefordert.[1211] Für einen solchen Ansatz spricht nicht nur ein rechtspolitisch befriedigendes Ergebnis, er ist auch dogmatisch stimmig.[1212] In neueren Gesetzen finden sich auch bereits ausdrückliche Regelungen eines entsprechenden Kostenausgleichs unter mehreren Störern, s. etwa § 24 Abs. 2 BBodSchG. Auch sehen zusätzliche Vorschriften eine gesamtschuldnerische Haftung der Polizeipflichtigen und damit einen internen Rückgriffanspruch ausdrücklich vor, so etwa die Bestimmung zur Kostenerhebung bei der Sicherstellung und Verwahrung nach § 14 Abs. 3 Satz 5 SOG sowie die Bestimmungen zum Gebührenpflichtigen nach § 9 Abs. 7 HmbGebG und die Regelung von Säumniszinsen in § 19 Abs. 2 HmbGebG.

4. Kostentragung durch den Begünstigten

532 Schuldner der Kostenerstattung für Maßnahmen der Polizei- und Ordnungsbehörden ist der Polizeipflichtige (s. oben B. V.2.). Die Kostentragungspflicht ist insoweit akzessorisch zur polizeilichen Verantwortlichkeit. Fehlt es an einer polizeilichen Verantwortlichkeit, gilt der Grundsatz der Gebührenfreiheit; die Gefahrenabwehr gehört zu den Kernaufgaben des Staates, dieser trägt die Kosten, die der Bürger nur mittelbar durch Zahlung seiner Steuern finanziert.[1213] Sofern dem Bürger aber der **Anlass** oder **Vor-**

1210 BGH, in: NJW 1981, 2457, 2458; *Papier, Hans-Jürgen*, Die Verantwortlichkeit für Altlasten im öffentlichen Recht, in: NvWZ 1986, 256, 263.

1211 *Buchberger, Elisabeth/Sailer, Wolfgang,* Ausgleichs- und Ersatzansprüche des Bürgers und Haftung für Polizeikosten, in: L/D, M. Rn. 170; *Garbe, Thorsten*, Die Störerauswahl und das Gebot der gerechten Lastenverteilung, in: DÖV 1998, 632, 634 ff.

1212 Überzeugend *Schenke, Wolf-Rüdiger*, Polizei- und Ordnungsrecht, 10. Aufl. Heidelberg 2018, Rn. 289.

1213 *Buchberger, Elisabeth/Sailer, Wolfgang,* Ausgleichs- und Ersatzansprüche des Bürgers und Haftung für Polizeikosten, in: L/D, M. Rn. 146 ff.; *Habermann, Stephan*, Gebühren für Gefahrenabwehr, Die Legitimität der Erhebung von Gebühren im Lichte der Staatsaufgabenlehre des freiheitlichen Verfassungsstaates, Berlin 2011.

teil der Amtshandlung **individuell zurechenbar** ist, dürfen auf spezialgesetzlicher Grundlage ausnahmsweise Gebühren erhoben werden. Die Voraussetzung der **Bestimmtheit des besonderen Gebührentatbestandes** gewährleistet, dass die Gebühr und ihre mögliche Höhe im Vorhinein mit hinreichender Klarheit erkennbar werden. Eine Generalklausel zur Gebührenerhebung ist unzulässig.[1214]

a) Veranlasser

Unproblematisch ist dabei, wenn sich die Gebührenschuld gegen den **Veranlasser** richtet. Dieser war ursächlich für die polizei- und ordnungsrechtliche Maßnahme und kann für Auslagen und Gebühren herangezogen werden, wenn das Landesrecht dies ausnahmsweise vorsieht. In Hamburg hat der Senat von der Ermächtigung zur Festlegung gebührenpflichtiger Tatbestände und Gebührensätze aus § 2 Abs. 1 HmbGebG in der HmbGebOSiO nur für wenige Sondertatbestände Gebrauch gemacht, etwa für Polizeieinsätze nach Fehlalarm von Einbruchs- oder Brandmeldeanlagen gem. § 3 Abs. 1 Nr. 1 HmbGebG in Verbindung mit § 2 Abs. 2 Nr. 2 HmbGebOSiO.[1215] **533**

b) Begünstigter

Wer nicht Anlass gibt, aber einen finanziellen Vorteil aus einer polizei- und ordnungsrechtlichen Maßnahme zieht und wirtschaftlichen profitiert, etwa weil er eigene Schutzaufwendungen einspart, gilt kostenrechtlich als **Begünstigter**. Sofern die Maßnahme zumindest auch einzelnen Personen oder einem konkretisierbaren Personenkreis dient und damit individuell zurechenbar ist, sind entsprechende Gebührentatbestände ausnahmsweise zulässig,[1216] etwa bei der Begleitung von Schwer- und Großraumtransporten, als Luftsicherheitsgebühr für die Kontrolle von Personen und deren Gepäck auf Flughäfen[1217] und ausnahmsweise auch beim Einsatz der Bundespolizei als Bahnpolizei nach § 3 Abs. 2 BPolG.[1218] **534**

Gebühren für Begünstigte dürfen insbesondere auch bei **kommerziellen Großveranstaltungen** erhoben werden. Aktuell war dies anlässlich der bremischen Regelung im Bereich des Profifußballs diskutiert worden, § 4 **535**

1214 *Gusy, Christoph*, Polizei- und Ordnungsrecht, 10. Aufl. Tübingen 2017, Rn. 462.

1215 S. dazu OVG Hamburg, in: NVwZ-RR 1998, 560; s. auch OVG Lüneburg, in: NVwZ-RR 2015, 483 f. zum Vortäuschen einer nicht bestehenden Gefahrenlage.

1216 *Kingreen, Thorsten/Poscher, Ralf*, Polizei- und Ordnungsrecht, 10. Aufl. München 2018, § 25 Rn. 24.

1217 BVerwG, in: NVwZ 1994, 1102, 1105.

1218 BVerwGE 126, 60 ff.

Abs. 4 BremGebBeitrG.[1219] Inzwischen hat nicht nur das OVG Bremen deren Verfassungsmäßigkeit bestätigt,[1220] auch das BVerwG hat ausführlich dazu Stellung genommen, dass und in welcher Höhe dem Veranstalter von Profifußballspielen die Kosten für Polizeieinsätze im Umfeld einer solchen Veranstaltung durch landesrechtlichen Gebührenbescheid auferlegt werden dürfen.[1221] Durch Anknüpfen an den räumlichen und zeitlichen Zusammenhang zur Veranstaltung wird vermieden, dass dem Veranstalter auch die Kosten der allgemeinen Gefahrenabwehr im öffentlichen Raum auferlegt werden. Hinsichtlich der Höhe müssen solche Kosten aus der Gebühr herausgerechnet werden, die nach Landesrecht gegenüber einzelnen Störern geltend zu machen sind, um damit eine doppelte Abrechnung ein und derselben Polizeihandlung und zugleich eine unzulässige Belastung des Schuldners der Verwaltungsgebühr (das BVerwG spricht pointiert von einer Veranstaltergebühr) zu vermeiden.[1222] Es bleibt abzuwarten, welche Signalwirkung von der bremischen Regelung ausgehen wird.

5. Entschädigungsansprüche des Bürgers gegen den Staat

536 Wird eine Person durch polizeiliche Maßnahmen in ihren Rechtspositionen beeinträchtigt, können Entschädigungs- oder Schadensersatzansprüche entstehen. Zwar sind grundsätzlich die allgemeinen Anspruchsgrundlagen aus dem Staat-Bürger-Verhältnis anwendbar. Die meisten Polizei- und Ordnungsgesetze enthalten aber auch **spezifische Regelungen** der staatlichen Ersatzleistungen. Diese unterscheiden zwischen dem **Schadensausgleich** für rechtmäßige Maßnahmen zur Gefahrenabwehr (s. dazu B.V.5.a.) und dem Schadensausgleich für rechtswidrige Maßnahmen der Polizei- und Ordnungsbehörden (s. dazu B.V.5.b.). Die Einzelheiten zum Schadensausgleich gelten grundsätzlich für rechtmäßige und rechtswidrige Maßnahmen gleichermaßen (s. dazu B.V.5.c.).

1219 *Siegel, Thorsten*, Erneut auf dem Prüfstand: Kostentragung für Polizeieinsätze bei Fußballspielen?, in: DÖV 2014, 867; *Heise, Svend*, Überwälzung von Einsatzkosten der Polizei bei Spielaustragungen im Profifußball. Der gebührenrechtliche Ansatz, in: NVwZ 2015, 262; *Böhm, Monika*, Polizeikosten bei Fußballspielen, in: NJW 2015, 3000; *Lampart, Daniel*, Kommerzielle Sportveranstalter und ihre Verantwortlichkeit für Polizeikosten, Baden-Baden 2019.

1220 OVG Bremen, in: NVwZ 2018, 913; dazu *Weill, Tim*, Die DFL als „Veranstalterin" und Schuldnerin von Verwaltungsgebühren im deutschen Profifußball, in: NVwZ 2018, 846; *Pötsch, Marvin*, Die Kostentragung für Polizeieinsätze bei Fußballspielen – eine neue Verwaltungsgebühr ante Portas?, in: NVwZ 2018, 868; *Ruffert, Matthias*, Besonderes Verwaltungsrecht: Gebühren für Hochrisikofußballspiele, in: JuS 2018, 1022.

1221 BVerwG, in: NVwZ 2019, 1444; dazu *Brüning, Christoph*, Gebührenpflicht für Polizeieinsätze bei Hochrisiko-Fußballspielen, in: NVwZ 2019, 1416.

1222 BVerwG, in: NVwZ 2019, 1444.

a) Schadensausgleich bei rechtmäßigen Maßnahmen

Der **Schadensausgleich für rechtmäßig in Anspruch Genommene (§ 10 Abs. 3 SOG)** stellt sich als spezialgesetzliche Ausprägung eines Aufopferungsanspruchs dar und gewährt eine Entschädigung als Ausgleich für besondere Risiken, die aus dem polizeilichen Effektivitätsprinzip folgen. Dieses erfordert Handlungs- und Duldungspflichten auch in Notstands- oder Irrtumssituationen. Der Träger der Polizei haftet unabhängig von Rechtswidrigkeit und Verschulden des handelnden Beamten, wenn sich diese Risiken realisieren und Schäden entstehen. 537

Voraussetzung des Ausgleichsanspruchs ist zunächst, dass sich die Maßnahme gegen einen **Nichtverantwortlichen** richtete. Eine rechtmäßige Inanspruchnahme eines Verantwortlichen begründet grundsätzlich keinen Ersatzanspruch. Sondergesetzliche Ausnahmen finden sich allerdings in § 21 BImSchG, §§ 56 ff. InfektionsschutzG und §§ 66 ff. TierSG. Dem Nichtverantwortlichen gleichgestellt werden Personen, die freiwillig und mit Zustimmung der Polizei mitgewirkt oder Sachen zur Verfügung gestellt haben, **§ 10 Abs. 5 SOG** (sog. **Polizeihelfer**). Ein unbeteiligter Dritter, von dem die Polizei nicht weiß, der durch die rechtmäßige Maßnahme aber einen Schaden erleidet, hat Anspruch auf Schadensausgleich aufgrund des allgemeinen Aufopferungsanspruchs.[1223] **Anscheinsverantwortlichen** steht der Entschädigungsanspruch des Nichtverantwortlichen nach § 10 Abs. 3 SOG analog zu, es sei denn, er hat nach einer ex-post-Betrachtung den Anschein der Gefahr zurechenbar gesetzt und damit selbst Veranlassung zu seiner Inanspruchnahme gegeben.[1224] Beim **Gefahrenverdacht** besteht ein Entschädigungsanspruch des in Anspruch Genommenen, wenn sich der Verdacht nicht bestätigt, der Gefahrerforschungseingriff also zeigt, dass keine Gefahr bestand.[1225] Weitere Voraussetzung ist das Bestehen eines **kausalen Schadens.**[1226] 538

b) Schadensausgleich für rechtswidrige Maßnahmen

Der polizei- und ordnungsrechtliche Ausgleich für rechtswidrige Maßnahmen ergänzt die **Amtshaftung (§ 839 BGB, Art. 34 GG)**. Dabei setzt er kein Verschulden voraus, beschränkt sich aber auf einen angemessenen Aus- 539

1223 *Kingreen, Thorsten/Poscher, Ralf*, Polizei- und Ordnungsrecht, 10. Aufl. München 2018, § 26 Rn. 9.

1224 BGHZ 117, 303; BGHZ 116, 279, 285 f.

1225 *Pünder, Hermann*, Polizei- und Ordnungsrecht, in: Ehlers, Dirk/Fehling, Michael/Pünder, Hermann (Hrsg.), Besonderes Verwaltungsrecht, Band 3, 4. Aufl. Heidelberg 2020, § 69 Rn. 369.

1226 *Gusy, Christoph*, Polizei- und Ordnungsrecht, 10. Aufl. Tübingen 2017, Rn. 471.

gleich in Geld (Entschädigung), während die Amtshaftung auf Schadensersatz gem. § 249 Satz 1 BGB gerichtet ist. Es soll hier also der Zustand hergestellt werden, der ohne den zum Ersatz verpflichtenden Umstand bestünde.[1227] Mangels ausdrücklicher polizei- und ordnungsrechtlicher Normierung einer – verschuldensunabhängigen – Unrechtshaftung dienen in Hamburg als Rechtsgrundlage die **allgemeinen richterrechtlichen Aufopferungsgrundsätze.**[1228] Im Falle der Schädigung durch eine unzulässige Datenverarbeitung geht der speziellere Anspruch auf Schadensersatz und Entschädigung nach § 71 PolDVG vor (lex specialis).

540 Erforderlich ist die **Kausalität** zwischen der polizei- und ordnungsbehördlichen **Maßnahme** und dem **Schaden**. Der Begriff der Maßnahme wird hier weit ausgelegt. Er umfasst rechtliches wie faktisches Handeln, Eingriffe, nicht eingreifendes Tätigwerden, Polizeiverfügungen und den Erlass von Verordnungen.[1229] Anspruchsberechtigt sind der rechtswidrig in Anspruch genommene **Nichtverantwortliche** sowie der **Verantwortliche**, dem gegenüber die Polizei- und Ordnungsbehörde rechtswidrig gehandelt hat, und schließlich die unbeteiligten **Dritten**, die von einer rechtswidrigen Maßnahme der Polizei zufällig geschädigt worden sind.

c) Einzelheiten des Schadensausgleichs

541 Eventuelle Ansprüche des Geschädigten gegen Dritte sind an die nach Polizeirecht ersatzpflichtige Körperschaft abzutreten. Ist die Maßnahme dem geschädigten Nichtverantwortlichen in der Weise zugutegekommen, dass ein Schutzerfolg zugunsten seiner Rechtsgüter eingetreten ist, entfällt sein Entschädigungsanspruch nach dem Grundsatz der **Vorteilsanrechnung**.

542 In der **Rechtsfolge** zielt der Entschädigungsanspruch auf den angemessenen Ausgleich in Geld für materielle, unmittelbare Schäden i. S. d. § 253 BGB. Entgangener Gewinn und mittelbare Folgeschäden können nur entschädigt werden, sofern damit eine unbillige Härte abgewendet wird. Eine eventuelle Mitverursachung durch den Nichtverantwortlichen wird schadensmindernd berücksichtigt.[1230] Dem Nichtverantwortlichen können neben seinem Entschädigungsanspruch aus dem SOG **sozialversicherungsrechtliche Er-**

1227 *Kingreen, Thorsten/Poscher, Ralf*, Polizei- und Ordnungsrecht, 10. Aufl. München 2018, § 26 Rn. 2.

1228 *Buchberger, Elisabeth/Rachor, Frederik/Seiler, Wolfgang*, Ausgleichs- und Ersatzansprüche des Bürgers und Haftung für Polizeikosten, in: L/D, M. Rn. 67 ff.

1229 *Schenke, Wolf-Rüdiger*, Polizei- und Ordnungsrecht, 10. Aufl. Heidelberg 2018, Rn. 684.

1230 Zu den Einzelheiten des Schadensausgleichs *Kingreen, Thorsten/Poscher, Ralf*, Polizei- und Ordnungsrecht, 10. Aufl. München 2018, § 26 Rn. 24 ff.

satzansprüche zustehen.[1231] Bei rechtmäßigen Maßnahmen steht der Verwaltung nach § 10 Abs. 4 SOG ein **Regressanspruch** gegen die Verantwortlichen nach §§ 8, 9 SOG zu. Das Hamburger SOG sieht keine eigene Regelung der **Verjährung** vor. Es gilt daher die regelmäßige Verjährungsfrist von drei Jahren nach § 195 BGB.[1232]

Anspruchsgegner ist der Träger der Polizei, in deren Dienst der handelnde Beamte steht, also entweder Land oder Bund. Bei länderübergreifendem Einsatz ist das Land ersatzpflichtig, für deren Polizeibehörde die Beamten aus anderen Ländern unterstützend eingesetzt worden sind.[1233] Für die Entscheidung über Entschädigungsansprüche ist gem. § 40 Abs. 2 Satz 1 VwGO der **Rechtsweg** zu den ordentlichen Gerichten eröffnet. 543

1231 *Gusy, Christoph*, Polizei- und Ordnungsrecht, 10. Aufl. Tübingen 2017, Rn. 475.

1232 *Buchberger, Elisabeth/Rachor, Frederik/Seiler, Wolfgang*, Ausgleichs- und Ersatzansprüche des Bürgers und Haftung für Polizeikosten, in: L/D, M. Rn. 125 f.

1233 *Kingreen, Thorsten/Poscher, Ralf*, Polizei- und Ordnungsrecht, 10. Aufl. München 2018, § 26 Rn. 36.

C. Befugnisse nach dem PolDVG

I. Anwendungsbereich, Begriffsbestimmungen und allgemeine Grundsätze

Sven Eisenmenger

1. Anwendungsbereich, § 1 PolDVG

Der Anwendungsbereich des PolDVG, das durch Gesetz vom 12. 12. 2019[1234] komplett neugefasst wurde, wird in dessen § 1 abgesteckt, und zwar im Kern in dessen Abs. 1. Danach findet das Gesetz Anwendung, soweit die Vollzugspolizei (Polizei) zur Erfüllung ihrer Aufgaben Daten zur **Gefahrenabwehr** verarbeitet. Zu diesen genannten Aufgaben gehört auch die Erhebung und weitere Verarbeitung von Daten (1.) zur Verhütung von Straftaten und zur Vorsorge für die Verfolgung künftiger Straftaten (vorbeugende Bekämpfung von Straftaten) und (2.) zur Vorbereitung für die Hilfeleistung und das Handeln in Gefahrenfällen. Insofern hat sich im Vergleich zur Vorgängerversion des PolDVG nichts geändert. Wie bislang auch wird die Gefahrenabwehr hier mithilfe des Satzes 2 (vorbeugende Straftatenbekämpfung und Vorbereitungshandlungen) weit verstanden und damit auch weiter als im Verständnis des SOG. 544

§ 1 Abs. 2 PolDVG verdeutlicht den Einfluss des Unionsrechts (s. allgemein auch A.II.2.) auf das vorliegende Gesetz: Zuvörderst war die EU-Richtlinie 2016/680 zum Schutz natürlicher Personen bei der Verarbeitung personenbezogener Daten durch die zuständigen Behörden zum Zwecke der Verhütung, Ermittlung, Aufdeckung oder Verfolgung von Straftaten oder der Strafvollstreckung sowie zum freien Datenverkehr und zur Aufhebung des Rahmenbeschlusses 2008/977/JI des Rates[1235] (DSRL-JI) umzusetzen. Ausweislich des Art. 1 Abs. 1 DSRL-JI gelten ihre Anforderungen für die Verarbeitung personenbezogener Daten durch die zuständigen Behörden zum Zwecke der Verhütung, Ermittlung, Aufdeckung oder Verfolgung von Straftaten oder der Strafvollstreckung, einschließlich des Schutzes vor und der Abwehr von Gefahren für die öffentliche Sicherheit. Insofern betont auch § 1 Abs. 1 PolDVG, dass die entsprechenden Anforderungen umgesetzt werden. 545

1234 HmbGVBl. 2019 485.

1235 V. 27. 04. 2016, ABl. EU 2016/L 119/89, in der aktuellen Fassung.

546 Indes wird die Richtlinie so interpretiert, dass sie nur insoweit gilt, als die Gefahrenabwehr einen Straftatenbezug aufweist, wobei dies auch dann der Fall ist, wenn eine Straftat nicht ausgeschlossen werden kann, etwa in Vermisstenfällen.[1236] Dies lässt sich auch am Wortlaut des Art. 1 Abs. 1 DSRL-JI festmachen, der durch das Wort „einschließlich (…) Abwehr von Gefahren" deutlich macht, dass sich dies auf die zuvor genannten Straftaten bezieht. Soweit es sich aber um Gefahrenabwehr ohne Straftatenbezug handelt, findet nach diesem Verständnis die DSRL-JI keine Anwendung und es gilt die EU-Verordnung 2016/679 zum Schutz natürlicher Personen bei der Verarbeitung personenbezogener Daten, zum freien Datenverkehr und zur Aufhebung der Richtlinie 95/46/EG (DSGVO).[1237] Nunmehr erschließt sich auch § 1 Abs. 3 Satz 1 PolDVG, nach dem im Anwendungsbereich der DSGVO insbesondere die Befugnisse im zweiten Abschnitt des PolDVG und § 51 zugleich spezifische Bestimmungen im Sinne von Art. 6 Abs. 2 und 3 sowie Art. 10 DSGVO darstellen. Außerdem gilt die DSGVO in diesem Rahmen unmittelbar, ebenso wie das Hamburgische Datenschutzgesetz (§ 1 Abs. 3 Satz 2 PolDVG).

2. Begriffsbestimmungen, § 2 PolDVG

547 Die Bestimmungen der Begriffe „Polizei", „Straftaten von erheblicher Bedeutung" und „Abwehr einer Gefahr" (§ 2 Abs. 1 bis 3 PolDVG) sind im Vergleich zur Vorgängerversion unverändert geblieben und haben sich insoweit wohl bewährt.

548 Ergänzt wurde bei der bisherigen Definition zu Kontakt- und Begleitpersonen (nun § 2 Abs. 4 PolDVG), dass konkrete Tatsachen für einen objektiven Tatbezug und damit für eine Einbeziehung in den Handlungskomplex der Straftatenbegehung vorliegen müssen, § 2 Abs. 4 Satz 2 PolDVG. Ausweislich der Gesetzesbegründung sollten damit ohnehin geltende Anforderungen klarstellend in das Gesetz aufgenommen und somit auch der engen Auslegung der Begriffsdefinition Rechnung getragen werden.[1238] Der Gesetzgeber spiegelt mit seiner Ergänzung wortwörtlich einen Teil der Gründe eines Beschlusses des Bundesverfassungsgerichts wider. Das Gericht führte aus:

> „Der Begriff der Kontakt- und Begleitperson ist restriktiv auszulegen (vgl. Brandenburgisches Verfassungsgericht, LKV 1999, S. 450, 457 f.). Vorausgesetzt sind konkrete Tatsachen für einen objektiven Tatbezug und damit für eine Einbezie-

---

1236 BürgDrucks. 21/17906 v. 30. 07. 2019, S. 43.

1237 V. 27. 04. 2016, ABl. EU 2016/L 119/1.

1238 BürgDrucks. 21/17906 v. 30. 07. 2019, S. 44.

hung in den Handlungskomplex der Straftatenbegehung, insbesondere eine Verwicklung in den Hintergrund oder das Umfeld der Straftaten (vgl. Albers, Die Determination polizeilicher Tätigkeit in den Bereichen der Straftatenverhütung und der Verfolgungsvorsorge, 2001, S. 291 f.)."[1239]

549 Ob die Wiedergabe einer narrativen (sicherlich für eine Gerichtsentscheidung passenden) Beschlussbegründung zugleich die Anforderungen an eine prägnant zu formulierende abstrakt-generelle gesetzliche Regelung erfüllt, ist indes zweifelhaft.

550 Während die Absätze 5 und 6 („Organisierte Kriminalität" und „Schengen-assoziierter Staat") unverändert geblieben sind, dienen die Definitionen der Abs. 7 bis 11 und 13 bis 21 der Umsetzung von Art. 3 DSRL-JI. Neu im PolDVG sind auch die Definitionen in den Absätzen 12 und 22.

3. Allgemeine Grundsätze, §§ 3–9 PolDVG

551 Aus der Systematik des 1. Abschnitts ergibt sich, dass diejenigen Vorschriften der §§ 1 bis 9 PolDVG, die nicht den Anwendungsbereich und die Begriffsbestimmungen betreffen, als „allgemeine Grundsätze" zu werten sind, also §§ 3 bis 9 PolDVG. Letztlich ist es aber wohl vor allem § 3 PolDVG, der die Kerngrundsätze beinhaltet und die Inhalte des Art. 4 Abs. 1 DSRL-JI umsetzt. Nach § 3 Nr. 1 PolDVG gilt die Anforderung der **Rechtmäßigkeit der Datenverarbeitung**. Der EU-Richtliniengeber führt dazu und auch im Allgemeinen in ErwGr 26 der DSRL-JI aus:

„Jede Verarbeitung personenbezogener Daten muss auf rechtmäßige Weise, nach dem Grundsatz von Treu und Glauben und in einer für die betroffenen natürlichen Personen nachvollziehbaren Weise erfolgen, und die Daten dürfen nur für bestimmte, durch Rechtsvorschriften geregelte Zwecke verarbeitet werden. Dies steht an sich der Durchführung von Maßnahmen wie verdeckten Ermittlungen oder Videoüberwachung durch die Strafverfolgungsbehörden nicht entgegen. Diese Maßnahmen können zwecks Verhütung, Ermittlung, Aufdeckung oder Verfolgung von Straftaten oder zur Strafvollstreckung, einschließlich des Schutzes vor und der Abwehr von Gefahren für die öffentliche Sicherheit, getroffen werden, sofern sie durch Rechtsvorschriften geregelt sind und eine erforderliche und verhältnismäßige Maßnahme in einer demokratischen Gesellschaft darstellen, bei der die berechtigten Interessen der betroffenen natürlichen

1239 BVerfG, in: NVwZ 2001, 1261, 1262.

Person gebührend berücksichtigt werden. Der Datenschutzgrundsatz der Verarbeitung nach Treu und Glauben ist ein anderes Konzept als das Recht auf ein faires Verfahren im Sinne des Artikels 47 der Charta und des Artikels 6 der Europäischen Konvention zum Schutze der Menschenrechte und Grundfreiheiten (EMRK). Natürliche Personen sollten über die Risiken, Vorschriften, Garantien und Rechte im Zusammenhang mit der Verarbeitung ihrer personenbezogenen Daten informiert und darüber aufgeklärt werden, wie sie ihre diesbezüglichen Rechte geltend machen können. Insbesondere sollten die bestimmten Zwecke, zu denen die personenbezogenen Daten verarbeitet werden, eindeutig und rechtmäßig sein und zum Zeitpunkt deren Erhebung feststehen. Die personenbezogenen Daten sollten für die Zwecke, zu denen sie verarbeitet werden, angemessen und erheblich sein. Es sollte insbesondere sichergestellt werden, dass nicht übermäßige personenbezogene Daten erhoben werden und sie nicht länger aufbewahrt werden, als dies für den Zweck, zu dem sie verarbeitet werden, erforderlich ist. Personenbezogene Daten sollten nur verarbeitet werden dürfen, wenn der Zweck der Verarbeitung nicht in zumutbarer Weise durch andere Mittel erreicht werden kann. Um sicherzustellen, dass die Daten nicht länger als nötig gespeichert werden, sollte der Verantwortliche Fristen für ihre Löschung oder regelmäßige Überprüfung vorsehen. Die Mitgliedstaaten sollten geeignete Garantien für den Fall festlegen, dass personenbezogene Daten für die Archivierung im öffentlichen Interesse und die wissenschaftliche, statistische oder historische Verwendung für längere Zeiträume gespeichert werden.“

552 Diese einzelnen Anforderungen des Rechtmäßigkeitsgrundsatzes werden im PolDVG aufgegriffen, etwa dadurch, dass es ausdrückliche Befugnisse zur Datenverarbeitung gibt (§§ 10 ff. PolDVG), die ein Ermessen und damit eine Verhältnismäßigkeitsprüfung vorsehen, außerdem durch Regelungen zur weiteren Datenverarbeitung mit Zweckbindung (§§ 34 ff. PolDVG), durch Pflichten der Verantwortlichen (§§ 52 ff. PolDVG) bis hin durch Betroffenenrechte (§§ 66 ff. PolDVG) und Aufsichtsmittel (§§ 72 ff. PolDVG).

553 Aber auch die weiteren „allgemeinen Grundsätze“ des § 3 PolDVG stellen im Prinzip eine **Konkretisierung des Rechtmäßigkeitsgrundsatzes** dar. Dazu gehört die **Zweckbindung** (§ 3 Nr. 2 und §§ 34 ff. PolDVG), wozu der Richtliniengeber in ErwGr 29 der DSRL-JI ausführt:

„Personenbezogene Daten sollten für festgelegte, eindeutige und rechtmäßige Zwecke innerhalb des Anwendungsbereichs dieser Richtlinie erhoben und nicht zu Zwecken verarbeitet werden, die nicht mit den Zwecken

der Verhütung, Ermittlung, Aufdeckung oder Verfolgung von Straftaten oder der Strafvollstreckung, einschließlich des Schutzes vor und der Abwehr von Gefahren für die öffentliche Sicherheit, zu vereinbaren sind. Werden personenbezogene Daten von demselben oder einem anderen Verantwortlichen für einen anderen in den Anwendungsbereich dieser Richtlinie fallenden Zweck als den, für den sie erhoben wurden, verarbeitet, so sollte diese Verarbeitung erlaubt sein, unter der Bedingung, dass diese Verarbeitung nach den geltenden Rechtsvorschriften zulässig ist und dass sie für diesen anderen Zweck erforderlich und verhältnismäßig ist."

Ebenso ist § 3 Nr. 3 und Nr. 5 PolDVG mit der Anordnung des **Verhältnismäßigkeitsgrundsatzes** eine Konkretisierung des Rechtmäßigkeitsgrundsatzes. Gleiches gilt für den **Richtigkeitsgrundsatz** des § 3 Nr. 4 PolDVG. Der Richtliniengeber führt zur „Richtigkeit der Daten" in ErwGr 32 der DSRL-JI aus: **554**

„Die zuständigen Behörden sollten dafür sorgen, dass personenbezogene Daten, die unrichtig, unvollständig oder nicht mehr aktuell sind, nicht übermittelt oder bereitgestellt werden. Um den Schutz natürlicher Personen, die Richtigkeit, die Vollständigkeit oder den Aktualitätsgrad sowie die Zuverlässigkeit der übermittelten oder bereitgestellten personenbezogenen Daten zu gewährleisten, sollten die zuständigen Behörden möglichst bei allen Übermittlungen personenbezogener Daten die erforderlichen Informationen beifügen."

§ 3 Nr. 6 PolDVG enthält den **Sicherheitsgrundsatz**, der sicherlich zu den für die Praxis aufwändigsten Grundsätzen zählt. Diesem Grundsatz nimmt sich ErwGr 28 der DSRL-JI an: **555**

„Um stets eine sichere Verarbeitung zu gewährleisten und Verarbeitungen, die gegen diese Richtlinie verstoßen, zu verhindern, sollten personenbezogene Daten so verarbeitet werden, dass ein Maß an Sicherheit und Vertraulichkeit gegeben ist, wozu auch gehört, dass Unbefugte keinen Zugang zu den Daten haben und weder die Daten noch die Geräte, mit denen diese verarbeitet werden, benutzen können, und dass die Verarbeitung den Stand der verfügbaren Technik, die Kosten für ihre Einführung im Verhältnis zu den von der Verarbeitung ausgehenden Risiken und die Art der zu schützenden personenbezogenen Daten berücksichtigt."

Auch wenn man trefflich darüber debattieren kann, ob § 4 PolDVG zu den Grundsätzen zu zählen ist, so setzt die Vorschrift aber Art. 10 DSRL-JI **556** um,[1240] der in der Richtlinie ebenso unter den „Grundsätzen" aufgeführt ist. Insoweit gelten erhöhte Anforderungen an die **Verarbeitung besonderer Kategorien** von personenbezogenen Daten, weil sie in besonderer Weise dem Datenschutz unterliegen. Es handelt sich um die in § 3 Abs. 21 PolDVG aufgeführten Kategorien (z. B. genetische, biometrische Daten oder Daten zum Sexualleben). Allerdings versteht der Richtliniengeber die Kategorisierungsanforderung umfassender, und zwar auch als prinzipielle Kategorisierung verschiedener (betroffener) Personen. Art. 6 DSRL-JI führt (ähnlich ErwGr 31 DSRL-JI) dazu aus:

> *„Unterscheidung verschiedener Kategorien betroffener Personen: Die Mitgliedstaaten sehen vor, dass der Verantwortliche gegebenenfalls und so weit wie möglich zwischen den personenbezogenen Daten verschiedener Kategorien betroffener Personen klar unterscheidet, darunter: a) Personen, gegen die ein begründeter Verdacht besteht, dass sie eine Straftat begangen haben oder in naher Zukunft begehen werden, b) verurteilte Straftäter, c) Opfer einer Straftat oder Personen, bei denen bestimmte Fakten darauf hindeuten, dass sie Opfer einer Straftat sein könnten, und d) andere Parteien im Zusammenhang mit einer Straftat, wie Personen, die bei Ermittlungen in Verbindung mit der betreffenden Straftat oder beim anschließenden Strafverfahren als Zeugen in Betracht kommen, Personen, die Hinweise zur Straftat geben können, oder Personen, die mit den unter den Buchstaben a und b genannten Personen in Kontakt oder in Verbindung stehen."*

557 Die **Einwilligung** (§ 5 PolDVG) ist neben einer Rechtsgrundlage die zweite Säule, aus der sich die Zulässigkeit einer Datenverarbeitung ergeben kann. Die Anforderungen an die Einwilligungsinhalte sind indes überschaubar gehalten, sodass dadurch für die Praxis das Risiko von Rechtsfehlern begrenzt ist. Die Regelung zum **Datengeheimnis** entspricht inhaltlich dem damaligen § 7 HmbDSG.[1241] Die Vorschriften für Verarbeitungen auf Weisung des Verantwortlichen, § 7 PolDVG, werden durch §§ 52 ff. PolDVG konkretisiert. Die Unterscheidung nach Tatsachen und persönlichen Einschätzungen (§ 8 PolDVG) dürfte auch polizeirechtlich darstellbar sein, denn etwa bei dem Gefahrenbegriff (§ 3 Abs. 1 SOG) ist ohnehin zwischen der Tatsachenebene (objektive Fakten/Anhaltspunkte) und der darauf basierenden Prognoseentscheidung (subjektive Einschätzung zu einem evtl. Schaden) zu unterscheiden.

1240 S. näher BürgDrucks. 21/17906 v. 30. 07. 2019, S. 45 f.
1241 BürgDrucks. 21/17906 v. 30. 07. 2019, S. 46.

§ 9 PolDVG mit den Anforderungen an automatisierte Einzelfallentscheidungen gibt im Prinzip Art. 11 DSRL-JI wider. Grundsätzlich ist der Richtliniengeber ebenso wie der Gesetzgeber des PolDVG der **Digitalisierung der Gefahrenabwehr** gegenüber damit aufgeschlossen. So wird auch in ErwGr 34 der DSRL-JI betont: 558

„Die Verarbeitung personenbezogener Daten durch die zuständigen Behörden zum Zwecke der Verhütung, Ermittlung, Aufdeckung oder Verfolgung von Straftaten oder zur Strafvollstreckung, einschließlich des Schutzes vor und der Abwehr von Gefahren für die öffentliche Sicherheit, sollte jeden mit Hilfe automatisierter Verfahren oder auf anderem Wege ausgeführten Vorgang oder jede solche Vorgangsreihe im Zusammenhang mit personenbezogenen Daten wie das Erheben, das Erfassen, die Organisation, das Ordnen, die Speicherung, die Anpassung oder Veränderung, das Auslesen, das Abfragen, die Verwendung, den Abgleich oder die Verknüpfung, die Einschränkung der Verarbeitung, das Löschen oder die Vernichtung abdecken. (…)“

II. Allgemeine und besondere Befugnisse zur Datenverarbeitung

Stefanie Grünewald

1. Vorbemerkung

559 Die allgemeinen und besonderen Befugnisse zur Datenverarbeitung stellen Spezialermächtigungen und Regelungen im Kontext der Datenverarbeitung- und -erhebungsvorgänge sowie ihrer Verwertung dar. Sie sind in besonderer Weise von grundrechtsrelevanter Bedeutung, da sie (insbesondere auch heimliche und unter Einsatz von Täuschungsmitteln) datenspezifische Eingriffsermächtigungen für die Polizei enthalten, die tief in die Grundrechte[1242] der Bürger eingreifen. Gleichzeitig dienen die Befugnisse dazu, mit der sich stetig verändernden digitalen Entwicklung Schritt zu halten und die Polizei auch im Zeitalter der Digitalisierung mit hinreichenden Mitteln auszustatten, um den veränderten Anforderungen an die Gefahrenabwehr gerecht zu werden.

560 Die allgemeinen und besonderen Befugnisse zur Datenverarbeitung nach §§ 10–33 PolDVG sind durch das Gesetz über die Datenverarbeitung der Polizei und zur Änderung weiterer polizeirechtlicher Vorschriften vom 12. 12. 2019[1243] wesentlich überarbeitet, geändert und ergänzt worden. Diese Änderungen dienen ausweislich des Gesetzesentwurfes dazu, das PolDVG an *„europarechtliche und bundesverfassungsgerichtliche Vorgaben anzupassen sowie Bedarfen der polizeilichen Praxis gerecht zu werden“*[1244]. Konkret geht es um die Anpassung des PolDVG an die DSRL-JI (s. auch C. I.).[1245] Hinsichtlich der bundesverfassungsrechtlichen Vorgaben dienen die Änderungen im PolDVG dazu, die Vorgaben aus dem Urteil des BVerfG vom 20. 04. 2016 zum Bundeskriminalamtsgesetz (nachfolgend „BKAG“)[1246] umzusetzen. In seiner Entscheidung hatte das BVerfG sich mit

1242 Zum Grundrechtsschutz im Kontext der staatlichen Datenverarbeitung: *Garstka, Hansjürgen*, Informationelle Selbstbestimmung und Datenschutz, Wiesbaden 2003; *Deutsch, Markus*, Die heimliche Erhebung von Informationen und deren Aufbewahrung durch die Polizei, Heidelberg 1992; *Pieper, Niels*, Grundstrukturen des verfassungsrechtlichen Datenschutzes – Zum Schutz personenbezogener Daten durch die Grundrechte des Grundgesetzes bei Maßnahmen der Gefahrenabwehr, in: JA 2018, 598 ff.

1243 HmbGVBl. 2019 485.

1244 BürgDrucks. 21/17906, v. 30. 07. 2019, S. 41.

1245 Erläuterungen zu dem europarechtlichen Hintergrund: *Kingreen, Thorsten/Poscher, Ralf*, Polizei- und Ordnungsrecht, 10. Aufl. München 2018, § 12 Rn. 1.

1246 BVerfG, in: BeckRS 2016, 44821, Rn. 92, 104, 117 ff.

mehreren Befugnisnormen des BKAG befasst und diese zwar dem Grunde nach für zulässig, in ihrer Ausgestaltung aber für nicht verhältnismäßig und damit verfassungswidrig beurteilt. Insbesondere beanstandete das BVerfG, dass es strengerer Vorgaben für den Einsatz von heimlichen und damit tief in die Privatsphäre eingreifenden, Ermittlungsmaßnahmen bedürfe[1247]. Auch dürften unbeteiligte Dritte nur unter strengeren Voraussetzungen Betroffene einer Ermittlungsmaßnahme sein.[1248] Zudem müsse das Vertrauensverhältnis zu Berufsgeheimnisträgern stärker vor Eingriffen geschützt werden.[1249] Da Datenverarbeitungsmaßnahmen teilweise sehr „dicht" an den Betroffenen ansetzen, bedürfe es zudem besonderer und strengerer Schutzregelungen, wenn Maßnahmen in den Kernbereich privater Lebensgestaltung eindrängen.[1250] Zudem seien erhöhte verfassungsrechtliche Anforderungen an die Transparenz, Kontrolle und den Rechtsschutz zu stellen, wozu insbesondere das Recht der Betroffenen zähle, von der Durchführung einer gegen sie gerichteten Maßnahme unterrichtet zu werden,[1251] richterliche Kontrollbefugnisse[1252] und Berichts- sowie Löschungspflichten vorzusehen.[1253] Diese verfassungsrechtlichen Beanstandungen und näher präzisierten verfassungsrechtlichen Anforderungen bezogen sich auf das BKAG, sind aber auf dieses nicht beschränkt. Vielmehr sind sie in gleicher Weise auf die Landespolizeigesetze und so in Hamburg auch auf das PolDVG zu übertragen. Entsprechend sah der Landesgesetzgeber in Hamburg zu Recht Handlungsbedarf.

Ein Schlüsselausdruck in Bezug auf die datenrechtlichen Befugnisse, wie **561**
sie nachfolgend dargestellt werden, ist der bereits genannte **„Kernbereich privater Lebensgestaltung"**. Dieser nicht erst im Zuge der BKAG Entscheidung des BVerfG aufgebrachte Begriff[1254] stellt die verfassungsrechtliche Schutzbastion der Privatsphäre des Einzelnen dar. Der Kernbereichsschutz garantiert dem Einzelnen einen Bereich *„höchstpersönlicher Privatheit gegenüber Überwachung"* und sichert ihm einen nicht verfügbaren Kern der Menschenwürde zu.[1255] Er hat seinen Ursprung in Art. 1 Abs. 1 GG

1247 BVerfG, in: BeckRS 2016, 44821, Rn.92, 104: *„Die Verfassung setzt so der Absenkung der Eingriffsschwellen für Maßnahmen der Straftatenverhütung, die heimlich durchgeführt werden und tief in die Privatsphäre hineinreichen können, deutliche Grenzen"*.

1248 BVerfG, in: BeckRS 2016, 44821, Rn. 131 ff., 255 ff.

1249 BVerfG, in: BeckRS 2016, 44821, Rn. 133 ff.

1250 BVerfG, in: BeckRS 2016, 44821, Rn. 121 ff.

1251 BVerfG, in: BeckRS 2016, 44821, Rn. 134 ff.

1252 BVerfG, in: BeckRS 2016, 44821, Rn. 117.

1253 BVerfG, in: BeckRS 2016, 44821, Rn. 136, 205, 270.

1254 Vgl. etwa: BVerfG, in: NJW 2004, 999 ff. (sog. Großer Lauschangriff).

1255 BVerfG, in: BeckRS 2016, 44821, Rn. 119.

i. V. m. dem durch die jeweilige Maßnahme betroffenen Grundrecht (z. B. Art. 13 GG). Der Kernbereichsschutz stellt damit einen absolut geschützten Bereich privater Lebensgestaltung dar, in den selbst bei überragend wichtigen Interessen der Allgemeinheit staatlicherseits nicht eingegriffen werden darf. Was vom Schutzumfang des Kernbereichsschutzes umfasst ist und was außerhalb des Schutzumfangs liegt, führt das BVerfG in seiner Entscheidung zum BKAG aus:[1256]

„Zur Entfaltung der Persönlichkeit im Kernbereich privater Lebensgestaltung gehört die Möglichkeit, innere Vorgänge wie Empfindungen und Gefühle sowie Überlegungen, Ansichten und Erlebnisse höchstpersönlicher Art zum Ausdruck zu bringen […]. Geschützt ist insbesondere die nichtöffentliche Kommunikation mit Personen des höchstpersönlichen Vertrauens, die in der berechtigten Annahme geführt wird, nicht überwacht zu werden, wie es insbesondere bei Gesprächen im Bereich der Wohnung der Fall ist. Zu diesen Personen gehören insbesondere Ehe- oder Lebenspartner, Geschwister und Verwandte in gerader Linie, vor allem, wenn sie im selben Haushalt leben, und können Strafverteidiger, Ärzte, Geistliche und enge persönliche Freunde zählen […]. […] Solche Gespräche verlieren dabei nicht schon dadurch ihren Charakter als insgesamt höchstpersönlich, dass sich in ihnen Höchstpersönliches und Alltägliches vermischen […]. Demgegenüber ist die Kommunikation unmittelbar über Straftaten nicht geschützt, selbst wenn sie auch Höchstpersönliches zum Gegenstand hat. Die Besprechung und Planung von Straftaten gehört ihrem Inhalt nach nicht zum Kernbereich privater Lebensgestaltung, sondern hat Sozialbezug […]. Dies bedeutet freilich nicht, dass der Kernbereich unter einem allgemeinen Abwägungsvorbehalt in Bezug auf öffentliche Sicherheitsinteressen steht.“

562 Wie die vorstehenden Ausführungen des BVerfG deutlich machen, ist die Abgrenzung zwischen dem, was dem Kernbereich zuzuordnen ist, und dem, was diesem (absoluten) Schutzbereich nicht mehr unterfällt, bisweilen nicht einfach und klar zu ziehen. Insbesondere dort, wo Kommunikation gemischte Informationen beinhaltet und sich kernbereichsrelevantes mit anderem mischt, wird polizeiliches Handeln zur Gefahrenabwehr vor große Herausforderungen gestellt. Zudem wird in der Praxis nicht immer klar im Voraus zu erkennen sein, ob eine Kommunikation in den Kernbereich privater Lebensgestaltung führt oder andere Inhalte verfolgt.

1256 BVerfG, in: BeckRS 2016, 44821, Rn. 121 f.

2. Allgemeine Befugnisse, §§ 10–15 PolDVG

a) Grundsätze der Datenverarbeitung, § 10 PolDVG (§ 2 PolDVG a. F.)

§ 10 PolDVG normiert (wie schon die Vorgängerregelung in § 2 PolDVG a. F.) keine Ermächtigung zur Datenerhebung, sondern enthält die grundsätzlichen Vorgaben, wie Daten zu erheben sind.[1257] Dabei gilt gem. § 10 Abs. 1 Satz 1 PolDVG die allgemeine Grundregel, dass nur erlaubt ist, was gesetzlich geregelt ist.[1258] Findet sich keine Befugnis im Gesetz, ist daher eine Datenerhebung auch nicht zulässig. **563**

In **Abkehr von dem bisherigen Grundsatz der Direkterhebung** (personenbezogene Daten sollen beim Betroffenen erhoben werden, § 2 Abs. 1 Satz 1 PolDVG a. F.), ist nach der Neuregelung die Erhebung bei öffentlichen Stellen der Direkterhebung gleichgestellt (§ 10 Abs. 2 Satz 1 PolDVG). Entsprechende Regelungen finden sich in § 5 HmbDSG, § 8 HmbJVollzDSG. Lediglich für die Erhebung von Daten bei nicht-öffentlichen Stellen sieht § 10 Abs. 2 Satz 2 PolDVG zusätzliche tatbestandliche Voraussetzungen vor. Hiernach ist eine Erhebung bei nicht-öffentlichen Stellen nur zulässig, wenn (alternativ) nicht oder nicht rechtzeitig eine Erhebung bei der betroffenen Person oder öffentlichen Stellen möglich ist (Nr. 1) oder dies nur mit unverhältnismäßig hohem Aufwand möglich ist und keine Anhaltspunkte bestehen, dass schutzwürdige Interessen der betroffenen Person beeinträchtigt werden (Nr. 2) oder die Erfüllung der Aufgabe gefährdet würde (Nr. 3). **564**

Nach § 10 Abs. 3 Satz 1 PolDVG gilt zudem der Grundsatz, dass Daten offen erhoben werden sollen, also die Polizei als solche bei der Erhebung der Daten erkennbar ist. Dabei liegt eine **offene Datenerhebung** aber auch dann vor, wenn ein Polizeibeamter in Zivilkleidung Dienst tut, sofern es sich hierbei nicht um eine bewusste Verschleierung der Zugehörigkeit zur Polizei handelt.[1259] Diese offene Datenerhebung greift in das Recht auf informationelle Selbstbestimmung weniger intensiv ein, da der Betroffene bei Kenntnis die Preisgabe seiner Daten steuern kann. Dies ist seit dem Volkszählungsurteil ein maßgeblicher Anknüpfungspunkt für den Schutz der informationellen Selbstbestimmung, die als Grundrecht die Befugnis des Einzelnen gewährleistet, grundsätzlich selbst über die Preisgabe und Verwendung seiner persönlichen Daten zu bestimmen.[1260] **565**

1257 BürgDrucks. 21/17906 v. 30. 07. 2019, S. 47.

1258 *Merten, Karlheinz,* in: Alberts, Hans W./Merten, Karlheinz, Gesetz über die Datenverarbeitung der Polizei, 3. Aufl. Hamburg 2002, § 2 Rn. 1.

1259 So auch *Merten, Karlheinz,* in: Alberts, Hans W./Merten, Karlheinz, Gesetz über die Datenverarbeitung der Polizei, 3. Aufl. Hamburg 2002, § 2 Rn. 8.

1260 BVerfG, in: NJW 1984, 419, 1. Leitsatz.

566 Hinsichtlich der **nicht offenen Datenerhebung** unterscheidet § 10 Abs. 3 PolDVG zwei Formen: die Datenerhebung, die nicht als polizeiliche Maßnahme erkennbar *„sein soll“* (§ 10 Abs. 3 Satz 3 PolDVG) und die Datenerhebung, die nicht als polizeiliche Maßnahme erkennbar *„ist“* (§ 10 Abs. 3 Satz 2 PolDVG). Rechtlich knüpft das Gesetz an die beiden Formen der nicht offenen Datenerhebung andere Voraussetzungen an. Es kommt mithin auf die Unterscheidung an. Eine Datenerhebung, die nicht als polizeiliche Maßnahme erkennbar sein soll (§ 10 Abs. 3 Satz 3 PolDVG), definiert das Gesetz als „verdeckte Datenerhebung“. Ihr liegt eine bewusste Heimlichkeit oder gezielte Tarnung zugrunde (z. B. durch gezielte Geheimhaltung der Maßnahme, Verschleierung, bewusste Täuschung, Tätigwerden unter einem Vorwand)[1261]. Demgegenüber ist eine Datenerhebung, die nicht als polizeiliche Maßnahme erkennbar ist, nicht zwangsläufig von Seiten der Polizei so angelegt, dass die Maßnahme verschleiert oder verheimlicht wird. Sie stellt vielmehr „nur“ eine Abweichung vom Offenheitsgrundsatz dar. Die Abgrenzung dürfte in der Praxis jedoch bei genauerer Betrachtung der Unterschiede eher fließend sein. In Zweifelsfällen sollte daher (auch zum effektiven Schutz von Grundrechten) von einer verdeckten Datenerhebung ausgegangen werden.

567 Für die **nicht offene Datenerhebung nach § 10 Abs. 3 Satz 2 PolDVG** bedarf es zusätzlich 1. einer erheblichen Erschwerung oder Gefährdung bei der Erfüllung einer bestimmten polizeilichen Aufgabe (Prognoseentscheidung) und 2. einer nicht gezielten Verdeckung der Maßnahme (dann würde eine verdeckte Datenerhebung nach § 10 Abs. 3 Satz 3 PolDVG vorliegen). Hinsichtlich der zu treffenden Prognoseentscheidung ist auf sachliche Anhaltspunkte abzustellen, die nach polizeilicher Erfahrung eine Aufgabenerfüllung durch offene Datenerhebung erschwert oder vereitelt. Dies ist zum Beispiel im Bereich von Drogen, illegalem Glücksspiel und Hasskriminalität vorstellbar.

568 An die **verdeckte Datenerhebung (§ 10 Abs. 3 Satz 3 PolDVG)**, als bewusst heimliche Maßnahme der Polizei, knüpft § 10 Abs. 3 Satz 3 PolDVG zusätzlich erhöhte Zulässigkeitsvoraussetzungen an. Eine verdeckte Datenerhebung ist grundsätzlich nur zulässig, wenn ihr eine Spezialermächtigungsgrundlage aus dem PolDVG zugrunde liegt. Dies können z. B. sein: § 20 (Observation), § 21 (Verdeckter Einsatz technischer Mittel), § 22 (Verdeckter Einsatz technischer Mittel in oder aus Wohnungen) oder § 23 (Telekommunikationsüberwachung). Daneben ist eine verdeckte Datenerhebung

1261 So auch *Merten, Karlheinz,* in: Alberts, Hans W./Merten, Karlheinz, Gesetz über die Datenverarbeitung der Polizei, 3. Aufl. Hamburg 2002, § 2 Rn. 9.

auch zulässig, wenn entweder die polizeiliche Aufgabenerfüllung aussichtslos wäre (Alt. 1) oder dies den überwiegenden Interessen der betroffenen Personen entspricht (Alt. 2). Hinsichtlich des Merkmals der „Aussichtslosigkeit" wird somit eine strenge Subsidiarität der verdeckten Datenerhebung normiert. Aussichtslosigkeit ist gegeben, wenn andere Möglichkeiten nicht zur Verfügung stehen oder mit an Sicherheit grenzender Wahrscheinlichkeit keine Erfolgsaussicht haben.[1262] Von Alt. 2 (verdeckte Datenerhebung im überwiegenden Interesse der betroffenen Personen) kann ausgegangen werden, wenn eine offene Datenerhebung im Hinblick auf die betroffenen Grundrechte mehr Schaden für die betroffene Person anrichtet, als die verdeckte. Dies dürfte etwa der Fall bei einer offenen Ansprache einer Person in Gegenwart Dritter, Familienangehöriger, etc. sein (z.B. Gefährderansprache vor den Eltern). Maßstab der Entscheidung ist eine ex-ante-Sicht eines fähigen, fachkundigen und besonnenen Polizeibeamten.[1263] Hintergrund der erhöhten Anforderungen an die verdeckte Datenerhebung ist die erhebliche Eingriffsqualität in Grundrechte, die durch eine solche Maßnahme erreicht wird. Betroffene Grundrechte können das allgemeine Persönlichkeitsrecht (Art. 2 Abs. 1 i.V.m. Art. 1 Abs. 1 GG), das Recht auf informationelle Selbstbestimmung, das Recht auf Vertraulichkeit und Integrität informationstechnischer Systeme (sog. IT-Grundrecht, entwickelt vom BVerfG[1264]), die Allgemeine Handlungsfreiheit (Art. 2 Abs. 1 GG), der Schutz des Brief-, Post- und Fernmeldegeheimnisses (Art. 10 GG) oder der Schutz der Unverletzlichkeit der Wohnung (Art. 13 GG) sein. Sieht der Bürger den Eingriff in seine Rechte nicht kommen, kann er sein Verhalten nicht anpassen oder steuern und bedarf daher in seiner schutzlosen Unkenntnis eines umso größeren Schutzes durch tatbestandlich einengende Voraussetzungen der verdeckten Datenerhebung.

§ 10 Abs. 4 PolDVG regelt zudem eine **Hinweis- und Belehrungspflicht** 569
gegenüber den betroffenen Personen einer Datenerhebungsmaßnahme. Werden personenbezogene Daten einer Person erhoben, so ist sie hierauf, auf die Rechtsgrundlage der zugrundeliegenden Maßnahme, die Auskunftspflicht bzw. Freiwilligkeit der Auskunft und auf die beabsichtigte Verwendung der erhobenen Daten grundsätzlich hinzuweisen. Ein solcher Hinweis

1262 Ähnlich: *Rogosch, Josef Konrad,* in: B/E/R/S, § 2 PolDVG Rn. 8, wonach Aussichtslosigkeit vorliege, *„wenn die Aufgabenerfüllung mit an Sicherheit grenzender Wahrscheinlichkeit gefährdet würde"*.

1263 A.A. *Rogosch, Josef Konrad,* in: B/E/R/S, § 2 PolDVG Rn. 8, der auf den „Handelnden" abstellt; *Merten, Karlheinz,* in: Alberts, Hans W./Merten, Karlheinz, Gesetz über die Datenverarbeitung der Polizei, 3. Aufl. Hamburg 2002, § 2 Rn. 11, der auf einen „objektiven Dritten" abstellt.

1264 BVerfGE 120, 274, 313.

kann nach § 10 Abs. 4 Satz 2 PolDVG unterbleiben (Ermessensentscheidung nach § 40 HmbVwVfG), wenn dies offenkundig nicht erforderlich ist oder eine Beeinträchtigung oder Gefährdung polizeilicher Aufgaben vorliegt oder schutzwürdige Belange Dritter hierdurch beeinträchtigt würden.

b) Voraussetzungen der Datenverarbeitung, § 11 PolDVG (§ 6 PolDVG a. F.)

570 Während § 10 PolDVG also das „Wie“ der Datenerhebung regelt, normiert § 11 PolDVG **das „Ob“ der Erhebung**. § 11 PolDVG bestimmt die allgemeinen Voraussetzungen dabei im Sinne einer Generalklausel. § 11 PolDVG regelt dabei acht einzeln ausdifferenzierte Fälle, wobei der Abs. 2 neu aufgenommen wurde. Ein Rückgriff auf die polizeirechtliche Generalklausel des § 3 SOG muss im Bereich der Datenerhebung entfallen, da diese Eingriffe einer polizeirechtlichen bereichsspezifischen Sonderregelung und insoweit Spezialbefugnis bedürfen.[1265]

571 Gem. **§ 11 Nr. 1 PolDVG** dürfen personenbezogene Daten, soweit es im Einzelfall erforderlich ist, zur **Abwehr einer bevorstehenden Gefahr**, zur **Wahrnehmung grenzpolizeilicher Aufgaben** oder in **Erfüllung einer Verpflichtung zur Amts- oder Vollzugshilfe** verarbeitet werden. Der Begriff der **„bevorstehenden Gefahr“** (Var. 1) stellt dabei keine eigene (PolDVG-eigene) Gefahrkategorie dar.[1266] Der Begriff ist vielmehr deckungsgleich mit dem Gefahrenbegriff nach § 3 SOG (vgl. hierzu die entsprechende Kommentierung unter B. I.2.). Mit dem Erfordernis, dass die Gefahr unmittelbar bevorstehen muss, wird der Gefahrenbegriff des Polizeirechts in zweifacher Weise qualifiziert: Es muss eine besondere zeitliche Nähe der Gefahrenverwirklichung und ein gesteigertes Maß der Wahrscheinlichkeit des Schadenseintritts vorliegen.[1267]

572 Hinsichtlich des Tätigwerdens im Rahmen der grenzpolizeilichen Aufgaben (2. Var.) und der Amts- und Vollzugshilfe (3. Var.) muss keine bevorstehende Gefahrenlage gegeben sein. Für das Tätigwerden im Bereich des **Grenzschutzes** ist grundsätzlich die Bundespolizei nach § 2 BPolG zuständig. Der Bundespolizei obliegt der grenzpolizeiliche Schutz des Bundesgebietes (Grenzschutz), soweit nicht ein Land im Einvernehmen mit dem Bund Aufgaben des grenzpolizeilichen Einzeldienstes mit eigenen Kräften wahrnimmt. Derartige Vereinbarungen mit dem Bund nach § 2 Abs.1, Abs. 3

1265 So auch bereits *Rogosch, Josef Konrad,* in: B/E/R/S, § 6 PolDVG Rn. 1.

1266 A. A. wohl *Merten, Karlheinz,* in: Alberts, Hans W./Merten, Karlheinz, Gesetz über die Datenverarbeitung der Polizei, 3. Aufl. Hamburg 2002, § 6 Rn. 2, der eine „Qualifizierung hinsichtlich der zeitlichen Nähe“ sieht.

1267 VG Hamburg, in: BeckRS 2012, 55156 m. w. N.

BPolG haben derzeit die Freie und Hansestadt Hamburg und der Freistaat Bayern geschlossen.[1268] Das Hamburger Verwaltungsabkommen betrifft grenzpolizeiliche Kontrollen im Hamburger Hafen.[1269] Für das Tätigwerden im Rahmen der **Amts- und Vollzugshilfe** bedarf es eines ausdrücklichen rechtmäßigen Amts- oder Vollzugshilfeersuchens.

Die Polizei darf nach **§ 11 Nr. 2 PolDVG** personenbezogene Daten verarbeiten, wenn die Daten **aus allgemein zugänglichen Quellen** entnommen werden können und dies zur Erfüllung ihrer Aufgaben erforderlich ist. Die amtliche Begründung zur Vorgängerregelung in § 6 Nr. 2 PolDVG a.F. sprach davon, dass es sich lediglich um eine Klarstellung handele, da bei allgemein zugänglichen Quellen Daten abgerufen werden könnten, die der Betroffene selbst von sich frei – und damit allgemein zugänglich – gemacht habe.[1270] Gemeint sind etwa öffentliche zugängliche Register, Presseartikel, Internetseiten etc. Letztlich geht es um die Frage, ob es einer Ermächtigungsgrundlage für eine derartige polizeiliche Maßnahme bedarf. Das ist insbesondere der Fall, wenn durch die Maßnahme ein Eingriff in Grundrechte zu besorgen ist. Das BVerfG geht im Hinblick auf ein Grundrechtseingriff bei „jedermann zugänglichen" Informationen davon aus, dass ein solcher vorliegt, wenn Informationen gezielt zusammengetragen, gespeichert und ausgewertet werden und sich daraus eine „besondere Gefahrenlage" für den Betroffenen ergeben kann.[1271] Ebenso hat das BVerfG aber auch festgestellt, dass ein heimliches Ermitteln im Internet im Regelfall nicht in das allgemeine Persönlichkeitsrecht eingreift.[1272] Erläuternd hat das BVerfG hierzu in seiner Entscheidung zur Online-Durchsuchung nach dem nordrhein-westfälischen Verfassungsschutzgesetz ausgeführt, dass es dem Staat nicht verwehrt sei, öffentlich zugängliche Informationen wahrzunehmen,[1273] wie etwa beim 573

1268 Vgl. hierzu: Wissenschaftlicher Dienst des Bundestages, Zulässigkeit einer Grenzschutzpolizei auf Landesebene, WD 3 – 3000 – 033/18 v. 15. 02. 2018, verfügbar unter https://www.bundestag.de/resource/blob/550324/272573cbbd3aa5fbfbdf4fe5de74faed/WD-3-033-18-pdf-data.pdf (zuletzt abgerufen am 29. 01. 2020).

1269 Verwaltungsabkommen über die Wahrnehmung der polizeilichen Kontrolle des grenzüberschreitenden Verkehrs im Hamburger Hafen v. 22. 01. 1974, BAnz. Nr.18 v. 26. 01. 1974; ein entsprechendes Abkommen mit der Freien Hansestadt Bremen wurde von der Landesregierung 2010 gekündigt, vgl. *Walter, Bernd,* in: Drewes, Michael/Malmberg, Karl Magnus/Walter, Bernd, BPolG (Kommentar), § 2 Rn. 89.

1270 BürgDrucks. 13/5422 v. 30. 01. 1990, S. 24.

1271 BVerfG, in: NJW 2008, 822, 836; ähnlich auch BVerwG, in: NVwZ 2011, 161, 163; *Kniesel, Michael/Braun, Frank/Keller, Christoph,* Besonderes Polizei- und Ordnungsrecht, Stuttgart 2018, Rn. 1666 ff.

1272 BVerfG, in: NJW 2008, 822, 836; ähnlich auch BVerwG, in: NVwZ 2011, 161, 163; *Kniesel, Michael/Braun, Frank/Keller, Christoph,* Besonderes Polizei- und Ordnungsrecht, Stuttgart 2018, Rn. 1666 ff.

1273 BVerfG, in: NJW 2008, 822, 836.

Aufruf einer frei zugänglichen Internetseite, bei der Anmeldung an einer öffentlichen Mailingliste oder bei der Beobachtung eines offenen Chatrooms. Anhand dieser bundesverfassungsgerichtlichen Rechtsprechung verläuft mithin der schmale Grat hin zu der Frage, ob das polizeiliche Handeln einer speziellen Rechtsgrundlage bedarf.

574 Die Polizei darf personenbezogene Daten nach **§ 11 Nr. 3 PolDVG** verarbeiten, wenn dies **zur Vorbereitung und Durchführung eines Einsatzes** erforderlich ist, bei dem erfahrungsgemäß eine besondere Gefährdungslage besteht. Einsätze mit besonderer Gefährdungslage können etwa Fußballspiele oder Großveranstaltungen sein. Dabei ist im Hinblick auf die Polizeifestigkeit der Versammlung zu beachten, dass im Versammlungskontext § 12 a bzw. 19 a VersG abschließende Regelungen enthalten. Ein Rückgriff auf das PolDVG (außer im Falle sog. Vorfeldmaßnahmen) ist daher ausgeschlossen.

575 Im Hinblick auf öffentliche Veranstaltungen ist zudem zu beachten, dass § 18 PolDVG eine Spezialermächtigungsgrundlage enthält. Insofern ist schon rein praktisch die Frage zu stellen, wo überhaupt Raum für § 11 Nr. 3 PolDVG verbleibt. Diese Frage wird flankiert von den verfassungsrechtlichen Bedenken, die schon im Hinblick auf die wortgleiche Vorgängerregelung in § 6 Nr. 3 PolDVG a.F. geäußert wurden. Diese verfassungsrechtlichen Bedenken knüpfen an die unklaren Tatbestandsvoraussetzungen, die sich auf den Grundsatz der Erforderlichkeit (mildestes Mittel) beschränken, die *„übermäßig weite Öffnung des grundrechtlich geschützten Bereichs der informationellen Selbstbestimmung“*[1274], die fehlende Normklarheit und den Umstand, dass auch Nichtstörer betroffen sein können, an.[1275]

576 Die Polizei darf personenbezogene Daten nach **§ 11 Nr. 4 PolDVG** verarbeiten, wenn tatsächliche Anhaltspunkte die Annahme rechtfertigen, dass die Person **Opfer einer Straftat** werden wird, und dies zur Wahrnehmung der Schutzaufgabe erforderlich ist. Es bedarf hiernach eines Gefahrenverdachts (*„tatsächliche Anhaltspunkte die Annahme rechtfertigen“*), wie dies auch im Rahmen des § 3 SOG der Fall ist (vgl. hierzu die entsprechende Kommentierung unter B.I.2.). Zusätzlich dazu (kumulativ) muss die Datenerhebung zur Wahrnehmung der Schutzaufgabe der Polizei notwendig sein. In der Praxis dürften diesbezüglich vor allem Personen/Personengruppen in Betracht kommen, die sich aufgrund einer exponierten Stellung, z.B. in der Politik, dem Sport, der Wirtschaft, aber auch z.B. als Richter, Staatsanwälte,

1274 *Merten, Karlheinz,* in: Alberts, Hans W./Merten, Karlheinz, Gesetz über die Datenverarbeitung der Polizei, 3. Aufl. Hamburg 2002, § 6 Rn. 7.

1275 *Rogosch, Josef Konrad,* in: B/E/R/S, § 6 PolDVG Rn. 7; *Merten, Karlheinz,* in: Alberts, Hans W./Merten, Karlheinz, Gesetz über die Datenverarbeitung der Polizei, 3. Aufl. Hamburg 2002, § 6 Rn. 7 jeweils m.w.N.

Rechtsanwälte oder Zeugen in entsprechenden Gefährdungslagen befinden.[1276] Liegt eine konkrete Gefahr vor, so dürften Maßnahmen, wie die Identitätsfeststellung nach § 13 PolDVG, oder andere spezialgesetzliche Maßnahmen nach dem PolDVG vorzugswürdig sein.

Die Polizei darf personenbezogene Daten nach **§ 11 Nr. 5 PolDVG** verarbei- **577**
ten, wenn dies **Personen im Umfeld** (durch berufliche Tätigkeit oder Stellung in der Öffentlichkeit) **gefährdeter Personen** betrifft und dies zu ihrem Schutze erforderlich ist. Mit dieser Regelung erweitert § 11 PolDVG die Möglichkeiten der Datenerhebung im Hinblick auf die Regelungen nach Nr. 4 auf Dritte **(Nichtstörer)**. Dabei ist die nach Nr. 5 angesprochene Zielgruppe der Datenerhebungsmaßnahme eine Person, die eine Einwirkungsmöglichkeit auf die gefährdete Person hat, weil sie mit ihr in Kontakt steht, sie berät oder anderweitig mit ihr verkehrt. Dies können z. B. auch Nachbarn oder Berufskollegen sein.[1277] Da es sich hierbei um Dritte handelt, die Ziel der Datenerhebung werden, ist restriktiv vorzugehen. Sollte sich herausstellen, dass die Datenerhebung keine zielführenden Erkenntnisse gebracht hat, sind die Daten unverzüglich (d. h. ohne schuldhaftes Zögern) zu löschen.[1278] Dies gilt auch in Zweifelsfällen. Andernfalls dürfte der Grundrechtsschutz und Verhältnismäßigkeitsgrundsatz nicht ausreichend gewahrt sein.

Die Polizei darf personenbezogene Daten nach **§ 11 Nr. 6 PolDVG** verarbei- **578**
ten, wenn tatsächliche Anhaltspunkte die Annahme rechtfertigen, dass die Person künftig Straftaten begehen wird, und die Erhebung zur vorbeugenden Bekämpfung von Straftaten mit erheblicher Bedeutung erforderlich ist. Nr. 6 knüpft die Maßnahme in subjektiver Hinsicht an den Störer an. Die Maßnahme erfolgt zur vorbeugenden **Verbrechensbekämpfung** und erfordert keine konkrete Gefahr, da alleine „tatsächliche Anhaltspunkte" für das Einleiten der Maßnahme ausreichend sind. „Tatsächliche Anhaltspunkte" sind dabei deutlich weniger als Tatsachen. Es genügt, wenn nach polizeilicher Erfahrung ein Verbrechenssachverhalt denkbar ist und dies durch Indizien gestützt wird.[1279] Die Datenerhebung muss dem Zwecke dienen,

---

1276 So auch *Rogosch, Josef Konrad,* in: B/E/R/S, § 6 PolDVG Rn. 8; *Merten, Karlheinz,* in: Alberts, Hans W./Merten, Karlheinz, Gesetz über die Datenverarbeitung der Polizei, 3. Aufl. Hamburg 2002, § 6 Rn. 8.

1277 So auch *Rogosch, Josef Konrad,* in: B/E/R/S, § 6 PolDVG Rn. 9; *Merten, Karlheinz,* in: Alberts, Hans W./Merten, Karlheinz, Gesetz über die Datenverarbeitung der Polizei, 3. Aufl. Hamburg 2002, § 6 Rn. 9.

1278 Zum Recht auf Vergessenwerden, vgl. auch Art. 17 DSGVO; *Worms, Christoph,* in: Wolff, Heinrich Amadeus/Brink, Stefan (Hrsg.), BeckOK Datenschutzrecht, 30. Ed. München 01. 11. 2019, Art. 17 DSGVO, insb. Rn. 58 ff.

1279 *Merten, Karlheinz,* in: Alberts, Hans W./Merten, Karlheinz, Gesetz über die Datenverarbeitung der Polizei, 3. Aufl. Hamburg 2002, § 6 Rn. 10.

Straftaten mit erheblicher Bedeutung (zur Begriffsbestimmung vgl. § 2 Abs. 2 PolDVG) zu bekämpfen.

579 Die Polizei darf zudem personenbezogene Daten nach **§ 11 Nr. 7 PolDVG** über **Kontakt- oder Begleitpersonen** (§ 2 Abs. 4 PolDVG) verarbeiten, wenn dies zur vorbeugenden Bekämpfung von Straftaten mit erheblicher Bedeutung erforderlich ist. Auch hier, wie bereits bei Nr. 5, wird die Datenerhebung bei Dritten, also Nichtstörern, gestattet. Die Regelung stellt eine Ergänzung zu Nr. 6 dar und weitet den diesbezüglichen Personenkreis der Maßnahmen im Kontext von Straftaten mit erheblicher Bedeutung aus. Hinsichtlich der restriktiven Handhabung aufgrund der Betroffenheit Dritter wird auf die Ausführungen unter Nr. 5 verwiesen.

580 Neu wurde in § 11 **Abs. 2** aufgenommen (im Gesetzesentwurf noch unter Nr. 8)[1280]. Hiernach ist die Verarbeitung personenbezogener Daten zulässig, wenn die Person in Kenntnis des Zwecks der Erhebung in diese nach § 5 eingewilligt hat **(Einwilligung der betroffenen Person)**[1281]. Der Landesgesetzgeber hat die Einführung von Abs. 2, „*angesichts der Vielgestaltigkeit der zu bewertenden Sachverhalte*" für erforderlich gehalten, um eine „*allgemeine* [...] *Rechtsvorschrift zur Erhebung personenbezogener Daten auf Grund einer Einwilligung*" zu schaffen.[1282] Mit der Neuregelung wird die vormals im Hamburger Datenschutzgesetz geregelte Möglichkeit (§ 5 Abs. 1 Nr. 1 HmbDSG) in das PolDVG übernommen.[1283] Dabei meint eine Einwilligung eine freiwillige Zustimmung zur Durchführung der Datenerhebungsmaßnahme (§ 2 Abs. 22 PolDVG). Die Voraussetzungen für eine wirksame Einwilligung sind in § 5 PolDVG geregelt. Hier wie an anderer Stelle unterschied das Gesetz schon bisher zwischen verschiedenen Kategorien betroffener Personen (z. B. Opfer, Kontakt und Begleitperson, § 2 Abs. 4 PolDVG).

c) Befragung und Auskunftspflicht, § 12 PolDVG (§ 3 PolDVG a. F.)

581 Die Regelung in § 12 PolDVG zu **Befragung und Auskunftspflicht** entspricht der bisherigen in § 3 PolDVG a. F., die im Zuge der politischen Auseinandersetzung und Bewertung der Anschläge auf das World Trade Center in den USA am 11. 09. 2001 eingeführt wurde. Die Befragung von Bürgern nach § 12 Abs. 1 PolDVG ist ein zentrales Mittel der polizeilichen Aufklärungsarbeit. Dabei müssen sich die Fragen auf solche beschränken, die die befragte Person selbst (also aus eigener Kenntnis) auch beantworten kann.

1280 BürgDrucks. 21/17906 v. 30. 07. 2019, S. 7, 47.

1281 Vgl. auch § 2 Abs. 22 PolDVG.

1282 BürgDrucks. 21/17906 v. 30. 07. 2019, S. 47.

1283 BürgDrucks. 21/17906 v. 30. 07. 2019, S. 47.

Fragen zu Dritten sind demgegenüber nicht über § 12 Abs. 1 PolDVG abgedeckt, sondern bedürfen einer anderen Ermächtigungsgrundlage.[1284] § 12 Abs. 1 PolDVG begründet zudem nur ein Fragerecht der Polizei. Eine Antwortpflicht des Bürgers besteht nur im Rahmen der ausdrücklich in § 12 Abs. 2 Satz 1 und Satz 2 PolDVG genannten Bereiche und damit in Form einer **beschränkten Auskunftspflicht** (Personalien, bei gesetzlichen Handlungspflichten oder der Möglichkeit sachdienliche Angaben zur Abwehr einer Gefahr für überragende Rechtsgüter zu machen).[1285] Gesetzliche Handlungspflichten liegen insbesondere bei der Verletzung strafrechtlicher Unterlassungsdelikte vor (§ 138 StGB, § 323 c StGB). Ob auch bereits die Störerbeseitigungspflicht nach dem SOG oder Garantenpflichten aus vorangegangenem Tun ausreichen, um eine gesetzliche Handlungspflicht zu begründen, ist strittig.[1286] Im Sinne effektiver Gefahrenabwehr und der an die Störereigenschaft bzw. die Garantenpflicht aus vorangegangenem Tun anknüpfenden Rechtspflichten, ist die Anwendbarkeit auch auf diese Fallkonstellationen aber zu favorisieren.

Die Voraussetzung, dass Tatsachen die Annahme rechtfertigen müssen, ent- **582**
spricht dem Gefahrenverdacht.[1287] Hier gelten die allgemeinen Regeln. Hinsichtlich des Schutzgutes sind alle Gegenstände polizeilicher Aufgaben umfasst, sodass auch insoweit keine hohen Hürden an die Maßnahme gestellt werden.[1288] Auch wenn die Antwortpflicht nur in einem begrenzten Rahmen besteht, wird durch die Befragung und Auskunftspflicht in das allgemeine Persönlichkeitsrecht und das Recht auf informationelle Selbstbestimmung eingegriffen, das jeder Person die Freiheit garantiert, selbst zu entscheiden, wann und innerhalb welcher Grenzen persönliche Lebenssachverhalte offenbart werden.[1289] Soll über das unter Menschen gesproche-

---

1284 So auch *Alberts, Hans W.*, in: Alberts, Hans W./Merten, Karlheinz, Gesetz über die Datenverarbeitung der Polizei, 3. Aufl. Hamburg 2002, § 3 Rn. 2.

1285 BürgDrucks. 18/1487 v. 14. 12. 2004, S. 13; hierzu auch: *Kingreen, Thorsten/Poscher, Ralf*, Polizei- und Ordnungsrecht, 10. Aufl. München 2018, § 13 Rn. 1 ff.

1286 Hierzu anhand der Regelung in NRW: *Gusy, Christoph*, Polizeiliche Befragung am Beispiel des § 9 NRWPolG, in: NVwZ 1991, 614, 617 f.; *Rogosch, Josef Konrad*, in: B/E/R/S, § 3 PolDVG Rn. 5.

1287 So bereits *Rogosch, Josef Konrad*, in: B/E/R/S, § 3 PolDVG Rn. 5; *Pünder, Hermann*, Hamburgs neues Polizeirecht (Teil 2) – Änderungen des Gesetzes über die Datenverarbeitung der Polizei im Überblick, in: NordÖR 2005, 349, 350; a. A.: *Hoffmann-Riem, Wolfgang/Eifert, Martin*, Polizei- und Ordnungsrecht, in: Hoffmann-Riem, Wolfgang/Koch, Hans-Joachim (Hrsg.), Hamburgisches Staats- und Verwaltungsrecht, 3. Aufl. Baden-Baden 2006, S. 161, 190.

1288 *Kingreen, Thorsten/Poscher, Ralf*, Polizei- und Ordnungsrecht, 10. Aufl. München 2018, § 13 Rn. 5.

1289 BVerwG, in: NJW 2018, 3194; grundlegend: BVerfG (Volkszählungsurteil), in: NJW 1984, 419 ff.; *Dreier, Horst*, Erkennungsdienstliche Maßnahmen im Spannungsfeld von Gefahrenabwehr und Strafverfolgung, in: JZ 1987, 1009 ff.

ne Wort hinaus in das verfassungsrechtlich geschützte Fernmeldegeheimnis (Art. 10 GG, z.B. Telefonate) eingegriffen werden, ist dies nach § 12 Abs. 2 Satz 3 PolDVG nur unter den Voraussetzungen der Spezialermächtigungen in den §§ 21 bis 26 zulässig.

583 Nach Abs. 3 gelten die **Zeugnisverweigerungsrechte** aus §§ 52 bis 53 a StPO, die Vorschriften über die **Aussagegenehmigung** nach § 54 StPO, das **Auskunftsverweigerungsrecht** nach § 55 StPO sowie die Regelungen zu den verbotenen Vernehmungsmethoden und **Beweisverwertungsverboten** nach § 136 a StPO entsprechend.

d) Identitätsfeststellung und Prüfung von Berechtigungsscheinen, § 13 PolDVG (§ 4 PolDVG a. F.)

584 § 13 PolDVG berechtigt die Polizei dazu, die Identität einer Person über die Erhebung von Personalien festzustellen. Sie geht damit über die bloße Auskunftspflicht nach § 12 PolDVG hinaus, da sie den Sinn und Zweck hat, dass sich die Polizei Klarheit über die Identität einer Person verschaffen und diese überprüfen kann. Damit greift auch diese Maßnahme in das allgemeine Persönlichkeitsrecht und das Recht auf informationelle Selbstbestimmung ein, das jeder Person die Freiheit garantiert, selbst zu entscheiden, wann und innerhalb welcher Grenzen persönliche Lebenssachverhalte offenbart werden.[1290] Ein klassisches Beispiel für **Identitätsfeststellungen** bilden die sog. Razzien.[1291] Hierbei sperrt die Polizei eine Örtlichkeit, etwa eine Gaststätte, in der mit Diebesgut, Drogen, Falschgeld, etc. gehandelt wird, ab und ermittelt die Identität aller anwesenden Personen.[1292] § 13 PolDVG entspricht im Wesentlichen der Vorgängerregelung in § 4 PolDVG a. F.

585 Dabei unterscheidet § 13 PolDVG verschiedene Fallkonstellationen, in denen eine Identitätsfeststellung möglich ist. Nach **§ 13 Abs. 1 Nr. 1 PolDVG** ist die Identitätsfeststellung zur **Abwehr einer bevorstehenden Gefahr oder in Erfüllung einer Verpflichtung zur Amts- oder Vollzugshilfe** zulässig. Die sprachliche Umgestaltung der Regelung stellt dabei ausweislich der Gesetzesbegründung keine inhaltliche Neugestaltung, sondern lediglich eine redaktionelle Änderung dar, die aber keine Auswirkungen auf den Regelungs-

---

1290 BVerwG, in: NJW 2018, 3194; grundlegend: BVerfG (Volkszählungsurteil), in: NJW 1984, 419 ff.; *Dreier, Horst*, Erkennungsdienstliche Maßnahmen im Spannungsfeld von Gefahrenabwehr und Strafverfolgung, in: JZ 1987, 1009 ff.

1291 Hierzu auch *Kingreen, Thorsten/Poscher, Ralf*, Polizei- und Ordnungsrecht, 10. Aufl. München 2018, § 13 Rn. 31; *Hauk, Julia*, Polizeirechtliche Standardmaßnahmen – ein Überblick, in: JA 2017, 922, 923 am Beispiel des PolG NRW.

1292 Hierzu auch *Hauk, Julia*, Polizeirechtliche Standardmaßnahmen – ein Überblick, in: JA 2017, 922, 923 am Beispiel des PolG NRW.

gehalt haben soll.[1293] Für die Annahme einer Abwehr einer bevorstehenden Gefahr für ein Schutzgut bedarf es hinreichend tragfähiger Anhaltspunkte und einer konkreten Gefährdung eines polizeilichen Schutzgutes.[1294] Ohne nähere Begründung reicht ein lediglich zu erwartender Verstoß gegen Schutzgesetze nicht aus. In diesem Sinne entschied das BVerfG zur parallelen niedersächsischen Rechtsvorschrift im Jahr 2015, dass die Anfertigung von Lichtbildern oder Videoaufnahmen eines Polizeieinsatzes durch Demonstranten via Smartphone unter Verweis auf die bloße Möglichkeit einer nachfolgenden strafbaren Verletzung des Rechts am eigenen Bild (§ 22 Satz 1, § 33 Abs. 1 KunstUrhG) nicht genügt, um gegen diese Demonstranten polizeiliche Maßnahmen, wie eine Identitätsfeststellung, zu rechtfertigen.[1295]

Nach **§ 13 Abs. 1 Nr. 2 PolDVG** können Identitätsfeststellungen an **sog. gefährlichen oder verrufenen Orten** durchgeführt werden.[1296] Das hierfür erforderliche Merkmal, dass „*Tatsachen die Annahme rechtfertigen*", setzt einen Gefahrenverdacht voraus, der auf einer hinreichenden Prognosegrundlage beruhen muss. Dieser Gefahrenverdacht ist inhaltlich durch die lit. a bis c weiter beschränkt. Es muss nach lit. a der Gefahrenverdacht hinsichtlich Personen vorliegen, die sich zu Straftaten von erheblicher Bedeutung (§ 2 Abs. 2 PolDVG) verabreden, diese vorbereiten oder verüben, nach lit. b müssen Personen angetroffen werden, die gegen aufenthaltsrechtliche Straf- oder Ordnungswidrigkeitenvorschriften verstoßen und nach lit. c muss es sich bei den Personen um gesuchte Straftäter handeln, die sich verbergen. Hinsichtlich der in lit. c genannten „*gesuchten Straftäter*" ist zu beachten, dass hiervon nur verurteilte und sich der Strafvollstreckung entziehende Straftäter erfasst sind.[1297] Damit normiert Nr. 2 zugleich eine Nähe der Personen zu der von dem gefährlichen Ort ausgehenden abstrakten Gefahr.[1298] 586

Nach **§ 13 Abs. 1 Nr. 3 PolDVG** sind Identitätsfeststellungen **zum Schutz gefährdeter Orte** zulässig. Das bloße Antreffen einer Person an einem solchen Ort (z. B. Bahnhof, Flughafen, Elektrizitätswerk, Großmarkthalle, Bezirksämter, Konsulate, Banken, etc.) genügt dabei nicht, sondern weitere 587

1293 BürgDrucks. 21/17906 v. 30. 07. 2019, S. 47.

1294 BVerfG, in: NVwZ 2016, 53, 54.

1295 BVerfG, in: NVwZ 2016, 53, 54; *Pfeffer, Kristin/Steffahn, Volker,* Mit dem Smartphone auf der Demo, in: Jura 2017, 86 ff.

1296 *Ettemeyer, Ulrich,* in: B/E/R/S, § 8 PolDVG Rn. 7.

1297 So auch *Ettemeyer, Ulrich,* in: B/E/R/S, § 8 PolDVG Rn. 11.

1298 Die verfassungsrechtlichen Bedenken des OVG Hamburg, in: NVwZ-RR 2015, 695, 697 ff. berücksichtigend.

Tatsachen müssen die Annahme rechtfertigen, dass in diesem Objekt oder in dessen unmittelbarer Nähe Straftaten begangen werden sollen, durch die Personen oder das Objekt gefährdet sind. Dies gebietet der Verhältnismäßigkeitsgrundsatz, da es sich durchaus um Alltagsorte handelt, die andernfalls faktisch zu Gefahrenzonen würden.

588 Nach **§ 13 Abs. 1 Nr. 4 PolDVG** können Identitätsfeststellungen an von der Polizei zur **Verhütung von Straftaten eingerichteten Kontrollstellen** erfolgen. Kontrollstellen sind von der Polizei eingerichtete Sperrungen, an denen Personen zur Identitätsfeststellung angehalten werden.[1299]

589 Nach **§ 13 Abs. 2 Satz 1 PolDVG** kann die Polizei in **Waffenverbotszonen bzw. -gebieten** Personen kurzfristig anhalten, befragen, ihre Identität feststellen und sie, sowie die von ihnen mitgeführten Sachen, durchsuchen, soweit auf Grund von konkreten Lageerkenntnissen anzunehmen ist, dass diese Personen verbotene Waffen oder gefährliche Gegenstände mit sich führen. Hamburg hat als erstes Bundesland Waffenverbotsgebiete auf Basis der Verordnung über das Verbot des Führens von Waffen und gefährlichen Gegenständen vom 04. 12. 2007 eingeführt.[1300] Konkret gelten diese in den Bereichen der Reeperbahn (Anlage 1 zur Verordnung) und des Hansaplatzes (Anlage 2 zur Verordnung) seit Dezember 2007. Dort ist es (mit Ausnahme der in § 3 der Verordnung vorgesehenen Ausnahmetatbestände) nicht mehr erlaubt, Waffen und gefährliche Werkzeuge, wie z. B. Schusswaffen, Messer und Reizstoffsprühgeräte (vgl. § 2 der Verordnung) mit sich zu führen. *In diesen Gebieten kann die Polizei nicht anlasslos Daten erheben und tätig werden, sondern es bedarf konkreter Lageerkenntnisse, die darauf schließen lassen, dass die zu behandelnde Person verbotene Waffen oder gefährliche Gegenstände bei sich führt.* Dabei ist die Durchsuchungsbefugnis zeitlich befristet zunächst nur bis zum 30. 06. 2021 gültig (§ 13 Abs. 2 Satz 2 PolDVG).

590 Welche **Daten** die Polizei zwecks Identitätsfeststellung erheben darf, bestimmt **§ 13 Abs. 3 PolDVG**, nämlich Name, früherer Name (Geburtsname z. B.), Vorname, Geburtsdatum und -ort, Geschlecht, Staatsangehörigkeit und Anschrift. Darüber hinausgehende Daten dürfen nicht nach § 13 PolDVG erhoben werden. Hierfür ist § 11 PolDVG die Rechtsgrundlage.

1299 *Kilchling, Michael/Kenzel, Brigitte,* Recht und Praxis der anlassbezogenen automatischen Kennzeichenfahndung, Verkehrsdatenabfrage und Mobilfunkortung zur Gefahrenabwehr in Brandenburg, Freiburg 2011, S. 30, abrufbar unter: https://info.publicintelligence.net/Max PlanckInstitute-Report.pdf (zuletzt abgerufen am 03. 03. 2020).

1300 HmbGVBl. 2007, 411, letzte berücksichtigte Änderung: geändert durch Art. 7 des Gesetzes v. 15. 07. 2015 (HmbGVBl. 2015, 195).

Dass und welche **Maßnahmen** die Polizei konkret **zum Zwecke der Identitätsfeststellung** ergreifen darf, normiert **§ 13 Abs. 4 PolDVG**. Nach § 13 Abs. 4 Satz 2 PolDVG dürfen Personen angehalten werden (Nr. 1), nach ihrer Identität befragt werden (Nr. 2), Ausweispapiere zur Prüfung verlangt werden (Nr. 3), Personen festgehalten werden (Nr. 4), mitgeführte Gegenstände (z. B. Rucksäcke) durchsucht werden (Nr. 5), Personen zur Dienststelle gebracht werden (Nr. 6), oder nach § 16 PolDVG erkennungsdienstlich behandelt werden (Nr. 7). Das Festhalten, Durchsuchen und zur Dienststelle bringen (Nr. 4 bis 6) ist dabei aufgrund der höheren Eingriffsintensität subsidiär nach § 13 Abs. 4 Satz 3 PolDVG anzuwenden, nämlich nur dann, wenn die Identität auf andere Weise nicht oder nur unter erheblichen Schwierigkeiten festgestellt werden kann oder Anhaltspunkte dafür bestehen, dass unrichtige Angaben gemacht wurden. 591

Nach **§ 13 Abs. 5 PolDVG** kann die Polizei neben der Identitätsfeststellung auch die Aushändigung von **Berechtigungsscheinen** zur Prüfung verlangen. Berechtigungsscheine sind Nachweise, die zur Ausübung einer bestimmten Tätigkeit gesetzlich erforderlich sind, wie z. B. Waffenschein, Führerschein, Jagdschein.[1301] 592

e) Datenverarbeitung zur Vorbereitung auf die Hilfeleistung in Gefahrenfällen, § 14 PolDVG (§ 5 PolDVG a. F.)

Die Neuregelung in § 14 PolDVG entspricht dem bisherigen § 5 PolDVG.[1302] Hiernach ist die offene **Datenverarbeitung zur Vorbereitung auf die Hilfeleistung in Gefahrenfällen** zulässig. Gemeint ist die Verarbeitung von Daten, die für die Bewältigung einer Gefahrenlage zusätzliche, hilfreiche Informationen bringen, um die effektive Gefahrenabwehr zu ermöglichen.[1303] Die verdeckte Erhebung ist ausweislich § 14 Abs. 1 Satz 2 PolDVG explizit ausgeschlossen. 593

§ 14 Abs. 1 Satz 1 PolDVG nennt dabei vier verschiedene personen- bzw. tätigkeitsbezogene Ansätze, nämlich die Datenverarbeitung gegenüber 1. Personen, deren besondere Kenntnisse oder Fähigkeiten zur Gefahrenabwehr benötigt werden, 2. Verantwortlichen für Anlagen oder Einrichtungen, von denen eine erhebliche Gefahr ausgehen kann, 3. Verantwortlichen für gefährdete Anlagen oder Einrichtungen, 4. Verantwortlichen für Veranstaltungen in der Öffentlichkeit. Eine **erhebliche Gefahr** nach Nr. 2 ist dabei 594

1301 So auch *Ettemeyer, Ulrich*, in: B/E/R/S, § 4 PolDVG, Rn. 31; *Kingreen, Thorsten/Poscher, Ralf*, Polizei- und Ordnungsrecht, 10. Aufl. München 2018, § 13 Rn. 15 f.

1302 BürgDrucks. 21/17906 v. 30. 07. 2019, S. 47.

1303 *Rogosch, Josef Konrad*, in: B/E/R/S, § 5 PolDVG Rn. 1.

in Anlehnung an die niedersächsische Definition in § 2 Nr. 3 NPoG eine Gefahr für ein bedeutsames Rechtsgut, wie den Bestand oder die Sicherheit des Bundes oder eines Landes, Leben, Gesundheit, Freiheit, nicht unwesentliche Vermögenswerte sowie andere strafrechtlich geschützte Güter von vergleichbarem Gewicht.

595 Die erhobenen personenbezogenen Daten, die in Dateien suchfähig gespeichert wurden, und Akten, die zur Person des Verantwortlichen angelegt wurden, sind gem. § 14 Abs. 2 PolDVG spätestens **einen Monat** nach Beendigung des Anlasses zu **löschen** oder zu **vernichten**,[1304] sofern es sich nicht um regelmäßig wiederkehrende Veranstaltungen handelt.

f) Datenverarbeitung bei Notrufen, Aufzeichnung von Anrufen und Funkverkehr, § 15 PolDVG (§ 6 a PolDVG a. F.)

596 Die Neuregelung in § 15 PolDVG entspricht weitgehend dem bisherigen § 6 a PolDVG.[1305] Hiernach ist die Polizei befugt, Anrufe über **Notrufeinrichtungen** und nach der Neuregelung auch für den **Funkverkehr** ihrer Leitstellen aufzuzeichnen. Bei letzterem handelt es sich um eine sinnvolle Ergänzung der Medien, da der Funkverkehr gerade in spontanen Einsätzen, bei Veränderungen der Lage oder der Verlagerung von Einsatzorten zentrales Medium zur Meldung ist.[1306] Die Aufzeichnung des Funkverkehrs insbesondere in gefährlichen Einsatzlagen bietet neben der Dokumentation behördlichen Handelns zudem die Möglichkeit, anhand der aufgezeichneten Funksprüche und Uhrzeiten zu Lageeinschätzungen zu gelangen und ggf. weitere Gefahrenabwehrmaßnahmen zu ergreifen.[1307] Anders als in der Vorgängerregelung sieht die Neuregelung in Satz 3 vor, dass die Aufzeichnungen spätestens nach **sechs** (statt vormals zwei) **Monaten** nach ihrer Erhebung zu löschen sind,[1308] wenn sie nicht für die Strafverfolgung benötigt werden. Entsprechende Regelungen finden sich im Hamburgischen Rettungsdienstgesetz sowie dem Hamburgischen Feuerwehrgesetz.

1304 Zum Recht auf Vergessenwerden, vgl. auch Art. 17 DSGVO; *Worms, Christoph,* in: Wolff, Heinrich Amadeus/Brink, Stefan (Hrsg.), BeckOK Datenschutzrecht, 30. Ed. München 01. 11. 2019, Art. 17 DSGVO insb. Rn. 58 ff.

1305 BürgDrucks. 21/17906 v. 30. 07. 2019, S. 47.

1306 Zu dieser Zielsetzung BürgDrucks. 21/17906 v. 30. 07. 2019, S. 48.

1307 Hierzu auch BürgDrucks. 21/17906 v. 30. 07. 2019, S. 48.

1308 Zum Recht auf Vergessenwerden, vgl. auch Art. 17 DSGVO; *Worms, Christoph,* in: Wolff, Heinrich Amadeus/Brink, Stefan (Hrsg.), BeckOK Datenschutzrecht, 30. Ed. München 01. 11. 2019, Art. 17 DSGVO insb. Rn. 58 ff.

3. Besondere Befugnisse, §§ 16–33 PolDVG

a) Erkennungsdienstliche Maßnahmen und Identifizierung unbekannter Toter sowie Schwerstverletzter, § 16 PolDVG (§ 7 PolDVG a. F.)

Die Regelung in § 16 PolDVG zu den erkennungsdienstlichen Maßnahmen **597**
und der Identifizierung unbekannter Toter sowie Schwerstverletzter entspricht der Vorgängerregelung in § 7 PolDVG a. F.[1309]

aa) Betroffene Grundrechte

Durch die Vorschrift ist zunächst das allgemeine Persönlichkeitsrecht und **598**
das Grundrecht der informationellen Selbstbestimmung aus Art. 2 Abs. 1 i. V. m. Art. 1 Abs. 1 GG betroffen, das jeder Person die Freiheit garantiert, selbst zu entscheiden, wann und innerhalb welcher Grenzen persönliche Lebenssachverhalte offenbart werden.[1310]

bb) Erkennungsdienstliche Maßnahmen (Tatbestand)

Nach § 16 PolDVG kann die Polizei erkennungsdienstliche Maßnahmen **599**
vornehmen. Gemeint sind Maßnahmen, die die Feststellung der Identität einer Person anhand körperlicher oder individueller Merkmale ermöglicht, zugleich aber auch die Feststellung bestimmter Eigenschaften, die eine Person charakterisieren.[1311] § 16 Abs. 3 Satz 1 Nr. 1–4 PolDVG listet die erkennungsdienstlichen Maßnahmen (1. Abnahme von Finger- und Handflächenabdrücken, 2. Aufnahme von Lichtbildern, 3. Feststellung äußerlich wahrnehmbarer Merkmale (z. B. Tattoos) und 4. Messungen) abschließend auf. Eine darüber hinausgehende körperliche Untersuchung ist im Polizeirecht, anders als nach § 81 a StPO, nicht gestattet.[1312] Die Abnahme eines sog. **genetischen Fingerabdrucks** ist nicht von Nr. 1 erfasst, da hiermit eine über die äußerlich erkennbaren und erhebbaren Merkmale hinausgehende Feststellung durch molekulargenetische Untersuchung von DNA erfolgt, die zwar ebenfalls körperliche Merkmale im weitesten Sinne betrifft, allerdings schwerwiegender in das Recht auf informationelle Selbstbestimmung eingreift und daher, ähnlich der Regelung in § 14 a PolG NRW, einer aus-

---

1309 BürgDrucks. 21/17906 v. 30. 07. 2019, S. 48.

1310 BVerwG, in: NJW 2018, 3194; grundlegend: BVerfG (Volkszählungsurteil), in: NJW 1984, 419 ff.; *Dreier, Horst,* Erkennungsdienstliche Maßnahmen im Spannungsfeld von Gefahrenabwehr und Strafverfolgung, in JZ 1987, 1009 ff.

1311 *Kingreen, Thorsten/Poscher, Ralf,* Polizei- und Ordnungsrecht, 10. Aufl. München 2018, § 13 Rn. 59.

1312 So auch *Merten, Karlheinz,* in: Alberts, Hans W./Merten, Karlheinz, Gesetz über die Datenverarbeitung der Polizei, 3. Aufl. Hamburg 2002, § 7 Rn. 11.

drücklichen, eigenständigen Ermächtigungsgrundlage bedürfte.[1313] Dies macht auch die Sonderregelung des § 16 Abs. 4 PolDVG deutlich, der die Identitätsfeststellung durch DNA-Probe für unbekannte Tote und nach Abs. 4 Satz 9 Schwerstverletzte für den Fall regelt, dass auf andere Weise eine Feststellung nicht möglich ist. Dieser Sonderfallregelung hätte es nicht bedurft, wäre eine DNA-Probe generell möglich.

600 Nach § 16 Abs. 3 Satz 2 PolDVG dürfen, soweit es zur Feststellung der Identität erforderlich ist, auch **Dritte befragt**, **Urkunden** oder **sonstige Unterlagen** eingesehen und das **Bundesverwaltungsamt** um einen **Datenabgleich** mit der **Fundpapier-Datenbank** ersucht werden. Dabei normiert § 16 Abs. 3 Satz 3 PolDVG zum **Schutz des Berufs- und Amtsgeheimnisses**, dass diesbezügliche Regelungen unberührt bleiben.

601 Gem. § 16 Abs. 3 Satz 4 PolDVG dürfen die erkennungsdienstlichen Maßnahmen nur von **besonders ermächtigten Bediensteten** (PDV 350, i. d. R. der zuständige Sachgebiets- und Dienststellenleiter oder Dienstgruppenleiter bzw. Vertreter) angeordnet werden.

602 § 16 Abs. 2 PolDVG bestimmt die **Vernichtungspflicht** im Hinblick auf die mit der Feststellung angefallenen Unterlagen, es sei denn, diese werden zu Zwecken der Strafverfolgung benötigt.

cc) Identifizierung unbekannter Toter und Schwerstverletzter

603 Nach § 16 Abs. 4 PolDVG gelten Sonderregelungen und -möglichkeiten für die **Identitätsfeststellung unbekannter Toter** und nach § 16 Abs. 4 Satz 9 PolDVG auch **Schwerstverletzter** (hierzu bereits vorstehend). Die hier zulässige DNA-Sicherstellung und molekulargenetische Untersuchung bedarf nach § 16 Abs. 4 Satz 5 PolDVG der **richterlichen Anordnung**. Diese Anordnung ist nach § 16 Abs. 4 Satz 9 2. HS PolDVG in Fällen von Naturkatastrophen oder eines besonders schwerwiegenden Unfalls nicht erforderlich.

b) Aufnahme von Lichtbildern in Gewahrsamseinrichtungen, § 17 PolDVG

604 Neu eingeführt und als Reaktion auf die Erfahrungen mit den Gefangenensammelstellen im Rahmen des G 20 Gipfels[1314] in Hamburg, ermöglicht § 17

1313 Strittig: *Kingreen, Thorsten/Poscher, Ralf*, Polizei- und Ordnungsrecht, 10. Aufl. München 2018, § 13 Rn. 61; *Schenke, Wolf-Rüdiger*, Polizei- und Ordnungsrecht, 9. Aufl. Heidelberg 2016, Rn. 125; *Hauk, Julia*, Polizeirechtliche Standardmaßnahmen – ein Überblick, in: JA 2017, 922, 924.

1314 Entscheidung im Zusammenhang mit Ingewahrsamnahme bei G20: OVG Hamburg, in: BeckRS 2019, 4929.

PolDVG, dass die Polizei zur Aufrechterhaltung der Sicherheit und Ordnung im Gewahrsam oder zur Identitätsfeststellung Lichtbilder aufnimmt und verarbeitet. Es bedarf nach § 17 PolDVG keiner Gefahrenlage, sondern die Ermächtigungsgrundlage knüpft an die Aufrechterhaltung der Sicherheit und Ordnung im Gewahrsam und damit an eine betriebsbezogene Betrachtung an. Da die Aufnahme von Lichtbildern dennoch grundrechtssensibel ist und einen Eingriff in das Recht auf informationelle Selbstbestimmung nach Art. 2 Abs. 1 i.V.m. Art. 1 Abs. 1 GG darstellt, war eine spezielle Eingriffsbefugnis erforderlich. Hintergrund der Regelung ist, dass in Gewahrsamseinrichtungen häufig mehrere Personen in Sammelzellen untergebracht sind, die zudem ähnliche bis uniforme Kleidung tragen, so dass eine klare Zuordnung von Personen und Identitäten schwierig sein kann.[1315] Hinzu kommt, dass mit der Betreuung der in Gewahrsam befindlichen Personen regelmäßig wechselndes Polizeipersonal betreut ist.[1316] Um ein Wiedererkennen einzelner Personen auch im Umgang mit Toilettengängen, Rechtsanwaltskontakt, Befragungen, etc. zu ermöglichen, ist diese Form der Identitätsfeststellung in dieser besonderen Lagesituation ins Gesetz aufgenommen worden.[1317] Dabei trägt die Regelung der Sondersituation in Gewahrsamseinrichtungen Rechnung, in denen eine Identitätsfeststellung durch Rückgriff auf Ausweisdokumente schwierig oder teilweise auch gar nicht möglich ist.[1318] Da die Ermächtigungsgrundlage in einem unmittelbaren Kontext zu dem Betrieb einer Gewahrsamseinrichtung und dem Aufenthalt einer Person in dieser Einrichtung steht, sind die angefertigten Lichtbilder gem. § 17 Satz 2 PolDVG spätestens mit der Entlassung der Person aus der Einrichtung zu löschen.[1319]

c) Datenverarbeitung im öffentlichen Raum und an besonders gefährdeten Objekten, § 18 PolDVG (§ 8 PolDVG a. F.)

Die Neuregelung in § 18 PolDVG entspricht dem bisherigen § 8 PolDVG.[1320] **605**
Die Vorschrift ermöglicht die Anfertigung von Bild- und Tonaufzeichnungen, also sowohl die **visuelle als auch akustische Datenerhebung**. Darunter fällt auch die in der öffentlichen Wahrnehmung vor allem präsente **sog.**

1315 BürgDrucks. 21/17906 v. 30. 07. 2019, S. 48.

1316 BürgDrucks. 21/17906 v. 30. 07. 2019, S. 48.

1317 BürgDrucks. 21/17906 v. 30. 07. 2019, S. 48.

1318 BürgDrucks. 21/17906 v. 30. 07. 2019, S. 48.

1319 Zum Recht auf Vergessenwerden, vgl. auch Art. 17 DSGVO; *Worms, Christoph,* in: Wolff, Heinrich Amadeus/Brink, Stefan (Hrsg.), BeckOK Datenschutzrecht, 30. Ed. München 01. 11. 2019, Art. 17 DSGVO insb. Rn. 58 ff.

1320 BürgDrucks. 21/17906 v. 30. 07. 2019, S. 48.

Videoüberwachung.[1321] § 18 PolDVG unterscheidet dabei fünf Fallgruppen: Bild- und Tonaufzeichnungen bei

1. öffentlichen Versammlungen und Ansammlungen (§ 18 Abs. 1 PolDVG)
2. Verkehrs-, Versorgungsanlagen oder -einrichtungen, öffentlichen Verkehrsmitteln, Amtsgebäuden, besonders gefährdeten Objekten und deren unmittelbarer Nähe (§ 18 Abs. 2 PolDVG)
3. sog. Kriminalitätsbrennpunkten (§ 18 Abs. 3 PolDVG)
4. in amtlichem Gewahrsam (§ 18 Abs. 4 PolDVG)
5. Einsatz technischer Mittel (§ 18 Abs. 5 PolDVG)

aa) Betroffene Grundrechte

606 Durch die Vorschrift ist zunächst das allgemeine Persönlichkeitsrecht und das Grundrecht auf informationelle Selbstbestimmung aus Art. 2 Abs. 1 i. V. m. Art. 1 Abs. 1 GG betroffen.[1322] Das BVerwG hat in seiner Entscheidung zur offenen Videoüberwachung auf der Reeperbahn festgestellt:[1323]

> *„Den Schutzbereich des Rechts auf informationelle Selbstbestimmung berührt auch die beobachtende und observierende Tätigkeit der Polizei […], sondern auch für eine offene Videoüberwachung des öffentlichen Raums […].“*

607 Zudem ist das Grundrecht der Versammlungsfreiheit (Art. 8 Abs. 1 GG) betroffen, wenn Versammlungen zum Gegenstand der Videoüberwachung werden. Auch das Grundrecht auf die Unverletzlichkeit der Wohnung (Art. 13 GG) kann durch den Einsatz von Bild- und Tonaufzeichnungen tangiert sein. Zudem kann (subsidiär) auch die Allgemeine Handlungsfreiheit nach Art. 2 Abs. 1 GG tangiert sein, wenn der Betroffene sich nicht mehr unbeobachtet und unkontrolliert frei bewegen und handeln kann.

1321 Zu zukünftigen Möglichkeiten der Videoüberwachung, etwa durch „Smart-CCTV“ und Gesichtserkennung: *Hornung, Gerrit/Schindler, Stephan,* Das biometrische Auge der Polizei, in: ZD 2017, 203 ff.

1322 Hierzu, zur Bestimmtheit, Gesetzgebungskompetenz und Verhältnismäßigkeit der Vorgängerregelung in § 8 PolDVG: *Schnabel, Christoph,* Polizeiliche Videoüberwachung öffentlicher Räume nach § 8 Abs. 3 HbgPolDVG am Beispiel der Reeperbahn-Entscheidung des OVG Hamburg, in: NVwZ 2010, 1457 ff.; in besonderer Auseinandersetzung mit der vormals vertretenen Auffassung, dass Videobeobachtung kein Eingriff in das Grundrecht aus Art. 2 Abs. 1 i. V. m. Art. 1 Abs. 1 GG darstelle, *Siegel, Thorsten,* Grundlagen und Grenzen polizeilicher Videoüberwachung, in: NVwZ 2012, 738, 739; kein Eingriff: VG Halle, in: LKV 2000, 164 ff. zu APR; Eingriff bejaht: VG Hannover, in: ZD 2016, 502 ff.

1323 BVerwG, in: NVwZ 2012, 757, 758 f.

bb) Öffentliche Versammlungen oder Ansammlungen (Abs. 1)

§ 18 Abs. 1 PolDVG ermächtigt die Polizei zur Datenverarbeitung bei öffentlichen Versammlungen oder Ansammlungen. Um der Versammlungsfreiheit nach Art. 8 GG Rechnung zu tragen, ist die Ermächtigung für die Anfertigung von Bild- und Tonaufnahmen nur gegenüber den für eine Gefahr Verantwortlichen, sprich den Störern nach §§ 8 und 9 SOG, zulässig (§ 18 Abs. 1 Satz 2 PolDVG). Um aber eine in der Praxis handhabbare Anwendbarkeit der Vorschrift in gemischten Lagen (Störer und Nichtstörer zusammen) zu ermöglichen, hat der Gesetzgeber eine abschwächende Zusatzregelung in § 18 Abs. 1 Satz 3 PolDVG aufgenommen. Hiernach darf die Maßnahme auch durchgeführt werden, wenn Dritte (also Nichtstörer) unvermeidbar hiervon betroffen sind.[1324] Dies wird regelmäßig anzunehmen sein, wenn sich Störer inmitten friedlicher Versammlungsteilnehmer aufhalten und dies (ggf. auch gezielt) zur Begehung von Straftaten ausnutzen. **608**

Zudem sind Bild- und Tonaufzeichnungen nur dann zulässig, wenn nach § 18 Abs. 1 Satz 1 PolDVG „*Tatsachen die Annahme rechtfertigen, dass* […] *Straftaten begangen werden.*" Diese Voraussetzung ist erfüllt, wenn konkrete Umstände vorliegen, die unter Berücksichtigung polizeilichen Erfahrungswissens mit hinreichender Wahrscheinlichkeit die Annahme der Begehung entsprechender Straftaten zulassen.[1325] Der Grad der Wahrscheinlichkeit einer solchen Annahme ist – wie bei anderen Prognoseentscheidungen – nach den Umständen des Einzelfalls zu beantworten, wobei zu beachten ist, dass je schwerer die drohende Straftat (und höherwertiger das gefährdete Rechtsgut) ist, desto geringer sind die Anforderungen an die Wahrscheinlichkeit und zeitliche Nähe der Begehung der Tat zu stellen (je-desto-Formel). Anders als beispielsweise die Regelung in § 32 Abs. 1 Niedersächsisches Polizeigesetz (NPolG) ist die Maßnahme nicht schon bei der Begehung von (nicht geringfügigen) Ordnungswidrigkeiten möglich. Es bedarf vielmehr eines Straftatbestands. **609**

Nach § 18 Abs. 1 Satz 4 PolDVG sind Bild- und Tonaufzeichnungen sowie in Dateisystemen suchfähig gespeicherte personenbezogene Daten **spätestens einen Monat** nach der Datenerhebung zu löschen oder zu vernichten,[1326] es sei denn (§ 18 Abs. 1 Satz 5 PolDVG), die Daten werden zur Verfolgung von Ordnungswidrigkeiten von erheblicher Bedeutung oder von Straftaten benötigt oder Tatsachen rechtfertigen die Annahme, dass die Per- **610**

1324 Zur Verfassungsmäßigkeit: BVerfG, in: BeckRS 2016, 44821, Rn. 115.

1325 So auch bereits *Ettemeyer, Ulrich,* in: B/E/R/S, § 9 PolDVG Rn. 10.

1326 Zum Recht auf Vergessenwerden, vgl. auch Art. 17 DSGVO; *Worms, Christoph,* in: Wolff, Heinrich Amadeus/Brink, Stefan (Hrsg.), BeckOK Datenschutzrecht, 30. Ed. München 01. 11. 2019, Art. 17 DSGVO insb. Rn. 58 ff.

son künftig Straftaten begehen wird, und die Aufbewahrung zur vorbeugenden Bekämpfung von Straftaten mit erheblicher Bedeutung erforderlich ist.

cc) Verkehrs-, Versorgungsanlagen oder -einrichtungen, öffentliche Verkehrsmittel, Amtsgebäude, besonders gefährdete Objekte und deren unmittelbare Nähe (Abs. 2)

611 § 18 Abs. 2 PolDVG ermächtigt zur Anfertigung von Bild- und Tonaufzeichnungen an oder in Verkehrs- oder Versorgungsanlagen oder -einrichtungen, einem öffentlichen Verkehrsmittel, Amtsgebäude oder einem besonders gefährdeten Objekt oder in dessen unmittelbarer Nähe (§ 13 Abs. 1 Nr. 3 PolDVG). Auch der Abs. 2 stellt auf den bereits in Abs. 1 genannten Störerkreis (§§ 8,9 SOG) ab und verlangt ebenso wie Abs. 1, dass Tatsachen die Annahme rechtfertigen, dass Straftaten begangen werden sollen, wodurch Personen, diese gefährdeten Orte oder darin befindliche Sachen gefährdet werden. Gem. § 18 Abs. 2 Satz 3 PolDVG ist auf den Einsatz von Aufzeichnungsgeräten an den besonders gefährdeten Orten grundsätzlich hinzuweisen. Etwas anderes gilt nur dann, wenn dadurch der Zweck der Datenerhebungsmaßnahme gefährdet wird. § 18 Abs. 1 Sätze 3 bis 5 PolDVG (Maßnahme auch gegen unvermeidbar betroffene Dritte sowie Löschungs-/ Vernichtungspflicht und Ausnahmen) gelten entsprechend.

dd) Sog. Kriminalitätsbrennpunkte (Abs. 3)

612 § 18 Abs. 3 PolDVG ermächtigt zur Bildübertragung auf öffentlich zugänglichen Straßen, Wegen und Plätzen, soweit an diesen Orten wiederholt Straftaten der Straßenkriminalität begangen worden sind und Tatsachen die Annahme rechtfertigen, dass dort auch künftig mit der Begehung derartiger Straftaten zu rechnen ist. Dabei hat die Bildübertragung lediglich offen (nicht verdeckt) über § 18 Abs. 3 PolDVG zu erfolgen und ist damit technisches Substitut des Polizisten vor Ort. Ebenso wenig, wie der Polizist vor Ort seinen Blick nur auf die Störer richten darf, ist auch hier eine Begrenzung auf Störer sinnvoll oder möglich.[1327] § 18 Abs. 3 PolDVG spricht – anders als die vorherigen Absätze der Vorschrift – nicht von der Bildaufzeichnung, sondern nur von der Bildübertragung. Da zum Zwecke der Bildübertragung aber eine Aufzeichnung notwendig ist (und sei es auch nur für den eigentlichen Übertragungsvorgang), ist hiermit nichts anderes gemeint, als im Rahmen der vorherigen Absätze umfasst.[1328] Die Norm ermächtigt zur Bildaufzeichnung an sog. **Kriminalitätsbrennpunkten**. Besonders zu den-

---

1327 *Kingreen, Thorsten/Poscher, Ralf*, Polizei- und Ordnungsrecht, 10. Aufl. München 2018, § 13 Rn. 103.

1328 So auch im Ergebnis *Ettemeyer, Ulrich*, in: B/E/R/S, § 8 PolDVG Rn. 13.

ken ist dabei an Straßen und Plätze, an denen regelmäßig Drogen umgeschlagen werden, Taschendiebstähle erfolgen oder Raub- und Körperverletzungsdelikte passieren.

Bislang kommt in Hamburg – anders als z. B. in anderen internationalen Großstädten wie London – diese Videoüberwachung noch restriktiv zum Einsatz. Seit dem Inkrafttreten der Vorgängerregelung des § 18 Abs. 3 PolDVG, dem § 8 Abs. 3 PolDVG a. F., wurden verschiedene Teilbereiche der Stadt, so etwa die Reeperbahn, der Hansaplatz, der Jungfernstieg und das Heiligengeistfeld, mit offener Videoaufzeichnung überwacht.[1329] Ausweislich einer aktuellen Antwort des Senats auf eine Schriftliche Kleine Anfrage verfügt die Polizei auf Basis des PolDVG über insgesamt 434 aktuell aktive Kameras im öffentlichen, 288 aktuell aktive Kameras im nichtöffentlichen Raum sowie sechs einsatzbereite mobile Videoüberwachungsgeräte.[1330] **613**

Technisch möglich, aber im Rahmen eines Antrags an die Hamburger Bürgerschaft (wiederholt) abgelehnt,[1331] ist auch der Einsatz intelligenter Videoüberwachungssysteme,[1332] wie sie z. B. seit Dezember 2018 in Mannheim in einem Pilotprojekt getestet werden.[1333] **614**

Die dauerhafte Überwachung im Umfeld von Wohnungen und die Aufnahme von Privatbereichen während des Kameraschwenks konfligiert mit dem Grundrecht aus Art. 13 GG. Auf dieses Konfliktfeld und den Schutz des Privatbereichs hat die Polizei mit sog. **„Schwarzschaltungen“** (private masking) reagiert.[1334] Hierbei handelt es sich um eine Softwareprogrammierung, wodurch weder Aufzeichnungen noch Übertragungen von Bildern von Privaträumen erfolgen.[1335] **615**

1329 *Ettemeyer, Ulrich,* in: B/E/R/S, § 8 PolDVG Rn. 18.

1330 BürgDrucks. 21/20102 v. 14. 02. 2020, S. 28 (mit Ausführungen zur Verwendung).

1331 BürgDrucks. 21/19481 v. 30. 12. 2019.

1332 Zu zukünftigen Möglichkeiten der Videoüberwachung, etwa durch „Smart-CCTV“ und Gesichtserkennung: *Hornung, Gerrit/Schindler, Stephan,* Das biometrische Auge der Polizei, in: ZD 2017. 203 ff.; *Jandt, Silke,* Biometrische Videoüberwachung – was wäre wenn …, in ZRP 2018, 16; *Desoi, Monika,* Intelligente Videoüberwachung, Wiesbaden 2018.

1333 Stadt Mannheim, Startschuss für intelligente Videoüberwachung, 03. 12. 2018, https://www.mannheim.de/de/nachrichten/startschuss-fuer-intelligente-videoueberwachung (zuletzt abgerufen am 20. 02. 2020).

1334 BürgDrucks. 21/20102 v. 14. 02. 2020, S. 28; BVerwG, Urteil v. 25. 01. 2012, 6 C 9/11, Rn. 1 (Juris); *Ettemeyer, Ulrich,* in: B/E/R/S, § 8 PolDVG Rn. 18.

1335 *Ettemeyer, Ulrich,* in: B/E/R/S, § 8 PolDVG Rn. 18.

ee) In amtlichem Gewahrsam (Abs. 4)

616 § 18 Abs. 4 PolDVG ermächtigt zur Anfertigung von Bild- und Tonaufzeichnungen von sich in amtlichem Gewahrsam befindenden Personen. Die Vorschrift zielt dabei auf die Verhütung von Straftaten in amtlichem Gewahrsam, Sachbeschädigungen sowie Eigen- und Fremdverletzungen ab. Zu den in der Vorschrift genannten polizeilichen Räumen zählen dabei Zellen, sichere Räume, Gefangenentransportzellen sowie Untersuchungs- und Durchsuchungsräume. Die Daten sind nach § 18 Abs. 4 PolDVG offen zu erheben (vgl. § 10 Abs. 3 Satz 1 PolDVG).

Hinsichtlich der Frage, wann sich eine Person in amtlichem Gewahrsam befindet, kann auf die Ausführungen zu § 3 SOG (s. B. I.2.) verwiesen werden. § 18 Abs. 4 Satz 2 PolDVG regelt dabei ergänzend, dass die Maßnahmen auch dann zulässig sind, wenn Dritte (Nichtstörer) unvermeidbar betroffen sind.[1336] Diese Regelung findet hinsichtlich von Berufsgeheimnisträgern und Eingriffen in ein mit diesen Personen begründetes Vertrauensverhältnis seine Grenze in § 18 Abs. 4 Satz 3 PolDVG. Bei Rechtsanwälten, Ärzten oder Seelsorgern ist entsprechend der gleichlautenden Regelungen in §§ 53, 53 a StPO ein Eingriff unzulässig. In Abgrenzung zu § 17 PolDVG, der die Anfertigung (nur) von Lichtbildern zum Zwecke der Aufrechterhaltung der Sicherheit und Ordnung oder zur Identitätsfeststellung ermöglicht, kann über § 18 Abs. 4 PolDVG zum einen die Anfertigung von Bild- und Tonaufzeichnungen (also auch Videoaufzeichnungen) erfolgen. Zum anderen verfolgt § 18 Abs. 4 PolDVG eine andere Zielrichtung. Nach spätestens **vier Tagen** sind die Aufzeichnungen nach § 18 Abs. 4 Satz 4 PolDVG zu löschen,[1337] wenn sie nicht zu Strafverfolgungszwecken benötigt werden.

ff) Offener Einsatz und Bodycams (Abs. 5)

617 § 18 Abs. 5 PolDVG ermächtigt die Polizei, bei der Durchführung von Maßnahmen zur Gefahrenabwehr oder zur Verfolgung von Straftaten oder Ordnungswidrigkeiten in öffentlich zugänglichen Bereichen durch den offenen Einsatz technischer Mittel zur Anfertigung von Bild- und Tonaufzeichnungen, personenbezogene Daten zu verarbeiten. Anders als andere Bundesländer hat Hamburg keine explizite Regelung zum Einsatz von **sog. Bodycams** aufgenommen (so aber etwa § 31 a Abs. 2 BbgPolG). Dennoch bildet § 18 Abs. 5 PolDVG die Rechtsgrundlage für den Einsatz sog. Bodycams. Hierbei handelt es sich um mobile Bild- und Tonaufzeichnungsgeräte (Miniaturka-

1336 Zur Verfassungsmäßigkeit: BVerfG, in: BeckRS 2016, 44821, Rn. 115.

1337 Zum Recht auf Vergessenwerden, vgl. auch Art. 17 DSGVO; *Worms, Christoph,* in: Wolff, Heinrich Amadeus/Brink, Stefan (Hrsg.), BeckOK Datenschutzrecht, 30. Ed. München 01. 11. 2019, Art. 17 DSGVO insb. Rn. 58 ff.

meras), die von der Polizei im Einsatz am Körper des Beamten (sog. Kamerabeamter) getragen und befestigt werden kann. Entsprechende Regelungen finden sich in allen Bundesländern und in § 27 a Bundespolizeigesetz. In Hamburg sind zum April 2019 insgesamt 16 Bodycams vorhanden und funktionstüchtig gewesen,[1338] von denen fünf beim PK 14, vier beim PK 15, sechs bei der IT und eine bei der Akademie der Polizei waren.[1339] Im Jahr 2018 und bis einschließlich zum 26. 03. 2019 kamen die Bodycams beim PK 11 viermal, beim PK 14 elfmal und beim PK 15 insgesamt 389 mal zum Einsatz.[1340]

Dabei erfüllt der Einsatz von Bodycams gleich mehrere Ziele. Während zum **618**
einen durch den Einsatz von Bodycams die Eigensicherung der Polizeibeamten und eine deeskalierende Wirkung der Kameras, insbesondere in konfliktträchtigen Konfrontationssituationen beschrieben wird,[1341] dient ihr Einsatz zugleich zur Abschreckung potentieller Störer oder Gewalttäter und zum Nachweis von Handlungsabläufen im gefahren- und ggf. auch strafrechtlichen Kontext sowie einer gesteigerten Transparenz.[1342] Diesem Nutzen der Bodycams stehen erhöhte Risiken für die Betroffenen in Hinblick auf ihren effektiven Grundrechtsschutz gegenüber. Zum einen erzeugen Bodycams durch ihre Mobilität einen besonders weitreichenden und flexiblen Aufnahmerahmen.[1343] Des Weiteren erfolgt eine besonders nahe Aufzeichnung von wenigen oder nur einer Person, die damit besonders detailreich Auskunft gibt und somit diese Person besonders exponiert hervorhebt.[1344] Dass der Grundrechtseingriff besonders schwerwiegt, weil die Videoaufnahme gerade in Konfliktsituationen erfolge, in denen ein besonderer Erregungszustand der Betroffenen bestünde,[1345] kann nicht geteilt werden. Der Umstand, dass bereits eine Konfrontation besteht, die eine Konfliktsituation begründet, ist als schwächerer Grundrechtseingriff zu be-

1338 Zum Vergleich: Bei der Bundespolizei sind mit Stand zum Oktober 2019 1.169 Bodycams vorhanden gewesen, die bis zum Ende 2020 auf 2.300 erhöht werden sollen, BTDrucks. 19/14620 v. 30. 10. 2019, S. 2.

1339 BürgDrucks. 21/16656 v. 02. 04. 2019.

1340 BürgDrucks. 21/16656 v. 02. 04. 2019.

1341 Abschlussbericht Pilotprojekt Frankfurt, Polizeipräsidium Frankfurt am Main, Umdruck SH Landtag http://www.landtag.ltsh.de/infothek/wahl18/umdrucke/3500/umdruck-18–3586.pdf, S.10 (zuletzt abgerufen am 08. 01. 2020).

1342 *Kingreen, Thorsten/Poscher, Ralf,* Polizei- und Ordnungsrecht, 10. Aufl. München 2018, § 14 Rn. 30 ff.; *Lachenmann, Matthias,* Einsatz von Bodycams durch Polizeibeamte, in: NVwZ 2017, 1424, 1429; *Kipker, Dennis-Kenji/Gärtner, Hauke,* Verfassungsrechtliche Anforderungen an den Einsatz polizeilicher „Body-Cams", in NJW 2015, 296 ff.

1343 *Lachenmann, Matthias,* Einsatz von Bodycams durch Polizeibeamte, in: NVwZ 2017, 1424, 1425.

1344 *Lachenmann, Matthias,* Einsatz von Bodycams durch Polizeibeamte, in: NVwZ 2017, 1424, 1425.

1345 So *Lachenmann,* Einsatz von Bodycams durch Polizeibeamte, in: NVwZ 2017, 1424, 1425.

werten, als die Aufnahme in einer für den Betroffenen als konfrontationsfrei und privat empfundene Situation, in der er einen Konflikt nicht kommen sieht. Denn in einer Konfrontation und Konfliktsituation wird der Betroffene eher mit einer Eingriffsmaßnahme der Polizei rechnen dürfen.

619 Unter dem Gesichtspunkt der Gesetzgebungskompetenz der Freien und Hansestadt Hamburg bestehen gegen die Befugnis zum Einsatz von Bodycams mit der Entscheidung des *BVerfG* zur Normsetzungsbefugnis in Fällen doppelfunktionaler Datenerhebungen keine Bedenken mehr.[1346] Die sog. doppelfunktionale Datenerhebung meint dabei eine Datenerhebung, die sowohl dem Gefahrenabwehrrecht als auch dem Strafrecht (wofür alleine der Bund die Gesetzgebungskompetenz hat) dient. Das BVerfG hat in der zitierten Entscheidung festgestellt, dass eine landesrechtliche Regelung nicht gegen die Gesetzgebungskompetenzregelung verstößt, wenn sie auch strafrechtlichen Zwecken dient. Hierzu führt das BVerfG aus:[1347]

> *„Der Landesgesetzgeber ist folglich nicht an dem Erlass einer der Gefahrenabwehr dienenden Regelung gehindert, weil diese ihren tatsächlichen Wirkungen nach auch Interessen der Strafverfolgung dient und damit Regelungsbereiche des Bundes berührt. Maßnahmen können vielmehr auch als Landespolizeirecht zulässig sein, wenn sie präventiv und repressiv zugleich wirken."*

620 Die Verwendung von Bodycams ist ausschließlich in öffentlich zugänglichen Bereichen nach § 18 Abs. 5 Satz 1 PolDVG gestattet. Der Einsatz von Bodycams ist bei sämtlichen polizeilichen Gefahrenabwehrmaßnahmen zulässig.

621 Das **sog. Pre-Recording** ist in Hamburg anders als in anderen Bundesländern (z. B. § 31 a Abs. 2 Satz 4–6 BbgPolG) oder dem BPolG (§ 27 a Abs. 3 BPolG) nicht explizit gestattet. Einer solchen expliziten Gestattung bedürfte es jedoch aufgrund der grundrechtlichen Eingriffsqualität und den verfassungsrechtlichen Bedenken gegen diese Form der Videoaufzeichnung (hierzu nachfolgend). Unter Pre-Recording versteht man die technische Möglichkeit, dass eine Kamera im dafür vorgesehen Pre-Recording-Modus das gesamte Geschehen aufnimmt und die aufgenommenen Sequenzen in bestimmten Abständen immer wieder, ohne diese zu speichern, überspielt. Ergibt sich eine Gefährdungssituation, kann der Beamte die Aufnahmespei-

1346 BVerfG, in: NVwZ 2019, 381, 385 ff.; vgl. dazu *Roggan, Fredrik,* Verfassungsrechtliche Grenzen von automatisierten Kfz-Kennzeichenkontrollen, in: NVwZ 2019, 344, 347 ff.

1347 BVerfG, in: NVwZ 2019, 381, 386.

cherung aktivieren, die ab diesem Zeitpunkt (vorsorglich) aufnimmt und dann auch rückwirkend die davor liegende letzte Sequenz speichert.[1348] Dem Pre-Recording begegnen erhebliche verfassungs- und datenschutzrechtliche Bedenken.[1349] Hierzu führt der Deutsche Anwaltverein in einer Stellungnahme zum Einsatz von Bodycams aus:[1350]

> „Auch wenn der Einsatz von Bodycams nicht mit einer Art ‚Vorratsdatenspeicherung' gleichzusetzen ist, bei der das Kommunikationsverhalten der ganzen Bevölkerung für einen längeren Zeitraum festgehalten wird, kann auch eine (vorsorgliche) Bildaufzeichnung von gerade einmal 60 Sekunden und in einer Situation, in der die Polizei nicht heimlich, sondern offen auftritt, einen Eingriff in das Grundrecht auf informationelle Selbstbestimmung, das Recht am eigenen Bild oder das Recht am gesprochenen Wort darstellen. Das Bundesverfassungsgericht hat in seiner Entscheidung zur automatisierten Auswertung von Kfz-Kennzeichen einen Grundrechtseingriff nur dann verneint, wenn der Zugriff auf die Daten auf den maschinell begrenzten Bereich des Auswertungsverfahrens beschränkt ist, ein unverzüglicher, ungezielter Datenabgleich vollständig automatisiert erfolgt und im Falle eines Nichttreffers anonym, spurenlos, ohne weiteres Erkenntnisinteresse für die Ermittlungsbehörden bleibt. Die im Rahmen (auch) des Pre-Recording erfolgte Aufzeichnung geht hierüber aber hinaus. Die (auch nur) vorübergehende Speicherung ist graduell mehr als die nur computergesteuerte Erfassung und die Frage der ‚erforderlichen' endgültigen Speicherung hängt zudem von der (subjektiven) Einschätzung eines Polizeibeamten – und gerade nicht eines Computers – ab."[1351]

d) Datenverarbeitung durch den Einsatz von automatischen Kennzeichenlesesystemen, § 19 PolDVG (§ 8 a PolDVG a. F.)

Die Vorschrift regelt die automatisierte Erfassung von Kfz-Kennzeichen und **622**
deren anschließendem Abgleich mit bestimmten Abgleichdateien bzw. Fahndungsbeständen. Sie findet sich entsprechend in zahlreichen Polizei-

---

1348 Stellungnahme des Deutschen Anwaltvereins durch den Ausschuss Gefahrenabwehrrecht zum Einsatz von Bodycams bei der Polizei, Dezember 2016, Deutscher Bundestag, Innenausschuss, Ausschussdrucksache 18(4)728, abrufbar unter https://www.bundestag.de/resource/blob/494776/248d5d35c5d066614a2476440b1af03b/18-4-728-data.pdf (zuletzt abgerufen am 30. 01. 2020).

1349 U. a. *Roggan, Fredrik,* Verfassungsrechtliche Grenzen von automatisierten Kfz-Kennzeichenkontrollen, in: NVwZ 2019, 344, 346 f.

1350 Stellungnahme des Deutschen Anwaltvereins durch den Ausschuss Gefahrenabwehrrecht zum Einsatz von Bodycams bei der Polizei, Dezember 2016, Deutscher Bundestag, Innenausschuss, Ausschussdrucksache 18 (4)728, abrufbar unter https://www.bundestag.de/resource/blob/494776/248d5d35c5d066614a2476440b1af03b/18-4-728-data.pdf (zuletzt abgerufen am 30. 01. 2020).

1351 Kritisch auch z. B. *Roggan, Fredrik,* Brandenburgische Polizeirechtsnovelle von 2019 – Erläuterungen und Würdigung aus verfassungsrechtlicher Perspektive, in: LKV 2019, 241, 246; die Verfassungswidrigkeit von § 27 a Abs. 3 BPolG zum Pre-Recording darlegend: *Schenke, Wolf-Rüdiger,* Verfassungsrechtliche Probleme des polizeilichen Einsatzes von Bodycams, in: VerwArch 2019, 436 ff.

gesetzen der Länder sowie in § 27 b BPolG und entspricht im Wesentlichen der bisherigen Regelung in § 8 a PolDVG.[1352]

aa) Betroffene Grundrechte

623 Die automatisierte Kfz-Kennzeichenkontrolle greift in das allgemeine Persönlichkeitsrecht und das Recht auf informationelle Selbstbestimmung aus Art. 2 Abs. 1 i. V. m. Art. 1 Abs. 1 GG ein.[1353] Dies gilt, obschon es sich bei Kfz-Kennzeichen um öffentlich zugängliche Informationen handelt, die nicht bereits ihrer Art nach sensibel sind. *Dies entschied das BVerfG im Jahr 2018 und korrigierte damit nach nur 10 Jahren sein eigenes Urteil aus dem Jahr 2008:*[1354]

> *„Mittels elektronischer Datenverarbeitung sind Einzelangaben über persönliche oder sachliche Verhältnisse einer Person unbegrenzt speicherbar und jederzeit und ohne Rücksicht auf Entfernungen in Sekundenschnelle abrufbar. Sie können darüber hinaus mit anderen Datensammlungen zusammengefügt werden, wodurch vielfältige Nutzungs- und Verknüpfungsmöglichkeiten entstehen. Dadurch können weitere Informationen erzeugt und so Schlüsse gezogen werden, die sowohl die grundrechtlich geschützten Geheimhaltungsinteressen des Betroffenen beeinträchtigen als auch anschließende Eingriffe in seine Verhaltensfreiheit nach sich ziehen können. Eine weitere Besonderheit des Eingriffspotenzials von Maßnahmen der elektronischen Datenverarbeitung liegt in der Menge der verarbeitbaren Daten, die auf konventionellem Wege gar nicht bewältigt werden könnte. Der mit solchen technischen Möglichkeiten einhergehenden gesteigerten Gefährdungslage entspricht der hierauf bezogene Grundrechtsschutz (BVerfGE 120, 378 [397 f.] = NJW 2008, 1505 m. w. N.; stRspr).“*[1355]

624 Dabei ist der Schutzumfang der informationellen Selbstbestimmung nicht auf sensible Daten beschränkt, sondern auch der Umgang mit an sich wenig informativen oder öffentlich zugänglichen Daten kann je nach Ziel und Verarbeitungsart und -möglichkeit erhebliche grundrechtliche Auswirkungen auf die Privatheit und die kontrollfreie Entfaltung der Persönlichkeit haben.[1356] In diesem Zusammenhang formuliert das BVerfG:

1352 BürgDrucks. 21/17906 v. 30. 07. 2019, S. 48.

1353 BVerfG, in: NVwZ 2019, 381, 382 ff.

1354 In der Entscheidung aus 2008 (BVerfG, in: MMR 2008, 308 ff.) hatte das BVerfG noch entschieden, dass kein Eingriff in Grundrechte vorliege, so in der Folge dann auch etwa das BVerwG 2014, sogar bei sog. „unechten Treffern“ (in: NVwZ 2015, 906 ff.).

1355 BVerfG, in: NVwZ 2019, 381, 382 f.

1356 BVerfG, in: NVwZ 2019, 381, 382 f.

„Insofern gibt es unter den Bedingungen der elektronischen Datenverarbeitung kein schlechthin, also ungeachtet des Verwendungskontextes, belangloses personenbezogenes Datum mehr.“[1357]

bb) Technischer Ablauf

Vereinfacht gesagt, werden bei der automatisierten Kennzeichenerfassung **625** Fahrzeuge mittels einer Videokamera optisch erfasst. Mit Hilfe einer speziellen Software wird aus dem Bildmaterial die Buchstaben- und Zeichenfolge des Kennzeichens ausgelesen. Das so ermittelte Kennzeichen wird automatisch mit polizeilichen Fahndungsdateien abgeglichen. Ist das Kennzeichen in diesen Dateien enthalten, wird eine Treffermeldung ausgegeben.[1358]

cc) Tatbestandliche Voraussetzungen

Nach § 19 Abs. 1 Satz 1 PolDVG ist eine automatisierte Kfz-Kennzeichen- **626** kontrolle nur offen (und nicht verdeckt) zulässig. Zudem erfordert die Kennzeichenkontrolle räumlich gesehen eine sog. „*Anhaltemöglichkeit*“ im Umfeld der Kontrolle. Dieses Erfordernis korrespondiert mit der Regelung nach § 19 Abs. 3 Satz 3 PolDVG, wonach in einem sog. Trefferfall (hierzu nachfolgend) das kontrollierte Fahrzeug und seine Insassen durch die Polizei angehalten werden sollen. Hierfür bedarf es einer entsprechenden Anhaltemöglichkeit, die die weitere Behandlung durch die Polizei ermöglicht.

Tatbestandlich darf die Kennzeichenkontrolle dabei **nur zweckbezogen** **627** (also nicht anlasslos) erfolgen.[1359] Bei Kontrollen im öffentlichen Verkehrsraum nach diesem Gesetz und anderen Gesetzen darf die Polizei zur Eigensicherung, zur Verhinderung des Gebrauchs gestohlener Kraftfahrzeuge und Kraftfahrzeugkennzeichen und zur Verhütung von Anschlussstraftaten automatisiert Kennzeichen von Kraftfahrzeugen erfassen.

§ 19 Abs. 1 Satz 1 PolDVG bildet die Rechtsgrundlage für die (offene) Er- **628** fassung von Kennzeichen vorbeifahrender Fahrzeuge durch ein Kennzei-

---

1357 BVerfG, in: NVwZ 2019, 381, 382 f.

1358 Abgrenzung zur sog. **Rasterfahndung**: *Kilchling, Michael/Kenzel, Brigitte,* Recht und Praxis der anlassbezogenen automatischen Kennzeichenfahndung, Verkehrsdatenabfrage und Mobilfunkortung zur Gefahrenabwehr in Brandenburg, Freiburg 2011, S. 27 f., abrufbar unter: https://info.publicintelligence.net/MaxPlanckInstitute-Report.pdf (zuletzt abgerufen am 03. 03. 2020); Abgrenzung zur sog. **Schleierfahndung**: *Kilchling, Michael/Kenzel, Brigitte,* Recht und Praxis der anlassbezogenen automatischen Kennzeichenfahndung, Verkehrsdatenabfrage und Mobilfunkortung zur Gefahrenabwehr in Brandenburg, Freiburg 2011, S. 29, abrufbar unter: https://info.publicintelligence.net/MaxPlanckInstitute-Report.pdf (zuletzt abgerufen am 03. 03. 2020).

1359 *Kilchling, Michael/Kenzel, Brigitte,* Recht und Praxis der anlassbezogenen automatischen Kennzeichenfahndung, Verkehrsdatenabfrage und Mobilfunkortung zur Gefahrenabwehr in Brandenburg, Freiburg 2011, S. 22 f., abrufbar unter: https://info.publicintelligence.net/MaxPlanckInstitute-Report.pdf (zuletzt abgerufen am 03. 03. 2020) m. w. A.

chenlesesystem in automatisierter Form, ihren Abgleich mit dem Fahndungsbestand sowie die Speicherung von Angaben zu Ort, Datum, Uhrzeit und Fahrtrichtung (§ 19 Abs. 3 Satz 2).

629 § 19 Abs. 2 Satz 2 Nr. 1 bis 4 PolDVG bestimmt dabei zusätzliche Eingrenzungen dahingehend, welche Fahrzeuge (wie ausgeschrieben) aus der Sachfahndungsdatei abgeglichen werden dürfen.

630 Wie mit diesen Datensätzen und im weiteren mit den Erkenntnissen aus dem Abgleich zu verfahren ist, hängt davon ab, ob ein sog. **Nichttrefferfall** oder ein sog. **Trefferfall** (jeweils legal definiert in § 19 Abs. 3 Sätze 1 und 2 PolDVG) vorliegt. Ist ein automatisch erfasstes Kennzeichen nicht im Fahndungsbestand enthalten (sog. Nichttrefferfall), sind die erhobenen Daten nach § 19 Abs. 3 Satz 1 PolDVG unverzüglich (d. h. ohne schuldhaftes Zögern) nach Durchführung des Datenabgleichs automatisiert zu löschen[1360] (sog. spurenlose Aussonderung).[1361] Es darf in diesem Falle keine manuelle Löschung erfolgen, sondern systemseitig ist sicherzustellen, dass die gewonnenen Daten ohne Kenntnisnahme durch einen Beamten gelöscht werden. Ist das ermittelte Kennzeichen indes im Fahndungsbestand enthalten (sog. Trefferfall),[1362] so dürfen das Kennzeichen, Angaben zu Ort, Datum, Uhrzeit und Fahrtrichtung gespeichert werden (§ 19 Abs. 3 Satz 2 PolDVG). Darüber hinausgehende Maßnahmen dürfen jedoch erst dann eingeleitet werden, wenn eine Überprüfung des Trefferfalls anhand des aktuellen Fahndungsdatenbestandes erfolgt ist. Hiermit soll sichergestellt werden, dass sich die Polizei anhand des aktuellen Datenbestandes eine gesicherte Erkenntnis darüber bildet, dass tatsächlich ein einen Gefahrenabwehrtatbestand erfüllender Vorgang vorliegt und es nicht zu einem z. B. technischen Fehler bei dem Abgleich von Kennzeichen und Datenbestand gekommen ist. Stimmt beispielsweise wegen einer fehlerhaften Ablesung des Kennzeichens dieses tatsächlich doch nicht mit dem Fahndungsbestand überein **(unechter Treffer)**, ist der gesamte Vorgang durch den Polizeibeamten manuell zu löschen.[1363]

631 Im Trefferfall soll das Fahrzeug mit Insassen durch die Polizei angehalten werden (§ 19 Abs. 3 Satz 3 PolDVG). Diese Regelung korrespondiert mit der

---

1360 Zum Recht auf Vergessenwerden, vgl. auch Art. 17 DSGVO; *Worms, Christoph,* in: Wolff, Heinrich Amadeus/Brink, Stefan (Hrsg.), BeckOK Datenschutzrecht, 30. Ed. München 01. 11. 2019, Art. 17 DSGVO insb. Rn. 58 ff.

1361 Hierzu ausführlich: BVerfG, in: NJW 2008, 1505, 1506 f.

1362 *Kilchling, Michael/Kenzel, Brigitte,* Recht und Praxis der anlassbezogenen automatischen Kennzeichenfahndung, Verkehrsdatenabfrage und Mobilfunkortung zur Gefahrenabwehr in Brandenburg, Freiburg 2011, S. 25 ff., abrufbar unter: https://info.publicintelligence.net/MaxPlanckInstitute-Report.pdf (zuletzt abgerufen am 03. 03. 2020).

1363 BVerfG, in: NVwZ 2019, 381, 382.

nach § 19 Abs. 1 Satz 1 PolDVG erforderlichen sog. „Anhaltemöglichkeit", die im Umfeld einer automatisierten Kennzeichenerkennung bestehen soll.

§ 19 Abs. 1 Satz 2 sowie Abs. 2 Sätze 3 bis 4 PolDVG enthalten weitere Einschränkungen der Kennzeichenerfassung. Hiernach sind weder flächendeckende Kennzeichenerfassung (§ 19 Abs. 1 Satz 2 PolDVG) zulässig, noch dürfen Bewegungsprofile erstellt werden (§ 19 Abs. 2 Satz 4 PolDVG). Auch darf nur ein Abgleich mit vollständigen Kennzeichen des Fahndungsbestandes erfolgen (§ 19 Abs. 2 Satz 3 PolDVG). **632**

e) Datenverarbeitung durch Observation, § 20 PolDVG (§ 9 PolDVG a. F.)

§ 20 PolDVG enthält die Ermächtigungsgrundlage für die Datenverarbeitung durch **Observation**. Die Observation, d.h. die gezielte und planmäßige Beobachtung einer Person,[1364] ist wohl eine der ältesten Ermittlungsmethoden. Sie ist darauf angelegt, durch Beobachtung des Verhaltens und der Handlungen einer Person Erkenntnisse über sie zu gewinnen und diese für die Gefahrenabwehr und Verhinderung von Straftaten zu verwenden. Die Regelung in § 20 PolDVG differenziert zwischen der sog. längerfristigen Observation (Legaldefinition in § 20 Abs. 1 Satz 1 PolDVG) und der sog. kurzfristigen Observation (Negativabgrenzung, Legaldefinition in § 20 Abs. 4 PolDVG). Beide Observationsformen können nach § 20 PolDVG offen oder verdeckt erfolgen. **633**

aa) Betroffene Grundrechte

Insbesondere bei der längerfristigen Observation liegt eine besondere Eingriffsintensität in das Grundrecht des Betroffenen auf informationelle Selbstbestimmung aus Art. 2 Abs. 1 i. V. m. Art. 1 Abs. 1 GG sowie das allgemeine Persönlichkeitsrecht vor.[1365] Denn durch die längerfristige Observation wird ein breites, detailreiches und in die Tiefe gehendes Bild von den persönlichen Lebensverhältnissen einer Person für polizeiliche Zwecke erschaffen (vom BVerfG als „Persönlichkeitsbild" bezeichnet).[1366] Aber auch die kurzfristige Observation greift in dieses Grundrecht ein, sodass es einer verfassungsrechtlichen Rechtfertigung für beide Maßnahmenarten bedarf. Zudem kann (subsidiär) auch die Allgemeine Handlungsfreiheit nach Art. 2 Abs. 1 GG betroffen sein, wenn der Betroffene sich nicht mehr unbeobachtet und unkontrolliert frei bewegen und handeln kann. **634**

1364 *Kingreen, Thorsten/Poscher, Ralf,* Polizei- und Ordnungsrecht, 10. Aufl. München 2018, § 13 Rn. 105.

1365 OLG Brandenburg, in: BeckRS 2010, 28817.

1366 Grundlegend: BVerfG (Volkszählungsurteil), in: NJW 1984, 419 ff.; *Ettemeyer, Ulrich,* in: B/E/R/S, § 9 PolDVG Rn. 1.

bb) Längerfristige Observation (Abs. 1)

635 § 20 Abs. 1 PolDVG enthält neben der **Legaldefinition** der **längerfristigen Observation** die Voraussetzungen für eine solche Maßnahme. Eine längerfristige Observation liegt danach vor, wenn diese innerhalb einer Woche länger als 24 Stunden (durchgehend) oder über den Zeitraum einer Woche hinaus vorgesehen ist oder tatsächlich durchgeführt wird.[1367] Eine solche darf nur unter den Voraussetzungen des § 20 Abs. 1 Satz 1 Nr. 1 oder Nr. 2 PolDVG durchgeführt werden. Nach § 20 Abs. 1 Satz 1 Nr. 1 PolDVG darf eine längerfristige Observation durchgeführt werden über die für eine Gefahr Verantwortlichen (Störer §§ 8, 9 SOG) und unter den Voraussetzungen von § 10 SOG (Nichtstörer), wenn dies zur Abwehr einer Gefahr für den Bestand oder die Sicherheit des Bundes oder eines Landes oder für Leib, Leben oder Freiheit einer Person erforderlich ist. Zudem muss eine unmittelbar bevorstehende Gefahr für diese Schutzgüter von herausragender Bedeutung vorliegen.

636 Eine längerfristige Observation darf nach § 20 Abs. 1 Satz 1 Nr. 2 PolDVG auch zur vorbeugenden Bekämpfung von Straftaten gegenüber potentiellen Straftätern sowie ihren Kontakt- oder Begleitpersonen (§ 2 Abs. 4 PolDVG) erfolgen. Dabei ist mit der Neufassung des § 20 Abs. 1 Satz 1 Nr. 2 PolDVG eine tatbestandliche **Konkretisierung** der **Gefahrenschwelle**, die für die Datenverarbeitung durch Observation erforderlich ist, vorgenommen worden. Hiernach ist die Datenverarbeitung nach Nr. 2 zulässig, *„soweit Tatsachen, die ein wenigstens seiner Art nach konkretes und zeitlich absehbares Geschehen erkennen lassen, die Annahme rechtfertigen, dass diese Personen Straftaten von erheblicher Bedeutung begehen werden*“. Mit dieser Neuregelung greift der Landesgesetzgeber die Rechtsprechung des BVerfG zur teilweisen Verfassungswidrigkeit des BKAG aus dem Jahr 2016[1368] auf. Hierin hatte das BVerfG für die Maßnahmen der längerfristigen Observation eine verfassungsrechtlich gebotene Einschränkung für die Fälle gefordert, in denen sich die Maßnahme gegen Personen richtet, bei denen Tatsachen die Annahme rechtfertigen, dass sie Straftaten begehen.[1369] Auch bei Maßnahmen, die der Straftatenverhütung dienen, bedarf es *„zumindest einer auf bestimmte Tatsachen und nicht allein auf allgemeine Erfahrungssätze gestützten Prognose, die auf eine konkrete Gefahr bezogen ist. Grundsätzlich gehört hierzu, dass insoweit ein wenigstens seiner Art nach konkretisiertes und zeitlich absehbares Geschehen erkennbar ist*“[1370]. Auch wenn

1367 Hierzu: *Kingreen, Thorsten/Poscher, Ralf*, Polizei- und Ordnungsrecht, 10. Aufl. München 2018, § 13 Rn. 108 ff.

1368 BVerfG, in: BeckRS 2016, 44821.

1369 BVerfG, in: BeckRS 2016, 44821. Rn. 12 ff.

1370 BVerfG, in: BeckRS 2016, 44821. Rn. 164.

bereits vorher bloße Vermutungen oder allgemeine polizeiliche Erfahrungssätze tatbestandlich nicht ausreichten, verfolgt der Landesgesetzgeber mit der Neuregelung eine ausdrückliche tatbestandliche Konkretisierung und Umsetzung der verfassungsrechtlichen Vorgaben.[1371] Die Neuanlage der Gefahrenschwelle ist dabei nach der vorgenannten Entscheidung des BVerfG nicht auf die längerfristige Observation beschränkt gewesen, sondern galt für alle im damaligen § 20g Abs. 2 BKAG a. F. genannten besonderen Maßnahmen.[1372] Entsprechend wurden auch die Regelungen zum verdeckten Einsatz technischer Mittel (§ 21 PolDVG, § 10 PolDVG a. F.), zu Vertrauenspersonen nach § 28 PolDVG (§ 11 PolDVG a. F.) und zu Verdeckten Ermittlern nach § 29 PolDVG (§ 12 PolDVG a. F.) angepasst.

Hinsichtlich der in § 20 Abs. 1 Satz 1 Nr. 2 PolDVG genannten Straftaten ist **637** auf die weitere Konkretisierung in § 20 Abs. 1 Satz 3 PolDVG hinzuweisen. Mit dem neuen Satz 3 wird der Rechtsgüterschutz weiter entsprechend der Rechtsprechung des BVerfG zur teilweisen Verfassungswidrigkeit des BKAG modifiziert.[1373] Die Regelung dient der Eingrenzung im Hinblick auf Sach- und Vermögenswerte als Schutzgut. Hiernach gilt: Verbrechen sowie Vergehen, die im Einzelfall nach Art und Schwere geeignet sind, den Rechtsfrieden besonders zu stören, und sich gegen bedeutende Sach- oder Vermögenswerte richten, sind nur dann als Straftat von erheblicher Bedeutung im Sinne von § 2 Abs. 2 Nr. 2 PolDVG anzusehen, wenn die Erhaltung der **bedeutenden Sach- und Vermögenswerte im öffentlichen Interesse** liegt. Nur der Schutz von Sachen von bedeutendem Wert, deren Erhaltung im öffentlichen Interesse geboten ist, rechtfertigt die längerfristige Observation.[1374] Privatinteressen sind demgegenüber nicht ausreichend. Eine entsprechende Regelung findet sich auch im Rahmen des Einsatzes Verdeckter Ermittler in § 29 Abs. 2 Satz 2 PolDVG.

Hinsichtlich der Überwachung von rückfallgefährdeten, entlassenen Siche- **638** rungsverwahrten sieht § 12 c SOG eine Sonderregelung vor. Die Maßnahme

---

1371 BürgDrucks. 21/17906 v. 30. 07. 2019, S. 49.

1372 § 20g Abs. 2 BKAG Nr. 1 längerfristige Observation, Nr. 2 Einsatz technischer Mittel außerhalb von Wohnungen in einer für den Betroffenen nicht erkennbaren Weise a) zur Anfertigung von Bildaufnahmen oder -aufzeichnungen von Personen oder Sachen, die sich außerhalb von Wohnungen befinden, oder b) zum Abhören oder Aufzeichnen des außerhalb von Wohnungen nicht öffentlich gesprochenen Wortes, 3. sonstige besondere für Observationszwecke bestimmte technische Mittel zur Erforschung des Sachverhalts oder zur Bestimmung des Aufenthaltsortes einer in Abs. 1 genannten Person, 4. der Einsatz von Privatpersonen, deren Zusammenarbeit mit dem Bundeskriminalamt Dritten nicht bekannt ist (Vertrauensperson), und 5. der Einsatz eines Polizeivollzugsbeamten unter einer ihm verliehenen und auf Dauer angelegten Legende (Verdeckter Ermittler).

1373 BVerfG, in: BeckRS 2016, 44821.

1374 BVerfG, in: BeckRS 2016, 44821, Rn. 154 f.

kann wegen ihrer nicht primär auf die Datenerhebung gerichteten Zielrichtung und der i. d. R. längeren Dauer der Überwachung nicht auf § 20 PolDVG gestützt werden.[1375]

639 Die längerfristige Observation darf nach § 20 Abs. 1 Satz 2 PolDVG auch durchgeführt werden, wenn **Dritte unvermeidbar betroffen** werden.[1376] Dieser Grundsatz findet sich an vielen Stellen des PolDVG wieder und dient sowohl dem Schutze unbeteiligter Dritter als auch der Ermöglichung der effektiven Gefahrenabwehr.

cc) Richtervorbehalt, Frist und Unterrichtungspflicht

640 In § 20 Abs. 2 Satz 1 PolDVG ist das Erfordernis der richterlichen Anordnung **(Richtervorbehalt)** vor Durchführung einer längerfristigen Observation neu eingeführt worden.[1377] Auch hiermit folgt der Landesgesetzgeber der Rechtsprechung des BVerfG zum BKAG.[1378] Vormals hatte nach § 9 Abs. 2 Satz 1 PolDVG a. F. die Anordnung durch den Polizeipräsidenten oder von seinem Vertreter im Amt ausgereicht. Die Neuregelung lässt die Anordnung durch den Polizeipräsidenten oder seinen Vertreter im Amt nur noch nach § 20 Abs. 2 Satz 2 PolDVG bei Gefahr im Verzug ausreichen. Der Gesetzgeber hat damit die formalen Anforderungen an die Anordnung einer längerfristigen Observation verschärft. Dies gilt auch insoweit, als das § 20 Abs. 2 Satz 3 PolDVG für die Fälle der Anordnung **bei Gefahr im Verzug** die **unverzügliche** (d. h. ohne schuldhaftes Zögern) **richterliche Bestätigung**, die einzuholen ist, normiert. Wird eine entsprechende richterliche Bestätigung nicht binnen drei Tagen erteilt, ist die Maßnahme nach § 20 Abs. 2 Satz 4 PolDVG zu beenden und die erhobenen Daten sind unverzüglich zu vernichten.

641 Zuständig für die richterlichen Anordnungen für die längerfristige Observation ist das Amtsgericht Hamburg nach § 20 Abs. 2 Satz 5 PolDVG. Die verfahrensrechtlichen Vorgaben für das Gericht bestimmt § 20 Abs. 2 Sätze 6 und 7 PolDVG und regelt dabei hinsichtlich der Anhörung und Bekanntgabe gegenüber der betroffenen Person durch das Gericht, dass diese im Falle der Gefährdung des Zwecks der Maßnahme unterbleiben kann. Nach § 20 Abs. 2 Satz 8 PolDVG wird die Entscheidung mit ihrer Bekanntgabe wirksam und hat nach Satz 9 schriftlich zu erfolgen.

1375 Zur Vorgängerregelung in § 9 PolDVG a. F., VG Hamburg, Urteil v. 27. 11. 2013, 13 K 1715/13, S. 10: „*Als Rechtsgrundlage für eine dauerhafte Observation eines ehemals Sicherheitsverwahrten als Maßnahme der Gefahrenabwehr scheidet § 9 Abs. 1 Satz 1 Nr.2 PolDVG* [a. F.] *aus.*" Abrufbar unter: https://justiz.hamburg.de (zuletzt abgerufen am 07. 02. 2020).

1376 Zur Verfassungsmäßigkeit: BVerfG, in: BeckRS 2016, 44821, Rn. 115.

1377 Hierzu allgemein in der BKAG-Entscheidung des BVerfG: BVerfG, in: BeckRS 2016, 44821, Rn. 117.

1378 BVerfG, in: BeckRS 2016, 44821, Rn. 174; BürgDrucks. 21/17906 v. 30. 07. 2019, S. 49 f.

Die Maßnahme ist nach § 20 Abs. 2 Satz 10 PolDVG auf höchstens **drei Monate** zu befristen, die jedoch nach dessen Satz 11 jeweils (also auch mehrfach) um nicht mehr als drei Monate verlängert werden kann, wenn die Voraussetzungen für die Maßnahme nach wie vor vorliegen. Welche Angaben die Anordnung enthalten muss, regelt sodann § 20 Abs. 2 Satz 12 PolDVG in dessen Nr. 1 bis 3. 642

§ 20 Abs. 3 PolDVG bestimmt nach seiner Neufassung eine **Unterrichtungspflicht** gegenüber den Personen, gegen die sich die Datenerhebung gerichtet hat. Die Benachrichtigungspflicht mit konkreten Vorgaben zum Zeitpunkt, Art und Umfang der Benachrichtigung wurden in § 20 PolDVG gestrichen und finden sich nunmehr in der Zentralnorm des neu eingefügten § 68 PolDVG. Eine Einschränkung, wie dies zuvor § 9 Abs. 3 PolDVG a. F. („*sobald dies ohne Gefährdung des Zwecks der Datenerhebung geschehen kann*") vorsah, ist nicht mehr enthalten. Auch wurde das Abstimmungserfordernis mit der Staatsanwaltschaft im Hinblick auf parallel erfolgende strafrechtliche Ermittlungsverfahren gestrichen. 643

dd) Kurzfristige Observation (Abs. 4)

§ 20 Abs. 4 PolDVG enthält wie die Vorgängerregelung die Bestimmung, dass auf eine Observation, die nicht die in Abs. 1 genannten Voraussetzungen erfüllt (kurzfristige Observation), die Abs. 1 bis 3 keine Anwendung finden.[1379] Dies ist von klarstellender Bedeutung, enthält zugleich aber auch i. V. m. §§ 10, 11 PolDVG die Ermächtigungsgrundlage[1380] und tatbestandlichen Voraussetzungen für die kurzfristige Observation. Eine kurzfristige Observation unterscheidet sich von der längerfristigen Observation lediglich in ihrem Zeitmoment, nicht aber in der Art und Weise der Observation und ihrer Durchführung. Die kurzfristige Observation kann bis zu eine Woche oder bis zu 24 Stunden andauern. 644

Tatbestandlich ist auch im Hinblick auf die kurzfristige Observation ein nicht unerheblicher Eingriffscharakter gegeben. Dies gilt umso mehr, wenn die Maßnahme verdeckt erfolgt. Diesem Eingriff trägt § 20 Abs. 4 PolDVG nach seinem reinen Wortlaut wenig Rechnung. Als Ermächtigungsgrundlage ist er daher mit §§ 10, 11 PolDVG zu lesen. Ergänzend zu den in § 10 und § 11 PolDVG genannten Voraussetzungen, darf die Polizei nach § 20 Abs. 4 645

1379 Hierzu: *Kingreen, Thorsten/Poscher, Ralf*, Polizei- und Ordnungsrecht, 10. Aufl. München 2018, § 13 Rn. 105 ff.

1380 So auch: *Ettemeyer, Ulrich*, in: B/E/R/S, § 9 PolDVG Rn. 15; a. A. wohl: *Alberts, Hans W.*, in: Alberts, Hans W./Merten, Karlheinz, Gesetz über die Datenverarbeitung der Polizei, 3. Aufl. Hamburg 2002, § 9 Rn. 8, die sich für eine „verfassungsunmittelbar[e]" Einschränkung des Abs. 4 aussprechen, zugleich aber auf § 6 PolDVG a. F. (heute § 11 PolDVG) Bezug nehmen.

Satz 2 PolDVG die Daten einer kurzfristigen Observation nur verarbeiten, soweit dies zum Zwecke der Gefahrenabwehr erforderlich ist und ohne diese Maßnahme die Erfüllung der polizeilichen Aufgabe gefährdet wird.

f) Datenverarbeitung durch den verdeckten Einsatz technischer Mittel, § 21 PolDVG (§ 10 PolDVG a. F.)

646 § 21 PolDVG regelt, wie zuvor § 10 PolDVG a.F., die Beobachtung einer Person durch den Einsatz besonderer technischer Mittel zur verdeckten Datenverarbeitung. Diese Norm ermächtigt zum Einsatz technischer Mittel außerhalb von Wohnungen (in oder aus Wohnungen ist § 22 PolDVG einschlägig), z.B. im Rahmen einer Observation oder zur Aufklärung eines Sachverhaltes.

aa) Betroffene Grundrechte

647 Wie bereits die Observation greift auch (und vertieft) die Beobachtung durch Einsatz technischer Mittel mit besonderer Intensität in das Grundrecht des Betroffenen auf informationelle Selbstbestimmung aus Art. 2 Abs. 1 i.V.m. Art. 1 Abs. 1 GG und das allgemeine Persönlichkeitsrecht ein.[1381] Denn durch die technische Erweiterung der Erhebungs- und Verarbeitungsmöglichkeiten von Erkenntnissen, die das nichtöffentliche Wort betreffen, wird besonders tief eindringend sowie detailreich in das Höchstpersönliche und Geheime eingegriffen und ein Bild von den persönlichen Lebensverhältnissen einer Person für polizeiliche Zwecke erschaffen (vom BVerfG als „Persönlichkeitsbild" bezeichnet).[1382] Zudem kann (subsidiär) auch die Allgemeine Handlungsfreiheit nach Art. 2 Abs. 1 GG betroffen sein, wenn der Betroffene sich nicht mehr unbeobachtet und unkontrolliert frei bewegen und handeln kann.

bb) Tatbestand (Abs. 1)

648 Die technischen Mittel dürfen nach § 21 Abs. 1 Satz 1 PolDVG zur Anfertigung von Bildaufnahmen und Bildaufzeichnungen sowie zum Abhören und Aufzeichnen des nichtöffentlich gesprochenen Wortes eingesetzt werden. Es können Kameras, Mikrophone, Tonaufzeichnungsgeräte, etc. zum Einsatz kommen. Das *„nichtöffentlich gesprochene Wort"* ist in Anlehnung an dessen Schutz nach § 201 Abs. 1 Nr. 1 StGB nur gegeben, wenn die Äußerung nicht für einen größeren, nach Zahl und Individualität unbestimmten oder nicht durch persönliche oder sachliche Beziehungen miteinander

---

1381 OLG Brandenburg, in: BeckRS 2010, 28817.

1382 Grundlegend: BVerfG (Volkszählungsurteil), in: NJW 1984, 419 ff.; *Ettemeyer, Ulrich,* in: B/E/R/S, § 9 PolDVG Rn. 1.

verbundenen Personenkreis bestimmt oder unmittelbar verstehbar ist.[1383] Die Verarbeitung des öffentlich gesprochenen Wortes kann demgegenüber z. B. auf der Grundlage von § 18 PolDVG erfolgen. Gem. § 21 Abs. 1 Satz 2 PolDVG darf die Polizei unter den Voraussetzungen des Satzes 1 bestimmte technische Mittel auch zur Ermittlung des Aufenthaltsortes des Betroffenen verwenden (z. B. Peilsender).

Für den Einsatz der technischen Mittel bedarf es auf Tatbestandsseite nach **649** § 21 Abs. 1 Satz 1 Nr. 1 PolDVG der Abwehr einer unmittelbar bevorstehenden Gefahr für Rechtsgüter von herausragender Bedeutung (Gefahr für den Bestand oder die Sicherheit des Bundes oder Landes oder für Leib, Leben oder Freiheit einer Person). Des Weiteren muss eine konkretisierte Gefahrenlage nach § 21 Abs. 1 Satz 1 Nr. 2 PolDVG vorliegen, die die Begehung von Straftaten von erheblicher Bedeutung konkret und zeitlich absehbar erkennen lässt (vgl. hierzu die entsprechende Regelung und Ausführungen zu § 20 Abs. 1 Satz 1 Nr. 2 PolDVG). Die Datenerhebung muss zudem zur Verhütung dieser Straftaten erforderlich und die Aufklärung des Sachverhaltes auf andere Weise aussichtslos sein (§ 21 Abs. 1 Satz 1 Nr. 2 PolDVG). Liegen diese Voraussetzungen vor, so können nach § 21 Abs. 1 Satz 1 Nr. 2 PoLDVG auch von Kontakt- und Begleitpersonen (§ 2 Abs. 4 PolDVG) auf entsprechende Weise Daten verarbeitet werden. Dies gilt auch hinsichtlich Dritten, wenn diese unvermeidbar betroffen werden (§ 21 Abs. 1 Satz 3 PolDVG).[1384]

Wie auch bei der längerfristigen Observation nach dem neuen § 20 Abs. 1 **650** bis 3 PolDVG ist für die Datenerhebung durch den verdeckten Einsatz technischer Mittel nach § 21 PolDVG eine Anpassung an die Vorgaben des BVerfG[1385] notwendig gewesen. § 21 Abs. 1 Satz 4 PolDVG enthält die zu § 20 Abs. 1 Satz 3 PolDVG wortgleichen, im Hinblick auf Sachrechtsgüter einschränkenden, Regelungen. Diesbezüglich wird auf die vorstehenden Ausführungen verwiesen.

cc) Richterliche Anordnung, Frist und Form (Abs. 2)

Wie auch in § 20 Abs. 2 PolDVG normiert, ist auch im Rahmen des § 21 **651** PolDVG grundsätzlich eine **richterliche Anordnung** einzuholen. Allerdings sieht § 21 Abs. 2 PolDVG unterschiedliche Anordnungskompetenzen für unterschiedliche Maßnahmen vor. Grundsätzlich gilt der Richtervorbehalt.[1386] Bei Gefahr im Verzug kann der Polizeipräsident oder sein Vertreter

1383 *Eisele, Jörg*, in: Schönke, Adolf/Schröder, Horst, StGB (Kommentar), 30. Aufl. München 2019, § 201 Rn. 6 m. w. N.

1384 Zur Verfassungsmäßigkeit: BVerfG, in: BeckRS 2016, 44821, Rn. 115.

1385 BVerfG, in: BeckRS 2016, 44821.

1386 Grundsätzlich hierzu in der BKAG Entscheidung: BVerfG, in: BeckRS 2016, 44821, Rn. 117.

im Amt entsprechende Maßnahmen anordnen. Hinsichtlich der Anfertigung von Bildaufnahmen und Bildaufzeichnungen sowie der Ermittlung des Aufenthaltsortes einer Person sieht § 21 Abs. 2 Satz 2 PolDVG eine abweichende Regelung vor. Diese Maßnahmen dürfen von dem Polizeipräsidenten oder der Vertretung im Amt, bei Gefahr im Verzug auch von dem Polizeiführer vom Dienst angeordnet werden. Zur späteren gerichtlichen Überprüfbarkeit der Entscheidung ist die Anordnung nach § 21 Abs. 2 Satz 3 PolDVG aktenkundig zu machen. Nach § 21 Abs. 2 Satz 4 PolDVG müssen sich aus der Anordnung 1. Art, Beginn und Ende der Maßnahme, 2. Tatsachen, die den Einsatz der Maßnahme begründen, 3. Zeitpunkt der Anordnung und Name sowie Dienststellung des Anordnenden ergeben. Eine Verlängerung der Maßnahme ist zulässig, soweit die Voraussetzungen für die Maßnahme noch vorliegen.

dd) Unzulässigkeitstatbestände (Abs. 3)

652 In § 21 Abs. 3 PolDVG sind verschiedene Unzulässigkeitstatbestände geregelt. Wie auch bisher schon in § 10 Abs. 3 PolDVG a.F. normiert, ist nach § 21 Abs. 3 Satz 1 PolDVG die Datenerhebung unzulässig, wenn in ein durch **Berufsgeheimnis** geschütztes Vertrauensverhältnis eingegriffen wird (so auch § 18 Abs. 4 PolDVG). Neu in § 21 Abs. 3 PolDVG wurde der Satz 2 aufgenommen, wonach die Erhebung auch dann unzulässig ist, wenn tatsächliche Anhaltspunkte für die Annahme vorliegen, dass der **Kernbereich privater Lebensgestaltung** von der Maßnahme betroffen wird. Diese Prognoseentscheidung hat ex ante zu erfolgen. Sie ist in ihrer Formulierung entsprechend den Regelungen in z.B. § 100 a Absatz 4 StPO (Telekommunikationsüberwachung) und in § 20 k Absatz 7 BKAG (Zugriff auf informationstechnische Systeme) formuliert worden. Mit dieser Neuregelung soll ein verbesserter Kernbereichsschutz entsprechend den Forderungen des BVerfG im Rahmen seiner BKAG Entscheidung aus dem Jahr 2016 umgesetzt werden (s. hierzu die einführenden Bemerkungen zu diesem Kapitel unter C.II.1.).[1387] Hierzu und zu der Umsetzung in dem Gesetzesentwurf heißt es in der Gesetzesbegründung:[1388]

> *„Das Bundesverfassungsgericht hat in seinem Urteil zum BKAG deutlich gemacht, dass zwar angesichts der Handlungs und Prognoseunsicherheiten, unter denen Sicherheitsbehörden ihre Aufgaben wahrnehmen, ein unbeabsichtigtes Eindringen in den Kernbereich privater Lebensge-*

1387 BVerfG, in: BeckRS 2016, 44821.

1388 BürgDrucks. 21/17906 v. 30. 07. 2019, S. 51; vgl. auch BVerfG, in: BeckRS 2016, 44821, Rn. 126.

staltung im Rahmen von Überwachungsmaßnahmen nicht für jeden Fall von vornherein ausgeschlossen werden kann. Bei der Durchführung von Überwachungsmaßnahmen muss dem Kernbereichsschutz aber auf zwei Ebenen Rechnung getragen werden. Zum einen sind auf der Ebene der Datenerhebung Vorkehrungen zu treffen, die eine unbeabsichtigte Miterfassung von Kernbereichsinformationen nach Möglichkeit ausschließen. Zum anderen sind auf der Ebene der nachgelagerten Auswertung und Verwertung die Folgen eines dennoch nicht vermiedenen Eindringens in den Kernbereich privater Lebensgestaltung strikt zu minimieren."

In Abstufung zu der (von vornherein geltenden) Unzulässigkeit der Daten- **653**
erhebung, wegen erkennbarem Eingriffs in den Kernbereich privater Lebensgestaltung, sieht das Gesetz in § 21 Abs. 3 Satz 3 PolDVG für den Fall, dass während des Verlaufs einer Maßnahme erkennbar wird, dass der Kernbereich betroffen ist, eine unverzügliche (d.h. ohne schuldhaftes Zögern) **Unterbrechenspflicht** vor. Bestehen insoweit Zweifel, darf nach § 21 Abs. 3 Satz 4 PolDVG nur eine **automatische Aufzeichnung** fortgesetzt werden. Was unter dem Begriff der „*automatischen Aufzeichnung*" nach Satz 3 zu verstehen ist, regelt das PolDVG nicht explizit. Gemeint ist damit das Verbot menschlicher Kenntnisnahme, sprich das Verbot, dass der handelnde Polizist den Inhalt der Aufzeichnung zur Kenntnis nimmt und/oder auswertet.[1389] Durch die automatische Aufzeichnung wird dabei gewährleistet, dass diese ohne Einflussnahme einer Person und insoweit ohne unmittelbares menschliches Eindringen in den Kernbereich erfolgt. Das verfassungsrechtliche Problem, dass dennoch Kernbereichsdaten erfasst und für eine Verwertung festgehalten werden, wird damit indes nicht gelöst.[1390] Ziel der Regelung ist es, die Erfassung von Daten weiterhin möglich zu machen und in gewisser Weise zu einer in der Praxis (noch) handhabbaren Regelung zu kommen. Diese praktische Notwendigkeit hat auch das BVerfG in seiner Entscheidung zum BKAG erkannt und daher im Rahmen der Datenerhebung seine Anforderungen dahingehend in Richtung der Praxis formuliert, dass „*verletzungsgeneigte Maßnahmen*" soweit zu vermeiden sind, wie „*sich diese mit praktisch zu bewältigendem Aufwand im Vorfeld vermeiden*" lassen.[1391] Auf Ebene der Auswertung und Verwertung forderte das

1389 Hierzu und mit weiteren insbesondere kritischen Ausführungen zu vergleichbaren Regelungen in anderen Bundesländern: *Reichert, Johannes,* Der Schutz des Kernbereichs privater Lebensgestaltung in den Polizeigesetzen des Bundes und der Länder, Tübingen 2015, S. 122 ff.

1390 So auch *Reichert, Johannes,* Der Schutz des Kernbereichs privater Lebensgestaltung in den Polizeigesetzen des Bundes und der Länder, Tübingen 2015, S. 123.

1391 BVerfG, in: BeckRS 2016, 44821, Rn.128.

BVerfG den Gesetzgeber auf, für den Fall, „*dass die Erfassung von kernbereichsrelevanten Informationen nicht vermieden werden konnte, in der Regel die Sichtung der erfassten Daten durch eine unabhängige Stelle vorzusehen, die die kernbereichsrelevanten Informationen vor deren Verwendung durch die Sicherheitsbehörden herausfiltert*“[1392]. Diesen Anforderungen hat der Landesgesetzgeber dadurch Rechnung getragen, dass er die Regelung getroffen hat, dass diese (in Zweifelsfällen angefertigten) automatischen Aufzeichnungen unverzüglich (d. h. ohne schuldhaftes Zögern) dem anordnenden Gericht zur Entscheidung über die Verwertbarkeit oder Löschung der Daten vorzulegen sind. Erst nach „Freigabe“ durch ein Gericht darf die Verwertung (auch durch menschliche Kenntnisnahme des Inhaltes) erfolgen. Nach einer Unterbrechung oder einer Aufzeichnung gemäß Satz 3 darf die Erhebung fortgesetzt werden, wenn zu erwarten ist, dass die Gründe, die zur Unterbrechung oder Aufzeichnung geführt haben, nicht mehr vorliegen.

654 Hinsichtlich der **Aus- und Verwertung der Daten** regelt § 21 Abs. 3 Satz 7 PolDVG, dass Erkenntnisse aus dem Kernbereich privater Lebensgestaltung, die durch eine Maßnahme nach Abs. 1 erlangt worden sind, nicht verwertet werden dürfen. Aufzeichnungen hierüber sind unverzüglich (d. h. ohne schuldhaftes Zögern) zu löschen.[1393] Die Tatsachen der Erfassung der Daten und der Löschung sind zu dokumentieren. Die **Dokumentation** darf ausschließlich für Zwecke der Datenschutzkontrolle verwendet werden. Sie ist zu löschen,[1394] wenn sie für diese Zwecke nicht mehr erforderlich ist, spätestens jedoch am Ende des zweiten Kalenderjahres, das dem Jahr der Dokumentation folgt.

ee) Personenschutzsender (Abs. 4)

655 Die Neuregelung in § 21 Abs. 4 PolDVG betrifft den sog. **Personenschutzsender** und andere in diesem Sinne zu verstehenden technischen Mittel. Der Personenschutzsender darf ausschließlich zum Schutz der bei einem Polizeieinsatz tätigen Personen mitgeführt und verwendet werden und dient somit nicht als Erkenntnisquelle über den Betroffenen. Das Tragen dieses technischen Hilfsmittels bedarf daher keiner richterlichen Anordnung, sondern ihr Einsatz darf durch die Leitung des Landeskriminalamtes

1392 BVerfG, in: BeckRS 2016, 44821, Rn.129.

1393 Zum Recht auf Vergessenwerden, vgl. auch Art. 17 DSGVO; *Worms, Christoph,* in: Wolff, Heinrich Amadeus/Brink, Stefan (Hrsg.), BeckOK Datenschutzrecht, 30. Ed. München 01. 11. 2019, Art. 17 DSGVO insb. Rn. 58 ff.

1394 Zum Recht auf Vergessenwerden, vgl. auch Art. 17 DSGVO; *Worms, Christoph,* in: Wolff, Heinrich Amadeus/Brink, Stefan (Hrsg.), BeckOK Datenschutzrecht, 30. Ed. München 01. 11. 2019, Art. 17 DSGVO insb. Rn. 58 ff.

oder der Vertretung im Amt angeordnet werden. Werden über den Personenschutzsender jedoch Erkenntnisse erlangt, die für eine anderweitige Verwertung nutzbar sind (Gefahrenabwehr, Strafverfolgung), so darf diese anderweitige Verwertung erst dann erfolgen, wenn zuvor die Rechtmäßigkeit der Maßnahme richterlich festgestellt ist. Bei Gefahr im Verzug ist die richterliche Entscheidung unverzüglich (d. h. ohne schuldhaftes Zögern) nachzuholen. Auf diese Weise ist die vom BVerfG geforderte vorherige unabhängige Kontrolle etwa durch ein Gericht zwar nicht vor Beginn der Maßnahme,[1395] jedoch vor der Verwertung der nicht zielgerichtet erlangten Erkenntnisse gewährleistet, was verfassungsrechtlich als ausreichend zu betrachten ist. Aufzeichnungen sind unverzüglich nach Beendigung des Einsatzes zu löschen,[1396] es sei denn, sie werden zur Gefahrenabwehr oder Strafverfolgung benötigt.

ff) Benachrichtigungspflicht (Abs. 5)

Mit der Neureglung in § 21 Abs. 5 PolDVG wird ein gesonderter Absatz **656** dafür vorgesehen, dass die von einer Datenerhebung betroffenen Personen nach Abschluss der Maßnahme hierüber durch die Polizei zu benachrichtigen sind. Diese Regelung trägt dem berechtigten Interesse des Betroffenen und der Möglichkeit, Rechtsschutz gegen die ggf. auch zunächst nicht offen durchgeführte Maßnahme zu ersuchen, Rechnung.

g) Datenerhebung durch den verdeckten Einsatz technischer Mittel in oder aus Wohnungen, § 22 PolDVG (§ 10 a PolDVG a. F.)

§ 22 PolDVG stellt eine Spezialbefugnis für den verdeckten Einsatz techni- **657** scher Mittel in oder aus Wohnungen dar. Auch diese als sog. kleiner und großer Lauschangriff[1397] bekannten Maßnahmen sind durch die gesetzliche Neufassung im Dezember 2019 einigen Änderungen unterzogen worden, die auf die Entscheidung des BVerfG zum BKAG zurückzuführen sind und einer verfassungskonformen Ausgestaltung der polizeilichen Regelungen im Bereich der Datenerhebung Rechnung tragen sollen.

1395 BVerfG, in: BeckRS 2016, 44821, Rn. 117.

1396 Zum Recht auf Vergessenwerden, vgl. auch Art. 17 DSGVO; *Worms, Christoph,* in: Wolff, Heinrich Amadeus/Brink, Stefan (Hrsg.), BeckOK Datenschutzrecht, 30. Ed. München 01. 11. 2019, Art. 17 DSGVO insb. Rn. 58 ff.

1397 Zur Abgrenzung zwischen großem und kleinem Lauschangriff: *Kingreen, Thorsten/Poscher, Ralf,* Polizei- und Ordnungsrecht, 10. Aufl. München 2018, § 13 Rn. 129.

aa) Betroffene Grundrechte

658 Maßnahmen nach § 22 PolDVG greifen insbesondere in Art. 13 GG und den grundrechtlichen Wohnraumschutz, als Schutz der in einer Wohnung stattfindenden privaten Lebensvorgänge, ein (geschützte räumliche Privatsphäre).[1398] Dieses Schutzprogramm ist zusätzlich durch die Kernbereichsrechtsprechung des BVerfG (s. C.II.1.) und Art. 1 Abs. 1 GG aufgeladen.[1399] Diese Situation erkennt das Grundgesetz selbst in Art. 13 Abs. 4 GG und unterstellt derartige Maßnahmen bestimmten Anforderungen.[1400] Hiernach ist nur zur Abwehr dringender Gefahren für die öffentliche Sicherheit, insbesondere einer gemeinen Gefahr oder einer Lebensgefahr, der Einsatz technischer Mittel zur Überwachung von Wohnungen und auch nur auf Grund richterlicher Anordnung verfassungsrechtlich zulässig. Darüber hinaus ist auch das allgemeine Persönlichkeitsrecht und das Recht auf informationelle Selbstbestimmung nach Art. 2 Abs. 1 i. V. m. Art. 1 Abs. 1 GG betroffen. Wird zudem z. B. das Telefonendgerät mit einer Wanze versehen, liegt auch ein Eingriff in Art. 10 GG vor.

bb) Großer Lauschangriff (Abs. 1)

659 Nach § 22 Abs. 1 PolDVG ist die Polizei ermächtigt, durch verdeckte Datenerhebung in oder aus Wohnungen Informationen über den Betroffenen zu gewinnen. (sog. **Großer Lauschangriff**). Tatbestandlich ist dies jedoch nur zulässig, wenn nach Abs. 1 Satz 1 es zur Abwehr einer dringenden Gefahr für den Bestand oder die Sicherheit des Bundes oder eines Landes oder für Leib, Leben oder Freiheit einer Person erforderlich ist. Eine **dringende Gefahr** ist dabei im Hinblick auf das Gewicht und die zeitliche Nähe der Schädigung von der „konkreten Gefahr" abzugrenzen.[1401] In Anlehnung an § 2 Nr. 4 NPoG ist eine dringende Gefahr eine im Hinblick auf das Ausmaß des zu erwartenden Schadens und die Wahrscheinlichkeit des Schadenseintritts erhöhte Gefahr für das geschützte Rechtsgut.

660 Innerhalb des § 22 Abs. 1 PolDVG ist mit der Novelle eine Beschränkung hinsichtlich der Personen, gegen die sich die Maßnahme richten darf, vorgenommen worden. Während die Vorgängerregelung in § 10 a PolDVG in Abs. 1 vorsah, dass sich die Maßnahme neben dem für die Gefahr Verant-

1398 *Kingreen, Thorsten/Poscher, Ralf*, Polizei- und Ordnungsrecht, 10. Aufl. München 2018, § 13 Rn. 131.

1399 BVerfG, in: BeckRS 2016, 44821.

1400 Hierzu ausführlich: *Hermes, Georg*, in: Dreier, Horst (Hrsg.), GG (Kommentar), Band 1, 3. Aufl. Tübingen 2013, Art. 13 Rn. 80 f.

1401 Strittig, teilweise wird auf die Nähe der Schädigung Bezug genommen, vgl. hierzu *Kingreen, Thorsten/Poscher, Ralf*, Polizei- und Ordnungsrecht, 10. Aufl. München 2018, § 8 Rn. 21 m. w. N.

wortlichen (Störer) auch grundsätzlich unter den Voraussetzungen des § 10 SOG gegen den Nichtstörer richten durfte, **beschränkt** sich die Regelung nunmehr **auf den Störer**. Klarstellend heißt es hierzu in § 22 Abs. 1 Satz 2: „*Die Maßnahme darf sich nur gegen den für die Gefahr Verantwortlichen richten und nur in dessen Wohnungen durchgeführt werden*". Maßgeblich für den Ausschluss des Nichtstörers aus dem Kreise der Adressaten der Maßnahme ist dabei die fehlende Tat oder Gefahrennähe,[1402] der jedoch insbesondere für den Grundrechtseingriff rechtfertigende Bedeutung zukommt. Diese Korrektur war nach der BKAG-Entscheidung des BVerfG notwendig geworden, da das BVerfG sich in der Entscheidung insoweit einschränkend geäußert hatte und besondere Anforderungen an eine Datenerhebung von unbeteiligten Dritten stellte.[1403] Diese besonderen Bedingungen vollzieht das Gesetz in § 22 Abs. 1 Satz 3 PolDVG nach. Hiernach dürfen (nur ausnahmsweise) die **Wohnungen Dritter** in Anspruch genommen werden, wenn auf Grund bestimmter Tatsachen vermutet werden kann, dass der für die Gefahr Verantwortliche sich in der Wohnung des Dritten aufhält (Nr. 1) und (kumulativ) die Maßnahme in Wohnungen des für die Gefahr Verantwortlichen allein nicht zur Abwehr der Gefahr führen wird (Nr. 2). Letzteres ist insbesondere dann der Fall, wenn damit zu rechnen ist (etwa aufgrund des konkreten Lebensschwerpunkts einer Person), dass die für die Ermittlungen wesentlichen Gespräche in der Wohnung eines Dritten (Lebensgefährte, Freund/Freundin) stattfinden werden. Wie dies auch andere Ermächtigungsgrundlagen des PolDVG vorsehen, darf nach § 22 Abs. 1 Satz 4 PolDVG die Maßnahme auch durchgeführt werden, wenn Dritte unvermeidbar davon betroffen werden.[1404] Diese Regelung folgt insbesondere im Rahmen der Wohnungsüberwachung einer praktischen Notwendigkeit. Schon durch das Klingeln des Paketboten kann ein unbeteiligter Dritter z. B. in die Abhörmaßnahme einbezogen werden.

cc) Kleiner Lauschangriff (Abs. 9)

Einer wie für den großen Lauschangriff (hierzu nachfolgend) erforderlichen **661**
richterlichen Anordnung bedarf es nach **§ 22 Abs. 9 PolDVG** nicht, wenn technische Mittel ausschließlich zum Schutz der bei einem Polizeieinsatz tätigen Personen mitgeführt und verwendet werden (sog. **kleiner Lauschangriff**). Entsprechende Maßnahmen dürfen von der Leitung des Landeskriminalamtes oder dem Polizeiführer vom Dienst angeordnet werden. Da die-

1402 BVerfG, in: BeckRS 2016, 44821, Rn. 233.

1403 BVerfG, in: BeckRS 2016, 44821, Rn. 114 unter Verweis auf BVerfGE 109, 279 ff. – Großer Lauschangriff.

1404 Zur Verfassungsmäßigkeit: BVerfG, in: BeckRS 2016, 44821, Rn. 115.

se Maßnahme nicht zielgerichtet in Rechte Einzelner eingreift, sondern den Schutz der Polizeibeamten zum Ziel hat, konnte in verfassungsrechtlich nicht zu beanstandender Weise auf einen Richtervorbehalt verzichtet werden.[1405] Um einem Missbrauch der so unter geringeren formalen Anforderungen möglichen Maßnahmen entgegenzuwirken, normiert der Gesetzgeber aber in §§ 22 Abs. 9 Satz 3 PolDVG ausdrücklich, dass eine anderweitige Verwertung der erlangten Erkenntnisse grundsätzlich unzulässig und nur zur Gefahrenabwehr oder zur Strafverfolgung möglich ist, wenn zuvor die Rechtmäßigkeit der Maßnahme richterlich festgestellt wurde. Bei Gefahr im Verzug ist die Verwertung möglich, die entsprechende richterliche Entscheidung muss jedoch unverzüglich (d.h. ohne schuldhaftes Zögern) nachgeholt werden. Die angefertigten Aufzeichnungen sind unverzüglich (d.h. ohne schuldhaftes Zögern) nach Beendigung des Einsatzes zu löschen,[1406] es sei denn, sie werden zur Gefahrenabwehr oder Strafverfolgung benötigt.

dd) Berufsgeheimnisträger (Abs. 2)

662 Die Datenerhebungen sind – wie auch im Übrigen im PolDVG – unzulässig, wenn in ein durch Berufsgeheimnis geschütztes Vertrauensverhältnis im Sinne der §§ 53, 53 a der StPO eingegriffen wird (absoluter Schutz).

ee) Richtervorbehalt, Frist und Form (Abs. 3)

663 Der grundgesetzlich in Art. 13 Abs. 4 GG normierte **Richtervorbehalt** findet sich – wie auch bereits in der Vorgängerregelung in § 10 a PolDVG a.F. – in § 22 Abs. 3 PolDVG. Hiernach bedarf es grundsätzlich einer richterlichen Anordnung.[1407] Die richterliche Anordnung darf dabei ihrerseits nicht pauschal ergehen, sondern muss schriftlich erfolgen (§ 22 Abs. 3 Satz 2 PolDVG) und nach § 22 Abs. 3 Satz 3 PolDVG insbesondere Namen und Anschrift der betroffenen Person, gegen die sich die Maßnahme richtet, enthalten, sowie die Wohnung, in oder aus der die Daten erhoben werden sollen, bezeichnen. Die Anordnung muss zudem nach § 22 Abs. 3 Satz 4 PolDVG Art, Umfang und Dauer der Maßnahme bestimmen.

664 In zeitlicher Hinsicht darf sie nach § 22 Abs. 3 Satz 5 PolDVG höchstens auf **vier Wochen** angelegt sein (Frist). Sollte indes nach Ablauf der vier Wochen die Notwendigkeit bestehen, die Maßnahme fortzusetzen, so ist eine **Verlängerung** jeweils um nicht mehr als vier Wochen zulässig, soweit die Vor-

1405 Zu den Anforderungen: BVerfG, in: BeckRS 2016, 44821, Rn. 117.

1406 Zum Recht auf Vergessenwerden, vgl. auch Art. 17 DSGVO; *Worms, Christoph,* in: Wolff, Heinrich Amadeus/Brink, Stefan (Hrsg.), BeckOK Datenschutzrecht, 30. Ed. München 01. 11. 2019, Art. 17 DSGVO insb. Rn. 58 ff.

1407 Zu den Anforderungen: BVerfG, in: BeckRS 2016, 44821, Rn. 117.

aussetzungen für die erstmalige Anordnung nach Abs. 1 nach wie vor fortbestehen. Eine mehrfache Verlängerung ist somit, wie der Wortlaut „jeweils" im Kontext mit der Verlängerung zeigt, möglich. Alle vier Wochen muss jedoch spätestens ein Richter erneut über die Maßnahme und ihre Anordnung entscheiden.

Bei Gefahr im Verzug kann die Maßnahme zunächst durch den Polizeipräsidenten oder die Vertretung im Amt angeordnet werden. Letzteres ist im Rahmen der Neuregelung neu aufgenommen worden, entspricht aber den übrigen Regelungen und Vorgehensweisen. Wird die Maßnahme durch den Polizeipräsidenten angeordnet, so muss gem. § 22 Abs. 3 Satz 8 PolDVG unverzüglich (d. h. ohne schuldhaftes Zögern) eine richterliche Bestätigung eingeholt werden. Die Maßnahme ist nach § 22 Abs. 3 Satz 9 PolDVG zu beenden, wenn sie nicht innerhalb von drei Tagen richterlich bestätigt wird. Die in dieser Zeit angefertigten Bild- und Tonaufzeichnungen müssen unverzüglich vernichtet werden, sofern die Aufzeichnungen nicht zur Verfolgung von Straftaten benötigt werden. Die Anordnungszuständigkeit liegt – wie auch im Rahmen des § 21 PolDVG – beim Amtsgericht Hamburg. Hinsichtlich des diesbezüglichen Verfahrens gilt ebenfalls das zu § 20 Abs. 2 PolDVG Ausgeführte (auf den auch § 21 PolDVG verweist). **665**

ff) Schutz des Kernbereichs privater Lebensgestaltung (Abs. 4)

In § 22 Abs. 4 PolDVG sind die zum Schutz des Kernbereichs privater Lebensgestaltung notwendigen eingrenzenden Vorgaben geregelt. Bereits zuvor fand sich auf **Erhebungsebene** zum Kernbereichsschutz eine Regelung in § 10 a Abs. 1 Satz 2 PolDVG a. F. Diese wurde in modifizierter Form in den neuen § 22 Abs. 4 PolDVG aufgenommen. Anders als die bisherige Regelung soll diese nunmehr im Sinne einer Vermutungsregel ausgestaltet werden und damit die Umsetzung von Ausführungen des BVerfG widerspiegeln.[1408] Das Regelungskonzept und der Regelungsinhalt entsprechen dabei der Ausgestaltung der Grenzen und Möglichkeiten der Überwachung in kernbereichssensiblem Bereich, wie sie in § 21 PolDVG vorgenommen wurde. Auch hier gilt, dass auf Erhebungsebene eine Maßnahme zu unterbleiben hat (also von vornherein unzulässig ist), soweit auf Grund tatsächlicher Anhaltspunkte, insbesondere zu der Art der zu überwachenden Räumlichkeiten und zum Verhältnis der zu überwachenden Personen zueinander, anzunehmen ist, dass durch die Überwachung Vorgänge, die dem Kernbereich privater Lebensgestaltung zuzurechnen sind, erfasst werden. Hierzu heißt es in der Gesetzesbegründung: **666**

1408 Vgl. zur bisherigen Regelung und den Schutzkonzeptionen im repressiven und präventiven Bereich die Ausführungen in BürgDrucks. 20/1923 v. 25. 10. 2011, S. 15.

„Die Vorschrift geht in Anlehnung an die Ausführungen des Bundesverfassungsgerichts zum BKAG, insbesondere auch unter Verweis auf das Urteil aus dem Jahr 2004 zum großen Lauschangriff, davon aus, dass bei der Überwachung von Privatwohnungen grundsätzlich eine Vermutung dafür besteht, dass auch Äußerungen erfasst werden, die dem Kernbereich privater Lebensgestaltung zuzurechnen sind. Diese vorstehend skizzierte Vermutung muss daher, so das Bundesverfassungsgericht, durch geeignete Abklärungen im Vorfeld der Maßnahme, die Erkenntnisse insbesondere über die Art der zu überwachenden Räumlichkeiten und das Verhältnis der anwesenden Personen zueinander betreffen, widerlegt werden (vgl. BVerfG, Urteil vom 20. April 2016, a.a.O., Rn. 128)“[1409].

667 Wird dies im Laufe der Durchführung einer Maßnahme erkennbar, so ist die Maßnahme unverzüglich (d. h. ohne schuldhaftes Zögern) zu unterbrechen (§ 22 Abs. 4 Satz 2 PolDVG, **Unterbrechenspflicht**). Auch in § 22 Abs. 4 PolDVG findet sich die „Zweifelsregelung“ wieder, wie sie bereits in § 21 PolDVG vorgesehen wurde. Bestehen Zweifel über das Eindringen in den Kernbereich privater Lebensgestaltung, so darf nur eine automatische Aufzeichnung fortgesetzt werden (§ 22 Abs. 4 Satz 3 PolDVG). Die Aufzeichnung darf nach § 22 Abs. 4 Satz 4 PolDVG fortgesetzt werden, wenn zu erwarten ist, dass die Gründe, die zur Unterbrechung oder Aufzeichnung geführt haben, nicht mehr vorliegen. Dabei liegt ein redaktionelles Versehen im Hinblick auf die Verweisung zu „*Aufzeichnung gemäß Satz 2*“ vor. Gemeint sind die in § 22 Abs. 4 Satz 3 PolDVG angeordneten automatischen Aufzeichnungen. Ist zu erwarten, dass während einer Maßnahme keine Vorgänge aus dem Kernbereich privater Lebensgestaltung mehr erfasst werden, kann nach § 22 Abs. 4 Satz 4 PolDVG von der automatischen Aufzeichnung wieder zurück in die „normale“, menschliche Datenerhebung und -auswertung gewechselt werden.

gg) Vorlagepflicht bei Gericht (Abs. 5)

668 Hinsichtlich aller durch die Maßnahme nach § 22 Abs. 1 PolDVG erlangten Aufzeichnungen gilt, dass diese dem anordnenden Gericht unverzüglich (d. h. ohne schuldhaftes Zögern) nach § 22 Abs. 5 Satz 1 PolDVG vorzulegen sind. Über deren Verwertbarkeit oder Löschung hat das zuständige Gericht sodann seinerseits unverzüglich nach Abs. 5 Satz 1 zu entscheiden. Mit dieser Sonderregelung trägt der Landesgesetzgeber den im Rahmen der Wohn-

1409 BürgDrucks. 21/17906 v. 30. 07. 2019, S. 53 f.

raumüberwachung erhöhten, durch das BVerfG formulierten verfassungsrechtlichen Anforderungen Rechnung. Denn im Hinblick auf den Kernbereichsschutz bei der Wohnraumüberwachung erachtet das BVerfG auf **Verwertungsebene** eine Sichtung von automatischen Aufzeichnungen durch eine unabhängige Stelle nur in Zweifelsfällen aber allein als nicht ausreichend. Nach der Rechtsprechung muss der Gesetzgeber vielmehr darüber hinausgehend eine uneingeschränkte Kontrollbefugnis einer unabhängigen Stelle (Gericht) vorsehen.[1410]

Hinsichtlich der Erkenntnisse, die durch die Maßnahme erlangt wurden und den Kernbereich privater Lebensgestaltung betreffen, gilt nach § 22 Abs. 5 Satz 2 PolDVG ein **Verwertungsverbot** („*dürfen nicht verwertet werden*"). Des Weiteren bestimmt Abs. 5 Satz 3 PolDVG, dass das Gericht die Aufhebung der Datenerhebung anzuordnen hat, sofern die Voraussetzungen der Anordnung nicht mehr vorliegen. Hierüber kann es auch zu einer frühzeitigen Beendigung einer Maßnahme kommen, also einer Beendigung vor Ablauf der zunächst angeordneten Frist der Maßnahme nach Abs. 1. Dies wird auch noch einmal klarstellend in § 22 Abs. 5 Satz 4 PolDVG ausgeführt, wonach das anordnende Gericht jederzeit die Anordnung der Maßnahme aufheben, ändern oder anordnen kann. Da auch hinsichtlich der schnellstmöglichen Verwertung der gewonnenen Erkenntnisse Gefahr im Verzug bestehen und ein schnelles Handeln geboten sein kann, bestimmt § 22 Abs. 5 Satz 5 PolDVG, dass der Polizeipräsident oder die Vertretung im Amt über die Verwertung der Erkenntnisse entscheiden kann. Auch in diesen Fällen ist jedoch nach § 22 Abs. 5 Satz 6 PolDVG die eigentlich erforderliche richterliche Anordnung durch eine richterliche Bestätigung unverzüglich nach- bzw. einzuholen. **669**

hh) Zweckbezogene Verwendung, Zweckänderung, Dokumentation, Verwertungsverbot (Abs. 6)

Die Regelung in § 22 Abs. 6 Satz 1 PolDVG stellt klar, dass die gewonnenen Daten nur für die nach § 22 Abs. 1 Satz 1 PolDVG genannten Zwecke verwendet werden dürfen. Eine Verwendung zu Strafverfolgungszwecken darf demgegenüber nur nach Satz 2 erfolgen, wenn die Daten auch dafür unter Einsatz derselben Befugnisse hätten erhoben werden dürfen (hypothetische Betrachtung). Wenn es zu einer entsprechenden Zweckänderung der Maßnahme kommt, ist diese nach Satz 2 2. HS zu dokumentieren, um ihre Überprüfbarkeit zu gewährleisten. Des Weiteren enthält § 22 Abs. 6 PolDVG mit den Sätzen 3 bis 4 Grenzen der Verwendung der Daten. Betreffen diese das **670**

1410 BVerfG, in: BeckRS 2016, 44821, Rn. 204; hierzu BürgDrucks. 21/17906 v. 30. 07. 2019, S. 54.

Vertrauensverhältnis mit Berufsgeheimnisträgern oder stellt sich heraus, dass die erhobenen Daten keinen Bezug zu der die Anordnung rechtfertigenden Gefahrenlage haben, dürfen diese Daten nicht verwendet werden. Etwas anderes gilt hinsichtlich letzterem nur dann, wenn die Verwendung der Abwehr einer unmittelbar bevorstehenden Gefahr für Leib, Leben oder Freiheit einer Person oder zur Strafverfolgung nach Satz 2 betreffen. Über die Verwendung hat jedoch ein Gericht nach Satz 5 zu entscheiden, bei Gefahr im Verzug kann diese Entscheidung durch den Polizeipräsidenten oder seinen Vertreter im Amt getroffen, muss jedoch durch eine richterliche Entscheidung unverzüglich (d.h. ohne schuldhaftes Zögern) bestätigt werden (Verweis in Satz 5, 2. HS auf Abs. 3 Sätze 7 bis 9).

ii) Benachrichtigungspflichten (Abs. 7)

671 Nach § 22 Abs. 7 PolDVG sind Personen, gegen die sich die Datenerhebungen richten oder die von ihr sonst betroffen wurden, nach Abschluss der Maßnahme hierüber zu informieren. Die Vorgängerregelung im bisherigen Abs. 6 und Abs. 7 wurde damit massiv eingekürzt. Diese Reduktionen waren aber möglich, weil mit § 68 PolDVG eine zentrale Neuregelung zur Benachrichtigung betroffener Personen eingefügt wurde. Entsprechend sieht das PolDVG nunmehr auch eine eigenständige Regelung zu den Berichtspflichten gegenüber der Bürgerschaft in § 75 PolDVG vor.

jj) Löschungspflichten (Abs. 8)

672 § 22 Abs. 8 PolDVG enthält Vorgaben zur Löschung der erlangten Daten. Sind diese nicht mehr zur Aufgabenerfüllung erforderlich, sind sie zu löschen[1411] und die Löschung entsprechend zu dokumentieren (Sätze 1 und 2). Des Weiteren sind Daten aus dem Kernbereich privater Lebensgestaltung oder einem Vertrauensverhältnis mit einem Berufsgeheimnisträger unverzüglich (d.h. ohne schuldhaftes Zögern) zu löschen (Satz 5). Auch Daten, die keinen Bezug zu der die Anordnung rechtfertigenden Gefahrenlage haben, müssen gelöscht werden (Satz 6), es sei denn, sie dienen der Abwehr einer unmittelbar bevorstehenden Gefahr für Leib, Leben oder Freiheit oder zu Strafverfolgungszwecken. Die Neuregelung in Abs. 8 entspricht der alten Fassung in § 10 a Abs. 7 PolDVG a.F. mit einer Ergänzung. In § 22 Abs. 8 Satz 5 PolDVG wurde ein neuer Halbsatz eingefügt, wonach die Regelungen des § 21 Absatz 3 Sätze 9 bis 11 PolDVG entsprechend gelten.

1411 Zum Recht auf Vergessenwerden, vgl. auch Art. 17 DSGVO; *Worms, Christoph,* in: Wolff, Heinrich Amadeus/Brink, Stefan (Hrsg.), BeckOK Datenschutzrecht, 30. Ed. München 01. 11. 2019, Art. 17 DSGVO insb. Rn. 58 ff.

Eine Löschung ist dann nach § 22 Abs. 8 Satz 2 PolDVG nicht vorzunehmen, soweit die Daten für eine Mitteilung an den Betroffenen (Abs. 7) oder für eine gerichtliche Nachprüfung der Rechtmäßigkeit der Maßnahme von Bedeutung sein können. Würde eine Löschung gleichwohl erfolgen, würde wichtiges Sachverhaltsmaterial vernichtet werden. Werden die Daten aus den in Satz 2 genannten Gründen nicht wie eigentlich vorgeschrieben gelöscht, so ist zum Schutze der betroffenen Belange aber die Verarbeitung der Daten einzuschränken, und zwar dürfen die Daten nur zur Mitteilung an den Betroffenen oder zum Zwecke der gerichtlichen Überprüfung verarbeitet werden (Satz 3). Im Fall der Unterrichtung der betroffenen Person sind die Daten zu löschen,[1412] wenn diese nach Ablauf **eines Monats** nach seiner Benachrichtigung keine Klage erhebt, worauf der Betroffene im Rahmen der Unterrichtung entsprechend unter Nennung der Frist hinzuweisen ist (Satz 4). 673

kk) Personenschutzmaßnahmen (Abs. 9)

Einer Anordnung nach § 22 Abs. 3 PolDVG bedarf es nicht, wenn technische Mittel ausschließlich zum Schutz der bei einem Polizeieinsatz tätigen Personen mitgeführt und verwendet werden. In diesem Falle bedarf es nach Satz 2 der Anordnung durch die Leitung des Landeskriminalamtes oder des Polizeiführers vom Dienst. 674

Wie auch nach § 21 Abs. 4 PolDVG geregelt, dürfen Daten, die für eine anderweitige Verwertung nutzbar sind (Gefahrenabwehr, Strafverfolgung) erst dann anderweitig verwertet werden, wenn zuvor die Rechtmäßigkeit der Maßnahme richterlich festgestellt ist; bei Gefahr im Verzug ist die richterliche Entscheidung unverzüglich (d.h. ohne schuldhaftes Zögern) nachzuholen. Auf diese Weise ist die vom BVerfG geforderte vorherige unabhängige Kontrolle etwa durch ein Gericht zwar nicht vor Beginn der Maßnahme,[1413] jedoch vor der Verwertung der nicht zielgerichtet erlangten Erkenntnisse gewährleistet, was verfassungsrechtlich als ausreichend zu betrachten ist. Nach Satz 4 sind Aufzeichnungen unverzüglich nach Beendigung des Einsatzes zu löschen,[1414] es sei denn, sie werden zur Gefahrenabwehr oder Strafverfolgung benötigt.

1412 Zum Recht auf Vergessenwerden, vgl. auch Art. 17 DSGVO; *Worms, Christoph,* in: Wolff, Heinrich Amadeus/Brink, Stefan (Hrsg.), BeckOK Datenschutzrecht, 30. Ed. München 01. 11. 2019, Art. 17 DSGVO insb. Rn. 58 ff.

1413 BVerfG, in: BeckRS 2016, 44821, Rn. 117.

1414 Zum Recht auf Vergessenwerden, vgl. auch Art. 17 DSGVO; *Worms, Christoph,* in: Wolff, Heinrich Amadeus/Brink, Stefan (Hrsg.), BeckOK Datenschutzrecht, 30. Ed. München 01. 11. 2019, Art. 17 DSGVO insb. Rn. 58 ff.

h) Datenverarbeitung durch Telekommunikationsüberwachung und Eingriff in die Telekommunikation, § 23 PolDVG (§ 10 b PolDVG a. F.)

675 § 23 PolDVG ermöglicht die Überwachung und Aufzeichnung der Telekommunikation (Abs. 1) sowie die Unterbrechung und Verhinderung von Kommunikationsverbindungen (Abs. 2).

aa) Betroffene Grundrechte

676 Maßnahmen der Telekommunikationsüberwachung greifen in Art. 10 Abs. 1 GG ein.[1415] Dabei wird im Rahmen des Telekommunikationsgeheimnisses die Freiheit der Telekommunikation vor staatlichen Zugriffen und dabei insbesondere die freie Entfaltung der Persönlichkeit durch einen privaten, vor der Öffentlichkeit verborgenen Austausch von Kommunikation gewährleistet.[1416] Damit reagiert Art. 10 Abs. 1 GG auf die besondere Gefahrenlage, die sich aus einer Überwachung von privater Kommunikation ergibt. Der Schutzumfang geht aber noch über die Kommunikationsinhalte hinaus und schützt auch die sog. Kommunikationsumstände, d. h. die Informationen, die über die näheren Umstände der Kommunikation wie Uhrzeit, Dauer, Teilnehmer, Standort (sog. Verkehrsdaten, früher Verbindungsdaten, § 25 Abs. 5 PolDVG) Auskunft geben.[1417] Maßnahmen nach § 23 PolDVG können z. B. die Telekommunikationsüberwachung, der Zugriff auf Verkehrsdaten oder E-Mails sein.

bb) Praktische Relevanz und Häufigkeit

677 Mit der BürgDrucks. 21/16497 v. 12. 03. 2019 wurden die im Jahre 2017 durchgeführten Maßnahmen nach SOG und PolDVG veröffentlicht. Im Jahr 2017 kam es zu 36 Maßnahmen der Telekommunikationsüberwachung. Davon erfolgten 18 Maßnahmen wegen Gefahren für Leib und Leben.[1418]

cc) Abgrenzungsfragen

678 Die Telekommunikationsüberwachung zielt klassisch auf die Überwachung von Telefongespräche durch ein unmittelbares Mithören der Polizei und regelmäßig auch ein Aufzeichnen des Inhalts und der Umstände (Gesprächsteilnehmer, Uhrzeit, Ort, sog. Verkehrsdaten, § 25 Abs. 5 PolDVG)

1415 Zum Grundrechtsschutz bei Telekommunikationsüberwachung und Online-Durchsuchung: *Bantlin, Franziska,* Grundrechtsschutz bei Telekommunikationsüberwachung und Online-Durchsuchung, in: JuS 2019, 669 ff.

1416 BVerfG, in: NJW 2004, 2213, 2215.

1417 BVerfG, in: NJW 2004, 2213, 2215; *Bantlin, Franziska,* Grundrechtsschutz bei Telekommunikationsüberwachung und Online-Durchsuchung, in: JuS 2019, 669, 670.

1418 BürgDrucks. 21/16497 v. 12. 03. 2019, S. 11.

ab.[1419] Demgegenüber setzt die sog. **Quellen-Telekommunikationsüberwachung** (Quellen-TKÜ) in Abgrenzung zu der „normalen" Telekommunikationsüberwachung an der Quelle der Telekommunikation, d.h. am Endgerät, an. Für die Quellen-TKÜ ist die Installation einer Spionagesoftware auf dem Endgerät des Nutzers erforderlich, weswegen mit der Quellen-TKÜ immer die Infiltration eines informationstechnischen Systems verbunden ist und die Maßnahme nur auf § 24 PolDVG gestützt werden kann.

Ob ein **Zugriff auf E-Mails** über § 23 oder § 24 PolDVG durchgeführt wer- 679
den kann, hängt vom Speicherort der E-Mails ab.[1420] Befinden sich die E-Mails auf dem Mailserver eines Internetproviders (z.B. gmail oder gmx) zur Zwischen- oder Endspeicherung, so können diese nur durch Verwendung des bzw. Verbindung mit dem Kommunikationsmedium (Laptop, Computer, Smartphone, Tablet) abgerufen werden.[1421] In diesem Falle liegt somit beim Abrufen ein Kommunikationsvorgang vor, sodass § 23 PolDVG Anwendung findet. Befinden sich die E-Mails und Daten indes auf der Festplatte des von der Maßnahme Betroffenen, so kann ein Zugriff darauf nicht über § 23 PolDVG erfolgen, sondern nur über § 24 PolDVG gerechtfertigt sein.

In Abgrenzung zu § 24 PolDVG ist § 23 PolDVG somit einschlägig, wenn 680
Ziel der Maßnahme der Telekommunikationsvorgang als solcher ist. Entscheidend für die Frage, ob § 23 oder § 24 PolDVG zur Anwendung kommt, ist damit, ob in einen laufenden Kommunikationsvorgang eingegriffen werden soll (dann § 23 PolDVG) oder auf im Herrschaftsbereich des Betroffenen (z.B. Festplatte des Computers) abgelegte Daten (§ 24 PolDVG).

dd) Tatbestandsvoraussetzungen (Abs. 1)

§ 23 Abs. 1 PolDVG ermöglicht der Polizei die Überwachung und Aufzeich- 681
nung von Telekommunikation sowie den Zugriff auf innerhalb des Telekommunikationsnetzes abgelegte Daten. Dabei können auf Grundlage von § 23 Abs. 1 PolDVG sowohl aktuell bestehende (laufende) Telekommunikationsverbindungen Ziel der Maßnahme sein als auch der Zugriff auf vorhandene gespeicherte oder zwischengespeicherte Informationen.

1419 *Kingreen, Thorsten/Poscher, Ralf*, Polizei- und Ordnungsrecht, 10. Aufl. München 2018, § 13 Rn. 137.

1420 Dazu BVerfG, in: NJW 2009, 2431,2432 ff.; *Klein, Oliver*, Offen und (deshalb) einfach – Zur Sicherstellung und Beschlagnahme von E-Mails beim Provider, in: NJW 2009, 2996 f.

1421 Zu dieser Differenzierung im Hinblick auf das einschlägige Grundrecht auch: *Bantlin, Franziska*, Grundrechtsschutz bei Telekommunikationsüberwachung und Online-Durchsuchung, in: JuS 2019, 669, 671.

682 Tatbestandlich sieht § 23 Abs. 1 Satz 1 PolDVG zwei Fälle der Telekommunikationsüberwachung vor: Nach Nr. 1 kann eine Telekommunikationsüberwachung erfolgen, wenn dies nach § 23 Abs. 1 Satz 1 Nr. 1 zur Abwehr einer Gefahr für den Bestand oder die Sicherheit des Bundes oder eines Landes oder für Leib, Leben oder Freiheit einer Person erforderlich ist. Diese Maßnahme kann jedoch nur gegenüber dem für die **Gefahr Verantwortlichen** durchgeführt werden. Die vormals in § 10 b Abs. 1 Satz 1 Nr. 1 vorgesehene Regelung, dass auch Nichtstörer nach § 10 SOG in Anspruch genommen werden dürfen, wurde in konsequenter Umsetzung der bundesverfassungsrechtlichen Rechtsprechung zum BKAG[1422] gestrichen. Nach Nr. 2 kann zudem in einen Telekommunikationsvorgang eingegriffen werden, wenn dies zur Erhebung und Verarbeitung von Daten über Personen erfolgt, soweit Tatsachen die Annahme rechtfertigen, dass lit. a sie für Personen nach Nr. 1 bestimmte oder von diesen herrührende Mitteilungen entgegennehmen oder weitergeben oder lit. b die unter Nr. 1 genannten Personen ihre Kommunikationseinrichtungen benutzen werden. Die Nr. 2 sieht damit die Telekommunikationsüberwachung gegenüber dem sog. **„Nachrichtenmittler"** vor.[1423] Die Vorschrift erlaubt jedoch nicht die Überwachungsmaßnahmen ins Blaue hinein auf alle Personen zu erstrecken, die mit der Zielperson in Kontakt stehen und Nachrichten ausgetauscht haben, sondern setzt eigene, in der Anordnung darzulegende Anhaltspunkte voraus, dass der Nachrichtenmittler von der Zielperson in die Tatdurchführung eingebunden wird und somit eine besondere Tat- oder Gefahrennähe aufweist.[1424]

683 Einschränkend enthält § 23 Abs. 1 PolDVG in dessen Satz 2 eine dem **Verhältnismäßigkeitsgrundsatz** Rechnung tragende Bestimmung, wonach die Datenerhebungen nach Satz 1 nur durchgeführt werden darf, wenn die polizeiliche Aufgabenerfüllung **auf andere Weise aussichtslos oder wesentlich erschwert wäre**.

684 § 23 Abs. 1 Satz 3 PolDVG erklärt die Regelungen in § 21 Abs. 3 Sätze 1 bis 6 PolDVG zum Schutze des durch **Berufsgeheimnis** geschützten Vertrauensverhältnisses und des **Kernbereichs privater Lebensgestaltung** für entsprechend anwendbar. Es wird auf die diesbezüglichen Ausführungen zu § 21 PolDVG verwiesen.

1422 BVerfG, in: BeckRS 2016, 44821, Rn. 233.

1423 BürgDrucks. 21/17906 v. 30. 07. 2019, S. 55.

1424 So das BVerfG, in: BeckRS 2016, 44821, Rn. 233 zu der entsprechenden Regelung im BKAG a.F. (heute: § 51 Abs. 1 Satz 1 Nr. 4 und 5 BKAG); BürgDrucks. 21/17906 v. 30. 07. 2019, S. 55.

ee) Unterbrechung und Verhinderung von Telekommunikation (Abs. 2)

Nach § 23 Abs. 2 PolDVG dürfen technische Mittel dabei nicht nur zur Gewinnung von Daten über einen Telekommunikationsvorgang eingesetzt werden, sondern auch um **Kommunikationsverbindungen gezielt zu unterbrechen oder zu verhindern**. Auch für diese Maßnahmen müssen jedoch die tatbestandlichen Voraussetzungen des Abs. 1 erfüllt sein. Die Unterbrechung oder Verhinderung des Aufbaus einer Kommunikationsverbindung kann beispielsweise eingesetzt werden, um die technisch mögliche Fernzündung eines Sprengsatzes per Mobilfunkgerät wirkungsvoll verhindern zu können. Denkbar ist aber auch, dass die Kommunikationsmöglichkeiten von Gefährdern, und damit auch die Möglichkeit gezielte Absprachen zu treffen, dadurch unterbunden werden. 685

Im Hinblick auf Kommunikationsverbindungen **Dritter** darf eine Unterbrechung oder Verhinderung der Verbindung nur dann erfolgen, wenn dies zur Abwehr einer unmittelbar bevorstehenden erheblichen Gefahr für Schutzgüter von herausragender Bedeutung (Bestand oder die Sicherheit des Bundes oder eines Landes oder für Leib, Leben oder Freiheit einer Person) erforderlich ist. 686

Die Anordnung zur Unterbrechung oder Verhinderung einer Kommunikationsverbindung eines Störers nach § 23 Abs. 2 Satz 1 PolDVG (TKÜ) ist nach § 26 Abs. 2 Satz 6 PolDVG auf höchstens **zwei Wochen** und die Anordnung gegenüber dem Nichtstörer nach § 23 Abs. 2 Satz 2 PolDVG auf höchstens **zwei Tage** gem. § 26 Abs. 2 Satz 6 PolDVG zu befristen. 687

ff) Mitwirkungspflicht der sog. Diensteanbieter (Abs. 3)

§ 23 Abs. 3 PolDVG regelt in inhaltlich unveränderter Form die Mitwirkungspflicht der sog. **Diensteanbieter** (Legaldefinition in Abs. 3 Satz 1), d.h. derjenigen, die geschäftsmäßig Telekommunikationsdienste erbringen oder daran mitwirken. Nach Abs. 3 haben die Diensteanbieter die Überwachung (Abs. 1), Aufzeichnung (Abs. 1), Unterbrechung (Abs. 2) und Verhinderung (Abs. 2) von Telekommunikationsverbindungen zu ermöglichen. 688

Hinsichtlich der Frage, ob auch Diensteanbieter durch die Hamburger Polizei verpflichtet werden können, die ihren Sitz nicht in Hamburg haben, hat der Gesetzgeber in Rahmen des Gesetzesentwurfes aus dem Jahr 2004 zur Vorgängerregelung ausdrücklich ausgeführt:

> *„Die Mitwirkungspflicht erstreckt sich auch auf solche Diensteanbieter, deren Firmensitz außerhalb Hamburgs liegt, sofern sie ihre Dienste auch in Hamburg anbieten“*[1425].

1425 BürgDrucks. 18/1487 v. 14. 12. 2004, S. 19; hierzu ausführlich: *Stammer, Jens* in: B/E/R/S, § 10 a PolDVG Rn. 31.

gg) Richtervorbehalt, Anordnung und Ausführung

689 Hinsichtlich der Anordnung und Ausführung, d.h. insbesondere des Richtervorbehalts, enthält § 26 PolDVG weitere zu beachtende Vorgaben.

i) Telekommunikationsüberwachung an informationstechnischen Systemen, § 24 PolDVG (§ 10 c PolDVG a.F.)

690 Die Regelung des § 10 c PolDVG a.F. ist in das neue PolDVG übernommen worden. Einzig die Vorgaben zur Protokollierung wurden aus § 24 PolDVG gestrichen und finden sich nun zusammengefasst in der hierfür geschaffenen Regelung des § 64 PolDVG (Protokollierung bei verdeckten und eingriffsintensiven Maßnahmen). Damit hat der Hamburger Landesgesetzgeber bewusst auf die Einführung der Online-Durchsuchung als Eingriff „in" informationstechnische Systeme verzichtet.[1426]

aa) Betroffene Grundrechte

691 Die Telekommunikationsüberwachung an informationstechnischen Systemen greift in das allgemeine Persönlichkeitsrecht der Betroffenen sowie das Recht auf informationelle Selbstbestimmung aus Art. 2 Abs. 1 i.V.m Art. 1 Abs. 1 GG, das Fernmeldegeheimnis (Art. 10 Abs. 1 GG) und in das Grundrecht auf Gewährleistung der Vertraulichkeit und Integrität informationstechnischer Systeme (sog. IT-Grundrecht) ein. Das IT-Grundrecht wurde im Jahr 2008 vom BVerfG als neues Grundrecht und besondere Ausprägung des allgemeinen Persönlichkeitsrechts auf der Grundlage von Art. 2 Abs. 1 i.V.m. Art. 1 Abs. 1 GG entwickelt.[1427] Es schützt den persönlichen Datenbestand und dessen Vertraulichkeit und Integrität vor staatlichen Eingriffen von außen.[1428] Schutzobjekte sind damit unproblematisch Computer, Laptops, Smartphones, Tablets oder auch Navigationsgeräte. Bei fortschreitender informationstechnischer Verknüpfung von Alltagsgegenständen, wie Pkw, Haushaltsgeräten, etc. sind auch diese in den Anwendungsbereich einzuschließen.

1426 Anders: § 49 Abs. 1 BKAG; Art. 45 BayPAG; § 15 c HSOG; § 31 c RhPfPOG.

1427 BVerfG, in: NJW 2008, 822 ff.; *Sachs, Michael/Krings, Thomas,* Das neue „Grundrecht auf Gewährleistung der Vertraulichkeit und Integrität informationstechnischer Systeme", in: JuS 2008, 481 ff.; *Bantlin, Franziska,* Grundrechtsschutz bei Telekommunikationsüberwachung und Online-Durchsuchung, in: JuS 2019, 669, 670; *Kniesel, Michael/Braun, Frank/Keller, Christoph,* Besonderes Polizei- und Ordnungsrecht, Stuttgart 2018, Rn. 1680.

1428 Ausführlich hierzu: BVerfG, in: NJW 2008, 822 ff.; *Bantlin, Franziska,* Grundrechtsschutz bei Telekommunikationsüberwachung und Online-Durchsuchung, in: JuS 2019, 669, 670 m.w.N.

bb) Praktische Relevanz und Häufigkeit

Mit der BürgDrucks. 21/16497 v. 12. 03. 2019 wurden die im Jahre 2017 durchgeführten Maßnahmen nach SOG und PolDVG veröffentlicht. Im Jahr 2017 kam es zu keiner Maßnahme der Quellen-TKÜ.[1429] **692**

cc) Abgrenzungsfragen und Maßnahmenformen

Im Rahmen der Telekommunikationsüberwachung durch Infiltration informationstechnischer Systeme werden i. d. R. zwei Formen unterschieden: die **Online-Durchsuchung** und die **Quellen-TKÜ**. Bei der Online-Durchsuchung handelt es sich um die heimliche Infiltration eines informationstechnischen Systems. Zu diesem Zweck wird das zu infiltrierende System mit einer Spähsoftware[1430] behandelt. Anschließend werden die Daten dann unbemerkt über das Internet an die staatliche Stelle übermittelt.[1431] Ziel, insbesondere der Online-Überwachung, ist es, einen möglichst umfassenden Eindruck von den „*Eigenschaften, Gewohnheiten und Netzwerken der betroffenen Person*" zu erhalten.[1432] § 24 PolDVG ermächtigt die Polizei in Hamburg nicht zu einer Online-Durchsuchung. Eine dies gestattende Rechtsgrundlage fehlt im PolDVG. **693**

Während es bei der „Online-Durchsuchung" also darum geht, das System selbst zu überwachen und Daten aus diesem zu erheben, zielt die Quellen-TKÜ auf die Überwachung der Telekommunikation ab, die von einem System ausgeht.[1433] Die Manipulation am System dient dabei „nur" der Ermöglichung der Telekommunikationsüberwachung. Diese Form der Überwachung ist deswegen inzwischen so viel gängiger geworden, weil die Nutzer vermehrt über verschlüsselte Technologien kommunizieren (z. B. Messenger oder Voice Over IP-Dienste). Die Quellen-TKÜ greift dabei die Daten ab, noch bevor sie vom Absendesystem verschlüsselt werden, sodass die Daten unverschlüsselt von den staatlichen Stellen empfangen werden kön- **694**

1429 BürgDrucks. 21/16497 v. 12. 03. 2019, S. 12.

1430 Programme, die den Zugang zu dem Zielsystem eröffnen, werden umgangssprachlich „Staatstrojaner" genannt. Programme, die die dauerhafte Überwachung eines Systems ermöglichen, werden als „Remote Forensic Software" bezeichnet. Dabei kann die Infiltration durch Fern- oder physischen Zugriff (also z. B. in der Wohnung) erfolgen, vgl. *Derin, Benjamin/Golla, Sebastian J.*, Der Staat als Manipulant und Saboteur der IT-Sicherheit?, in: NJW 2019, 1111 ff.

1431 *Kniesel, Michael/Braun, Frank/Keller, Christoph*, Besonderes Polizei- und Ordnungsrecht, Stuttgart 2018, Rn. 1679.

1432 *Bantlin, Franziska*, Grundrechtsschutz bei Telekommunikationsüberwachung und Online-Durchsuchung, in: JuS 2019, 669, 671.

1433 *Derin, Benjamin/Golla, Sebastian J.*, Der Staat als Manipulant und Saboteur der IT-Sicherheit?, in: NJW 2019, 1111; *Pieper, Niels*, Grundstrukturen des verfassungsrechtlichen Datenschutzes – Zum Schutz personenbezogener Daten durch die Grundrechte des Grundgesetzes bei Maßnahmen der Gefahrenabwehr, in: JA 2018, 598, 602.

nen.[1434] Aber auch für die Quellen-TKÜ ist die Installation einer Spionagesoftware auf dem Endgerät des Nutzers erforderlich, weswegen die Quellen-TKÜ immer mit der Manipulation an einem informationstechnischen System verbunden ist. Auch deswegen ist sie nicht unumstritten auf Basis einer die Online-Durchsuchung nicht ermöglichenden Rechtsgrundlage. Als Kritik wird angebracht, dass der Gesetzgeber nicht blind darauf vertrauen dürfe, dass die Exekutive den schmalen Grat zwischen Quellen-TKÜ und Online-Durchsuchung schon nicht überschreiten werde,[1435] zumal dies technisch schwer umzusetzen sei. Denn auch wenn theoretisch eine Abgrenzung zwischen Quellen-TKÜ und Online-Durchsuchung auf diese Weise möglich erscheint, so besteht bei der Quellen-TKÜ durch den auch hier erforderlichen Zugriff auf das System des Betroffenen immer die Gefahr, dass diese in eine Online-Durchsuchung umschlägt. Hierzu führte das BVerfG aus:

> *„Wird ein komplexes informationstechnisches System zum Zwecke der Telekommunikationsüberwachung infiltriert („Quellen-Telekommunikationsüberwachung"), so ist mit der Infiltration die entscheidende Hürde genommen, um das System insgesamt auszuspähen. Den dadurch bewirkten spezifischen Gefährdungen der Persönlichkeit kann nur dann hinreichend begegnet werden, wenn sich die Überwachung ausschließlich auf Daten aus einem laufenden Telekommunikationsvorgang beschränkt wird, was durch technische Vorkehrungen und rechtliche Vorgaben sichergestellt werden muss"*[1436].

695 Entsprechend sind die Tatbestandsvoraussetzungen und Eingrenzungen in § 24 PolDVG formuliert worden.

dd) Tatbestandsvoraussetzungen

696 In das vom Betroffenen genutzte IT-System darf zur Durchführung einer Telekommunikationsüberwachungsmaßnahme (Maßnahme nach § 23 Abs. 1 PolDVG) durch den verdeckten Einsatz technischer Mittel eingegrif-

1434 *Kingreen, Thorsten/Poscher, Ralf*, Polizei- und Ordnungsrecht, 10. Aufl. München 2018, § 13 Rn. 139; *Kniesel, Michael/Braun, Frank/Keller, Christoph*, Besonderes Polizei- und Ordnungsrecht, Stuttgart 2018, Rn. 1690.

1435 Zur Verfassungswidrigkeit: SachsAnhVerfG, in: LKV 2015, 33, 36 f.; zur Verfassungsgemäßheit jedoch BVerfG, in: BeckRS 2016, 44821, Rn. 234: *„Ob oder wie sich durch technische Maßnahmen sicherstellen lässt, dass ausschließlich die laufende Telekommunikation überwacht und aufgezeichnet wird, betrifft die Anwendung der Norm, nicht aber ihre Gültigkeit. Insoweit ist es nicht Aufgabe des vorliegenden Verfahrens, hierüber eine Klärung herbeizuführen. Das Gesetz lässt jedenfalls keinen Zweifel, dass eine Quellen-Telekommunikationsüberwachung nur bei einer technisch sichergestellten Begrenzung der Überwachung auf die laufende Telekommunikation erlaubt ist."*

1436 BVerfG, in: NJW 2008, 822, 825.

fen werden, wenn 1. durch technische Maßnahmen sichergestellt ist, dass ausschließlich laufende Telekommunikation überwacht und aufgezeichnet wird (also eine Quellen-TKÜ und keine Onlinedurchsuchung vorliegt) und 2. der Eingriff in das IT-System notwendig ist, um die Überwachung und Aufzeichnung von Telekommunikation insbesondere auch in unverschlüsselter Form zu ermöglichen. Mit dem Verweis auf § 23 Abs. 1 PolDVG sind damit die tatbestandlichen Voraussetzungen dieser Vorschrift in den § 24 PolDVG inkorporiert (Gefahrenschwelle, Schutzgut, etc.). Um den Eingriff in das IT-System in Umfang und Tragweite auf das erforderliche Maß zu beschränken und insbesondere auch die Trennlinie zwischen Quellen-TKÜ und Onlinedurchsuchung zu wahren, bestimmt § 24 Abs. 2 Nr. 1 PolDVG, dass technisch sicherzustellen ist, dass an dem informationstechnischen System nur Veränderungen vorgenommen werden, die für die Datenerhebung unerlässlich sind.[1437] Die Manipulation soll damit nur so viel wie nötig, aber so wenig wie möglich erfolgen. Nach Beendigung der Maßnahme ist die Manipulation vollständig aus dem IT-System des Betroffenen zu entfernen. Um bei dieser Maßnahme, die einen erneuten Eingriff in das IT-System des Betroffenen darstellt, den Eingriffsgehalt so gering wie möglich zu halten, bestimmt Abs. 2 Nr. 2, dass die vorgenommenen Veränderungen der Maßnahme, soweit technisch möglich, automatisiert rückgängig gemacht werden und damit nicht erneut ein „personeller" Eingriff durch die Polizei in Grundrechte der Betroffenen erfolgt.

Da die staatlicherseits eingesetzte Manipulationssoftware auch von Unbe- **697**
fugten und Hackern zu anderen Zwecken als der Gefahrenabwehr genutzt werden kann und hiervon ein hohes Missbrauchsrisiko durch unbefugte Verwendung ausgeht, normiert **§ 24 Abs. 2 Satz 2 PolDVG** die Pflicht, dass das eingesetzte **Mittel nach dem Stand der Technik gegen unbefugte Nutzung zu schützen** ist.

Nach **§ 24 Abs. 3 Satz 1 PolDVG** darf sich die Maßnahme nur gegen die für **698**
eine Gefahr Verantwortlichen (**Störer**) richten. Als Ausnahme hiervon bestimmt dessen Abs. 3 Satz 2, dass sich die Maßnahme (ausnahmsweise) auch gegen Dritte richten darf, aber nur, wenn diese unvermeidbar betroffen werden.[1438] Damit ist aber durch den Landesgesetzgeber auch klargestellt, dass sich eine Maßnahme nach § 24 PolDVG eben nicht zielgerichtet gegen Dritte richten darf.

1437 *Kniesel, Michael/Braun, Frank/Keller, Christoph*, Besonderes Polizei- und Ordnungsrecht, Stuttgart 2018, Rn. 1693.

1438 Zur Verfassungsmäßigkeit: BVerfG, in: BeckRS 2016, 44821, Rn. 115.

ee) Richtervorbehalt, Anordnung und Ausführung

699 Hinsichtlich der Anordnung und Ausführung, d. h. insbesondere des Richtervorbehalts, enthält § 26 PolDVG weitere zu beachtende Vorgaben (s. C.II.2.k.).

j) Verkehrsdatenverarbeitung, Nutzungsdatenverarbeitung und Einsatz besonderer technischer Mittel zur Datenerhebung, § 25 PolDVG (§ 10 d PolDVG a. F.)

700 Mit § 25 PolDVG ist die Vorgängerregelung des § 10 d PolDVG a. F. mit einigen Änderungen übernommen worden.

§ 25 PolDVG regelt die (nicht-inhaltsbezogenen) Verarbeitung von Verkehrs- und Nutzungsdaten (Abs. 1 und Abs. 4), wobei die Nutzungsdatenverarbeitung neu ins Gesetz aufgenommen wurde, die Zielsuchlaufabfrage (Abs. 2) und den (vorbereitenden) Einsatz technischer Mittel zur Ermittlung der Geräte- und Kartennummer oder des Standortes eines Mobilfunkendgerätes (Abs. 3).

701 Was Verkehrsdaten sind, regelt der Gesetzgeber (Legaldefinition) in Abs. 5 der Vorschrift. Die entsprechende Legaldefinition für die Nutzungsdaten befindet sich in Abs. 6. Dabei führt die Gesetzesbegründung zu den neu eingefügten „Nutzungsdaten“ und ihrem Anwendungsfall aus, dass ihre Erhebung beispielsweise notwendig werden kann, um die Identifizierung des Nutzers zu ermöglichen, wenn in einem Internetforum, einer Videoplattform oder in einem sozialen Netzwerk ein Suizid oder ein Amoklauf angedroht wird.[1439]

aa) Betroffene Grundrechte

702 Maßnahmen nach § 25 PolDVG greifen in das allgemeine Persönlichkeitsrecht der Betroffenen sowie das Recht auf informationelle Selbstbestimmung aus Art. 2 Abs. 1 i. V.m Art. 1 Abs. 1 GG und je nach Art der Maßnahme auch in das Fernmeldegeheimnis (Art. 10 Abs. 1 GG) ein.

bb) Praktische Relevanz und Häufigkeit

703 Mit der BürgDrucks. 21/16497 v. 12. 03. 2019 wurden die im Jahre 2017 durchgeführten Maßnahmen nach SOG und PolDVG veröffentlicht. Im Jahr 2017 kam es zu keinem Zielsuchlauf (§ 10 d Abs. 2 PolDVG a. F.), [1440] zu keiner Standortermittlung nach § 10 d Abs. 3 Satz 1 Nr. 1 PolDVG a. F.[1441]

1439 BürgDrucks. 21/16497 v. 12. 03. 2019, S. 56.
1440 BürgDrucks. 21/16497 v. 12. 03. 2019, S. 13.
1441 BürgDrucks. 21/16497 v. 12. 03. 2019, S. 13.

und zu sechs Standortermittlungen über Mobilfunkgeräte nach § 10 d Abs. 3 Satz 1 Nr. 2 PolDVG a. F.[1442]

cc) Tatbestandsvoraussetzungen

Die Polizei darf nach § 25 Abs. 1 PolDVG unter den Voraussetzungen des § 23 Abs. 1 **Verkehrsdaten** (vgl. § 25 Abs. 5 PolDVG) und **Nutzungsdaten** (vgl. 25 Abs. 6 PolDVG) erheben. Wie bereits im Rahmen des § 24 PolDVG werden damit die Maßnahmenvoraussetzungen des § 23 Abs. 1 PolDVG in die Regelung des § 24 PolDVG inkorporiert. Damit wurde aus der Vorgängerregelung des § 10 d PolDVG a. F. der Verweis auf § 10 SOG, und damit die Möglichkeit, die Maßnahme auch gegen Nichtstörer einzusetzen, gestrichen. 704

§ 25 Abs. 2 PolDVG bestimmt die Voraussetzungen für den sog. **Zielsuchlauf**, der nach Abs. 2 Satz 1 als die Erteilung einer Auskunft darüber, ob von einem Telekommunikationsanschluss Telekommunikationsverbindungen zu den in § 23 Absatz 1 PolDVG genannten Personen hergestellt worden sind, legaldefiniert ist. Dieser Zielsuchlauf darf nach Abs. 2 nur angeordnet werden, wenn die Erforschung des Sachverhalts auf andere Weise aussichtslos wäre. Die Daten, die durch einen Zielsuchlauf nach § 25 Abs. 2 erlangt werden, dürfen über den Datenabgleich zur Ermittlung der gesuchten Geräte- und Kartennummer hinaus nach § 26 Abs. 3 Satz 3 PolDVG nicht verwendet werden. 705

§ 25 Abs. 3 PolDVG knüpft unterschiedliche Anforderungen an die Ermittlung unterschiedlicher Informationen durch den Mitteleinsatz. Nach Abs. 3 Satz 1 Nr. 1 darf zur Vorbereitung einer Verkehrs- oder Nutzungsdatenabfrage (Maßnahme nach Abs. 1) die **Geräte- und Kartennummer** ermittelt werden. Dies ist nach Satz 2 jedoch nur zulässig, wenn die Voraussetzungen der Folgemaßnahme Abs. 1 vorliegen und die Durchführung der Überwachungsmaßnahme ohne die Geräte- und Kartennummer nicht möglich oder wesentlich erschwert wäre. 706

Der **Standort eines aktiv geschalteten Mobilfunkgerätes** (etwa zu Ortungszwecken) darf nach Nr. 2 indes nur zur Abwehr einer Gefahr für Leib, Leben oder Freiheit einer Person ermittelt werden. Sie hängt darüber hinaus von den zusätzlichen Anforderungen des Satz 3 ab, wonach die Maßnahme nur dann zulässig ist, wenn die Ermittlung des Aufenthaltsortes auf andere Weise weniger Erfolg versprechend oder erschwert wäre. Die Maßnahme dient der Identifizierung von unbekannten Mobiltelefonen (z. B. wenn Karten- oder Gerätenummer nicht bekannt sind) oder auch zur Vorbereitung einer anschließenden Verkehrs- oder Nutzungsdatenabfrage. Außerdem 707

1442 BürgDrucks. 21/16497 v. 12. 03. 2019, S. 14.

kann (z.B. bei Suizid- oder Vermisstenfällen) bei bereits bekannten Mobiltelefonen eine exakte Lokalisierung erfolgen.[1443]

708 Dabei stellt **§ 25 Abs. 3 PolDVG,** wie auch die Regelung etwa in § 24 PolDVG klar, dass sich die Maßnahme grundsätzlich nur gegen den Gefährder richten darf. **Dritte** dürfen nur dann von der Maßnahme betroffen sein, wenn dies aus technischen Gründen zur Erreichung des Zwecks nach Absatz 1 unvermeidbar ist.[1444]

709 **§ 25 Abs. 4 PolDVG** regelt die **Pflichten der Diensteanbieter** im Zusammenhang mit der Verarbeitung von Verkehrs- und Nutzungsdaten. Nach Abs. 4 Satz 1 ist jeder Diensteanbieter verpflichtet, der Polizei auf Grund der Anordnung einer Datenerhebung nach Abs. 1 vorhandene Telekommunikations- und Nutzungsdaten zu übermitteln (Nr. 1), Daten über zukünftige Telekommunikationsverbindungen und Nutzungsdaten zu übermitteln (Nr. 2) oder die für die Ermittlung des Standortes eines Mobilfunkendgerätes nach Abs. 3 erforderlichen spezifischen Kennungen, insbesondere die Geräte- und Kartennummer mitzuteilen (Nr. 3). Abs. 4 Satz 2 sieht eine kurze Frist für die Bereitstellung der Daten an die Polizei vor. Sie sind unverzüglich (d.h. ohne schuldhaftes Zögern) oder innerhalb der in der Anordnung bestimmten Zeitspanne zu übermitteln, und zwar auf dem von der Polizei angeordneten Übermittlungsweg (keine Wahlfreiheit des Diensteanbieters). Der Diensteanbieter erhält für seine Mitwirkungshandlungen nach Satz 3 eine Entschädigung nach dem Justizvergütungs- und -entschädigungsgesetz.

dd) Richtervorbehalt, Anordnung und Ausführung

710 Hinsichtlich der Anordnung und Ausführung, d.h. insbesondere des Richtervorbehalts, enthält § 26 PolDVG weitere zu beachtende Vorgaben (s.C.II.).

k) Anordnungen und Ausführungen, § 26 PolDVG (§ 10 e PolDVG a.F.)

711 § 26 PolDVG bestimmt allgemein die Anordnungserfordernisse und Regelungen zur Ausführung. Mit einigen Änderungen entspricht die Regelung dem vormaligen § 10 e PolDVG.

1443 *Kilchling, Michael/Kenzel, Brigitte,* Recht und Praxis der anlassbezogenen automatischen Kennzeichenfahndung, Verkehrsdatenabfrage und Mobilfunkortung zur Gefahrenabwehr in Brandenburg, Freiburg 2011, S. 21, abrufbar unter: https://info.publicintelligence.net/MaxPlanckInstitute-Report.pdf (zuletzt abgerufen am 03. 03. 2020) m. w. A.

1444 Zur Verfassungsmäßigkeit: BVerfG, in: BeckRS 2016, 44821, Rn. 115.

aa) Richtervorbehalt, Löschungspflichten, Verfahren, Anhörung, Wirksamkeit (Abs. 1)

Für Maßnahmen nach §§ 23 bis 25 PolDVG (TKÜ, Quellen-TKÜ, Verkehrsdatenverarbeitung, Nutzungsdatenverarbeitung und Einsatz besonderer technischer Mittel zur Datenerhebung) bestimmt § 26 Abs. 1 Satz 1 den Richtervorbehalt.[1445] Bei Gefahr im Verzug kann nach Satz 2 der Polizeipräsident oder sein Vertreter im Amt die Anordnung treffen. In diesem Falle ist nach Satz 3 eine richterliche Bestätigung unverzüglich (d. h. ohne schuldhaftes Zögern) einzuholen und nach Satz 4 die Maßnahme zu beenden, wenn die Bestätigung nicht innerhalb von drei Tagen erfolgt. In diesem Fall sind die erfolgten Datenaufzeichnungen unverzüglich zu vernichten, wenn diese nicht zur Strafverfolgung benötigt werden. 712

Nach § 26 Abs. 1 Satz 5 PolDVG ist das Amtsgericht Hamburg zuständig und für das Verfahren bestimmt Satz 6 das Buch 1 des Gesetzes über das Verfahren in Familiensachen und in den Angelegenheiten der freiwilligen Gerichtsbarkeit für entsprechend anwendbar. Dabei ist von der grundsätzlichen Anhörung der betroffenen Person durch das Gericht und der Bekanntgabe der richterlichen Entscheidung an die betroffene Person nach Satz 7 abzusehen, wenn die vorherige Anhörung oder die Bekanntgabe der Entscheidung den Zweck der Maßnahme gefährden würde. 713

Hinsichtlich der Wirksamkeit bestimmt Satz 8, dass die richterliche Entscheidung mit ihrer Bekanntgabe an die beantragende Stelle wirksam wird.

bb) Inhalt und Frist der Anordnung (Abs. 2)

§ 26 Abs. 2 PolDVG enthält Bestimmungen über den **Inhalt der Anordnung** für Maßnahmen nach §§ 23 bis 25 PolDVG. Diese muss nach § 26 Abs. 2 Satz 1 PolDVG den Namen und die Anschrift der betroffenen Person, gegen die sie sich richtet, sowie die Rufnummer oder eine andere Kennung seines Telekommunikationsanschlusses oder seines Endgerätes enthalten, wenn sie allein dem zu überwachenden Endgerät zuzuordnen ist, oder das informationstechnische System bezeichnen. Nur in dem Falle, dass andernfalls die Erreichung des Zwecks aussichtslos oder erheblich erschwert wäre, genügt nach Satz 2 eine räumlich und zeitlich hinreichende Bezeichnung der Telekommunikation, über die personenbezogene Daten erhoben oder über die Auskunft erteilt werden soll. 714

Neu eingefügt wurde in Abs. 2 der Satz 3. Dieser sieht für die Durchführung einer Quellen-TKÜ nach § 24 PolDVG ein **Betretens und Durchsuchungsrecht** vor, soweit dies zur Durchführung der Maßnahme erforderlich ist. 715

1445 Grundlegend zu den Anforderungen: BVerfG, in: BeckRS 2016, 44821, Rn. 117.

Damit wird eine schnelle Maßnahmendurchführung und konsequente Zusammenführung beider sich ergänzender Maßnahmenschritte unter Vorbehalt gerichtlicher Anordnung („aus einem Guss") gewährleistet.

716 Zur **Frist** der Anordnung bestimmen die Sätze 4 und 5, dass die Anordnung nach § 23 Abs. 1 (TKÜ), § 24 Abs. 1 (Quellen-TKÜ) und § 25 Abs. 2 (Verkehrsdatenverarbeitung) auf höchstens **drei Monate** angelegt sein darf und eine Verlängerung um jeweils nicht mehr als drei Monate zulässig ist, wenn die Voraussetzungen für die Maßnahme noch vorliegen. Die Anordnung zur Unterbrechung oder Verhinderung einer Kommunikationsverbindung eines Störers nach § 23 Abs. 2 Satz 1 (TKÜ) ist nach § 26 Abs. 2 Satz 6 PolDVG auf höchstens **zwei Wochen** und die Anordnung gegenüber dem Nichtstörer nach § 23 Abs. 2 Satz 2 PolDVG auf höchstens **zwei Tage** nach § 26 Abs. 2 Satz 6 PolDVG zu befristen.

cc) Voraussetzungen und Bedingungen der Verwendung erlangter Daten (Abs. 3)

717 § 26 Abs. 3 PolDVG regelt die Voraussetzungen und Bedingungen der Verwendung der über die Maßnahmen nach §§ 23 bis 25 PolDVG gewonnenen Daten. Diese dürfen nach Satz 1 grundsätzlich nur zu den Zwecken verwendet werden, zu denen sie erhoben wurden **(zweckgebundene Verwendung)**. Da dies Zwecke der Gefahrenabwehr sind, bedurfte es einer Regelung für die Verwendung zu Strafverfolgungszwecken. Nach Satz 2 dürfen die Daten zur Strafverfolgung verwendet werden, wenn sie auch dafür unter Einsatz derselben Befugnisse hätten erhoben werden dürfen.

718 Die Daten, die durch einen Zielsuchlauf nach § 25 Abs. 2 PolDVG erlangt werden, dürfen über den Datenabgleich zur Ermittlung der gesuchten Geräte- und Kartennummer hinaus nach Satz 3 nicht verwendet werden.

719 Satz 4 trägt dem Kernbereichsschutz Rechnung. Hiernach dürfen Daten, bei denen sich nach der Auswertung herausstellt, dass sie dem Kernbereich privater Lebensgestaltung oder einem Vertrauensverhältnis mit Berufsgeheimnisträgern zuzuordnen sind, nicht verwendet werden **(Verwertungsverbot)**.

720 Nach Satz 5 dürfen Daten, die keinen unmittelbaren Bezug zu den der Anordnung zugrunde liegenden Gefahren haben, nicht verwendet werden, es sei denn, ihre Verwendung ist zur Abwehr einer anderweitigen unmittelbar bevorstehenden Gefahr für Leib, Leben oder Freiheit einer Person oder zur Strafverfolgung notwendig.

721 Nach Satz 6 gilt die Regelung des § 22 Abs. 5 Satz 5 PolDVG, wonach bei Gefahr im Verzug der Polizeipräsident oder die Vertretung im Amt über die Verwertung der Erkenntnisse entscheiden kann, entsprechend.

In Absatz 3 Satz 1 wurde die Kennzeichnungspflicht gestrichen, da diese sich nunmehr in der Zentralnorm des § 65 PolDVG (Kennzeichnungspflicht für verdeckte und eingriffsintensive Maßnahmen) befindet. 722

dd) Benachrichtigungs- und Löschungspflichten (Abs. 4 und 5)

§ 26 Abs. 4 PolDVG bestimmt die Benachrichtigungspflicht der Betroffenen einer Maßnahme nach den §§ 23 bis 25 PolDVG. § 26 Abs. 5 PolDVG regelt die Löschungspflichten im Hinblick auf die erlangten Daten. Die diesbezüglichen Protokollierungspflichten finden sich zentral in § 63 PolDVG. 723

ee) Mitteilungsverbot und Straftatbestand (Abs. 6)

Da an den Maßnahmen nach §§ 23 bis 25 PolDVG auch Telekommunikationsdienstleister beteiligt sein können, die durch ihr Mitwirken Kenntnis von geheimen Vorgängen erhalten, normiert § 26 Abs. 6 Satz 1 PolDVG ein **Mitteilungsverbot** dieser (ähnlich einer Verschwiegenheitspflicht). An diese Pflicht anknüpfend, sieht Satz 2 einen Straftatbestand mit Freiheitsstrafe von bis zu zwei Jahren oder Geldstrafe bei Zuwiderhandlung vor. Die hiernach Verpflichteten und mit Strafe Bedrohten sind nach Satz 3 über das Mitteilungsverbot sowie über die Strafbarkeit zu belehren. Diese Belehrung ist zu Nachweiszwecken nach Satz 3 2. HS aktenkundig zu machen. 724

l) Bestandsdatenverarbeitung, § 27 PolDVG (§ 10 f PolDVG a. F.)

Die Regelung zur Bestandsdatenverarbeitung entspricht dem vormaligen § 10 f PolDVG a.F., der klarstellend nun mit Bestandsdatenverarbeitung statt -erhebung überschrieben ist. **Bestandsdaten** sind gem. § 27 Abs. 5 PolDVG die nach §§ 95 und 111 TKG und die nach § 14 TMG erhobenen Daten. Sie sind von Verkehrsdaten (vgl. § 25 Abs. 5 PolDVG) abzugrenzen und betreffen Daten eines Teilnehmers, die für die Begründung, inhaltliche Ausgestaltung, Änderung oder Beendigung eines Vertragsverhältnisses über Telekommunikationsdienste erhoben werden.[1446] 725

Die Maßnahme richtet sich dabei gegen die **Diensteanbieter** (Telefongesellschaften o. Ä.). Von diesen kann die Polizei nach Abs. 1 Satz 1 Auskunft über Bestandsdaten über die für eine Gefahr Verantwortlichen und unter den Voraussetzungen von § 10 SOG über die dort genannten Personen verlangen **(Störer und Nichtstörer)**, wenn dies zur Abwehr einer Gefahr für die öffentliche Sicherheit **(konkrete Gefahr)** erforderlich ist. Nach Abs. 2 darf dies auch anhand einer zu einem bestimmten Zeitpunkt zugewiesenen Internetprotokoll-Adresse sowie weiterer zur Individualisierung erforderlicher tech- 726

1446 § 3 Nr. 3 TKG.

nischer Daten verlangt werden. Bezieht sich das Auskunftsverlangen nach Satz 1 auf Daten, mittels derer der Zugriff auf Endgeräte oder auf Speichereinrichtungen, die in diesen Endgeräten oder hiervon räumlich getrennt eingesetzt werden, geschützt wird, darf die Auskunft nach Satz 2 nur verlangt werden, wenn die gesetzlichen Voraussetzungen für die Nutzung der Daten vorliegen. Auch diese Maßnahme greift in das allgemeine Persönlichkeitsrecht und das Recht auf informationelle Selbstbestimmung nach Art. 2 Abs. 1 i. V. m. Art. 1 Abs. 1 GG ein. Es ist dafür auch unerheblich, dass der Zugriff auf die Daten des Betroffenen über Dritte erfolgt. Der Staat bedient sich ihrer zur Durchführung des Eingriffs und sie haben nach § 27 Abs. 3 PolDVG eine **Mitwirkungspflicht der Diensteanbieter**, der sie sich grundsätzlich nicht entziehen können. Die Diensteanbieter haben nach Abs. 3 Satz 1 die zur Auskunftserteilung erforderlichen Daten unverzüglich (d. h. ohne schuldhaftes Zögern) zu übermitteln und werden hierfür nach § 23 Justizvergütungs- und -entschädigungsgesetz entsprechend entschädigt.

727 Die Maßnahmen bedürfen nach Abs. 4 in den Fällen des Abs. 1 Satz 2 und des Abs. 2 einer Anordnung des Polizeipräsidenten oder der Vertretung im Amt, bei Gefahr im Verzug von dem Polizeiführer vom Dienst **(kein Richtervorbehalt)**.

728 Für die **Benachrichtigung** von Personen, gegen die sich die Datenerhebungen richteten, gilt § 21 Abs. 3 PolDVG in den Fällen des Abs. 1 Satz 2 und des Abs. 2 entsprechend. Dies gilt nach Satz 3 nicht, wenn die betroffene Person vom Auskunftsverlangen bereits Kenntnis hat oder haben muss oder für die Nutzung der durch die Auskunft erlangten Daten eine gesetzliche Benachrichtigungspflicht vorgesehen ist.

m) Datenverarbeitung durch den Einsatz von Personen, deren Zusammenarbeit mit der Polizei Dritten nicht bekannt ist (Vertrauenspersonen), § 28 PolDVG (§ 11 PolDVG a. F.)

729 Die Vorschrift regelt den Einsatz von **Vertrauenspersonen** (kurz V-Person) und ist mit einigen Änderungen in das neue PolDVG aufgenommen worden.[1447]

aa) Betroffene Grundrechte

730 Zu den betroffenen Grundrechten vgl. die Ausführungen zur Observation, die bei der Informationsgewinnung durch V-Personen in abgewandelter, aber zugleich auch verschärfter Form gelten, da hier (zumeist auch durch

1447 BürgDrucks. 21/17906 v. 30. 07. 2019, S. 56 f.

gezielte Täuschungshandlungen) ein Dritter, der für den Betroffenen unerkannt für die Polizei arbeitet, in das Leben der Betroffenen für den Staat eingreift.[1448] Diese Handlungen Dritter werden dem Staat als mittelbares Handeln zugerechnet, da er als Auftraggeber fungiert.[1449]

bb) Abgrenzungsfragen

Die V-Person ist von **Verdeckten Ermittlern** (§ 29 PolDVG) abzugrenzen. 731
Bei der **V-Person** handelt es sich nicht um einen Angehörigen der Polizei, sondern um Dritte, die mit der Polizei zusammenarbeiten (verlängerter Arm der Polizei).[1450] Die V-Personen sind außerdem abzugrenzen von den sog. **Informanten**, die lediglich einzelfallbezogene Informationen über ihre Wahrnehmungen an die Polizei geben, wohingegen V-Personen auf Basis einer dauernden Zusammenarbeit mit der Polizei zusammenwirken.[1451] V-Personen liefern aus verschiedenen Motivationen (auf die es nicht ankommt) Informationen aus ihrem Umfeld. Dabei ist die Zusammenarbeit auf Freiwilligkeit und eine gewisse Dauer angelegt. Die Qualität des Rechtsverhältnisses zwischen V-Personen und dem Staat ist umstritten und wird teilweise als öffentlich-rechtlich, teilweise als privatrechtlich eingeordnet.[1452] Die Figur der V-Person ist zudem nicht unproblematisch.[1453] Denn – wie ausgeführt – soll die Person in ihrem Umfeld verbleiben und aus diesem Umfeld sachdienliche Informationen an die Polizei liefern. In der Regel wird es sich um Personen handeln, die entweder selbst bereits strafrechtlich in Erscheinung getreten oder Angehörige einer Vereinigung sind, von der Gefahren ausgehen. Damit ist die V-Person selbst in der Regel kein „unbeschriebenes Blatt", soll sich aber zugleich rechtsstaatskonform und vertrauenswürdig verhalten. Diese Widersprüche lassen sich in der Praxis nicht immer auflösen und es kann nicht ausgeschlossen werden, dass es auch zu Straftaten, Gefährdungen oder Störungen durch V-Personen kommt, während diese durch ihre Tätigkeit im Lager der Polizei stehen.

1448 *Kingreen, Thorsten/Poscher, Ralf,* Polizei- und Ordnungsrecht, 10. Aufl. München 2018, § 13 Rn. 113.

1449 Vgl. hierzu ausführlich im Kontext nachrichtendienstlicher Einsätze: *Soiné, Michael,* Zulässigkeit und Grenzen heimlicher Informationsbeschaffung durch Vertrauensleute der Nachrichtendienste, in: NStZ, 2013, 83, 86.

1450 *Kingreen, Thorsten/Poscher, Ralf,* Polizei- und Ordnungsrecht, 10. Aufl. München 2018, § 13 Rn. 113.

1451 *Ettemeyer, Ulrich,* in: B/E/R/S, § 11 PolDVG Rn. 1; *Kingreen, Thorsten/Poscher, Ralf,* Polizei- und Ordnungsrecht, 10. Aufl. München 2018, § 13 Rn. 113.

1452 Hierzu ausführlich: *Singer, Jens,* V-Leute im Recht, Kriminalpolizei 03/2013, abrufbar unter: https://www.kriminalpolizei.de/nc/ausgaben/2013/maerz/detailansicht-maerz/artikel/v-leute-im-recht.html?tx_ttnews[sViewPointer]=4 (zuletzt abgerufen am 12. 02. 2020).

1453 Hierzu etwa: OVG Hamburg, in: BeckRS 2003, 24012.

732 Im Gegensatz zu den Regelungen über den Einsatz Verdeckter Ermittler sieht die Regelung in § 28 PolDVG keine Erstellung einer Legende z. B. mittels Tarnpapieren vor. Dies ist darauf zurückzuführen, dass bei V-Personen grundsätzlich davon ausgegangen wird, dass sie in ihrem Umfeld verbleiben und hieraus Informationen liefern, ohne dafür veränderte Vorkehrungen oder Angaben über ihre Lebensverhältnisse zu treffen.

cc) Tatbestandsvoraussetzungen (Abs. 1)

733 Nach Abs. 1 Satz 1 darf die Polizei von V-Personen Daten unter den Voraussetzungen der Observation (§ 20 Abs. 1 Satz 1 PolDVG) verarbeiten. Dabei dürfen V-Personen auch zum Einsatz kommen, wenn Dritte unvermeidbar betroffen werden.[1454]

dd) Richterliche Anordnung, Form und Frist (Abs. 2)

734 Der Einsatz von V-Personen bedarf nach Abs. 2 Satz 1 der **richterlichen Anordnung.**[1455] Über den Verweis in Abs. 2 Satz 2 zu § 20 Abs. 2 gilt, dass bei Gefahr im Verzug die Maßnahme durch den Polizeipräsidenten oder seinen Vertreter im Amt angeordnet werden und die Anordnung **aktenkundig** zu machen ist. In diesem Falle ist eine richterliche Bestätigung unverzüglich (d. h. ohne schuldhaftes Zögern) einzuholen und die Maßnahme zu beenden, wenn die Bestätigung nicht innerhalb von **drei Tagen** erfolgt. Die auf diese Weise erhobenen Daten sind unverzüglich zu vernichten.

735 Der Einsatz von V-Personen ist nach Abs. 2 Satz 3 auf höchstens **neun Monate** zu befristen, wobei eine Verlängerung jeweils (also auch mehrfach) für nicht mehr als neun Monate nach Abs. 2 Satz 4 zulässig ist, soweit die Voraussetzungen für die Maßnahme noch vorliegen. Personen, gegen die sich Datenerhebungen richteten, sind nach Abschluss der Maßnahme nach Abs. 2 Satz 5 hierüber durch die Polizei zu benachrichtigen.

ee) Schutz des Kernbereichs privater Lebensgestaltung

736 Da auch beim Einsatz von V-Personen der Kernbereich privater Lebensgestaltung betroffen sein kann, nämlich dadurch, dass der V-Person als Informationsmittler Informationen aus dem Kernbereich bekannt werden, trifft § 28 PolDVG auch diesbezüglich Vorkehrungen. Zum Schutz des Kernbereichs privater Lebensgestaltung erklärt Abs. 3 die diesbezüglichen Regelungen der Datenverarbeitung durch den verdeckten Einsatz technischer Mittel in § 21 Abs. 3 Sätze 7 bis 11 für entsprechend anwendbar.

1454 Zur Verfassungsmäßigkeit: BVerfG, in: BeckRS 2016, 44821, Rn. 115.

1455 Grundlegend zu den Anforderungen: BVerfG, in: BeckRS 2016, 44821, Rn. 117.

n) Datenverarbeitung durch den Einsatz Verdeckter Ermittler, § 29 PolDVG (§ 12 PolDVG a. F.)

Die bisherige Regelung des § 12 PolDVG a. F. zum Einsatz **Verdeckter Ermittler** wurde mit einigen Änderungen in § 29 PolDVG übernommen. 737

aa) Betroffene Grundrechte

Zu den betroffenen Grundrechten vgl. die Ausführungen zur Observation, 738 die bei der Informationsgewinnung durch Verdeckte Ermittler in verschärfter Form gelten, da hier durch gezieltes und staatlich gedecktes Täuschungshandeln in das Leben der Betroffenen eingegriffen wird.[1456] Im Hinblick auf das Zutrittsrecht des Verdeckten Ermittlers nach Abs. 3 (hierzu nachfolgend) liegt zudem ein Eingriff in Art. 13 GG vor.

bb) Verdeckter Ermittler

Nach § 29 Abs. 1 Satz 1 PolDVG darf die Polizei eigene Vollzugsbeamte 739 *„unter einer ihr oder ihm verliehenen, auf Dauer angelegten, veränderten Identität* **(Legende)**" zur Gewinnung von personenbezogenen Daten einsetzen **(Verdeckte Ermittler)**. Zentral für das Vorliegen eines Verdeckten Ermittlers ist dabei, dass die Tarnidentität auf Dauer angelegt ist. Tarnt ein Polizeibeamter sich im Rahmen einer Observation nach § 20 PolDVG, um die Beobachtung einer Person zu verschleiern, so wird er hierdurch nicht zu einem Verdeckten Ermittler.[1457] Im Gegenzug ist aber auch nicht erforderlich, dass der Verdeckte Ermittler sich dauerhaft in der Zielumgebung seiner Tarnung aufhält.[1458] Zur Abgrenzung zwischen Verdecktem Ermittler, Vertrauensperson und Informant s. die vorstehenden Ausführungen zu § 28 PolDVG.

cc) Tatbestandsvoraussetzungen (Abs. 1)

Tatbestandlich setzt Abs. 1 Satz 1 dabei voraus, dass die Datenverarbeitung 740 zur Abwehr einer Gefahr für Leib, Leben oder Freiheit einer Person erforderlich ist (Nr. 1), Tatsachen, die ein wenigstens seiner Art nach konkretes und zeitlich absehbares Geschehen erkennen lassen, die Annahme rechtfertigen, dass Straftaten von erheblicher Bedeutung begangen werden sollen (Nr. 2) und der Einsatz zur Verhütung dieser Straftaten erforderlich ist (Nr. 3).

1456 BVerwG, in: NJW 1997, 2534 ff. m.w.N.; *Hohnerlein, Jakob,* Verdeckte Ermittler – verdeckter Rechtsstaat?, in: NVwZ 2016, 511 ff.

1457 So auch bereits *Ettemeyer, Ulrich,* in: B/E/R/S, § 12 PolDVG Rn. 2; *Alberts, Hans W.,* in: Alberts, Hans W./Merten, Karlheinz, Gesetz über die Datenverarbeitung der Polizei, 3. Aufl. Hamburg 2002, § 12 Rn. 4.

1458 So auch: *Alberts, Hans W.,* in: Alberts, Hans W./Merten, Karlheinz, Gesetz über die Datenverarbeitung der Polizei, 3. Aufl. Hamburg 2002, § 12 Rn. 4.

741 Es ist damit nach Nr. 1 eine **Gefahr für ein Schutzgut** von herausragender Bedeutung mit personellem Bezug erforderlich. Die betroffenen Schutzgüter, die eine Maßnahme nach § 29 PolDVG rechtfertigen, erfahren damit eine Einschränkung. Diese wird insbesondere in Abs. 2 Satz 2 weiter konkretisiert. Hiernach sind Verbrechen sowie Vergehen, die im Einzelfall nach Art und Schwere geeignet sind, den Rechtsfrieden besonders zu stören, und sich gegen bedeutende Sach- oder Vermögenswerte richten, nur dann als Straftat von erheblicher Bedeutung im Sinne von § 2 Abs. 2 Nr. 2 PolDVG anzusehen, wenn die Erhaltung der bedeutenden Sach- und Vermögenswerte im öffentlichen Interesse liegt. Privatinteressen sind demgegenüber nicht ausreichend. Eine entsprechende Einschränkung findet sich auch im Rahmen der Observation in § 20 Abs. 1 Satz 3 PolDVG.

742 Diese Gefahr muss nach Nr. 2 auf einer **Tatsachengrundlage** beruhen, die **hinreichend konkret** und auch in zeitlicher Hinsicht hinreichend **absehbar** einen Geschehensverlauf erkennen lässt, der die Begehung von Straftaten von erheblicher Bedeutung (§ 2 Abs. 2 Nr. 2 PolDVG) vermuten lässt. Nach Nr. 3 muss die Maßnahme in Umsetzung des **Verhältnismäßigkeitsgrundsatzes** zur Verhütung der Straftaten von erheblicher Bedeutung erforderlich sein, d. h. ein milderes gleich geeignetes Mittel darf nicht vorliegen.

743 Aus der bisherigen Regelung wurde in konsequenter Umsetzung der Entscheidung des BVerfG zum BKAG vom 20. 04. 2016[1459] die generelle Möglichkeit gestrichen, auch **Daten über Dritte** zu erheben. Das BVerfG hatte die Überwachung Dritter nicht schlechterdings ausgeschlossen, hieran aber bestimmte Voraussetzungen bzw. ein bestimmtes Näheverhältnis zwischen Drittem und Störer geknüpft. Dies setzt die Neuregelung um. Nach Abs. 1 Satz 1 dürfen durch Verdeckte Ermittler über den für eine Gefahr Verantwortlichen (Störer) und dessen **Kontakt- und Begleitpersonen** (§ 2 Abs. 4 PolDVG) personenbezogene Daten verarbeitet werden.

dd) Ermächtigungsgrundlage zur Erstellung „falscher Papiere" (Abs. 2)

744 Wird ein Polizeibeamter mit Legende als Verdeckter Ermittler tätig, so ist es regelmäßig erforderlich, dass ihm entsprechende **„falsche" Papiere** ausgestellt werden, die die erstellte Legende dokumentieren. Hierfür enthält **§ 29 Abs. 2 Satz 1 PolDVG** die Ermächtigung, wonach, soweit dies zum Aufbau und zur Aufrechterhaltung der Legende unerlässlich ist, entsprechende Urkunden hergestellt oder verändert werden dürfen. Damit diese „falschen" Urkunden im Rechtsverkehr auch zum Einsatz kommen dürfen und der Verdeckte Ermittler hierdurch keine rechtswidrigen oder rechtlich unwirksa-

1459 BVerfG, in: BeckRS 2016, 44821, Rn. 166 f.

men Handlungen begeht, bestimmt Abs. 2 Satz 2 die rechtliche Möglichkeit, zur Erfüllung seines Auftrages unter der Legende auch am Rechtsverkehr teilzunehmen. Damit ist Abs. 2 Ermächtigungsgrundlage, strafrechtlicher Rechtfertigungsgrund und Wirksamkeitsvoraussetzung für die Teilnahme am Rechtsverkehr. So kann ein Verdeckter Ermittler z. B. unter anderem Namen, mit anderem Beruf, anderer Anschrift am Rechtsverkehr teilnehmen, mit diesen „falschen" Personalien gegenüber Dritten z. B. durch „falsche" E-Mail-Adresse in Kontakt treten, sich unter diesen Personalien in Chats und Messenger-Diensten registrieren und kommunizieren, etc.[1460] Intime Handlungen sind indes von der Ermächtigungsgrundlage nicht gedeckt.[1461]

ee) Verfolgung und Begehung von Straftaten durch Verdeckte Ermittler

Im Hinblick auf das Auftreten unter einer Legende und Operieren mit dieser 745
ist vor allem die Frage nach der Verfolgung von Straftaten und der eigenen Begehung von Straftaten unter der Legende von Bedeutung. Auch ein durch Legende „modifizierter" Polizeibeamter bleibt Polizeibeamter und als solcher Recht und Gesetz sowie dem Legalitätsprinzip verpflichtet. Da § 163 StPO jedoch nicht dazu verpflichtet, Straftaten unverzüglich (d. h. ohne schuldhaftes Zögern) zu verfolgen, ist es zur Einhaltung des Legalitätsprinzips ausreichend, aber auch erforderlich, dass der Verdeckte Ermittler die Strafverfolgung durch Mitteilung gegenüber seinem Vorgesetzten zeitnah ermöglicht.[1462] Für die Begehung von anderen als den durch Abs. 2 gerechtfertigten Urkundsdelikten sieht die Regelung des § 29 PolDVG keine Rechtfertigungsregelungen vor. Das bedeutet, dass der Verdeckte Ermittler, der Straftaten zur Aufrechterhaltung seiner Tarnung oder um den Zutritt zu dem beabsichtigten Tarnumfeld zu erhalten, begeht (sog. einsatzbedingte Straftaten), nicht über § 29 PolDVG gerechtfertigt ist.[1463] Eine Rechtfertigung findet sich auch nicht in anderen Polizeigesetzen des Bundes oder der Länder oder in der StPO.[1464]

1460 Zur Möglichkeit, Verdeckte Ermittler im Internet einzusetzen, unter besonderer strafrechtlicher Beleuchtung: *Soiné, Michael,* Verdeckte Ermittler als Instrument zur Bekämpfung von Kinderpornographie im Internet, in: NStZ 2003, 225 ff.

1461 Hierzu, auch wenn auf Basis eines Anerkenntnisses erfolgt: VG Hamburg, Teilurteil v. 19. 04. 2017, 17 K 7997/16, (Fall „Maria Block"), gehalten vom OVG Hamburg, Beschluss v. 08. 06. 2018, 4 Bf 103/17.Z.

1462 So auch bereits *Ettemeyer, Ulrich,* in: B/E/R/S, § 12 PolDVG Rn. 6; *Alberts, Hans W.,* in: Alberts, Hans W./Merten, Karlheinz, Gesetz über die Datenverarbeitung der Polizei, 3. Aufl. Hamburg 2002, § 12 Rn. 5.

1463 Zu den einsatzbedingten Straftaten grundlegend: *Schwarzburg, Peter,* Einsatzbedingte Straftaten Verdeckter Ermittler, in: NStZ 1995, 469 ff.; zum Einsatz Verdeckter Ermittler in Wirtschaftsstrafverfahren: *Kirkpatrick, David Ryan,* Der Einsatz von Verdeckten Ermittlern in Wirtschaftsstrafverfahren, in: NStZ 2019, 177 ff.

1464 Hierzu auch: *Soiné, Michael,* Verdeckte Ermittler als Instrument zur Bekämpfung von Kinderpornographie im Internet, in: NStZ 2003, 225, 228 f. m. w. N.

Auch das Gesetz zur Bekämpfung des illegalen Rauschgifthandels und anderer Erscheinungsformen der organisierten Kriminalität verzichtet auf eine entsprechende Regelung. Die Richtlinien für das Strafverfahren und das Bußgeldverfahren (kurz RiStBV), Anlage D, Punkt II. 2.2. enthalten demgegenüber eindeutig die Regelung, dass Verdeckte Ermittler grundsätzlich keine Straftaten begehen dürfen. Werden dennoch Straftaten von Verdeckten Ermittlern begangen, gibt es verschiedene einsatzfreundliche Ansätze, wie hiermit zu verfahren ist. Allen Ansätzen ist gemein, dass eine Strafbarkeit des verdeckt eingesetzten Polizisten – wenn möglich – vermieden werden soll, wobei dies unterschiedlich begründet wird. Die fehlende Strafbarkeit wird z.B. auf die im Ergebnis fehlende Gefährlichkeit für geschützte Rechtsgüter, die nicht beabsichtigte Vollendung der Tat (fehlender Vollendungswille) oder das staatliche Strafverfolgungsinteresse als ein notstandsfähiges Gut gestützt.[1465]

ff) Zutrittsrecht zu Wohnungen (Abs. 3)

746 Als Spezialfall des § 29 Abs. 2 PolDVG normiert **§ 29 Abs. 3 PolDVG** die Befugnis des Verdeckten Ermittlers, unter der Legende Zutritt zu Wohnungen Dritter zu erlangen **(Zutrittsrecht)**. Nach Abs. 3 Satz 1 ist dies nur mit dem Einverständnis des Berechtigten, dessen Wohnung betreten wird, möglich. Hierbei darf das Einverständnis nach Satz 2 nicht durch ein über die Nutzung der Legende hinausgehendes Vortäuschen eines Zutrittsrechts herbeigeführt werden. Ein eigenes Durchsuchungsrecht des Verdeckten Ermittlers gibt es nicht. Vielmehr richten sich alle weitergehenden Befugnisse (Wohnungsdurchsuchung, etc.) nach Satz 3 nach diesem oder anderen Gesetzen (etwa SOG-Standardbefugnisse).

gg) Richtervorbehalt, Form und Frist (Abs. 4)

747 Für den Einsatz Verdeckter Ermittler normiert **§ 29 Abs. 4 Satz 1 PolDVG** den **Richtervorbehalt**. Die diesbezüglichen Regelungen zur Observation (§ 20 Abs. 2) gelten gem. Abs. 4 Satz 2 entsprechend. Es wird daher auf die dortigen Ausführungen verwiesen. Als Frist für die Anordnung der Maßnahme sieht Abs. 4 Satz 3 **höchstens 9 Monate** vor, wobei diese jeweils um nicht mehr als neun Monate verlängert werden können, soweit die Voraussetzungen für die Maßnahme noch vorliegen. Wie das Wort „jeweils" deutlich macht, sind Mehrfachverlängerungen zulässig. Nach Satz 5 sind Personen, gegen die sich Datenerhebungen richteten, nach Abschluss der Maßnahme hierüber durch die Polizei zu benachrichtigen.

1465 Ausführlich hierzu mit kritischer Auseinandersetzung: *Kirkpatrick*, Der Einsatz von Verdeckten Ermittlern in Wirtschaftsstrafverfahren, in: NStZ 2019, 177, 179 ff. m.w.N.; *Perron, Walter*, in: Schönke, Adolf/Schröder, Horst, StGB (Kommentar), 30. Aufl. München 2019, § 34 Rn. 41 c.

hh) Schutz des Kernbereichs privater Lebensgestaltung (Abs. 5)

In konsequenter Umsetzung des **Kernbereichsschutzes** sieht auch **§ 29 Abs. 5 PolDVG** für den Einsatz Verdeckter Ermittler Regelungen und Grenzen der Datenerhebung vor. Diesbezüglich verweist die Regelung auf die Vorschriften zur Datenverarbeitung durch den Einsatz verdeckter Mittel in § 21 Abs. 3 Sätze 7 bis 11, der entsprechend anzuwenden ist. **748**

o) Elektronische Aufenthaltsüberwachung, § 30 PolDVG

Mit § 30 PolDVG wurde die neue Befugnis zur **elektronischen Aufenthaltsüberwachung**[1466] in das PolDVG eingefügt. Damit erhält die Polizei die Befugnis, den Aufenthaltsort von Personen, von denen die Gefahr der Begehung einer terroristischen Straftat im Sinne des § 30 Abs. 1 Satz 2 PolDVG ausgeht oder die für eine Gefahr für Leben, Leib oder Freiheit einer Person verantwortlich sind, ständig elektronisch zu überwachen.[1467] Eine entsprechende Regelung findet sich in § 56 BKAG, § 56 a AufenthG[1468] und auch z.B. in Art. 34 BayPAG. Die Neuregelung berücksichtigt ausweislich der Gesetzesbegründung **749**

> *„Bedarfe der polizeilichen Praxis. So wird mit der Einführung einer Befugnis zur elektronischen Aufenthaltsüberwachung der durch Anschläge wie dem auf dem Berliner Weihnachtsmarkt im Dezember 2016 zum Ausdruck kommenden Bedrohungslage durch terroristische Straftäter Rechnung getragen."*[1469] *Der Gesetzgeber erhofft sich von dieser neuen Maßnahme dabei eine Vielzahl von Wirkungen: „Zum einen kann die ständige Aufenthaltsüberwachung das Risiko erhöhen, bei der Begehung von Straftaten entdeckt zu werden und mit dieser Gewissheit des Verpflichteten auf diese Weise zur Straftatverhütung beitragen. Zum anderen kann die Aufenthaltsüberwachung durch die Ermittlung des Aufenthaltsortes in Echtzeit mit Hilfe der von der Fußfessel gesendeten Standortdaten auch das schnelle Eingreifen der Polizei zur Straftatenverhütung ermöglichen. Mit den gleichen Erwägungen (Entdeckungsrisiko und schnelles Eingreifen) kann die elektronische Aufenthaltsüberwachung auch eingesetzt werden, um eine Gefahr für besonders bedeutsame Rechtsgüter wie Leben, Leib und Freiheit abzuwehren"*[1470].

1466 Ausführlich hierzu: *Kaiser, Anna,* Auf Schritt und Tritt – Die elektronische Aufenthaltsüberwachung, Wiesbaden 2016.

1467 BürgDrucks. 21/17906 v. 30. 07. 2019, S. 59.

1468 Hierzu etwa: *Kniesel, Michael/Braun, Frank/Keller, Christoph,* Besonderes Polizei- und Ordnungsrecht, Stuttgart 2018, Rn. 1075.

1469 BürgDrucks. 21/17906 v. 30. 07. 2019, S. 42.

1470 BürgDrucks. 21/17906 v. 30. 07. 2019, S. 59.

aa) Betroffene Grundrechte

750 Die elektronische Aufenthaltsüberwachung (auch **„elektronische Fußfessel“** genannt) greift erheblich in Grundrechte des Betroffenen ein. Sie betrifft die informationelle Selbstbestimmung, das allgemeine Persönlichkeitsrecht nach Art. 2 Abs. 1 i. V. m. Art. 1 Abs. 1 GG und die Allgemeine Handlungsfreiheit (Art. 2 Abs. 1 GG). Zudem wird auch Art. 13 GG durch die Maßnahme betroffen, denn für das Funktionieren des Senders ist ein Betreten der Wohnung und Installation der Basisstation notwendig. Auch für Reparaturen, etc. kann ein Zutritt zur Wohnung erforderlich werden. Durch die Weisungen, sich an einem bestimmten Ort aufzuhalten, tritt zudem ein Eingriff in die Freizügigkeit nach Art. 11 GG hinzu.[1471]

bb) Technisches

751 Mittels der elektronischen Fußfessel wird der Aufenthalt einer Person elektronisch überwacht. Wie der Begriff „Fußfessel“ bereits beschreibt, wird das Gerät an einem der beiden Fußgelenke angebracht.[1472] Nach dem Anlegen kann die Fußfessel nicht mehr ohne Zerstörung des Anlegebands entfernt werden.[1473] Das Gerät enthält einen Sender, der durch eine Art „Dauerleitung“ mit der Basisstation Funkkontakt hält.[1474] Wird dieser Kontakt unterbrochen, weil der Sender sich außerhalb ihrer Reichweite befindet oder zerstört wurde, löst dies einen Alarm aus.[1475] Damit erfolgt offen eine dauerhafte Überwachung der Person.

cc) Tatbestandsvoraussetzungen: Grundermächtigung (Abs. 1)

752 § 30 Abs. 1 Satz 1 PolDVG enthält die Grundermächtigung für das Anbringen und betriebsbereite Tragen einer Fußfessel. Hiernach darf die Polizei

1471 *Bräuchle, Anne,* Die elektronische Aufenthaltsüberwachung gefährlicher Straftäter im Rahmen der Führungsaufsicht, Tübingen 2016, S. 40 mit weiteren Ausführungen zur elektronischen Fußfessel

1472 Bundesregierung, Überwachung mit elektronischer Fußfessel, https://www.bundesregierung.de/breg-de/aktuelles/ueberwachung-mit-elektronischer-fussfessel-392232 (zuletzt abgerufen am 02. 03. 2020).

1473 Wissenschaftlicher Dienst des Deutschen Bundestages, Aktueller Begriff Die elektronische Fußfessel, Nr. 08/17 v. 15. 02. 2017, https://www.bundestag.de/resource/blob/493684/d5e1a22dbbb465256a7ad577bc1adc88/die-elektronische-fussfessel-data.pdf (zuletzt abgerufen am 02. 03. 2020).

1474 Wissenschaftlicher Dienst des Deutschen Bundestages, Aktueller Begriff Die elektronische Fußfessel, Nr. 08/17 v. 15. 02. 2017, https://www.bundestag.de/resource/blob/493684/d5e1a22dbbb465256a7ad577bc1adc88/die-elektronische-fussfessel-data.pdf (zuletzt abgerufen am 02. 03. 2020).

1475 Wissenschaftlicher Dienst des Deutschen Bundestages, Aktueller Begriff Die elektronische Fußfessel, Nr. 08/17 v. 15. 02. 2017, https://www.bundestag.de/resource/blob/493684/d5e1a22dbbb465256a7ad577bc1adc88/die-elektronische-fussfessel-data.pdf (zuletzt abgerufen am 02. 03. 2020).

eine Person, von der die Gefahr der Begehung einer terroristischen Straftat (auf Basis eines auf bestimmten Tatsachen hinreichend konkreten absehbaren Geschehensablaufs [Nr. 1] oder durch ihr individuelles Verhalten begründeten Wahrscheinlichkeit [Nr. 2]) ausgeht oder eine Gefahr für besonders bedeutsame Rechtsgüter ausgeht (Nr. 3), verpflichten, eine elektronische Fußfessel ständig in betriebsbereitem Zustand zu tragen. Was eine terroristische Straftat i. S. d. § 30 Abs. 1 Satz 1 PolDVG ist, normiert dessen Satz 3, der hierfür Bezug auf die Regelungen in § 89 c Abs. 1 StGB und §§ 89 b, 89 c, 129 und 310 StGB nimmt und zusätzlich in den Nrn. 1 bis 3 weitere Anforderungen an diese Straftaten knüpft (mittels dieser Straftaten beabsichtigt, 1. die Bevölkerung auf erhebliche Weise einzuschüchtern, 2. eine Behörde oder eine internationale Organisation rechtswidrig mit Gewalt oder durch Drohung mit Gewalt zu nötigen oder 3. die politischen, verfassungsrechtlichen, wirtschaftlichen oder sozialen Grundstrukturen eines Staates oder einer internationalen Organisation zu beseitigen oder erheblich zu beeinträchtigen). Diese, an die terroristischen Straftaten anknüpfenden Anforderungen sind maßgeblich durch das Urteil des BVerfG zum BKAG *„und den darin aufgestellten Vorgaben an die zu treffende Prognoseentscheidung bezüglich der Gefahrenlage im Vorfeld einer konkreten Gefahr für die Begehung von terroristischen Straftaten geprägt“*[1476].

§ 30 Abs. 1 Satz 2 PolDVG stellt klar, dass die Anordnung der Fußfessel mit anderen Maßnahmen des Gefahrenabwehrrechts, etwa einem Betretungsverbot, Aufenthaltsverbot, Kontakt- und Näherungsverbot nach § 12 b Abs. 2 SOG, verbunden werden kann (aber nicht muss). **753**

dd) Zulässige Datenerhebung nach Art und Umfang (Abs. 2)

Wie § 30 Abs. 2 Satz 1 PolDVG klarstellt, geht es bei der elektronischen Fußfessel um die Erfassung des Aufenthaltsortes einer Person. Gleichzeitig soll hierdurch auch feststellbar sein, wann es zu Beeinträchtigungen der Datenerhebung, etwa durch Entfernen aus dem Senderadius oder Zerstörung der Fußfessel kommt. Auch dies findet sich in Abs. 2 Satz 1 wieder. Da Ziel der Fußfessel damit nicht ist, weitere als diese Daten über eine Person zu erfassen, regelt Abs. 2 Satz 2, dass, soweit technisch möglich, sicherzustellen ist, dass innerhalb der Wohnung der betroffenen Person keine über den Umstand ihrer Anwesenheit hinausgehenden Aufenthaltsdaten erhoben werden. Hierzu heißt es im Gesetzesentwurf: **754**

> *„Eine genaue Ortung innerhalb der Wohnung ist damit untersagt. Damit wird der Vorgabe des Bundesverfassungsgerichts Rechnung getragen,*

1476 BürgDrucks. 21/17906 v. 30. 07. 2019, S. 59; BVerfG, in: BeckRS 2016, 44821, Rn. 164 f.

nach der jeder Bürger das Recht auf einen innersten Rückzugsraum hat, in dem er vom Staat nicht behelligt wird (BVerfGE 27, 1, 6)“[1477].

755 Damit trägt die Regelung auch dem Kernbereichsschutz Rechnung und entspricht § 463 a Abs. 4 Satz 1 2. HS StPO, der durch Absatz 5 Satz 4, der wiederum § 463 a Abs. 4 Satz 7 und 8 StPO entspricht, ergänzt wird.

756 Dennoch normiert § 30 Abs. 2 Satz 3 PolDVG, dass soweit dies zur Erfüllung des Überwachungszweckes erforderlich ist, die Daten zu einem **Bewegungsbild** verbunden werden dürfen. Die lückenlose technische Aufzeichnung der Aufenthaltsdaten und deren Zusammenführung zu einem Bewegungsbild eignen sich besonders dazu, Auffälligkeiten im Verhalten der überwachten Person aufzudecken, die auf eine Verdichtung der Gefahrenlage hinweisen.[1478] Gem. § 30 Abs. 3 Satz 5 PolDVG dürfen Bewegungsbilder jedoch nur erstellt werden, wenn dies neben der im Übrigen nach Abs. 3 erforderlichen richterlichen Anordnung richterlich besonders gestattet wird. Diese erhöhten Anordnungsvoraussetzungen tragen dem durch die Erstellung von Bewegungsbildern nochmals vertieften Eingriff in Grundrechte Rechnung.

757 § 30 Abs. 3 Satz 4 PolDVG grenzt die Möglichkeiten der Datenverwendung ein. Die gewonnenen Daten dürfen ohne die Einwilligung (§ 2 Abs. 22, § 5 PolDVG) der betroffenen Person nur verwendet werden, soweit dies für die in Satz 4 Nr. 1–4 genannten Fälle erforderlich ist (1. zur Verhütung oder zur Verfolgung von Straftaten im Sinne von Absatz 1 Satz 3, 2. zur Feststellung von Verstößen gegen ein Aufenthaltsverbot nach § 12 b Absatz 2 SOG, 3. zur Abwehr einer Gefahr für Leib, Leben oder Freiheit einer Person oder 4. zur Aufrechterhaltung der Funktionsfähigkeit der technischen Mittel). Eine darüberhinausgehende Verwendung ist unzulässig.

ee) Richtervorbehalt, Form und Frist (Abs. 3 und 4)

758 Die Maßnahme steht nach § 30 Abs. 3 Satz 1 PolDVG unter dem **Richtervorbehalt** (ergänzt um das Erfordernis einer besonderen richterlichen Gestattung für die Erstellung von Bewegungsbildern, Abs. 3 Satz 5).[1479] Zuständig ist das Amtsgericht Hamburg (Satz 2). Wie im Rahmen der übrigen Richtervorbehalte, gelten die Verfahrensregelungen aus Buch 1 des Gesetzes über das Verfahren in Familiensachen und in den Angelegenheiten der freiwilligen Gerichtsbarkeit entsprechend. Nach Satz 4 ist von der grundsätzlich

1477 BürgDrucks. 21/17906 v. 30. 07. 2019, S. 60.

1478 OLG München, in: NJW 2019, 2404, 2410.

1479 Grundlegend zu den Anforderungen: BVerfG, in: BeckRS 2016, 44821, Rn. 117.

vorgesehenen Anhörung der betroffenen Person durch das Gericht abzusehen, wenn diese oder ihre Bekanntgabe den Zweck der Maßnahme gefährden würde.

Die richterliche Anordnung ist gem. Abs. 4 Satz 1 auf höchstens **drei Monate** zu befristen und nach Satz 2 aktenkundig zu machen. Aus der Anordnung müssen sich gem. § 30 Abs. 4 Satz 3 PolDVG folgende Aspekte ergeben: 1. die Person, gegen die sich die Maßnahme richtet (mit Name und Anschrift), 2. Art, Beginn und Ende der Maßnahme, 3. Tatsachen, die den Einsatz der Maßnahme begründen. Eine Verlängerung der Maßnahme um jeweils (Mehrfachverlängerung möglich) drei Monate ist nach Satz 4 zulässig, soweit die Voraussetzungen für die Maßnahme zum Zeitpunkt der jeweiligen Verlängerungsentscheidung noch vorliegen.

ff) Löschung, Umgang mit über den Umstand der Anwesenheit hinausgehender Aufenthaltsdaten, Dokumentationspflichten (Abs. 5)

Nach § 30 Abs. 5 Satz 1 PolDVG sind die über eine Maßnahme nach Abs. 1 **759**
erhobenen Daten **spätestens zwei Monate** nach Beendigung der Maßnahme zu löschen,[1480] soweit sie nicht für die in Abs. 2 genannten Zwecke erforderlich sind.

Um eine Überprüfbarkeit der Verwendung der Daten (auch im Nachgang) **760**
zu ermöglichen, bestimmt Abs. 5 Satz 2, dass bei jedem Abruf der Daten der Zeitpunkt, die abgerufenen Daten und die bearbeitende Person zu dokumentieren sind und (Satz 3) die in der Dokumentation enthaltenen Daten ausschließlich zur Kontrolle der Zulässigkeit der Abrufe verwendet werden dürfen. Diese Daten sind ihrerseits nach **zwölf Monaten** zu löschen. Werden entgegen der nach § 30 PolDVG eingeschränkten Datenerhebungsregeln innerhalb der Wohnung der betroffenen Person über den Umstand ihrer Anwesenheit hinausgehende Aufenthaltsdaten erhoben, so dürfen diese nach Satz 4 nicht verändert, genutzt oder übermittelt werden. Sie sind unverzüglich (d. h. ohne schuldhaftes Zögern) zu löschen und nach Satz 5 sind die Tatsache ihrer Erlangung und Löschung zu dokumentieren (Verwertungsverbot und Löschungspflicht). Die auf diese Weise zusätzlich erlangten Daten dürfen nach Satz 6 ausschließlich zur Datenschutzkontrolle verwendet werden. Nach Satz 7 ist die Dokumentation zu löschen, wenn sie für diese Zwecke nicht mehr erforderlich ist, spätestens jedoch am Ende des zweiten Kalenderjahres, das dem Jahr der Dokumentation folgt.

1480 Zum Recht auf Vergessenwerden, vgl. auch Art. 17 DSGVO; *Worms, Christoph,* in: Wolff, Heinrich Amadeus/Brink, Stefan (Hrsg.), BeckOK Datenschutzrecht, 30. Ed. München 01. 11. 2019, Art. 17 DSGVO insb. Rn. 58 ff.

gg) Daten von anderen Stellen (Abs. 6)

761 Da nicht auszuschließen ist, dass andere Polizeibehörden (insbesondere im Kontext terroristischer Taten) über für die Durchführung der Überwachungsmaßnahme wesentliche Informationen verfügen, normiert § 30 Abs. 6 PolDVG die Möglichkeit der Polizei, andere Polizeibehörden des Bundes und der Länder sowie sonstige öffentliche Stellen oder andere Stellen um personenbezogene Daten der zu überwachenden Person zu ersuchen. Dies reicht jedoch nur soweit, wie es für die Durchführung der Maßnahme nach Abs. 1 und 2 erforderlich ist.

p) Polizeiliche Beobachtung, gezielte Kontrolle, § 31 PolDVG (§ 13 PolDVG a. F.)

762 Die Regelung in § 31 PolDVG ist im Vergleich zu der Vorgängerregelung in § 13 PolDVG a.F. um die **„gezielte Kontrolle"** erweitert worden. Gem. § 31 Abs. 1 Satz 2 PolDVG ist die Ausschreibung zur „Gezielten Kontrolle" nach den gleichen Voraussetzungen wie die über die **polizeiliche Beobachtung** zulässig. In den §§ 15 Abs. 1 Nr. 4 und 15 a Abs. 1 Satz 1 Nr. 9 SOG wurden flankierende Regelungen zur Durchführung vorgesehen.[1481] Die gezielte Kontrolle ist dabei, in Abgrenzung zur polizeilichen Beobachtung angesichts der damit verknüpften Möglichkeit zur Durchsuchung einer Person oder der von ihr mitgeführten Gegenstände, als offene Maßnahme ausgestaltet.[1482] Sie stellt insoweit ein Novum innerhalb des PolDVG dar, weil auch denkbar gewesen wäre, die Durchsuchung im Anschluss an eine polizeiliche Kontrolle nur mit Verweis auf die entsprechenden Durchsuchungsvorschriften und damit die Anforderungen an die Gefahrenlage vorzusehen. Der Gesetzgeber hat sich hier aber bewusst, auch entgegen diesbezüglich vorgebrachter verfassungsrechtlicher Kritik[1483] für eine entsprechende Regelung und damit vereinfachte Durchsuchungsmöglichkeit entschieden. Als einen Anwendungsfall beschreibt der Gesetzesentwurf die Rockerkriminalität:

> *„Gerade im Bereich der Rockerkriminalität kann diese Maßnahme, wie in Hessen, dazu führen, dass verbotene Schusswaffen von ausgeschriebenen Personen sichergestellt werden können"*[1484].

1481 BürgDrucks. 21/17906 v. 30. 07. 2019, S. 42.

1482 BürgDrucks. 21/17906 v. 30. 07. 2019, S. 61.

1483 Vgl. Stellungnahme des RAV als Anlage 3 zum Protokoll des Innenausschusses Nr. 21/38, S. 3 f. der Anlage.

1484 BürgDrucks. 21/17906 v. 30. 07. 2019, S. 61, hierzu heißt es im Bericht von *Schmigalle*: *„Letztendlich geht es darum, wir wissen, dass diese Personen sehr häufig entsprechende Waffen mit sich führen und eine solche Regelung böte uns dann die Möglichkeit, dann eben auch entsprechend die Durchsuchung durchzuführen, um diese Waffen aus dem Verkehr zu ziehen und Schlimmeres zu verhindern."*, Protokoll Innenausschuss Nr. 21/39, S. 19.

aa) Betroffene Grundrechte

Zu den betroffenen Grundrechten vgl. die Ausführungen zur Observation (C.II.3.e.), die bei der Informationsgewinnung durch polizeiliche Beobachtung oder gezielte Kontrollen entsprechend gelten, obschon (hierzu nachfolgend) der Grundrechtseingriff insofern intensiver ist, weil aus unterschiedlichen Quellen Informationen über den Betroffenen zusammengetragen und hierdurch ein Persönlichkeitsbild erschaffen werden kann (hierzu nachfolgend). Zudem ist hinsichtlich der gezielten Kontrolle und der insoweit möglichen Durchsuchung auch eine Verletzung von Art. 13 GG möglich. 763

bb) Abgrenzungsfragen

In Abgrenzung zur Observation (§ 20 PolDVG) verfolgt die polizeiliche Beobachtung eine etwas andere Zielrichtung. Die Vorschrift ermöglicht es, Daten aus unterschiedlichen Quellen (auch Zufallserkenntnisse) zusammenzuführen. Ein besonderer Fokus liegt dabei auf der Erfassung von Personalien und von Fahrzeugkennzeichen. Wie die Regelung durch die Formulierung *„insbesondere"* deutlich macht, ist die Maßnahme aber nicht auf diese Daten beschränkt. Die polizeiliche Beobachtung ist der Strafverfolgung unmittelbar vorgelagert und steht in unmittelbarem Kontext hierzu. Insofern ist es durchaus zutreffend, wenn die polizeiliche Beobachtung eher als Fahndungs- denn als Gefahrenabwehrmittel beschrieben wird.[1485] Handelt es sich um eine Ausschreibung zur polizeilichen Beobachtung zum Zweck der Strafverfolgung, ist jedoch § 163 e StPO einschlägig. 764

cc) Tatbestandsvoraussetzungen (Abs. 1 und Abs. 2)

§ 31 PolDVG enthält in Abs. 1 Satz 1 PolDVG neben der **Legaldefinition** der *„Ausschreibung zur polizeilichen Beobachtung"* **zwei Fallkonstellationen**, in denen diese zum Einsatz kommen kann: **Nr. 1** erfasst die sog. **„Intensivtäter"**.[1486] Es ist erforderlich, dass die Person bereits durch bisher begangene Straftaten auffällig geworden ist. Diese Straftaten müssen, damit sie als begangene Straftaten nach Nr. 1 berücksichtigungsfähig sind, rechtskräftig verurteilt worden sein.[1487] Zusätzlich zu den bisherigen, begangenen Straftaten (Anknüpfungspunkt in Vergangenheit) muss die Prognose unter Gesamtwürdigung der Person die Begehung weiterer Straftaten von erhebli- 765

1485 *Alberts, Hans W.,* in: Alberts, Hans W./Merten, Karlheinz, Gesetz über die Datenverarbeitung der Polizei, 3. Aufl. Hamburg 2002, § 13 Rn. 2.

1486 So auch *Alberts, Hans W.,* in: Alberts, Hans W./Merten, Karlheinz, Gesetz über die Datenverarbeitung der Polizei, 3. Aufl. Hamburg 2002, § 13 Rn. 2.

1487 Nach hier vertretener Auffassung reicht eine Einstellung nach § 170 Abs. 2 StPO nicht aus, a. A. wohl: *Ettemeyer, Ulrich,* in: B/E/R/S, § 13 PolDVG Rn. 3.

cher Bedeutung (§ 2 Abs. 2 Nr. 2 PolDVG) zulassen (Anknüpfungspunkt in der Zukunft). Liegen diese Voraussetzungen vor, kann eine polizeiliche Beobachtung durchgeführt werden. Demgegenüber knüpft **Nr. 2** nicht an die vergangenen Straftaten an, sondern ermöglicht die Ausschreibung zur polizeilichen Beobachtung auch dann, wenn eine auf Basis von Tatsachenerkenntnissen angefertigte **Prognose die Begehung von Straftaten von erheblicher Bedeutung** (§ 2 Abs. 2 Nr. 2 PolDVG) begründet und die **Ausschreibung zur vorbeugenden Bekämpfung der Straftaten erforderlich** ist.

766 Gem. § 31 **Abs. 2 PolDVG** dürfen im Falle eines **Antreffens der Person oder des Kraftfahrzeugs** die Personalien der Person und die von Begleitern, das Kennzeichen des benutzten oder eingesetzten Kraftfahrzeugs sowie Erkenntnisse über Zeit, Ort, mitgeführten Sachen, Verhalten, Vorhaben und sonstige Umstände des Antreffens an die ausschreibende Polizeibehörde übermittelt werden. Diese Regelung ist im Hinblick auf den „mitbetroffenen" Begleiter als Nichtstörer kritisch zu sehen. Zu dieser Personengruppe, von der keine Gefahr als eingriffsrechtfertigender Umstand ausgeht, enthält das PolDVG in anderen Normen restriktivere Regelungen (z. B. § 24 und § 25 PolDVG). Zum Schutze unbeteiligter Dritter, von denen keine Gefahr ausgeht, ist aber auch im Rahmen des § 31 PolDVG eine restriktive Handhabung zu fordern, um die Rechte von Nichtstörern zu schützen.

dd) Anordnungsbefugnis, Form und Frist (Abs. 3)

767 § 31 Abs. 3 Satz 1 PolDVG ordnet die entsprechende Anwendung des § 21 Abs. 2 Sätze 2 bis 5 PolDVG an. Hiernach ist **kein Richtervorbehalt** vorgesehen (dieser ist in § 21 Abs. 2 Satz 1 PolDVG normiert), sondern die Maßnahme bedarf „nur" einer Anordnung durch den Polizeipräsidenten oder seines Vertreters im Amt. Bei Gefahr im Verzug können diese Maßnahmen auch durch den Polizeiführer vom Dienst angeordnet werden. Dies ist unter den weiteren, in § 21 Abs. 2 Satz 4 PolDVG genannten Angaben aktenkundig zu machen. Nach Abs. 3 Satz 2 ist die Anordnung auf höchstens **ein Jahr** zu befristen und nach Satz 3 ist spätestens nach Ablauf von **sechs Monaten** zu prüfen, ob die Voraussetzungen für die Anordnung noch bestehen, wobei das Ergebnis dieser Prüfung nach Satz 4 aktenkundig zu machen ist. Zur Verlängerung der Frist bedarf es einer neuen Anordnung (Satz 5). Im Hinblick auf die rechtsstaatliche Überprüfbarkeit der Maßnahme (Art. 19 Abs. 4 GG) sind die Gründe für ihre Anordnung aktenkundig zu machen.[1488]

1488 So auch VGH München, in: BeckRS 2019, 15087, Rn. 7 m. w. N.

ee) Löschungs- und Benachrichtigungspflichten (Abs. 4)

§ 31 Abs. 4 PolDVG regelt sodann den Umgang mit den erfassten Daten. **768**
Diese sind nach Satz 1 **unverzüglich** (d.h. ohne schuldhaftes Zögern) zu löschen,[1489] wenn die Voraussetzungen für die Anordnung nicht mehr vorliegen, der Zweck der Maßnahme erreicht ist oder sich zeigt, dass dieser nicht erreicht werden kann. Der neu eingefügte Satz 2 bestimmt (wie zuvor der Verweis auf § 9 Abs. 3 PolDVG a.F.), dass die Personen, gegen die sich die Datenerhebungen gerichtet hat, nach Abschluss der Maßnahme hierüber durch die Polizei zu **benachrichtigen** sind.

q) Anerkennung von richterlichen Anordnungen anderer Länder, § 32 PolDVG

Mit der Neueinführung des § 32 PolDVG soll die Zusammenarbeit zwi- **769**
schen den Bundesländern im Bereich der Gefahrenabwehr verbessert werden.[1490] § 32 PolDVG ermöglicht die Anerkennung richterlicher Anordnungen aus anderen Bundesländern, soweit dies die personenbezogenen Datenerhebung durch Observation (§ 20 PolDVG), die Datenerhebung durch den verdeckten Einsatz technischer Mittel (§ 21 PolDVG), die Datenerhebung durch V-Personen (§ 28 PolDVG), durch Verdeckte Ermittler (§ 29 PolDVG) oder die Elektronische Aufenthaltsüberwachung (§ 30 PolDVG) betrifft und auch nach dem PolDVG unter Einsatz derselben Befugnisse hätte angeordnet werden dürfen.[1491] Durch letztere gesetzliche Einschränkung macht der Gesetzgeber deutlich, dass keine Erweiterungen oder Einschränkungen der Befugnisse auf dem hamburgischen Hoheitsgebiet mit der Neuregelung verbunden sind (vgl. insoweit auch § 30 a Abs. 2 SOG).[1492] Es müssen vielmehr die nach Hamburger Recht geltenden Voraussetzungen für die Rechtmäßigkeit der Maßnahme vorliegen, damit ihre Anordnung aus anderen Bundesländern „übertragen" werden kann. Damit trägt die Vorschrift der praxisnotwendigen Flexibilität in der Überwachung von sich im Bundesgebiet (über die Bundesländergrenzen hinaus) bewegenden Personen Rechnung. Sie ermöglicht die unterbrechungslose Fortsetzung (ohne erneute für Hamburg geltende richterliche Anordnung) von (insbesondere längerfristigen) Maßnahmen.

1489 Zum Recht auf Vergessenwerden, vgl. auch Art. 17 DSGVO; *Worms, Christoph,* in: Wolff, Heinrich Amadeus/Brink, Stefan (Hrsg.), BeckOK Datenschutzrecht, 30. Ed. München 01. 11. 2019, Art. 17 DSGVO insb. Rn. 58 ff.

1490 BürgDrucks. 21/17906 v. 30. 07. 2019, S. 62.

1491 BürgDrucks. 21/17906 v. 30. 07. 2019, S. 62.

1492 BürgDrucks. 21/17906 v. 30. 07. 2019, S. 62.

r) Opferschutzmaßnahmen, § 33 PolDVG

770 Mit Einführung des § 33 PolDVG wird erstmals eine ausdrückliche Befugnis für Opferschutzmaßnahmen normiert. Sie ist an die Regelungen zum Einsatz Verdeckter Ermittler (§ 29 PolDVG) angelehnt. Die Vorschrift sieht die Möglichkeit vor, Opfer und potentielle Opfer einer Straftat sowie deren Angehörige mit sog. Tarnpapieren, d. h. Urkunden und sonstigen Dokumenten (Personalausweise, Pässe, Zeugnisse, etc.) zum Aufbau und zur Aufrechterhaltung einer vorübergehend geänderten Identität, zu versehen. Einschränkend ist dabei nach zwingenden bundesrechtlichen Vorschriften (§ 1 Abs. 1 und Abs. 4 Personalausweisgesetz, § 1 Abs. 4 Passgesetz) zu beachten, dass Personalausweise und Pässe nicht an Nicht-Deutsche (Art. 116 GG) ausgestellt werden dürfen. Auch darf über § 33 PolDVG nicht in die Personenstandsregister eingegriffen werden. Diese müssen richtig bleiben.

771 **§ 33 Abs. 1 PolDVG** eröffnet die Möglichkeit der Schaffung einer vorübergehenden Tarnidentität für den Fall, dass dies zum Schutz einer Person vor einer Gefahr für Leib, Leben oder Freiheit der Person erforderlich ist.[1493] Eine entsprechende Vorschrift findet sich auf Landesebene bereits in § 30 Abs. 3 NPolG, die sich jedoch nur auf den Schutz von Zeugen bezieht und damit den personellen Anwendungsbereich eingrenzt. Der Hamburger Gesetzgeber hat sich demgegenüber für eine Ausweitung des personellen Anwendungsbereichs entschieden, da auch außerhalb des Zeugenschutzes ein „*herausragender Gefährdungssachverhalt*" gegeben sein kann und es unbillig sei, „*den Schutz gefährdeter Personen an die Zeugeneigenschaft zu knüpfen, insbesondere da eine Person keinen Einfluss auf die von außen bestimmte Frage der Zeugeneigenschaft hat*"[1494]. Neben der Gefahr für Leib, Leben oder Freiheit der Person (§ 33 Abs. 1 Satz 1 Nr. 1 PolDVG) erfordert die Schaffung einer vorübergehenden Tarnidentität nach § 33 Abs. 1 Satz 1 Nr. 2 PolDVG zudem die Eignung der Person für die Schutzmaßnahmen. Nach der Gesetzesbegründung soll es an der erforderlichen Eignung insbesondere fehlen, wenn die zu schützende Person falsche Angaben gemacht hat, Zusagen nicht einhält oder hierzu nicht die Fähigkeit besitzt, zur Geheimhaltung nicht bereit ist, Straftaten begeht oder sich selbst wissentlich in Gefahr begibt.[1495] Daneben scheidet eine Eignung auch dann aus, wenn

---

1493 Zu bisherigen Zeugenschutzregelungen auf Bundes- und Landesebene: *Soiné, Michael/Engelke, Hans-Georg,* Das Gesetz zur Harmonisierung des Schutzes gefährdeter Zeugen (Zeugenschutz-Harmonisierungsgesetz – ZSHG), in: NJW 2002, 470 ff.; *Soiné, Michael,* Polizeilicher Zeugenschutz, in: NJW 1999, 3688 ff.

1494 BürgDrucks. 21/17906 v. 30. 07. 2019, S. 62.

1495 BürgDrucks. 21/17906 v. 30. 07. 2019, S. 62.

die Person mit einer entsprechenden Maßnahme nicht einverstanden ist.[1496] Denn gegen den Willen des zu Schützenden können die Schutzmaßnahmen sinnvollerweise nicht ergriffen werden.

§ 33 Abs. 1 Satz 2 PolDVG erlaubt der zu schützenden Person die **Teilnahme am Rechtsverkehr** über die ihr vorübergehend gewährte Tarnidentität. 772
Damit wird ein gesetzlicher Erlaubnistatbestand für das ansonsten im Rechtsverkehr als Identitätstäuschung zu bewertende Auftreten der zu schützenden Person geschaffen (s. hierzu die Ausführungen unter C.II.3.n.). Die Regelung ist dabei an die Vorschriften zum Verdeckten Ermittler (§ 29 PolDVG) angelehnt.

§ 33 Abs. 2 PolDVG sieht die Möglichkeit vor, auch **Angehörige** des (poten- 773
tiellen) Opfers einer Straftat soweit erforderlich mit einer Tarnidentität zu versehen. Dabei müssen diese Personen nicht selbst einer Gefahr nach § 33 Abs. 1 PolDVG ausgesetzt sein.[1497] Es genügt z. B. auch, wenn die Schaffung der Tarnidentität unter Aufrechterhaltung eines möglichst normalen Lebens für das (potentielle) Opfer nur möglich ist, indem auch seine Familie entsprechend geschützt wird. Als Beispiel nennt die Gesetzesbegründung hierfür die Wohnsitzverlagerung der ganzen Familie.[1498]

§ 33 Abs. 3 PolDVG erstreckt die **Legendierung** auch auf die zum Schutz 774
der Person **eingesetzten Beamten**, soweit dies zur Einsatzführung und Absicherung erforderlich ist, z.B. um gefahrenlos eine Wohnung für das (potentielle) Opfer ohne offenes Auftreten als Polizeibeamter anzumieten.[1499]

§ 33 Abs. 4 PolDVG ermächtigt die Polizei zur **Verarbeitung von personen-** 775
bezogenen Daten von Dritten, die mit der zu schützenden Person in Kontakt stehen. Ohne eine entsprechende Regelung bedürfte es der Einholung von Einwilligungen der Personen, mit denen die zu schützende Person in Kontakt steht. Dies würde aber dem Sinn und Zweck einer Legendierung und Schaffung einer schützenden Tarnidentität entgegenstehen. Auf einen entsprechenden Zugriff auf Daten Dritter kann auch nicht verzichtet werden, weil die Umfeldanalyse und -bewertung wichtig ist, um die sich möglicherweise aus dem Umfeld ergebenen Gefahren zu erkennen und hierauf entsprechend polizeiseitig reagieren zu können.[1500]

1496 BürgDrucks. 21/17906 v. 30. 07. 2019, S. 62.
1497 BürgDrucks. 21/17906 v. 30. 07. 2019, S. 63.
1498 BürgDrucks. 21/17906 v. 30. 07. 2019, S. 63.
1499 BürgDrucks. 21/17906 v. 30. 07. 2019, S. 63.
1500 BürgDrucks. 21/17906 v. 30. 07. 2019, S. 63.

III. Weitere Datenverarbeitung

Kristin Pfeffer

1. Vorbemerkung

776 Als **Maßnahmen der „weiteren Datenverarbeitung"** regelt das PolDVG in Abschnitt 3 Eingriffe, wie die Speicherung, Veränderung und Nutzung (§§ 34–37 PolDVG), die Übermittlung von Daten (§§ 38–47 PolDVG), den Datenabgleich (§ 48 PolDVG), die automatisierte Anwendung zur Datenanalyse (§ 49 PolDVG), die Rasterfahndung (§ 50 PolDVG) und die polizeiliche Datenübermittlung zur Zuverlässigkeitsüberprüfung (§ 51 PolDVG). Dabei werden mit § 34 PolDVG (Grundsätze der Zweckbindung) und § 35 PolDVG (Dauer der Datenspeicherung) die **allgemeinen Grundsätze**, die bei jeder weiteren Datenverarbeitung zu beachten sind, normiert. Allerdings werden diese Grundsätze durch zahlreiche Ausnahmen in spezielleren Regelungen im PolDVG selbst und auch in Spezialgesetzen durchbrochen.

777 Gem. Volkszählungsurteil des BVerfG[1501] fordert das Grundrecht auf informationelle Selbstbestimmung (Art. 2 Abs. 1 GG i. V.m Art. 1 Abs. 1 GG) für jede **Erhebung** und daneben für jede **weitere Datenverarbeitung** eine spezielle gesetzliche Grundlage, die Zweck, Inhalt und Grenzen des informationellen Eingriffs hinreichend, d. h. der jeweiligen Eingriffsintensität gemäß, genau bestimmt. Die **weiteren Datenverarbeitungsvorgänge** stellen also neben der Datenerhebung eigene Grundrechtseingriffe dar und erfordern daher jeweils eigene Eingriffsermächtigungen.[1502]

778 In Umsetzung der **DSRL-JI**[1503] (näher zur Richtlinie unter A.II.2.) definiert **§ 2 Abs. 8 PolDVG** (Begriffsbestimmungen) die **„Verarbeitung"** als Oberbegriff für die einzelnen Vorgänge, die den Umgang mit personenbezogenen Daten bezeichnen:

1501 BVerfGE 65, 1 ff.

1502 BVerfGE 100, 313, 366 f; 110, 33, 68 f.; 113, 348, 384; dazu *Schwabenbauer, Thomas*, Informationsverarbeitung im Polizei- und Strafverfahrensrecht, in: L/D, G. Rn. 9 ff.

1503 Art. 3 Nr. 2 DSRL-JI.

> „Jeder mit oder ohne Hilfe automatisierter Verfahren ausgeführter Vorgang oder jede solche Vorgangsreihe im Zusammenhang mit personenbezogenen Daten wie das Erheben, das Erfassen, die Organisation, das Ordnen, die Speicherung, die Anpassung, die Veränderung, das Auslesen, das Abfragen, die Verwendung, die Offenlegung durch Übermittlung, Verbreitung oder eine andere Form der Bereitstellung, den Abgleich, die Verknüpfung, die Einschränkung, das Löschen oder die Vernichtung."

Da grundsätzlich jeder Schritt im „Lebenszyklus"[1504] eines Datums einer Er- **779** mächtigungsgrundlage bedarf, differenzieren die einzelnen Eingriffsnormen des PolDVG begrifflich zwischen den verschiedenen Stadien der Verarbeitung. Neben dem Oberbegriff „Verarbeitung" verwendet das PolDVG daher weitere Begriffe, wie „Datenerhebung", „Datenübermittlung", „Löschung", „Einschränkung der Verarbeitung", „Berichtigung" und „Datenabgleich".[1505]

Teilweise wird der Begriff „Verarbeitung" im PolDVG dabei in einem engeren Sinne als in der DSRL-JI gebraucht, etwa wenn es in § 34 Abs. 1 Satz 1 PolDVG heißt: *„Die Polizei darf personenbezogene Daten* ***verarbeiten****, 1. Zu dem Zweck, zu dem diese* ***erlangt*** *worden sind (...)."*

2. Allgemeine Grundsätze, §§ 34, 35 PolDVG

a) Grundsätze der Zweckbindung, § 34 PolDVG (§ 14 PolDVG a. F.)

aa) Allgemeines

Die Grundsätze der **Zweckbindung** in § 34 PolDVG sollen die durch weitere **780** Datenverarbeitung erneut stattfindenden Grundrechtseingriffe begrenzen. Dies entspricht der Forderung des BVerfG im Volkszählungsurteil:[1506]

> *„Ein Zwang zur Abgabe personenbezogener Daten setzt voraus, dass der Gesetzgeber den Verwendungszweck* **bereichsspezifisch und präzise** *bestimmt und dass die Angaben* **für diesen Zweck geeignet und erforderlich** *sind. Damit wäre die Sammlung nicht anonymisierter Daten auf Vorrat zu unbestimmten oder noch nicht bestimmbaren Zwecken nicht zu vereinbaren. Auch werden sich alle Stellen, die zur Erfüllung ihrer*

1504 *Schwabenbauer, Thomas,* Informationsverarbeitung im Polizei- und Strafverfahrensrecht, in: L/D, G. Rn. 9 ff.

1505 BürgDrucks. 21/17906 v. 30. 07. 2019, S. 45.

1506 BVerfGE 65, 1, 46.

Aufgaben personenbezogene Daten sammeln, auf das zum Erreichen des angegebenen Ziels erforderliche Minimum beschränken müssen. Schon angesichts der Gefahren der automatisierten Datenverarbeitung ist ein – amtshilfefester – Schutz gegen Zweckentfremdung durch **Weitergabe- und Verwertungsverbote** *erforderlich."*

781 Die Zweckbindung jedes Verarbeitungsschritts der weiten Datenverarbeitung folgt verfassungsrechtlich aus dem **Grundsatz der Verhältnismäßigkeit.**[1507] Wegen des Bestimmtheitsgrundsatzes und des Vorbehalts des Gesetzes muss der Zweck **bereichsspezifisch** durch den Gesetzgeber festgelegt werden. In der Literatur wird der Grundsatz der Zweckbindung daher als **„amtshilfefester Schutz gegen Zweckentfremdung"** umschrieben.[1508]

Nach **Art. 3 Nr. 2 und 3 DSRL-JI** (Allgemeine Grundsätze für die Verarbeitung personenbezogener Daten) müssen personenbezogene Daten *„für* **festgelegte, eindeutige und rechtmäßige Zwecke** *erhoben und* **nicht in einer mit diesen Zwecken nicht zu vereinbarenden Weise** *verarbeitet werden"*, und *„müssen dem* **Verarbeitungszweck** *entsprechen, für das Erreichen des Verarbeitungszwecks* **erforderlich** *sein und ihre Verarbeitung darf* **nicht außer Verhältnis** *zu diesem Zweck stehen, (...)."*

Art. 4 Abs. 1 lit. b DSRL-JI fordert von den mitgliedstaatlichen Umsetzungsgesetzen: *„Die Mitgliedstaaten sehen vor, dass personenbezogene Daten (...) b) für festgelegte, eindeutige und rechtmäßige Zwecke erhoben* **und nicht in einer mit diesen Zwecken nicht zu vereinbarenden Weise verarbeitet** *werden, (...)"*.

Art. 8 Abs. 2 DSRL-JI fordert: *„Im Recht der Mitgliedstaaten, das die* **Verarbeitung** *innerhalb des Anwendungsbereichs dieser Richtlinie regelt, werden zumindest die Ziele der Verarbeitung, die personenbezogenen Daten, die verarbeitet werden sollen, und die* **Zwecke** *der Verarbeitung angegeben."*

782 Sollen die Sicherheitsbehörden im Einzelfall von vornherein Daten auch für mehrere Zwecke erheben dürfen, muss dies bereits in der Ermächtigung zur Erhebung gestattet und entsprechend begründbar sein **(Erlaubnisvorbehalt).**[1509] Hieraus ergibt sich, dass eine Verwendung von Daten zu anderen Zwecken nicht nur ausgeschlossen ist, wenn eine spezielle gesetzliche Regelung dies ausdrücklich verbietet, sondern auch dann, wenn eine gesetzliche Erlaubnis fehlt **(Verbot mit Erlaubnisvorbehalt).**[1510]

1507 *Schwabenbauer, Thomas,* Informationsverarbeitung im Polizei- und Strafverfahrensrecht, in: L/D, G. Rn. 9 ff.

1508 *Schwabenbauer, Thomas,* Informationsverarbeitung im Polizei- und Strafverfahrensrecht, in: L/D, G. Rn. 12.

1509 *Schwabenbauer, Thomas,* Informationsverarbeitung im Polizei- und Strafverfahrensrecht, in: L/D, G. Rn. 9 ff.

1510 *Schwabenbauer, Thomas,* Informationsverarbeitung im Polizei- und Strafverfahrensrecht, in: L/D, G. Rn. 12, 503; vgl. auch ErwGr 29 zur DSRL-JI.

Art. 9 Abs. 1 Satz 1 DSRL-JI *fordert: „Personenbezogene Daten, die von zuständigen Behörden für die in Art. 1 Abs. 1 genannten Zwecke erhoben werden, dürfen nicht für andere als die* **in Art. 1 Abs. 1 genannten Zwecke** *verarbeitet werden, es sei denn, eine derartige Verarbeitung ist nach dem Unionsrecht oder dem Recht der Mitgliedstaaten zulässig."*

bb) Generalklausel, § 34 Abs. 1 PolDVG

Der Grundsatz der Zweckbindung ist vor allem niedergelegt in der Generalklausel des § 34 Abs. 1 PolDVG. Danach darf die Polizei personenbezogene Daten nur zu dem Zweck verarbeiten, zu dem diese Daten erlangt worden sind, **§ 34 Abs. 1 Satz 1 Nr. 1 PolDVG**. Der Begriff des polizeilichen Zwecks bezieht sich auf die in § 1 Abs. 1 PolDVG genannten drei Aufgaben. Neben der **Gefahrenabwehr** i. S. d. § 3 SOG (dazu unter B. I.2.) ist dies die **vorbeugende Bekämpfung von Straftaten** und die **Vorbereitung für Hilfeleistungen** und das **Handeln in Gefahrenfällen** (zum Problem der Reichweite der DSRL-JI im Bereich der Gefahrenabwehr s. A.II.2.). 783

Sind für einen dieser Zwecke bereits Daten erhoben worden, dürfen diese gem. **§ 34 Abs. 1 Satz 1 Nr. 2 PolDVG** auch für **einen weiteren erlaubten Zweck** verarbeitet werden, soweit sie auch zu dem weiteren Zweck zulässigerweise hätten erhoben werden können. Auf diese Weise wird eine erneute Datenerhebung (Doppelerhebung) vermieden,[1511] die einen erneuten Grundrechtseingriff nach sich zöge. 784

Nach der Rechtsprechung des BVerfG zum BAK-Gesetz[1512] ist eine Nutzung der Daten nur dann von der Zweckbindung gedeckt, wenn **dieselbe Behörde** im Rahmen **derselben Aufgabe** und für den Schutz **derselben Rechtsgüter** personenbezogene Daten verwendet. Nur dann kann die zuständige Behörde die gewonnenen Daten weiter verarbeiten.[1513]

Dabei stellt **§ 34 Abs. 1 Satz 2 PolDVG** klar, dass eine Verarbeitung für andere Zwecke nicht vorliegt, soweit diese der Wahrnehmung von Aufsichts- und Kontrollbefugnissen, der Rechnungsprüfung, der Durchführung von Organisationsuntersuchungen, der Datensicherung, der Datenschutzkontrolle oder der Sicherstellung eines ordnungsgemäßen Betriebes einer Datenverarbeitungsanlage dient. 785

1511 *Beaucamp, Guy*, in: B/E/R/S, § 14 PolDVG Rn. 6.

1512 BVerfGE 141, 220, Rn. 277.

1513 *Schwabenbauer, Thomas*, Informationsverarbeitung im Polizei- und Strafverfahrensrecht, in: L/D, G. Rn. 516.

cc) Ausnahmeerlaubnisse, § 34 Abs. 2 PolDVG

786 Ausnahmen vom Grundsatz der Zweckbindung des § 34 Abs. 1 PolDVG enthält § 34 Abs. 2 PolDVG. Als lex specialis zu § 34 Abs. 1 PolDVG werden **zulässige Zweckänderungen** bei der weiteren Datenverarbeitung normiert.

Die Weiterverarbeitung zu anderen Zwecken ist nach **Art. 4 Abs. 2 DSRL-JI** zulässig, sofern „a) der Verantwortliche nach dem Unionsrecht oder dem Recht der Mitgliedstaaten befugt ist, solche personenbezogenen Daten für diesen anderen Zweck zu verarbeiten, und b) die Verarbeitung für diesen anderen Zweck nach dem Unionsrecht oder dem Recht der Mitgliedstaaten erforderlich und verhältnismäßig ist."

Einzelstaatliche Regelungen dürfen gem. **Art. 1 Abs. 3 DSRL-JI strengere Anforderungen** an zweckändernde Datenverarbeitungen stellen. Dabei sind die verfassungsrechtlichen Anforderungen an eine Zweckänderung zu beachten, die das BVerfG aufgestellt hat.[1514]

787 Gem. § 34 Abs. 2 **Nr. 1** PolDVG ist eine weitere Verarbeitung personenbezogener Daten zu anderen als den ursprünglichen Zwecken zulässig, wenn dies **im Rahmen des Geltungsbereiches des PolDVG vorgesehen**, oder **zwingend vorausgesetzt** ist.

Beispiel:[1515]

In verschiedenen speziellen Gesetzen ist vor der Zulassung von Personen zu einem bestimmten Gewerbe oder zu einem Beruf die Durchführung einer **Sicherheits- oder Zuverlässigkeitsüberprüfung** vorgesehen, z.B. in der GewO, dem AtomG, LuftSiG, ProstSchG. Diese spezifischen gesetzlichen Bestimmungen enthalten zwar eine Verpflichtung der Aufsichtsbehörde, im Rahmen der Sicherheits- oder Zuverlässigkeitsüberprüfung auch die zuständige Polizei nach vorliegenden Erkenntnissen zu den betreffenden Personen zu befragen; eine Befugnis zur Datenverarbeitung durch die Polizei, respektive auch zur (Rück-)Übermittlung der Erkenntnisse von der Polizei an diese Behörde ist in den Spezialgesetzen aber nicht ausdrücklich normiert. Unter anderem kann für diese Fälle der Anwendungsbereich des Nr. 1 eröffnet sein.

788 Einen weiteren Erlaubnistatbestand zur weiteren Verarbeitung personenbezogener Daten außerhalb des ursprünglichen Zweckes normiert § 34 Abs. 2 **Nr. 2** PolDVG. Danach ist die weitere Verarbeitung außerhalb des Erhebungszweckes zulässig, wenn „dies zur Abwehr **erheblicher Nachteile für das Gemeinwohl** oder einer **Gefahr für die Verteidigung** oder die **nationale Sicherheit** erforderlich ist".

1514 Eingehend dazu *Schwabenbauer, Thomas,* Informationsverarbeitung im Polizei- und Strafverfahrensrecht, in: L/D, G. Rn. 185 ff.

1515 BürgDrucks. 21/17906 v. 30. 07. 2019, S. 64.

Unter **Gemeinwohl** wird das Wohl des Bundes oder eines Landes gefasst. Es kann aber auch bei Funktionsstörungen einzelner Organe oder Behörden beeinträchtigt sein.[1516] Bei der Bestimmung eines Nachteils ist der Ausnahmecharakter des Tatbestandes zu berücksichtigen, sodass regelmäßig lediglich die Abwehr einer schweren Gefahr für ein **überragend wichtiges Gemeinschaftsgut** die Datenverarbeitung legitimieren kann.[1517] **Erheblich** ist ein Nachteil oder Belang nur dann, wenn bei einer wertenden Betrachtung das sich in der Zweckbindung konkretisierende Recht auf informationelle Selbstbestimmung gegenüber dem konkret betroffenen Gemeinwohl zurücktreten muss, wobei es nicht auf den Vorrang des abstrakten Rechtsgutes, sondern auf die konkret tangierten Interessen ankommt.[1518] Die Nachteile bzw. Beeinträchtigungen der Belange müssen drohen oder, soweit ihr Eintritt schon begonnen hat, zumindest noch teilweise abwendbar sein. Andernfalls wäre die Abwehr oder Wahrung noch nicht oder nicht mehr „erforderlich".[1519] Die entsprechend hohe Legitimationshürde führt dazu, dass die Norm kaum praktische Relevanz entfaltet.[1520]

Bei der **Landesverteidigung** geht es primär um den Schutz des eigenen Hoheitsgebiets eines Mitgliedstaats vor Angriffen von außen mit militärischen Mitteln.[1521] Zusätzlich umfasst der Begriff in erweiternder Auslegung die militärische Bündnisverteidigung etwa auf der Grundlage des NATO-Vertrags.[1522]

Die **nationale Sicherheit** ist bedroht, wenn ein drohendes Schadensereignis über einzelne Kollektiv- oder Individualgüter hinaus die Sicherheit des Staates in Frage stellt.[1523] Zum Schutz der nationalen Sicherheit in diesem Sinne sind primär der polizeiliche Staatsschutz sowie die Nachrichtendienste berufen.[1524] Der Schutz

1516 Zur Problematik der Bestimmtheit dieser Tatbestandsmerkmale *Rachor, Frederik/Graulich, Kurt*, Das Polizeihandeln, in: L/D, E. Rn. 155 f.

1517 *Heckmann, Dirk/Scheurer, Peter*, in: Gola, Peter/Heckmann, Dirk (Hrsg.), BDSG (Kommentar), 13. Aufl. München 2019, § 22 Rn. 43.

1518 *Dammann, Ulrich*, in: Simitis, Spiros (Hrsg.), BDSG (Kommentar), 7. Aufl. Baden-Baden 2011, § 14 Rn. 72.

1519 *Dammann, Ulrich*, in: Simitis, Spiros (Hrsg.), BDSG (Kommentar), 7. Aufl. Baden-Baden 2011, § 14 Rn. 72.

1520 *Heckmann, Dirk/Scheurer, Peter*, in: Gola, Peter/Heckmann, Dirk (Hrsg.), BDSG (Kommentar), 13. Aufl. München 2019, § 22 Rn. 43.

1521 *Becker, Matthias*, in: Kühling, Jürgen/Buchner, Benedikt (Hrsg.), DS-GVO/BDSG (Kommentar), 2. Aufl. München 2018, Art. 23 DS-GVO Rn. 17.

1522 *Paal, Boris P.*, in: Paal, Boris P./Pauly, Daniel A. (Hrsg.), DS-GVO/BDSG (Kommentar), 2. Aufl. München 2018, Art. 23 DS-GVO Rn. 19.

1523 EuGH Rs. C-275/06 (Promusicae) ECLI:EU:C:2008:54 Rn. 49; *Becker, Matthias*, in: Kühling, Jürgen/Buchner, Benedikt (Hrsg.), DS-GVO/BDSG (Kommentar), 2. Aufl. München 2018, Art. 23 DS-GVO Rn. 15.

1524 *Becker, Matthias*, in: Kühling, Jürgen/Buchner, Benedikt (Hrsg.), DS-GVO/BDSG (Kommentar), 2. Aufl. München 2018, Art. 23 DS-GVO Rn. 15.

der nationalen Sicherheit ist gem. **Art. 4 Abs. 2 Satz 2 und 3 EUV** den Mitgliedstaaten vorbehalten.[1525]

789 Eine über den Erhebungszweck hinausgehende weitere Verarbeitung präventiv-polizeilich erhobener Daten erlaubt § 34 Abs. 2 **Nr. 3** PolDVG, wenn dies zur **Verfolgung von Straftaten, Ordnungswidrigkeiten**, zur Vollstreckung oder zum Vollzug von **Strafen** erforderlich ist und gesetzliche Regelungen nicht entgegenstehen.

Das PolDVG enthält hier teilweise bereits speziellere gesetzliche Vorgaben im Hinblick auf die Verwendung von Daten zur Strafverfolgung, die zumeist darauf abstellen, dass sie zu Zwecken der Strafverfolgung verwendet werden dürfen, wenn sie auch dafür unter Einsatz derselben Befugnis hätten verwendet werden können (vgl. Datenerhebung in oder aus Wohnungen, § 22 Abs. 5 Satz 1 PolDVG und Anordnung und Ausführung, § 26 Abs. 3 Satz 3 PolDVG). Daneben enthält auch die StPO teilweise konkretere Vorgaben für die Verwendung von Daten, die durch präventive Maßnahmen erlangt worden sind, vgl. § 161 Abs. 2 StPO. Auch insoweit dürfen diese gesetzlichen Regelungen der Zweckänderung nicht entgegenstehen. Spezielle gesetzliche Vorgaben enthält auch das Versammlungsgesetz in § 12 a Abs. 2 Nr. 1 VersG ggf. i.V.m. § 19 a VersG.

790 Nach § 34 Abs. 2 **Nr. 4** PolDVG ist die weitere Datenverarbeitung in Abweichung vom Erhebungszweck auch dann erlaubt, wenn „dies erforderlich ist, um Angaben der betroffenen Person zu überprüfen, weil tatsächliche Anhaltspunkte für deren **Unrichtigkeit** bestehen“.

Nach **Art. 3 Nr. 4 DSRL-JI** (Allgemeine Grundsätze für die Verarbeitung personenbezogener Daten) müssen personenbezogene Daten „sachlich richtig und erforderlichenfalls auf dem neuesten Stand sein; dabei sind alle angemessenen Maßnahmen zu treffen, damit personenbezogene Daten, die im Hinblick auf die Zwecke ihrer Verarbeitung unrichtig sind, unverzüglich gelöscht oder berichtigt werden“.

Art. 4 Abs. 1 lit d DSRL-JI fordert entsprechend: „Die Mitgliedstaaten sehen vor, dass personenbezogene Daten (…) sachlich richtig und erforderlichenfalls auf dem neuesten Stand sind; dabei sind alle angemessenen Maßnahmen zu treffen, damit personenbezogene Daten, die im Hinblick auf die Zwecke ihrer Verarbeitung unrichtig sind, unverzüglich gelöscht oder berichtigt werden.“

791 § 34 Abs. 2 **Nr. 5** PolDVG erlaubt eine zweckändernde Datenverarbeitung, wenn die öffentliche Stelle wie ein privater Gläubiger ein Interesse an der

1525 Dazu eingehend *Schill, Stephan/Klenn, Christoph*, in: Grabitz, Eberhard/Hilf, Meinhard/Nettesheim, Martin (Hrsg.), Das Recht der Europäischen Union (Kommentar), 68. EL München Oktober 2019, Art. 4 EUV Rn. 31; *Becker, Matthias*, in: Kühling, Jürgen/Buchner, Benedikt (Hrsg.), DS-GVO/BDSG (Kommentar), 2. Aufl. München 2018, Art. 23 DS-GVO Rn. 16.

Durchsetzung von Rechtsansprüchen hat und dazu nach einer Abwägung mit den Interessen des Betroffenen die für andere Zwecke erhobenen Daten nutzt. Die öffentliche Stelle soll in diesem Falle nicht schlechter gestellt sein, als ein privater Gläubiger, dem bei Vorliegen derselben Voraussetzungen personenbezogene Daten übermittelt würden.[1526]

Solche öffentlich-rechtliche Forderungen sind etwa solche aus dem Steuer- und Zollrecht.[1527]

§ 34 Abs. 2 **Nr. 6** PolDVG regelt den Fall einer **mutmaßlichen Einwilligung** des Betroffenen. Danach wird die zweckändernde Verarbeitung erlaubt, wenn *„offensichtlich ist, dass dies im Interesse der betroffenen Person liegt und sie in Kenntnis des anderen Zwecks ihre Einwilligung erteilen würde, (...).“* **792**

> Die Legaldefinition für eine **Einwilligung** enthält § 2 Abs. 22 PolDVG. Danach ist Einwilligung „jede freiwillig für den bestimmten Fall, in informierter Weise und unmissverständlich abgegebene Willensbekundung in Form einer Erklärung oder einer sonstigen eindeutigen bestätigenden Handlung, mit der die betroffene Person zu verstehen gibt, dass sie mit der Verarbeitung der sie betreffenden personenbezogenen Daten einverstanden ist.“

Nach § 34 Abs. 2 **Nr. 7** PolDVG ist die zweckändernde Weiterverwendung von solchen Daten zulässig, die unmittelbar aus **allgemein zugänglichen Quellen** entnommen werden durften oder dürften oder die verarbeitende Stelle sie veröffentlichen dürfte, es sei denn, dass überwiegende schutzwürdige Interessen der betroffenen Personen entgegenstehen. **793**

In Abweichung vom Erhebungszweck erlaubt § 34 Abs. 2 **Nr. 8** PolDVG die weitere Datenverarbeitung für die Bearbeitung von **Eingaben, parlamentarischen Anfragen** oder **Aktenvorlageersuchen** der Bürgerschaft, wenn überwiegende schutzwürdige Interessen der betroffenen Personen nicht entgegenstehen. **794**

Teilweise finden sich an anderen Stellen im PolDVG **speziellere Erlaubnisse:** Nach **§ 36 Abs. 2 PolDVG** ist die Weiterverwendung von Daten, die zum **Zwecke der Strafverfolgung, d.h. repressiv,** erhoben worden sind, auch zu **präventiv-polizeilichen Zwecken** zulässig (dazu näher C.III.3.). Eine weitere Ausnahme enthält **§ 37 PolDVG**, wonach die Weiterverarbeitung von **795**

1526 BürgDrucks. 21/17906 v. 30. 07. 2019, S. 64.

1527 BürgDrucks. 21/17906 v. 30. 07. 2019, S. 64.

Daten zu **archivarischen, wissenschaftlichen, historischen und statistischen** Zwecken sowie zur **Aus- und Fortbildung** zulässig ist (dazu unter C.III.4).

dd) Berufsgeheimnis, § 34 Abs. 3 PolDVG

796 Unterliegen die personenbezogenen Daten einem Berufsgeheimnis und sind sie von der zur Verschwiegenheit verpflichteten Person in Ausübung ihrer Berufsgeheimnispflicht übermittelt worden, finden gem. § 34 **Abs. 3** PolDVG die Ausnahmeerlaubnisse des § 34 Abs. 2 PolDVG **keine Anwendung**.

ee) Mit besonderen Mitteln der Datenerhebung gewonnene Daten, § 34 Abs. 4 PolDVG

797 **§ 34 Abs. 4 Satz 1 PolDVG** beschränkt die Nutzung der mit **besonderen Mitteln der Datenerhebung** gem. §§ 20 bis 31 sowie nach § 50 PolDVG gewonnenen Daten. Danach dürfen diese „für andere Verfahren nur verarbeitet werden, wenn sie auch dafür unter Einsatz dieser Befugnisse hätten erhoben werden dürfen". Nur wenn die vorhandenen Informationen auch für **den anderen Zweck** mithilfe von Observationen, des verdeckten Einsatzes technischer Mittel, der Telekommunikationsüberwachung, der Rasterfahndung usw. hätten erhoben werden dürfen, können sie nun auch anderweitig genutzt werden.[1528] Das hierin zum Ausdruck kommende **„Konzept der hypothetischen Datenneuerhebung"** sieht dabei jedenfalls in Bezug auf Daten aus verdeckten Überwachungsmaßnahmen vor, dass eine zweckändernde Verarbeitung zulässig ist, soweit die Polizei die Daten zu diesem veränderten Zweck hätte erheben dürfen.[1529] Die neue Nutzung der Daten muss dem Schutz von Rechtsgütern oder der Aufdeckung von Straftaten eines solchen Gewichts dienen, die verfassungsrechtlich ihre **Neuerhebung mit vergleichbar schwerwiegenden Mitteln** rechtfertigen könnten.[1530] Erforderlich ist in der Regel das Vorliegen eines konkreten Ermittlungsansatzes.[1531] Die Erforderlichkeit der Zweckänderung muss in jedem Einzelfall geprüft werden.[1532]

1528 *Beaucamp, Guy*, in: B/E/R/S, § 14 PolDVG Rn. 13.

1529 *Petri, Thomas*, Informationsverarbeitung im Polizei- und Strafverfahrensrecht, in: L/D, G. Rn. 858.

1530 BVerfGE 141, 220, Rn. 288.

1531 BVerfGE 141, 220, Rn. 289.

1532 VGH Mannheim, in: NVwZ 2001, 1289, 1290; dazu *Petri, Thomas*, Informationsverarbeitung im Polizei- und Strafverfahrensrecht, in: L/D, G. Rn. 859.

§ 34 Abs. 4 Satz 2 PolDVG erlaubt die Nutzung und Übermittlung der Datenbestände durch die bundesgesetzlich vorgesehene sog. **Anti-Terror-Datei.**[1533] 798

ff) Protokolldaten, § 34 Abs. 4 Satz 3 PolDVG

Dateien, die aus **Datenschutz- oder Datensicherungsgründen** gem. § 14 PolDVG (Datenverarbeitung zur Vorbereitung auf die Hilfeleistung in Gefahrenfällen) errichtet wurden (dazu C.II.1.e.), dürfen zu anderen Zwecken als bei der Erhebung gem. **§ 34 Abs. 4 Satz 3 PolDVG** nur genutzt werden, „soweit dies zur Abwehr einer unmittelbar bevorstehenden **Gefahr für Leib, Leben oder Freiheit** einer Person erforderlich ist oder Anhaltspunkte dafür vorliegen, dass die Verfolgung einer **Straftat von erheblicher Bedeutung** ansonsten aussichtslos oder wesentlich erschwert wäre." 799

gg) Wertende Angaben und Kurzinformationen, § 34 Abs. 5 PolDVG

§ 34 Abs. 5 Satz 1 PolDVG bestimmt, dass bei „**wertenden Angaben** in Dateisystemen" feststellbar sein muss, „bei welcher Stelle die den Angaben zugrunde liegenden Informationen vorhanden sind." 800

> Gem. Legaldefinition des § 2 Abs. 13 PolDVG ist ein **Dateisystem** „jede strukturierte Sammlung personenbezogener Daten, die nach bestimmten Kriterien zugänglich sind, unabhängig davon, ob diese Sammlung zentral, dezentral oder nach funktionalen oder geografischen Gesichtspunkten geordnet geführt wird."

Gem. § 34 Abs. 5 Satz 2 PolDVG gilt dies auch, „wenn in einem Dateisystem **Kurzinformationen** über bestimmte Sachverhalte gespeichert werden". Zudem bestimmt § 34 Abs. 5 Satz 3 PolDVG, dass „wertende Angaben" nicht allein auf Informationen gestützt werden dürfen, die unmittelbar durch automatisierte Datenverarbeitung gewonnen wurden. 801

Bei wertenden Angaben oder Kurzinformationen kann ein **unrichtiges, unvollständiges** Bild entstehen, wenn es keinen Hinweis auf die zugrundeliegenden Unterlagen gibt. Es muss daher ein Hinweis auf die **dazugehörige Quellen** in die Datensysteme aufgenommen werden.[1534]

1533 BürgDrucks. 18/1487 v. 14. 12. 2004 und Gesetz zur Errichtung gemeinsamer Dateien von Polizeibehörden und Nachrichtendiensten des Bundes und der Länder (Gemeinsame-Dateien-Gesetz) v. 22. 12. 2006, BGBl. 2006 I 3409.

1534 *Beaucamp, Guy*, in: B/E/R/S, § 14 PolDVG Rn. 17.

hh) Personengebundene und ermittlungsunterstützende Hinweise, § 34 Abs. 6 PolDVG

802 Die Verarbeitung **personengebundener und ermittlungsunterstützender Hinweise**, die auf Grundlage von objektiven Erkenntnissen und möglichst umfassenden Informationen zur betreffenden Person gewonnen werden, wird in § 34 Abs. 6 Satz 1 PolDVG geregelt: Sind bereits „Daten zu einer Person vorhanden", können zu dieser Person auch „personengebundene Hinweise" verarbeitet werden, „die zum **Schutz dieser Person** oder zum **Schutz der Bediensteten** der Gefahrenabwehr- und der Polizeibehörden erforderlich sind" sowie „weitere Hinweise, die geeignet sind, dem Schutz Dritter oder der Gewinnung von Ermittlungsansätzen zu dienen". Entsprechen diese personenbezogenen Hinweise **besonderen Kategorien personenbezogener Daten**, sind gem. § 34 Abs. 6 Satz 2 PolDVG die Vorgaben des § 4 PolDVG (Verarbeitung besonderer Kategorien personenbezogener Daten) zu beachten. Dies setzt Art. 10 der DSRL-JI um.

> Besondere Kategorien personenbezogener Daten werden in § 2 Abs. 21 PolDVG legal definiert. Es handelt sich um Daten, aus denen die **rassische oder ethnische Herkunft**, **politische Meinungen**, **religiöse** oder **weltanschauliche Überzeugungen** oder die **Gewerkschaftszugehörigkeit** hervorgehen, **genetische Daten**, **biometrische Daten** zur eindeutigen Identifizierung einer natürlichen Person, **Gesundheitsdaten**, Daten zum **Sexualleben** oder zur **sexuellen Orientierung**. Für deren Verarbeitung gelten gem. § 4 PolDVG qualifizierte Anforderungen.

ii) Erstellung von Kriminalitätslagebildern, § 34 Abs. 7 PolDVG

803 In § 34 Abs. 7 PolDVG wird die Verwendung personenbezogener Daten zur Erstellung von Kriminalitätslagebildern geregelt. Danach kann die Polizei für „die Planung von Maßnahmen der Kriminalitätsbekämpfung" bereits „**vorhandene** personenbezogene Daten über **Vermisstenfälle, auswertungsrelevante Straftaten** und **verdächtige Wahrnehmungen**" verarbeiten, **§ 34 Abs. 7 Satz 1 PolDVG**. „Daten von **Geschädigten, Zeugen** sowie anderen **nicht tatverdächtigen Personen**" dürfen nur enthalten sein, soweit dies „zur Zweckerreichung **erforderlich**" ist, **§ 34 Abs. 7 Satz 2 PolDVG**. Mit diesem Tatbestandsmerkmal der Erforderlichkeit wird das rechtsstaatliche Prinzip der Verhältnismäßigkeit betont.[1535] Dies gilt auch für die **Löschungsfrist** „spätestens am Ende des der Speicherung folgenden Jahres", **§ 34 Abs. 7 Satz 3 PolDVG.**

1535 BürgDrucks. 21/17906 v. 30. 07. 2019, S. 64.

b) Dauer der Datenspeicherung, § 35 PolDVG (§ 15 PolDVG a. F.)

aa) Allgemeines

Regelungen zur Verhältnismäßigkeit der weiteren Datenverarbeitung in zeitlicher Hinsicht finden sich vor allem in § 35 PolDVG **(Dauer der Datenspeicherung)**. Mit ihnen wird sichergestellt, dass eine Verwendung personenbezogener Daten auf die die Datenverarbeitung rechtfertigenden Zwecke begrenzt bleibt und nach deren Erledigung nicht mehr möglich ist.[1536] Dies schützt zum einen das informationelle Selbstbestimmungsrecht Betroffener (Art. 2 Abs. 1 i. V. m. Art. 1 Abs. 1 GG), zum anderen insbesondere deren Interesse, nicht ewig und eventuell wegen Zeitablaufs unberechtigt polizeibekannt zu sein.[1537] Zugleich ist es auch im polizeilichen Interesse, dass gespeicherte Daten aktuell sind.[1538] **804**

Gem. **§ 35 Abs. 1 PolDVG** dürfen Daten nur „so lange gespeichert werden, wie es für die Aufgabenerfüllung **erforderlich** ist". Dies verweist auf die verfassungsrechtlichen Grundsätze zur Zweckbindung (dazu allgemein C.III.2.a.). **805**

Die Regelung setzt **Art. 3 Nr. 5 DSRL-JI** (Allgemeine Grundsätze für die Verarbeitung personenbezogener Daten) um. Danach dürfen personenbezogene Daten „nicht länger, als es für die Zwecke, für die sie verarbeitet werden, erforderlich ist, in einer Form gespeichert werden, die die Identifizierung der betroffenen Personen ermöglicht".

Art. 5 DSRL-JI fordert die Mitgliedstaaten auf, „dass für die Löschung von personenbezogenen Daten oder eine regelmäßige Überprüfung der Notwendigkeit ihrer Speicherung angemessene Fristen vorzusehen sind. Durch verfahrensrechtliche Vorkehrungen ist sicherzustellen, dass diese Fristen eingehalten werden."

bb) Prüf- und Aufbewahrungsfristen

In Übereinstimmung mit der Rechtsprechung des BVerfG von 2016 zu den Löschungsfristen im BKAG[1539] sieht **§ 35 Abs. 2 Satz 1 und 2 PolDVG** die Festlegung von **Prüffristen** oder **Aufbewahrungsfristen** vor, nach deren Ablauf spätestens überprüft werden muss, ob die Speicherung weiterhin erforderlich ist. **806**

Gem. **§ 35 Abs. 2 Satz 1 PolDVG** sind für **automatisierte Dateisysteme** „Fristen festzulegen, nach deren Ablauf spätestens überprüft werden muss, ob die suchfähige Speicherung von Daten weiterhin erforderlich ist (Prü- **807**

1536 BVerfGE 141, 220, Rn. 144.

1537 *Beaucamp, Guy*, in: B/E/R/S, § 15 PolDVG Rn. 1.

1538 *Beaucamp, Guy*, in: B/E/R/S, § 15 PolDVG Rn. 1.

1539 BVerfGE 141, 220, Rn. 144.

fungsfristen)". Für **nicht automatisierte Dateisysteme** sind Prüfungsfristen oder Aufbewahrungsfristen festzulegen, **§ 35 Abs. 2 Satz 2 PolDVG**.

808 Nach Ablauf einer Aufbewahrungsfrist muss die **Löschung** der Daten erfolgen. Nach Ablauf einer Prüffrist muss die Aufbewahrung der Daten hinsichtlich ihrer weiteren Erforderlichkeit überprüft werden, **§ 35 Abs. 2 Satz 4 PolDVG**. Liegen keine besonderen Gründe des Einzelfalles vor, die eine weitere Speicherung erfordern, dann wird die Überprüfung ebenfalls zu einer Löschung führen. Ist die weitere Speicherung dagegen erforderlich, ist dies zu **dokumentieren** und spätestens nach Ablauf von drei Jahren eine Erforderlichkeitsprüfung erneut durchzuführen, **§ 35 Abs. 2 Satz 5 PolDVG**.

809 Die Aussonderungsprüffristen dürfen bei **Erwachsenen zehn Jahre**, **bei Jugendlichen fünf Jahre** und bei **Kindern zwei Jahre** nicht überschreiten, **§ 35 Abs. 2 Satz 3 1. HS PolDVG.**[1540] Bei Jugendlichen und Kindern sind die Fristen deshalb kürzer, weil deren Persönlichkeitsentwicklung noch nicht abgeschlossen ist und stärkeren Schwankungen unterliegt als bei Erwachsenen.[1541] Bei der Festlegung der Prüffristen sind Speicherungszweck sowie Art und Bedeutung des Anlasses zu berücksichtigen, § 35 Abs. 2 Satz 3 1. HS PolDVG. Nach Ablauf der Prüffristen ist eine weitere Speicherung nur zulässig, wenn dies wegen der **besonderen Gründe im Einzelfall** erforderlich ist, § 35 Abs. 2 Satz 4 PolDVG. Dabei muss die Erforderlichkeit für eine Fortdauer der Speicherung **dokumentiert** und spätestens nach Ablauf von **drei Jahren** erneut geprüft werden, **§ 35 Abs. 2 Satz 5 PolDVG**.

810 Das PolDVG normiert seit 2019 ausdrücklich die sog. **Mitziehregelung**, wonach sich nunmehr Prüfungstermine und Aufbewahrungsfristen für personenbezogene Daten, die aus unterschiedlichsten Anlässen zu einer Person vorliegen, einheitlich nach der Frist bestimmen, die als letzte abläuft, **§ 35 Abs. 3 Satz 2 PolDVG**. Dadurch wird die Löschung aller innerhalb der Frist vorangegangener und hinzugekommener Speicherungen hinausgeschoben, bis für alle Eintragungen die Löschungsvoraussetzungen vorliegen.[1542] Die Frist beginnt mit der **Erfassung** des letzten Ereignisses, das zur Speicherung der Daten geführt hat, **§ 35 Abs. 3 Satz 1 PolDVG**. Im Hinblick auf den Beginn der Aussonderungsprüffrist für ein personenbezogenes Datum kommt es damit auf den Zeitpunkt der **Kenntniserlangung** durch die Polizei an und gerade nicht auf den Zeitpunkt einer (mutmaßlichen) Tat, denn diese

1540 Eine allgemeine Regelung hat der Bundesgesetzgeber in § 75 Abs. 4 BDSG aufgenommen. § 77 Abs. 1 BKAG nimmt hierauf Bezug und legt, wie nunmehr auch § 35 Abs. 2 PolDVG, die Maximalprüffristen fest.

1541 *Beaucamp, Guy*, in B/E/R/S, § 15 PolDVG Rn. 5.

1542 BürgDrucks. 21/17906 v. 30. 07. 2019, S. 66.

kann bereits länger zurückliegen.[1543] Soweit hierdurch für zeitlich frühere Speicherungen die Maximalprüffrist des **§ 35 Abs. 2 Satz 3 PolDVG zweimal erreicht** wird, kann eine erneute Speicherung nur erfolgen, wenn **besondere Gründe im Einzelfall** dies erfordern, **§ 35 Abs. 3 Satz 3 PolDVG**. Dabei muss die Erforderlichkeit für eine Fortdauer der Speicherung **dokumentiert** und spätestens nach Ablauf von drei Jahren erneut geprüft werden, **§ 35 Abs. 3 Satz 4 PolDVG**.

Teilweise finden sich an anderen Stellen im PolDVG **speziellere Löschungsregelungen,** etwa § 18 Abs. 1 Satz 4 PolDVG (Datenverarbeitung im öffentlichen Raum und an besonders gefährdeten Objekten) (dazu unter C.II.3.c.bb.) oder in § 22 Abs. 8 Satz 1 PolDVG (Datenerhebung durch den verdeckten Einsatz technischer Mittel in oder aus Wohnungen) (dazu unter C.II.3.g.jj.). 811

3. Weitere Datenverarbeitung, § 36 PolDVG (§ 16 PolDVG a. F.)

Bei **§ 36 Abs. 1 PolDVG** handelt es sich um die **Generalklausel zur weiteren Datenverarbeitung,**[1544] welche die Grundsätze der weiteren Datenverarbeitung der Polizei für den Regelfall normiert und zugleich als Auffangbefugnisnorm dient. Für eingriffsintensivere weitere Datenverarbeitungsvorgänge sind speziellere Eingriffsbefugnisse vorgesehen, z. B. für die Rasterfahndung i. S. d. § 50 PolDVG.[1545] 812

Gem. **§ 36 Abs. 1 PolDVG** darf die Polizei personenbezogene Daten „**verarbeiten**, soweit dies zur Erfüllung ihrer Aufgaben einschließlich einer zeitlich befristeten Dokumentation oder der Vorgangsverwaltung **erforderlich** ist". Auch wenn hier von dem Begriff „Verarbeitung" die Rede ist und dieser Begriff gem. DSRL-JI und § 2 Abs. 8 PolDVG (Begriffsbestimmungen) die **„Datenverarbeitung"** als Oberbegriff für die einzelnen Vorgänge, die den Umgang mit personenbezogenen Daten bezeichnen, definiert (dazu bereits unter C.III.1.), so ist hier das **Speichern, Verändern und Nutzen** der Daten gemeint, also die „weitere Verarbeitung" von Daten.[1546] 813

„Aufgabe" i. S. v. § 36 Abs. 1 PolDVG rekurriert auf die in § 1 Abs. 1 PolDVG genannten drei Aufgaben. Neben der **Gefahrenabwehr** i. S. d. § 3 SOG (dazu 814

1543 BürgDrucks. 21/17906 v. 30. 07. 2019, S. 65.

1544 BürgDrucks. 13/5422 v. 30. 01. 1990, S. 28 (zu § 16 Abs. 1 PolDVG a.F.); s. auch *Ebert, Frank/Seel, Lothar/Joel, Heiko,* ThürPAG (Kommentar), 8. Aufl. Wiesbaden 2019, § 40 Rn. 1 zur vergleichbaren Norm des § 40 ThürPAG.

1545 *Ebert, Frank/Seel, Lothar/Joel, Heiko,* ThürPAG (Kommentar), 8. Aufl. Wiesbaden 2019, § 40 Rn. 2 zur vergleichbaren Norm des § 40 ThürPAG.

1546 BürgDrucks. 21/17906 v. 30. 07. 2019, S. 66.

unter B.I.2.) ist dies die **vorbeugende Bekämpfung von Straftaten** und die **Vorbereitung für Hilfeleistungen und das Handeln in Gefahrenfällen**.

815 Daneben stellt **§ 36 Abs. 2 Satz 1 PolDVG** klar, dass die Polizei auch die „im Rahmen der **Verfolgung von Straftaten**", d.h. repressiv gewonnene Daten, zum Zweck der Gefahrenabwehr verarbeiten darf. Dies stellt, neben den Ausnahmen des § 34 Abs. 2 PolDVG (dazu unter C.III.2.a.bb.), eine weitere wichtige **Ausnahme vom Zweckbindungsgrundsatz** des § 34 Abs. 1 PolDVG dar.

Hierdurch erlaubt wird die Nutzung von Kriminalakten, die personenbezogene Informationen über Straftäter oder einer Straftat verdächtigen Person enthalten, für die präventive Polizeiarbeit, insbesondere die vorbeugende Bekämpfung von Straftaten.[1547] Vgl. auch § 481 Abs. 1 Satz 1 StPO wonach die Polizeibehörden „nach Maßgabe der Polizeigesetze personenbezogene Daten aus Strafverfahren verwenden" dürfen. „Zu den dort genannten Zwecken dürfen Strafverfolgungsbehörden und Gerichte an Polizeibehörden personenbezogene Daten aus Strafverfahren übermitteln oder Akteneinsicht gewähren", § 481 Abs. 1 Satz 2 StPO.[1548]

816 Diese Ausnahme des § 36 Abs. 2 PolDVG unterliegt verschiedenen Einschränkungen. So wird in **§ 36 Abs. 2 Satz 2 PolDVG** die Einschränkung des § 34 Abs. 2 PolDVG aufgenommen und insoweit geregelt, dass solche Daten, die ausschließlich aufgrund von besonderen Datenerhebungsbefugnissen erworben worden sind, die den §§ 20–31 und 50 PolDVG entsprechen, nur dann für anderen Verfahren genutzt werden dürfen, wenn sie „auch dafür unter Einsatz dieser Befugnisse hätten erhoben werden können" (**„Konzept der hypothetischen Datenneuerhebung"**[1549], dazu bereits C.III.2.a.ee.). Für die „Dauer von **zwei Jahren** ist eine suchfähige Speicherung dieser Daten erforderlich", wenn gegen die betroffenen Personen ein Ermittlungsverfahren eingeleitet worden ist, **§ 36 Abs. 2 Satz 3 PolDVG**. Entfällt der Verdacht, sind die Daten gem. **§ 36 Abs. 2 Satz 4 PolDVG** zu **löschen**.

Hierdurch wird die Befugnis geschaffen, Daten von Personen, die verdächtig sind, eine Straftat begangen zu haben, für zwei Jahre ohne bisherige Negativprognose zu speichern.[1550]

817 Liegen tatsächliche Anhaltspunkte dafür vor, dass die betroffene Person **künftig eine Straftat** begeht, dann ist eine weitere Datenverarbeitung (Spei-

1547 BürgDrucks. 13/5422 v. 30. 01. 1990, S. 28 (zu § 16 PolDVG a.F.).

1548 Hierauf verweist *Beaucamp, Guy*, in: B/E/R/S, § 16 PolDVG Rn. 5.

1549 *Petri, Thomas*, Informationsverarbeitung im Polizei- und Strafverfahrensrecht, in: L/D, G. Rn. 858.

1550 BürgDrucks. 21/17906 v. 30. 07. 2019, S. 66.

cherung, Veränderung, Nutzung) zur vorbeugenden Bekämpfung von Straftaten zulässig, **§ 36 Abs. 2 Satz 6 PolDVG.** Auch wenn solche Anhaltspunkte im Zeitpunkt der Datenspeicherung noch nicht vorlagen, dürfen die Daten zur vorbeugenden Bekämpfung von Straftaten über die Dauer von **zwei Jahren** hinaus weiter verarbeitet werden, wenn „aufgrund tatsächlicher Anhaltspunkte der Verdacht besteht, dass die betroffene Person **innerhalb dieser zwei Jahre eine weitere Straftat** begangen hat, **§ 36 Abs. 2 Satz 7 PolDVG.**

Laut BVerfG zum BKAG bedarf es bei Maßnahmen, die der Straftatenverhütung dienen, „zumindest einer **auf bestimmte Tatsachen** und nicht allein auf allgemeine Erfahrungssätze gestützten Prognose, die auf eine konkrete Gefahr bezogen ist. Grundsätzlich gehört hierzu, dass insoweit ein wenigstens seiner Art nach **konkretisiertes und zeitlich absehbares Geschehen** erkennbar ist“[1551].

§ 36 Abs. 3 Satz 1 PolDVG erweitert die Datenspeicherungs- und Datennutzungsbefugnisse auf Kontakt-, Begleit- und Auskunftspersonen. Danach darf die Polizei auch die Daten von **„Kontakt- oder Begleitpersonen“** einer Person, bei der „tatsächliche Anhaltspunkte die Annahme rechtfertigen, dass sie künftig Straftaten begehen wird, sowie über **„Auskunftspersonen“** speichern, verändern oder nutzen, soweit dies zur vorbeugenden Bekämpfung von **Straftaten von erheblicher Bedeutung erforderlich** ist. **818**

Den Vorgaben des BVerfG im Urteil zum BKAG 2016[1552] entsprechend, definiert § 2 Abs. 4 PolDVG **Kontakt- oder Begleitperson** als „Personen, die mit einer Person, von der tatsächliche Anhaltspunkte die Annahme rechtfertigen, dass diese Person Straftaten begehen wird, in einer Weise in Verbindung stehen, die die Erhebung ihrer personenbezogenen Daten zur vorbeugenden Bekämpfung dieser Straftaten erfordert". Vorausgesetzt sind konkrete Tatsachen für einen objektiven Tatbezug und damit für eine Einbeziehung in den Handlungskomplex der Straftatbegehung, insbesondere eine Verwicklung in den Hintergrund oder das Umfeld der Straftaten.

Die Speicherdauer ist begrenzt auf **drei Jahre**, § 36 Abs. 3 Satz 2 PolDVG. **819**
Bereits nach **einem Jahr** ist von einem **besonders ermächtigten Bediensteten** zu prüfen, ob diese Voraussetzungen noch vorliegen, § 36 Abs. 3 Satz 3 PolDVG.

1551 BVerfGE 141, 220, Rn. 164.

1552 BVerfGE 141, 220, Rn. 166 ff.

820 **§ 36 Abs. 4 Satz 1 PolDVG** erweitert die weitere Datenverarbeitung auf sog. **Prüffälle**. Durch die Bezugnahme auf § 36 Abs. 1–3 PolDVG sind hiervon Personen betroffen, die für Gefahren verantwortlich sind, oder gegen die ein strafrechtliches Ermittlungsverfahren eingeleitet worden ist, und solche, die als Kontakt- oder Begleitpersonen in Betracht kommen. Gem. § 36 Abs. 4 Satz 2 1. HS PolDVG dürfen die Daten ausschließlich zu diesem Zweck weiterverarbeitet werden (zum Gebot der Zweckbindung s. allgemein C.III.1.a.). Außerdem sind die Daten **gesondert zu speichern**, § 36 Abs. 4 Satz 2 2. HS PolDVG. Nach Abschluss der Prüfung, spätestens jedoch nach **zwölf Monaten**, sind die Daten zu löschen, falls die Prüfung negativ ausfällt, § 36 Abs. 4 Satz 3 PolDVG.

Diese Befugnis zum Anlegen derartiger Prüffälle soll es z. B. ermöglichen, **Strukturen organisierter Kriminalität** über einen längeren Zeitraum aufzuklären, ohne dass eine konkrete Gefahrenlage oder ein konkreter Anfangsverdacht für eine Straftat besteht. Der Gesetzgeber berücksichtigt bei der Festlegung der Löschfrist, dass Ermittlungsverfahren in dem Bereich regelmäßig aufwendig sind und häufig eine grenzüberschreitende Zusammenarbeit der Behörden erfordern.[1553]

4. Verarbeitung zu archivarischen, wissenschaftlichen, historischen und statistischen Zwecken sowie zur Aus- und Fortbildung, § 37 PolDVG (§ 17 PolDVG a. F.)

821 **§ 37 PolDVG** erlaubt die weitere Verarbeitung von Daten zu **archivarischen, wissenschaftlichen, historischen und statistischen** Zwecken sowie zur **Aus- und Fortbildung** und stellt eine weitere Ausnahme vom Grundsatz der Zweckbindung dar.

Dies entspricht **Art. 4 Abs. 3 DSRL-JI**: „Die Verarbeitung durch denselben oder einen anderen Verantwortlichen kann die **Archivierung im öffentlichen Interesse und die wissenschaftliche, statistische oder historische Verwendung** für die in Art. 1 Abs. 1 genannten Zwecke umfassen, sofern geeignete Garantien für die Rechte und Freiheiten der betroffenen Personen vorhanden sind."

822 **§ 37 Abs. 1 Satz 1 PolDVG** erlaubt zum einen die generelle Nutzung gespeicherter Daten zu Aus- und Fortbildungszwecken. Zum anderen gestattet § 37 Abs. 1 Satz 1 PolDVG Ausnahmen von der nach § 35 PolDVG grundsätzlich begrenzten Speicherdauer. Als Ausgleich ist gem. § 37 Abs. 1 Satz 2 PolDVG „sicherzustellen, dass die Einzelangaben über persönliche oder sachliche Verhältnisse **anonymisiert** werden."

1553 BürgDrucks. 21/17906 v. 30. 07. 2019, S. 67.

Gem. Legaldefinition in § 2 Abs. 12 PolDVG ist **Anonymisierung** „das Verändern personenbezogener Daten derart, dass die Einzelangaben über persönliche oder sachliche Verhältnisse nicht mehr oder nur mit einem unverhältnismäßig großen Aufwand an Zeit, Kosten und Arbeitskraft einer bestimmten oder bestimmbaren natürlichen Person zugeordnet werden können".

Gem. § 37 Abs. 1 Satz 3 PolDVG kann die Anonymisierung unterbleiben, 823 „wenn diese **nicht mit vertretbarem Aufwand** möglich ist oder dem **Aus- und Fortbildungszweck entgegensteht** und jeweils die **schutzwürdigen Belange des Betroffenen nicht offensichtlich überwiegen**". Hierbei handelt sich um eine Ausnahme vom Grundsatz der Verwendung anonymisierter Daten, die eng auszulegen ist.[1554] Das bloße Entstehen von Mehrarbeit oder Mehrkosten für die Anonymisierung genügen nicht.[1555] Der Aufwand der Anonymisierung muss **in krassem Missverhältnis** zu dem erwarteten Aus- oder Fortbildungszweck stehen.[1556] Hilfsweise ist eine **Pseudonymisierung** (§ 52 Abs. 2 Satz 2 PolDVG) zu prüfen.[1557]

Gem. Legaldefinition in § 2 Abs. 11 PolDVG ist **Pseudonymisierung** „die Verarbeitung personenbezogener Daten in einer Weise, in der die Daten ohne Hinzuziehung zusätzlicher Informationen nicht mehr einer spezifischen betroffenen Person zugeordnet werden können, sofern diese zusätzlichen Informationen gesondert aufbewahrt werden und technischen und organisatorischen Maßnahmen unterliegen, die gewährleisten, dass die Daten keiner betroffenen Person zugewiesen werden können".

Auch für Filmaufnahmen ist inzwischen mit Hilfe einer digitalen Bildbe- 824 arbeitung mit geringem Aufwand eine Anonymisierung möglich.[1558] Die mehrere Jahrzehnte alte Gesetzesbegründung zum § 17 Abs. 2 Satz 2 PolDVG a. F.[1559] trägt daher heute nicht mehr.[1560] Zur Vermeidung unnötiger Grundrechtseingriffe kann mit fingierten Daten gearbeitet werden. Es ist

1554 *Arzt, Clemens,* in: Schenke, Wolf-Rüdiger/Graulich, Kurt/Ruthig, Josef (Hrsg.), Sicherheitsrecht des Bundes, 2. Aufl. München 2018, § 29 BPolG Rn.68.

1555 *Arzt, Clemens,* in: Schenke, Wolf-Rüdiger/Graulich, Kurt/Ruthig, Josef (Hrsg.), Sicherheitsrecht des Bundes, 2. Aufl. München 2018, § 29 BPolG Rn.68.

1556 *Arzt, Clemens,* in: Schenke, Wolf-Rüdiger/Graulich, Kurt/Ruthig, Josef (Hrsg.), Sicherheitsrecht des Bundes, 2. Aufl. München 2018, § 29 BPolG Rn. 68 m. w. N.

1557 *Arzt, Clemens,* in: Schenke, Wolf-Rüdiger/Graulich, Kurt/Ruthig, Josef (Hrsg.), Sicherheitsrecht des Bundes, 2. Aufl. München 2018, § 29 BPolG Rn. 68.

1558 *Beaucamp, Guy,* in: B/E/R/S, § 17 PolDVG Rn. 2.

1559 BürgDrucks. 13/5422 v. 30. 01. 1990, S. 28.

1560 *Beaucamp, Guy,* in: B/E/R/S, § 17 PolDVG Rn. 2.

nicht ersichtlich, weshalb eine Ausbildung nur mit Echtdaten möglich sein sollte.[1561] Insbesondere bei noch lebenden Personen, sowie deren Ehegatten oder Kindern, ist regelmäßig davon auszugehen, dass deren Interesse an einer Geheimhaltung überwiegt.[1562]

Teilweise wird vertreten, dass ein berechtigtes Interesse dann zu verneinen ist, wenn eine Angelegenheit „in allen Einzelheiten in den öffentlichen Medien behandelt worden und damit auch einem breiten Publikum bekannt geworden sei"[1563]. Dies überzeugt bereits aus den vorgenannten Gründen nicht, insbesondere aber auch deshalb nicht, weil die – oft jahrelange – Verwendung in der Aus- und Fortbildung nicht mit einer – meist in einem kurzen Zeitraum stattfindenden – medialen Aufmerksamkeit verglichen werden kann.[1564]

825 Zu Recht wird in der Literatur darauf hingewiesen, dass eine Umgehung der Löschfristen in § 35 PolDVG durch eine **vermeintliche Zweckänderung zu Aus- und Fortbildungszwecken** unzulässig ist.[1565]

826 Gem. **§ 37 Abs. 2 Satz 1 1. HS PolDVG** darf die Polizei „gespeicherte personenbezogene Daten zu **archivarischen, wissenschaftlichen, historischen oder statistischen** Zwecken verarbeiten". Die Daten sind, soweit und sobald der Zweck dies zulässt, zu **anonymisieren**, § 37 Abs. 2 Satz 1 2.HS PolDVG.

827 Eine Veröffentlichung ist **zu statistischen Zwecken** nur zulässig, wenn kein Rückschluss auf die Verhältnisse einer natürlichen Person möglich ist, § 37 Abs. 2 Satz 2 1. HS PolDVG.

828 Eine Veröffentlichung zu **archivarischen, wissenschaftlichen oder historischen Zwecken** ist gem. § 37 Abs. 2 Satz 2 2. HS PolDVG nur zulässig, „wenn 1. die betroffene Person **eingewilligt** hat oder 2. dies für die **Darstellung von Ereignissen der Zeitgeschichte unerlässlich** ist".

> Eine Legaldefinition zu Einwilligung enthält § 2 Abs. 22 PolDVG.

1561 *Arzt, Clemens*, in Schenke, Wolf-Rüdiger/Graulich, Kurt/Ruthig, Josef (Hrsg.), Sicherheitsrecht des Bundes, 2. Aufl. München 2018, § 29 BPolG Rn. 68 m. w. N.

1562 *Beaucamp, Guy*, in: B/E/R/S, § 17 PolDVG Rn. 2, 3 unter Verweis auf VerfGH Sachsen, in: JZ 1996, 957; *Arzt, Clemens*, in: Schenke, Wolf-Rüdiger/Graulich, Kurt/Ruthig, Josef (Hrsg.), Sicherheitsrecht des Bundes, 2. Aufl. München 2018, § 29 BPolG Rn. 68 m. w. N.

1563 *Ebert, Frank/Seel, Lothar/Joel, Heiko*, ThürPAG (Kommentar), 8. Aufl. Wiesbaden 2019, § 40 Rn. 35 zur vergleichbaren Norm des § 40 ThürPAG; ebenso *Aulehner, Josef*, in: Möstl, Markus/Schwabenbauer, Thomas (Hrsg.), BeckOK Polizei- und Sicherheitsrecht Bayern, 12. Ed. München 01. 02. 2020, § 54 PAG Rn. 52.

1564 *Beaucamp, Guy*, in: B/E/R/S, § 17 PolDVG Rn. 2, 3; *Arzt, Clemens*, in: Schenke, Wolf-Rüdiger/Graulich, Kurt/Ruthig, Josef (Hrsg.), Sicherheitsrecht des Bundes, 2. Aufl. München 2018, § 29 BPolG Rn. 68 m. w. N.

1565 *Arzt, Clemens*, in: Schenke, Wolf-Rüdiger/Graulich, Kurt/Ruthig, Josef (Hrsg.), Sicherheitsrecht des Bundes, 2. Aufl. München 2018, § 29 BPolG Rn. 69.

5. Datenübermittlung, §§ 38–47 PolDVG

a) Allgemeine Regelungen der Datenübermittlung, § 38 PolDVG (§ 18 PolDVG a. F.)

In § 38 PolDVG sind die **allgemeinen Regelungen der Datenübermittlung** geregelt. Sie sind bei Anwendung der speziellen Übermittlungsvorschriften der §§ 39–47 PolDVG zu beachten. 829

aa) Zweckbindung, § 38 Abs. 1 Satz 1 PolDVG

Die Geltung der **Zweckbindung** auch für die Ermächtigungen zur Datenübermittlung stellt § 38 Abs. 1 Satz 1 PolDVG nochmals klar: Danach darf die Polizei Daten nur zu dem Zweck übermitteln, zu dem sie die Daten erlangt oder gespeichert hat (zu den Regeln der Zweckbindung C.III.2.aa.). Die Datenübermittlung wird **typischerweise** mit einer Zweckänderung verbunden sein, der Empfänger der Daten wird häufig eine andere Aufgabe wahrnehmen, als die Behörde, die die Daten erhoben hat.[1566] 830

bb) Datenübermittlung, § 38 Abs. 1 Satz 2 und 3 PolDVG

Datenübermittlung ist nach bisheriger Terminologie das Bekanntgeben von Daten an Dritte in der Weise, dass die Daten weitergegeben, zur Einsicht bereitgehalten oder veröffentlicht werden, oder, dass Dritte in einem automatisierten Verfahren bereitgehaltene Daten abrufen (§ 4 Abs. 2 Nr. 4 HmbDSG a. F.). **Dritte** sind alle Stellen außerhalb der datenverarbeitenden Stelle, ausgenommen die Betroffenen und diejenigen Stellen, die in einem Mitgliedstaat der EU personenbezogene Daten im Auftrag verwalten (§ 4 Abs. 4 HmbDSG a. F.). 831

> Gem. Legaldefinition des § 2 Abs. 2, Abs. 16 PolDVG ist **Empfänger** „eine natürliche oder juristische Person, Behörde, Einrichtung oder andere **Stelle, der personenbezogene Daten offengelegt werden**, unabhängig davon, ob es sich bei ihr um einen Dritten handelt oder nicht; Behörden, die im Rahmen eines bestimmten Untersuchungsauftrags nach dem Europäischen Recht oder anderen Rechtsvorschriften personenbezogene Daten erhalten, gelten jedoch nicht als Empfänger; die Verarbeitung dieser Daten durch die genannten Behörden erfolgt im Einklang mit den geltenden Datenschutzvorschriften gem. den Zwecken der Verarbeitung". Unter einer **Stelle** werden natürliche und juristische Personen und ihre Handlungseinheiten, Gesellschaften und andere Personenvereinigungen des privaten Rechts verstanden (§ 4 Abs. 7 HmbDSG a. F.). 832

1566 *Schwabenbauer, Thomas,* Informationsverarbeitung im Polizei- und Strafverfahrensrecht, in: L/D, G. Rn. 24.

833 Gem. § 38 Abs. 1 Satz 3 PolDVG ist Datenübermittlung auch die **Weitergabe polizeilicher Daten innerhalb der zuständigen Behörde an andere**, als die in § 2 Abs. 1 PolDVG genannten Organisationseinheiten.

> Gem. § 2 Abs. 1 PolDVG ist Polizei im Sinne des PolDVG die für vollzugspolizeiliche Aufgaben, insbesondere die für unaufschiebbare Maßnahmen in allen Fällen der Gefahrenabwehr und die Verfolgung von Straftaten und Ordnungswidrigkeiten zuständigen Organisationseinheiten innerhalb der zuständigen Behörde. „Andere Organisationseinheit" i.d.S. wäre etwa die Einstellungsstelle der Polizei oder die Personalabteilung.

834 **§ 34 Abs. 4 PolDVG [Konzept der hypothetischen Datenneuerhebung,**[1567] (dazu C.III.2.a.ee.)] gilt für Daten, die mit besonderen Mitteln der Datenerhebung erhoben worden sind, entsprechend, **§ 38 Abs. 1 Satz 2 PolDVG**.

cc) Prüfpflicht, § 38 Abs. 3 PolDVG

835 Die Verantwortung für die Übermittlung trägt gem. **§ 38 Abs. 3 Satz 1 PolDVG** die **Polizei**. Sie hat die **Zulässigkeit der Übermittlung** zu prüfen, **§ 38 Abs. 3 Satz 2 PolDVG**. Bei Ersuchen von Polizeidienststellen sowie anderen Behörden und öffentlichen Stellen muss die Polizei dagegen grundsätzlich nur prüfen, ob das Ersuchen im Rahmen der Aufgaben des Empfängers liegt, es sei denn, es besteht Anlass zu einer weitergehenden Prüfung, **§ 38 Abs. 3 Satz 4 PolDVG**. Eine Sonderregelung enthält **§ 38 Abs. 3 Satz 5 PolDVG** für **automatisierte Abrufe**: Danach trägt der Empfänger die Verantwortung für die Rechtmäßigkeit des Abrufs.

dd) Gebot der Richtigkeit und Aktualität, § 38 Abs. 4 PolDVG

836 Die Polizei muss durch angemessene Maßnahmen gewährleisten, dass **unrichtige** oder **nicht mehr aktuelle Daten**, nicht übermittelt werden, § 38 Abs. 4 PolDVG. Diese Regelung stellt nochmals das Gebot der Richtigkeit der Daten dar (Art. 3 Nr. 4 DSRL-JI und Art. 4 Abs. 1 lit d DSRL-JI (dazu unter C. III.2. aa.).

Insoweit setzt § 38 Abs. 4 PolDVG die Forderung des **Art. 7 Abs. 2 DSRL-JI** um, wonach die Mitgliedstaaten vorsehen müssen, „dass die zuständigen Behörden alle angemessenen Maßnahmen ergreifen, um zu gewährleisten, dass personenbezogene Daten, die unrichtig, unvollständig oder nicht mehr aktuell sind, nicht übermittelt oder bereitgestellt werden. Zu diesem Zweck überprüft jede zuständige Behörde, soweit durchführbar, die Qualität der personenbezogenen Daten vor ihrer Übermittlung oder Bereitstellung. Bei jeder Übermittlung personenbezoge-

---

1567 *Petri, Thomas*, Informationsverarbeitung im Polizei- und Strafverfahrensrecht, in: L/D, G. Rn. 858.

ner Daten werden nach Möglichkeit die erforderlichen Informationen beigefügt, die es der empfangenden zuständigen Behörde gestatten, die Richtigkeit, die Vollständigkeit und die Zuverlässigkeit der personenbezogenen Daten sowie deren Aktualitätsgrad zu beurteilen."

ee) Hinweispflicht, § 38 Abs. 5 PolDVG

Bei besonderen gesetzlichen Bedingungen der Verarbeitung der zu übermittelnden Daten ist der Empfänger auf diese Bedingungen und die Pflicht, diese zu beachten, **hinzuweisen**, § 38 Abs. 5 PolDVG. **837**

Die Vorschrift setzt **Art. 9 Abs. 3 der DSRL-JI** um, die die Mitgliedstaaten verpflichtet, vorzusehen, „dass immer dann, wenn nach dem Unionsrecht oder dem Recht der Mitgliedstaaten, dem die übermittelnde zuständige Behörde unterliegt, für die Verarbeitung besondere Bedingungen gelten, die übermittelnde zuständige Behörde den Empfänger der Daten darauf hinweist, dass diese Bedingungen gelten und einzuhalten sind." Beispiele für solche besonderen Bedingungen können spezialgesetzlich vorgesehene **Zweckbindungsregelungen** bei der Weiterverarbeitung durch den Empfänger sein, wie das **Verbot der Weiterübermittlung** ohne Genehmigung oder Konsultationserfordernisse vor der Auskunft an betroffene Personen durch den Empfänger.[1568]

b) Besondere Übermittlungsvorschriften, §§ 39–47 PolDVG

aa) Allgemeines

Besondere Anforderungen für eine Übermittlung von Daten ins Ausland sind in §§ 39 ff. PolDVG normiert. Dabei ist zu beachten, dass bei der Entscheidung über eine Übermittlung von personenbezogenen Daten ins Ausland die Polizei an die deutschen **Grundrechte** gebunden bleibt, Art. 1 Abs. 3 GG, die staatliche Stelle im Ausland aber nur ihren eigenen rechtlichen Bindungen unterliegt. Eine Übermittlung ins Ausland führt also dazu, „dass die Gewährleistungen des Grundgesetzes nach der Übermittlung nicht mehr als solche zur Anwendung gebracht werden können und stattdessen die im Ausland geltenden Standards Anwendung finden"[1569]. Dennoch steht dies einer Übermittlung ins Ausland nach ständiger Rechtsprechung des BVerfG nicht bereits grundsätzlich entgegen. Deutschland sei „in die internationale Gemeinschaft eingebunden und habe die deutsche öffentliche Gewalt programmatisch auf internationale Zusammenarbeit ausgerichtet"[1570]. Dazu gehöre „ein Umgang mit anderen Staaten auch dann, **838**

1568 BürgDrucks. 21/17906 v. 30. 07. 2019, S. 67.

1569 BVerfG 141, 220, Rn. 325.

1570 BVerfGE 63, 343, 370; BVerfGE 111, 307, 318 f.; BVerfGE 112, 1, 25, 27; BVerfGE 141, 220, Rn. 325 mit Verweis auf die Präambel des GG, Art. 1 Abs. 2 GG, Art. 9 Abs. 2 GG, Art. 16 GG, Art. 23 GG, Art. 26 GG und Art. 59 Abs. 2 GG.

wenn deren Rechtsordnungen und -anschauungen nicht vollständig mit den deutschen innerstaatlichen Auffassungen übereinstimmen“[1571]. Denn ein solcher Datenaustausch ziele auch darauf ab, „die zwischenstaatlichen Beziehungen im gegenseitigen Interesse wie auch die außenpolitische Handlungsfreiheit der Bundesregierung zu erhalten“[1572].

839 Aufgrund der Entwicklungen des Raumes der Freiheit, der Sicherheit und des Rechts (RFSR, dazu näher unter A.II.) und der Gewährleistung von Grundrechtsschutz, insbesondere Datenschutz und effektivem Rechtsschutz in der EU, differenzieren die 2019 implementierten Vorschriften zur Datenübermittlung an Stellen im Ausland nunmehr deutlicher zwischen der Übermittlung im Bereich der **EU** und der Übermittlung in **Schengen-assoziierte Staaten** und **Drittstaaten**, als noch die vormaligen §§ 18 a, 20 a, 30 PolDVG jeweils a. F. Bei der Übermittlung an Drittstaaten und an zwischen- und überstaatliche Stellen sind die Vorschriften geprägt von der Sorge vor der Absenkung des Datenschutzniveaus. Mit §§ 43 bis 46 PolDVG werden die besonderen Anforderungen der **Art. 35 ff. der DSRL-JI** in diesem Bereich der Übermittlung umgesetzt.[1573]

bb) Besondere Übermittlungsanforderungen im innerstaatlichen Bereich, im Bereich der EU, ihrer Mitgliedstaaten und der Schengen-assoziierten Staaten, §§ 39–42 PolDVG

(1) Besondere Grundsätze der Datenverarbeitung, § 39 PolDVG (§ 18 a PolDVG a. F.)

840 Besondere Grundsätze der Datenverarbeitung im Rahmen der **polizeilichen Zusammenarbeit** zwischen Mitgliedstaaten der **EU** und **Schengen-assoziierten Staaten** enthält § 39 PolDVG. Gem. § 39 Abs. 5 PolDVG gelten die Vorschriften des § 39 Abs. 1–4 PolDVG für Schengen-assoziierte Staaten entsprechend.

> Eine Legaldefinition für einen **Schengen-assoziierten Staat** enthält § 2 Abs. 6 PolDVG: Ein Schengen-assoziierter Staat im Sinne dieses Gesetzes ist ein Staat, der die Bestimmungen des Schengen-Besitzstandes auf Grund eines Assoziierungsabkommens mit der Europäischen Union über die Umsetzung, Anwendung und Entwicklung des Schengen-Besitzstandes anwendet.

1571 BVerfG 141, 220, Rn. 325.

1572 BVerfG 108, 129, 137; BVerfG 141, 220, Rn. 325.

1573 BürgDrucks. 21/17906 v. 30. 07. 2019, S. 68.

Die von einer öffentlichen Stelle eines Mitgliedstaates der EU übermittelten Daten sind **besonders zu kennzeichnen, § 39 Abs. 1 Satz 1 PolDVG.** 841

Spezielle Ausnahmeerlaubnisse von der Zweckbindung bei der Datenübermittlung enthält **§ 39 Abs. 1 Satz 2 Nr. 1–4 PolDVG** für die Verhütung oder Verfolgung von **Straftaten** oder **Vollstreckung von strafrechtlichen Sanktionen (Nr. 1)**, oder für andere mit den Zwecken nach Nr. 1 unmittelbar zusammenhängende **justizielle und verwaltungsbehördliche Verfahren (Nr. 2)**, oder für die Abwehr einer **unmittelbar bevorstehenden erheblichen Gefahr** für die öffentliche Sicherheit **(Nr. 3)** oder jeden anderen Zweck mit **Einwilligung** der übermittelnden Stelle oder der betroffenen Person **(Nr. 4)**. 842

> Vom Begriff der „**öffentlichen Sicherheit**" ist laut EuGH „sowohl die innere als auch die äußere Sicherheit eines Mitgliedstaats umfasst, sodass die Beeinträchtigung des Funktionierens der Einrichtungen des Staates und seiner wichtigen öffentlichen Dienste sowie das Überleben der Bevölkerung ebenso wie die Gefahr einer erheblichen Störung der auswärtigen Beziehungen oder des friedlichen Zusammenlebens der Völker oder eine Beeinträchtigung der militärischen Interessen die öffentliche Sicherheit berühren können". Der EuGH hat außerdem entschieden, dass der Begriff „öffentliche Sicherheit" die Bekämpfung der mit bandenmäßigem Handel mit Betäubungsmitteln verbundenen Kriminalität oder des Terrorismus umfasst.[1574]
>
> Die Legaldefinition für eine **Einwilligung** enthält § 2 Abs. 22 PolDVG.

Gem. **§ 39 Abs. 2 Satz 1 PolDVG** hat die Polizei auf besondere **Verwendungsbeschränkungen hinzuweisen**, sofern diese auch im innerstaatlichen Recht Anwendung finden. Die von der übermittelnden Stelle für die Verwendung der Daten mitgeteilten Beschränkungen und Aufbewahrungs- und Löschungsfristen sind zu **beachten**, § 39 Abs. 2 Satz 2 PolDVG, mit **Ausnahme** der Daten, die bei Fristablauf zur Verhütung oder Verfolgung einer Straftat oder zur Strafvollstreckung benötigt werden, § 39 Abs. 2 Satz 3 PolDVG. 843

Die Polizei unterrichtet die übermittelnde öffentliche Stelle auf deren Ersuchen hin zu Zwecken der Datenschutzkontrolle über die Verarbeitung der Daten, **§ 39 Abs. 3 PolDVG.** 844

Gem. **§ 39 Abs. 4 PolDVG** darf die Polizei personenbezogene Daten, die von einer öffentlichen Stelle übermittelt wurden, **mit Einwilligung** der zustän- 845

1574 Vgl. in diesem Sinne EuGH, Rs. C-82/16 (K.A.u.a. Regroupement familial en Belgique) ECLI:EU:C:2018:308 Rn. 91; Rs. C-165/14 (Rendón Marín) EU:C:2016:675, Rn. 82 und 83, sowie Rs. C-304/14 – (CS) EU:C:2016:674, Rn. 37 bis 39.

digen Stelle dieses Staates **an nichtöffentliche Stellen** in den Mitgliedstaaten nur übermitteln, wenn sich aufgrund einer vorherigen **Einzelfallprüfung** ergibt, dass **überwiegende schutzwürdige Interessen der betroffenen Person** nicht entgegenstehen und die Übermittlung im Einzelfall unerlässlich ist zur **Verhütung von Straftaten (Nr. 1)**, oder zur Abwehr einer **unmittelbar bevorstehenden erheblichen Gefahr für die öffentliche Sicherheit (Nr. 2**, dazu oben) oder zur Abwehr einer **schwerwiegenden Beeinträchtigung** der Rechte Einzelner **(Nr. 3)**.

Aufschluss, wann eine **Beeinträchtigung der Rechte Einzelner** anzunehmen ist, geben die **ErwGr 51 der DSRL-JI**: **„Risiken für die Rechte und Freiheiten der natürlichen Personen** — mit unterschiedlicher Eintrittswahrscheinlichkeit und Schwere — können aus einer Datenverarbeitung hervorgehen, die zu einem **physischen, materiellen oder immateriellen Schaden** führen könnte, insbesondere wenn die Verarbeitung zu einer Diskriminierung, einem Identitätsdiebstahl oder -betrug, einem finanziellen Verlust, einer Rufschädigung, einem Verlust der Vertraulichkeit von dem Berufsgeheimnis unterliegenden Daten, der unbefugten Umkehr der Pseudonymisierung oder anderen erheblichen wirtschaftlichen oder gesellschaftlichen Nachteilen führen kann, wenn die betroffenen Personen um ihre Rechte und Freiheiten gebracht oder daran gehindert werden, die sie betreffenden personenbezogenen Daten zu kontrollieren, wenn personenbezogene Daten, aus denen die rassische oder ethnische Herkunft, politische Meinungen, die Religion oder weltanschauliche Überzeugungen oder die Zugehörigkeit zu einer Gewerkschaft hervorgehen, wenn genetische Daten oder biometrische Daten zur eindeutigen Identifizierung einer Person oder Daten über die Gesundheit oder Daten über das Sexualleben und sexuelle Orientierung oder über strafrechtliche Verurteilungen und Straftaten oder damit zusammenhängende Sicherungsmaßregeln verarbeitet werden, wenn persönliche Aspekte bewertet werden, insbesondere wenn Aspekte, die die Arbeitsleistung, wirtschaftliche Lage, Gesundheit, persönliche Vorlieben oder Interessen, die Zuverlässigkeit oder das Verhalten, den Aufenthaltsort oder Ortswechsel betreffen, analysiert und prognostiziert werden, um ein persönliches Profil zu erstellen oder zu nutzen, wenn personenbezogene Daten schutzbedürftiger natürlicher Personen, insbesondere Daten von Kindern, verarbeitet werden oder wenn die Verarbeitung eine große Menge personenbezogener Daten und eine große Anzahl von Personen betrifft."

Nach **ErwGr 52 zur DSRL-JI** sollen Eintrittswahrscheinlichkeit und Schwere des Risikos „nach der Art, dem Umfang, den Umständen und den Zwecken der Verarbeitung bestimmt werden. Das Risiko sollte anhand einer objektiven Bewertung beurteilt werden, bei der festgestellt wird, ob die Datenverarbeitung ein hohes Risiko birgt. Ein hohes Risiko ist ein besonderes Risiko der Beeinträchtigung der Rechte und Freiheiten der betroffenen Personen.

(2) Datenübermittlung zwischen Polizeidienststellen, § 40 PolDVG (§ 19 PolDVG a. F.)

846 Gem. **§ 40 PolDVG** dürfen Daten auch an die **Polizeien des Bundes** und **anderer Bundesländer** übermittelt werden, soweit dies zur Erfüllung der polizeilichen Aufgaben erforderlich ist. Die Polizei in Hamburg gilt als eine

Stelle. Die Datenweitergabe innerhalb der Polizei Hamburg gilt rechtlich als Datennutzung und nicht als Datenübermittlung i. S. d. § 40 PolDVG.[1575] Die Datenübermittlung ist nur insoweit zulässig, als diese zur Erfüllung der polizeilichen Aufgaben i. S. d. § 1 Abs. 1 PolDVG erforderlich ist. Es ist sowohl die Übermittlung aus eigener Initiative der Polizei Hamburg erfasst, als auch die Übermittlung auf Ersuchen einer anderen Polizeibehörde.[1576]

(3) Übermittlung im innerstaatlichen Bereich und im Bereich der EU und deren Mitgliedstaaten, § 41 PolDVG (z. T. § 20 PolDVG a. F.)

Die Datenübermittlung im **innerstaatlichen** Bereich und im Bereich der **EU** und deren **Mitgliedsstaaten** regelt **§ 41 PolDVG.** Es sollen die gleichen Anforderungen an die innerstaatliche Datenübermittlung gelten, wie an die Datenübermittlung im Bereich der EU und deren Mitgliedsstaaten. **847**

Gem. **§ 41 Abs. 1 Satz 1 Nr. 1 PolDVG** darf die Polizei personenbezogene Daten an **öffentliche Stellen eines Mitgliedstaates** übermitteln, soweit dies zur Erfüllung polizeilicher Aufgaben i. S. d. § 1 Abs. 1 PolDVG erforderlich ist. **848**

Regelmäßig wird dies Übermittlungen an **Polizeibehörden eines Mitgliedstaates** der EU betreffen. Als solche können insbesondere jene Stellen gelten, die von diesem Staat gem. Art. 2 lit. a des Rahmenbeschlusses **2006/960/JI** des Rates vom 18. Dezember 2006 über die Vereinfachung des Austauschs von Informationen und Erkenntnissen zwischen den Strafverfolgungsbehörden der Mitgliedstaaten der Europäischen Union (ABl. L 386 v. 29. 12. 2006, S. 89, L 75 v. 15. 03. 2007, S. 26; sog. Rahmenbeschluss Datenschutz) benannt wurden.

§ 41 Abs. 3 Nr. 1 und 2 PolDVG stellen die Übermittlung an **Behörden, sonstige öffentliche und nichtöffentliche Stellen anderer Mitgliedstaaten** der EU den Regelungen über Übermittlung an inländische Stellen gleich. **849**

Hintergrund für diese tatbestandliche Gleichstellung ist, dass die europäische Integration stetig voranschreitet und sich die EU zu einem gemeinsamen **Raum der Freiheit, der Sicherheit und des Rechts** (RFSR) entwickelt hat (dazu unter A.II.1. und 2.). Deutlich wird dies in § 41 Abs. 3 PolDVG, aber auch in der Neufassung aller Überschriften für die Datenübermittlung „ins Ausland" im PolDVG mit der Novelle von 2019.

Auch die Datenübermittlungen an **zwischen- und überstaatliche Stellen** der EU oder deren Mitgliedstaaten richtet sich danach nach den Regelungen über Übermittlung an inländische Stellen. **850**

1575 BürgDrucks. 13/5422 v. 30. 01. 1990, S. 29.

1576 *Ettemeyer, Ulrich,* in: B/E/R/S, § 19 PolDVG Rn. 2.

Dies betrifft z. B. die nach Kapitel 4 und 5 des V. Titels des dritten Teils des **AEUV** errichteten Einrichtungen und sonstigen Stellen, z. B. **Europol**.

(4) Übermittlung nach Maßgabe des Rahmenbeschlusses 2006/960/JI, § 42 PolDVG (§ 20 a PolDVG a. F.)

851 Die in **§ 42 PolDVG** geregelten Vorgaben kommen zur Anwendung bei der Datenverarbeitung nach Maßgabe des **Rahmenbeschlusses 2006/960/JI** des Rates v. 18. 12. 2006 über die Vereinfachung des Austauschs von Informationen und Erkenntnissen zwischen den Strafverfolgungsbehörden der Mitgliedstaaten der EU.[1577] Er betrifft die Datenübermittlung an Mitgliedstaaten der EU und Schengen-assoziierte Staaten.

852 Gem. **§ 42 Abs. 1 Satz 1 PolDVG** darf die Polizei auf **Ersuchen** einer Polizeibehörde oder einer sonstigen für die Verhütung von Straftaten zuständigen öffentlichen Stelle eines Mitgliedstaates (gem. § 42 Abs. 6 PolDVG auch eines Schengen-assoziierten Staates), welches **nach Maßgabe des Rahmenbeschlusses 2006/960/JI** gestellt ist, vorhandene Daten zum Zwecke der Verhütung von Straftaten übermitteln. Gem. **§ 42 Abs. 1 Satz 2 PolDVG** gelten für die Übermittlung dieser Daten die Vorschriften über die Datenübermittlung im innerstaatlichen Bericht entsprechend. Die Übermittlung ist nur zulässig, wenn das Ersuchen die **Angaben** nach **§ 42 Abs. 2 Satz 1 PolDVG** enthält.

853 Wenn Tatsachen die Annahme rechtfertigen, dass eine Straftat i. S. d. Art. 2 Abs. 2 des **Rahmenbeschlusses 2002/584/JI**[1578] begangen werden soll und zu erwarten ist, dass die Datenübermittlung zur Verhütung einer solchen Straftat erforderlich ist, dürfen die Daten auch **ohne Ersuchen** übermittelt werden, **§ 42 Abs. 3 Satz 1 PolDVG**. Für die Übermittlung dieser Daten gelten die Vorschriften über die Datenübermittlung im innerstaatlichen Bereich entsprechend, **§ 42 Abs. 3 Satz 2 PolDVG**.

Gem. Art. 2 Abs. 2 des 2002/584/JI handelt es sich um folgende Straftaten: Beteiligung an einer kriminellen Vereinigung, Terrorismus, Menschenhandel, sexuelle Ausbeutung von Kindern und Kinderpornografie, illegaler Handel mit Drogen und psychotropen Stoffen, illegaler Handel mit Waffen, Munition und Sprengstoffen, Korruption, Betrugsdelikte, einschließlich Betrug zum Nachteil der

---

1577 ABl. EU 2006/L 386/89; 2007/L 75/26.

1578 Rahmenbeschluss des Rates v. 13. 06. 2002 über den Europäischen Haftbefehl und die Übergabeverfahren zwischen den Mitgliedstaaten, (2002/584/JI), ABl. EG 2002/L 190/1, zuletzt geändert durch Art. 2 ÄndRB 2009/299/EG v. 26. 02. 2009, ABl. EU 2009/L 81/24.

finanziellen Interessen der Europäischen Gemeinschaften im Sinne des Übereinkommens v. 26. Juli 1995 über den Schutz der finanziellen Interessen der Europäischen Gemeinschaften, Geldwäsche von Erträgen aus Straftaten, Geldfälschung, einschließlich der Euro-Fälschung, Cyberkriminalität, Umweltkriminalität, einschließlich des illegalen Handels mit bedrohten Tierarten oder mit bedrohten Pflanzen- und Baumarten, Beihilfe zur illegalen Einreise und zum illegalen Aufenthalt, vorsätzliche Tötung, schwere Körperverletzung, illegaler Handel mit Organen und menschlichem Gewebe, Entführung, Freiheitsberaubung und Geiselnahme, Rassismus und Fremdenfeindlichkeit, Diebstahl in organisierter Form oder mit Waffen, illegaler Handel mit Kulturgütern, einschließlich Antiquitäten und Kunstgegenstände, Betrug, Erpressung und Schutzgelderpressung, Nachahmung und Produktpiraterie, Fälschung von amtlichen Dokumenten und Handel damit, Fälschung von Zahlungsmitteln, illegaler Handel mit Hormonen und anderen Wachstumsförderern, illegaler Handel mit nuklearen und radioaktiven Substanzen, Handel mit gestohlenen Kraftfahrzeugen, Vergewaltigung, Brandstiftung, Verbrechen, die in die Zuständigkeit des Internationalen Strafgerichtshofs fallen, Flugzeug- und Schiffsentführung, Sabotage.

Ausnahmsweise kann die Übermittlung nach **§ 42 Abs. 4 PolDVG** unterbleiben, insbesondere, wenn „hierdurch **wesentliche Sicherheitsinteressen** des Bundes oder der Länder beeinträchtigt würden“ **(Nr. 1)**, oder „die Übermittlung der Daten **unverhältnismäßig** wäre oder die Daten für die Zwecke, für die sie übermittelt werden sollen, nicht **erforderlich** sind“ **(Nr. 2)** oder „hierdurch der **Erfolg laufender Ermittlungen** oder **Leib, Leben oder Freiheit einer Person gefährdet** würde“ **(Nr. 3)** oder „die Tat, zu deren Verhütung die Daten übermittelt werden sollen, nach deutschem Recht mit einer Freiheitsstrafe von **im Höchstmaß einem Jahr oder weniger** bedroht ist“ **(Nr. 4)**. **854**

Eine spezielle Regelung der **Zweckbindung** normiert **§ 42 Abs. 5 Satz 1 PolDVG**; danach dürfen die an die Polizei übermittelten Daten „nur für die Zwecke, für die sie übermittelt wurden, oder zur Abwehr einer **unmittelbar bevorstehenden erheblichen Gefahr** für die öffentliche Sicherheit verwendet werden“ (dazu unter C.III.3.b.bb.1.). **855**

Für einen anderen Zweck oder als Beweismittel in einem gerichtlichen Verfahren dürfen sie nur verwendet werden, wenn die übermittelnde öffentliche Stelle **eingewilligt** hat, **§ 42 Abs. 5 Satz 2 PolDVG** (zum allgemeinen Grundsatz der Zweckbindung in § 34 PolDVG s. C.III.2.a.). **856**

cc) Übermittlung in Drittstaaten und an über- und zwischenstaatliche Stellen, §§ 43–46 PolDVG

(1) Allgemeines

857 Allgemeine Voraussetzungen der Datenübermittlungen an **Drittstaaten** und an **über- und zwischenstaatliche Stellen** normieren **§§ 43–46 PolDVG**. Hierdurch soll Art. 35 der DSRL-JI umgesetzt werden, insbesondere aber gewährleistet werden, dass das durch die **DSRL-JI gewährleistete Schutzniveau** für natürliche Personen nicht untergraben wird (Art. 35 Abs. 3 DSRL-JI).

Die vergleichsweise umfangreichen Erwägungen zur DSRL-JI dazu (vgl. Erw. 64–74) legen Zeugnis ab von der Sorge des EU-Richtliniengebers, dass das Datenschutzniveau der Bürger in der EU durch Übermittlung in Staaten außerhalb der EU oder internationale Organisationen untergraben wird.

(2) Allgemeine Grundsätze, § 43 PolDVG

858 **§ 43 PolDVG** regelt die Bedingungen, die **bei jeder Datenübermittlung an Stellen in Drittstaaten oder an internationale Organisationen** vorliegen müssen. Neben den allgemeinen Voraussetzungen der Datenübermittlung muss die Stelle im Drittstaat oder die internationale Organisation für die in **Art. 1 Abs. 1 DSRL-JI genannten Zwecke zuständig** sein, **§ 43 Abs. 1 Nr. 1 PolDVG**.

Art. 1 Abs. 1 DSRL-JI lautet: „Diese Richtlinie enthält Bestimmungen zum Schutz natürlicher Personen bei der Verarbeitung personenbezogener Daten durch die zuständigen Behörden zum Zwecke der Verhütung, Ermittlung, Aufdeckung oder Verfolgung von Straftaten oder der Strafvollstreckung, einschließlich des Schutzes vor und der Abwehr von Gefahren für die öffentliche Sicherheit."

859 Daneben fordert **§ 43 Abs. 1 Nr. 2 PolDVG**, dass die Europäische Kommission gem. Art. 36 Abs. 3 DSRL-JI einen sog. **Angemessenheitsbeschluss** des datenschutzrechtlichen Niveaus in dem Drittland oder der internationalen Organisation gefasst hat.

Art. 36 Abs. 3 DSRL-JI lautet: „Nach der Beurteilung der Angemessenheit des Schutzniveaus kann die Kommission im Wege eines **Durchführungsrechtsaktes** beschließen, dass ein Drittland beziehungsweise ein Gebiet oder ein oder mehrere spezifische Sektoren in einem Drittland oder eine internationale Organisation ein **angemessenes Schutzniveau** im Sinne des Abs. 2 dieses Artikels bietet. In dem Durchführungsrechtsakt wird ein Mechanismus für die regelmäßige Überprüfung vorgesehen, die mindestens alle vier Jahre erfolgt und bei der allen maßgeblichen Entwicklungen in dem Drittland oder der internationalen Organisation Rechnung getragen wird. Im Durchführungsrechtsakt werden der territoriale und der sektorale Anwendungsbereich sowie gegebenenfalls die in Abs. 2 Buchstabe b dieses Artikels genannte Aufsichtsbehörde oder die dort genannten Aufsichtsbehörden angegeben. Der Durchführungsrechtsakt wird gem. dem in Art. 58 Abs. 2 genannten Prüfverfahren erlassen."

Bei der Beurteilung der Angemessenheit des Schutzniveaus im Bereich Datenschutz prüft die EU-Kommission gem. Art. 36 Abs. 2 lit. a DSRL-JI insbesondere die **„Rechtsstaatlichkeit, die Achtung der Menschenwürde und Grundfreiheiten“** durch den Empfänger, die **geltenden Vorschriften** „in Bezug auf die öffentliche Sicherheit, die Landesverteidigung, die nationale Sicherheit und das Strafrecht, und den Zugang der Behörden zu personenbezogenen Daten sowie die Durchsetzung dieser Vorschriften, Datenschutzvorschriften, Berufsregeln und Sicherheitsvorschriften“. Des Weiteren wird die „Existenz und die wirksame Funktionsweise einer oder mehrerer **unabhängiger Aufsichtsbehörden**“, Art. 36 Abs. 2 lit. b. DSRL-JI, sowie die eingegangenen **internationalen Verpflichtungen** oder andere Verpflichtungen im Bereich Datenschutz geprüft, Art. 36 Abs. 2 lit c DSRL-JI.

Trotz eines bestehenden Angemessenheitsbeschlusses der Europäischen **860**
Kommission muss die Polizei von einer Datenübermittlung an die Drittstaaten oder internationale Organisationen Abstand nehmen, wenn **„im Einzelfall** ein datenschutzrechtlich **angemessener** und die **elementaren Menschenrechte** wahrender Umgang mit den Daten beim Empfänger **nicht hinreichend gesichert** ist oder sonst **überwiegende schutzwürdige Interessen** einer betroffenen Person entgegenstehen“, **§ 43 Abs. 2 Satz 1 PolDVG**. Die Polizei muss daher im Einzelfall selbst prüfen, ob der Empfänger „einen angemessenen Schutz der übermittelten Daten garantiert“, **§ 43 Abs. 2 Satz 2 PolDVG.**

Diese Ausnahme sehen Art. 35 oder Art. 36 DSRL-JI nicht vor. Sie beruht auf der Rechtsprechung des BVerfG zum BKAG, wonach, die „Übermittlung personenbezogener Daten ins Ausland […] einen datenschutzrechtlich angemessenen und mit elementaren Menschenrechtsgewährleistungen vereinbaren Umgang mit den übermittelten Daten im Empfängerstaat“ voraussetzt.[1579] Generalisierende Einschätzungen seien zwar grundsätzlich zulässig, könnten aber nur Geltung beanspruchen, solange sie nicht durch **entgegenstehende Tatsachen in besonders gelagerten Fällen** erschüttert werden.[1580] Das BVerfG stellt u. a. unter Rückgriff auf die **„Safe-Harbour-Entscheidung“ des EuGH**[1581] und die Rechtsprechung des EGMR[1582] fest, dass eine Übermittlung von Daten in Drittstaaten nicht das datenschutzrechtliche Grundrechtsschutzniveau aushöhlen dürfe.[1583] Es müsse ein „angemessenes materielles datenschutzrechtliches Niveau für den Umgang mit den übermittelten Daten im Empfängerstaat“ gewährleistet sein.[1584] Insbesondere

1579 BVerfGE 141, 220, Rn. 332; dazu *Schwichtenberg, Simon*, in: Kühling, Jürgen/Buchner, Benedikt (Hrsg.), DS-GVO/BDSG (Kommentar), 2. Aufl. München 2018, § 78 BDSG Rn. 10.

1580 BVerfGE 141, 220, Rn. 336.

1581 EuGH, Urteil v. 06. 10. 2015, C-362/14 (Schrems/Digital Rights Ireland), Rn. 91 ff.; dazu *Kühling, Jürgen/Heberlein, Johanna*, EuGH „reloaded“: „unsafe harbor“ USA vs. „Datenfestung“ EU, in: NVwZ 2016, 7 ff.

1582 EGMR, Urteil v. 04. 12. 2015, 47143/06 (Zakharov vs. Russland).

1583 BVerfG 141, 220, Rn. 335.

1584 BVerfGE 141, 220, Rn. 335 f.

müsse **eine Übermittlung ganz unterbleiben,**[1585] für den Fall, dass der Empfängerstaat den Schutz menschenrechtlicher Standards nicht gewährleiste: „Keinesfalls darf der Staat seine Hand zu Verletzungen der Menschenwürde reichen“[1586]. Der EuGH hatte zuvor in der „Safe-Harbour-Entscheidung“ eine Entscheidung der EU-Kommission für nichtig erklärt, nach welcher Datenempfänger in den USA unter bestimmten Voraussetzungen ein angemessenes Datenschutzniveau gewährleisteten.[1587] Die in der Safe-Harbour-Entscheidung vom EuGH entwickelten Grundsätze finden sich nun im Wesentlichen in den inhaltlichen Vorgaben für die Angemessenheitsprüfung des **Art. 36 Abs. 2 DSRL-JI**. In der Folge der Safe-Harbour-Entscheidung des EuGH haben die EU und die USA ein informelles Abkommen geschlossen, in welchem die USA einige datenschutzrechtliche Zusicherungen tätigen. Dies nahm die EU-Kommission zum Anlass für die Feststellung, dass die USA ein angemessenes Schutzniveau für personenbezogene Daten gewährleisteten, die im Rahmen des **EU-US-Privacy Shield (Privatsphäre-Schutzschirm)** aus der EU an Organisationen in den USA übermittelt werden.[1588] Es ist sehr umstritten, ob das EU-US-Datenschutzschild das datenschutzrechtliche Schutzniveau der Grundrechtecharta gewährleistet.[1589] Die EU-Kommission hat zugesagt, jährlich zu überprüfen, ob die Vereinbarung nach wie vor ein angemessenes Schutzniveau für die personenbezogenen Daten gewährleistet und legt dem EU-Parlament seit 2017 jährlich einen Bericht zur Entwicklung des Datenschutzniveaus in den USA vor.[1590] Die USA und die EU haben zudem das sogenannte **Umbrella-Agreement**[1591] betreffend den Austausch von Daten zum **Zwecke der Strafverfolgung** geschlossen, nachdem der damalige US-Präsident Barack Obama zuvor den **Judicial Redress Act**[1592] gezeichnet hatte, der es erstmals EU-Bürgern

1585 BVerfGE 141, 220, Rn. 353.

1586 BVerfGE 141, 220, Rn. 327 f.

1587 EuGH, Urteil v. 06. 10. 2015, C-362/14 (Schrems/Digital Rights Ireland), Rn. 91 ff.

1588 Durchführungsbeschluss (EU) 2016/1250 der Kommission gemäß der RL 95/46/EG über die Angemessenheit des vom EU-US-Datenschutzschild gebotenen Schutzes, C (2016)4176, ABl EU 2016/L 207/1.

1589 Kritik übt das *EU-Parlament*, Data Privacy Shield: MEPs alarmed at undermining of privacy safeguards in the US, Pressemitteilung v. 06. 04. 2017, https://www.europarl.europa.eu/news/de/press-room/20170329IPR69067/data-privacy-shield-meps-alarmed-at-undermining-of-privacy-safeguards-in-the-us (zuletzt abgerufen am 01. 04. 2020); s. auch *Botta, Jonas*, Augen zu und durch?, in: JuWissBlog Nr. 16/2019 v. 12. 02. 2019, https://www.juwiss.de/16–2019/ (zuletzt abgerufen am 01. 04. 2020); *Gruber, Angela/Kremp, Matthias/Stöcker, Christian*, Die Schwächen des neuen Datenschutzpakts, in: Spiegel.de v. 29. 02. 2016, https://www.spiegel.de/netzwelt/netzpolitik/privacy-shield-eu-und-usa-versprechen-ein-bisschen-datenschutz-a-1079875.html (zuletzt abgerufen am 01. 04. 2020); vgl. auch Kritik von Die Deutsche Vereinigung für Datenschutz (DVD), Presseerklärung v. 01. 07. 2016, https://www.datenschutzverein.de/wp-content/uploads/2016/07/2016-07-01-DVD-PE-EU-US-PrivacyShield.pdf (zuletzt abgerufen am 01. 04. 2020).

1590 Vgl. etwa Bericht der Kommission an das Europäische Parlament und den Rat zur dritten jährlichen Überprüfung der Funktionsweise des EU-US-Datenschutzschilds, v. 13. 10. 2019, COM(2019) 495 final.

1591 Agreement between the United States and the European Union on the protection of personal information relating to the prevention, investigation, detection and prosecution of criminal offenses.

1592 Judicial Redress Act of 2015, 5 U.S.C. § 552 a note, https://www.justice.gov/opcl/judicial-redress-act-2015 (zuletzt abgerufen am 01. 04. 2020).

ermöglicht, **Datenschutzbeschwerden in den USA** zu erheben.[1593] Der Bundesrat hatte zuvor noch gefordert, dass Nutzungen zu anderen Zwecken als zur polizeilichen und justiziellen Zusammenarbeit in Strafsachen wirksam ausgeschlossen und die Rechte auf Zugang, Berichtigung und Löschung der Daten effektiv ausgestaltet und gesichert würden. Auch dürfe eine Übermittlung personenbezogener Daten nicht erfolgen, wenn dem von der Übermittlung seiner Daten Betroffenen in den USA die Todesstrafe drohe.[1594]

Übermittelt die Polizei Daten, die zuvor **aus einem anderen Mitgliedstaat** übermittelt oder zur Verfügung gestellt wurden, steht dies unter dem **Genehmigungsvorbehalt** der zuständigen Stelle des übermittelnden Mitgliedstaates, **§ 43 Abs. 3 Satz 1 PolDVG**. Kann die Genehmigung aus zeitlichen Gründen vorher nicht eingeholt werden, und ist die Übermittlung aber erforderlich, um eine **unmittelbar bevorstehende und erhebliche Gefahr für die öffentliche Sicherheit** eines Staates oder für die **wesentlichen Interessen** eines Mitgliedstaates abzuwehren, dann darf die Polizei die Übermittlung auch ohne Genehmigung vornehmen, **§ 43 Abs. 3 Satz 2 PolDVG**, und muss die für die Genehmigung zuständige Stelle in dem Mitgliedstaat informieren, **§ 42 Abs. 3 Satz 3 PolDVG** (zum Begriff der „öffentlichen Sicherheit eines Staates", oben unter C.III.3.b.bb.1). Diese Regelung setzt Art. 35 Abs. 2 DSRL-JI um. **861**

Bei der Übermittlung von Daten an einen Drittstaat oder eine internationale Organisation muss die Polizei selbst **„durch geeignete Maßnahmen"** sicherstellen, dass auch der Drittstaat oder die internationale Organisation die Daten nur bei **Genehmigung** durch die Polizei an **andere Drittstaaten** oder **andere internationale Organisationen** weiter übermittelt, **§ 43 Abs. 4 Satz 1 PolDVG**. Bei der Erteilung einer Genehmigung muss die Polizei den Zweck der ursprünglichen Übermittlung und das datenschutzrechtliche Schutzniveau des Empfängers berücksichtigen, **§ 43 Abs. 4 Satz 2 PolDVG**. Insbesondere darf die Genehmigung nur erteilt werden, wenn auch eine direkte Übermittlung an den anderen Drittstaat oder die andere internationale Organisation zulässig wäre, **§ 43 Abs. 4 Satz 3 PolDVG**. **862**

1593 Zum ersten Mal in ihrer Geschichte haben die USA die Geltung bestimmter Grundrechte, die bisher nur US-Bürgern und Gebietsansässigen in den USA gewährt worden sind, auch auf EU-Bürger erstreckt. Dies war Voraussetzung für die Datenübermittlung der Mitgliedsstaaten in die USA, nachdem der EuGH (Urteil v. 06. 10. 2015 – C-362/14 (Schrems/Digital Rights Ireland) Rn. 91 ff.) festgestellt hatte, dass ein Klagerecht ein wesentliches Element in einem Datenschutzabkommen mit Drittstaaten sein muss.

1594 Entschließung des Bundesrates zu dem geplanten Rahmenübereinkommen zwischen der Europäischen Union und den Vereinigten Staaten von Amerika über den Schutz personenbezogener Daten bei deren Übermittlung und Verarbeitung zum Zwecke der Strafverfolgung (sog. Umbrella Agreement), BRDrucks. 90/16 v. 20. 06. 2016.

(3) Ausnahmen vom Erfordernis des Angemessenheitsbeschlusses, §§ 44, 45 PolDVG

863 **Ausnahmen von dem Erfordernis des Angemessenheitsbeschlusses** des § 43 Abs. 1 Nr. 2 PolDVG regeln **§ 44 PolDVG** (Datenübermittlung bei geeigneten Garantien) und **§ 45 PolDVG** (Datenübermittlung ohne geeignete Garantien). Fehlt ein Angemessenheitsbeschluss, ist die Übermittlung von Daten an Drittstaaten oder internationale Organisation an (noch) weitere, engere Voraussetzungen geknüpft.

864 Die Zulässigkeit einer Übermittlung nach **§ 44 PolDVG (Datenübermittlung bei geeigneten Garantien)** setzt voraus, dass zunächst die **allgemeinen Voraussetzungen des § 43 PolDVG** erfüllt sind. Zusätzlich müssen **geeignete Garantien** zum Schutz der betroffenen Personen bestehen. Weder § 44 PolDVG noch Art. 37 DSRL-JI enthalten dabei Anforderungen an die Geeignetheit von Garantien. Aufschluss können aber die ErwGr 71 der DSRL-JI geben:

> „Datenübermittlungen, die nicht auf der Grundlage eines Angemessenheitsbeschlusses erfolgen, sollten nur dann zulässig sein, **wenn in einem rechtsverbindlichen Instrument** geeignete Garantien festgelegt sind, die den Schutz personenbezogener Daten gewährleisten, oder wenn der Verantwortliche alle Umstände beurteilt hat, die bei der Datenübermittlung eine Rolle spielen, und auf der Grundlage dieser Beurteilung zu der Auffassung gelangt ist, dass geeignete Garantien zum Schutz personenbezogener Daten bestehen. Solche rechtsverbindlichen Instrumente könnten beispielsweise **rechtsverbindliche bilaterale Abkommen** sein, die von den Mitgliedstaaten geschlossen und in ihre Rechtsordnung übernommen wurden und von ihren betroffenen Personen durchgesetzt werden können und die sicherstellen, dass die Datenschutzvorschriften und die Rechte der betroffenen Personen **einschließlich ihres Rechts auf wirksame verwaltungsrechtliche und gerichtliche Rechtsbehelfe** beachtet werden. Der Verantwortliche sollte **Kooperationsvereinbarungen zwischen Europol oder Eurojust und Drittländern** berücksichtigen können, die den Austausch personenbezogener Daten ermöglichen, wenn er alle Umstände im Zusammenhang mit der Datenübermittlung beurteilt. Der Verantwortliche sollte außerdem berücksichtigen können, dass die Übermittlung personenbezogener Daten Geheimhaltungspflichten und dem Grundsatz der Spezialität unterliegt, damit gewährleistet wird, dass die Daten nicht zu anderen Zwecken als zu den Zwecken, zu denen sie übermittelt wurden, verarbeitet werden. Darüber hinaus sollte der Verantwortliche berücksichtigen, dass die personenbezogenen Daten nicht verwendet werden, um die **Todesstrafe oder eine Form der grausamen und unmenschlichen Behandlung** zu beantragen, zu verhängen oder zu vollstrecken. Diese Bedingungen könnten zwar als geeignete Garantien angesehen werden, die die Datenübermittlung zulassen, jedoch sollte der Verantwortliche zusätzliche Garantien verlangen können."

865 ErwGr 71 der DSRL-JI stellt also insbesondere klar, dass die geeigneten Garantien von den betroffenen Personen auf dem **Rechtsweg** auch durchsetzbar sein müssen.

Dies geht auf die **Safe-Harbour-Entscheidung des EuGH** zurück, der die Durchsetzbarkeit von Rechten und effektive Rechtsbehelfe als wesentliche Elemente der geeigneten Garantien wertet:[1595] „dies gilt auch hinsichtlich der Verfügbarkeit von durchsetzbaren Rechten der betroffenen Person und von wirksamen Rechtsbehelfen einschließlich des Rechts auf wirksame verwaltungsrechtliche oder gerichtliche Rechtsbehelfe sowie des Rechts auf Geltendmachung von Schadenersatzansprüchen in der Union oder in einem Drittland“[1596].

Die geeigneten Garantien können nach § 44 Abs. 1 Nr. 1 PolDVG durch ein **verbindliches Rechtsinstrument** geschaffen werden. **866**

In Abgrenzung zu § 44 Abs. 1 Nr. 2 PolDVG zählen hierzu insbesondere rechtsverbindliche **bilaterale Abkommen**, die von den Mitgliedstaaten geschlossen und in ihre Rechtsordnungen übernommen wurden, so ErwGr 71 der DSRL-JI. Die geeigneten Garantien müssen demnach „inter partes“- Regeln schaffen, die die Rechtsordnung im Drittland bisher so noch nicht – in Gänze – hergibt.[1597]

Gibt es kein Abkommen zwischen den Mitgliedstaaten oder keine Vereinbarungen zwischen öffentlichen Stellen, kann eine Übermittlung nach **§ 44 Abs. 1 Nr. 2 PolDVG** zulässig sein, wenn auch unabhängig davon **geeignete Garantien zum Schutz personenbezogener Daten** bestehen. Die **verantwortliche Stelle** muss dann eine **Überprüfung** beispielsweise etwaiger Geheimhaltungspflichten oder Möglichkeiten zweckwidriger Verwendung von Daten im Drittstaat bzw. in der internationalen Organisation vornehmen, s. ErwGr 70 der DSRL-JI. Gelangt die verantwortliche Stelle nach der Prüfung zu dem Ergebnis, dass personenbezogene Daten hinreichend geschützt werden, darf sie die Daten übermitteln. Die verantwortliche Stelle hat die Übermittlung dann allerdings nach **§ 44 Abs. 2 Satz 1 PolDVG** mit dem nach § 44 Abs. 2 Satz 2 PolDVG erforderlichen Inhalt zu **dokumentieren** und ihre Dokumentation der oder dem **Hamburgischen Datenschutzbeauftragten** auf deren/dessen Anforderung hin zur Verfügung zu stellen, **§ 44 Abs. 2 Satz 3 PolDVG** und die oder den Hamburgischen Datenschutzbeauftragten nach **§ 44 Abs. 3 Satz 3 PolDVG** zumindest jährlich zu **unterrichten**. **867**

Hierdurch wird Art. 37 der DSRL-JI und Art. 38 DSRL-JI umgesetzt.

1595 EuGH, Urteil v. 06. 10. 2015, C-362/14 (Schrems/Digital Rights Ireland), Rn. 91 ff.

1596 So zu § 46 DSGVO *Schröder, Christan*, in: Kühling, Jürgen/Buchner, Benedikt (Hrsg.), DS-GVO/BDSG (Kommentar), 2. Aufl. München 2018, Art. 46 DS-GVO Rn. 13.

1597 Europäischer Datenschutzbeauftragter, Die Übermittlung personenbezogener Daten an Drittländer und internationale Organisationen durch Organe und Einrichtungen der EU, Positionspapier v. 14. 07. 2014, S. 20.

868 Liegt weder ein Angemessenheitsbeschluss der EU-Kommission i. S. d. **§ 43 Abs. 1 Nr. 2 PolDVG** vor, noch geeignete Garantien nach § 44 Abs. 1 PolDVG, ist gem. **§ 45 Abs. 1 PolDVG (Datenübermittlung ohne geeignete Garantien)** ausnahmsweise eine Übermittlung in Drittstaaten oder an internationale Organisationen zulässig, sofern sie für die dort genannten Zwecke erforderlich ist. Damit wird Art. 38 DSRL-JI umgesetzt.

869 **§ 45 Abs. 1 PolDVG** stellt klar, dass zunächst die **allgemeinen Voraussetzungen des § 43 PolDVG** erfüllt sein müssen. Darüber hinaus muss die Übermittlung zu einem der genannten Zwecke erforderlich sein. Nach **§ 45 Abs. 1 Nr. 1 PolDVG** ist eine Übermittlung zum **Schutz lebenswichtiger Interessen einer natürlichen Person** erlaubt. Natürliche Person kann sowohl die betroffene Person selbst sein, als auch ein Dritter. **Nach § 45 Abs. 1 Nr. 2 PolDVG** ist eine Datenübermittlung außerdem zulässig, wenn sie zur **Wahrung berechtigter Interesse der betroffenen Person** erfolgt.

Der Gesetzgeber hat hier von der Möglichkeit nach Art. 38 Abs. 1 lit. b DSRL-JI Gebrauch gemacht, eine derartige Übermittlung zu legitimieren.

870 Gemäß **§ 45 Abs. 1 Nr. 3 PolDVG** ist eine Datenübermittlung ebenfalls zulässig, wenn sie der Abwehr einer **gegenwärtigen und erheblichen Gefahr für die öffentliche Sicherheit** eines Staates dient (dazu unter C.III.3.b.bb.1.).

§ 45 Abs. 1 Nr. 3 PolDVG dient der Umsetzung von Art. 38 Abs. 1 lit. c DSRL-JI.

871 Nach **§ 45 Abs. 1 Nr. 4 PolDVG** ist eine Übermittlung **„im Einzelfall"** auch ohne Angemessenheitsbeschluss und geeignete Garantien zu den in **Art. 1 Abs. 1 DSRL-JI genannten Zwecken** zulässig.

An der hier umgesetzten Regelung des Art. 38 DSLR-JI wird kritisiert, dass sie zwar mit „Ausnahmen für bestimmte Fälle" überschrieben ist, aber bei einer extensiven Auslegung eine Übermittlung in Drittstaaten und an internationale Organisationen dennoch regelmäßig legitimiert.[1598] So müsse jede Datenübermittlung zum **„Zwecke der Verhütung, Ermittlung, Aufdeckung oder Verfolgung von Straftaten oder der Strafvollstreckung, einschließlich des Schutzes vor und der Abwehr von Gefahren für die öffentliche Sicherheit"** (Art. 1 Abs. 1 DSRL-JI) erfolgen. Der Wortlaut der Bestimmung sei eine Art Generalklausel für die Legitimation einer Datenübermittlung. Es werde die Übermittlung ohne Beachtung der besonderen Voraussetzungen der Regelungen zum Angemessenheitsbeschluss und zu Garantien usw. (Art. 38, 39 DSRL-JI bzw. umgesetzt nun §§ 43, 44, 45 PolDVG) erlaubt. Es werde (nur) der Anschein eines nach Gefährdungen abgestuften Systems vom Angemessenheitsbeschluss der EU-Kommission über Garantien

---

1598 *Schwichtenberg, Simon*, in: Kühling, Jürgen/Buchner, Benedikt (Hrsg.), DS-GVO/BDSG (Kommentar), 2. Aufl. München 2018, § 80 BDSG Rn. 7.

usw. erweckt, der ein Sicherungsmittel zum Schutz betroffener Personen vorgäbe, weil er mit der Regelung einfach umgangen werden könne und daher de facto kein Sicherungsmittel darstelle.[1599]

Schließlich ist nach **§ 45 Abs. 1 Nr. 5 PolDVG** eine Übermittlung im Einzelfall auch zulässig, wenn sie zur **Geltendmachung, Ausübung oder Verteidigung von Rechtsansprüchen** im Zusammenhang mit der Kriminalitätsbekämpfung erforderlich ist. § 45 Abs. 1 Nr. 5 PolDVG setzt damit Art. 38 Abs. 1 lit. e DSRL-JI um. 872

Indem § 45 Abs. 1 Nr. 5 PolDVG lediglich verlangt, dass die Datenverarbeitung „im Zusammenhang" mit den Zwecken der Kriminalitätsbekämpfung steht, kann er auch solche Verarbeitungszwecke erfassen, die eine Folge eines Handelns von Polizei und Justiz sind, ihnen aber nicht mehr unmittelbar dienen. Exemplarisch wäre an einen Kostenerstattungsanspruch einer Behörde infolge eines Einsatzes zu denken. Problematisch ist allerdings, dass der Anwendungsbereich der §§ 45 ff. PolDVG eigentlich enger gefasst wird, da § 45 PolDVG nur Verarbeitungsvorgänge erfasst, die den Zwecken der Polizei und Justiz dienen, nicht aber solche, die nur „im Zusammenhang" mit diesem Zweck stehen.

Der ErwGr 72 Satz 2 der DSRL-JI fordert eine **restriktive Auslegung** von „Einzelfall": „Diese Ausnahmen sollten restriktiv ausgelegt werden, häufige, umfassende und strukturelle Übermittlungen personenbezogener Daten sowie Datenübermittlungen in großem Umfang ausschließen und daher auf unbedingt notwendige Daten beschränkt sein." 873

§ 45 Abs. 2 PolDVG fordert ausdrücklich eine **Verhältnismäßigkeitsprüfung** bei allen Ausnahmen des § 45 Abs. 1 PolDVG: „Von einer Übermittlung nach Abs. 1 ist abzusehen, wenn die Grundrechte der betroffenen Person das öffentliche Interesse an der Übermittlung überwiegen." Damit die übrigen Voraussetzungen der §§ 43–45 PolDVG durch § 45 Abs. 1 Nr. 4 PolDVG nicht ausgehöhlt werden, sind insbesondere an den Grundsatz der Verhältnismäßigkeit nach § 45 Abs. 2 PolDVG strenge Maßstäbe anzulegen.[1600] Darüber hinaus hat die Polizei die Übermittlung zu **dokumentieren** und muss die Dokumentation auf **Anforderung dem Hamburgischen Datenschutzbeauftragten** zur Verfügung stellen, § 45 Abs. 3 PolDVG. 874

1599 *Schwichtenberg, Simon,* in: Kühling, Jürgen/Buchner, Benedikt (Hrsg.), DS-GVO/BDSG (Kommentar), 2. Aufl. München 2018, § 80 BDSG Rn. 7.

1600 *Schwichtenberg, Simon,* in: Kühling, Jürgen/Buchner, Benedikt (Hrsg.), DS-GVO/BDSG (Kommentar), 2. Aufl. München 2018, § 80 BDSG Rn. 7.

(4) Sonstige Datenübermittlung an Empfänger in Drittstaaten, § 46 PolDVG

875 Die **sonstige Datenübermittlung** an Empfänger in **Drittstaaten** regelt **§ 46 PolDVG**. Hierdurch wird Art. 39 DSRL-JI umgesetzt. Es geht um **sonstige öffentliche Stellen**, also Stellen, die nicht im Rahmen der Strafverfolgung tätig sind, und um Private, z. B. das Ersuchen von Finanzinstitutionen oder Telekommunikationsanbietern.[1601] Für solche Übermittlungen **„im besonderen Einzelfall"** gelten die strengeren Anforderungen des **§ 46 Abs. 1 PolDVG**. Bei der Übermittlung muss die Polizei den Empfänger verpflichten, die Daten ohne Zustimmung der Polizei „nur für den Zweck zu verarbeiten, für den sie übermittelt worden sind" **(verstärkte Zweckbindung)**. Es gelten die **Dokumentations- und Informationspflichten** des § 44 Abs. 2 und 3 PolDVG entsprechend, **§ 46 Abs. 3 PolDVG**.

dd) Datenübermittlung an Personen und Stellen außerhalb des öffentlichen Bereichs und die Bekanntgabe an die Öffentlichkeit, § 47 PolDVG (§ 21 PolDVG a. F.)

876 Die Datenübermittlung an Personen und **Stellen außerhalb des öffentlichen Bereichs** und die **Bekanntgabe an die Öffentlichkeit** regelt § 47 PolDVG. Bei der **Datenübermittlung an private Empfänger** unterscheidet § 47 Abs. 1 PolDVG **zwei Fallgruppen**: Zum einen die Datenübermittlung auf **Initiative der Polizei,** § 47 Abs. 1 Nr. 1 und 2 PolDVG, und den Fall, bei dem **Auskunftsersuchende** an die Polizei herantreten und Auskunft begehren, **§ 47 Abs. 1 Nr. 3 PolDVG**. Eine Datenübermittlung an private Stellen ist zulässig, wenn dies zur Erfüllung **polizeilicher Aufgaben** (§ 1 Abs. 1 PolDVG) erforderlich ist, **§ 47 Abs. 1 Nr. 1 und 2 PolDVG**. Die Datenübermittlung an **auskunftsbegehrende Private** erfordert ein **„berechtigtes Interesse"** des Ersuchenden und es muss „offensichtlich sein, dass die Datenübermittlung im **Interesse des Betroffenen** liegt und er in Kenntnis der Sachlage seine **Einwilligung** hierzu erteilen würde", § 47 Abs. 1 Nr. 3 PolDVG.

> **Beispiele** für das Vorliegen eines berechtigten Interesses:[1602] Nachfrage von Angehörigen nach dem Verbleib eines unfallverletzten Betroffenen oder Nachfrage von Angehörigen nach dem Liegeplatz eines Schiffes, zu dessen Besatzung der Betroffene vermutlich gehört. Eine Legaldefinition für Einwilligung findet sich in § 2 Abs. 22 PolDVG.

Dieser Fall ist zu unterscheiden von dem einst in **§ 21 Abs. 1 Nr. 3 PolDVG a. F.** geregelten Fall, in dem der „Auskunftsbegehrende ein rechtliches Interesse an der Kenntnis der zu übermittelnden Daten glaubhaft macht und die schutzwürdigen Interessen des Betroffenen nicht überwiegen". Insoweit hat die Polizei zu beach-

---

1601 BürgDrucks. 21/17906 v. 30. 07. 2019, S. 70.

1602 Beispiele nach *Ettemeyer, Ulrich*, in: B/E/R/S, § 21 PolDVG Rn. 11.

ten, dass sie bei diesem Fall das Regelungsregime der DSRL-JI verlässt und die unmittelbar geltenden Vorschriften der **DSGVO** zu beachten hat.[1603]

877 Eine weitere Ermächtigung des § 47 PolDVG betrifft die **Bekanntgabe** von Daten **an die Öffentlichkeit, § 47 Abs. 2 PolDVG.** „Zum Zweck der Ermittlung der **Identität** oder des **Aufenthalts** oder zur **Warnung**" darf die Polizei Daten und Abbildungen öffentlich bekannt geben, wenn „die Abwehr einer Gefahr für Leib, Leben oder Freiheit einer Person oder bedeutende Vermögenswerte auf andere Weise nicht möglich erscheint", **§ 47 Abs. 2 Satz 1 PolDVG.**

Beispiel:[1604]

Übermittlung von Fotos oder Daten über eine vermisste hilflose Person an eine Tageszeitung zum Zwecke der Öffentlichkeitsfahndung.

878 Die Bekanntgabe bedarf der schriftlichen **richterlichen Anordnung, § 47 Abs. 2 Satz 2, Satz 3 PolDVG**. Bei Gefahr im Verzug kann die Maßnahme durch die Polizeipräsidentin oder den Polizeipräsidenten bzw. die Vertretung im Amt angeordnet werden, § 47 Abs. 2 Satz 4 PolDVG.

6. Datenabgleich, § 48 PolDVG (§ 22 PolDVG a. F.)

a) Allgemeines

879 In § 48 PolDVG ist der **Datenabgleich** der Polizei mit den eigenen Datenbeständen normiert. Dabei stellt § 48 PolDVG **keine Ermächtigungsgrundlage zur Datenerhebung** dar, sondern gestattet, rechtmäßig erhobene Daten in den Abgleich einzubeziehen.[1605] Diese polizeiliche Routinemaßnahme zielt darauf ab, durch Überprüfung vorhandener Fakten in den Datenbeständen der Polizei zu erfahren, ob eine betroffene Person oder ein Gegenstand bereits erfasst ist. Werden dagegen polizeiliche Daten mit Daten nicht-polizeilicher Stellen abgeglichen, so handelt es sich um eine Rasterfahndung (dazu unter C.III.8.).

1603 *Petri, Thomas*, Informationsverarbeitung im Polizei- und Strafverfahrensrecht, in: L/D, G. Rn. 1005; daher wurde § 21 Abs. 1 Nr. 3 PolDVG a. F. gestrichen, s. BürgDrucks. 21/17906 v. 30. 07. 2019, S. 70.

1604 Beispiel nach *Petri, Thomas*, Informationsverarbeitung im Polizei- und Strafverfahrensrecht, in: L/D, G. Rn. 1001.

1605 *Ettemeyer, Ulrich*, in: B/E/R/S, § 22 PolDVG Rn. 2.

b) Betroffene Grundrechte

880 Der Datenabgleich stellt einen eigenständigen Eingriff in das Recht auf informationelle Selbstbestimmung, Art. 2 Abs. 1 i. V. m. Art. 1 Abs. 1 GG dar, auch wenn dieser maschinell durchgeführt wird.[1606]

Anders als bei der **automatischen Kennzeichenerfassung**, findet der Datenabgleich nicht automatisiert statt, sondern wird willentlich seitens der handelnden Polizeivollzugsbeamten veranlasst und das Ergebnis wird an diese übermittelt. Die abfragenden Polizeivollzugsbeamten erhalten im Falle eines „Nichttreffers" wie auch des Vorliegens weiterer Informationen eine Rückmeldung zum Stand der Erkenntnisse über die betroffene Person. Diese Rückmeldung wird sodann in die Entscheidung zur Notwendigkeit weiterer Maßnahmen einfließen.[1607] Die vom BVerfG vertretene Ansicht, dass bei einem automatisierten Abgleich mit sofortiger Löschung im Falle eines Nichttreffers kein Grundrechtseingriff vorliege,[1608] ist daher nicht übertragbar.

881 Weil der Datenabgleich auf einen Erkenntniszugewinn gerichtet ist, wird er hinsichtlich seiner Eingriffsintensität mit der Datenerhebung verglichen.[1609] Es erfolgt eine Verknüpfung andernorts vorhandener Datenbestände, wodurch der Kreis der Kenntnishabenden erweitert wird.[1610] Dies gilt insbesondere für den Fahndungsabgleich, weil hier regelmäßig der Zugriff auf den Fahndungsbestand in Verbunddateien eröffnet wird und dieser Datenbestand, trotz einer Beteiligung eines Landes an der Verbunddatei, nicht zum Datenbestand der Landespolizei gehört.[1611] Außerdem kann der Datenabgleich weitere Grundrechtseingriffe zur Folge haben.[1612]

882 Mit der **Festhaltebefugnis** in § 48 Abs. 2 PolDVG ist eine freiheitsentziehende Maßnahme normiert, die einen Eingriff in **Art. 104 GG** darstellt und

---

1606 *Arzt, Clemens*, in: Kugelmann, Dieter/Möstl, Markus (Hrsg.), BeckOK Polizei- und Ordnungsrecht NRW, 16. Ed. München 01. 07. 2019, § 25 PolG NRW Rn. 6.

1607 *Arzt, Clemens*, in: Kugelmann, Dieter/Möstl, Markus (Hrsg.), BeckOK Polizei- und Ordnungsrecht NRW, 16. Ed. München 01. 07. 2019, § 25 PolG NRW Rn. 8.

1608 BVerfGE 120, 378, 399.

1609 *Schwabenbauer, Thomas*, Informationsverarbeitung im Polizei- und Strafverfahrensrecht, in: L/D, G. Rn. 1047; *Arzt, Clemens*, in: Kugelmann, Dieter/Möstl, Markus (Hrsg.), BeckOK Polizei- und Ordnungsrecht NRW, 16. Ed. München 01. 07. 2019, § 25 PolG NRW Rn. 6 f.

1610 *Schwabenbauer, Thomas*, Informationsverarbeitung im Polizei- und Strafverfahrensrecht, in: L/D, G. Rn. 1047.

1611 *Arzt, Clemens*, in: Kugelmann, Dieter/Möstl, Markus (Hrsg.), BeckOK Polizei- und Ordnungsrecht NRW, 16. Ed. München 01. 07. 2019, § 25 PolG NRW Rn. 6.

1612 *Schwabenbauer, Thomas*, Informationsverarbeitung im Polizei- und Strafverfahrensrecht, in: L/D, G. Rn. 1047.

unter einem Richtervorbehalt steht, Art. 104 Abs. 2 Satz 1 GG (dazu unter C.III.6.d.).[1613]

c) Tatbestandliche Voraussetzungen

Nach **§ 48 Abs. 1 Satz 1 1. Alt. PolDVG** darf die Polizei personenbezogene Daten von einer für eine Gefahr **verantwortlichen Person** mit dem Inhalt polizeilicher Datensysteme abgleichen. Gemeint sind Handlungsstörer gem. §§ 8, 9 SOG (zum Störerbegriff s. B. I.3.). Es geht nicht um „Verantwortliche" i. S. d. § 2 Abs. 14 PolDVG. Außerdem darf die Polizei nach **§ 48 Abs. 1 Satz 1 2. Alt. PolDVG** die Daten noch bei Personen im Sinne von § 11 Nr. 6 PolDVG abgleichen, das heißt bei Personen, bei denen tatsächliche Anhaltspunkte die Annahme rechtfertigen, dass sie **zukünftig Straftaten** begehen. **883**

Von **Nichtstörern** dürfen gem. **§ 48 Abs. 1 Satz 2 PolDVG** nur Daten abgeglichen werden, wenn Tatsachen die Annahme rechtfertigen, dass dies zur Erfüllung einer bestimmten polizeilichen Aufgabe erforderlich ist. Mithilfe des Datenabgleichs müssen also Ergebnisse erzielt werden, die der Erfüllung einer polizeilichen Aufgabe gem. § 1 Abs. 1 PolDVG dienen.[1614] **884**

§ 48 Abs. 1 Satz 3 PolDVG erlaubt den Abgleich der rechtmäßig erlangten Daten mit dem **Fahndungsbestand**. Hierdurch soll etwa geprüft werden, ob eine Person oder Sache aktuell zur Fahndung ausgeschrieben ist. **885**

d) Maßnahmenspezifische Verfahrens- und Formerfordernisse

Eine **Festhaltebefugnis** enthält **§ 48 Abs. 2 PolDVG**. Wird der Betroffene danach „zur Durchführung einer rechtmäßigen anderen Maßnahme **angehalten** und kann der Datenabgleich mit dem Fahndungsbestand nicht bis zum Abschluss dieser Maßnahme vorgenommen werden, darf der Betroffene weiterhin für den Zeitraum festgehalten werden, der regelmäßig für die Durchführung des Datenabgleichs notwendig ist." Die **Anhaltebefugnis** muss sich hingegen **aus der anderen Maßnahme** ergeben. **886**

Z. B. kann sich eine Anhaltebefugnis im Rahmen der Identitätsfeststellung aus § 13 Abs. 4 Satz 2 Nr. 1 PolDVG ergeben.

1613 *Schwabenbauer, Thomas,* Informationsverarbeitung im Polizei- und Strafverfahrensrecht, in: L/D, G. Rn. 1056; *Bäuerle, Michael,* in: Möstl, Markus/Bäuerle, Michael (Hrsg.), BeckOK Polizei- und Ordnungsrecht Hessen, 16. Ed. München 01. 01. 2020, § 25 HSOG Rn. 18 ff.

1614 *Ettemeyer, Ulrich,* in: B/E/R/S, § 22 PolDVG Rn. 3.

887 § 48 Abs. 2 PolDVG erlaubt nur eine **Verlängerung des Anhaltens**. Eine Mitnahme zur Wache ist davon nicht umfasst und muss auf eine andere Eingriffsbefugnis zu stützen sein.[1615] Wann im Einzelfall ein Anhalten in ein Festhalten „umschlägt", ist umstritten.[1616] Der Gesetzgeber will das Anhalten während des Vorgangs des Datenabgleichs nur für eine kurze Zeitspanne erlauben.[1617] Dies gilt erst recht für ein Festhalten.

Durch die Regelung sollten die in der Praxis einst weit verbreiteten „Verzögerungsmanöver" bei Verkehrskontrollen nach § 36 Abs. 5 StVO zur Gewinnung von Zeit entbehrlich gemacht werden. Inzwischen dürfte die praktische Bedeutung aber gering sein, da technikbedingt meist innerhalb weniger Sekunden Abgleichergebnisse erzielt werden.[1618]

888 Mit der **Festhaltebefugnis** wird eine Freiheitsentziehung gestattet, die grundsätzlich – wie jede Form von Freiheitsentziehung – einer richterlichen Entscheidung bedarf **(vgl. Art. 104 Abs. 2 Satz 1 GG)**.[1619] Anders als für § 48 Abs. 2 PolDVG ist in einigen Bundesländern deshalb für die Festhaltebefugnis im Rahmen des Datenabgleichs ein Richtervorbehalt vorgesehen, vgl. etwa § 33 Abs. 1 HSOG, § 38 Abs. 1 LSASOG.[1620] Hinsichtlich der **Verhältnismäßigkeit** einer Freiheitsentziehung zur Durchführung eines Datenabgleichs bestehen Bedenken, weil auch Nichtstörer unter eher niederschwelligen Voraussetzungen angehalten werden können.[1621]

889 **§ 48 Abs. 3 PolDVG** stellt klar, dass spezialgesetzliche Vorschriften zum Datenabgleich den Befugnissen des § 48 PolDVG vorgehen.

Beispiele:

Datenabgleich mit dem Fahreignungsregister, dem Ausländerzentralregister und dem Melderegister.

1615 *Ettemeyer, Ulrich*, in: B/E/R/S, § 22 PolDVG Rn. 6.

1616 Dazu *Schwabenbauer, Thomas,* Informationsverarbeitung im Polizei- und Strafverfahrensrecht, in: L/D, G. Rn. 1056.

1617 *Schwabenbauer, Thomas,* Informationsverarbeitung im Polizei- und Strafverfahrensrecht, in: L/D, G. Rn. 1056.

1618 So *Bäuerle, Michael*, in: Möstl, Markus/Bäuerle, Michael (Hrsg.), BeckOK Polizei- und Ordnungsrecht Hessen, 16. Ed. München 01. 01. 2020, § 25 HSOG Rn. 18 ff.

1619 *Schwabenbauer, Thomas,* Informationsverarbeitung im Polizei- und Strafverfahrensrecht, in: L/D, G. Rn. 1056; *Bäuerle, Michael*, in: Möstl, Markus/Bäuerle, Michael (Hrsg.), BeckOK Polizei- und Ordnungsrecht Hessen, 16. Ed. München 01. 01. 2020, § 25 HSOG Rn. 18 ff.

1620 *Bäuerle, Michael*, in: Möstl, Markus/Bäuerle, Michael (Hrsg.), BeckOK Polizei- und Ordnungsrecht Hessen, 16. Ed. München 01. 01. 2020, § 25 HSOG Rn. 18 ff.; *Leggereit, Rainer,* in: Möstl, Markus/Bäuerle, Michael (Hrsg.), BeckOK Polizei- und Ordnungsrecht Hessen, 16. Ed. München 01. 01. 2020, § 33 HSOG Rn. 1.

1621 *Schwabenbauer, Thomas,* Informationsverarbeitung im Polizei- und Strafverfahrensrecht, in: L/D, G. Rn. 1056.

7. Automatisierte Anwendung zur Datenanalyse, § 49 PolDVG

a) Allgemeines

Die Norm wurde 2019 als neue bereichsspezifische Rechtsgrundlage für die automatisierte Anwendung zur Datenanalyse geschaffen, mit der insbesondere dem Recht auf informationelle Selbstbestimmung (Art. 2 Abs. 1 i. V. m. Art. 1 Abs. 1 GG) Rechnung getragen werden soll.[1622] § 49 PolDVG regelt die **automatisierte Analyse** bereits rechtmäßig erlangter personenbezogener Daten. Die Verarbeitung personenbezogener Daten durch das Herstellen von Beziehungen oder Zusammenhängen zwischen Personen, Personengruppierungen, Organisationen, Institutionen, Objekten und Sachen soll der Polizei **notwendige Verknüpfungen** ermöglichen.[1623] Die Vorschrift schafft eine Ermächtigungsgrundlage für den Einsatz von sog. Analyseplattformen, die die vorhandenen Daten in den polizeilichen Informationssystemen verbinden und unter bestimmten bzw. bestimmbaren Kriterien automatisiert auswerten.[1624] **890**

Eine solche Ermächtigungsgrundlage hatte der Hessische Gesetzgeber 2018 in das dortige Polizeirecht eingefügt.[1625] Die Norm entstand nach einer Entscheidung des dortigen Innenministeriums, die operative IT-Struktur der Polizeibehörden um eine Software zu ergänzen, die es ermöglicht, bisher getrennte Datenbestände gemeinsam zu analysieren. Anlass hierfür war die Erkenntnis, dass die Trennung der Datenbestände mit unterschiedlichen Zweckbindungen, Nutzerkreisen und Betroffenenkreisen die umfassende Analyse auf gemeinsame Strukturen, Handlungsmuster, Personengruppen und zeitliche, sachliche, organisatorische, personale und situative Zusammenhänge erschwere; mit einer entsprechenden Software sollten wesentliche Anhaltspunkte für Gefahren und bevorstehende Straftaten gewonnen werden, die bei der bestehenden Trennung der Datenbestände der Polizei unerkannt blieben.[1626] Die informationstechnische Entwicklung ermögliche mittlerweile, bisher unverbundene, automatisierte Dateien und Datenquellen in Anwendungen zur Datenanalyse bzw. Analyseplattformen zu vernetzen, die vorhandenen Datenbestände durch Suchfunktionen systematisch zu erschließen und die polizeiliche Aufgabenerfüllung auf diese Weise zu erleichtern und zu verbessern.[1627] Hessen beschaffte die Analysesoftware „Gotham“ der US-amerikanischen Fa. Palantir Technologies Inc. und ließ diese mit Hilfe von deren Mitarbeitern unter der Bezeichnung „hessenDATA“ installieren und in Betrieb nehmen. Wegen der Gewährleistung der Geheimhaltungs- und Sicherheitsinteressen

1622 Zur Schaffung der Norm in Hessen 2018: LTDrucks. 19/6501 v. 05. 06. 2018, S. 41.

1623 BürgDrucks. 21/17906 v. 30. 07. 2019, S. 70.

1624 So zur Norm im Hessischen SOG: *Bäuerle, Michael,* in: Möstl, Markus/Bäuerle, Michael (Hrsg.), BeckOK Polizei- und Ordnungsrecht Hessen, 16. Ed. München 01. 01. 2020, im einführenden Textteil vor § 25 a SOG Rn. 1.

1625 Gesetz v. 25. 06. 2018, HessGVBl. 2018 302.

1626 LTDrucks. 19/6502 v. 05. 06. 2018, 40 f.

1627 LTDrucks. 19/6502 v. 05. 06. 2018, 41.

des Landes Hessen, insbesondere aufgrund mutmaßlicher Verbindungen der Fa. Palantir zu US-Geheimdiensten sowie Informationspflichten gegenüber dem Landtag,[1628] war dieser Schritt politisch umstritten, insbesondere wurde ein Untersuchungsausschuss eingesetzt.[1629] Inzwischen wollen auch andere Bundesländer diese Software zur automatischen Datenanalyse einsetzen, insbesondere auch zur Datenanalyse in sozialen Netzwerken.[1630]

891 Bei § 49 PolDVG handelt es sich nicht um eine Befugnisnorm zur Erhebung neuer Daten, sondern **zur automatisierten Analyse bereits rechtmäßig erlangter personenbezogener Daten.**[1631] Hierbei finden Verarbeitungsschritte i. S. d. § 2 Abs. 8 PolDVG Anwendung, wie das „Ordnen", die „Verwendung", der „Abgleich", die „Verknüpfung" und u. U. die „Speicherung".[1632]

b) Betroffene Grundrechte

892 § 49 PolDVG beschränkt zwar die automatisierte Analyse auf die personenbezogenen Daten, die bei den Polizeibehörden als erhobene Daten bereits gespeichert sind, die Erhebung hat also bereits vorher stattgefunden, mit der Vorschrift wird aber die Nutzung von Daten **über den konkreten Anlass und rechtfertigenden Grund** der Datenerhebung hinaus gestattet. Hierfür ist nach ständiger Rechtsprechung des BVerfG eine eigene Ermächtigungsgrundlage erforderlich.[1633] Mittels der automatisierten Analyse wird die **Trennung der Datenbestände mit unterschiedlichen Zweckbindungen und Nutzerkreisen aufgehoben.**[1634] Es wird damit nicht nur zu einer Nutzung

1628 Dazu *Brühl, Jannis*, Wo die Polizei alles sieht, Süddeutsche Zeitung v. 18. 10. 2018, https://www.sueddeutsche.de/digital/palantir-in-deutschland-wo-die-polizei-alles-sieht-1.4173809 (zuletzt abgerufen am 01. 04. 2020).

1629 Zwischenbericht des Untersuchungsausschusses, LTDrucks. 19/6864 v. 03. 01. 2019; zum Hintergrund dieser Norm im HessSOG eingehend *Bäuerle, Michael*, in: Möstl, Markus/Bäuerle, Michael (Hrsg.), BeckOK Polizei- und Ordnungsrecht Hessen, 16. Ed. München 01. 01. 2020, § 25 a HSOG Rn. 5; Art und Umfang der bisherigen Nutzung der Software wurden zum Gegenstand von Anfragen im Landtag, LTDrucks. 20/660 v. 22. 07. 2019, LTDrucks. 20/661 v. 17. 09. 2019.

1630 Etwa NRW. Zur wachsenden Kritik *Koch, Moritz/Neuerer, Dietmar*, Big, Data für deutsche Ermittler: Polizei nutzt umstrittene US-Software von Palantir, in: Handelsblatt v. 11. 03. 2020, https://www.handelsblatt.com/politik/deutschland/digitalisierung-big-data-fuer-deutsche-ermittler-polizei-nutzt-umstrittene-us-software-von-palantir/25628010.html?ticket=ST-2938451-ZtwTu44h1OzobvynTsh7-ap5 (zuletzt abgerufen am 01. 04. 2020).

1631 BürgDrucks. 21/17906 v. 30. 07. 2019, S. 70.

1632 Zur Norm im Hessischen SOG: *Bäuerle, Michael*, in: Möstl, Markus/Bäuerle, Michael (Hrsg.), BeckOK Polizei- und Ordnungsrecht Hessen, 16. Ed. München 01. 01. 2020, § 25 a HSOG Rn. 9.

1633 Z. B. in BVerfGE 141, 220, Rn. 227.

1634 Zu dieser Intention des Hessischen Gesetzgebers: *Bäuerle, Michael*, in: Möstl, Markus/Bäuerle, Michael (Hrsg.), BeckOK Polizei- und Ordnungsrecht Hessen, 16. Ed. München 01. 01. 2020, § 25 a HSOG Rn. 2.

der Daten **über den konkreten Anlass hinaus**, sondern auch zu einer Nutzung zu **neuen Zwecken** ermächtigt.[1635] Die Ermächtigung zu einer Nutzung von Daten zu neuen Zwecken begründet stets einen neuen Eingriff in das Grundrecht, in das durch die Datenerhebung eingegriffen wurde.[1636]

Der durch eine zweckändernde Nutzung bewirkte Eingriff betrifft das **Recht** **893**
auf informationelle Selbstbestimmung gem. Art. 2 Abs. 1 i. V. m. Art. 1 Abs. 1 GG, wenn dieses Grundrecht auch bei der Datenerhebung maßgeblich war.[1637] Da sich die Analyse auf den gesamten Datenbestand der Polizei erstreckt, können auch Daten einbezogen werden, die durch Eingriffe in das **Fernmeldegeheimnis, Art. 10 GG,** oder das **Recht auf Unverletzlichkeit der Wohnung, Art. 13 GG**, erlangt worden sind,[1638] denn Zweckänderungen sind an den Grundrechten zu messen, die für die Datenerhebung maßgeblich waren (dazu unter C.II.).[1639] Daneben kommen auch Eingriffe in das **Recht auf Vertraulichkeit und Integrität informationstechnischer Systeme, Art. 2 Abs. 1 GG i. V. m. Art. 1 GG**, in Betracht, wenn die Maßnahmen durch eine Onlinedurchsuchung erlangt wurden.

Wegen der Regelungen in § 36 Abs. 2 Satz 1 PolDVG (dazu unter C.III.3.a.) **894**
und § 481 Abs. 1 Satz 1 StPO beschränkt sich die weitere Datenverarbeitung nicht nur auf Daten, die aus präventiv-polizeilichen Maßnahmen gewonnen wurden, sondern umfasst auch **Daten aus Strafverfolgungsmaßnahmen**, z. B. nach §§ 100 a, 100 b, 100 c, 100 f und 100 g StPO.[1640] Unabhängig davon, ob es sich um die Verwendung der Daten als Beweismittel oder als Ermittlungsansatz handelt, ist eine Zweckänderung an den für die **Datenerhebung maßgeblichen Grundrechten** zu messen.[1641]

1635 Zu § 25 a HSOG: *Bäuerle, Michael*, in: Möstl, Markus/Bäuerle, Michael (Hrsg.), BeckOK Polizei- und Ordnungsrecht Hessen, 16. Ed. München 01. 01. 2020, § 25 a HSOG Rn. 15 ff.

1636 Ständige Rechtsprechung des BVerfG, z. B. in BVerfGE 141, 220, Rn. 278.

1637 Zu § 25 a HSOG: *Bäuerle, Michael*, in: Möstl, Markus/Bäuerle, Michael (Hrsg.), BeckOK Polizei- und Ordnungsrecht Hessen, 16. Ed. München 01. 01. 2020, § 25 a HSOG Rn. 17.

1638 So der Wille der Hessischen Landesregierung bei der Implementierung der gleichlautenden Formulierung des § 25 a HSOG, LTDrucks. 20/660 v. 22. 07. 2019, S. 2: Danach sollen auch Daten aus Telekommunikations- oder Wohnraumüberwachung erfasst werden („großer Lauschangriff"), letztere nach „Integration im Einzelfall".

1639 BVerfGE 141, 220, Rn. 285.

1640 So zu § 25 a HSOG: *Bäuerle, Michael*, in: Möstl, Markus/Bäuerle, Michael (Hrsg.), BeckOK Polizei- und Ordnungsrecht Hessen, 16. Ed. München 01. 01. 2020, § 25 a HSOG Rn. 19.

1641 BVerfGE 141, 220, 285; so zu § 25 a HSOG: *Bäuerle, Michael*, in: Möstl, Markus/Bäuerle, Michael (Hrsg.), BeckOK Polizei- und Ordnungsrecht Hessen, 16. Ed. München 01. 01. 2020, § 25 a HSOG Rn. 20.

c) Tatbestandliche Voraussetzungen

895 Gem. § 49 Abs. 1 PolDVG darf „die Polizei in polizeilichen Dateisystemen gespeicherte personenbezogene Daten mittels einer **automatisierten Anwendung zur Datenanalyse** verarbeiten, wenn dies zur vorbeugenden Bekämpfung von in **§ 100 a Absatz 2 der Strafprozessordnung** genannten Straftaten oder zur Abwehr einer **Gefahr** für den Bestand oder die **Sicherheit** des Bundes oder eines Landes oder **Leib, Leben oder Freiheit einer Person oder Sachen von bedeutendem Wert**, deren Erhaltung im öffentlichen Interesse geboten ist, erforderlich ist“.

> Unter **Bestand des Bundes oder eines Landes** ist die Existenz des Staates, seines elementaren rechtlichen, sozialen und wirtschaftlichen Substrats gemeint. Es geht vor allem um die territoriale Integrität, die Handlungsfähigkeit des Staates nach außen und innen und die durch den Staat gewährleistete Sicherheit der Bevölkerung einschließlich ihrer Existenzgrundlagen.[1642] Den Bestand der Bundesrepublik Deutschland beeinträchtigt, wer ihre Freiheit von fremder Herrschaft aufhebt, ihre staatliche Einheit beseitigt oder ein zu ihr gehörendes Gebiet abtrennt.[1643]
> Die Legaldefinition für Dateisystem enthält § 2 Abs. 13 PolDVG.

896 Die automatisierte Anwendung zur Gefahrenanalyse muss im Einzelfall **erforderlich** sein (s. dazu B.I.4.b.bb.).

897 Es sind die **allgemeinen Grundsätze der Zweckbindung, § 34 PolDVG**, sowie die Regeln des Vierten Abschnitt des PolDVG **(Pflichten der Verantwortlichen und Auftragsverarbeiter, §§ 52–65 PolDVG)** zu beachten.

Dabei geht es insbesondere auch um die Beachtung der Anforderungen an die Sicherheit der Datenverarbeitung oder etwa die Durchführung der Datenschutz-Folgeabschätzung (§ 57 PolDVG).[1644]

898 Die Polizei hat im Hinblick auf den jeweiligen Analysezweck zu prüfen und ggf. über Zugriffsberechtigungen zu definieren, welche Datenbestände für die Datenanalyse erforderlich sind.[1645]

899 § 49 Abs. 2 PolDVG enthält eine nicht abschließende **Aufzählung möglicher Formen der Verarbeitung** im Rahmen einer automatisierten Anwen-

---

1642 *Graulich, Kurt*, in: Schenke, Wolf-Rüdiger/Graulich, Kurt/Ruthig, Josef (Hrsg.), Sicherheitsrecht des Bundes, 2. Aufl. München 2018, § 11 BPolG Rn. 22.

1643 *Ruthig, Joseph*, in: Schenke, Wolf-Rüdiger/Graulich, Kurt/Ruthig, Josef (Hrsg.), Sicherheitsrecht des Bundes, 2. Aufl. München 2018, § 48 BKAG Rn. 9.

1644 BürgDrucks. 21/17906 v. 30. 07. 2019, S. 70.

1645 BürgDrucks. 21/17906 v. 30. 07. 2019, S. 70.

dung zur Datenanalyse bzw. Analyseplattformen: Es „können insbesondere **Beziehungen oder Zusammenhänge** zwischen Personen, Personengruppierungen, Institutionen, Organisationen, Objekten und Sachen **hergestellt**, unbedeutende Informationen und Erkenntnisse **ausgeschlossen**, die eingehenden Erkenntnisse zu bekannten Sachverhalten **zugeordnet** sowie gespeicherte Daten **statistisch ausgewertet** werden“.

Dabei hat sich der Gesetzgeber teilweise an § 6 a Abs. 5 des sog. **Anti-Terror-Datei-Gesetzes (ATDG)**[1646] orientiert.[1647]

d) Maßnahmenspezifische Verfahrens- und Formerfordernisse

Gem. § 49 Abs. 3 Satz 1 PolDVG erfolgt die Einrichtung und wesentliche Änderung einer automatisierten Anwendung zur Datenanalyse durch **Anordnung der Polizeipräsidentin oder des Polizeipräsidenten**. Zuvor ist der oder die **Hamburgische Datenschutzbeauftragte zu hören**, Art. 49 Abs. 3 Satz 2 PolDVG. **900**

8. Rasterfahndung, § 50 PolDVG (§ 23 PolDVG a. F.)

a) Allgemeines

Die **präventiv-polizeiliche Rasterfahndung** ist in § 50 PolDVG normiert. Es handelt sich dabei um eine besondere Form des **automatisierten Datenabgleichs** von Datenbeständen öffentlicher und nicht-öffentlicher Stellen.[1648] Mit Hilfe einer Massendatenverarbeitung werden Daten aus **polizeifremden Datenbeständen** untereinander oder **mit polizeilichen Datenbeständen** abgeglichen, um bestimmte Personen zu ermitteln.[1649] Der Abgleich erfolgt automatisiert mit Hilfe von Computertechnologie. Vom herkömmlichen Datenabgleich unterscheidet sich diese Maßnahme, weil hier nicht nur eine einzelne Person, sondern regelmäßig eine **Vielzahl** von Personen betroffen ist, damit eine bislang unbekannte Person identifiziert werden kann.[1650] **901**

1646 BürgDrucks. 18/1487 v. 14. 12. 2004 und Gesetz zur Errichtung gemeinsamer Dateien von Polizeibehörden und Nachrichtendiensten des Bundes und der Länder (Gemeinsame-Dateien-Gesetz) v. 22. 12. 2006, BGBl. 2006 I 3409.

1647 BürgDrucks. 21/17906 v. 30. 07. 2019, S. 70.

1648 *Ettemeyer, Ulrich*, in: B/E/R/S, § 23 PolDVG Rn. 1.

1649 *Schwabenbauer, Thomas*, Informationsverarbeitung im Polizei- und Strafverfahrensrecht, in: L/D, G. Rn. 1058 m. w. N.

1650 *Schwabenbauer, Thomas*, Informationsverarbeitung im Polizei- und Strafverfahrensrecht, in: L/D, G. Rn. 1059.

b) Betroffene Grundrechte

902 Die Frage nach den betroffenen Grundrechten stellt sich wegen der verschiedenen Akte bei der Rasterfahndung und der unterschiedlichen Beteiligten/Betroffenen als komplex dar. Dabei kann das Verfahren der Rasterfahndung wie folgt beschrieben werden: 1. Die Polizei erstellt eine Fahndungs- oder Ermittlungshypothese, wobei sie bestimmte Rasterkriterien festgelegt, von denen sie annimmt, dass sie auf eine gesuchte, bislang nicht identifizierbare Person oder Personengruppe zutrifft (z. B. Geschlecht, Alter, Staatsangehörigkeit, Religionszugehörigkeit, Studienfachrichtung). 2. Mit einem entsprechenden Auskunftsersuchen wendet sich die Polizei an die externen, solche Daten speichernden, öffentlichen oder nicht-öffentlichen Stellen (z. B. Hochschulen, Einwohnermeldeämter oder Telekommunikationsdienste). 3. Diese angerufenen Stellen durchsuchen dann ihre Datenbestände anhand der Rasterkriterien, sortieren erzielte „Treffer" aus, speichern diese in einer Ergebnisdatei und übermitteln diese an die Polizei. 4. Bei der eigentlichen Rasterfahndung, die nun folgt, gleicht die Polizei die verschiedenen polizeifremden Datenbestände automatisiert ab. Es wird eine Schnittmenge von Personen ermittelt, auf die die Rasterkriterien passen (positive Rasterfahndung) bzw. nicht passen (negative Rasterfahndung). 5. Aus dem Kreis von Merkmalsträgern, der dann von der Polizei näher untersucht wird, wird dann versucht, den eigentlich Gesuchten „herauszufiltern".[1651]

Beispiel:

Nach den Terroranschlägen in den USA vom 11. 09. 2001 gingen deutsche Sicherheitsbehörden davon aus, dass mögliche weitere islamistische Attentäter („Schläfer") die nachfolgenden Merkmale aufweisen: „männlicher Täter", „18 bis 40 Jahre alt", „islamische Religionszugehörigkeit (nicht zwingend von Geburt an)", „Student (vornehmlich technische Studienfächer)", sowie „keine Auffälligkeiten im allgemeinen kriminellen Bereich".[1652]

903 Die **Verpflichtung der angefragten Stellen, das Auskunftsersuchen der Polizei** zu beantworten, stellt dann einen Grundrechtseingriff dar, wenn sich die Stelle auf Grundrechte berufen kann. Bei privaten Stellen ist das häufig die Berufsfreiheit **(Art. 12 Abs. 1 GG)** oder aber die Allgemeine Handlungsfreiheit **(Art. 2 Abs. 1 GG)**. Auch bei öffentlichen Stellen ist ein Grundrechtseingriff ausnahmsweise denkbar (z. B. Universitäten oder Rundfunkanstalten).[1653] Das

1651 Darstellung des Verfahren nach *Schwabenbauer, Thomas,* Informationsverarbeitung im Polizei- und Strafverfahrensrecht, in: L/D, G. Rn. 1058.

1652 VG Trier, in: MMR 2002, 698.

1653 *Schwabenbauer, Thomas,* Informationsverarbeitung im Polizei- und Strafverfahrensrecht, in: L/D, G. Rn. 1061.

Durchsuchen von Dateien durch die angefragten Stellen ist ein Grundrechtseingriff in das Grundrecht auf informationelle Selbstbestimmung **(Art. 2 Abs. 1 i.V.m. Art. 1 Abs. 1 GG)**.[1654] Wegen der verpflichtenden Wirkung der Übermittlungsanordnung wird der Eingriff der Polizei zugerechnet.[1655] Hat die öffentliche Stelle die Daten zuvor durch einen Eingriff erlangt, so liegt in der Durchsuchung der Daten auch ein Eingriff, weil nun die Polizei, welcher der Akt zugerechnet wird, die **Daten** erstmals **erhebt**.[1656] Hier geht es meist um das Recht auf informationelle Selbstbestimmung **(Art. 2 Abs. 1 i.V.m. 1 Abs. 1 GG)**, aber auch das Fernmeldegeheimnis **(Art. 10 GG)** kann betroffen sein, wenn die Daten zuvor von einer Strafverfolgungsbehörde durch einen Eingriff in Art. 10 GG erlangt wurden.[1657] Die **Übermittlung** der Daten an die Polizei hat erneut Eingriffsqualität. Der Eingriffscharakter ergibt sich hierbei aus der mit der Übermittlung verbundenen **Zweckänderung**.[1658] Ein weiterer Eingriff liegt in der anschließenden **Rasterung** (Datenabgleich) durch die Polizei selbst.[1659] Die **Eingriffsintensität** der Rasterfahndung ist zum einen abhängig von der **Anzahl der Betroffenen**,[1660] zum anderen aber auch von der **Art und dem Umfang** der in die Rasterfahndung einbezogenen Daten.[1661] Erheblich ist der Eingriff bereits deshalb, weil es sich um einen **heimlichen Eingriff** handelt.[1662] Auch wegen der **möglichen Folgeeingriffe** ist die Eingriffsintensität hoch, insbesondere dann, wenn die betroffene Person als „Treffer" gilt.[1663] Da der Datenabgleich regelmäßig sehr viele **Nichtstörer/Unverdächtige** betrifft,

---

1654 *Schwabenbauer, Thomas,* Informationsverarbeitung im Polizei- und Strafverfahrensrecht, in: L/D, G. Rn. 32, 1061.

1655 *Schwabenbauer, Thomas,* Informationsverarbeitung im Polizei- und Strafverfahrensrecht, in: L/D, G. Rn. 1061 unter Hinweis auf BVerfGE 100, 313, 366.

1656 *Schwabenbauer, Thomas,* Informationsverarbeitung im Polizei- und Strafverfahrensrecht, in: L/D, G. Rn. 1061.

1657 *Schwabenbauer, Thomas,* Informationsverarbeitung im Polizei- und Strafverfahrensrecht, in: L/D, G. Rn. 1061.

1658 *Schwabenbauer, Thomas,* Informationsverarbeitung im Polizei- und Strafverfahrensrecht, in: L/D, G. Rn. 24, 1061.

1659 *Schwabenbauer, Thomas,* Informationsverarbeitung im Polizei- und Strafverfahrensrecht, in: L/D, G. Rn. 1061.

1660 Hierbei geht es um die „Streubreite" und „Einschüchterungseffekte", s. *Schwabenbauer, Thomas,* Informationsverarbeitung im Polizei- und Strafverfahrensrecht, in: L/D, G. Rn. 80 f., 82, 1064.

1661 *Schwabenbauer, Thomas,* Informationsverarbeitung im Polizei- und Strafverfahrensrecht, in: L/D, G. Rn. 68 f., 1064.

1662 *Schwabenbauer, Thomas,* Informationsverarbeitung im Polizei- und Strafverfahrensrecht, in: L/D, G. Rn. 73 ff., 1064.

1663 BVerfGE 115, 320, 347 f.; *Ebert, Frank/Seel, Lothar/Joel, Heiko,* ThürPAG (Kommentar), 8. Aufl. Wiesbaden 2019, § 44 Rn. 5 zur vergleichbaren Norm des § 44 ThürPAG; auch für „Nichttreffer" einen intensiven Grundrechtseingriff bejahend: *Schwabenbauer, Thomas,* Informationsverarbeitung im Polizei- und Strafverfahrensrecht, in: L/D, G. Rn. 83, 1064.

ist auch aus diesem Grund die Eingriffsintensität hoch.[1664] Eine besondere grundrechtsintensive Qualität ergibt sich schließlich aus der **Kombination** der Daten untereinander und deren Abgleich mit anderen.[1665] Je umfangreicher die zum Abgleich herangezogenen Datenbestände sind, desto grundrechtlich problematischer wird dieser gesetzlich geregelte Fall der **Ausnahme vom Grundsatz der Zweckbindung** (dazu C.III.2.a.).[1666] Kritiker befürchten, dass das **Verbot der zweckungebundenen Vorratsdatenspeicherung**[1667] hier ausgehebelt wird.[1668]

c) Tatbestandliche Voraussetzungen

904 Nach der **Legaldefinition des § 50 Abs. 1 Satz PolDVG** darf „die Polizei von öffentlichen und nichtöffentlichen Stellen die Übermittlung von personenbezogenen Daten bestimmter Personengruppen zum Zwecke des automatisierten Abgleichs mit anderen Datenbeständen verlangen, soweit dies zur Abwehr einer **Gefahr für den Bestand oder die Sicherheit des Bundes oder eines Landes** oder für **Leib, Leben oder Freiheit einer Person** erforderlich ist“ (zum Begriff Sicherheit des Bundes oder eines Landes s. C.III.3.e.cc.).

905 In Übereinstimmung mit dem BVerfG-Urteil zur Rasterfahndung 2006 ist aufgrund der Eingriffsintensität der Maßnahme eine **konkrete Gefahr für hochrangige Rechtsgüter,** wie den Bestand oder die Sicherheit des Bundes oder eines Landes oder für Leib, Leben oder Freiheit einer Person, erforderlich.[1669] Insbesondere scheide eine solche präventiv-polizeiliche Rasterfahndung im Vorfeld der Gefahrenabwehr aus.[1670] Eine allgemeine Bedrohungslage, wie sie im Hinblick auf terroristische Anschläge seit dem 11. 09. 2001 durchgehend bestanden hätte, oder außenpolitische Spannungslagen würden für die Anordnung der Rasterfahndung nicht ausreichen. Vorausgesetzt sei vielmehr das Vorliegen weiterer Tatsachen, aus denen sich eine konkrete Gefahr, etwa für die Vorbereitung oder Durchführung terroristischer Anschläge, ergibt.[1671]

1664 *Lisken, Hans,* Zur polizeilichen Rasterfahndung, in: NVwZ 2002, 513, 514 f.

1665 *Schwabenbauer, Thomas,* Informationsverarbeitung im Polizei- und Strafverfahrensrecht, in: L/D, G. Rn. 83, 1064.

1666 BVerfGE 115, 320, 350; *Lisken, Hans,* Zur polizeilichen Rasterfahndung, in: NVwZ 2002, 513 ff.

1667 BVerfGE 125, 260, 317.

1668 BVerfGE 115, 320, 350.

1669 BVerfGE 115, 320, 360.

1670 BVerfGE 115, 320, 1. Leitsatz.

1671 BVerfGE 115, 320, 2. Leitsatz.

d) Maßnahmenspezifische Verfahrens- und Formerfordernisse

Gem. **§ 50 Abs. 2 Satz 1 PolDVG** muss die Polizei „Merkmale, die für den Abgleich maßgeblich sein sollen", zuvor **schriftlich** festlegen. „Das Übermittlungsersuchen ist auf Namen, Vornamen, Geburtsdatum, Geburtsort und Anschrift sowie auf im Einzelfall festzulegende Merkmale zu beschränken", **§ 50 Abs. 2 Satz 2 1. HS PolDVG.** Es darf sich nicht auf personenbezogene Daten erstrecken, die einem Berufs- oder besonderen Amtsgeheimnis unterliegen. Vom Übermittlungsersuchen **nicht erfasste personenbezogene Daten** dürfen nur übermittelt werden, wenn wegen erheblicher technischer Schwierigkeiten oder wegen eines unangemessenen Zeit- oder Kostenaufwandes eine Beschränkung auf die angeforderten Daten nicht möglich ist, **§ 50 Abs. 2 Satz 2 1. HS PolDVG**. Diese Daten dürfen dann von der Polizei **nicht weiterverarbeitet** werden, **§ 50 Abs. 2 Satz 2 2. HS PolDVG**. Die Regelungen zum **Nichtstörer,** § 10 SOG (zum Störerbegriff näher unter B.I.3.), gelten entsprechend, **§ 50 Abs. 2 Satz 3 2. HS PolDVG.** 906

Ausdruck des Grundsatzes der Zweckbindung bei der Datenverarbeitung (dazu C.III.2.a.) und der Verhältnismäßigkeit in zeitlicher Hinsicht (C. III.2.b.) ist die Verfahrensregelung in **§ 50 Abs. 3 Satz 1 PolDVG**. Danach sind die Daten bei Zweckerreichung oder für den Fall, dass sich zeigt, dass er nicht erreicht werden kann", zu **löschen**. Die Akten „sind zu **vernichten**, soweit sie nicht für ein mit dem Sachverhalt zusammenhängendes Verfahren erforderlich sind". Gem. **§ 50 Abs. 3 Satz 2 PolDVG** ist hierüber eine **Niederschrift** anzufertigen, die gem. **§ 50 Abs. 3 Satz 3 PolDVG** gesondert **aufzubewahren** ist. 907

Als Reaktion auf die Feststellungen des BVerfG zur Regelung der präventivpolizeilichen Rasterfahndung im BKAG[1672] hat der Hamburgische Gesetzgeber 2019 einen **Richtervorbehalt** eingeführt, **§ 50 Abs. 4 Satz 1 PolDVG.**[1673] Die Verfahrensregelungen des § 20 Abs. 2 PolDVG (Datenverarbeitung durch Observation) gelten gem. **§ 50 Abs. 4 Satz 2 PolDVG** entsprechend (dazu C.II.2.e.cc.). 908

Das BVerfG hatte zu § 20 j BKAG a. F. festgestellt: „Auch in verfahrensrechtlicher Hinsicht ist die Regelung verhältnismäßig ausgestaltet, insbesondere verlangt sie die Anordnung durch einen Richter".[1674]

1672 BVerfGE 141, 220 Rn. 285.

1673 BürgDrucks. 21/17906 v. 30. 07. 2019, S. 71.

1674 BVerfGE 141, 220, Rn. 285; zu den Konsequenzen für die landesrechtlichen Polizeigesetze *Schwabenbauer, Thomas,* Informationsverarbeitung im Polizei- und Strafverfahrensrecht, in: L/D, G. Rn. 1072.

909 Nach Abschluss der Maßnahme sind die oder der **Hamburgische Datenschutzbeauftragte** und die **Bürgerschaft** unverzüglich über Anlass und Umfang der veranlassten Maßnahme zu **unterrichten**, § 50 Abs. 4 Satz 3 PolDVG.

910 Gem. § 50 Abs. 5 PolDVG sind auch die **von weiterführenden polizeilichen Maßnahmen betroffenen Personen** nach Durchführung des Abgleichs hiervon zu **unterrichten**, „soweit dadurch nicht die Erfüllung polizeilicher Aufgaben vereitelt oder erheblich gefährdet würde oder sich an den auslösenden Sachverhalt ein strafrechtliches Ermittlungsverfahren anschließt". Die Unterrichtungspflicht besteht damit nicht bezüglich aller von der Rasterfahndung betroffenen Personen, sondern allein soweit diese **von „weiterführenden polizeilichen Maßnahmen" betroffen** sind.

e) Praktische Relevanz und Häufigkeit

911 Derzeit ist die praktische Bedeutung gering: Die Maßnahme wurde im Zeitraum vom 01. 01. 2017–18. 06. 2019 nicht angewandt.[1675]

9. Zuverlässigkeitsüberprüfung, § 51 PolDVG (§ 21 Abs. 1 Nr. 5 PolDVG a. F.)

912 Mit § 51 PolDVG wird eine bereits bis 2019 bestehende Regelung der Datenübermittlung in einem eigenen Paragrafen normiert, wonach die Polizei auf Ersuchen einer öffentlichen oder einer nichtöffentlichen Stelle sog. **Zuverlässigkeitsüberprüfungen** durchführt.[1676]

Bereits 2005 hatte der Gesetzgeber eine Regelung für eine Datenübermittlung zum Zwecke der Zuverlässigkeitsüberprüfung vor dem Hintergrund der 2006 in Hamburg stattfindenden Fußballweltmeisterschaft auf Initiative des Hamburgischen Datenschutzbeauftragten in § 21 Abs. 1 Nr. 5 PolDVG a. F. aufgenommen. Wegen des Risikos terroristischer und anderer gewaltsamer Aktionen sollten Personen mit berufsbedingtem Zugang zu Spielstätten (Medienvertreter, Angehörige von privaten Sicherheitsdiensten und Servicemitarbeiter) einer **polizeilichen Zuverlässigkeitsprüfung** unterzogen werden.[1677]

913 Erforderlich ist hierbei, dass die betroffene Person vor einer Datenverarbeitung ihre **Zustimmung** erteilt, **§ 51 Satz 1 Nr. 1 PolDVG**.

1675 BürgDrucks. 21/17273 v. 18. 06. 2019, S. 10.

1676 BürgDrucks. 21/17906 v. 30. 07. 2019, S. 71.

1677 Zur Entstehungsgeschichte des § 21 Abs. 1 Nr. 5 PolDVG a. F. *Ettemeyer, Ulrich*, in: B/E/R/S, § 21 PolDVG Rn. 14.

Anders als bei der „Einwilligung" (so noch § 21 Abs. 1 Nr. 5 PolDVG a.F.) fordert der Gesetzgeber nun an dieser Stelle eine Zustimmung, da es bei der Zustimmung nicht auf die Beurteilung der Freiwilligkeit i.S.d. § 5 Abs. 1 PolDVG oder der Legaldefinition von § 2 Abs. 22 PolDVG ankommen soll.[1678]

Nach **§ 51 Satz 2 PolDVG** darf die Polizei zum Zwecke der Zuverlässigkeitsüberprüfung die **Identität** der Person feststellen, deren Zuverlässigkeit überprüft werden soll, und zu diesem Zweck vorgelegte Ausweisdokumente kopieren oder Kopien von Ausweisdokumenten anfordern. **914**

Hierdurch möchte der Gesetzgeber verhindern, dass – wie in der Praxis mitunter vorkommend – unzutreffende Namen übermittelt werden mit der damit verbundenen Gefahr, dass eine Zuverlässigkeitsüberprüfung leerliefe.[1679]

§ 51 Satz 3 PolDVG sieht vor, dass die Überprüfung anhand von **Dateisystemen** der Polizei erfolgt. Die Legaldefinition für Dateiensysteme enthält § 2 Abs. 13 PolDVG. **915**

Die dort niedergelegten Datenbestände müssen **verfügbar** und bereits vorhanden sein. Dies ergibt sich schon aus dem Sinn und Zweck des Ersuchens, da die Polizei nach vorhandenen Erkenntnissen gefragt wird.[1680] **916**

Die ersuchende Stelle ist gem. **§ 51 Satz 4 PolDVG** verpflichtet, die betroffene Person vor der schriftlichen Zustimmung über die **Notwendigkeit der Zustimmung** und ihre Folgen zu **informieren**. Nach **§ 51 Satz 5 PolDVG** ist die betroffene Person dabei auch über die ihr nach dem PolDVG gegenüber der Polizei **zustehenden Rechte** nach § 69 PolDVG (Auskunftsrecht) und § 70 PolDVG (Recht auf Berichtigung, Löschung sowie Einschränkung der Verarbeitung) zu informieren und darauf **hinzuweisen**, dass sie sich jederzeit an die Hamburgische oder den Hamburgischen Datenschutzbeauftragte(n) wenden kann. **917**

Dieses Recht ergibt sich aus § 8 des Hamburgischen Gesetzes zur Aufsicht über die Anwendung der zur Umsetzung der Richtlinie (EU) 2016/680 erlassenen Rechtsvorschriften vom 18. 05. 2018.[1681]

Gem. **§ 51 Satz 6 PolDVG** finden die **Zweckbeschränkungen** des § 34 Abs. 4 Satz 1 PolDVG auch in Verbindung mit § 38 Abs.1 Satz 2 PolDVG (d.h. die Beschränkungen der Datenverarbeitung für Daten, die mit besonderen Mitteln erhoben worden sind) **keine Anwendung.** **918**

1678 BürgDrucks. 21/17906 v. 30. 07. 2019, S. 71.

1679 BürgDrucks. 21/17906 v. 30. 07. 2019, S. 71.

1680 BürgDrucks. 21/17906 v. 30. 07. 2019, S. 71.

1681 HmbGVBl. 2018 145 152.

Der Gesetzgeber hatte die Regelung des gleichlautenden § 21 Satz 3 PolVG a. F. damit begründet, dass die Effizienz einer Zuverlässigkeitsüberprüfung wesentlich davon abhinge, „dass in die Bewertung des Sicherheitsrisikos auch solche Erkenntnisse einfließen können, die aus eingriffsintensiven polizeilichen Maßnahmen wie z. B. der längerfristigen Observation, dem Einsatz Verdeckter Ermittler oder der Rasterfahndung gewonnen wurden. Anderenfalls wäre die Bewertungsgrundlage gerade in den sicherheitsrelevanten Bereichen Organisierte Kriminalität und Terrorismus entscheidend verkürzt, und die Polizei wäre gezwungen, dem Betroffenen wider besseres Wissen das Fehlen eines Sicherheitsrisikos zu attestieren." (...) Das in § 14 Abs. 2 Satz 1 PolDVG a. F. (nunmehr § 34 Abs. 4 PolDVG, dazu C.III.2.a.) kodifizierte „**Konzept der hypothetischen Datenneuerhebung**"[1682] soll daher für Zuverlässigkeitsüberprüfungen ausnahmsweise **nicht gelten**.[1683]

919 Nach **§ 51 Satz 7 PolDVG** dürfen gegenüber **nichtöffentlichen Stellen** keine Einzelheiten der Überprüfung mitgeteilt werden, sondern nur, ob **Bedenken an der Zuverlässigkeit** bestehen.

920 Schließlich stellt **§ 51 Satz 8 PolDVG** klar, dass die Durchführung von Zuverlässigkeitsüberprüfungen durch die Polizei nach Maßgabe **anderer Vorschriften** unberührt bleibt.

Hierdurch soll klargestellt werden, dass § 51 PolDVG neben anderen Gesetzen, die Sicherheits- oder Zuverlässigkeitsüberprüfungen regeln, keine weiteren Voraussetzungen schafft. Viele Gesetze des Besonderen Ordnungsrechts sehen vor einer Zulassung von Personen zu bestimmten gewerblichen oder beruflichen Tätigkeiten die Durchführung einer Sicherheits- oder Zuverlässigkeitsüberprüfung vor (z. B. **GewO, AtomG, LuftSiG, ProstSchG**). Diese Spezialgesetze enthalten zwar eine Verpflichtung der Aufsichtsbehörde, im Rahmen der Sicherheits- oder Zuverlässigkeitsüberprüfung auch die zuständige Polizei nach vorliegenden Erkenntnissen zu den betreffenden Personen zu befragen. Eine Pflicht der Polizei zur Übermittlung der Erkenntnisse von der Polizei an diese Ordnungsbehörden besteht danach aber nicht.[1684]

1682 *Petri, Thomas*, Informationsverarbeitung im Polizei- und Strafverfahrensrecht, in: L/D, G. Rn. 858.

1683 Zur Begründung s. Bericht des Innenausschusses gemeinsam mit dem mitberatenden Rechtsausschuss v. 17. 05. 2005, Drs. 18/2288 v. 02. 06. 2005, Anlage 9.

1684 BürgDrucks. 21/17906 v. 30. 07. 2019, S. 71 f.

D. Befugnisse nach dem HafenSG

I. Grundlagen

André Bertram

Das HafenSG wurde am 06. 10. 2005 in Kraft gesetzt[1685] und ist seitdem mehrfach modifiziert worden. Die letzte Änderung erfolgte Ende 2019[1686]. Es dient gem. § 1 Abs. 1 HafenSG der Sicherheit des Hamburger Hafens, dem Schutz insbesondere vor terroristischen Anschlägen und gleichzeitig der Ausführung der durch das Gesetz vom 22. 12. 2003[1687] vorgenommenen Änderungen des internationalen Übereinkommens von 1974 zum Schutz des menschlichen Lebens auf See (SOLAS), des Internationalen Codes für die Gefahrenabwehr auf Schiffen und in Hafenanlagen (International Ship and Port Facility Security Code – ISPS-Code) sowie der Verordnung Nr. 725/2004 des Europäischen Parlaments und des Rates vom 31. 03. 2004 zur Erhöhung der Gefahrenabwehr auf Schiffen und in Hafenanlagen[1688] und der Richtlinie 2005/65/EG des Europäischen Parlaments und des Rates vom 26. 10. 2005 zur Erhöhung der Gefahrenabwehr in Häfen (ABl. EU 2005/L 310/28). Der räumliche Geltungsbereich ist in § 1 Abs. 2 HafenSG geregelt. 921

Die Wahrnehmung der grenzpolizeilichen Aufgaben (§ 3 Abs. 1 Satz 1 HafenSG) ist an der Grenzübergangsstelle Hafen Hamburg der Wasserschutzpolizei Hamburg übertragen worden.[1689] Eine solche Aufgabenzuweisung ist, auf der Ebene einer Zuständigkeitsanordnung des Geschäftsverteilungsplans des Hamburger Senats, ebenfalls für die Überwachung des Transportes gefährlicher Güter erfolgt. Hier ist die Wasserschutzpolizei Hamburg, über die Grenzen des Hamburger Hafens hinaus, im gesamten Hamburger Stadtgebiet zuständig. 922

1685 HmbGVBl. 2005 424.

1686 HmbGVBl. 2019 514.

1687 BGBl. 2003 II 2018.

1688 ABl. EU 2004/L 129/6.

1689 „Verwaltungsabkommen über die Wahrnehmung der polizeilichen Kontrolle des grenzüberschreitenden Verkehrs im Hamburger Hafen“ zwischen der Freien und Hansestadt Hamburg und dem Bundesministerium des Innern v. 22. 01. 1974, BAnz. Nr. 18 v. 26. 01. 1974.

II. Maßnahmen

André Bertram

1. Allgemeine Maßnahmen zur Gefahrenabwehr, § 2 HafenSG

a) Vorbemerkung

923 § 2 HafenSG (Allgemeine Maßnahmen zur Gefahrenabwehr) ist durch Gesetz vom 12. 12. 2019[1690] geändert worden. Konkret wurde gem. § 2 Abs. 1 Satz 2 HafenSG die Stufigkeit des Eingriffs zum Zwecke der Identitätsfeststellung durch Verweis auf die heutigen Regelungen des § 13 Abs. 3 und Abs. 4 Satz 1 sowie Abs. 4 Satz 2 Nr. 1 bis 6 und Satz 3 PolDVG neu normiert.

b) Checkliste Rechtmäßigkeit

924
- Tatbestandsvoraussetzungen
  - Verhütung oder Unterbindung der unerlaubten Einreise in das Bundesgebiet oder des unerlaubten Aufenthalts
  - Verhütung oder Unterbindung des unerlaubten Transports gefährlicher Güter
  - Verhütung von Straftaten von erheblicher Bedeutung
- Rechtsfolge
  - Identitätsfeststellung
  - Betretungs-, Besichtigungs- sowie Einsichtnahmerecht
  - Duldungs- und Unterstützungspflicht der Fahrzeugführer
  - Ermessen

c) Betroffene Grundrechte

925 Betroffen sein können die Grundrechte der **Allgemeinen Handlungsfreiheit nach Art. 2 Abs. 1 GG (subsidiär)**, vorrangig aber je nach Konstellation die **Freiheit der Person gem. Art. 2 Abs. 2 Satz 2 GG**, das **Recht auf informationelle Selbstbestimmung gem. Art. 2 Abs. 1 GG i. V. m. Art. 1 Abs. 1 GG**, der **Schutz der Wohnung (Art. 13 Abs. 1 GG)**, die **Berufsfreiheit (Art. 12 Abs. 1 GG)** sowie die **Eigentumsfreiheit (Art. 14 Abs. 1 GG)**.

1690 HmbGVBl. 2019 514.

d) Einzelerläuterungen

aa) Tatbestandsvoraussetzungen

926 Rechtsdogmatisch betrachtet ist die **Einordnung** der nachfolgenden Elemente der Norm diskutabel. Zwar sind die nachfolgenden Normbestandteile nicht klassisch in einem Konditionalsatz im Sinne des üblichen Tatbestands verankert, allerdings hat der Gesetzgeber mit der Formulierung der nachfolgenden Passagen deutlich gemacht, dass die Befugnisse an bestimmte Situationen gebunden sein sollen. Insofern bietet sich ihre Verortung auf der Voraussetzungs- bzw. Tatbestandsseite an. Gleichwohl wäre auch eine Zuordnung zu der Zwecksetzung (Teil des Ermessens) vertretbar. Wesentlich ist jedenfalls, dass die nachfolgenden Elemente bedacht werden.

(1) Verhütung oder Unterbindung der unerlaubten Einreise in das Bundesgebiet oder des unerlaubten Aufenthalts

927 Die Norm hat einen klar gefahrenabwehrenden Charakter, die **Verhütung oder Unterbindung einer unerlaubten Einreise** in das Bundesgebiet bzw. des **unerlaubten Aufenthalts**. Die Voraussetzungen für eine Einreise sind zunächst der Besitz eines gültigen Passes oder Passersatzpapiers, soweit keine Befreiung durch Rechtsverordnung vorliegt, § 3 Abs. 1 Satz 1 AufenthG. In begründeten Ausnahmefällen kann das Bundesministerium des Innern für einen maximal sechsmonatigen Aufenthalt im Bundesgebiet Ausnahmen von der Passpflicht zulassen, § 3 Abs. 2 AufenthG. Darüber hinaus ist für Einreise und Aufenthalt ein Aufenthaltstitel erforderlich, § 4 Abs. 1 Satz 1 1. HS AufenthG. Die Ausnahmen hiervon sind in § 4 Abs. 1 Satz 1 2. HS AufenthG normiert. Gem. § 14 Abs. 1 AufenthG i.V.m. § 95 Abs. 1 Nr. 3 AufenthG stellt die unerlaubte Einreise ein Vergehen dar.

928 Eine **Wiedereinreise** trotz gültigen Einreise- und Aufenthaltsverbots nach § 11 Abs. 1 AufenthG würde ebenfalls den Tatbestand der unerlaubten Einreise erfüllen. Ebenso handelt es sich um eine unerlaubte Einreise, wenn ein Aufenthaltstitel (z.B. Visum) zwar vorliegt, dieser aber durch **Drohung, Bestechung oder durch Kollusion** erwirkt wurde bzw. seiner Ausstellung unrichtige oder unvollständige Angaben zugrunde lagen. In diesen Fällen liegt mit Wirkung für die Vergangenheit ein Rücknahme- bzw. Annulierungsgrund vor.[1691]

1691 *Drewes, Michael,* in: Drewes, Michael/Malmberg, Karl Magnus/Wagner, Marc/Walter, Bernd, BPolG (Kommentar), 6. Aufl. Stuttgart 2019, § 22 Rn. 21.

929 Die polizeiliche Kontrolle wird sich im Regelfall auf den Abgleich der Personaldaten sowie der Individualnummern vorgelegter Dokumente mit dem polizeilichen Fahndungsdatenbestand, dem Abgleich zwischen in Personaldokumenten vorhandenen Lichtbildern mit der vorlegenden Person sowie der Inaugenscheinnahme der vorgelegten Dokumente hinsichtlich etwaiger Fälschungsmerkmale beschränken (s. vertiefend zu den Kontrollstandards im Rahmen der grenzpolizeilichen Aufgabenwahrnehmung Art. 8 Schengener Grenzkodex).

(2) Verhütung oder Unterbindung des unerlaubten Transports gefährlicher Güter

930 Dieser Tatbestand der **Verhütung oder Unterbindung des unerlaubten Transports gefährlicher Güter** hat ebenfalls gefahrenabwehrenden Charakter und erfasst den unerlaubten Transport gefährlicher Güter. Das Lagern solcher Güter unterliegt nicht den Gefahrgutvorschriften, sondern den chemikalienrechtlichen (z.B. Chemikaliengesetz) sowie den gefahrstoffrechtlichen (z.B. Gefahrstoffverordnung) Regelungen. Der Tatbestand wurde durch Änderung des HafenSG im Jahr 2007 in § 2 HafenSG aufgenommen.[1692] Umfasst sind dabei alle Verkehrsträger und insoweit ergänzt die Norm andere, bereits bestehende Eingriffsermächtigungen, wie z.B. die Ermächtigung der Polizei zur Durchführung von Kontrollen im Straßenverkehr, § 36 StVO. Der Transport gefährlicher Güter unterliegt strengen Vorschriften, so u.a. einerseits hinsichtlich der besonderen Qualifikation des Transportierenden und andererseits z.B. Verpackungsvorgaben, Zusammenladungsverbote oder auch Kennzeichnungspflichten. Mit der eingefügten Kontrollvorschrift verfügt die Polizei über die Möglichkeit, Fahrzeuge auf den Transport nicht als solcher deklarierter Gefahrgüter zu überprüfen.[1693]

(3) Verhütung von Straftaten von erheblicher Bedeutung

931 Die Straftaten von erheblicher Bedeutung sind in § 2 Abs. 2 PolDVG definiert und können diesem entnommen werden. Die Kontrollbefugnis nach § 2 Abs. 1 Nr. 3 HafenSG erfasst den innerstädtisch gelegenen Hafenbereich als Teil der kritischen Infrastruktur. Nach dem Willen des Gesetzgebers ergänzt die Norm mit der Gültigkeit für alle öffentlich zugänglichen Land- und Wasserflächen des Hamburger Hafens die bereits bestehenden hohen Sicherheitsanforderungen der ISPS-zertifizierten Hafenanlagen und schafft so einen wirksamen Beitrag für die Kriminalitätsbekämpfung.[1694] In der

1692 HmbGVBl. 2007 169 ff.

1693 BürgDrucks. 18/6073 v. 10. 04. 2007, S. 6.

1694 BürgDrucks. 18/6073 v. 10. 04. 2007, S. 6 f.

polizeilichen Praxis ist es indes, zumeist vor der Durchführung einer Kontrolle, kaum möglich festzustellen, ob mit der polizeilichen Kontrolle zugleich auch eine Straftat von erheblicher Bedeutung verhindert werden kann. So kann sich, trotz womöglich auffälligen Verhaltens einer Person, in der von ihr mitgeführten Sporttasche lediglich benutztes Sportzeug befinden, vielleicht aber auch Lackspraydosen für ein geplantes illegales Graffiti (keine Straftat von erheblicher Bedeutung) oder sogar Sprengmittel für ein Verbrechen (Straftat von erheblicher Bedeutung).

bb) Rechtsfolge

Alle nachfolgend genannten Befugnisse der Polizei stehen in deren Ermessen, wobei die allgemeinen Grundsätze gelten, auf die entsprechend verwiesen wird (s. B. I.4.). **932**

(1) Identitätsfeststellung

Im Zusammenhang mit der **Identitätsfeststellung** verweist § 2 Abs. 1 Satz 2 HafenSG hinsichtlich des Umfangs der zu erhebenden Personaldaten auf § 13 Abs. 3 PolDVG. Demnach dürfen zur Feststellung der Identität Namen, frühere Namen, Vornamen, Geburtsdatum, Geburtsort, Geschlecht, Staatsangehörigkeit und Anschrift erhoben werden. **933**

Hinsichtlich der Stufigkeit der Intensität der polizeilichen Maßnahmen bei der Durchführung der Identitätsfeststellung verweist § 2 Abs. 1 Satz 2 HafenSG auf § 13 Abs. 4 PolDVG. Zur Feststellung der Identität darf die Polizei die erforderlichen Maßnahmen treffen. Sie darf 1. die betroffene Person anhalten, 2. die betroffene Person oder Auskunftspersonen nach seiner oder ihrer Identität befragen, 3. verlangen, dass die betroffene Person mitgeführte Ausweispapiere zur Prüfung aushändigt, 4. die betroffene Person festhalten, 5. die betroffene Person und die von ihr mitgeführten Sachen nach Gegenständen durchsuchen, die zur Identitätsfeststellung dienen können sowie 6. die betroffene Person zur Dienststelle bringen. **934**

Nach § 13 Abs. 4 Satz 3 PolDVG dürfen Maßnahmen nach § 13 Abs. 4 Satz 2 Nr. 4 bis 6 nur getroffen werden, wenn die Identität auf andere Weise nicht oder nur unter erheblichen Schwierigkeiten festgestellt werden kann oder wenn tatsächliche Anhaltspunkte dafür bestehen, dass Angaben unrichtig sind. In solchen Fällen besteht unter Umständen im Einzelfall bereits der Verdacht einer Ordnungswidrigkeit nach § 111 OWiG (falsche Namensangabe) oder sogar der Anfangsverdacht eines Urkundendelikts gem. StGB, sodass die Regelungen der StPO anzuwenden wären. **935**

(2) Betretungs-, Besichtigungs- sowie Einsichtnahmerecht

936 Nach § 2 Abs. 2 Satz 1 HafenSG darf die Polizei ein Land-, Wasser- oder Luftfahrzeug sowie Ladungsbehältnisse zu den in Abs. 1 genannten Zwecken **betreten**, **besichtigen** und alle auf die Ladung bezogenen Beförderungspapiere und sonstigen Unterlagen **einsehen**. Bereits in der Fassung des HafenSG vom 06. 10. 2005 wurden die Betretungs- und Besichtigungsrechte für Land-, Wasser- und Luftfahrzeuge normiert. Nicht erfasst wurden bis zur Änderung des HafenSG am 12. 06. 2007[1695] jedoch die Ladungsbehältnisse. Der Gesetzgeber hat mit der Novellierung insoweit eine praxisgerechte Konkretisierung vorgenommen, sodass nunmehr auch Container[1696] und sonstige Ladungsbehältnisse (z.B. Auflieger, beplante Flats) vom Anwendungsbereich der Norm umfasst sind.

(3) Duldungs- und Unterstützungspflicht der Fahrzeugführer

937 Nach § 2 Abs. 2 Satz 2 HafenSG sind Fahrzeugführer oder sonst für die Ladung Verantwortliche dazu verpflichtet, die Maßnahmen nach Satz 1 zu **dulden**, die Polizei bei der Erfüllung ihrer Aufgabe zu **unterstützen** sowie Beförderungspapiere und sonstige Unterlagen **vorzulegen**, Räume und Behältnisse zu **öffnen** und gegebenenfalls die Entnahme von **Proben der Ladung zu ermöglichen** (zu Beispielen aus der polizeilichen Vollzugspraxis s. D.II.3.d.bb.4.).

2. Vorschriften für die grenzpolizeiliche Aufgabenwahrnehmung, § 3 HafenSG

a) Vorbemerkung

938 Die **grenzpolizeiliche Kontrolle** ist darauf gerichtet, unerlaubte Ein- oder Ausreisen von Personen sowie das unerlaubte Einbringen oder das Fortschaffen von Sachen zu unterbinden. Sie bezieht sich also auf jegliche Arten des grenzüberschreitenden Verkehrs;[1697] davon unberührt ist die zollrechtliche Abfertigung indes Aufgabe des Zolls als Teil der Bundesfinanzverwaltung.

1695 HmbGVBl. 2007 169.

1696 BürgDrucks. 18/6073 v. 10. 04. 2007, S. 6.

1697 *Walter, Bernd,* in: Drewes, Michael/Malmberg, Karl Magnus/Wagner, Marc/Walter, Bernd, BPolG (Kommentar), 6. Aufl. Stuttgart 2019, § 2 Rn. 23.

b) Checkliste Rechtmäßigkeit

- Tatbestandsvoraussetzung 939
  - Kontrolle des grenzüberschreitenden Verkehrs
- Rechtsfolge
  - Identitätsfeststellung
  - Betretungsrecht
  - Durchsuchungsrecht
  - Aushändigungsrecht (Papiere)
  - Duldungs- und Unterstützungspflicht der Fahrzeugführer
  - Unentgeltliche Beförderungspflicht
  - Ermessen

c) Betroffene Grundrechte

Betroffen sein können die Grundrechte der **Allgemeinen Handlungsfreiheit nach Art. 2 Abs. 1 GG** (subsidiär), je nach Konstellation aber vorrangig die **Freiheit der Person gem. Art. 2 Abs. 2 Satz 2 GG**, sowie das **Recht auf informationelle Selbstbestimmung gem. Art. 2 Abs. 1 GG i. V. m. Art. 1 Abs. 1 GG**. Darüber hinaus kommt ebenfalls ein Eingriff in den Schutzbereich des **Art. 13 Abs. 1 GG (Schutz der Wohnung)**, des **Art. 14 Abs. 1 GG (Eigentumsfreiheit)** sowie des **Art. 12 Abs. 1 GG (Berufsfreiheit)** in Betracht. 940

d) Einzelerläuterungen

aa) Tatbestandsvoraussetzung: Kontrolle des grenzüberschreitenden Verkehrs

Die **Kontrolle des grenzüberschreitenden Verkehrs** ist nach § 2 Abs. 1 BPolG Aufgabe der Bundespolizei, soweit nicht ein Land im Einvernehmen mit dem Bund Aufgaben des grenzpolizeilichen Einzeldienstes mit eigenen Kräften wahrnimmt. Für die Wahrnehmung dieser Aufgabe an der Grenzübergangsstelle Hafen Hamburg, zugleich eine Schengen-Außengrenze, ist konkret die Wasserschutzpolizei Hamburg zuständig (s. D. I.). Gem. § 2 Abs. 4 BPolG gilt für die Wahrnehmung der übertragenen grenzpolizeilichen Aufgaben das für die Landespolizei geltende Recht. 941

bb) Rechtsfolge

942 Alle nachfolgend genannten Befugnisse der Polizei stehen in deren Ermessen, wobei die allgemeinen Grundsätze gelten, auf die entsprechend verwiesen wird (s. B.I.1.).

(1) Identitätsfeststellung

943 Hinsichtlich der Identitätsfeststellung wird auf die Ausführungen zu D.II.1.d.bb.1. verwiesen.

(2) Betretungsrecht

944 Nach § 3 Abs. 2 Satz 1 Nr. 2 HafenSG darf die Polizei Land-, Wasser- oder Luftfahrzeuge, darauf befindliche Ladungsbehältnisse sowie Grundstücke und schwimmende Anlagen mit ihren Zugängen jederzeit betreten. Diese Ermächtigung gilt nur in Verbindung mit der grenzpolizeilichen Aufgabenwahrnehmung und nimmt praxisgerecht das Erfordernis einer „24/7-grenzpolizeilichen Abfertigung" an Bord ein- und auslaufender Schiffe auf. Da diese im Regelfall an ISPS-zertifizierten Hafenanlagen festmachen, ist das Betretungsrecht für Grundstücke und schwimmende Anlagen logische Voraussetzung.

(3) Durchsuchungsrecht

945 Nach § 3 Abs. 1 Nr. 3 HafenSG darf die Polizei Land-, Wasser-, Luftfahrzeuge und darauf befindliche Ladungsbehältnisse im Rahmen der Grenzfahndung nach Personen und Sachen **durchsuchen**. Der Begriff der Grenzfahndung ist vom Gesetzgeber nicht näher definiert worden, er umfasst die allgemeine oder gezielte Fahndung nach Personen und/oder Sachen, die zeitlich, räumlich und funktional mit der Kontrolle des grenzüberschreitenden Verkehrs im Zusammenhang steht.[1698] Durchsuchen ist das planmäßige, systematische, zielgerichtete Forschen, um etwas aufzuspüren.[1699]

946 Die Durchsuchungskompetenz im Rahmen der Grenzfahndung ist dabei praxisgerecht und knüpft in der polizeilichen Vollzugspraxis z.B. an Meldungen von Schiffsbesatzungen an, wenn während der Überfahrt oder bereits beim Lade- oder Löschbetrieb Gegenstände aufgefunden werden, die in Verstecken auf die Anwesenheit von sog. Einschleichern an Bord hindeuten (z.B. leere Getränkeflaschen, Speisereste, verrichtete Notdurft, Schlafsäcke), die sich bewusst der grenzpolizeilichen Kontrolle entziehen wollen.

1698 *Walter, Bernd,* in: Drewes, Michael/Malmberg, Karl Magnus/Wagner, Marc/Walter, Bernd, BPolG (Kommentar), 6. Aufl. Stuttgart 2019, § 2 Rn. 52.

1699 *Walter, Bernd,* in: Drewes, Michael/Malmberg, Karl Magnus/Wagner, Marc/Walter, Bernd, BPolG (Kommentar), 6. Aufl. Stuttgart 2019, § 44 Rn. 4 m. w. N.

(4) Aushändigungsrecht (Papiere)

Gem. § 3 Abs. 1 Nr. 4 HafenSG kann die Polizei die **Aushändigung** aller hierfür erforderlichen Papiere, insbesondere der Grenzübertrittspapiere, Besatzungs- und Fahrgastlisten verlangen. Wie unter D.II.1.d.aa.1. bereits ausgeführt, bedarf es zur Einreise im Regelfall eines gültigen Passes oder Passersatzes sowie eines gültigen Aufenthaltstitels. Ohne die Aushändigung dieser Dokumente kann keine, den Grundsätzen von Art. 8 Schengener Grenzkodex entsprechende grenzpolizeiliche Abfertigung erfolgen. Die Vorschrift knüpft an den Regelungsgehalt der Richtlinie 2010/65/EU an, nach der mindestens 24 Stunden vor dem geplanten Einlauf in den Zielhafen die für die grenzpolizeilichen Aufgaben erforderlichen Daten elektronisch übersandt werden müssen bzw., sollte die Fahrt zum nächsten Hafen weniger als 24 Stunden dauern, mit dem Verlassen des letzten Anlaufhafens, § 4 Abs. 1 und 2 HafenSDVO. Auf diese Weise können bereits vor dem Einlaufen des Schiffes die polizeilichen Fahndungsdatenbestände mit den Meldedaten abgeglichen werden. Diese polizeiliche Vollzugspraxis reduziert die zeitliche Inanspruchnahme der Schiffsführung bei der unmittelbaren Kontrolle an Bord. **947**

(5) Duldungs- und Unterstützungspflicht

Nach § 3 Abs. 1 Satz 2 HafenSG sind die Fahrzeugführer dazu verpflichtet, die (zuvor genannten) Maßnahmen nach Satz 1 zu **dulden**, die Polizei bei der Erfüllung ihrer Aufgabe zu unterstützen sowie Räume und Behältnisse zu öffnen. Mit dem Begriff der Unterstützung sowie der Öffnungspflicht wird eine aktive Handlung der Fahrzeugführer normiert, die über das passive Dulden hinausgeht. **948**

(6) Unentgeltliche Beförderungspflicht

Gem. § 3 Abs. 2 HafenSG sind die im grenzüberschreitenden Reiseverkehr tätigen Verkehrsunternehmen verpflichtet, die mit polizeilichen Kontrollen des grenzüberschreitenden Verkehrs betrauten Beamtinnen und Beamten zur Wahrnehmung ihrer Aufgaben **unentgeltlich zu befördern**. Diese Vorschrift regelt die Kostenfrage bei der Inanspruchnahme einer grenzpolizeilichen Abfertigung, die bereits im Zulauf auf den Hamburger Hafen an Bord der Seeschiffe beginnt und damit eine schnelle grenzpolizeiliche Abfertigung zeitnah zum Festmachen am Liegeplatz gewährleistet. Insbesondere durch Reedereien von Kreuzfahrtschiffen wird von diesem Serviceangebot Gebrauch gemacht, um den Passagieren ohne nennenswerte Verzögerung nach Festmachen am Liegeplatz mit dann bereits erfolgter grenzpolizeilicher Abfertigung den Landgang zu ermöglichen. **949**

3. Vorschriften zur Überprüfung der Sicherheit im Zusammenhang mit der Beförderung gefährlicher Güter, § 4 HafenSG

a) Vorbemerkung

950 Bis zur Änderung des HafenSG am 29. 6. 2007[1700] waren die **Eingriffs- und Kontrollermächtigungen im Zusammenhang mit der Beförderung gefährlicher Güter** im Hamburger Hafenverkehrs- und Schifffahrtsgesetz geregelt.[1701]

951 Die polizeiliche Aufgabe der Kontrolle von Fahrzeugen im Zusammenhang mit der Beförderung gefährlicher Güter ist abzugrenzen von Kontrollaufgaben, die mit der Lagerung von Gefahrstoffen im Zusammenhang stehen. Der Begriff der Beförderung ist im HafenSG nicht definiert. Eine Legaldefinition, bezogen auf den Geltungsbereich des Gefahrgutbeförderungsgesetzes (GGBefG), ist § 2 Abs. 2 Satz 1 GGBefG zu entnehmen. Danach umfasst der Begriff der Beförderung nicht nur den Vorgang der Ortsveränderung, sondern auch die Übernahme und die Ablieferung des Gutes sowie zeitweilige Aufenthalte im Verlauf der Beförderung, Vorbereitungs- und Abschlusshandlungen (Verpacken und Auspacken der Güter, Be- und Entladen), Herstellen, Einführen und Inverkehrbringen von Verpackungen, Beförderungsmitteln und Fahrzeugen für die Beförderung gefährlicher Güter, auch wenn diese Handlungen nicht vom Beförderer ausgeführt werden.

952 Im räumlichen Geltungsbereich des HafenSG gelten nach § 1 Abs. 1 der Verordnung über die Sicherheit bei der Beförderung gefährlicher Güter und zur Erhöhung des Brandschutzes im Hamburger Hafen (GGBVOHH) die Vorschriften der GGBVOHH.

953 Eine Legaldefinition für den Begriff der gefährlichen Güter enthält das HafenSG nicht. Gefährliche Güter im Sinne des Gefahrgutbeförderungsgesetzes (GGBefG) sind Stoffe und Gegenstände, von denen auf Grund ihrer Natur, ihrer Eigenschaften oder ihres Zustandes im Zusammenhang mit der Beförderung Gefahren für die öffentliche Sicherheit oder Ordnung, insbesondere für die Allgemeinheit, für wichtige Gemeingüter, für Leben und Gesundheit von Menschen sowie für Tiere und Sachen ausgehen können, § 2 Abs. 1 GGBefG. Eine etwas weitere Definition enthält § 2 Nr. 12 GGBVOHH. Danach sind gefährliche Güter Stoffe und Gegenstände gem. der Gefahrgutverordnung See (GGVSee) sowie der Gefahrgutverordnung Straße, Eisenbahn und Binnenschifffahrt (GGVSEB).

1700 HmbGVBl. 2007 169 ff.

1701 BürgDrucks. 18/6073 v. 10. 04. 2007, S. 6.

Für die Gewährleistung der Sicherheit im weltweiten Warenverkehr bestehen verbindliche Transportvorschriften für alle Verkehrsträger, für verpackte gefährliche Güter im Seeverkehr z.B. der IMDG-Code. Diese international geltenden Vorschriften wurden durch die Gesetz- und Verordnungsgeber in nationales Recht umgesetzt, für den IMDG-Code beispielsweise durch die GGVSee. Ermächtigungsgrundlagen für die Kontrolle über die Einhaltung der Vorschriften der GGVSee sind dem Gefahrgutbeförderungsgesetz zu entnehmen, § 9 Abs. 2 GGBefG. Die Befugnisse des HafenSG beschränken sich dabei auf den erforderlichen Regelungsgehalt, der von den bundesrechtlichen Vorschriften (z.B. GGVSee) nicht gedeckt ist und seine Begründung in der innerstädtischen Lage des Hamburger Hafens findet. So sind z.B. beim Einbringen von bestimmten Gefahrgütern im Geltungsbereich der GGBVOHH Mengenbegrenzungen zu beachten, die in anderen Häfen anderslautend bzw. gar nicht reglementiert sind. Gefahrgüter sind z.B. durch Gefahrensymbole zu kennzeichnen, ihr Transport ist nur in geprüften und zugelassenen Verpackungen zulässig. Durch Beachtung von Stau- und Trennvorschriften ist deren Gefahrenpotenzial zu reduzieren (z.B. sind selbstentzündliche Gefahrgüter getrennt von Wärmequellen zu transportieren). **954**

b) Checkliste Rechtmäßigkeit

- Tatbestandsvoraussetzungen **955**
  - Maßnahmen zur Überprüfung der Sicherheit im Zusammenhang mit der Beförderung gefährlicher Güter
- Rechtsfolge
  - Betretungs- und Besichtigungsrecht
  - Aushändigungsrecht (Papiere)
  - Weisungsrecht zur Abwehr von Gefahren für Arbeitnehmer
  - Weisungsrecht zur Abwehr von Gefahren, die vom Standort eines Fahrzeugs ausgehen
  - Duldungs- und Unterstützungspflicht
  - Ermessen

c) Betroffene Grundrechte

956 Betroffen sein können die Grundrechte der **Allgemeinen Handlungsfreiheit nach Art. 2 Abs. 1 GG** (subsidiär), je nach Konstellation vorrangig der **Schutz der Wohnung (Art. 13 Abs. 1 GG)**, die **Eigentumsfreiheit (Art. 14 Abs. 1 GG)** und die **Berufsfreiheit (Art. 12 Abs. 1 GG)**.

d) Einzelerläuterungen

aa) Tatbestandsvoraussetzung: Maßnahmen zur Überprüfung der Sicherheit im Zusammenhang mit der Beförderung gefährlicher Güter

957 Voraussetzung ist, dass die Polizei **Maßnahmen zur Überprüfung der Sicherheit im Zusammenhang mit der Beförderung gefährlicher Güter** wahrnimmt. Letztlich geht es um die Kontrolle bei der Beförderung gefährlicher Güter. Der Begriff der Kontrolle bezieht sich auf die polizeiliche Überprüfung, ob alle einschlägigen Vorschriften, die im Zusammenhang mit der Beförderung gefährlicher Güter zu beachten und einzuhalten sind, auch beachtet wurden. Umfasst davon sind der Fahrzeugführer oder sein Beauftragter (z.B. Qualifikation und Eignung, die sich aus bundesrechtlichen Vorschriften ergibt, u.a. Schulungsbescheinigung nach GGVSee) sowie das für den Transport genutzte Fahrzeug (z.B. Zulassung und technischer Zustand) und das transportierte Gefahrgut (z.B. zutreffende Kennzeichnung, vollständige Begleitpapiere).

bb) Rechtsfolge

958 Alle nachfolgend genannten Befugnisse der Polizei stehen in deren Ermessen, wobei die allgemeinen Grundsätze gelten, auf die verwiesen wird (s.B.I.4.).

(1) Betretungs- und Besichtigungsrecht

959 Nach § 4 Abs. 1 Nr.1 HafenSG darf die Polizei Land-, Wasser- oder Luftfahrzeuge, Grundstücke und schwimmende Anlagen mit ihren Zugängen sowie Ladungsbehältnisse jederzeit **betreten und besichtigen**. Diese Ermächtigung gilt nur in Verbindung mit der Aufgabenwahrnehmung der gefahrgutrechtlichen Überwachung der Beförderung ebenjener Güter und nimmt sachgerecht Bezug auf die Regelungen der GGBVOHH. Kontrollen indes, die sich auf die Einhaltung bundesrechtlicher Vorschriften im Zusammenhang mit dem Transport gefährlicher Güter beziehen, finden ihre Eingriffsermächtigung in den Regelungen des § 9 Abs. 2 GGBefG. § 4 Abs. 1 Nr. 1 HafenSG nimmt dabei, wie bereits unter D.II.2.d.bb.2. ausgeführt, praxisgerecht auf

das Erfordernis einer „24/7-Abfertigung" von Warenumschlag im Hamburger Hafen Bezug. Da Seeschiffe im Regelfall an ISPS-zertifizierten Hafenanlagen festmachen, ist das Betretungsrecht für Grundstücke und schwimmende Anlagen logische Voraussetzung. Werden Gefahrgüter auf dem Gelände der Hafenbahn Hamburg kontrolliert, so müssen deren Grundstücke ebenfalls betreten werden.

(2) Aushändigungsrecht (Papiere)

Nach § 4 Abs. 1 Nr. 2 HafenSG kann die Polizei vom Fahrzeugführer oder seinem Beauftragten die **Vorlage aller Papiere**, die sich auf gefährliche Güter als Ladung beziehen, verlangen. Die Aushändigungspflicht dient zum einen der Identifizierung, ob es sich bei dem transportierten Gut um kennzeichnungspflichtiges Gefahrgut handelt, zum anderen enthalten die Beförderungspapiere Angaben zur Art der transportierten Güter (z. B. Anzahl und Verpackungsgruppe der Versandstücke) sowie Sicherheitshinweise zum Umgang mit dem Gefahrgut, sogenannte Gefahrzettel. **960**

(3) Weisungsrecht zur Abwehr von Gefahren für Arbeitnehmer

Nach § 4 Abs. 1 Nr. 3 HafenSG darf die Polizei zur **Abwehr von Gefahren für Leben und Gesundheit der Arbeitnehmer** die erforderlichen **Maßnahmen** treffen, notfalls die Fortsetzung einer Arbeit untersagen. Diese Norm konkretisiert mit der Zielrichtung der Gefahrenabwehr die Eingriffsermächtigung der Polizei zum Schutz von Leben und Gesundheit von Arbeitnehmern. Diese Verwaltungsakte wären ohne diese spezielle Norm gleichwohl durch die Generalklausel gem. § 3 Abs. 1 und Abs. 2 HmbSOG gedeckt. In der polizeilichen Vollzugspraxis sind etwa Fälle denkbar, in denen bei Kontrollen von Containern eine zu hohe Belastung mit schädlingstötenden Begasungsmitteln festgestellt wird. Diese Container müssen zunächst belüftet und, bevor die Arbeiten zum Entladen freigegeben werden, nochmals durch Messungen auf Schadstofffreiheit überprüft werden. Eine weitere Fallgestaltung betrifft den unkontrollierten Austritt von Gefahrgut. In diesen Fällen werden die weiteren Arbeiten am Gefahrenort untersagt und die betroffenen Transportbehältnisse separiert und sicher abgestellt (z. B. werden Container in sogenannte versiegelte Gefahrgutwannen verbracht, in denen das auslaufende Gut aufgefangen wird und nicht unkontrolliert in die Umwelt gelangt). **961**

(4) Polizeiliches Weisungsrecht zur Abwehr von Gefahren, die vom Standort eines Fahrzeugs ausgehen

962 Gem. § 4 Abs. 1 Nr. 4 HafenSG kann die Polizei verlangen, dass **Fahrzeuge**, die durch ihren Zustand oder ihre Ladung die öffentliche Sicherheit oder Ordnung stören oder gefährden, ihren **Standort wechseln oder verholt werden**. Diese Norm hat ebenfalls einen rein gefahrenabwehrenden Charakter und verfolgt das Ziel, zum einen entweder eine Gefahrenquelle zu separieren oder zum anderen andere Fahrzeuge anzuweisen, sich von einer Gefahrenquelle zu entfernen. In der polizeilichen Vollzugspraxis kommt diese Norm z. B. dann zur Anwendung, wenn ein Tankschiff eine Ladung mit einem Flammpunkt unter 55 Grad geladen hat, aktuell aber seinen Liegeplatz außerhalb eines zugelassenen Tankschiffhafens hat. In solchen Fällen wird das Fahrzeug angewiesen, in einen zugelassenen Tankschiffhafen oder an einen anderen geeigneten Liegeplatz zu verholen.

963 Wie bereits zu D.II.3.d.bb.3. ausgeführt, wäre ohne diese spezielle Norm die Erteilung solcher Verwaltungsakte auch durch Rückgriff auf die Generalklausel nach § 3 Abs. 1 und Abs. 2 HmbSOG möglich gewesen. Zu beachten ist indes, dass die Norm im Zusammenhang mit der Kontrolle der Beförderung gefährlicher Güter zu sehen ist. Geht z. B. von einem Lkw aufgrund seiner technischen Mängel (z. B. abgefahrene Reifen, Mängel an den Bremsanlagen, Durchrostung tragender Teile) eine Gefahr aus, ohne dass dieser gefährliche Güter transportiert, so kann die polizeiliche Weisung zum Standortwechsel nicht auf die Ermächtigung nach § 4 Abs. 1 Nr. 4 HafenSG gestützt werden.

(5) Duldungs- und Unterstützungspflicht

964 Nach § 4 Abs. 2 HafenSG sind die in Abs. 1 genannten Personen verpflichtet, diese (vorstehend genannten) **Maßnahmen zu dulden und die Polizei bei der Erfüllung ihrer Aufgabe zu unterstützen**, insbesondere Räume und Behältnisse zu öffnen, die Entnahme von Proben zu ermöglichen und die in Abs. 1 Nr. 2 genannten Papiere vorzulegen. Mit dem Begriff der Unterstützung sowie der Öffnungspflicht wird eine aktive Handlung der Fahrzeugführer normiert, die über das passive Dulden hinausgeht. In der polizeilichen Praxis wäre eine Probenentnahme bei flüssigen Stoffen z. B. denkbar, wenn Zweifel am angegebenen Flammpunkt der Flüssigladung bestehen oder, im Zusammenhang mit der Beförderung von festen explosiven Stoffen der Gefahrgutklasse 1, wenn die vermeintliche Nettoexplosivmasse des Transportguts höher als angegeben scheint und damit die Klassifizierung fehlerhaft wäre. In der Folge müssten dann verschärfte Transportanforderungen beachtet werden.

Sachregister

Die angegebenen Zahlen geben die Randnummer an, in der bzw. ab der das jeweilige Stichwort schwerpunktmäßig erläutert wird.